고구려 고분벽화
유라시아문화를 품다

고구려 고분벽화
유라시아문화를 품다

2019년 11월 22일 초판 2쇄 인쇄
2019년 11월 29일 초판 2쇄 발행

글쓴이 박아림

펴낸이 권혁재

편집 권이지
제작 성광인쇄

펴낸곳 학연문화사
등록 1988년 2월 26일 제2-501호
주소 서울시 금천구 가산디지털1로 168 우림라이온스밸리 B동 712호

전화 02-2026-0541~4
팩스 02-2026-0547
E-mail hak7891@chol.net

ISBN 978-89-5508-331-6 93910

고구려 고분벽화
유라시아문화를 품다

| 박아림 지음 |

학연문화사

목 차

서론

고구려와 유라시아문화

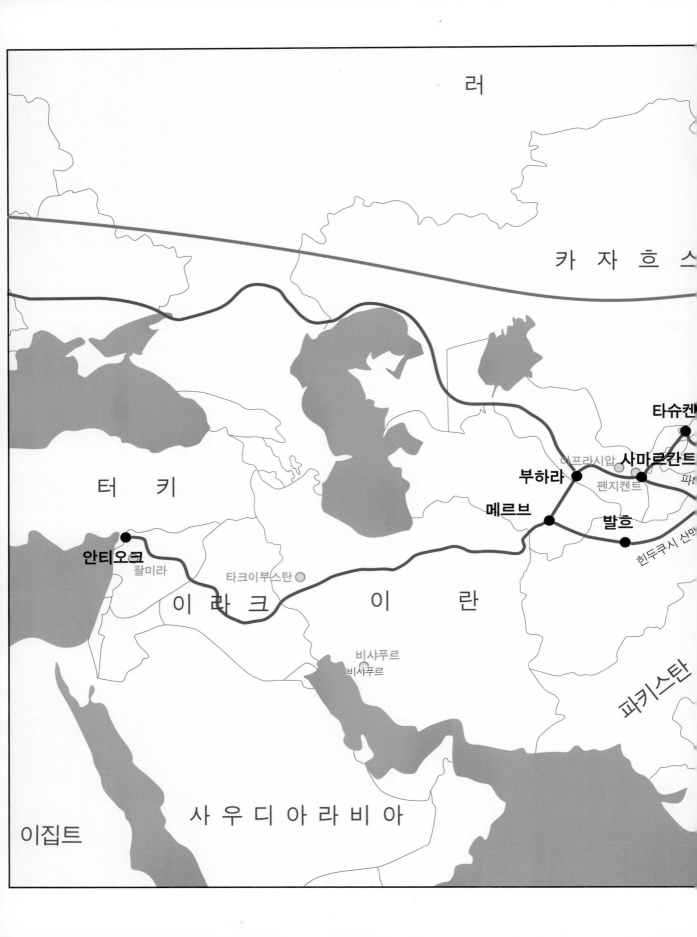

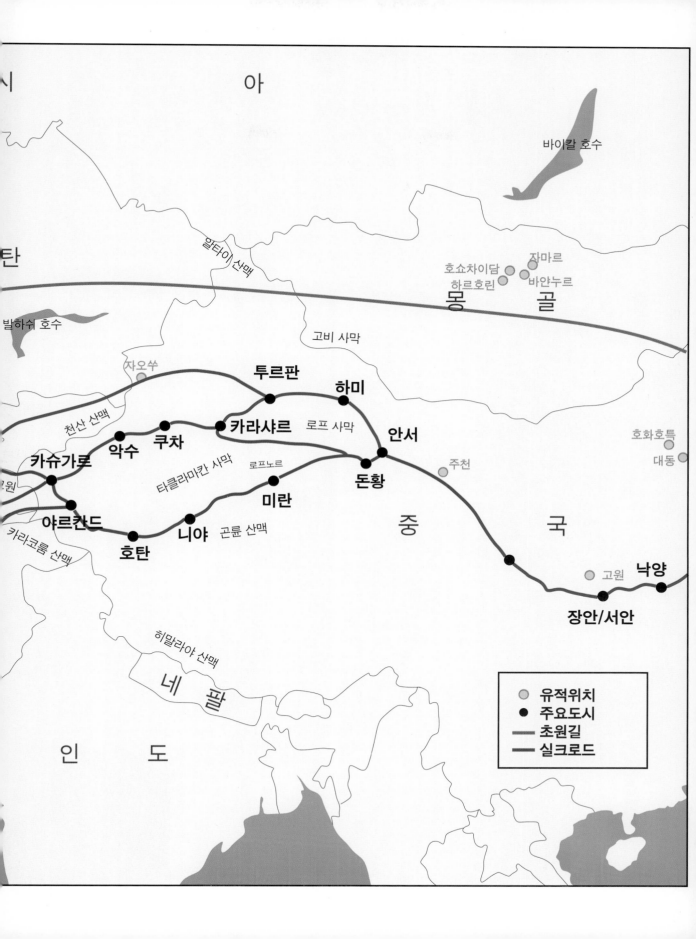

고구려인의 대외교류에 대한 시각적 증거 자료로 항상 언급되는 우즈베키스탄 아프라시압 궁전의 고구려 사절도는 시공간적 연결 루트가 아직 형성되지 못하여 해당 지역과 고구려인의 실제 교류보다는 정형화된 고대 한국인의 이미지가 재현된 것이라는 견해가 존재한다. 이는 고구려의 멸망에 가까운 시점에 그려진 인물상인데다가 7세기의 소그드와 고구려를 잇는 중간 루트가 설정되지 못한 때문이다.[1] 아프라시압 궁전 벽화를 만든 소그드는 지난 20~30년 동안 중앙아시아의 문화의 전파체로서 집중적으로 주목을 받아왔다. 소그드의 미술은 아프라시압 궁전 벽화 등 6~8세기의 것들만 주로 알려지고 언급되어왔기 때문에 고구려 고분벽화와 연관 짓기가 쉽지 않았다. 또한 중국미술에서 소그드의 서역계 미술은 북조시대의 6세기에 집중적으로 출현하여 고구려 고분벽화의 서역적 문화요소가 강하게 드러나는 5세기보다 늦다.

여기에서 고려할 것은 소그드로 통칭되어온 서역의 미술문화는 소그드 지역을 둘러싼 다양한 문화들을 포괄하고 있다는 것과 소그드는 그러한 다양한 문화들의 전파 매개체에 해당된다는 것이다. 따라서 7~8세기 아프라시압 궁전 벽화를 조성하기 전의 소그드의 역사와 미술, 그리고 소그드 지역에 영향을 미친 다양한 문화권에 대한 고찰을 통한다면 소그드와 고구려 벽화고

---

1) 강국과 고구려와의 연관성에 대한 최근의 연구는 지배선, 「사마르칸트(康國)와 고구려 관계에 대하여 : 고구려 사신의 강국 방문 이유」, 『백산학보』 89, 백산학회, 2011, 95~137쪽; 이재성, 「아프라시압 宮殿址 壁畵의 "鳥羽冠使節"에 관한 고찰 - 高句麗에서 사마르칸트(康國)까지의 路線에 대하여 -」, 『中央아시아硏究』 18-2, 중앙아시아학회, 1~34쪽.

분 간의 시공간적 연결 고리가 성립될 수 있을 것으로 생각된다.

본 연구서에서는 서역이라는 용어를 보다 포괄적인 범위인 북방문화 또는 유라시아문화로 확대하여 대체 사용하고자 한다.[2] 고구려의 대외교류를 이해하고자 할 때 서역이라는 용어의 사용은 연구의 범위를 제한시키고 해당 미술문화의 원류를 명확하게 찾아보기 어렵게 한다.

서역이란 명칭은 한漢 선제宣帝 신작神爵 2년인 기원전 60년 중국 한나라가 흉노를 제압하기 위해 타림 분지 중앙의 오루성烏壘城에 서역도호부西域都護府를 설치한 것에서 유래하였는데 당시 이 지역은 현재의 중국 신강성이다. 한무제 때 서역 경영으로부터 사용되어온 서역이라는 용어는 중국이 지배권을 행사하게 된 중국 신강·감숙 지역을 중심으로 한다.[3] 이는 좁은 의미의 서역이며, 실제로 서역에 대한 공간적 개념은 중앙아시아만을 의미하기도 하지만 넓게는 서아시아, 인도 북부 등 넓은 공간범위를 가질 수 있다.[4]

서역과의 관계에서 기존의 연구는 주로 중국의 신강성과 감숙성에 위치한 불교유적과 고분까지 살펴보는데 그쳤다. 그러나 신강과 감숙 지역은 자체로서 문화를 발생시켰다기보다는 문

---

2) 고구려 고분벽화에 보이는 외래 문화요소에 대하여 선행연구에서는 주로 서역이라는 용어를 많이 사용하였다. 그러나 고구려의 대외 교류를 보다 폭넓게 조망하기 위하여 스키타이, 흉노, 선비 등의 북방문화적 요소를 추가하여 고찰할 필요가 있다. 이에 따라 고구려의 외래 문화요소를 북방과 서역으로 나누어 북방·서역적 문화요소로 포괄하여 본서를 서술하였으나 북방과 서역의 범위가 명확하게 구분하기 어려워 북방·서역 대신 유럽과 아시아를 포괄할 수 있는 유라시아라는 용어로 교체하여 사용하게 되었다.

3) 『前漢書』西域傳 第66 西域. 정수일, 『신라·서역교류사』, 단국대학교출판부, 1992, 7~20쪽. 전한대에 한에서 서역으로 가는 오아시스로는 남도와 북도의 두 길이 있었다. 남도는 돈황에 있는 옥문관이나 서남방에 있는 양관으로부터 신선(누란)을 지나 우기에서 두 갈래 길로 나뉜다. 한 길은 계속 서행하여 사차(야르칸드)를 거쳐 중앙아시아의 대하(박트리아)와 대월지(사마르칸트) 및 서아시아의 안식(파르티아)에 이른다. 다른 길은 계빈(간다라)을 지나 오익산리(아프가니스탄의 칸다하르)에 이른 후 서남방향으로 조지(현 시리아)에 이른다. 북도는 옥문관이나 양관에서 출발하여 차사전왕정(투르판)을 지나 언기(카라샤르), 위리(쿠얼러), 구자(쿠차) 등 오아시스 국가들을 지나 소륵(카슈가르)에 이르러서 대완에 도달하여 두 갈래로 갈라지는데 한 길은 서북향으로 전진하여 강거를 지나 암채에 이른 후 아랄해 북단까지 이어진다. 다른 한길은 서남쪽 대월지로 뻗어가 안식(파르티아)에 이른다. 정수일, 『씰크로드학』, 창작과 비평사, 2001, 41~52쪽. 오아시스로 북도와 남도의 두 가지 노선 상에 위치한 중앙아시아의 주요 도시들에는 동서의 문화의 전파와 교류로서 특징적인 유물과 유적들을 찾아볼 수 있다. 오아시스로의 이들 서역 국가들은 흉노, 스키타이 문화의 전파로였으며 동시에 그리스·로마, 파르티아·사산 문화가 동쪽으로 전파되는 길이었다.

4) 강현숙, 「高句麗 古墳 壁畵에 표현된 觀念과 實際 - 西域系 人物을 中心으로」, 『역사문화연구』 48, 한국외국어대학교 역사문화연구소, 2013, 3~40쪽; 이한상, 「新羅墳墓 속 西域系文物의 現況과 解析」, 『韓國古代史研究』 45, 한국고대사학회, 2007, 133~159쪽.

화의 교류로를 통하여 해당 지역으로 들어온 문화의 변용현상이 주로 일어난 곳이다. 따라서 고구려의 서역적 요소의 기원으로 중간 매개체에 불과한 신강과 감숙지역에 시선을 고정시켜 온 것은 연구의 한계로 작용하였다. 중국의 입장에서의 서역이라는 용어에 고구려의 서역을 대입시켜 이해한다면 서역의 범위와 시기, 서역으로 통하는 노선에 대해서 중국 중심의 시선으로 해석하게 된다.

따라서 고구려 벽화문화를 형성시킨 외래문화를 종합적으로 이해하기 위해서는 북방문화 또는 유라시아문화라는 용어를 사용하는 것이 적합하다고 생각된다. 서역 문화란 동전해온 외래문화를 통상적으로 지칭한다고 할 때 고구려의 입장에서 받아들인 서역 문화는 그 유입 경로가 중국의 중원지역을 거쳐온 것과 북방 초원을 통해 들어온 것 두 가지 경로를 산정할 수 있다. 여기에서 생각해 볼 것은 고구려가 벽화문화를 받아들일 당시에 한위진시대 중국과 북방유목민 사이의 접경지역인 북방지역을 따라 형성된 소위 '북방기류'가 오고간 북방문화권대이다.[5] 고구려가 서역적 문화요소, 불교적 문화요소를 받아들인 경로가 이러한 북방문화권대를 통해서라면 모든 외래 요소를 포괄적으로 칭할 수 있는 북방문화라는 용어를 사용하는 것이 적합할 것이다.

한편 고구려 벽화고분과 서역 미술의 관계에서 소그드로 대표되는 서역인과 서역미술문화를 세분화시켜 이해할 필요가 있다. 고구려 고분벽화미술의 형성과 발전에 관련된 서역미술문화는 광범위한 지역과 시대를 포괄하므로 본서에서는 그중에서 특별히 이란 페르시아미술의 역할에 대하여 살펴보고자 한다.[6] 6~7세기 소그드 미술의 전성기에 가장 많은 영향을 미친 것은

---

5) '북방기류'론은 북방민족 간에 문화적 연대가 형성되었다는 견해이다. 鄂嫩哈拉. 苏日台 編著, 『中國北方民族美術史料』, 上海: 上海人民美術出版社, 1990, 89쪽; 권영필, 「고구려의 대외문화 교류」, 『고구려의 문화와 사상』, 동북아역사재단, 2007; 권영필, 「고구려 벽화와 중앙아시아 미술의 연관성」, 『중앙아시아의 역사와 문화』, 솔, 2007, 4-5쪽; 鄭岩도 정가갑5호분과 덕흥리 벽화분과 유사한 것은 중국 북방에 황하 河套 지역을 거쳐, 동북지구까지 16국 시기에서 북조시기까지 하나의 문화 통로가 형성되어있었던 것을 배경으로 보았다. 鄭岩, 『魏晉南北朝壁畵墓研究』, 文物出版社, 2002.

6) 페르시아(Persia, 波斯)는 이란의 옛 이름으로 '페르시아'란 이름은 이란의 남부 고도 '파르스'에서 유래하였다. 파르스는 기원전 6세기 아리안인들을 주축으로 한 아케메네스조 페르시아(기원전 558~330년)가 시작된 곳이다. 알렉산드로스의 동정에 의해 멸망한 아케메네스조 페르시아에 이어 출현한 '파르티아'(기원전 256~기원후 226년, 安息)는 이란 동부에서 非아리안계의 아르사케스 일족에 의해 세워진 나라이다. 파르티아는 파르스 지역의 아리안계의 사산 가문 출신인 아르다시르에 의해 멸망하였다. 새로 출현한 왕조는 전전대의 아케메네스조 페르시아와 마찬가지로 본향인 파르스의 이름을 복원해 '사산조 페르시아'(226~651년)라고 불렸

그레코-박트리아와 쿠샨 미술, 그리고 그리스 · 로마 미술양식이 사산 페르시아(226~651년)를 거쳐 형성된 그레코-이란(Greaco-Iranian) 양식으로 알려져 있다.[7] 소그드의 미술의 발달에 중요한 기반이 된 그레코-이란 양식은 스키타이 · 흉노 미술의 카페트에 장식된 그림과 금속공예품의 동물양식에도 그 흔적이 보인다. 소그드가 거주한 현재의 우즈베키스탄 지역은 기원전부터 아케메네스, 파르티아, 그레코-박트리아, 쿠샨, 사산, 에프탈(엽달)[8], 돌궐 등 다양한 나라의 지배와 문화교류를 경험하면서 미술문화를 발전시켰다. 또한 소그드상인들은 쿠샨과 박트리아 상인들에 이어서 동서교역을 주도하였다. 이미 기원후 2~3세기부터 소그드 상인들이 중국의 신강과 감숙, 그리고 후에는 요녕까지 식민거주지를 조성하였으므로 소그드 지역과 중국 북부 지역 간에 꾸준히 인적, 물적, 문화적 교류가 이루어졌을 것이다.[9]

고구려와 서역 이해의 확장과 고구려 벽화의 유라시아적 요소의 이해를 위하여 소그드로 대표되는 서역계 미술문화를 보다 구체적으로 규명하기 위하여 소그드 지역의 미술 문화를 형성해온 소그드와 그를 둘러싼 아케메네스, 쿠샨, 박트리아, 사산의 다양한 문화와 대표적 유적들

다. 페르시아는 오리엔트문명의 계승자, 세계 최초의 통일제국, 세계 최초의 계시종교인 조로아스터교의 출현지, 헬레니즘의 발상지 등으로 잘 알려져 있다. 정수일 편저,『실크로드 사전』, 창비, 2013, 831쪽.

7) Guitty Azarpay, *Sogdian Painting: The Pictorial Epic in Oriental Art*, University of California Press, 1981.

8) 에프탈(Heptal, Ephthal, Ephtalite, 挹怛)은 5세기 중엽에서 7세기 중엽에 이르기까지 중앙아시아 아무다리야강 상류를 중심으로 동서 투르키스탄과 서북인도를 지배하던 유목민족이다. 지배층은 투르크계이고 피지배층은 이란계란 설이 유력하며, 白훈 설도 있다. 사산 왕조와 협력해 동방 로마령을 침공하여 광대한 영토를 획득하고 중국 등 동방 나라들과 교역을 진행하였다. 567년 사산 왕조와 돌궐의 木杆可汗이 이끄는 연합군에게 멸망하였다. 정수일 편저,『실크로드 사전』, 창비, 2013, 546쪽.

9)『魏書』「西域傳」第90 粟特國. 粟特國, 在葱嶺之西, 古之奄蔡, 一名溫那沙. 居於大澤, 在康居西北, 去代一萬六千里. 先是, 匈奴殺其王而有其國, 至王忽倪已三世矣. 其國商人先多詣涼土販貨, 及克姑臧, 悉見虜. 高宗初, 粟特王遣使請贖之, 詔聽焉. 自後無使朝獻. 속특국은 총령의 서쪽에 있으며 옛 奄蔡이고 일명 溫那沙라고도 한다. 大澤 옆에 있고 강거의 서북쪽에 있으며, 대와는 16,000리 떨어져 있다. 이에 앞서 흉노가 그 왕을 죽이고 그 나라를 차지했는데, 왕 忽倪에 이르기까지 이미 3세대가 지났다. 그 나라 상인들이 전에는 많이 涼州 땅에 와서 상품을 판매하였는데, 姑臧이 멸망할 때 모두 포로가 되었다. 고종 초년(452년)에 속특왕이 사신을 보내 속환을 청하자 조칙을 내려 허락해 주었다. 그 이후로 사신을 보내 조공을 바치는 일이 없어졌다. 藤田豊八에 의하면 속특인은 고장에서 상업을 경영하였는데 대개 저거시대에 시작하였고, 당시 고장에 거주하는 속특 인사가 심히 많다고 하였다.

五胡十六國 시대에 康居 또는 康國의 소그드인이 311년 匈奴에 의한 西晉 洛陽의 방화 소식을 본국에 알린 서한이 있다. Arthur Waley, "Lo-yang and Its Fall," *The Secret History of the Mogols*, Unwin Brothers Ltd., 1963; W. B. Henning, "The Date of the Sogdian Ancient Letters," *Bulletin of the School of Oriental and African Studies*, XII, 1948, pp.601~604; 林梅村,「敦煌出土粟特文古書信的斷代問題」,『中國史研究』, 1986年 1期.

을 알아본다. 고구려 벽화가 조성되기 직전인 기원후 3~4세기의 중앙아시아의 부조와 벽화 문화의 동전 과정을 살펴서 유라시아 벽화 및 부조 문화가 중국의 위진시대 화상석·벽화 문화와 함께 고구려 벽화고분의 풍부한 문화적 원천으로 작용하였음을 살펴보겠다. 아케메네스, 파르티아, 쿠샨, 박트리아, 사산 등 소그드 지역을 다스린 나라들과 그 주변 지역의 문화에 대해서 살펴서 소그드 문화의 특징을 서술하고 그것이 동시기 동아시아와 어떻게 연결되는지 설명한다.

또한 고구려 고분벽화의 연원과 발달에 영향을 미친 문화권에 대하여 시야를 넓히고, 중국의 한문화권 외에 고구려의 벽화의 형성과 발달에 연관이 있는 문화권을 찾기 위하여, 같은 초원 북방 유목민으로서 문화를 다양하게 수용하여 발전시킨 스키타이, 흉노, 유연, 선비, 돌궐, 철륵의 문화를 살필 필요가 있다.

고구려 벽화 이해의 틀을 중국을 중심으로 산동, 요녕 등 인접한 중국 지역의 벽화와 화상석과의 영향 관계에 국한시켜온 한계로 인해 고구려와 감숙지역 벽화고분의 연관관계에 대해서 시공간적 연결에 난색을 표하는 경우도 있다. 현재까지 가능성으로 제시한 것은 중국의 중원지역을 통한 교류가 아닌 북방지역을 통해 동일 문화가 공유되고 있었을 것이라는 전제이며 전진과의 외교관계가 배경으로 그러한 친연관계가 나타난 것, 또는 소위 북방기류의 문화가 영향을 미친 것으로 본다. 고구려와 감숙, 영하지역 미술의 친연성을 설명하는 이론이나 두 지역을 잇는 시공간적 관계가 설정되지 않아 아직 구체적인 교류상은 복원되지 못하였다.

우리가 고구려 벽화고분의 시작으로 보는 기원후 3~4세기에 중국은 위진시대 5호16국이라는 북방민족의 할거시대로 흉노, 저족, 갈족 등의 북방민족이 중원지역으로 내려와 제각기 단명의 왕조를 설립하였던 시기이다. 기존에는 고분을 벽화로 장식하는 문화가 이 시기에 중국의 서안, 낙양에서 서북과 동북 변방으로 퍼진 것으로 이해하였으나 이러한 전파로의 상정은 한족의 변방지역으로의 이주와 그들에 의한 한문화의 전파, 즉 변방지역의 한화에 초점을 맞춘 관점이다.

고구려를 포함한 북방민들이 회화로 그들의 무덤 안을 장식하였다고 할 때 단순히 중국의 한나라의 내세관이나 그를 반영한 회화 주제로만 그들의 고분벽화를 형성하였다고 이해하기는 어렵다. 또한 기원후 220년 동한의 멸망 이후 고구려의 벽화고분의 초기 조성연도인 357년까지는 100년이 넘는 시간차가 존재한다. 주제가 비교적 단순한 요양지역 벽화만으로는 안악3호분이나 무용총의 다채로운 벽화 주제의 출현을 설명하기도 어렵다.

여기에서 쉽게 간과해온 것은 한문화 중심의 벽화전파론을 벗어난 100년의 시간, 또는 이미 이전의 동한시대부터 이루어져온 북방민족의 미술의 발달과 그들만의 독자적인 문화권 내에서 받아들여져 변형되어 표현된 고분미술의 특징이다. 이러한 특징은 이미 동한시대 섬북지역 화상석과 벽화고분이나 내몽고, 몽골, 섬북, 감숙, 영하 등의 흉노고분의 유물을 통해서 확인할 수 있다.

또한 동한 이후 위진시대는 각 북방민족의 할거시대로 각 북방민족이 받아들여 서로에게 전달시킨 한계 문화요소와 비한계 문화요소에 대한 고려가 필요하다. 무엇보다 위진남북조시대는 북방민족이 미술의 발달의 절반을 담당하던 시기이다. 또한 돈황 석굴벽화의 시작도 북량시대에 흉노족인 저거씨가 다스리던 시기에 출현한 것이다.

고구려 고분벽화의 구성 요소로는 고구려 고유의 특징과 중국의 한漢나라로부터의 요소(한문화권漢文化圈, 또는 한계漢系 요소), 인도와 중앙아시아로부터 전래된 불교적佛敎的 요소와 서역적西域的 요소, 스키타이·흉노 등 유목민의 초원로 경영을 통하여 전해진 북방 유목민적 요소 등을 들 수 있다. 고구려, 흉노, 선비, 유연, 돌궐 등 여러 유목민족의 문화와 미술에서 보이는 문화요소를 북방문화적 요소라고 하겠다. 흉노, 유연, 돌궐 등의 북방 유목민들의 미술자료가 충분치 않은 반면 선비족의 경우 탁발선비의 고분미술, 불교미술 유물과 유적이 많아 고구려와의 비교에 도움이 된다. 동아시아 고분 미술 발달에 큰 영향을 미친 한대의 고분 미술의 주제와 벽화 구성의 특징을 한문화권 요소, 또는 한계 요소로 흔히 칭한다. 한나라 이후 북방민족의 정복과 불교미술의 유입의 영향을 받은 위진남북조시대 이후의 고분 미술에 보이는 요소들이 불교적 요소, 서역적 요소, 북방문화적 요소 등의 비한계非漢系 요소라고 할 수 있겠다.

이러한 한계 요소와 비한계 요소의 정확한 정의와 구체적 특성을 구분하는 것은 어려움이 없지 않다. 이들 제 요소들의 융합 과정과 정확한 구분에는 고구려, 중국, 중앙아시아를 포함한 광범위한 지역의 문화와 미술에 대한 고찰이 요구된다. 또한 외래계 요소일 경우 유입되는 순간부터 해당 요소를 받아들이는 민족의 역사적, 문화적 배경에 따른 취사선택과 융합이 이루어지게 되므로 고구려 벽화 속의 서역적, 불교적 요소라는 것도 이미 고구려 내에서 고구려화된 서역적, 불교적 요소라는 점도 고려해야 한다.

북방민족의 고유한 문화요소를 가리키는 북방문화란 용어는 정의가 명확하게 내려지지 않은 다소 모호한 용어이다. '북방문화'의 지리적인 개념은 시기별로 번성했던 초원·유목문화의 권역의 변화에 따라 조금씩 다르다. 여기에서는 지역의 개념과 함께 스키타이, 흉노, 선비, 돌궐, 유연 등 북방초원지대에서 활동한 북방유목민의 특성이 반영된 것을 북방문화로 보려고 한다.

한편 북방유목민들은 유목민의 특성상 불교와 같은 외래계 문화 요소를 적극적으로 받아들였고, 한족에게 전달하는 중계자 역할을 담당하기도 하였다. 그렇기 때문에 유목민들의 미술은 비한계 요소인 북방문화, 서역문화, 불교문화가 혼재된 양상을 보이며 각각의 문화 요소를 구분하는 작업이 쉽지 않다.

북방유목문화 자체가 가진 다양한 외래문화의 자유로운 유입과 동서교류의 매개체라는 특징은 고구려 고분벽화의 북방문화적 요소의 고찰에서도 염두에 두어야 할 점이다. 비한계 요소의 하나로 든 북방문화적 요소 안에 고구려계, 선비계 등 각 북방 유목민의 고유한 특징이 있을 수 있다. '고구려계' 벽화고분은 고구려민족 고유의 특징을 드러내는 벽화고분을 가리킨다. 한편 북방유목문화의 특징을 고려하면 고구려계에는 고구려 민족의 고유한 요소도 포함하면서, 고구려 민족이 외래 요소를 받아들여서 고구려화한 요소도 포함될 수 있다.

비한계 요소 중에서 북방문화의 고찰이 중요한 이유는 다른 비한계 요소인 서역적 요소와 불교적 요소보다 북방문화적 요소가 소위 고구려계의 특징과 공통점이 많으며, 고구려계 벽화의 특징이 고구려보다 후대에 벽화고분을 축조한 다른 북방민족 고분미술의 특징과 유사하다는 점이다. 이는 고구려 벽화의 정체성 규명과 다른 북방민족 고분미술에 대한 영향력과도 연결된다.

기존 고구려 벽화고분의 기원으로 지적된 것은 중국의 요녕성 요양, 조양의 한위진시대 벽화고분들이다. 고구려 벽화고분 편년의 기준이 되는 황해남도 안악군의 안악3호분(357년)과 남포시 덕흥리 벽화분(408년)을 고려하면 안악3호분의 구조적 특징과 벽화의 주제는 공손씨 정권의 지배 아래 한인세력들에 의해 축조된 요양 벽화고분에서 기원을 찾는다. 그보다 50년 후에 세워진 덕흥리 벽화분은 고구려 문화 안에서 중국계 고분벽화의 소재와 표현이 고구려화된 사례로 이해한다.

고구려 벽화의 연원과 그 전개에 있어서 기존의 연구 시각의 문제점은 다음과 같다. 첫째 안악3호분을 모든 고구려 벽화고분의 기원으로 삼는 것이다. 이에는 내재적 문제점이 있다. 안악3호분을 고구려 벽화고분의 기원으로 여길 경우 또한 덕흥리 벽화분을 고구려 벽화 전통의 수립으로 이해하는 경우 고구려 벽화의 전통의 시작과 완성은 두 고분의 묘주의 성격에 크게 영향을 받는다. 두 고분은 모두 중국계 망명객이 세운 고분이다. 따라서 연원을 살피기 위해서 이들이 고구려로 가져왔을 문화권 안에서 고구려 벽화를 이해하게 되는 것이다. 이에 대한 반작용으로 나온 것이 북한 학계가 내세우는 고구려 왕릉설이다. 두 번째는 집안지역 벽화고분을 평양지역 벽화고분의 영향 아래 축조된 것으로 보는 시각이 가진 문제점이다. 고구려가 427년에 천도한 평양 지역의 벽화고분이 집안지역의 벽화고분에 영향을 미쳤을 것이라는 설도 시기적으로 맞지 않으며, 집안지역에서 확인된 벽화가 존재하는 계단식 적석총들이나 만보정1368호분이나 각저총, 무용총과 같은 초기 벽화고분은 안악3호분, 덕흥리 벽화분과 다른 문화적 색채를 띠고 있다.

마지막으로 요양, 조양지역의 벽화고분만으로는 고구려 초기 벽화고분의 다양한 주제의 표현을 설명할 수 없다. 집안지역과 지리적으로 가까운 요양벽화고분과의 친연성이 집안지역 고분의 구조나 벽화 주제에서 보이지 않는 점은 어떻게 설명할 것인가. 또한 지리적으로 먼 감숙지역 벽화고분과 집안지역 벽화고분과의 친연성은 어떻게 설명할 것인가.

위진남북조 시기 북방민족 정권과 고구려 벽화의 연원에 대한 연구에서 요양 벽화고분만으로는 고구려 벽화고분의 연원을 이해할 수 없으며, 기존의 요녕성과 산동성에 고정된 시야를 넓혀 고구려와 섬서, 산서, 하남 등 횡축 종축으로 연결된 고구려의 다양한 문화의 교류를 살펴보아야 할 것이라고 본다.

고구려 벽화의 기원을 4세기로 본다면 4세기의 고구려 벽화의 발생을 낳게 한 당시 형성된 문화의 형태와 흐름과 교류는 어떤 것이었을까. 고구려는 중국에게 많은 영향을 받았으나 고구려 문화의 형성에 중국의 한계 요소만이 영향을 미친 것으로 볼 수 없다. 오히려 비한계 문화요소로 뭉뚱그려 말할 수 있는 중국을 벗어난 문화권이나 문화요소의 식별이 고구려 벽화를 보다 객관적으로 이해하게 할 것이다.

본서에서는 한문화권(또는 한계요소)과 대비되는 의미로서 한문화권이 아닌 북방문화권에서 나온 고구려 벽화의 특징인 북방문화적 요소를 분석하고자 한다. 북방유목민과의 교섭을 통해 나온 고구려 벽화의 여러 가지 요소에 대한 기존 연구를 확대하여 북방 초원문화, 그리스 · 로마 미술, 아케메네스, 파르티아, 사산의 페르시아 미술에서 연원을 찾아볼 수 있는 요소들을 분석하는 작업이 필요하다. 한국 불교 미술의 연원을 간다라와 서역까지 확대하여 보았듯이 고구려 회화의 외래적 요소의 연원을 찾기 위하여 중국 너머로 시야를 넓히는 것이 필요하다. 또한 불교의 전파 외에 조로아스터교, 마니교, 기독교 등도 종교적 전파의 고려의 대상으로 넣을 필요가 있다.

한편 북방기류를 언급할 때에 고구려 벽화고분의 성립 이전의 흉노를 통한 북방문화권대의 형성에 주의를 기울여야할 필요가 있다. 특히, 위진고분벽화의 연원과 고구려 벽화의 연원을 비교할 때에 석륵의 후조와 전량 등 4세기 전반 북방지역의 북방민족 정권과 그 문화 흐름에 주목한다.

한의 서역 경영과 연결되어 이루어진 흉노의 세 차례에 걸친 서천은 북방기류의 형성에 중요한 역할을 하였다. 무제(기원전 156~87년)의 공격으로 시작된 1차 서천(기원전 57년), 2차 서천(기원전 48년), 3차 서천(기원후 91년부터)으로 인해 흉노는 중앙아시아를 가로질러 강거, 즉 소그디아나에 이르는 지역으로 이동하게 된다.[10] 한과의 전쟁으로 인한 흉노의 남천과 서천은 내몽고와 섬서, 산서의 만리장성 주변의 흉노계 벽화고분과 화상석묘 및 신강, 감숙, 내몽고, 몽골에 흉노-스키타이계 미술의 출현을 낳게 된다.

한나라가 중앙아시아로 팽창하려한 한 가지 이유는 흉노의 침공을 저지하는 것, 또는 흉노의 오른팔을 자르는 것으로 흉노의 서쪽 기반을 박탈하고 흉노에게 물자를 공급하는 감숙 회랑, 중앙아시아 오아시스, 동북 평원 남부 지역을 군사적으로 차단하려했다. 흉노는 원래 변경 시장을 통해서, 또는 중국 영토를 침공하거나, 화친의 대가로 물자를 획득하였다. 그러나 한무제의 공격적인 정책으로 조공품이나 변경시장의 교역품에 의존하는 것이 불가능해지고 중국의 조공을 받을 수 없게 되자 흉노는 신강 오아시스 지역을 흉노를 위한 농산품과 기타 생산품을 공급하는 중요 원천으로 이용하였다. 위청과 곽거병의 원정으로 흉노가 정치 군사 중심을 서북으로 옮긴 다음부터 특히 그러하였으며 이로써 흉노와 서역의 경제가 밀접하게 연결되었다.[11] 이러한 흉노와 서역의 밀접한 정치, 경제적 관계는 흉노의 세력권과 서천이 이루어진 지역에 북방문화와 서역 문화, 또는 그보다도 더 먼 거리의 서방문화가 유입 혼합되는 효과를 낳았을 것이다. 3~4세기에 북방지역을 따라 북서와 북동에서 벽화미술이 출현한 것은 원래 북방지대를 따라 흉노의 서천과 남천을 통하여 루트가 형성되었던 북방기류의 문화가 영향을 미친 것으로 볼 수 있다.

---

10) 康居는 시르다리아와 아무다리아 사이의 소그디아나(Sogdiana) 지방에 있었던 것으로 추정된다. 한무제의 북벌전쟁과 흉노의 분열에 대하여는 정수일,『씰크로드학』, 창작과 비평사, 2001, 970~972쪽.
11) 니콜라 디코스모 저, 이재정 역,『오랑캐의 탄생』, 황금가지, 2005, 325~327쪽, 405쪽.

이상과 같은 인식을 배경으로 고구려 고분벽화의 국제적 성격을 이해하고, 고구려의 벽화문화가 생겨나고 성숙되는 과정에서의 외부의 문화권들의 흐름을 살펴보는 것이 본서의 연구목적이다. 먼저 1장 1절에서는 고구려 벽화고분이 축조되기 시작한 3~4세기부터 668년 멸망할 때까지 몇 세기 동안 고구려의 문화에 자극을 주고 성장력을 주어 벽화문화를 배태시키고 발달시킨 외래의 동인들을 알아보기 위하여 고구려보다 이른 시기의 중국의 한위진시대 북방지역의 벽화고분들을 살펴본다.

중국 한위진벽화고분의 지역별 분포와 벽화 주제의 전파과정을 통하여 북방지역을 중심으로 동한~위진시대에 벽화문화가 형성되고 벽화문화가 중국의 북부지역을 중심으로 퍼져나가면서 특히 섬북, 감숙, 하북, 내몽고, 요녕 지역을 따라 발달된 벽화와 화상석 문화가 고구려 벽화고분의 출현에 일조한 것을 볼 것이다. 또한 위진시대에 쿠샨 박트리아 지역 미술과 페르시아 미술과 유사한 중국 신강 누란과 미란의 벽화고분과 감숙 고태의 벽화고분의 출현은 한대의 벽화고분문화와 섞인 서역적 문화의 발현을 보여준다. 고태와 누란, 미란의 벽화는 그 연원을 우즈베키스탄 테르메즈의 쿠샨 왕조시대의 불교미술과 이란 페르세폴리스의 아케메네스와 사산의 연회도, 연화도, 동물도에서 찾아볼 수 있어 쿠샨과 페르시아 문화의 동전이 이미 3~4세기에 이루어진 것을 확인할 수 있다. 또한 이러한 북방지역을 따라 조성된 서역 계통의 벽화고분의 고찰은 서역계 미술 전통의 이해가 6~8세기 아프라시압 벽화에 머물러 있는 시공간적 한계를 벗어나는데 도움이 될 것이다.

1장 2절에서는 중국의 한위진 벽화고분의 연원으로 춘추전국-한대의 초문화를 살펴볼 것이다. 전국시대~한대 초문화에서 형성된 고분 미술의 도상과 제재의 구성은 이후 중국 고분미술의 발달에 큰 영향을 미쳤으며 인물화와 종교화의 초기 발달단계를 잘 보여준다. 또한 초의 회화예술에서 추상적 신앙과 신비한 형상의 신상神像을 구체적으로 묘사하는 특성은 한위진남북조시대의 불교와 도교 미술의 도상 발달에 영향을 미친다. 초나라 미술의 신화적 상징들에 의해 영향 받아 중국 고대 신화와 신상들이 조각과 회화의 주제로 점차 등장하기 시작한다. 불교가 한대에 중국에 유입되었을 때 회화와 조각으로 불교의 신상과 설화들을 묘사하는데 있어 초나라 미술의 전통이 그 기반을 제공한다. 마지막으로 초나라 묘장에서 중국에서 가장 이른 현존하는 서화도구들이 출토되었으며 현존하는 칠기와 견직물에서 서예의 예술적 특성의 발현을 볼 수 있다. 이후 2천년 동안 중국 미술을 지배하는 서예와 회화의 발달에 있어서 초나라 미술

울란 헤렘 고분의 구조와 벽화, 부장품은 중국 북조北朝~수당隋唐의 섬서 서안, 영하寧夏 고원固原, 신강新疆 투르판의 벽화묘와 많은 친연성을 보인다. 울란 헤렘 벽화묘가 조성된 것으로 여겨지는 7세기는 돌궐 제1제국이 망하고 50년간 당의 기미지배가 있었다. 기미지배 이후 7세기 말에 돌궐 제2제국이 세워진다. 돌궐은 북제 천보天保 4년(553년)부터 중국과 잦은 외교관계를 가졌다.

중국 고분과의 친연성은 동돌궐 지역에 미친 한계漢系 장의葬儀미술의 영향을 반영하는 것으로 해석할 수 있으나, 벽화 주제 표현이나 장제葬制에서는 중국과 다른 문화적 변용과 지역적 특징도 관찰된다. 목관 안에 화장을 한 묘주의 유골과 금제 부장품을 함께 넣어 돌궐과 소그드의 화장풍습을 반영하고 있고 돌궐과 사산계 금제 용기, 금제 화관 장식, 누금세공 감입장신구, 비잔틴 금화 등 유목문화와 서방문화 계통의 유물들이 다수 부장되었다.

동서를 잇는 초원로에 위치한 벽화묘로서 혼합된 문화적 특징을 보여주는 울란 헤렘 벽화묘가 가지는 지역적 특색과 문화의 변용양상을 7세기경 조성된 중국의 섬서, 영하, 신강 등지의 벽화묘들과 비교하여 고찰하고 벽화의 양식과 부장품의 특징 분석을 통하여 구체적 편년을 시도한다.

우리가 고구려와 서역의 관계를 보여주는 자료로 많이 언급하는 우즈베키스탄의 아프라시압 궁전벽화는 고구려의 말기 또는 멸망 이후의 자료로 고구려 고분벽화와 서역의 직접적인 관계를 보여주기에는 어렵다. 또한 소그드 미술이 전성기에 달한 6~8세기의 미술을 통해 고구려와 서역과의 관계를 살펴보는 데에는 한계가 있다. 따라서 고구려 벽화의 서역적 요소를 이해하기 위해서 문화 전파의 매개체 역할을 한 소그드의 미술 전통을 통해서 전달된 문화의 원류를 보아야 고구려 벽화의 서역적 요소를 이해할 수 있다고 본다. 고구려 벽화의 유라시아적 요소의 이해를 위하여 3장 4절에서는 소그드로 대표되는 서역계 미술문화를 보다 구체적으로 규명하기 위하여 소그드 지역의 미술 문화의 그레코-이란 양식의 연원인 아케메네스조, 파르티아조, 사산조 페르시아 미술과, 쿠샨, 박트리아, 그리스·로마의 다양한 미술문화를 비교 연구한다. 스키타이, 아케메네스, 파르티아, 쿠샨, 박트리아, 사산, 에프탈 등 소그드 지역을 다스린 나라들과 그 주변 지역의 문화에 대해서 고찰하여 고구려 벽화문화의 형성을 낳은 유라시아문화 요소를 구체적으로 분별하고자 한다.

고구려와 중국 고분벽화에 보이는 유라시아문화의 연구의 목표는 고구려 고분벽화의 연구의 외연 확장이라고 할 수 있다. 고구려 벽화연구는 기초 자료의 정리와 소개, 각각의 중요 벽화고분에 대한 정리와 연구, 시기별 발달에 대한 정리와 연구, 주제별 정리와 연구라는 1차 단계의 연구가 이제까지 이루어졌으며 최근에는 고구려 벽화고분에 보이는 제의와 대외관계 측면에서의 연구가 많이 이루어지고 있다. 고구려 벽화의 대외관계를 살피기 위해서는 고구려 벽화 축조 당시의 외부의 문화권의 흐름을 살펴야 하며 당시의 유라시아문화의 특징에 대한 연구가 필요하다. 둘째로 세계문화유산인 고구려 고분벽화 연구에 있어서 인류에게 보편적 가치가 있는 문화유산으로서 그 중요성을 알리고 확인하기 위해서 고구려 벽화의 세계사적인 가치의 탐구를 목표로 한다. 이는 고구려 벽화의 국제성의 탐구라는 주제로 연결되며 고구려 벽화에 보이는 외래요소인 유라시아문화의 개별적 문화 요소들의 연원과 전파과정을 탐구함으로써 고구려 벽화 연구의 확장과 세계사적 가치를 확인하고자 한다. 셋째로 중국의 입장에서의 서역을 막연하게 상정하던 데에서 벗어나 고구려의 입장에서의 북방과 서역, 즉 유라시아문화를 파악하여 고구려 벽화의 국제적 성격이 오아시스로와 초원로의 두 가지 중요한 루트를 통하여 형성된 것임을 규명할 수 있기를 바란다. 본서에서 다루는 시기와 지역의 광범위한 성격, 벽화사와 북방사에 있어서 사료의 부족, 거시적 시각에서 부족할 수 있는 정확하고 꼼꼼한 분석이 많이 아쉬운 논고들이지만 앞으로의 연구에서 하나둘씩 채워갈 수 있기를 바란다.

1장

고구려 고분벽화의
유라시아적 문화요소의 연원

고구려와 중국 한위진 벽화고분의 발달과 연원

    고구려 고분벽화 연구에 있어서 벽화고분의 구조와 더불어 벽화 제재의 구성과 배치는 벽화고분을 편년하는데 중요한 근거가 된다. 고구려 고분미술의 벽화 제재의 구성이나 개별 도상의 조합에 대한 연구는 일부 고분을 제외하고 보다 깊이 있게 전개되지 못한 상태이다. 각 고분에 남아있는 벽화의 영성함(또는 출간된 사진자료의 부족이나 미공개), 해석의 바탕이 되어줄 고구려의 제사나 장의 관련 기록이 많지 않다는 점 등이 고구려 벽화의 제재 구성과 배치, 조합을 보다 다양하고 치밀하게 해석하는데 어려움을 주고 있다. 또한 고구려 고분벽화에 나타난 다양한 주제 및 표현방식 등의 기원을 추적하여 그 의미를 밝히는 일 역시 그 근거가 되는 역사적 기록의 부재로 난제로 남아 있는 상태이다. 하지만 고구려 고분벽화에 대한 연구는 고구려와 밀접한 교류를 맺었던 주변국의 고분미술을 고찰함으로써 일부 주제와 제재에 대한 해석이 가능하므로 고구려 미술에 대한 이해를 위해 중국을 비롯한 당대 북방민족 미술에 대한 고찰이 필요할 것이다. 따라서 이번 장에서는 고구려와 영향관계에 있던 중국 및 흉노, 스키타이 고분미술의 기원과 발전과정을 통해 고구려 고분미술의 연원과 의미를 살펴보고자 한다.

    중국 위진 시기 고분벽화는 한대 고분벽화와 화상석과 더불어 중국 고대 회화의 발전을 볼 수 있는 중요한 회화자료이다. 동시에 고구려의 초기 고분벽화와 같은 시기에 조성되어 고구려 벽화의 기원과 발전, 양식적 변천에 중요한 비교자료이기도 하다. 고구려 고분벽화의 기원과 전개에 대해서는 중국의 동북지역 요녕성 한~위진 벽화고분이 일찍부터 주목받아 고구려 벽화의 비교 연구가 이루어졌다. 현재는 요녕 벽화에 대해서 직접적인 영향을 인정하는 설과 요녕에서 고구려로의 단선적 영향관계가 아닌 것으로 보는 설이 있다.[1] 지리적으로나 시기적으로 가까운 요녕 고분벽화는 고구려 벽화의 형성과 발전에 일정 부분 영향을 미친 것으로 보인다. 하지만 본고에서는 지리적으로 인접하여 영향관계를 쉽게 유추할 수 있는 요녕 지역을 넘어선, 또는 요녕 지역 벽화와 다른 고구려 벽화의 특징의 연원을 살펴보고자 한다. 요녕 지역 벽화가 고구려 벽화의 발달에 직접적인 영향을 미쳤다고 할 때 요녕 벽화에 보이지 않는 천상세계의 묘사의 발달과 같은 고구려 벽화의 특징은 그러면 어디에서 연원한 것인가? 요녕과 고구려가 단선적 영향관계가 아니라고 한다면 한위진시대의 요녕 벽화 외에 고구려와 교류를 주고받거나 영향을 미친 지역이나 시기의 벽화는 어디인가?

한편 하서지역 위진 벽화고분은 지리적으로 멀리 떨어졌음에도 불구하고 고구려와 상당히 유사한 특징을 보여 그 상관관계가 의문시되었다. 고구려 덕흥리 벽화분과 감숙 주천 정가갑5호분이 그러한 예이다. 눈으로 보이는 친연성을 입증할 만한 구체적인 교류관계에 대해서는 아직 확실한 자료가 제시되지 못하였다.

이에 본고에서는 고구려 벽화의 기원과 발전에 중요한 비교자료인 중국 위진 시기 고분벽화의 연원과 벽화문화의 전파경로를 살펴보고자 한다. 고구려나 요녕·감숙지역의 3~4세기 벽화고분의 출현에는 서한과 동한에 걸쳐 크게 발달한 한나라의 고분미술이 배경이 된다.

현재까지 약 70기 정도 발견된 한대 벽화고분의 연구는 중요 고분 및 몇몇 주요 제재를 중심으로 연구가 진행되었으며, 지역적 특징에 대한 연구는 주로 중원지역 고분벽화를 중심으로 이루어졌다. 동북과 서북지역의 한대 고분벽화는 계통 연구가 아직 충분히 이루어지지 않은 상태이다.[2] 한대에는 벽화만이 아니라 사당과 고분을 장식하는 화상석이 크게 발달하였으므로 화상석까지 포함하여 각 지역 간 전파와 교류 양상을 고려한다면 한대로부터 위진 시기로의 고분벽화의 전파에 대한 고찰은 상당히 복잡한 양상을 띠게 된다.

우선 이번 절에서는 벽화고분에 논의를 한정시켜 한대 벽화고분에 대하여 최근의 정리된 연구를 기반으로 중국 위진 시기 동북과 하서지역 고분벽화의 연원과 벽화문화의 전파경로를 살

---

1) 전호태, 『중국 화상석과 고분벽화 연구』, 솔, 2007; 전호태, 「한당 고분벽화의 지역문화」, 『역사문화연구』 33, 한국외국어대학교 역사문화연구소, 2009; 강현숙, 『고구려와 비교해본 중국 한, 위·진의 벽화분』, 지식산업사, 2005; 東潮, 『高句麗考古學研究』, 吉川弘文館, 1997.
2) 허시린, 「漢代 壁畵古墳의 발견과 연구」, 『미술사논단』 23, 한국미술연구소, 2006, 43~67쪽.

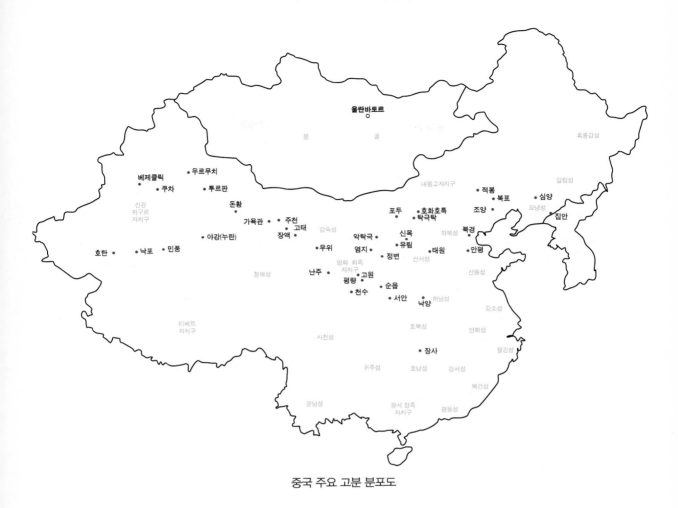

중국 주요 고분 분포도

퍼본다.[3] 중국의 3~4세기 동북과 하서지역의 벽화고분의 연원과 전파경로를 살피는 작업은 고구려 벽화고분 출현의 대외적 배경을 밝히는데 중요하다. 고구려 초기 벽화의 연원 연구에는 내재적 문화요소의 자생적 발전과 국내 지역 간 전파와 함께 고구려 벽화를 형성하는데 영향을 미친 다양한 외래요소를 살펴볼 필요가 있다. 이를 통하여 고구려가 벽화고분을 조성하게 된 3~4세기의 대외적 배경을 보다 구체적으로 이해할 수 있을 것이다.

---

3) 선행연구에서도 고구려벽화분과 중국과의 관련에 있어서 중국의 영향에 대하여 중국 내 중원의 漢文化와 地域色에 대한 검토를 통해 구체적으로 밝혀야 한다는 점이 지적되었다. 강현숙, 「고구려 석실봉토벽화분의 淵源에 대하여」, 『한국고고학보』 40, 한국고고학회, 1999, 89쪽.

Ⅰ. 중국 신망~동한 전기 벽화의 출현

1920년대 초 요양에서 최초 발견된 한대 벽화고분은 현재까지 발굴보고 된 것이 약 70기에 달한다.[4] 한대 벽화고분의 지역-시기별 분류는 학자마다 약간 차이가 나는데 최근에 나온 분류를 따르면 한대 벽화고분의 지역적 분포는 중원中原지역(낙양이 중심이며 하남 대부분 지방과 하북 남부와 산서 남부 등 포함), 관중關中지역(섬서 서안 중심), 동북東北지역(요녕성 요양 중심), 북방北方지역(내몽고 중심), 하서河西지역(감숙 하서주랑 일대), 동방東方지역(산동과 강소)으로 나눌 수 있다.[5] 시기별로는 서한 전기, 서한 후기, 신망에서 동한 전기, 동한 후기로 나눈다 (표 1). 이러한 한대 고분벽화의 분포와 발달을 살펴보면 고분을 장식하는 벽화문화가 단일한 문화적 특징을 가지고 한나라 전역에서 걸쳐서 동일하게 발달한 것이 아니라는 것을 알 수 있다. 또한, 벽화문화의 전파는 중원문화의 변경지역으로의 일방적 전파과정이 아니며 다양한 지역적, 시기적 편차를 가지고 상호 영향을 주고받으면서 발달한 것을 볼 수 있다.

한대 벽화고분의 분포를 지역별로 보면 중원지역인 하남에 약 1/3 정도에 해당되는 20기 이상이 분포하여 가장 많다. 중원지역의 벽화고분은 서한 전기부터 동한 후기까지 모두 벽화고분이 등장하며 고분의 수는 신망에서 동한 전기, 동한 후기에 각각 약 10기 이상 많은 수의 벽화고분이 발견되었다.

---

4) 최근의 한대 벽화고분에 대한 연구는 다음과 같다. 黃佩賢, 『漢代墓室壁畫研究』, 文物出版社, 2008; 賀西林, 『古墓丹靑-漢代墓室壁畫의 發現與硏究』, 陝西人民美術出版社, 2002; 허시린, 「漢代 壁畫古墳의 발견과 연구」, 『미술사논단』 23, 한국미술연구소, 2006, 43~67쪽; 양홍, 「中國 古墳壁畫 연구의 회고와 전망」, 『미술사논단』 23, 한국미술연구소, 2006, 7~41쪽.

5) 한대 벽화고분의 지역·시기별 분포와 고분의 수는 黃佩賢의 『한대묘실벽화연구』를 기본으로 하고 전호태의 「중국 한~당 고분벽화와 지역문화」, 강현숙의 『고구려와 비교해본 중국 한, 위 · 진의 벽화분』에 실린 벽화고분을 추가한 것이다. 여기에서는 황패현의 연구에 따라 한대 벽화고분을 나누고 있어 고분의 편년이나 분포에 학자에 따라 다른 의견이 있을 수 있고, 현재까지 공식적으로 보고된 고분에만 기반을 두어 논의를 전개시키는 한계가 있음을 밝힌다. 黃佩賢, 『漢代墓室壁畫研究』, 文物出版社, 2008, 31~32쪽.

표 1 | 漢代壁畫墓의 分區와 分期

지역	시기	벽화고분
中原지구	①서한전기	河南 永城 芒碭山 柿園 梁王 壁畫墓
	②서한후기	洛陽卜千秋壁畫墓, 洛陽淺井頭壁畫墓, 洛陽燒溝61號漢墓, 洛陽八里台墓(보스턴미술관), 洛陽壁畫墓(대영박물관), 新安里河村墓
	③신망~동한전기	洛陽金谷園新莽壁畫墓, 洛陽尹屯新莽壁畫墓, 新安鐵塔山東漢壁畫墓, 洛陽偃師高龍鄕辛村新莽壁畫墓, 洛陽金谷園東漢墓, 洛陽北郊石油站東漢墓, 山西平陸棗園村新莽墓, 洛陽汽車工廠東漢墓, 洛陽唐宮路玻璃廠東漢墓
	④동한 후기	洛陽東郊機工廠東漢壁畫墓, 偃師杏園村東漢墓, 洛陽西工壁畫墓, 洛陽3850號壁畫墓, 洛陽朱村東漢壁畫墓, 密縣打虎亭1, 2號漢墓, 密縣後土郭1,2,3號畫像石·壁畫墓, 河南滎陽王村鄕萇村壁畫墓, 山西夏縣王村東漢壁畫墓, 山西永濟上村東漢壁畫墓, 望都所藥村1,2號漢墓, 河北安平逯家庄漢墓, 河北景縣大代庄東漢壁畫墓
關中지구	①서한 전기	無
	②서한후기	西安 南郊 曲江池 1號墓, 西安 交通大學 西漢壁畫墓, 西安 理工大學1號 西漢壁畫墓
	③신망~동한전기	陝西千陽新莽漢墓, 陝西咸陽龔家灣1號新莽墓
	④동한 후기	陝西旬邑縣百子村東漢壁畫墓
東北지구	①서한 전기	無
	②서한후기	無
	③신망~동한전기	遼寧大連營城子漢墓
	④동한 후기	遼陽迎水寺壁畫墓, 遼陽南林子墓, 遼陽北園1,2,3號墓, 遼陽棒臺子屯1,2號壁畫墓, 遼陽三道壕窯業第4現場墓(車騎墓), 遼陽三道壕窯業第2現場墓(令支令張君墓), 遼陽三道壕1,2,3號墓, 遼陽南雪梅村1號壁畫墓, 遼陽鵝房1號墓, 遼陽舊城東門里壁畫墓, 遼陽南環街墓
北方지구	①서한 전기	無
	②서한후기	內蒙古包頭召灣51號墓
	③신망~동한전기	內蒙古鄂爾多斯巴音格爾村兩座漢墓
	④동한 후기	內蒙古鄂托克 鳳凰山1號東漢壁畫墓, 內蒙古托克托閔氏壁畫墓, 和林格爾新店子1號漢墓, 內蒙古包頭張龍圪旦東漢壁畫墓, 陝西定邊郝灘1號東漢壁畫墓, 陝西靖邊楊橋畔1號東漢壁畫墓
河西지구	①서한 전기	無
	②서한후기	無
	③신망~동한전기	甘肅武威韓佐五壩山東漢壁畫墓
	④동한 후기	甘肅武威磨嘴子漢墓, 甘肅酒泉下河清1號東漢壁畫墓, 甘肅 民樂八挂營1,2,3號東漢壁畫墓, 甘肅武威雷台壁畫墓
東方지구	①서한 전기	無
	②서한후기	無
	③신망~동한전기	山東梁山後銀山東漢墓
	④동한 후기	江蘇徐州黃山隴東漢墓, 安徽亳縣董園村1,2號畫像石·壁畫漢墓, 山東濟南靑龍山畫像石·壁畫漢墓, 山東東平縣老物資局院壁畫墓

다음은 10기 이상이 발견된 동북지역이다. 동북지역은 신망에서 동한 전기에 한 기의 벽화고분이 출현한 후 동한 후기에는 중원지역 못지않은 수의 벽화고분이 지어진다. 관중지역은 총 6기의 한대 벽화고분이 발견되었다. 서한 후기와 신망~동한 전기에는 각각 2~3기의 벽화고분이 나오다가 동한 후기에는 한 기에 그친다. 관중지역은 중원지역이나 동북지역의 벽화고분의 수에 미치지 못하나 장안이 정치중심지였기 때문에 서한에서 동한 만기까지의 각 시기의 실례를

갖추고 있다는 점과 다른 지역에서 볼 수 없는 주제와 표현 등으로 주목된다.[6]

하서, 북방, 동방지역은 각각 10기 이하이다. 내몽고를 중심으로 하고 섬서 일부 지역을 포함하는 북방지역은 중원지역의 수에 미치지는 못하나, 서한 후기부터 동한 후기에 이르기까지 꾸준히 벽화고분의 수가 증가한다. 하서지역은 신망에서 동한 전기에 2기, 동한 후기에 5기의 증가세를 보이며, 위진 시기에 가면 20여기에 가까운 벽화고분으로 늘어난다. 마지막 동방지역은 화상석이 벽화보다 발달한 지역 특색으로 동한 후기에 화상석과 벽화가 같이 장식된 고분이 몇 기 나타난다. 그러나 중원, 동북지역에 비하면 벽화고분이 그다지 활발하게 축조되지는 않았다.

서한 전기에 벽화고분이 등장하는 곳은 중원지역, 서한 후기부터 벽화고분이 출현하는 곳은 관중지역, 북방지역이다. 다른 세 지역들(하서지역, 동북지역, 동방지역)은 모두 신망에서 동한 전기에 벽화고분이 등장한다. 한대의 전통을 계승한 위진 벽화고분의 경우 요녕과 감숙에 가장 많이 분포한다. 따라서 신망에서 동한(전기)에 동북, 하서지역으로 전파된 벽화의 특징을 살피는 것이 위진 시기 요녕과 감숙 벽화(및 고구려 벽화)의 연원에서 중요할 것이다. 신망(기원후 9~25)과 동한전기에 세워진 한대 벽화고분은 15기 이상이 발굴되었다.[7] 지역별로는 중원지역 약 10기, 관중지역 2기, 동북 · 북방 · 하서 · 동방지역이 각각 1기씩이다.

신망에서 동한 전기 벽화고분을 보면 1세기 초 혹은 이보다 약간 이른 시기에 하남지역 고분 벽화에 큰 변화가 일어난다.[8] 낙양지역 벽화고분은 대부분 작은 벽돌로 만든 전축분塼築墳이며 묘실 천장은 아치형, 궁륭형 등이 주를 이룬다. 벽화 배치에서 신망시기 벽화는 묘정墓頂, 격장隔墻, 격량隔梁, 묘벽墓壁 상방上方에 주로 위치하다가, 동한 전기에 이르면 묘실 각처에 퍼져 분포하기 시작한다.[9] 대부분은 회를 바른 벽에 벽화를 그렸으며 이전보다 커진 화폭에 자유로운 구도가 특징이다. 궁륭형 천장이 유행하면서 궁륭정에 파노라마처럼 그려 넣는 방식이 유행한다. 벽화는 서한 후기 벽화에서 유행한 승선벽사제재가 여전히 그려지나, 생활풍속 제재가 새로이 출현한다. 하남河南 낙양洛陽 금곡원金谷園 신망묘新莽墓, 낙양洛陽 윤둔尹屯 신망묘新莽墓, 언사偃師

---

6) 黃佩賢, 『漢代墓室壁畫研究』, 文物出版社, 2008, 29~41쪽.

7) 黃佩賢, 『漢代墓室壁畫研究』, 文物出版社, 2008, 31~32쪽.

8) 중국 동주에서 한대의 고분 구조의 변화와 사상적 배경에 대해서는 Wu Hung, *Arts of the Yellow Spring*, University of Hawaii Press, 2010, pp.30~34 참조.

9) 黃佩賢, 『漢代墓室壁畫研究』, 文物出版社, 2008, 60~67쪽.

하남 낙양고묘박물관

하남 언사 신촌 신망묘 벽화

신촌辛村 신망묘新莽墓와 산서山西 평륙平陸 조
원촌묘棗園村墓가 이전과 다른 변화가 나타나
는 대표적 고분들이다.[10]

금곡원 신망묘의 전실前室과 윤둔 신망묘의
중실中室에 보이는 목조 가옥을 모방한 묘실
장식은 동한 이후 북방지역 묘실벽화에 자주
보는 형식이 된다.[11] 이러한 신망~동한 전기
벽화고분의 특징은 고구려의 초, 중기 벽화고
분의 구조와 벽화 배치의 특징이 된다는 점에
서 주목된다.

낙양 금곡원 신망묘

동북지역에서 신망에서 동한 전기에 출현한 최초의 벽화고분이 요녕遼寧 대련大連 금현金縣
영성자한묘營城子漢墓(동한 전기)이다.[12] 영성자한묘는 궁륭정의 다실전축분으로 묘도, 회랑, 주
관실主棺室, 전실前室, 후실後室, 동측실東側室로 구성되었다. 구조상 중원의 전축분의 종렬배치

---

10) 洛陽博物館,「河南金谷園新莽時期壁畵墓」,『文物資料綜刊』1985년 9호; 中國社會科學院考古研究所河
　　南第二工作隊,「河南偃師杏園村東漢壁畵墓」,『考古』, 1985年 1期; 洛陽市第二文物工作隊·黃明蘭·郭引
　　强 編著,『洛陽漢墓壁畵』, 文物出版社, 1996; 山西省文物管理委員會,「山西平陸棗園村壁畵漢墓」,『考古』,
　　1959年 9期.

11) 黃佩賢,『漢代墓室壁畵研究』, 文物出版社, 2008, 60~63쪽; 양홍,「中國 古墳壁畵 연구의 회고와 전망」,『미
　　술사논단』23, 한국미술연구소, 2006, 7~41쪽.

12) 內藤寬·森修,『營城子-前牧城驛附近の漢代壁畵塼墓』, 刀江書院, 1934.

요녕 대련 영성자한묘 주실 북벽 승선과 제사도

형식을 가지고 있어 낙양이나 낙랑지역 벽화고분과 유사하다. 벽화는 그림을 그릴 부분에만 회를 바르고 구륵법으로 그렸다.

대부분 한 번의 묵선으로 윤곽선을 그려 졸박하고 거친 편이며 일부만 채색을 하였다. 묘문墓門 내외 상부의 괴수상怪獸像, 묘문墓門 좌우에 계戟를 든 문리, 묘실墓室의 동, 남벽에는 유운流雲, 주작, 괴수, 문졸이 있다. 북벽의 벽화가 잘 알려져 있는데 벽면의 상단은 주작, 청룡, 검을 차고 관을 쓴

주인, 노인, 시자侍者, 구름 위를 밟고 있는 우인羽人 등으로 구성되었다. 검을 차고 관을 쓴 묘주상은 호남 장사 자탄고 초묘 출토 인물어룡人物御龍 백화, 호남 장사 마왕퇴3호묘 출토 "T"자형 백화와 거마의장도車馬儀仗圖 백화의 묘주와 같이 측면상으로 그려졌다. 입술을 붉은 색으로 칠하였고 앞에 선 노인과 우인을 향해 손을 모으고서 경의를 표하는 모습이다. 따르는 시자의 뒤에 머리를 치켜든 용이 그려져 있다. 북벽 상단의 벽화는 방사方士가 묘주의 승선을 인도하는 광경으로 하단은 제사를 지내는 장면으로 해석한다.

하서지역에서 처음 출현하는 벽화고분은 신망에서 동한 전기의 감숙甘肅 무위武威 한좌韓佐 오패산五壩山 동한벽화묘東漢壁畵墓로서 장방형長方形의 토동단실묘土洞單室墓이다. 묘실의 북벽은 산수를 배경으로 두 마리의 호랑이와 소, 동벽은 꼬리가 긴 호랑이 무늬의 신수神獸와 그 뒤에 세워진 나무 기둥이 있다.[13] 묘실 남벽에는 춤추는 듯한 형상의 인물이 1인 그려졌다. 동물과 인물의 형상이 간략하고 조방한 필치로 묘사되었다. 1950년대에 발굴되었고 소량의 흑백 도판 외에 정식보고서가 발표되지 않아 전체 벽화의 정확한 배치와 구성을 알기 어렵다. 남벽의 인물상은 아래가 여러 갈래로 갈라진 의복의 형태나 동작으로 보아 신수神獸를 부리는 신선으로 보인다. 신선과 신수로 구성된 벽화로 본다면 영성자營城子 한묘와 같이 승선사상을 반영한

---

13) 오패산묘의 도판은 中國美術全集編輯委員會 編, 『中國美術全集 – 墓室壁畵』, 人民美術出版社, 1993, 도 8; 黃佩賢, 『漢代墓室壁畵硏究』, 文物出版社, 2008, 도 77, 78.

망新莽벽화묘壁畵墓와 낙양洛陽 당궁로唐宮路 파리창玻璃廠 동한묘東漢墓에서 선례를 볼 수 있다. 같은 동한 후기 벽화고분들로는 낙양洛陽 주촌朱村 동한벽화묘東漢壁畵墓, 밀현密縣 타호정打虎亭 1, 2호한묘, 내몽고內蒙古 화림격이和林格爾 신점자新店子 1호한묘, 섬서陝西 정변定邊 학탄郝灘 1호 동한벽화묘 등이 있다. 이러한 병좌상은 위진남북조시대의 가장 보편적인 부부상의 형태가 되면서 고구려에도 전래된다.[27]

요녕 요양 벽화묘 묘주병좌상

동한대의 대규모의 행렬도 형식은 하남과 하북지역에 나타나서 북방지역(내몽고 화림격이 벽화묘)와 동북(요양 한위진 벽화묘)지역으로 전파된다. 연음도나 주방도 등은 밀현 타호정2호묘, 산동 기남화상석묘와 제재의 구성이나 표현방법이 비슷하다.[28]

하남 낙양 주촌 벽화묘 묘주도

요양 벽화의 연음宴飮, 포주庖廚, 문리, 문견과 같은 제재들은 낙양洛陽 언사偃師 고룡향신촌高龍鄕辛村 신망벽화묘新莽壁畵墓, 밀현密縣 타호정打虎亭 1, 2호 동한묘와 내몽고 악탁극鄂托克 봉황산鳳凰山 1호 동한벽화묘, 내몽고 화림격이和林格爾 신점자新店子 1호 동한묘와 유사하게 표현되었다.

요양 벽화고분이 앞에서 언급한 내몽고지역이나 섬서 북부와 같은 북방지역의 벽화고분과도 벽화제재와 표현에서 유사한 특징을 공유하는 것은 당시 고분벽화 문화가 같은 북방문화권 대에도 넓게 퍼져가고 있었음을 그리고 서로 영향을 주고받았을 가능성을 보여준다. 고구려 벽화와 지리적, 시기적으로 가까워 직접적 연관관계를 유추할 수 있는 요양 벽화 외에 북방지역

27) 한정희, 「중국 분묘 벽화에 보이는 墓主圖의 변천」, 『미술사학연구』 261, 한국미술사학회, 2009, 105~147쪽.
28) 河南省文物研究所, 『密縣打虎亭漢墓』, 文物出版社, 1993; 洛陽第二文物工作隊, 『洛陽漢墓壁畵』, 文物出版社, 1996, 34쪽.

벽화고분들도 고구려 벽화고분의 형성을 고려할 때에 중요하다. 이는 요양 벽화에 없는 승선적 내세관의 표현이나 천상도의 묘사가 동한 후기에 하남에서 북방으로 전파되어 발달되었기 때문이다. 또한 신망에서 동한 전기 하남지역 고분벽화에 일어난 변화가 동한 후기의 섬서, 내몽고지역 고분벽화로 전파된다.

중국 동북지역 벽화고분의 발달에서 동한~서진을 지나 오호십육국 시기로 넘어오면 벽화고분의 수가 다소 감소한다. 동한~서진 시기에는 요동의 요양이 벽화고분 축조의 중심지였으나 삼연 시기(4세기 중엽~5세기 초)에는 요서의 조양朝陽, 북표北票가 중심지가 된다.[29] 조양은 전연前燕(307~370년), 후연後燕(384~409년), 북연北燕(409~436년)의 도성이었다. 요서지역의 대표적 벽화고분으로는 조양 십이대영자十二臺營子 원대자袁臺子 1호묘(4세기 초~중엽), 조양 북묘촌北廟村 1호묘와 2호묘, 북표 서관영자西官營子 1호묘(풍소불묘 馮素弗墓, 415년), 조양 대평방촌大平房村 북연묘 등이 있다.[30] 요서지역의 벽화고분은 고분 구조면에서는 중원지역과 연관성이 보이지 않는다.[31] 삼연시기의 고분은 고분구조, 부장품 면에서 대체로 한족과 선비족의 풍습이 혼재되어 나타나는 것으로 여겨진다. 원대자 1호묘는 묘주墓主, 사신四神, 수렵狩獵, 선식膳食, 거기車騎, 역사力士, 일월류운日月流雲, 대평방촌 북연묘는 가거家居, 포주庖廚, 묘주부부대좌墓主夫婦對坐, 북묘촌 1호묘는 가거, 우경牛耕, 산림山林 등이 벽화의 주요 제재이다. 북표 서관영자 1호분은 일월성신日月星辰, 유운流雲, 흑견黑犬, 인물 두상頭像 등의 벽화가 남아 있다.[32] 요서지역의 조양·북표지역의 벽화고분은 고분 구조면에서는 중원지역과의 관계가 상정되지 않으나 생활풍속적 제재들은 앞 시기의 요양지역의 벽화고분에서 계승된 것이라고 볼 수 있다.

원대자 벽화묘는 묘주의 초상과 생활풍속(수렵, 우경과 정원, 푸줏간과 도살장면, 조리 장면,

29) 강현숙, 『고구려와 비교해본 중국 한, 위·진의 벽화분』, 지식산업사, 2005, 307~343쪽.

30) 黎瑤渤, 「遼寧北票縣西官營子北燕馮素弗墓」, 『文物』, 1973年 3期; 朝陽地區博物館, 朝陽縣文化館, 「遼寧朝陽發現北燕·北魏墓」, 『文物』, 1973年 3期; 陳大爲, 「朝陽縣溝門子晋壁畫墓」, 『遼海文物學刊』, 1990年 2期; 遼寧省博物館文物隊, 朝陽地區博物館文物隊, 朝陽縣文化館, 「遼寧朝陽發現北燕·北魏墓」, 『文物』, 1984年 6期.

31) 강현숙, 『고구려와 비교해본 중국 한, 위·진의 벽화분』, 지식산업사, 2005, 307~343쪽.

32) 강현숙, 『고구려와 비교해본 중국 한, 위·진의 벽화분』, 지식산업사, 2005, 169~170쪽. 풍소불묘의 묘주에 대해서는 『北史』 93, 「北燕馮氏」; 『晉書』 卷125, 「馮跋載記」, 3127쪽; 지배선, 「북연에 대하여」, 『동양사학연구』 29, 동양사학회, 1989, 147쪽; 지배선, 『中國中世史研究』, 연세대출판부, 1998, 320, 334쪽.

문리) 및 사신이 함께 그려져 있다.[33] 고구려의 안악3호분과 유사한 조양 원대자묘와 요양 상왕가촌묘의 정면 묘주초상은 동한 후기에는 하북河北 안평安平 녹가장逯家庄 한묘(176년경), 산서山西 하현夏縣 왕촌王村 동한벽화묘, 신망~동한 전기에는 비록 고졸한 형태이나 하남河南 신안新安 철탑산鐵塔山 동한벽화묘에 보인다.

요녕 조양 원대자묘 묘주도

조양 원대자묘 벽화는 요양지역 벽화고분에서 보이지 않던 여러 가지 새로운 제재들이 출현하는 점에서 주목된다. 1세기 앞선 요양지역의 벽화고분과 다른 벽화 제재들이 외부로부터 유입되어 고분의 벽화 구성에 영향을 미쳤음을 말해준다. 사신四神, 역사力士, 수렵狩獵과 같이 요양지역에 등장하지 않은 제재들의 전파경로를 살피면 대체로 서한 후기의 하남, 섬서 지역에서 동한 시기의 북방과 하서지역으로 전파된 양상을 관찰할 수 있다.

요양에서 보이지 않는 사신과 같은 천상도 관련 제재들은 서한시기에는 하남 낙양지역 벽화고분에 주로 많이 등장하며, 관중지역에서는 서안 이공대학 벽화고분에 출현한다. 신망시기에는 하남 낙양지역 신망벽화고분들과 섬서 천양묘에서 찾아볼 수 있다. 동한대는 섬서 순읍현 백자촌 동한 벽화묘, 섬서 정변 학탄1호묘, 감숙 민락 팔괘영1,2,3호 동한 벽화묘 등 주로 관중과 하서지역쪽으로 전파된다.

원대자묘의 수렵도는 한대 벽화고분 중에서는 이르게는 서한 후기의 섬서 서안이공대학 벽화고분에 보이고, 신망~동한 전기에는 감숙 무위 오패산묘, 동한 후기로 넘어가면 산서 하현 왕촌 벽화묘, 섬서 정변 학탄1호묘, 내몽고 악탁극 봉황산1호묘, 감숙 주천 하하청 1호 벽화묘, 감숙 민락 팔괘영 1, 2, 3호 동한 벽화묘와 같이 주로 북방지역 벽화고분에서 주로 출현하는 주제

33) 강현숙, 『고구려와 비교해본 중국 한, 위 · 진의 벽화분』, 지식산업사, 2005, 159~162쪽.

하남 신안 철탑산 동한벽화묘 묘주도

이다. 조위~서진 고분으로는 하서지역의 가욕관 신성1, 3, 7호묘, 가욕관 위진묘, 주천 석묘자탄 벽화묘에 나타난다. 수렵도의 전파는 섬서 서안 한대 벽화고분, 내몽고 동한 벽화고분, 감숙 가욕관 조위曹魏 벽화고분 등 주로 북방지역을 잇는 문화대에 두드러진다.

원대자묘에 보이는 역사는 동한 후기의 산동 동평현 노물자국원 벽화묘에 보였다가, 조위~서진의 하서지역 채회전 고분(주천 dktm 신성묘, 돈황 불야묘만묘)에 주로 출현한다. 중국 동북지역 벽화고분의 발달에서 동한 전기의 영성자 한묘, 동한 후기~서진의 요양 벽화고분, 삼연의 원대자 벽화묘가 모두 같은 동북지방에 세워진 고분임에도 고분벽화 제재의 전파나 수용 측면에서 시기별로 다양한 차이가 나타난다.

요양 벽화에서 보이지 않는 원대자 고분벽화의 주요 제재들이 동한과 위진시기에는 관중지구, 북방지구, 하서지구에서 목격된다는 점이 흥미롭다. 이는 원대자묘 벽화에 보이는 고구려 벽화와의 친연성이 오호십육국시기를 거치면서 본격적으로 형성된 것으로 보이는 소위 '북방기류'의 결과로 나타난 것일 수도 있다.

요녕성 조양시 북표현 서관영자 풍소불묘(북표 서관영자 1호분, 북연, 415년)는 석곽묘 안에서 채회목관이 발견되었다.[34] 묘주인 풍소불은 북연 풍발의 형제로 415년에 사망한 인물이다.[35] 천장과 관의 네 벽에 그림을 그렸으나 대부분 탈락되었다. 흑색, 주황색, 등황색, 녹색으로 채색한 벽화의 주제는 검은 개, 인물 두상, 일월상, 별과 유운문 등이다. 1호묘의 석곽 곽정에 그

34) 黎瑤渤,「遼寧北票縣西官營子北燕馮素弗墓」,『文物』, 1973年 3期, 43~79쪽.

35) 풍발이 즉위하기 이전에 풍발의 둘째 아우인 馮丕가 반란을 피하여 고구려로 도망하였다는 기록으로 미루어 풍발 즉위 이전부터 풍발 일가가 고구려와 친선관계를 형성하였다는 단서로 볼 수 있다.『北史』93「北燕馮氏」,『晉書』卷125,「馮跋載記」3127쪽; 지배선,「북연에 대하여」,『동양사학연구』29, 동양사학회, 2008, 147쪽; 지배선,『中國中世史硏究』, 연세대출판부, 1998, 320, 334쪽.

린 유운문은 각저총과 같은 고구려 초기와 중기 벽화와 흡사하다. 선비족일 가능성이 있는 부인의 무덤으로 추정되는 서관영자 2호분도 목곽 천장부와 네 벽에 벽화가 있다. 목곽 천장부와 네 벽에 별자리, 출행, 가거, 건물이 그려졌고 개뼈가 출토되어 개가 영혼을 적산으로 데려간다는 오환 선비와 같은 풍습을 볼 수 있다. 로마 유리기와 보요관 등 5세기 전반의 공예품들은 유라시아계통문화의 동전東傳의 중요한 사례들이다. 무문의 동제 반과 완, 다리미 등은 고신라시대의 청동제, 혹은 금은제 그릇들과 형식 및 제작 기법이 서로 통한다.[36]

동한 후기 북방지역에는 약 6기의 벽화고분이 있다. 내몽고內蒙古 악탁극鄂托克 봉황산鳳凰山 1호 동한벽화묘, 내몽고 탁극탁托克托 민씨閔氏 벽화묘壁畵墓, 내몽고 포두包頭 장룡을단張龍圪旦 동한벽화묘, 화림격이和林格爾 신점자新店子 1호 한묘漢墓, 섬서陝西 정변定邊 학탄郝灘 1호묘, 섬서 정변靖邊 양교반楊橋畔 1호묘이다.[37] 내몽고 포두包頭 장룡을단張龍圪旦 1호묘와 포두包頭 소만검湾 묘장 및 섬서陝西 수덕綏德 황가탑黃家塔 묘장 등은 중국 북방지구北方地区에서 "남흉노南匈奴" 묘장으로 인식되는 고분들이다.[38] 요양지역 벽화고분이 한족인구의 요동 이주를 통한 벽화문화의 전파를 의미한다면, 내몽고와 섬북지역 벽화고분은 한의 벽화문화가 흉노계 북방문화와 접하면서 문화변용을 표현하는 사례로 중요하다. 동한과 흉노, 선비의 경계지대에 위치한 섬서지역의 화상석은 문미나 문주에 다양한 동물의 병렬 또는 상하 배치 및 운기문과 결합된 사슴문이 독특한 특징이다.

동한말의 내몽고 화림격이 신점자 벽화고분 묘주는 거효렴擧孝廉, 랑郎, 서하군장사西河郡長史, 행상군속국도위사行上郡屬國都尉事, 위군魏郡 번양현령繁陽縣令, 사지절호오환교위使持節護烏桓校尉 등 하남성, 산서성, 섬서성, 하북성, 내몽고를 아우르는 지역을 거치면서 관직생활을 한 경험을

36) 강현숙, 『고구려와 비교해본 중국 한, 위·진의 벽화분』, 지식산업사, 2005, 169-170쪽.
37) 羅福頤, 「內蒙古自治區托克托縣新發現的漢墓壁畵」, 『和林格爾漢墓壁畵』, 1956年 9期; 內蒙古自治區文物考古硏究所, 『和林格爾漢墓壁畵』, 文物出版社, 2007; 內蒙古自治區博物館文物工作隊, 『和林格爾漢墓壁畵』, 文物出版社, 1978; 內蒙古文物工作隊, 內蒙古博物館, 「和林格爾發見-座重要的東漢壁畵墓」, 『文物』, 1974年 1期; 陝西省考古硏究所, 「陝西定邊縣郝灘發現東漢壁畵墓」, 『文物』, 2004年 5期; 國家文物局主編, 『2006中國重要考古發現』, 文物出版社, 2007, 123~126쪽.
38) 중국북방 흉노 묘장으로 陝西長安客省莊M140, 內蒙古伊克昭盟西溝畔, 寧夏同心倒墩子墓地, 同心李家套子, 陝西神木大保當 등이 대표적이다. 楊建華, 『春秋戰國時期中國北方文化帶的形成』, 文物出版社, 2004; 羅福頤, 「內蒙古自治區托克托縣新發現的漢墓壁畵」, 『文物參考資料』, 1956年 9期, 1956; 강현숙, 『고구려와 비교해본 중국 한, 위·진의 벽화분』, 지식산업사, 2005, 93~96쪽.

내몽고 화림격이 벽화묘

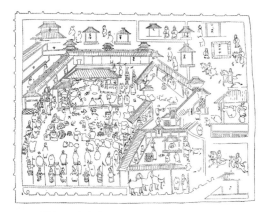
내몽고 화림격이 벽화묘 중실 동벽 영성도

벽화로 남겼다.[39] 화림격이 신점자고분의 벽화와 그 묘주의 생전 이동 경로를 보면 하남성, 섬서성, 산서성, 내몽고 지역의 벽화고분의 특징이 어떻게 결합되어 북방지역에 전파되었는가를 알 수 있다. 화림격이 벽화에 보이는 다양한 요소들, 즉 하남 벽화의 다양한 연회도와 적색의 목조 가옥 구조와 운기문 장식, 하북 벽화에 보이는 조감도 식의 건축도 등은 변경지역의 다소 고졸한 벽화의 표현과 어우러져 집안지역 고구려 벽화와 상당히 유사한 특징을 보인다. 또한 화림격이는 호화호특과 대동에 이르는 남북 교통로의 요충지이자 동한 만기 이후 선비족과 한족 사이의 분쟁지였으며 하서-포두-호화호특-대동-내몽고 적봉-조양으로 이어지는 소그드에서 조양에 이르는 북중국 루트에 위치하였다.[40] 이러한 북방지역으로 연결되는 교류로에 위치한 벽화고분들이 공유하는 특징이 '북방기류'로 표출된

것으로 여겨진다.

　내몽고 화림격이 신점자 벽화고분과 같이 북방지역 동한 후기 벽화고분에 속하는 섬서지역의 두 기의 벽화묘는 2003년과 2005년에 새롭게 발견된 것이다.[41] 이전까지 섬서 북부의 한대 고분은 화상석묘가 주를 이루었다. 내몽고와의 경계에 가까운 정변현定邊縣과 정변현靖邊縣에

39) 중실 통로 오른쪽 벽에서 중실 동벽 오른쪽에 이르는 부분에 '遼寧烏換校尉幕府圖', 중실 남벽 왼쪽에 '繁陽縣城', 남벽 통로문의 오른쪽에 '行上郡屬國都尉時所治土軍城府舍', 왼쪽에 '西河長史所治离石城府舍'가 있다. 강현숙, 『고구려와 비교해본 중국 한, 위·진의 벽화분』, 지식산업사, 2005, 100쪽.
40) 권영필, 『중앙아시아 속의 고구려인 발자취』, 동북아역사재단, 2007, 35쪽.
41) 섬서성 경내에 있으나 서안이 중심인 관중지역과 거리가 멀고 현재 내몽고 자치구와의 경계에 위치한다. 또한 묘장 형제나 벽화 제작방법이 관중이나 중원과 차이가 나서 북방지역에 속하는 것으로 분류한다.

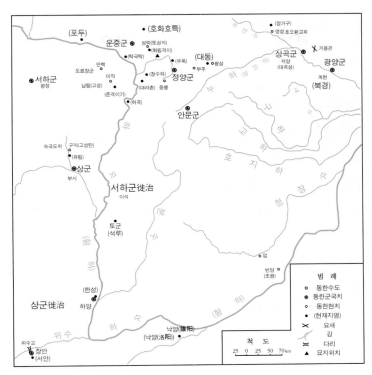

내몽고와 섬북지역 동한 후기 역사지리표시도

위치한 두 벽화고분은 한화상석이 다수 출토된 섬서 미지현米脂縣, 수덕현綏德縣, 신목현神木縣, 이석離石과 비교적 가까운 거리에 있다. 동한과 흉노, 선비의 경계지대에 위치한 섬서지역의 화상석은 다양한 선계 표현이 특징인데 하남의 선계 인식과 표현이 섬서에 전해지는 시기와 과정을 보여주는 점에서 중요하다.[42] 정변定邊 학탄郝灘 1호묘와 정변靖邊 양교반楊橋畔 1호묘의 벽화 내용에서 현실생활 제재 외에 중원과 관중지역 서한~동한 벽화묘에서 보이는 천상도와 승천사상 관련 주제가 같이 나타나 주목된다. 섬서 정변 양교반 1호묘 전·후실의 벽면에 목조 건축 구조를 모방해 그린 점은 낙양 금곡원 신망묘, 내몽고 악탁극鄂托克 봉황산鳳凰山 1호 동한 벽

─────

42) 후한 중기까지 섬서지역의 중심도시로 번영했던 미지, 수덕, 신목의 화상석에서는 선계 표현 유형이 다양하게 확인된다. 신목 대보당 한화상석의 기본주제는 '來世昇仙'이다. 1세기 말 이래 수덕, 미지 등 섬북지역에 주로 조성되던 화상석묘가 산서의 이석 일대에 세워지는 시기는 140년 이후이다. 전호태, 『중국 화상석과 고분벽화 연구』, 솔, 2007, 81~120쪽, 123쪽.

섬서 정변 양교반 동한묘

화묘, 동북지역 요양의 벽화묘와 유사하다.[43] 정변 학탄1호묘 벽화고분은 녹색을 주조로 한 벽면의 바탕 설채가 독특한데, 녹색 벽면 위에 인물과 동물의 산악 배치 방식과 다소 희화화된 동물의 표현법이 내몽고 포두 소만 한 대 흉노묘 출토의 황유 부조 도준陶樽 장식과 위진시기의 감숙 고태 4호묘의 신수도와 유사하다.[44] 이러한 북방계통의 산악도에 대해서 에스터 제이콥슨에 의하면 기원전 4세기 무렵 이미 중국 서북부, 몽골, 남시베리아, 중앙 아시아에 이르는 초원 산악 지역에 독자적 산악도가 유목민 기반으로 출현하였다. 소퍼와 설리반의 산악도의 고대 서아시아 기원론에서는 아시리아나 페르시아 청동 그릇의 산악도는 3개 산봉우리로 구성되었는데, 여기에서 반원형, 삼각형 산들이 중첩된 형태의 한대 산악도가 유래한 것으로 본다. 북흉노 고분인 몽골의 노인울라 6호묘 출토 은기의 산악도나 고구려의 약수리 벽화고분과 덕흥리 벽화분의 산악도도 형태상 아시리아·페르시아 계통의 산악도 유형으로 보인다.[45]

서아시아와 연관된 조로아스터교 상징을 보여주는 동북지역 위진 벽화묘로 북경시 석경산구 팔각촌 벽화분도 주목을 요한다.[46] 1997년 발견된 벽화고분으로 묘실은 벽돌로 지어졌고 전실(동서 길이 2.19m, 남북 폭 2.15m)과 후실(동서 길이 2.9m, 남북 폭 1.93m)로 이루어졌다. 전실 안에 있는 석곽은 바닥과 뚜껑, 세 벽을 판석으로 축조한 것인데 구조 특징상 송소조묘 등에서

---

43) 섬서 정변 고분벽화에 대해서는 黃佩賢,『漢代墓室壁畵硏究』, 文物出版社, 2008, 도 61~71.

44) 내몽고 포두 소만의 흉노묘 출토 황유 부조 도준은 王永强 외,『中國少數民族文化史 圖典』, 北方卷 上卷, 廣西教育出版社, 99~100쪽.

45) 서정록,『백제금동대향로』, 학고재, 2001, 207쪽.

46) 李永平, 周銀霞,「圍屛石榻的原流和北魏墓葬中的祆教習俗」,『考古與文物』, 2005년 5기.

감숙 돈황 불야묘만묘 외관

감숙 돈황 불야묘만묘 조장

데 주천 신성묘군과 조성연대가 가깝다.[60]

　주천지역은 이실묘와 삼실묘가 유행한 반면, 돈황지역은 단실묘가 주이다. 주천지역의 벽화는 묘실 내가 가장 풍부하고 조장의 채회는 비교적 간단한 반면, 돈황지역은 조장장식이 가장 복잡하며 묘실 내 벽화는 비교적 적다.[61]

　하서지역 주천과 돈황지역의 위진 벽화고분의 연원은 해당 지역 한대 고분 또는 중원과 관중지역 한대 벽화고분과 화상전고분과 사당과 비교하여 연원을 찾는다.[62] 전자의 경우 무위 오패산묘, 주천 하하청묘, 석묘자탄묘 등 한대 묘장에서 모두 화상전이 발견되며 이들이 하서 위진 벽화고분의 직접적 연원이라고 본다. 후자는 하서지역의 벽화고분이 한대부터 위진 시기까지 강한 지속성을 보이는 특징이 있으며 건축구조나 벽화 장식에서 중원지역, 관중지역 한대고분과 유사한 특징이 나타나므로 하서 위진 고분의 연원은 중원과 관중까지 범위를 넓혀 살펴야 한다고 본다.

　먼저 묘실 구조면에서는 관중과 섬북 지역의 한대의 전실묘와 석실묘의 구조가 하서지역에

---

60) 張掖地區 文物管理辦公室·高臺縣博物館,「甘肅高臺駱駝城畫像磚墓調査」,『文物』, 1997年 12期.

61) 鄭岩,『魏晋南北朝壁畵墓研究』, 文物出版社, 2002, 44~60쪽, 145~180쪽.

62) 후자의 견해에서 하서지역은 3세기 초에서 5세기 초까지 많은 정권이 교체되었으나 문화전통은 큰 변화 없이 지속되어 벽화고분에서도 발전 과정에서 강한 지속성을 드러낸다고 본다. 가욕관 신성 조위묘, 불야묘만 서진묘, 주천 정가갑 16국묘는 모두 다른 시기와 지역의 고분임에도 불구하고 지속적 특징을 보인다. 鄭岩, 『魏晋南北朝壁畵墓研究』, 文物出版社, 2002, 145~180쪽.

영향을 미쳤을 것으로 여겨진다. 주천신성묘의 전실 궁륭정, 후실 권정의 구조는 섬서 동한 고분 중에서 이미 형성된 것이 된다.

하서지역 위진 벽화고분의 특이한 구조 형식인 조장은 감숙 무위 뇌대 한묘에서 보인다. 뇌대 한묘에서는 3.6m 높이의 조벽에 흑묵黑墨과 백분白粉으로 장식하고, 중간에 문, 기둥, 양방梁枋, 두공 등 건축 구조 형상을 그렸다. 조장은 주천지역에서 조위曹魏 이후 유행하기 시작하여, 불야묘만 서진묘의 조장에서 더욱 복잡해진다. 정가갑 고분의 천상도도 문루 화상의 확대 발전으로 본다.

주천과 돈황 일대 묘문의 조장은 낙양에서는 보이지 않으나 유사 형식의 문루를 섬서 동관교潼關橋 한대漢代 양씨楊氏 묘군墓群에서 볼 수 있다.[63] 섬북 동한 화상석묘에서는 특히 묘문의 장식을 중시하여 문미 중앙에 쌍궐과 문루를 장식하고 누각 옆에 각종 상서 그림을 그렸는데 하서지역 조장에 보이는 표현 관념과 가깝다.[64] 신성과 불야묘만 고분의 조장의 우수인신牛首人身, 계수인신鷄首人身은 섬북 및 산서 이석離石 일대의 한화상석 중 유행한 제재이다. 결국 이러한 조장의 형식은 관중지역에서 서북으로 전파된 것으로 보인다. 그 외에 돈황 불야묘만 133호묘 묘실 북측 벽감에 주황색으로 그린 유장帷帳은 관중지역의 동한 후기 벽화묘인 섬서陝西 순읍현旬邑縣 백자촌묘百子村墓의 묘실 후벽의 천문天門을 떠올리게 한다.[65] 이러한 빈 유장의 그림은 고구려 쌍영총의 후실 서벽에도 출현하며, 쌍영총의 유장 안에는 옥도리벽화고분의 병풍과 같은

섬서 수덕 묘문조합화상

섬서 수덕 묘문조합화상 우수인신과 계수인신

63) 鄭岩, 『魏晉南北朝壁畫墓研究』, 文物出版社, 2002, 도 124.

64) 鄭岩, 『魏晉南北朝壁畫墓研究』, 文物出版社, 2002, 145~180쪽.

65) 양홍, 「中國 古墳壁畫 연구의 회고와 전망」, 『미술사논단』 23, 한국미술연구소, 2006, 12~13쪽.

문양이 희미하게 나타난다.

조위~서진 하서河西 벽화묘의 문루식門樓式 조장照墻은 후에 영하 고원과 섬서 함양 북주北周 묘의 문루도, 서안과 고원의 당대 벽화묘와 몽골의 바양노르 벽화고분으로 계승된다.[66] 벽화묘의 묘도와 천정에 문루도가 출현하는 이른 예로 영하 고원의 북주 이현묘李賢墓(569년)와 수隋 사사물묘史射勿墓(610년)가 있다. 이현묘는 3개 과동과 용도甬道에 모두 문루를 그렸다. 탁발선비 출신인 이현(503~569년)은 돌궐 및 고구려와의 전쟁에서 활약한 인물이다. 소그드인 선조가 대대로 살보薩寶로 활동한 사사물(543~609년)의 묘는 제1·2과동 남구南口에 문루와 연화를 각각 그려 몽골 바양노르 고분과 배치가 같다. 문루도와 인물도가 벽화의 주제인 북주 이현묘를 계승한 수대 사사물묘는 유사한 주제의 초당 벽화고분의 선례가 된다.

하서지역에서 오호십육국 시기의 고분으로는 주천 정가갑묘군이 있는데 그 중에서 5호묘가 벽화고분이다.[67] 후량(386~403년) 또는 서량(400~421년)에서 북량(397~439년) 사이로 편년된다. 하서지역 벽화고분이 대부분 채회전으로 장식된 것과 달리 정가갑5호분은 천장과

감숙 돈황 불야묘만 133호 벽화묘 묘실 북측 벽감 유장도

섬서 순읍현 백자촌 벽화묘 천문도

---

66) 박아림, 「중국 위진 고분벽화의 연원 연구」, 『동양미술사학』 1, 동양미술사학회, 2012, 75~112쪽; 李星明, 『唐代墓室壁畵研究』, 陝西人民美術出版社, 2005, 도1~44, 45; 寧夏回族自治區固原博物館 편, 『原州古墓集成』, 文物出版社, 1999, 20쪽, 도1~27, 26, 41, 42.

67) 甘肅省文物考古硏究所, 『酒泉十六國墓壁畵』, 文物出版社, 1989.

감숙 주천 정가갑5호분 외관

감숙 주천 정가갑5호분 천장 서왕모도

벽면을 모두 화면으로 활용하여 서왕모, 동왕공, 천마, 묘주연음, 수목 등의 제재를 그렸다.

정가갑5호분의 전실 조정藻井에 그린 연화나 천장에 그린 승선제재의 연원은 같은 하서지역의 서진시기 불야묘만 고분 조장의 조각과 회화에서 찾을 수 있다. 또한 133호묘와 같은 불야묘만 고분의 상서의 주제와 화상의 배열방식은 동한 후기의 산동지역 화상석(가상 무량사화상석)과 하북(망도 1호 벽화묘) 및 내몽고 벽화고분(내몽고 화림격이 신점자 벽화묘)에 이미 출현한다. 이러한 조장에 묘사된 내용은 사자의 영혼이 묘문을 들어서는 순간 승선의 여행을 시작하는 것으로 사신 중 청룡과 백호가 정확한 방향을 정해주며 서왕모가 인도하고 기사騎士가 호위하면서 상천上天에서 각종 상서祥瑞가 내려와 영접하는 것으로 해석된다. 가장 상단에 있는 가문假門은 한대 화상석에 보이는 "천문天門"이다. 조장의 기능은 호화로운 문루門樓로서 사자가 지하에 거주하는 "가옥"을 상징하는 동시에 사자死者가 승선하는 통도通道이다. 단순한 형식의 조장을 가진 정가갑5호분에서는 승선도상이 이미 전실의 천장으로 이동한 것으로 정가갑5호분의 천장의 옥녀玉女, 천마天馬, 신록神鹿 등의 상서祥瑞는 사자영혼을 영접하는 역할을 한다고 본다.[68]

또한 정가갑5호분의 벽화의 제재와 구성 배치는 신망~동한 전기 하남지역에서 궁륭형 천장이 발달한 전축분의 특징과 상당히 유사하다. 천장 전체에 퍼진 운기문의 배치라든가 운기와 신수神獸의 조합, 묘실 안에 목조가옥 구조를 재현한 점 등이다. 여기에 동한 이후 발달한 생활풍속적 제재가 추가로 벽면을 장식하고 있다. 고구려 덕흥리 벽화분과의 유사성이 지적되는 것

---

68) 鄭岩, 『魏晋南北朝壁畵墓硏究』, 文物出版社, 2002, 156~158쪽.

도 이와 같은 특징들 때문이다. 이는 신망~동한 전기의 하남 벽화고분의 특징이 동한 후기의 하남, 섬서, 내몽고지역 고분벽화로 전파된 이후 오호십육국시기 하서지역으로 전파된 인상을 준다. 한편 고구려와 인접한 동한 후기~위진 동북지역 벽화고분에는 이러한 특징이 나타나지 않는다. 지리적으로 멀리 떨어진 하서의 정가갑5호분와 고구려의 덕흥리 벽화분의 벽화 구성과 제재의 친연성은 의외로 받아들여진다. 그러나 서한 이후 벽화문화의 전파과정을 고려한다면 지리적으로 먼 지역 간의 공통적 특징은 반드시 우연의 결과가 아닐 수 있다. 즉, 하서와 고구려 사이에 위치한 섬서, 산서, 내몽고 지역의 동한 후기의 고분벽화의 연원과 형성 과정을 살펴본다면 이러한 북방지역을 따라 형성된 벽화문화의 상호 교류가 배경으로 작용하고 있음을 알 수 있다.[69]

다음으로 신강성 벽화묘는 신강성 투르판분지 고창 고성 부근의 아스타나阿斯塔那 벽화고분군과 카라호토哈喇和卓 벽화고분군, 그리고 누란의 누란고성 벽화묘가 있다.[70] 이들 신강성 고분벽화들은 조위~서진시기 주천과 돈황 지역의 고분벽화의 제재와 배치가 보다 간략화 된 형식으로 전파된 것을 보여준다. 스타인에 의해 신강 투르판 지역 아스타나에서 4기의 오호십육국시기 벽화고분이 발견된 이래[71] 1975년에 카라호토에서 다섯 기의 북량(397~439년) 벽화고분

---

69) 정가갑5호분과 덕흥리 벽화분과 유사한 것은 중국 북방에 황하 河套 지역을 거쳐 동북지역까지 16국 시기에서 북조 시기까지 하나의 문화 통로가 형성되어 있었던 것을 배경으로 본다. 鄭岩, 『魏晋南北朝壁畵墓研究』, 文物出版社, 2002, 158~175쪽.

70) 투르판 아스타나 고분은 사막에 조성된 수천 기의 분묘 가운데 400여 기의 고분이 발굴로 알려졌다. 출토 문서는 西晋 泰始 9년(273)부터 唐 大曆 13년(778년)까지 분포하여 약 500년간 조성된 묘지군임을 알 수 있다. 묘실 안에 높이 50㎝ 내외의 단 위에 시신을 눕힌다. 초기에는 관을 사용, 후기에는 관을 따로 쓰지 않고 바로 시신을 안치하였다. 입구와 묘실 사이의 좌우 벽면에 1.5m 내외의 작은 방, 이른바 耳室에 각종 도용이나 그림 문서 등을 저장하였다. 임영애 외, 『동양미술사』 하권, 미진사, 2007, 342쪽.

71) 아스타나지역의 4기의 고분의 벽화는 주로 묘실 후벽에 그렸으며 묘주 생활 장면이 주요 내용이다. 제2구 2호묘(Ast.ii.2)는 후벽의 화면을 네 칸으로 나누고 묘주, 鞍馬, 牛車, 식물을 그렸다. 제6구 1호묘(Ast.vi.1)는 후벽에 묘주와 우차, 낙타가 있다. 제6구 4호묘(Ast.vi.4)는 후벽에 묘주 부부와 3명의 시녀, 좌벽에 庖廚, 우, 마, 양 , 낙타 등 가축, 우벽에 수목, 牛車, 낙타, 묘문 양측에 각각 한 마리씩 사자 형상의 진묘수를 그렸다. 그 외에 아스타나묘지 제2구 1호묘(Ast.ii.1)와 제6구 3호묘(Ast.vi.3)에서 두 장의 紙畵가 나왔는데, 묘주, 庖廚, 田地, 牛車 등의 제재를 담고 있다. 유사한 지화가 1964년 아스타나묘지군의 13호묘에서도 발견된 사례가 있다. 지화들의 연대는 서진에서 16국 시기로 여겨지며 벽화의 밑그림이거나 또는 일종의 부장품으로 여기기도 한다. Sir A. Stein, "The Ancient Cemeteries of Astana," *Innermost Asia*, vol.II, ch.XIX, Clarendon Press, 1928; 新疆博物館考古隊, 「吐魯番哈喇和卓古墓群發掘簡報」, 『文物』, 1978年 6期; 新疆維吾爾自治區博物館, 「吐魯番縣阿斯塔那-哈拉和卓古墳墓群清理簡報(1963~1965)」, 『文物』, 1973年 10期.

신강 투르판 아스타나97호묘 묘주도

(카라호토94~98호묘, 75TKM94~98)이 추가로 발견되었다.[72] 카라호토 벽화묘는 사파식 묘도와 정방형 묘실(복두정)로 구성된다. 벽화의 내용은 하서지역 벽화묘와 밀접한 관계가 있다.

아스타나와 카라호토의 고분벽화는 묘실 후벽에 점토를 바른 뒤 백회를 입히고 묵선으로 윤곽을 만들고, 몇 개의 칸으로 나누어 묘주의 생활을 묘사한다. 벽화의 내용은 감숙 지역 벽화와 밀접하게 연관되는데 몇 개의 다른 주제를 하나의 벽면에 산만하게 조합하여 그렸다. 감숙에서 신강으로 생활 풍속 계통의 화본들이 전해지면서 맥락 없이 한 화면에 모두 배치하여 그림으로써 생긴 결과로 보인다. 이러한 방식은 가욕관 신성묘군, 돈황 불야묘만의 채회전이나 돈황 기가만310, 369호분의 화상전 구도와 유사하여 조위~서진시기 주천과 돈황 벽화고분에서 오호십육국시기 신강지역 벽화고분으로 전파된 형식임을 알 수 있다.

하서지역은 한위漢魏와 서진西晉 영가永嘉의 난 이후 중원과 관중의 유민이 대거 이주하였다. 북량의 멸망 이후 일부 인구가 반대로 평성으로 이주한다. 하서지역 고분벽화는 하남, 섬서 지역 벽화고분과 화상석의 영향을 받았으며 인구의 재이동에 따라 벽화 풍속과 특징이 다시 중원과 서역에 영향을 미친다. 북량의 멸망 후 하서지역의 유민이 다시 평성으로 이주됨으로써 벽화문화가 동천하면서 북방지역을 따라서 영향을 주고받는 과정을 볼 수 있다.[73]

---

72) 카라호토의 고분벽화는 묘실 후벽에 점토를 바른 뒤 백회를 입히고 묵선으로 윤곽을 만들고, 몇 개의 칸으로 나누어 묘주의 장원생활을 묘사한 것이다. 모두 북량 시기의 것이다. 95호묘는 우경 정면이 있다. 96호분은 화면이 다섯 칸으로 나누어져, 정좌한 채 손에 부채를 든 남묘주와 좌우의 여자 시종, 田地, 花樹, 주방도 등이 각각 그려졌다. 97호묘는 6칸의 화면으로 구성된다. 남녀주인, 시녀, 낙타, 말, 우차, 果樹, 田地, 화덕이 있는 주방, 화살과 화살통, 일월상으로 구성되었다. 98호묘 벽화는 다섯 칸의 화면으로 구성되었으며 제재가 97호묘와 유사하며 그 외에 포도와 비슷한 넝쿨식물을 묘사하였다. 新疆博物館考古隊, 「吐魯番哈喇和卓古墓群發掘簡報」, 『文物』, 1978年 6期; 新疆維吾爾自治區博物館, 「吐魯番縣阿斯塔那-哈拉和卓古墳墓群淸理簡報(1963~1965)」, 『文物』, 1973年 10期.

73) 鄭岩, 『魏晋南北朝壁畵墓硏究』, 文物出版社, 2002, 145~180쪽.

Ⅲ. 감숙과 신강지역 유라시아계 벽화고분의 출현

다음에서는 감숙 고태와 신강 누란과 미란에 유라시아계 문화의 직접적인 출현을 보여주는 위진시기 벽화들을 소개한다. 감숙성 문물고고연구소와 고태현박물관이 2007년 9월에서 11월 감숙 장액 지구 고태현高台縣 나성향羅城鄕 하서촌河西村 지경파묘지地埂坡墓地에서 약 30기의 묘장을 발굴하였다.[74] 그 가운데 5 기의 위진 묘의 묘장 구조는 대체로 비슷하여 묘도墓道, 조벽照壁, 묘문, 전용도前甬道, 전실前室, 후용도後甬道, 후실後室 등으로 구성되었다. 묘실 안에는 황토黃土로 직접 들보, 기둥, 두공 등 목조가옥을 모방하여 조각하였다. 벽화는 1호, 2호, 4호의 3 기의 묘에서 발견되었다.

가장 중요한 4호묘는 전·후실로 구성되었으며 묘의 총 길이는 7m이다. 전실은 방형에 가깝고 후실은 장방형이다. 벽화는 토홍색선으로 초고를 그리고 묵선墨線 구륵鉤勒으로 그렸다. 전실 천정부에는 묵선 채회로 목조가옥구조를 모방하였고, 양측 벽에는 묵선 구륵의 입주를 그렸다. 묘문 양측은 방목放牧과 수렵狩獵의 그림이 있다.

후실로 가는 통로가 있는 전실 서벽 양측에는 문리가 각각 한 명씩 있고, 통로의 위쪽에는 세 마리의 신수神獸가 있다. 가운데 있는 용과 흡사한 동물은 앞으로 내민 오른손 위에 동글동글한 물체들을 쥐고 무릎을 꿇은 자세로 앉아 있다. 다른 두 마리 동물은 기린으로 보인다. 희화화된 신수들의 형태가 섬서 정변 학탄의 한대 벽화고분의 동물들을 연상시킨다.

전실 동벽에 그린 악무도는 격고도擊鼓圖와 각저도角抵圖로 구성되었다. 인물이 심목고비深目高鼻에 곤발髡髮이며, 좁은 소매의 상의에, 장신에 짧은 치마를 입고 있다. 오락도를 소그드계의 기악으로 해석하는 연구에 의하면 격고는 강국과 안국에서 유행한 화고和鼓로서 응고應鼓, 가고加鼓라고도 한다. 각저도는 신체를 접촉하지 않는 특징으로 보아 강국악과 안국악 중의 이인무일 가능성이 있다고 본다. 소그드계통의 악무로 볼 경우 지경파 4호묘 벽화는 십육국시기 주천군 표씨현表氏縣(현재의 고태현高台縣)에 소그드인의 취락이 이미 존재하였다는 것을 증명한다.

---

74) 甘肅省文物考古研究所, 高臺縣博物馆, 「甘肅高臺地埂坡晋墓發掘簡報」, 『文物』 2008年 9期; 徐光冀 主編, 『中国出土壁画全集』, 科學出版社, 2011; 鄭怡楠, 「河西高臺县墓葬壁畵祥瑞圖研究－河西高臺县地埂坡M4墓葬壁畵研究之一」, 『敦煌學輯刊』, 2010年 1期.

이들은 후에 서위에 의해 돌궐에 출사出使하였다.[75]

전실 북벽의 묵선으로 그린 가옥 내부는 두 부분으로 나뉘는데, 서측은 2명의 호인대좌胡人對坐, 동측은 2명의 한인대음漢人對飮이다. 좌측의 인물들은 삼각형 모양의 백색 모자를 쓰고 있으며 큰 눈에 곱슬머리, 팔자수염과 턱수염이 있으며 단령의 흰 복식을 입고 있다. 우측의 두 인물은 색을 사용하지 않고 묘사하였는데 복식이나 얼굴의 형태, 들고 있는 칠기 등이 한족으로 보인다. 가옥의 우측 바깥에 두 명의 흰 옷을 입은 남자가 서서 무언가를 가운데 들고 나르고 있는 듯이 보인다. 묘주의 연회도 자리에 서역인과 한족이 같이 나란히 앉아 묘사된 것이 독특하며, 묘실 입구 벽의 상단에 묘사된 유라시아계통의 인물들의 가무와 주악의 장면과 함께 해당 지역에 거주하던 유라시아계 묘주, 또는 유라시아인들과 활발한 교류를 한 한족 묘주의 생애를 반영한 것으로 보인다. 하서지역에서는 이미 3세기경부터 소그드인의 식민지가 있었으며 소그드 상인들의 활동이 그들이 소그드지역과 소통한 편지들을 통해 확인되는 점을 고려하면 고태 지경파 벽화고분의 묘주는 한족일 가능성도 있지만, 고태 지역에 거주하던 소그드인 상인 또는 유라시아계 거주집단의 우두머리로서 벽화고분이라는 형식을 사용하여 출신 문화를 표현한 인물로 볼 수 있다. 유물로는 복희 여와를 그린 화상관畫像棺, 금화식金花飾, 금귀고리, 금기金器, 칠기漆器 잔편, 사직품絲織品 등이 출토되었다.

지경파 1호, 2호, 3호묘에서 생토生土로 목조가옥구조를 모방한 것은 위진시기 건축 형식을 알려주는 중요한 자료이다. 돈황 출신으로 평성으로 이주한 귀족으로 추정되는 북위 대동의 송소조묘에서 볼 수 있는 석곽을 예기하는 듯 전실에 목조가옥의 천장 가구 형태를 재현하고 있다. 고태 지경파 위진묘의 독특한 건축 형식과 돈황 출신 송소조의 배경을 고려하면 선비 또는 서역 출신의 묘주의 북조 고분 내에 출현하는 석조 가옥의 기원은 서역문화와 연관된 상징적 건축물, 이를테면 조로아스터교의 배화사원 또는 석제의 오스아리(조로아스터교의 화장 유골함)의 표현은 아닌지 고려해 볼 필요가 있다.

고태 지경파 벽화묘에서는 서역인의 형상이 출현하는데 고태 지역이 하서주랑과 실크로드의 중심으로서 중요한 역할을 하였음을 보여준다. 고태 벽화고분은 유라시아계 인물의 가무도, 흰

---

75) 鄭怡楠, 「河西高臺縣墓葬壁畫娛樂圖硏究 - 河西高臺縣地埂坡M4墓葬壁畫硏究之二」, 『敦煌學輯刊』, 2010年 2期.

신강 누란고성 벽화묘 전실 동벽 연음도　　　　신강 누란고성 벽화묘 전실 동벽 연음도

신강 누란고성 벽화묘 후실 연화도

1~4세기 중앙아시아 실크로드 지도

는 아프가니스탄 지역 고대 석굴에도 천장이 연화문으로 가득 장식된 사례가 관찰된 바 있다.[84] 고구려 벽화고분에도 연화문만으로 묘실 사면 벽이 장식된 사례가 있는데 비록 연화의 형태는 같지 않지만 장천1호분의 간다라 양식의 불상이 출현하는 5세기경에 이러한 순수장식문양고분이 출현하는 것을 보면 그 배경에 서아시아와 중앙아시아의 연화문 배치 형태가 일정 자극을 주지 않았을까 생각된다.

　벽화에 출현하는 인물들의 복식과 연음도, 동물투쟁도, 스투파 형태의 중심주, 연화문 등이 묘주가 발라릭 테페, 파야즈 테페, 카라 테페와 같은 쿠샨 박트리아 지역의 문화권에서 온 인물임을 확인시킨다. 후에 출현하게 될 북조 서역계 석각의 출현을 예시하면서 6~7세기 이전에 이미 중국 신강지역에 쿠샨과 박트리아와 같은 외래계 미술과 문화가 깊숙이 전해졌음을 알려준다.

　신강 미란의 불교 사원지는 서역 실크로드의 사원지들 중에서 가장 이른 3~4세기경 조성된

Studies, Volume 3, 2012, pp.1~22.
84) 이주형, 「인도, 중앙아시아의 원형당(圓形堂)과 석굴암」, 『中央아시아硏究』 11, 중앙아시아학회, 2006, 141~171쪽.

사원지이다.[85] 미란 사원지가 속하는 선선국은 2세기 후반 내지 3세기 전반경 쿠샨 왕조에서 온 이민 집단의 지배를 받았다고 한다.[86] 미란 사원지는 선선국 영역 내 최대 사원지로서 제3사원지와 제5사원지에서 발견된 벽화는 현존하는 서역 회화 중 가장 이른 시기의 것 중 하나로 여겨진다. 1989년에 미란 제2사원지에서 날개를 단 동자 2구가 새로 발견되었다.

제3사원지는 차이티야 형식에 방형 전실과 원형의 후실, 돔 형태의 천장으로 구성되었다. 중앙에 둥근 복발형 불탑이 있고 불탑 주위의 회랑이 있다.[87] 회랑의 안쪽 벽에 그려진 서양의 날개달린 천사상, 꽃줄을 든 동자상, 부처와 승려상 등 각종 인물상이 유명하다. 부처상이 신강 호탄의 금동 불두, 하버드대 새클러박물관 금동 불좌상과 동일하며[88] 간다라 초기 불상 양식으로 고구려 장천1호분의 불상도와도 비슷한 계통이다. 날개 달린 천사상은 동방으로 전파된 로마 비잔틴 모티프로서 6~7세기 사산조 페르시아의 케르만샤의 타크이부스탄 부조의 대석굴 외면에도 대형으로 조각되어있다.

미란 제5사원지는 차이티야 형식으로 방형 전실과 원형 후실로 구성되었으며 내부에 직경 약 3m의 복발형 불탑과 탑을 둘러싼 폭 약 2.1m의 회랑이 있다. 회랑 안쪽 벽면의 벽화에 꽃줄을 중심으로 각종 인물상이 있다. 간다라에서 크게 유행하던 꽃줄 모티프는 그리스·로마미술에서 유입된 것인데, 로마 석관의 부조 장식에서 흔히 볼 수 있으며 사자死者를 애도하던 모티프가 간다라의 사리탑, 사리기, 스투파와 같이 부처의 죽음을 기리는 곳에 출현하는 것이다. 꽃줄 멘 동자 모티프는 쿠샨 간다라와 동일한 모티프로 서역의 불교 사원지 중에서 쿠샨의 영향권에 속해 있던 미란에서만 출현한다. 꽃줄 위에 그려진 〈비슈반타라 태자본생도〉에는 "이 벽화는 티타의 작품이며, 3,000바마카를 받았다"라는 명문이 있다.[89] 화가의 이름과 화가의 작업에 대한 지불금을 기록하고 있다. 스타인에 의하면 티타는 근동의 로마 지배지에서 인기 있는

85) Marylin Martin Rhie, *Early Buddhist Art of China and Central Asia*, Volume 1, Brill, 2007, pp.370~392; A. Stein, *Serindia: Detailed report of explorations in Central Asia and westernmost China*, vol.1, Clarendon Press, 1921, pp.564~637.

86) 『前漢書』「西域傳」第66 鄯善國·樓蘭國.

87) 제3과 5사원지의 불탑에 대해서는 Marylin Martin Rhie, *Early Buddhist Art of China and Central Asia*, Volume 1, Brill, 2007, figs. 5.14, 5.16 5.18, 5.28.

88) 임영애 외, 『동양미술사』 하권, 미진사, 2007, 310~312쪽.

89) Marylin Martin Rhie, *Early Buddhist Art of China and Central Asia*, Volume 1, Brill, 2007, pp.379-380; 임영애 외, 『동양미술사』 하권, 미진사, 2007, 310~312쪽.

신강 미란 제3사원지 불탑 회랑 벽화

이름이었던 라틴어 이름 티투스이다.[90] 성경에 나오는 디도서의 디도와 같은데, 로마 또는 로마의 지배를 받은 지역 출신 화가로 보인다.

미란의 3호와 5호 불사佛에는 주기酒器를 든 인물상 벽화가 있는데 누란 벽화묘 연음도의 인물과 자세가 완전히 일치한다. 꽃줄 주위에 표현된 각종 인물상의 용모와 복식이 다양해서 중앙아시아, 이란, 인도 등 다른 민족들의 모습을 묘사하여 당시 해당 지역이 동서 교통의 요지로서 각종 민족과 문화가 집적된 특징을 잘 보여준다.

신강 누란 고성의 벽화고분과 미란의 불교사원지의 벽화는 서방에서 온 주제와 표현법으로 중요하다. 또한 미란 벽화의 티투스라는 라틴계 이름을 가진 서양인 화가의 존재가 주목되는데 사산의 도시 비샤푸르에서 샤푸르 2세가 시리아의 안티오크에서 포로로 데려온 로마계 미술가들을 이용하여 도시를 건설하였고, 로마식 모자이크 등으로 내부가 장식되었다는 점을 감안하면 이 당시 페르시아 지역으로 이주한 서양의 미술가들이 쿠샨, 사산, 소그드인의 동서 교역을 위한 동방 교류와 이주 과정에서 신강, 감숙 지역까지 흘러들어온 것으로 추정된다. 조로아스터교 만이 아니라 기독교도 이미 4세기에 메르브에 사교구를 설치하였으며, 사산으로 유입된 마니교와 네스토리우스파 기독교들이 로마 비잔틴 미술을 전파하는데 일정한 역할을 하였다.[91] 이 당시에 활동한 중앙아시아(쿠샨, 사산, 소그드)의 상대商隊의 무리에 상인만이 아니라 예술가와 종교인이 포함된 상황을 짐작할 수 있다.

---

90) A. Stein, *Serindia: Detailed report of explorations in Central Asia and westernmost China*, vol.1, Clarendon Press, 1921, p.530, 도142, 144.

91) 左伯好郎,『支那 基督教の 研究 1, 唐宋時代の支那基督教』, 名著普及會, 1979, p.114.

앞에서 살펴 본 감숙의 고태 벽화와 투르판 아스타나, 카라호토 지역의 지화와 벽화는 서역에서 오는 서역풍과 중국 중원에서 온 중국풍이 겹쳐서 조합되어 그려진 것으로 볼 수 있다. 한편 가욕관과 불야묘만의 채회전은 비슷한 화본을 가지고 벽돌에 반복적으로 그려 넣은 것이다. 중국 한대 섬북 화상석의 문미와 문주에 유사한 동물상을 반복적으로 제작해 넣을 때 사용된 화본이 하서지역으로 전파되면서 감숙의 채회전 방식의 벽화 장식이 출현하였을 가능성이 있다. 한편 고태와 누란 및 미란의 벽화는 서쪽에서 온 화풍의 유파가 작업한 것으로 보인다. 위진시대 이렇게 다양한 화풍의 작업을 하는 장인들이 존재하였고, 이러한 유라시아계 문화가 북방지역을 따라서 멀리 고구려로도 전파되었다면 집안의 초기 고구려 벽화의 독특한 유라시아문화적 벽화 구성을 만드는데 하나의 외래문화요소로 작용하였을 가능성이 있다. 고구려 무용총에 보이는 유라시아계 묘주도의 형식이 영하 고원의 북위 칠관화에 보이고 중앙아시아의 발라릭 테페와 아프라시압 벽화에 보이는데 두 사례 모두 무용총보다 늦어 비교가 어렵다. 그러나 고태, 미란, 누란 벽화의 존재는 이미 유라시아계 인물 묘사가 3~4세기에 감숙과 신강지역으로 전파되어 들어온 것을 증명한다. 또한 무용총 묘주의 의좌상은 스키타이·흉노 고분의 직물이나 금속공예품에 이미 보이는 도상으로 고구려 벽화 출현 이전의 북방문화권대를 따라 발달한 도상의 전파 결과임을 알 수 있다.

전한대에 한에서 서역으로 가는 오아시스로의 남도는 돈황으로부터 선선(누란)을 지나 두 갈래로 나뉘는데 한 길은 계속 서행하여 사차(야르칸드)를 거쳐 중앙아시아의 대하(박트리아)와 대월지(사마르칸트) 및 서아시아의 안식(파르티아)에 이른다. 다른 길은 계빈(간다라)을 지나 오익산리(아프가니스탄의 칸다하르)에 이른 후 서남방향으로 조지(현 시리아)에 이른다. 신강 누란과 미란, 감숙 고태에 전해진 그레코-이란 양식 미술은 동북지방의 요녕 조양의 풍소불묘와 산서 대동 북위묘에서 출토된 로마계 유리기와 금속기, 로마·사산 주화와 함께 고구려와 인접한 동쪽 경계로 전파된 유라시아문화요소를 잘 보여준다.

이상에서 살펴 본 한위진시대의 유라시아계 고분미술은 북방기류를 따라서 형성된 북방문화권대를 통하여 3~4세기에 중국 중원지역의 벽화고분의 축조가 쇠퇴한 기간 동안 고구려가 벽화 장식을 위한 새로운 예술적 자극으로 받아들였을 중국 북방지역과 하서지역 고분벽화와 불교석굴 예술에 포함되었을 것으로 생각된다. 또한 더 이르게는 그레코-이란 양식 미술이 스키타이 흉노 미술과 쿠샨 박트리아의 미술을 통해서 전달되었을 가능성이 있다.

IV. 한–위진 고분벽화와 고구려 고분벽화

1. 요녕 벽화와 고구려 벽화

기존의 선행연구에서는 고구려 벽화의 중국 동북지역과의 대외교류 측면에서의 연원을 모용선비족과의 100여년에 걸친 대립과 항쟁의 기간 동안 대규모 유이민의 고구려 유입현상과 고구려에 온 한인관료들의 정치적 역할 및 선진문물의 전래, 영가(307~312년)의 난 이후 한족 인구의 유망, 삼국과 위진시기 산동, 하북일대에서 고구려로 온 유이민, 망명객과 고구려에 의해 약탈된 민호 및 전쟁포로의 존재, 북위시대 중국과의 사행 등에서 찾았다.[92]

모용선비족의 삼연과의 관계를 먼저 살펴보면, 고구려의 대표적 초기 벽화고분인 안악3호분(357년)의 묘주로 추정되는 동수는 전연(337~370년) 출신으로 336년 고구려로 망명하였으며, 덕흥리 벽화분(408년)의 묘주 진은 전진(351~394년) 또는 후연(384~409년) 출신으로 대략 4세기 후반 경에 고구려로 이주한 것으로 추정된다.[93] 342년 전연 모용황의 국내성 침입을 선비 문

---

92) 지배선, 『中世東北亞史硏究-慕容王國史』, 일조각, 1997; 지배선, 『中國中世史硏究』, 연세대출판부, 1998; 이기동, 「高句麗史 발전의 劃期로서의 4世紀 – 모용 '연'과의 항쟁을 통해서」, 『동국사학』 30, 동국사학회, 1996, 15~32쪽; 전호태, 「고구려 안악호분 재론」, 『한국고대사연구』 44, 한국고대사학회, 2006, 127~153쪽; 강선, 「북방민족사에서 본 고구려의 정체성」, 『고구려연구』 18, 고구려발해학회, 2004, 145~162쪽; 강선, 「고구려와 전연(前燕)의 관계에 대한 고찰」, 『고구려발해연구』 11, 고구려발해학회, 2001, 7~25쪽; 이춘호, 「五胡時期 慕容前燕의 建國과 그 性格」, 『東洋史學硏究』 113, 동양사학회, 2010, 70~112쪽.

93) 『資治通鑑』卷95, 「晋紀」『晉書』卷109 「慕容皝載記」 임기환, 「4세기의 고구려의 낙랑, 대방지역 경영」, 『역사학보』 147, 역사학회, 1995, 30쪽; 이기동, 「高句麗史 발전의 劃期로서의 4世紀 – 모용 '연'과의 항쟁을 통해서」, 『동국사학』 30, 동국사학회, 1996, 15~32쪽.
고구려 초기 벽화의 연원을 이들 묘주의 출신인 삼연의 고분벽화에서 찾을 수 있을 것인지, 또는 벽화문화의 전파에서 삼연의 역할은 구체적으로 어떤 것인지 찾는 것은 쉽지 않다. 우선 안악3호분의 묘주에 대한 논쟁이 계속되는 상태이며, 또한 망명객들의 이동으로 어떠한 벽화고분 양식이 전파되었는지 파악하는 것은 인물의 이동과 벽화양식의 전파가 반드시 직접적으로 연결되었다고 단정 짓기 어렵기 때문에 쉽지 않다. 고구려 벽화의 발달에는 내재적 문화요소의 자생적 발전과 국내 지역간 전파가 분명히 존재한다. 다만 본 논문에서는 위진남북조시대와의 대외교류에 초점을 맞추고 있으므로 자생적 발전의 연원보다는 고구려 벽화를 형성하는 다양한 외래요소 가운데 소위 "한계(漢系)"와 "북방문화계(北方文化系)" 연원 연구에 제한된 한계가 있다.

물을 접하는 계기가 되었다고 보는데, 동수의 망명보다 6년이 늦다. 354년으로 비정되기도 하는 조양 원대자고분과 칠성산96호분의 부장 형태와 유사하여 전연의 문물이 시차 없이 고구려로 전달된 것으로 여겨진다.[94] 그러나 모용황이 침입한 집안지역의 4세기 후반 벽화고분(만보정1368호분, 우산하3319호묘 등)에 요녕지역 삼연시기 벽화고분의 구조, 벽화내용의 특징이 보이는지는 명확치 않다.

삼연시기(전연, 후연, 북연, 3세기말부터 437년까지 130년간) 벽화고분은 주로 요서지역의 조양, 북표에 위치하며 고분 구조와 벽화 내용에서 한족과 모용선비족의 문화가 혼합된 것으로 요동, 중원지역과 다르다.[95] 요서 지역 조양 일대 묘실 벽화고분은 단칸 구조이다. 집안 우산하3319호묘(357년)는 중국계 이주민의 고분으로 여겨지는데 중원의 종렬배치 전축분 형식에 고구려 고유의 적석총의 외형을 가졌다.[96] 만보정1368호분도 단실묘로 두 고분 모두 요양, 조양의 벽화고분과는 차이가 있다. 고구려 집안지역으로 전파된 중국벽화고분의 구조는 대체로 동한-위진대 전축분의 종렬배치 구조를 따른다. 동북 지역으로 전파된 초기 벽화고분(요동반도 남단의 여대시 영성자 동한 전기벽화고분)의 구조도 낙양이나 낙랑의 전축분과 유사하다. 전연 출신 동수가 망명해 고구려에 세운 안악3호분도 삼연시기 요서 벽화고분의 구조보다는 동한 말~서진(2세기 말~3세기대)의 요동지역 벽화고분의 구조를 따랐다.

벽화 내용면에서는 우선 모용선비족이 벽화를 적극적으로 채용한 민족이 아니기 때문에 요양지역처럼 많은 벽화고분이 남아있지 않아 비교가 쉽지 않다.[97] 조양 원대자 벽화묘는 예외적인 경우이다. 묘주초상, 수렵, 사신, 역사 등 많은 주제가 고구려 고분벽화와 친연성이 보이며 이는 오호십육국시기를 거치면서 본격적으로 형성된 소위 '북방기류'를 배경으로 나타난 것일

---

94) 342년 전연 모용황 국내성 침입한 후 전연과 화친을 도모하면서 전쟁과 우호관계 속에서 영락 장식 장신구나 마구류 등 전연의 특징적 문물들이 고구려로 유입되었다. 강현숙, 『고구려와 비교해본 중국 한, 위·진의 벽화분』, 지식산업사, 2005, 307~343쪽.

95) 강현숙, 「中國 古代墓制에 對하여」, 『한국고고학보』 32, 한국고고학회, 1995, 87~130쪽; 강현숙, 「中國 東北地方 石室封土壁畵墳의 地域的 特徵에 對하여」, 『한국고고학보』 43, 한국고고학회, 2000, 171쪽.

96) 출토된 丁巳年 와당으로 인해 357년에 지어진 것으로 추정되며 중랑을 역임한 인물과 부인의 합장묘로 여겨진다. 소수림왕릉, 고국원왕릉, 342년의 고구려 정벌에 참전했던 前燕의 王禹나 韓壽의 묘, 晉나라에서 온 崔毖의 묘로 보기도 한다. 정호섭, 「高句麗壁畵古墳의 銘文과 被葬者에 관한 諸問題」, 『고구려발해연구』 36, 고구려발해학회, 2010, 37~70쪽.

97) 강현숙, 『고구려와 비교해본 중국 한, 위·진의 벽화분』, 지식산업사, 2005, 307~343쪽.

수도 있다. 원대자고분이 최근 확인된 묵서명으로 354년으로 비정되기도 하기 때문에 고구려 초기벽화고분에 영향을 주었다기보다는 안악3호분과 거의 동시기에 조성된 유사한 벽화 내용을 지닌 고분으로 이해해야 할 듯하다.

결국 삼연의 벽화고분과 고구려 벽화고분의 조성이 동시기에 이루어진 점, 삼연을 세운 모용 선비족이 벽화고분을 적극적으로 수용하여 축조하지 않은 점으로 인해 고구려 초기 벽화고분의 연원은 삼연보다 그 이전인 요양지역의 공손씨 정권의 벽화고분으로 우선 돌려진다.

그러면 요양지역 벽화고분은 고구려 벽화고분에 어느 정도 영향을 미친 것으로 봐야할까. 구조면에서는 요양 지역 벽화고분은 소수의 고구려 벽화고분과만 연관관계가 찾아진다. 벽화 내용도 묘주부부 초상, 연음, 포주, 문리, 문견 등 상당히 제한된 주제들로 구성되어 고구려 벽화의 특징인 천상도나 수렵도, 사신도는 찾아보기 어렵다. 생활풍속적 주제들은 중원지역의 하남 낙양, 정주지역 벽화들과 그 구도나 표현방식에서 유사하나 하남 지역의 천상도, 진묘벽사, 인혼승천의 주제는 하북 지역을 거치면서 사라진다.[98]

그러면 요녕 지역 벽화와 다른 고구려 벽화의 특징인 천상도, 사신도, 수렵도의 강조는 어디에서 연원한 것인가. 요양 벽화고분의 운기문 중심의 단순한 천장 벽화 구성은 고구려 초기 벽화고분인 안악3호분과 각저총과 공통된다. 그러나 덕흥리 벽화분과 무용총에서는 다양한 천상계 주제가 천장을 가득 메운다. 이는 하서지역의 주천 정가갑5호분도 마찬가지이다. 이러한 변화는 고구려 후기 벽화고분에까지 이어져 중국 벽화고분과 다른 고구려 벽화고분의 주요한 특징이 된다. 또한 돈황지역 석굴벽화에서도 중국 고분미술에서 유래한 도상들이 유입되면서 북위, 서위시대 석굴에서 유사한 현상이 관찰된다.

위진시대에 천장벽화의 주제로 천상도가 발달한 고분은 그다지 많지 않다. 천상세계의 묘사가 강조된 한대의 벽화고분은 서한 후기에서 동한까지 중원지역의 하남성 그리고 관중지역과 북방지역에서 발견된다. 서한 후기의 하남 낙양과 섬서 서안의 발달된 천상도가 신망~동한 전

---

98) 전호태, 「한당 고분벽화의 지역문화」, 『역사문화연구』 33, 한국외국어대학교 역사문화연구소, 2009. 승선세계의 묘사는 동한대 중국 전축 벽화분, 화상석, 화상전묘에서 크게 유행하였던 제재이다. 위·진대 감숙성 주천, 가욕관 등지의 전축분이나 5세기대의 고구려 약수리 벽화분, 무용총, 수렵총 등에서도 확인된다. 승선관이 반영된 천상세계의 묘사는 중국 요녕지방에서 관찰되지 않는다. 조양일대 벽화분은 생산활동, 천상세계의 묘사가 약화되거나 생략되었다는 점에서 중원지방 묘실 벽화와 차이가 난다. 강현숙, 『고구려와 비교해본 중국 한, 위·진의 벽화분』, 지식산업사, 2005, 307~343쪽.

기의 낙양지역 벽화로 이어지고, 동한 후기에는 중원의 낙양, 정주와 북방지구의 내몽고 화림격이와 섬서 정변에 나타난다. 정주지역은 하남성 밀현 타호정 한대 벽화묘가 대표적이다. 북방지구는 내몽고 화림격이 신점자 벽화분, 섬서 정변 학탄1호묘, 섬서 정변 양교반1호묘가 있다. 특히 섬서성의 두 고분은 현실생활 제재 외에 중원과 관중지구 조기 한대 벽화묘에서 보이는 천상도와 승천사상 관련 주제가 같이 나타난다. 천상도는 동한 후기~위진대 하북과 요녕에서 쇠퇴하였다가 5세기 전후의 고구려와 중국 하서지역에서 다시 살아나는 것으로 보인다. 주제면에서 궁륭형이나 말각조정형 천장을 가득 채운 화려한 천상도의 강조는 천상도가 현실생활 주제보다 먼저 출현하여 크게 발달한 하남성 공심전 벽화고분이나 소전 벽화고분에서 연원하여 감숙, 내몽고, 섬서, 그리고 고구려로 순차적으로 퍼진 것으로 여겨진다.

또한 고구려에서는 요양지역에서 보이지 않는 수렵도가 다수 발견된다. 고구려의 북방민족적 특징이 잘 드러나는 주제이기도 하다. 수렵도는 섬서 서안이공대학 벽화고분(서한후기)에 처음 보이고, 감숙 무위 오패산묘(신망~동한 전기), 산서 하현 왕촌 벽화묘, 섬서 정변 학탄1호묘, 내몽고 악탁극 봉황산 1호묘, 감숙 주천 하하청 1호 동한 벽화묘, 감숙 民樂 팔괘영1, 2, 3호 동한 벽화묘(이상 동한 후기)와 같이 주로 북방지역 벽화고분에서 주로 출현하는 주제이다. 같은 위진시기 고분으로는 하서지역의 가욕관 신성 1, 3, 7호묘, 가욕관 위진묘, 주천 석묘자탄 벽화분, 동북지역의 원대자묘에 나타난다. 수렵도의 전파는 섬서 서안 한대 벽화고분, 감숙 가욕관 위진 벽화고분, 내몽고 동한 벽화고분 등을 잇는 북방기류의 발현일 수도 있다.

한편 안악3호분의 정면 묘주초상의 계보를 하북 안평현 녹가장 동한벽화묘(176년경)-요양 상왕가촌묘(상왕가촌묘, 서진말 서진말)-조양 십이대영자향 원대자 벽화묘(4세기 초~중엽)로 이어지는 하북-요녕-고구려 간의 교류로에서 찾는다. 정면 묘주 초상이 요녕과 고구려를 잇는 가장 중요한 주제로 여겨져 왔다. 그러나 평양일대 고구려 묘주도가 요양일대 묘주도와 차이가 있으며 묘주도상을 통하여 고구려 벽화고분이 중국 동북지방의 영향을 받았다고 하기 어렵다는 견해도 있다.[99] 비록 고졸한 솜씨이기는 하나 정면 묘주 초상은 하남성 낙양 신안 철탑산 신망 고분이 하북성 안평현 녹가장 동한 고분보다 먼저이므로 그 연원은 하남 지역 벽화고분으로 돌아가야 할 것이다. 사실 요양일대의 묘주도는 부부 병좌상이 더 많은데 이러한 부부 병좌상

---

99) 강현숙, 『고구려와 비교해본 중국 한, 위·진의 벽화분』, 지식산업사, 2005, 307~343쪽.

은 하남성 낙양 신망-동한 벽화고분의 묘주도에서 연원을 찾을 수 있다.

동수가 망명하면서 가져온 것으로 추정되는 벽화 문화의 연원에 대한 고찰에서 참고할 만한 견해는 안악3호분과 덕흥리고분의 묘지명에 보이는 동수와 진의 관직명과 지명이 동한~서진대(265~317)에 기반하고 있다는 것이다.[100] 따라서 벽화고분의 축조와 벽화 주제의 구성, 표현 역시 동한-서진대를 기반으로 하였을 가능성이 있다.[101] 동한과 서진은 모두 낙양에 수도를 두고 있었으며 고구려 벽화의 천상도의 강조, 정면 묘주 초상과 부부 병좌상의 발달, 종렬배치 전축분의 발달 모두 낙양지역 신망~동한 벽화고분의 특징이다. 서진의 멸망은 317년이며 동수의 망명은 336년이므로 낙양지역 벽화고분을 고구려 초기 벽화고분의 연원의 하나로 보기에 큰 무리가 없다.

결국 요양지역 벽화고분만으로는 고구려 벽화고분의 연원을 찾을 수 없고 요양 벽화의 연원을 거슬러 올라가 중원, 관중, 북방, 하서 지역 등으로 시선을 확대하여 폭넓은 교류관계를 고찰함을 통하여 고구려 벽화의 성격을 보다 잘 이해할 수 있다고 본다.

많은 친연성을 보이는 하남 낙양 지역과 고구려의 교류는 실제로 어떻게 가능했을까. 모용선비족의 삼연 고분벽화는 고구려 고분벽화의 연원이라기보다는 동시기에 발달한 벽화로서 가치가 있다. 그러나 삼연과의 대외교류 관계에서 고려해야할 점은 삼연의 중원으로의 영토 확장과 사민정책은 삼연 이전에 형성된 벽화고분의 전통을 중원에서 서북과 동북지역으로 전파하는 데 일정 역할을 했을 것으로 보인다.[102]

---

100) 동수와 같은 한인계 士人은 본래 晉에 대한 慕容廆의 勤王政策을 보고 전연정권에 참여했다. 박한제,『中國中世胡漢體制研究』, 일조각, 1988, 35~43쪽.
　　그 뒤 모용황이 근왕정책을 폐기하고 자립을 도모하자 이탈하는 한인계 사인이 출현했는데 이 중 봉추, 송황 등은 고구려로 망명했다. 한인계 사족이 고구려로 도망해서 추구했던 것은 진에 대한 근왕정책이자 한화정책으로, 벽화고분은 그 일환으로 보인다.『晉書』卷109,「慕容皝載記」, 2816쪽; 여호규,「4세기 高句麗의 樂浪·帶方 경영과 中國系 亡命人의 정체성인식」,『한국고대사연구』53, 한국고대사학회, 2009, 159~200쪽.
101) 덕흥리 벽화분의 13군 태수도의 묵서에 열거된 유주 소속 13군이 하나의 유주에 속해 있었던 시기도 후한 때까지이다. "이 13郡은 幽州에 속하고, 그 屬縣은 75개로 州의 소재지는 廣薊이다. 지금의 州所在地는 燕國이고, 洛陽에서 2300리가 떨어져 있다." 사회과학원,『덕흥리고구려벽화무덤』, 과학백과사전출판사, 1981; 김근식,『德興里 古墳壁畵의 墨書와 圖像研究』, 동국대학교 사학과 석사논문, 2009.
102) 오호십육국 중에서 인구의 이동과 국가 성격의 변모를 잘 드러내는 것은 전연으로 요동에서부터 요서를 거쳐 중원의 요지인 鄴城으로 천도하면서 변방 지역의 지방 정권에서부터 중원의 지배자로 변모한다. 신성곤,「위진남북조시대의 인구 이동과 지역적 분포」,『동양사학연구』103, 동양사학회, 2008, 49~84쪽.

전연이 수도를 중원으로 옮기고 낙양을 포함한 하남지역을 점령하는 350~370년대의 영토 확장 시기는 고구려의 안악3호분의 조성과 전진에 의한 고구려로의 불교 공식 전래시기에 해당된다.

영토의 확장으로 북중국 통일을 꾀한 전연이 문화면에서도 동북지방과 중원지방의 문화를 융합하여 각 지역 간 활발한 교류와 발달을 촉진하였을 가능성이 있다. 삼연의 영토는 요녕성에 국한되지 않고 하북, 산동, 하남까지 확장되었다. 이러한 지역의 확보는 해당지역의 문화가 삼연문화에 취합되어 고구려로 전달되도록 도왔을 것이다. 이는 안악3호분에 보이는 하북, 산동, 하남지역의 벽화와 화상석문화의 혼재를 설명해준다.[103]

삼연시기와 동한시기의 고구려와 중국 간의 인구 이동의 사례는 많다. 4세기 후반 후연(384~409년)이 건국 후 곧바로 고구려에 내투한 유·기주 유민을 적극 초무한 것이나, 전연의 봉유가 345년 모용황에게 낸 헌책에서 호수 10만의 고구려, 백제, 우문부, 단부의 사민들이 귀국을 원하므로, 국도에서 서경의 제성으로 옮겨 안무감독할 것을 제안한 사실,[104] 342년 모용황의 환도성 함락 시에 5만 명의 고구려인을 포로로 끌고 간 사건,[105] 진왕조의 마지막 동이교위직의 최비가 한족 유민의 보호자로 자임하면서 모용외를 공격하려다가 미천왕 20년(319년) 고구려로 도망한 사건[106] 등이 잘 알려져 있다. 또한 오호족의 화북지방 대이동이 본격화되기 직전인 299년 하남성 정주 부근(영양)에 245년 관구검이 강제로 끌고 온 고구려인 포로의 후예가 수천 명이나 된다는 기록이나[107] 고국천왕 19년(197년) 많은 한인유입자가 피난하여 들어온 기록 등이 있다.[108]

---

103) 전호태는 안악3호분 벽화는 계통상 요양 위·진시기 고분벽화 및 하북 동한고분벽화, 나아가 산동 한화상석묘 화상과 닿아 있는 것으로 보았다. 전호태, 「안악3호분 재고」, 『한국고대사연구』 44, 한국고대사학회, 2006, 127~153쪽.

104) 『晉書』 卷109, 「慕容皝載記」, 2823-2824쪽.

105) 『晉書』 卷109, 「慕容皝載記」, 2826쪽.

106) 『晉書』 卷6, 「帝紀」, 145쪽.

107) 당시 山陰令의 관직 강통은 關中지구의 氐·羌족의 반란이 평정된 호기를 이용하여 이미 중국 내지에 들어와 잡거하던 氐, 羌, 흉노, 고구려인들을 장성 밖 故地로 이주시켜 나라의 화근을 미연에 막아야 할 것을 건의하였다. 『晉書』 卷56 「江統傳」, 1529~1534쪽; 이기동, 「高句麗史 발전의 劃期로서의 4世紀 – 모용 '연'과의 항쟁을 통해서」, 『동국사학』 30, 동국사학회, 1996, 15~32쪽.

108) 『三國史記』 「高句麗本紀」 기사에 의하면 고국천왕 19년(197) 漢人 유입자가 매우 많았다고 하며, 산상왕 21년(217년) 8월 한의 平州人 夏瑤가 1천여 戶를 거느리고 來投함에 국왕이 이를 받아들여 책성(柵城, 지금의 훈춘)에 안치하였다. 『三國史記』 16, 「高句麗本紀」 4; 이기동, 「高句麗史 발전의 劃期로서의 4世紀 –

이러한 기록에 의하면 삼연시기 고구려인들이 중국 서북부로 이동하였을 수도 있으며, 관구검에 의해 정주 부근에 살던 고구려인들이 전연의 하남으로의 영토 확장과 동시에 고구려로 돌아가 하남지역의 벽화 문화를 전파하였을 수도 있다.

결국 위진 요녕 고분벽화를 넘어서서 중원지역과 북방지역의 신망~동한 벽화고분들이 한대부터 꾸준히 이루어진 인구의 이동과 문화의 교류 관계에서 고구려 벽화의 발전에 중요한 계기가 되었을 가능성이 있다. 고구려 벽화고분의 종렬배치 묘실 형식도 동한대와 4세기대 감숙과 고구려에서만 보이는 형식이다. 또한 위진남북조 불교석굴도 마찬가지이다. 이는 고구려 초기 벽화주제나 표현에 보이는 고졸한 한대의 특징이 남북조시대의 벽화 특징과 공존하는 현상의 이유를 설명해줄 수 있을 것이다. 하남성 남양지역의 화상석묘의 예를 보더라도 위진시대 전란의 영향으로 더 이상 화상석묘의 조성이 활발하게 이루어지지 못하고 대신 한대에 축조된 무덤에서 화상석을 가져다가 다시 사용하는 재장묘가 많이 지어진다. 이러한 재장묘는 남양지역에서 발견된 화상석묘의 1/4를 차지한다. 결국 위진대가 더 이상 새로운 벽화 주제의 표현 발달이 이루어지지 않고 한대의 전통을 계승하였을 가능성이 높았음을 보여준다.

2. 하서 벽화와 고구려 벽화

앞에서는 고구려 고분벽화의 연원을 중국 동북지역 위진시기 고분과의 관계를 중심으로 고찰하였다. 다음에서는 하서지역 위진시기 고분벽화와 고구려 벽화 간의 관계를 살펴보고자 한다. 특히 집안지역 벽화고분의 경우 요녕 벽화고분의 영향을 받은 것으로 여겨지는 평양·안악지역의 '한계漢系' 벽화고분과는 다르며 하북-산동-요녕으로 이어지는 교류로가 아닌 중국 서북지역이나 북방지역과의 폭넓은 교류를 상정하게 한다.[109] 이러한 '북방기류'적인 특징이나 중앙아시아지역과의 연관성은 3~4세기에 중국의 벽화고분의 축조가 쇠퇴한 기간 동안 고구려가 벽화 장식을 위한 새로운 예술적 자극을 중국 북방지역과 하서지역 고분벽화와 불교석굴예술에서

모용 '연'과의 항쟁을 통해서」,『동국사학』 30, 동국사학회, 1996, 15~32쪽.

109) 무덤구조로 볼 때 전형적인 두방무덤의 사례조차 1기에 불과한 5세기 집안권 벽화고분이 요양 벽화고분으로부터 직접적인 영향 받았을 가능성은 그리 높아 보이지 않는다. 강현숙,『고구려와 비교해본 중국 한, 위·진의 벽화분』, 지식산업사, 2005, 307~343쪽.

받아들인 것으로 보인다.

흔히 고구려 벽화의 서역적 요소의 고찰에 있어서 지리적으로 먼 하서지역(중앙아시아)과 고구려 간의 관계 입증이 쉽지 않을 것으로 생각하기 쉽다. 그러나 교류로의 상정에서 먼저 짚을 것은 고구려와 시차 없이 문물을 교류하던 삼연의 수도가 있던 조양ᆯ州이 실크로드의 연장선의 끝에 있는 중심 교역지로서 소그드의 집단 거주지가 위치하였다는 점이다.[110] 안악3호분 가무도의 소그드인 역시 4세기 중엽에 고구려에 와서 활동한 중앙아시아인의 존재를 표현한 것이다. 이는 요녕 조양에 소그드인들의 거주지가 있었다는 사실을 고려하면 놀라운 일이 아니다. 또한 조양은 전진의 수도 장안에서 고구려로 연결되는 불교문화의 전파경로나 북위 불교미술의 고구려로의 전파에서 중요한 교통로 역할을 하였다. 조양지역 불상은 감숙성 병령사, 막고굴 등과 유사한 점이 지적되었다.[111]

집안지역 고분벽화의 연원과 대외교류에 대한 선행연구를 먼저 살펴본다. 각저총의 연원은 삼국이후 산동 유이민의 하북 등 북중국 일대로의 유입, 한~위진대에 고분벽화가 제작되던 요양지역에 대한 고구려의 영향력 확대에 이은 영역화에서 찾기도 한다.[112] 그러나 각저총의 마차도에 그려진 자유로운 형태의 수목도와 무용총의 유사한 수목도는 X자 형태의 정형화된 산동지역 수목도와 차이가 난다. 자연스런 형태의 수목도의 한대의 예로는 관중지구 유일한 동한 후기 벽화묘인 섬서 순읍현 백자촌 동한 벽화묘, 내몽고 화림격이 신점자 동한 벽화묘 등이 있고, 위진시기에는 하서지역 가욕관 신성 벽화묘 등이 있다. 주로 북방지역, 하서지역의 수목도의 표현과 사례에서 보듯 각저총, 무용총의 수목도의 강조는 관중, 북방지역과 연계된 주제일 수도 있다.

무용총에 보이는 고구려의 파르티안 샷(5세기경)은 북방의 유목 문화와 연관된 낙랑을 통해 전래된 것으로 추정되기도 하는데 돈황 285굴(6세기 중엽, 서위)의 수렵도와 유사하여 중국학자들도 고구려적 특징을 인정하면서 고구려와 북중국 북방과 문화 교류가 행해졌을 것이라고

---

110) 조양은 가장 동쪽에 있는 소그드 상인들의 취락지이며 사마르칸트로 가는 기점이었다. 7세기 중엽 전후의 전형적인 소그드 금은기가 출토되었다. 소그드에서 조양에 이르는 북중국 루트는 河西 - 包頭 - 呼和浩特 - 大同 - 내몽고 赤峰 - 조양으로 이어진다. 권영필, 『중앙아시아 속의 고구려인 발자취』, 동북아역사재단, 2007, 35쪽; 정수일, 『고대문명교류사』, 사계절, 2001, 640~650쪽.

111) 양은경, 「遼寧省 朝陽 北塔 出土 塑造像 硏究」, 『미술사학연구』 256, 한국미술사학회, 2007, 77~112쪽.

112) 전호태, 「고구려 각저총 벽화 연구」, 『미술자료』, 57호, 국립중앙박물관, 1996, 1~41쪽.

추정한다.[113] 돈황석굴 벽화와의 비교에서는 고구려가 돈황의 예보다 이르다. 이는 북방지역을 통한 고구려와 유라시아의 교류가 양방향으로 오랜 시기 동안 꾸준히 이루어져 온 것을 추측하게 한다. 무용총 벽화와 관련하여 실크로드 동북 노선이 중국 동북지역을 통해 한국으로 연결되는 것으로 추정하고 있기도 하다.[114] 권영필은 북위와의 접촉을 통해 가깝게는 북위의 수도인 평성의 문화를, 멀게는 북위가 치중한 하서의 문화를 받아들인 것으로 보았다. 고구려는 두 지역을 발판으로 중앙아시아의 문화를 간접적으로 흡수하였고, 북위가 439년 북량을 멸망시키고 돈황을 영토화한 후로는 더욱 직접적으로 중앙아시아의 문화를 받아들이는 여건이 마련되었다고 여겼다.[115]

무용총을 포함하여 집안지역 묘주도에 묘사된 의자는 인도와 중앙아시아의 불교 사원에서 유래되어 북방아시아와 중앙아시아 이방인들의 사용한 것이 전래되어 중국에 정착한 것으로 직접적인 중앙아시아 문화와의 교섭의 증거로 제시되기도 하였다.[116]

각저총에도 심목고비의 서역계 씨름인이 등장하지만, 장천1호분 앞방 북벽에는 여러 명의 서역계 인물들이 등장한다. 이들은 후조(319~351년)로부터 온 갈호나 그 후예,[117] 또는 소그드으로 추정되어[118] 서역인의 직접적인 유입을 상정하게 한다.

불상예불도와 보살상이 그려진 장천1호분의 연원은 고분 구조와 벽화 주제 면에서 다양한 연원관계가 검토되어왔다. 선행연구에서 고분 구조는 산동 남부, 강소 북부 고분에서 그 연원을

---

113) 북방민족 간에 문화적 연대가 형성되었다는 견해로 고구려의 조형이 북방에서 선도적 역할을 한다고 보는 '북방기류'론과 일치한다. 鄂嫩哈拉, 蘇日台, 『中國北方民族美術史料』, 上海人民美術出版社, 1990, 89쪽; 권영필, 「고구려의 대외문화 교류」, 『고구려의 문화와 사상』, 동북아역사재단, 2007.
6세기 중엽 서위의 돈황 석굴 429굴 벽화에 이르러서야 유사한 장면이 등장하므로 1세기 범위 내에서 고구려가 앞선다
114) Hans W. Haussig, *Die Geschichte Zentralasiens und der Seidenstraße in vorislamischer Zeit*, Darmstadt, 1992, 도538; 권영필, 「고구려의 대외문화 교류」, 『고구려의 문화와 사상』, 동북아역사재단, 2007, 35쪽; 민병훈, 『실크로드의 국제상인 소그드인』, 솔출판사, 2006.
115) 권영필, 「고구려 벽화와 중앙아시아 미술의 연관성」, 『중앙아시아의 역사와 문화』, 솔, 2007, 4~5쪽.
116) 이송란, 「고구려 집안지역 묘주도 의자의 계보와 전개」, 『선사와 고대』 23, 한국고대학회, 2005, 97~126쪽.
117) 전호태, 「고구려 장천1호분벽화의 서역계 인물」, 『울산사학』 6, 울산대학교 사학과, 1993, 1~38쪽.
118) 소그드인들이 일찍이 한대부터 중국에서 활동하였다. 고구려 안악3호분 후실과 장천1호분 전실 북벽 상단에 소그드의 藝人들이 표현되었다. 채찍을 든 사람이 동물 가면을 쓴 사람을 쫓아가는 소그드의 대면극과 유사하다. 고구려 연희에 소그드 예인들이 표현되어 고구려와 소그드 간의 활발한 교류를 짐작하게 한다. 이송란, 「고구려 집안지역 묘주도 의자의 계보와 전개」, 『선사와 고대』 23, 한국고대학회, 2005, 97~126쪽.

파에 있어서 일정 역할을 담당하였을 가능성이 있다.[137)]

최근의 연구에 의하면 『양고승전』에 등장하는 불도징의 "융맥교화" 기사에 주목하여 불도징이 활약한 후조와 당시 고구려가 매우 밀접했다는 점을 감안하여 불도징이 교화했다는 융맥의 무리에 고구려도 포함될 수 있을 것으로 추정한다.[138)] 338년 후조의 석호가 불도징을 동반하여 요서를 공격할 때에 불교가 소개되었을 가능성이 있으며 전연이 후조를 멸망시키고 수도를 업으로 이동하여 후조의 발달된 불교와 불교문화를 체험하였을 것으로 여겨진다.[139)]

만약 고구려에 (비공식적으로) 불교를 전래한 나라가 전진이 아닌 후조이고 334년부터 348년 사이에 불교가 전래된 것이라면 공식전래 372년 보다 약 20~30년 앞선 것이다. 357년의 안악3호분의 연화문은 전진을 통한 공식적인 불교 전래 이전의 불교 문양의 전파 가능성의 사례로 언급된다. 또한 고구려에 처음 전해진 불교가 구자국 출신 서역승 불도징에 의한 것이었다면 장천1호분을 포함하여 고구려 벽화에 보이는 키질석굴과의 연관성도[140)] 자연스럽게 설명될 수 있을 것이다. 고구려에서 활약한 서역승의 존재는 고구려에서 신라로 가서 눌지왕(417~458년) 때에 불교를 전래한 묵호자나 담시를 통하여 확인할 수 있다. 따라서 후조의 서역계 민족 특성

137) 후조(310~352년)의 石勒은 胡族 출신 군벌로 주미에 대한 경배를 하였다는 기록이 있다. 흥미롭게도 석륵이 경배한 주미를 든 묘주초상이 요녕성 상왕가촌고분, 안악3호분, 덕흥리 벽화분, 감숙성 주천의 정가갑5호분에서 삼족빙궤와 함께 발견되어 북방지역에서 주미가 정치가의 위세품으로 사용되었을 가능성을 시사한다. 이송란, 「고구려 집안지역 묘주도 의자의 계보와 전개」, 『선사와 고대』 23, 한국고대학회, 2005, 97~126쪽. 또한 石勒은 서역 승려 佛圖澄(232~348년)을 초청하였으며 불도징은 제자들과 함께 893곳에 불교 사원을 건립하였는데 이러한 후조의 열성적인 사원 건립은 이후 북연, 전진, 후진, 북위 등 호족들이 건립한 다른 국가들에도 영향을 미쳐 많은 사원이 건립되게 한다.
138) 『梁高僧傳』卷9, 「神異上」, 竺佛圖澄, 戎貊之徒先不識法聞澄神驗皆遙向禮拜, 不言而化焉, 351쪽. "戎貊의 무리들이 전에는 佛法을 몰랐다가 불도징의 신비한 영험을 듣자 모두 멀리 불도징을 향해 경배했고, 그러니 말하지 않아도 교화된 것이다" 표영관, 「高句麗佛教初傳再考」, 『高句麗渤海研究』 32, 고구려발해학회, 2008, 39~62쪽; 신종원, 「삼국의 불교 初傳者와 초기불교의 성격」, 『한국고대사연구』 44, 한국고대사학회, 2006, 59~91쪽; 김성숙, 「모용선비의 불교연구」, 『고조선단군학』 10, 단군학회, 2004, 65~89쪽; 이용범, 「北朝前期佛教의 高句麗傳來」, 『동국대학교 논문집』 12, 동국대학교, 1973; 이용범, 「북부중국불교의 고구려 전래」, 『한만교류사연구』, 동화출판공사, 1989, 204~205쪽; 지배선, 「前後燕의 宗教」, 『한성대학교 논문집』 10, 한성대학교, 1986; 박윤선, 「고구려의 불교 수용」, 『한국고대사연구』 35, 한국고대사학회, 2004.
139) 양은경, 「遼寧省 朝陽 北塔出土 塑造像研究」, 『미술사학연구』 256, 한국미술사학회, 2007, 77~112쪽.
140) 김진순, 「5세기 고구려 고분벽화의 불교적 요소와 그 연원」, 『미술사학연구』 258, 한국미술사학회, 2008, 37~74쪽; Ariane Perrin, "Buddhist Imagery in the Goguryeo Tomb No.1 at Changchuan, Ji'an, Jilin," *Orientations*, Volume 41, Number 2, 2010, pp.102~107.

이나 종교적 특징과 불교 진흥책, 광범위한 사민정책은 오호십육국시기 북방민족의 중앙아시아와의 교류와 북방기류를 형성하는데 일조하였을 것이다.

오호십육국 나라 가운데 전진(351~394년)은 고구려에 공식적으로 불교를 전래한 나라로 잘 알려져 있으며 이는 주천 정가갑5호분과 덕흥리 벽화분의 친연성의 배경으로 많이 지적되었다. 전진에 의하여 350년대 관동지역에서 섬서, 감숙지역으로의 진용민의 이동이 일어나는 점, 또한 부홍 집단의 한족과의 결합이 정책 전반에 나타나는 점 등을 고려하면 아마도 이때에 벽화문화의 전파 또는 부활이 같이 이루어졌을 수 있다.[141]

전진은 376년에 전량을 멸망시키고 서역을 점령한다. 전진에 의한 전연의 멸망(370년)과 전량의 멸망(376년)에 따른 영토 확장과 사민 정책, 그에 따른 문화 교류의 와중에서 고구려에 불교가 공식적으로 전래된 것이다.[142] 고구려와 서역의 접촉에 있어서 전진의 역할은 같은 시기에 전진을 방문한 고구려와 서역의 사절에 대한 기록을 통해서도 확인할 수 있다.[143] 380년대 많은 나라가 동시에 전진에 사신을 파견하는 것은 전진에 의해 계획된 조치로 여겨지며 이러한 전진 수도로의 빈번한 사신의 방문은 이들 나라 간의 교류를 촉진하였을 수 있다. 또한 이 시기는 감숙성 일대가 전진의 세력 아래 들어가 있던 때(376~386년)이므로 전진과 고구려 간의 밀접한대외관계를 통하여 서역 문물의 전래가 이루어졌을 수 있다.

전진은 서북지구로의 영토 확장으로 문화교류의 범위를 넓혔을 뿐만 아니라 또한 전연을 멸망시킨 후 모용 선비족에 대한 우대정책을 적극적으로 펼쳐서 전연 인구의 관중 사민 등 동북

---

141) 전진 부견의 조부인 符洪은 현 감숙성 천수 秦安縣 출신으로 장안에 세워진 전조(304~329년)와 후조(319~351년) 정권을 섬긴 인물이다. 조부 때부터 전진 부견 정권은 하서와 관중지역 諸民族들을 아울렀으며 한족에 대한 적극적 화합정책을 써서 한족과 이민족들이 모두 부견 정권 아래에서 혼합된다. 부씨집단의 성장과정에 따라 집단의 근간이 된 저족 외에 수많은 한족(秦雍州民, 감숙성 동부의 秦州, 陝西省 중남부의 雍州의 주민들을 말함)이 추가되었으며, 六夷라고 지칭되는 제호족들이 여기에 가담한다. 후조말 혼란기를 틈타 관동지역에 사민되었던 감숙과 섬서 출신의 진용민이 서귀하면서 모두 부홍 밑으로 귀속하여 한족의 부홍에 대한 기대감을 보였다. 『晉書』 卷112, 「符洪載記」, 2867~2868쪽; 박한제, 「前秦符堅政權의 性格 : 胡漢體制와 統一體制의 구축과정과 관련하여」, 『동아문화』 23, 서울대학교 동아문화연구소, 1985, 3~58쪽.

142) 372년은 전진의 승려 낙준이 366년에 돈황석굴을 개착한 지 몇 년 지나지 않아서이므로 서북지역의 불교석굴 개착과 고구려로의 불교전래가 비슷한 시기에 일어난 것을 알 수 있다.

143) 『資治通鑑』 卷104, 「晉紀」 26, 太元6年 2月條, 3298쪽; 『晉書』 卷113 「符堅載記上」, 2902~2904쪽, 2915쪽; 여호규, 「4세기 동아시아 국제질서와 고구려 대외정책의 변화」, 『역사와 현실』 36, 한국역사연구회, 2000, 65~70쪽.

지역과 서북지역 간의 교류를 조성하였다.[144] 전연 인구를 장안으로 옮기는 등 부견의 사민정책이 문물 교류에 기여하였을 것이다.

전진 정권의 한족에 대한 우대 정책은 한문화의 부흥에 일조하였을 것이고 전연 유민에 대한 우대책과 사민정책은 동북지방 문화가 관중지역과 하서지역(또는 모용선비문화와 저족문화 및 한족문화) 문화와 혼합 발전하는데 기여하지 않았을까.[145] 또한 전연의 인구 가운데는 고구려인들도 다수 포함되었을 것으로 추정되므로 고구려 역시 이러한 북방지구의 인구의 이동과 문화 교류에 포함되었을 것이다. 전진은 394년 멸망하였는데 전진이 해체된 후에 중원이 다시 내전에 싸이자 유주와 기주 유민들이 다수 고구려로 유입하였으며, 전진 해체와 이에 따른 유민 이동으로 인한 문물의 전래 역시 이루어졌을 것이다.[146]

전진의 멸망 이후 요장姚萇의 후진後秦(384~417년), 모용수의 후연後燕(384~409년), 여광의 후량後梁(386~403년), 걸복국인乞伏國仁의 서진西秦(385~431년) 등이 건국되었다.[147] 하서지역에 기반한 통치자에 의해 세워진 다른 오량五梁 국가와 달리 전진에 기반한 여광이 세운 후량은 중원지구 한대 벽화고분의 특징을 가진 정가갑5호분(후량에서 북량)의 출현에 영향을 미쳤을 가능성이 있다. 또한 여광이 구자국을 정복함으로써 구자의 음악과 악기가 중원에 전해진 것으로 알려져 있어 서역의 문물을 중원에 전파하는 역할을 담당하였다.[148]

---

144) 370년 12월 전연 慕容暐를 위시한 전연의 後妃·王公百官 및 선비 4만여호를 장안으로 이주시킨다.(『資治通鑑』 卷102, 「晉紀」 24, 海西公 太和5年(370년) 12月條, 3239쪽) 다음 달인 371년 1월에는 關東豪傑 및 雜夷 15만호를 관중으로 사민하였다. 『資治通鑑』 卷103, 「晉紀」 25, 簡文帝 咸元元年(371년) 春正月條, 3243쪽, 『晉書』 卷113, 「符堅載記上」, 2893쪽에서는 '10만호'로 기록함.
전연을 멸한 후 關東六州에 대한 전권을 위임받은 왕맹은 關東土族을 대거 등용한다. 부견의 선비족 모용 씨에 대한 우대정책에 대한 전진 朝野의 불만을 샀으며 전연을 멸한 후에 수도권만이 아닌 수도 장안에도 대규모의 사민이 이루어졌다. 강문호, 「前秦 符堅의 정치와 王猛」, 『경주사학』 20, 동국대학교사학회, 2001, 269~294쪽; 전호태, 「고구려 장천1호분벽화의 서역계 인물」, 『蔚山史學』 6, 蔚山大學校 史學科, 1993, 1~38쪽.
145) 벽화분에서 보이는 고구려와 감숙성 일대의 교류는 서역문물이 고구려로 유입되는 경로가 중국 중원 왕조 뿐 아니라 전연-전진으로 이어지는 경로로 있었음을 시사한다. 강현숙, 『고구려와 비교해본 중국 한, 위·진의 벽화분』, 지식산업사, 2005, 376~377쪽.
146) 이기동, 「高句麗史 발전의 劃期로서의 4世紀-모용 '연'과의 항쟁을 통해서」, 『동국사학』 30, 동국사학회, 1996, 15~32쪽.
147) 『晉書』 卷122, 「呂光載記」, 3053쪽; 강정설, 「河西에서의 政權 出現과 河西의 浮上」, 『중국고중세연구』 23, 중국고중세사학회, 2010, 149~194쪽.
148) 전덕재, 「신라 西域音樂의 受容과 鄕樂의 定立」, 『신라학 국제학술대회 논문집 : 실크로드와 신라문화 2

이미 위진대부터 섬서지역 유민들의 피난처로 하서지역이 선호된 상태에서 정가갑5호분과 같은 감숙 지역 벽화고분과 신강 투르판 아스타나와 카라호토의 벽화고분과 지화의 출현은 부견의 전진 문화 또는 그 이전부터 진행된 사민의 영향 또는 전진의 수도 장안과 하서지역 간의 문화 전파 과정의 반영일 수 있다. 여광을 포함하여 하서지역과 요녕지역에서 활동한 전진 출신 인사들이 중국의 북서와 북동을 잇는 역할을 하였을 것이다.

후진 요흥(재위 394~416년)은 고장姑臧에 근거를 둔 여씨의 남량南凉(397~414년)을 평정하고, 하서 인구 만여 명을 장안에 이주시키고, 남량의 인사들을 발탁하여 임용한다. 또한 홍시弘始 3년 401년에는 키질 출신 구라마습을 장안으로 모셔와 불교를 발전시켰다.[149] 북위의 북량 정벌로 인한 하서인구의 평성으로 이전이 이루어지기 전 부견의 전진과 후진의 요흥 대에 양주·장안으로의 인구 이동이 먼저 이루어지고 나서 평성으로 이어지는 이동 방향을 볼 수 있다. 그렇다면 하서지역, 관중지역, 북방지역의 문화가 같이 연결되면서 고구려 벽화에 보이는 관중, 북방지역 고분 벽화와의 친연성도 설명된다.

전연, 후조, 전진을 포함한 3~4세기의 오호십육국시기는 한대에 흥성했던 벽화고분의 축조가 쇠퇴한 상태였다. 이에 따라 벽화고분을 축조하기 시작한 고구려로서 새로운 문화의 조성과 발달을 위한 외부의 자극요소로서 같은 벽화라는 형식을 가진 하서지역과 중앙아시아 지역의 석굴사원 벽화에서 일정한 영감을 받아들였을 것이다.[150]

중국의 3~4세기 위진 벽화고분의 성격과 그 연원에 대한 고찰은 중국 고분미술사에 있어서

집』, 신라문화유산조사단, 2009, 167~198쪽; 전덕재, 「한국 고대 서역문화의 수용에 대한 고찰 : 百戲·歌舞의 수용을 중심으로」, 『역사와 경계』 58, 부산경남사학회, 2006, 1~39쪽.

149) 선행연구에서는 고구려와 하서·중앙아시아 문화의 연결을 북위 때에 평성으로 이주한 하서지역 인구의 이동과 문화의 전파를 통하여 받아들인 것으로 보았다. 북위는 439년 북량의 僧徒 3,000인과 宗族吏民 3,000호를 평성으로 이주시켰으며 돈황석굴을 경영하면서 돈황의 10만 호를 평성으로 옮겼다. 권영필, 「고구려 벽화와 중앙아시아 미술의 연관성」, 『중앙아시아의 역사와 문화』, 솔, 2007, 4-5쪽.
그러나 요진이나 부견 정권 하의 인구의 이동을 보면 하서지역 인구의 이동은 북위의 북량 정복으로 전부 북위에 들어간 것이라고 하기 보다는 전진 부견과 후진 요흥 시대에 하서에서 양주로 이동이 이루어졌고, 각기 장안을 거쳐 평성으로 옮겼기 때문에 이들과 직접 평성에 옮긴 자들과 합류한 것으로 보인다. 이계명, 「姚秦정권과 한화정책」, 『동양사학연구』 76, 동양사학회, 2001, 71쪽.

150) 오호십육국 시기의 각 소수민족정권은 모두 불교를 신봉하였다. 전진 부견, 후진 요흥, 후조 석호의 정권에서 모두 고승의 경전 번역 사업이 활발하게 이루어지고 불법이 흥성하였다. 현재 십육국 시기 석굴사는 주된 것으로 武威 天梯山 석굴, 永靖 炳靈寺 석굴과 돈황 막고굴 등이 있다.

중국 고분회화의 연원
– 중국 춘추전국~한대 초문화

    중국의 한위진남북조 고분미술은 고구려 벽화의 편년이나 장의 미술 제재의 전파과정을 추적하는데 중요한 비교자료이다. 고구려 초기 벽화와 많은 연관이 있는 것으로 여겨지는 위진시기 요녕과 감숙지역 벽화의 연원인 한대漢代 고분미술은 70기가 넘는 벽화고분과 묘와 사당에서 발견된 수많은 화상석이 있어 장의미술 제재의 도상 특징, 제재의 구성과 조합, 사상적 배경에 대하여 풍부한 자료를 제공한다. 특히 요녕지역에 드문 천상세계의 표현, 장식문양, 목조 가옥 구조의 재현, 수렵도와 같은 제재들은 하남성 낙양지역 신망에서 동한 초기 벽화고분에서 처음 출현하여 관중지역(섬서), 북방지역(내몽고), 하서지역(감숙)으로 전파되는 경로를 볼 수 있다.

    하남성 낙양지역 신망~동한 초기 벽화고분의 연원을 거슬러 올라가면 서한 하남 영성永城 망탕산芒碭山 시원묘柿園墓(서한 무제武帝 건원建元 5년, 기원전 136년)와 복천추묘를 포함한 하남 낙양지역 서한 벽화고분들이 있다.[1] 그리고 서한대 벽화고분의 기원을 다시 찾아가면 전국시대(기원전 475~221년) 초나라의 영토였던 호남성 장사지역 서한 초기 마왕퇴묘의 백화帛畵, 칠

---

1) 關天相·冀剛,「梁山漢墓」,『文物參考資料』, 1955年 5期; 閻道衡,「永城芒山柿園發見梁國王壁畵墓」,『中原文物』, 1990年 1期; 廣州象崗墓發掘隊,「西漢南越王墓發掘初步報告」,『考古』, 1984年 3期; 黃佩賢,『漢代墓室壁畵硏究』, 文物出版社, 2008; 허시린,「漢代 壁畵古墳의 발견과 연구」,『미술사논단』 23, 한국미술연구소, 2006, 43~67쪽; 양홍,「中國 古墳壁畵 연구의 회고와 전망」,『미술사논단』 23, 한국미술연구소, 2006, 7~41쪽.

하남 영성 망탕산 시원묘   하남 낙양 복천추묘

관화漆棺畵와 전국시대 초묘楚墓 출토 회화로 거슬러 올라간다. 이렇듯 초문화의 한대 고분미술에 대한 영향은 벽화, 백화帛畵, 칠화漆畵만이 아니라 화상석에도 보이는데 특히 초나라의 영역에 속하였던 하남성 남양지역 화상석에 많은 영향을 끼쳤다.

초나라는 기원전 223년 진秦에 패하면서 망하였으나 그 문화적 특성은 옛 초나라 지역 일대에서 서한시대까지 존속한다.[2] 한漢의 초문화 계승은 서한 고조高祖 유방劉邦(기원전 247~195년)과 동한 광무제光武帝 유수(劉秀, 기원전 6년~기원후 57년)가 모두 초지인楚地人이고 초지楚地에서 기병하였다는 역사적 배경을 고려하면 이해하기 어렵지 않다.[3] 초나라는 상나라 때부터 중원의 청동기문화를 선택적으로 흡수하면서 독자적인 문화를 유지하였으며, 청동기의 실납주조법 및 칠기제작과 칠화장식, 『초사楚辭』와 같은 문학, 음악, 무용분야가 크게 발달하였다. 초나라의 조형적, 회화적 상상력은 후대 중국회화의 특성을 형성하면서 중국 회화의 발전에 중요한 기반을 제공하였다.[4]

기존의 고구려 고분벽화 연구는 그 연원을 한대 고분미술에서 주로 찾고 있다. 따라서 고구려 한대 고분미술의 기원을 형성한 초문화에서 형성된 전국시대~한대 회화예술을 고찰한다면

---

2) 초문화는 동주시기 고고학문화로서 초문화의 '초'는 지역, 국가, 민족, 문화를 포괄하는 광범위한 개념을 갖고 있다. 초문화의 정의에 대해서는 楊權喜, 『楚文化』, 文物出版社, 65-66쪽 참조.
3) 黃宛峰, 『河南漢代文化研究』, 河南人民出版社, 2000, 55쪽.
4) 김홍남, 『중국 고대회화의 탄생과 전개』, 국립중앙박물관, 2009. 土居淑子는 중국 회화의 초기 발전 계보가 초-촉-중원의 방향으로 성립된다고 본다. 土居淑子, 『古代中國の畵像石』, 同朋舍, 1986. 99쪽.

고구려 벽화의 연원을 보다 폭넓게 이해할 수 있을 것이다. 먼저 전국시대 초문화의 회화자료를 대표적인 예를 중심으로 정리하고 특징적인 도상의 구성과 배치, 중요 주제의 표현을 살펴본다. 다음으로 호남 장사 마왕퇴1, 3호묘 출토 백화와 하남 남양 화상석 등을 통하여 한대 고분미술에 나타난 초문화의 영향을 알아본다.[5]

I. 전국시대 초문화의 회화 유물

1. 전국시대 초계(楚系) 고분의 특징

초계楚系 묘장의 발견은 1920~40년대 무덤에 대한 도굴에서 시작되었으며 초묘의 과학적 발굴은 1950년대 초에 개시되었다. 대규모의 발굴은 1970년대부터이다. 1990년대 초까지 중국 전역에서 발굴된 동주시대 묘장이 약 8000기인데 그 가운데 초묘가 약 6000기를 차지한다. 호남성에서 발굴된 전국시대 초묘는 4600기를 넘는다. 특히 강릉江陵(형주荊州, 초나라 수도 기남성紀南城의 소재지)지역 초묘의 발굴은 3,000기 이상에 달한다.

초계楚系 고분의 특징은 고분이 비교적 밀집해서 배치되었다는 점이다.[6] 중복해서 설치된 무덤의 예가 발견되지 않아 초나라 사람들이 고분 축조 시에 일정한 계획에 따랐다는 것을 반영

---

5) 관련 선행연구로는 黃曉芬, 김용성 譯, 『한대의 무덤과 그 제사의 기원』, 학연문화사, 2006; 信立祥, 김용성 譯, 『한대 화상석의 세계』, 학연문화사, 2005; 장광식, 『신화, 미술, 제사』, 동문선, 1990; 이정은, 「중국 전국시대 칠기의 장식그림」, 『중국 고대회화의 탄생과 전개』, 국립중앙박물관, 2009, 162~179쪽; 김홍남, 『중국 고대회화의 탄생과 전개』, 국립중앙박물관, 2009, 12~21쪽; 曾布川寬, 「崑崙山と昇仙圖」, 『東方學報』 51, 1979, 83~185쪽; 土居淑子, 『古代中國の畵像石』, 同朋舍, 1986; 郭德維, 『楚系墓葬研究』, 湖北敎育出版社, 1995; 陣振裕, 『楚文化與漆器研究』, 科學出版社, 2003; 楚文化硏究會 編, 『楚文化硏究論集』, 湖北人民出版社, 1987~1994쪽; Constance A. Cook and John S. Major, *Defining Chu*, University of Hawaii Press, 1999; Wu Hung, *Arts of the Yellow Spring*, University of Hawaii Press, 2010; Alain Thote, "Double coffin of Leigudun Tomb No. 1," T. Lawton, *New Perspectives on Chu Culture during the Eastern Zhou period*, Arthur M. Sackler Gallery, Smithsonian Institution, 1991, pp.23~46 참조.
6) 초나라 무덤의 구조적 특징은 黃曉芬, 김용성 譯, 『한대의 무덤과 그 제사의 기원』, 학연문화사, 2006, 120~133쪽 참조.

호북 수주 증후을묘 내부

증후을묘 외관

증후을묘 내관

한다. 목곽묘의 크기와 부장품의 양을 분석하면 각 고분 주인의 신분 차이가 분명하게 판단된다. 또한 전국시대 초나라 고분에서는 하나의 곽내에 여러 개의 관을 안치하는 경우가 많다. 초계 고분의 특징을 잘 보여주는 대표적 무덤인 증후을묘에서는 동일한 곽내에 크기가 구별되는 2개 이상의 관을 안치하였다.[7]

증후을묘는 1978년 호북성湖北省 수주隨州 뢰고돈擂鼓墩에서 발굴된 묘[8]로 초혜왕楚惠王 56년(기원전 433

년) 경에 묻힌 증나라 제후 증후을曾侯乙(사망 당시 42~45세 추정)의 무덤이다.[9] 증나라는 초나라와 밀접한 정치적 관계를 맺었으며 문화적으로도 초나라의 영향을 깊게 받은 것으로 여겨진다. 고분은 정남향의 대형 목곽묘로 무덤 평면은 불규칙한 다변형이다. 동, 서, 북, 중실의 4개의 방으로 나뉘었고 묘주의 관은 동실에 있으며, 21구의 순장관, 1구의 순구관殉狗棺이 같이 묻혔다. 15,000점이 넘는 부장품(7,000여점의 칠기 포함)이 출토되었으며 명문이 주조되어 있거나

---

7) 중요 楚系 묘장의 形制, 葬具에 대해서는 郭德維, 『楚系墓葬硏究』, 湖北敎育出版社, 1995, 표1, 16 참조.
8) 대부분의 선행연구에서 전국시대 초문화의 특징을 보이는 대표적 고분으로 증나라 제후의 무덤인 증후을묘를 들고 있으므로 여기에서는 楚系 묘장이라는 용어로 초문화의 특징을 보이는 고분들을 지칭하려고 한다.
9) 증후을묘의 구조에 대해서 黃曉芬, 김용성 譯, 『한대의 무덤과 그 제사의 기원』, 학연문화사, 2006, 120~133쪽, 증후을묘 목곽 각실 치수에 대해서는 郭德維, 『楚系墓葬硏究』, 湖北敎育出版社, 1995, 표1, 10, 16 참조

새겨져 있는 기물이 다량으로 나왔다.

증후을묘에 보이는 초계 고분의 구조적 특징은 목곽묘의 곽 또는 관의 벽에 네모구멍方孔을 뚫은 것과 모조문짝을 실제로 만든 것이다. 목곽묘 내의 이러한 구조적 특징은 네모구멍, 장식문, 창, 정밀한 모조문짝의 제작 순으로 발전하는데 그 시초를 증후을묘에서 볼 수 있다. 증후을묘에는 무덤 안 네 개의 방과 묘주의 외관 한 면에 서로 통하는 작은 구멍이 뚫려있다.[10] 목곽 내의 작은 구멍이나 모조문짝 설치는 밀폐된 고분 내에 하나의 통로를 만들어 묘주의 영혼이 자유롭게 돌아다닐 수 있는 길을 제공하기 위하여 설계된 것이다. 또한 증후을

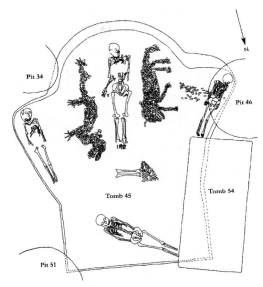

하남 복양 서수파 M45 승룡승천도

묘 묘주의 내관에는 실제 구멍을 내지 않고 채색, 선각, 부조로 그린 장식문 혹은 창의 가장 이른 예를 볼 수 있다. 창문 도안은 내관의 머리부분 단판端板을 제외하고 다리부분 단판과 좌우 측면판의 세 곳에 표현되었다. 증후을묘의 21개 순장관 중에서 12개의 관에서도 장식 창문이 발견된다. 장식 창문도 무덤에 묻힌 사자의 영혼의 왕래와 소통을 위한 것으로 추정된다.

초묘의 네모 구멍과 장식 창문은 어떤 의미로 만든 것일까? 네모 구멍과 장식 창문 등은 중국 고분미술에서 영혼불사와 승천사상의 발전과정에서 나타난 현상으로 본다. 신석기시대 하남성 복양현濮陽縣 서수파西水坡 M45의 승룡승천도[11]에 나타난 영혼불사와 승룡승천의 사후세계에 대한 관념은 점차 발전하여 전국시대 이후에는 『초사楚辭』「초혼招魂」에 나오는 것처럼 천지간을 자유로이 왕복할 수 있다는 믿음으로 정착한다. 그리고 이에 상응하여 전국시대 초나라 고분에서 먼저 밀폐형의 곽묘槨墓 내에 모조문짝을 만드는 현상이 나타난다. 초나라의 곽묘의 칸막이

10) 증후을묘 목곽과 외곽의 네모구멍의 형태와 치수에 대해서는 黃曉芬, 김용성 譯, 『한대의 무덤과 그 제사의 기원』, 학연문화사, 2006, 120~130쪽, 422~430쪽 참조.
11) 濮陽市博物館, 「河南濮陽西水坡遺址發掘簡報」, 『文物』, 1988年 3期.

에 네모구멍을 만드는 것에서 장식문, 창의 발전 변화를 거친 후에 정형화된 모조문으로 통일된다.[12)]

증후을묘에 보이는 초계 고분의 또 다른 구조적 특징은 고분의 구조가 묘주의 현실 저택과 유사해지는 것이다.[13)] 증후을묘는 4개의 방에 각기 다른 종류의 부장품을 배치하여 그 방이 가진 일정한 용도와 목적을 드러낸다. 증후을묘의 중실中室은 청동예악기靑銅禮樂器가 주로 배치되었다. 동실東室에는 주관主棺과 8구의 부장관陪葬棺, 묘주의 생활용구生活用具, 악기樂器, 거마기車馬器와 병기兵器 등이 있다. 서실西室은 13구의 부장관陪葬棺, 북실北室은 거마기車馬器, 병기兵器, 기타 기물을 놓았다. 전국시대 이후에 오는 진한대 고분도 유사하게 구조 전환이 이루어져 이후 발달하게 될 고분의 특징을 예시하고 있다.

초계 고분의 부장품에서도 이전 시대와 다른 변화가 보이는데 첫째는 청동기에서 칠기로 예술적 표현의 매체가 변화한다는 것이다.[14)] 전국시대에 칠기가 대량으로 출토된 지역은 초나라의 세력범위인 호북성의 장사長沙, 수주隨州, 강릉과 하남성 신양 등이다. 특히 호북 수주 증후을묘, 호북 형문荊門 포산包山 2호묘, 하남 신양 초묘에서 많은 칠기가 출토되었다.[15)] 약 기원전 400~300년으로 편년되는 초계 고분의 부장품 구성에서 위세품으로 청동기의 수가 줄어들기 시작하고 칠기 제품이 증가하기 시작한다. 4세기 초 경의 장대관 1호묘에서는 150점의 칠기가 발견된 반면, 청동기는 30점만 출토되었다. 서한 초기인 기원전 2세기의 마왕퇴1호묘에서는 수백 점의 칠기와 각종 장식품이 나오고 오직 한 점의 청동 거울만 나왔다.[16)]

---

12) 상주시대 영혼불멸 사상과 관련 제사 및 신앙형태에 대해서는 黃曉芬, 김용성 譯, 『한대의 무덤과 그 제사의 기원』, 학연문화사, 2006, 378~390쪽 참조.

13) Jenny F. So, "Chu Art - Link between the Old and New," Constance A. Cook and John S. Major, *Defining Chu*, University of Hawaii Press, 1999, pp.33~47.

14) Jenny F. So, "Chu Art - Link between the Old and New," Constance A. Cook and John S. Major, *Defining Chu*, University of Hawaii Press, 1999, pp.33~47.

15) 초문화 고분 출토 칠기에 대해서는 陣振裕, 『楚文化與漆器研究』, 科學出版社, 2003 참조.

16) 망산1호묘는 청동기와 칠기가 유사한 비율이나 칠기가 청동보다 수나 질에서 초과하기 시작한 것을 볼 수 있다. 우대산의 500기의 고분 중에서 오직 52점의 청동기가 나온 반면 칠기는 900점이 나와 대조된다. 마산 1호묘는 30점이 넘는 자수제품, 25점의 죽간, 30점의 칠기, 18점의 청동기가 나왔는데 청동기들은 장식이 없거나 칠기 장식을 모방한 것이다. 4세기말의 포산1호묘는 81점의 칠기, 59점의 청동제기, 한 점의 청동 편종, 13점의 악기(칠기)가 출토되었다. Jenny F. So, "Chu Art - Link between the Old and New," Constance A. Cook and John S. Major, *Defining Chu*, University of Hawaii Press, 1999, p.36.

초계 묘장의 중요한 부장품인 칠기는 제작기법이나 장식 문양에 있어서 청동기와 상호 영향을 주고받으며 발달한다. 기원전 6세기에서 5세기의 초나라 칠기 문양은 종종 동시기의 청동기 문양을 모방한다. 초나라 미술의 중요한 장식 모티프인(몸이 꼬인 형태의) 뱀은 청동기의 실랍 주조법(lost-wax) 기술에서 영향 받은 것으로 여겨진다. 초나라는 기원전 560년경 이미 중원의 청동기 제작기법의 한계를 극복한 실랍기법을 최초로 사용하여 청동기를 제작하고 있었다. 6세기경 초나라의 청동기는 복잡하게 뒤얽힌 뱀문양을 투조로 장식하는 특징을 보인다. 증후을묘에서 나온 반훼문동존반蟠虺紋銅尊盤(전국시대, 33.1×24cm, 호북성박물관)의 투조기법으로 만든 반훼문蟠虺紋 장식은 묘주의 내관을 덮고 있는 다양한 형태의 뱀(용)문양을 연상시키는데 이렇게 칠관의 표면을 반복적 문양으로 장식한 것은 청동기 문양의 전통을 계승한 요소로 본다.[17]

고분의 구조가 제사와 경배를 위한 종묘보다는 묘주의 현세의 주거지와 보다 유사해지기 시작하고 초계 고분 부장품의 주류가 엄숙한 제의에서 사용되는 거대한 청동 제기에서 다채로운 채색 칠기로 변천하는 것은 기원전 6세기에서 3세기의 초나라의 정치적 위상 변화와 초나라 사회의 변화를 반영하는 것이다. 주나라 왕실에 복종하던 초나라의 왕들이 후기가 되면 정치적 영역 확장에 힘입어 왕실의 후원 아래 초나라 지역에서 만든 다색의 칠기와 화려한 견직물로 청동기를 대체하게 된다.[18]

이와 함께 순장의 관습에서 목용의 대체 사용으로의 변화가 일어난다. 5세기 호북 수현 증후을묘에는 21명의 여인(배우자, 악사, 무용가 등 포함)이 순장되었다. 그러나 4세기경에는 목용木俑이 초계 묘장의 보편적 부장품이 된다.[19] 대부분 단순한 몸체에 의복과 장신구를 세부 묘사하였다. 보다 정교한 것들은 실물 비단옷을 입혀 실제 인물과 닮게 만들었다. 이들 목용은 진시황제 병마용과 한대 도용의 발달을 예시한다.

기원전 5~4세기의 초계 묘장에서는 향로가 특징적인 부장품이 되는데 이러한 초묘楚墓의 향

17) 이정은,「중국 전국시대 칠기의 장식그림」,『중국 고대회화의 탄생과 전개』, 국립중앙박물관, 2009, 162~179쪽.
18) 서주시대의 종묘제도와 동주시대~한대의 궁전과 장례 건축의 정치적, 종교적, 사회적 변화로 인한 고분미술의 발달에 대해서는 우홍,『순간과 영원』, 김병준 譯, 아카넷, 2003; Jenny F. So, "Chu Art - Link between the Old and New," Constance A. Cook and John S. Major, *Defining Chu*, University of Hawaii Press, 1999, p.47 참조.
19) 중국 고분의 俑의 변천에 대해서는 양홍,「中國 俑의 연원과 발전」,『미술사논단』26, 한국미술연구소, 2008, 7~48쪽 참조.

초묘 진묘수

로 부장도 한대 북방지역에서 종종 발견되는 박산향로의 선례가 된다. 향을 피우는 관습이 초문화에서 유행하면서 증후을묘에도 두 점의 향로가 묘주와 함께 묻혔다. 향로는 진한대에 가면 도가적 영생 추구를 표현하는 중요한 부장품이 된다. 5세기 말경 초나라 고분에서 발견되는 향로와 소형의 악기들, 칠기와 견직물과 같은 부장품의 증가는 개인적 또는 지역 고유의 취향이 초나라 문화생활과 장의미술에서 중요하게 작용하고 있음을 보여준다.

초계 고분 부장품 중에서 가장 독특하면서 초문화의 특징을 잘 드러내는 것이 진묘상鎭墓像, 또는 진묘수鎭墓獸이다.[20] 중국 고대 진묘상의 형태는 수형獸型, 다수동체형多獸同体型, 유인형類人型의 세 가지가 있다.[21] 가장 이른 입체칠목立體漆木과 동銅 재질의 진묘상鎭墓像은 전국시기 호북, 호남, 하남 등지 초묘에서 나왔다. 초묘의 진묘상은 전국 초기에 출현하여 중기에 성행하고 후기에 급격하게 소멸한다. 진묘상은 칠목호좌비조漆木虎座飛鳥, 녹좌비조鹿座飛鳥, 칠목녹漆木鹿 호좌봉조가고虎座鳳鳥架鼓 등 칠목기漆木器 및 동예기銅禮器와 종종 동반 출토된다. 칠목호좌비조漆木虎座飛鳥, 녹좌비조鹿座飛鳥, 칠목록漆木鹿 등 3종의 장의葬儀 명기明器는 인간과 신 사이를 통하게 하는 동물로 묘주의 혼을 승천하게 돕는 것으로 해석된다.[22]

20) 중국 고분의 진묘수에 대해서는 鄭州市文物考古研究所,『中國古代鎭墓神物』, 文物出版社, 2004; 陣振裕, 「略論鎭墓獸的用途和名稱」,『楚文化與漆器研究』, 科學出版社, 2003, 497~508쪽; 임영애, 「중국 고분 속 鎭墓獸의 양상과 불교적 변형」,『미술사논단』 25, 한국미술연구소, 2007, 37~65쪽; 김수민, 「漢代 鎭墓獸에 대한 연구」, 역사민속학회 발표문, 2010 참조.
21) 鄭州市文物考古研究所,『中國古代鎭墓神物』, 文物出版社, 2004, 40쪽.
22) 초묘의 진묘수는 대개 槨室 내의 頭箱 안에서 발견된다. 陣振裕, 「略論鎭墓獸的用途和名稱」,『楚文化與漆器研究』, 科學出版社, 2003, 2~5쪽.

2. 전국시대 楚의 회화예술

전국시대는 각 지역의 문화와 사상이 급속히 발전했던 시대로 회화도 단순한 공상에서 관찰에 기초한 사실적 표현으로 변화한다. 굴원의 『초사楚辭』「천문天問」에 나오는 173개 의문의 내용을 보면 초묘楚廟와 사당의 벽화를 기술하였는데 천지산천신령天地山川神靈 및 성현괴물聖賢怪物 등을 제재로 하는 다양한 내용의 벽화를 그린 것을 알 수 있다.[23] 현존하는 전국시대 초의 회화예술에는 곽과 관에 그려진 칠화, 비단에 그려져 관 위에 놓이거나 벽에 걸린 백화帛畵, 옷상자와 악기와 같은 부장품에 그려진 칠화가 있다.[24] 전국시대 칠기의 채색 문양장식이 정미해지면서 일정한 내용을 묘사한 칠화漆畵 작품이 출현한다. 초계 고분 중에서 가장 다양한 칠화가 나온 고분은 수주隨州 뢰고돈擂鼓墩1호묘(증후을묘曾候乙墓)이다. 묘주의 외관과 내관, 부장관, 옷상자 등에 다종다양한 주제가 그려졌다.[25]

전국시대 초계 묘장에서 나온 칠화의 주제는 크게 두 종류로 나눈다. 첫째는 사회생활풍속을 반영한 것이고 둘째는 신화전설 속의 인물세계와 기이한 동물을 그린 것이다. 전자는 귀족貴族, 악사樂士, 사냥하는 인물狩獵人을 중심으로 각종 새와 동물鳥獸, 화초花草, 수목樹木, 마차車馬 등과 연속도안을 같이 그린 것으로 거마출행車馬出行, 연회宴樂, 사냥狩獵이 주제이다. 후자는 다시 초

---

23) 굴원(기원전 343?~277?년)은 이름은 平, 자는 原으로서 초나라 宣王 27년(기원전 343년)에 출생하여 대략 頃襄王 22년(기원전 277년) 전후에 사망한 것으로 추정한다. 26세에 懷王의 신임을 얻어 중요한 국사를 담당하게 되자 주변의 시기와 비방을 받아 여러 차례 귀양을 가게 된다. 기원전 298년 회왕이 죽고 난 후에 다시 귀양을 떠나게 되는데 郢都에서 夏浦를 지나 長沙에 도달하여 자결한다. 굴원의 『초사』 「천문」은 기원전 4세기의 초나라의 신화 우주관념을 반영한다. 모두 172개의 질문 형식으로 구성하여 天文, 地理, 人事 등을 다룬다. 우주창조와 자연 현상의 신화, 신화 인물, 九州와 崑崙山, 詠物, 黃帝와 堯舜, 우禹, 羿 등이 등장한다. 류성준 편저, 『楚辭』, 문이재, 2002; 김인호, 『초사와 무속』, 신아사, 2001; 북경중앙미술학원 편, 박은화 譯, 『간추린 중국미술의 역사』, 시공사, 2003, 40~41쪽; 信立祥, 김용성 譯, 『한대 화상석의 세계』, 학연문화사, 2005, 41쪽; 黃曉芬, 김용성 譯, 『한대의 무덤과 그 제사의 기원』, 학연문화사, 2006, 354~359쪽 참조.

24) 黃曉芬, 김용성 譯, 『한대의 무덤과 그 제사의 기원』, 학연문화사, 2006, 354쪽.

25) 증후을묘 칠화의 경우 주제가 크게 3가지이다. 첫째는 장식도안화로 실제적 동물이나 변형된 동물 형상을 기하도안으로 형성하여 주관의 내외관이나 부장관, 칠상, 칠함 등의 장식에 이용하였다. 내관의 장식도안화가 대표적 예이다. 둘째는 신화고사 혹은 생활 장면에서 취재하여 우의화한 그림이다. 漆盒과 漆衣箱에 그려진 擊鼓舞踊圖, 後羿射日圖, 과보도 등이다. 세 번째는 서예와 회화가 결합된 작품으로 28성수도가 그려진 漆箱이 그 예이다. 譚維四, 『曾候乙墓』, 文物出版社, 2001, 139~142쪽.

장사 자탄고 인물어룡백화   장사 진가대산 인물용봉백화

나라 사람楚人들의 미신과 "무속문화巫文化"를 그린 것[26]과 신화전설 속 인물과 동물주제로 나눌 수 있다. 두 주제 모두 정밀한 구도와 밝은 색채, 다양한 도상의 복합적 표현으로 초나라 회화의 높은 수준을 잘 보여준다.

초나라 회화의 특징은 제니 서(Jenny So)에 의하면 사실적 묘사의 진전, 신화적 상상력의 발달, 서법적 필묵의 구사이다.[27] 초묘에서 토끼털로 만든 대나무 붓과 여러 서화도구들이 출토되었으며 초나라 백화나 칠화에 후대의 중국 회화의 서법적 필묵에 의한 묘사가 이미 나타나고 있다.[28]

사회생활풍속 주제의 대표적인 유물로는 전국시대 초나라 백화인 호남湖南 장사長沙 진가대산陳家大山 초묘楚墓 출토 인물용봉백화人物龍鳳帛畵와 장사長沙 자탄고子彈庫 초묘 출토 인물어룡백화人物御龍帛畵가 있다. 진가대산의 인물용봉백화는 높이 31㎝, 너비 22.5㎝의 무늬 없는 비단에 그려졌다. 긴 치마를 입은 가는 허리의 여인이 손을 앞으로 올린 자세로 서있으며 용과 봉황의 안내를 받아 승천하는 모습이다. 장사 마왕퇴1호묘 백화의 여묘주상, 남양 기린강 한화상석

26) 許道勝, 『流光溢彩: 楚國的漆器竹簡玉器絲綢』, 河北教育出版社, 2000, 13쪽.

27) Jenny F. So, "Chu Art - Link between the Old and New," Constance A. Cook and John S. Major, *Defining Chu*, University of Hawaii Press, 1999, pp.33~47.

28) 김홍남, 『중국 고대회화의 탄생과 전개』, 국립중앙박물관, 2009, 12~21쪽.

묘의 여묘주상, 고구려 쌍영총과 수산리벽화분의 여묘주상을 연상시킨다. 묘주 앞에 승천을 돕는 용과 봉황이 함께 그려져 있는 것은 서한 전기 낙양 복천추묘와 서안 이공대학벽화묘의 선인 승천도, 동한 전기 요녕 영성자한묘의 선인 승천도, 동한 후기 기린강한묘의 선인 신수도 등과 연결된다.[29]

1973년 장사 자탄고 초묘에서 발견된 인물어룡백화는 높이 37.5cm, 너비 28cm의 바탕천에 그려져 있다. 관을 쓰고 긴 도포를 입고 칼을 찬 남자가 거대한 용주龍舟를 타고 승천하는 모습이다. 머리 위에 화려한 산개傘蓋를 쓰고 있다. 용의 머리 밑에 물고기가 한 마리 있고 꼬리에는 학이 한 마리 서있다.[30]

장사 진가대산과 자탄고 초묘에서 출토된 두 점의 백화는 현존하는 가장 오래된 작품이다. 백화의 남녀상은 동주시대의 무당과 그 무당의 동물조수를 그린 것으로 추정하기도 한다.[31] 그러나 일반적으로 두 백화 모두 인혼승천引魂昇天을 주제로 한 묘주의 초상으로 해석된다. 남녀 인물상은 모두 측면의 입상으로 표현되었다. 이것은 마왕퇴 1, 3호묘 백화의 묘주 초상에서 남양 기린강한묘의 남녀묘주 초상으로 이어지는 전국시대부터 한대 명정銘旌 혹은 고분벽화 묘주상의 특징이다. 또한 균형 잡힌 신체 비례, 엄숙하고 경건한 몸가짐과 태도가 돋보이며, 유려하고 힘 있는 필선으로 우아한 격조를 보여준다.[32]

1987년 호북성 형문荊門 포산包山에서 발굴된 9기의 초묘 가운데 2호묘(기원전 4세기)의 칠협漆篋(채칠 화장상자, 높이 10.8cm, 직경 27.9cm, 호북성 박물관) 덮개 측면에 그려진 거마출행도(길이 87.0cm, 폭 5.2cm)는 생활풍속 주제에서 사실적 묘사의 발달을 볼 수 있는 예이다. 포산2호묘 칠협의 그림은 거마출행 도상의 가장 이른 출현 사례이다. 거마출행도는 이후 진대의 섬서 함양 제3호 궁전유지 정전正殿 남측 회랑南面廊 동, 서벽의 거마 벽화 잔편과 호남 장사 사자당砂

29) 장사 백화와 영성자 한묘의 벽화의 승선 장면의 유사성은 마이클 로이, 이성규 譯,『古代 中國人의 生死觀』, 이성규 譯, 지식산업사, 1988, 137쪽 참조.
30) 고구려 덕흥리 벽화분 천장에 그려진 飛魚도 登仙의 보조물 龍子 혹은 神魚라 일컬어지는 잉어일 가능성이 있다. 김일권,「고구려 초기벽화시대의 神話와 昇仙적 道敎思想」,『역사민속학』18호, 한국역사민속학회, 2004, 473쪽.
31) 張光直,『신화, 미술, 제사』, 동문선, 1990, 제3장 참조.
32) 북경 중앙미술학원 편, 박은화 역,『간추린 중국미술의 역사』, 시공사, 2003, 40-41쪽.

마왕퇴1호묘 백화 묘주상 　　　　　　　　　기린강한묘 남녀묘주도

子塘 1호묘 출토 서한 거마인물 준樽에서도 볼 수 있고,[33] 하북 안평 녹가장 동한벽화묘와 내몽고 화림격이 신점자 1호묘 등 한대의 화상석과 벽화에 많이 출현하는 주제이다. 흑칠 바탕 위에 홍색, 황색, 갈색으로 마차 4량, 말 10필, 인물 26명, 나무 5그루, 새 9마리, 개 2마리를 그렸다. 측면이나 뒤를 보이고 선 인물들이 무리를 이루고 있는데 각각의 인물 군을 나누는 것은 강한 바람에 날리는 나무와 새들이다. 바람에 휘날리는 인물들의 옷과 나뭇가지의 생동감 있는 묘사로 화면 안에 강한 운동감을 형성하고 있다. 가까운 곳에 위치한 인물은 크게 묘사하고 먼 곳은 작게 배치하거나, 나무와 새를 통해서 산수 배경을 만드는 등 회화의 공간개념이나 시간묘사에 있어서 발전한 화면구성 형태이다. 유사한 화면구성 방식이 기원전 5세기경 전국시대 채상연락공전문동호采桑宴樂攻戰紋銅壺(북경 고궁박물원)에 보인다.[34] 거마대열의 전개도에서 중심인물의 거마 위에 나부끼는 'T'자형 정기와 그 뒤를 따라서 달리는 세 사람과 두 대의 수레를 그린 것은 묘주의 장송의례를 표현한 듯 하다. 또는 동한 화상석에 자주 등장하는 제재인 승선행렬昇仙行列을 상징하는 것으로 보기도 한다.[35]

　전국시대 초楚 회화의 또 다른 주제는 신화전설 속 인물세계와 기이한 동물 등을 그린 것이

33) 陳振裕, 「楚國車馬出行圖初論」, 『楚文化與漆器硏究』, 科學出版社, 2003, 474~486쪽.
34) 이정은, 「중국 전국시대 칠기의 장식그림」, 『중국 고대회화의 탄생과 전개』, 국립중앙박물관, 2009, 162~179쪽.
35) 黃曉芬, 김용성 譯, 『한대의 무덤과 그 제사의 기원』, 학연문화사, 2006, 376쪽.

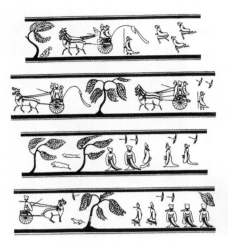

호북 형문 포산 초묘 칠협 출행도   호북 형문 포산 초묘 칠협 출행도

다. 이는 초나라 사람楚人들의 미신과 "무속문화巫文化" 및 신화전설 등 종교신앙이 발현된 것이다. 초나라의 종교신앙에 대하여 구체적인 정의를 내리기는 어렵다. 그러나 전국시대 후기에 가면 문헌(『산해경山海經』,『초사楚辭』, 마왕퇴 백서,『회남자淮南子』)이나 고고학적 발굴로 얻은 회화자료에 의하여 초나라의 종교생활에 대한 정보를 얻을 수 있다.[36] 문헌기록에 의하면 초나라 사람들은 무귀巫鬼를 믿고 음사淫祠를 중시하였는데[37] 왕공귀족의 중대 정치, 군사결정, 질병치료에 모두 귀신제사와 점술 행위를 했던 습속이 그 증거이다. 호북 형문 포산2호묘와 강릉江陵 망산望山 1호묘에서 출토된 복서卜筮 죽간 간문에서도 초나라 귀족이 생전에 질병이 걸리면, 점복과 제사로 귀신에게 제사를 지냈다는 기록이 있다.[38]

초나라 사람楚人들의 "무속문화巫文化"를 보여주는 회화 유물을 살펴보면, 하남河南 신양信陽 장대관長臺關 1호 초묘에서 52개의 잔편으로 출토된 채회금슬彩繪錦瑟(길이 124㎝, 너비 37㎝)에는 수렵도狩獵圖, 무사도巫師圖, 무사지법기도巫師持法器圖, 무사전사도巫師戰蛇圖, 군수박투도群獸

---

36) 고대중국의 신화적 우주관이 나타나는 주요자료는 『楚辭』,『山海經』,『淮南子』의 세 가지가 있다. 『楚辭』의 편저자와 내용 구성에 대해서는 류성준 편저,『楚辭』, 문이재, 2002; 김인호,『초사와 무속』, 신아사, 2001 참조.

37) 『楚辭』,「九歌」, 王逸註 "昔楚南郢之邑, 沅湘之間, 其俗信鬼而好祀, 其祀必作歌樂鼓舞, 以樂諸神"; 『漢書』,「地理志」 "信巫鬼, 重淫祀."

38) 이승률,「초간의 종류와 내용」,『오늘의 동양사상』, 예문동양사상연구원, 2009; 陣振裕,「略論鎭墓獸的用途和名稱」,『楚文化與漆器硏究』, 科學出版社, 2003, 497~508쪽.

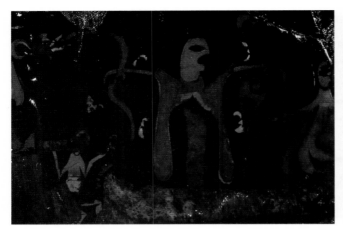

하남 신양 장대관초묘 채화금슬

博구圖, 연락도宴樂圖, 무사전룡도巫師戰龍圖 등의 주제가 그려져 있다.**39)** 전국시대 중기로 편년하며 증후을묘보다는 약간 늦은 시기에 해당된다.

장대관1호묘의 칠슬은 귀족들의 수렵, 연락 등 생활풍속적 주제를 담고 있으면서 초나라 사람楚人들의 "무문화巫文化" 역시 반영되어있다. 긴 두루마리 옷을 입고 독특한 관을 쓴 무사巫師가 뱀, 용과 같은 동물들을 부리거나 두 손에 잡거나 지팡이로 다스리거나, 두 마리의 뒤얽힌 뱀 사이에 서있는 모습을 볼 수 있다.**40)** 『산해경山海經』,『회남자淮南子』등 전국 후기에서 한대 초기 문헌에서 무사巫師는 뱀을 다루는 능력이 있으며 뱀의 위험에 해를 받지 않는 것으로 묘사된

---

39) 칠슬의 앞면은 관을 쓴 남자의 수렵 장면, 法器를 들고 있는 무사, 무사가 용(뱀)을 양손으로 잡고 있거나 마주 보고 희롱하는 장면이다. 뒷면은 한 남자가 뒤를 돌아보고 있는 사슴을 활로 쏘는 장면이다. 인물이나 동물의 동작이 율동감 있는 선으로 부드럽게 표현되었다. 許道勝,『流光溢彩: 楚國的漆器竹簡玉器絲綢』, 河北教育出版社, 2000, 20~23쪽.

40) 칠슬의 무사가 뱀을 부리는 형상은 고구려와 중국 고분미술에 자주 보이는 역사상을 연상케 한다. 뱀과 같이 그려진 역사상의 이른 예는 서한 초기 호남성 장사 마왕퇴1호묘와 3호묘의 T자형 백화의 하단에 등장한다. 1호묘 백화의 하단에 제사장면을 떠받치고 있는 역사상의 다리 사이에 붉은 뱀이 감겨 있고, 3호묘 백화의 하단에는 쌍룡천벽 도상의 쌍룡을 손으로 잡은 역사가 보인다. 뱀을 부리거나 손에 잡은 神怪 형상은 위진시대에도 등장하는데 東晉 鎭江 화상전묘의 다리가 하나 달린 신괴가 있다. 小南一郎,『西王母と七夕傳承』, 平凡社, 1991, 177쪽, 도22. 고구려 고분벽화에는 삼실총에 등장하는 역사상의 다리에 몸이 꼬인 뱀의 형상을 볼 수 있다.

결된다.[49]

두 번째 칠상자는 정면에 『산해경山海經』「해외동경海外東經」의 해를 쫓는 과보추일夸父追日 고사가 그려졌다.[50] 간략하게 도안화된 표현은 신석기-청동기시대의 암각화를 연상시키기도 한다.

5세기 후반의 증후을묘에서 나온 옷상자에 그려진 칠화는 한대의 고분미술에서 자주 볼 수 있는 주제인 사신, 별자리, 복희와 여와, 후예, 과보 등 다양한 도상들이 나타나 각 주제별 초기 표현 사례로 주목된다. 증후을묘 칠상과 칠합의 회화는 하나의 장면에 초문화의 강한 무속문화 전통과 관련된 축약적, 상징적 의미를 강조한 고대의 신화고사를 그리고 있다. 고사의 내용을 하나의 장면으로 압축 표현하고, 문자기술방식에서 탈피하여 회화적 형태로 서사구조를 갖는 고사를 표현하는 등 전국시대 회화에서 시작된 특징을 잘 보여준다.[51]

초나라의 종교신앙과 관련하여 존 메이저는 초나라 후기 신앙의 특징을 중원지역과 비교하여 7가지로 정의하였다.[52]

첫째는 우주관에 있어서 방위와 방향을 특별히 강조한다. 이는 중원지역과 공유하는 특징이면서 초나라에서 특별히 중요시되었다. 공간적인 방향성과 그에 연관되는 신들에 대한 신앙과 제의의 발달은 고대 중국사회에 일반적으로 존재하는 것으로 이러한 문화적 특징의 가장 이른 표현 중 하나는 신석기시대 하남河南 복양현濮陽縣 서수파西水坡 M45(기원전 약 4,000년)의 인골 옆에 조개무지로 만든 용호龍虎 장식과 북두北斗의 상징이다. 둘째는 가면을 쓴 괴물 같은 독특한 외모로 표현된 방위 및 각 달에 해당하는 신들에 대한 신앙과 제의의 발달이다. 초나라의 공간적 방향성과 신앙에 대한 강조는 『초사楚辭』의 「초혼招魂」, 「대초大招」, 「구가九歌」, 호남 장사 자탄고 초묘에서 나온 『초백서楚帛書』,[53] 증후을묘 출토 칠상漆箱(북두칠성, 청룡과 백호, 28수)에

---

49) 단군신화에서 환웅이 하늘로부터 인간 세상에 내려온 神檀樹, 주몽신화에서 주몽이 神母가 보낸 오곡 종자를 얻은 나무, 신라 김씨의 시조 알지가 하늘로부터 지상으로 내려온 鷄林 등이 그 예이다. 나희라, 「古代 東北亞 諸民族의 神話, 儀禮, 君主觀」, 『진단학보』 99, 진단학회, 2005, 1~14쪽.

50) 화면 좌측에 태양을 상징하는 두 개의 원 사이에 새가 날고 있고 그 새의 꼬리를 잡고 달려가는 사람이 '태양을 쫓다가 목이 말라 황하와 위수의 물을 다 마시고도 갈증이 풀리지 않아 다른 곳으로 물을 찾으러 가다가 도중에 목이 말라 죽었다'는 과보로 해석된다. 『山海經』, 「海外東經」 "夸父與日逐走, 入日."

51) 이정은, 「중국 전국시대 칠기의 장식그림」, 『중국 고대회화의 탄생과 전개』, 국립중앙박물관, 2009, 162~179쪽.

52) John S. Major, "Characteristics of Late Chu Religion," Constance A. Cook and John S. Major, *Defining Chu*, University of Hawaii Press, 1999, pp.121~143.

53) 人物御龍 백화가 나온 자탄고 초묘가 정식발굴되기 전인 1942년에 도굴된 후 미국으로 유입되어 현재 새

서 볼 수 있다.

초나라의 천상세계 또는 우주론적 인식은 무사巫師가 죽은 이의 영혼에게 경고를 하는 내용의 『초사楚辭』의 「초혼招魂」과 「대초大招」에 반영되어있으며, 『회남자淮南子』와 『산해경山海經』에서도 그러한 특징을 찾아볼 수 있다. 초나라의 신화에 나오는 신들은 『초사楚辭』의 「구가九歌」에 나타나는 천지天地를 좌표로 하여 마련한 신의 계보로 굴원이 사전祀典에서 무격巫覡이 노래하고 있는 영신곡迎神曲과 송신곡送神曲을 개편해서 만든 것이다. 가장 높은 만신의 신은 동황태일東皇太一이며 동황태일의 아래에 있는 것은 8명의 신기神祇(하늘의 신과 땅의 신)이다. 초나라의 문화권은 방위 좌표에 따라 신의 계보를 배치하는 형식을 특징으로 하고 있다고 말할 수 있다.

초백서는 초나라 신앙의 가장 이른 문헌기록 중 하나로 전체 도상과 문자는 초나라의 북두태일北斗太一, 사시四時, 사방四方의 우주관념 및 무사巫師의 "통천通天" 의식을 시각적으로 구현한 것이다. 백서의 네 모서리에는 사방四方과 사계절의 상징인 녹, 적, 백, 흑색으로 나무를 그려 하늘을 받치는 기둥을 상징하였다. 가장자리에는 12명의 신령상神靈像이 각 변에 3명씩 그려져 있다.

증후을묘 출토 칠상漆箱(호북성 박물관 소장, 전국시대 기원전 5세기)에는 28성수星宿와 백호, 청룡이 그려져 있으며 전국 조기 혹은 중기에 초나라에 이미 완정한 사상四象이 표현된 예이다.[54] 신석기시대 서수파유적의 용호龍虎와 북두北斗 상징과 유사한 맥락으로 여겨진다. 또한

클러 미술관에 소장된 帛書(길이 46.2cm, 너비 38.5cm)는 『長沙帛書』, 『繒書』 또는 『楚帛書』로 불린다. 백서의 중앙에는 자연계와 인간계의 질서, 우주 기원과 조상에 대한 신앙, 자연과 인간의 인과관계를 서술한 900자의 문자가 쓰여 있다. Jenny F. So, "Chu Art – Link between the Old and New," Constance A. Cook and John S. Major, *Defining Chu*, University of Hawaii Press, 1999, fig.3.13.

『초백서』의 해석에 대해서는 Constance A. Cook and John S. Major, *Defining Chu*, University of Hawaii Press, 1999, pp.171~176 참조; 『초백서』에 대한 연구로는 John S. Major, "Characteristics of Late Chu Religion," Constance A. Cook and John S. Major, *Defining Chu*, University of Hawaii Press, 1999, p.125; Jenny F. So, "Chu Art - Link between the Old and New," Constance A. Cook and John S. Major, *Defining Chu*, University of Hawaii Press, 1999, p.47, 172; Hayashi Minao, "The Twelve Gods of the Chan-kuo Period Silk Manuscript Excavated at Ch'ang-sha," Noel Barnard, ed., *Ch'u and the Silk Manuscript*, vol.1 of Early Chinese Art and Its Possible Influence in the Pacific Basin, Intercultural Arts Press, 1972, pp.123~186 참조.

54) 皮道堅은 굴원이 춘추말기 초나라 선왕의 묘(廟, 호북성 宣城에 위치)를 참관하고 『楚辭』의 「天問」에 楚廟와 사당의 벽화를 기술하였으므로 「天問」에 묘사된 일월성신, 천체구조는 초나라 종묘의 穹窿에 그려진 천상도와 유관할 것으로 여겼다. 이런 종류의 천상도가 거대한 北斗와 28수, 청룡 백호가 그려져 있는 증후을묘 衣箱에 표현된 것이라고 하였다. 옷상자의 덮개 화상이 원형의 天穹이며 장방형의 상자의 바닥은 대지를 상징하여 大地仰視天穹의 모습을 구현한 것일 수 있다고 한다. 굴원이 초나라 종묘 벽화의 회화

전국시대 후기에서 한대에 만들어진 다양한
천체 관련 유물들(TLV 청동거울, 육박판, 식
반式盤)이 초나라 문화와 강하게 연관되어 있
다.[55]

　초나라 후기 신앙의 세 번째 특징은 여러
마리 동물로 구성된 종교적 도상을 강조하는
것으로 증후을묘 내관의 장식에 잘 드러난다.
증후을묘 내관에는 모두 895 마리의 동물이

중후을묘 칠상 28성수와 백호 청룡

쌍수雙首, 쌍신雙身, 인면人面 등 수십 종의 기이한 형식으로 조합을 이루어 표현된다.[56] 대개 다종
동물합체多種動物合體(새, 뱀, 사슴의 뿔)거나 동물과 인간의 머리나 몸체가 결합된 형상이다.

　인수人獸 조합형 신상의 예로는 증후을묘 내관의 좌우 측면 관판의 창문의 양 옆에 2단으로
배열된 인수형신괴人首形神怪가 있다.[57] 양손에 과戈를 들고 있는 신괴들은 정면상이며 뿔이 머

를 본 시대(춘추 말기)가 증후을묘의 조성시기와 멀지 않으므로 증후을묘 칠상자의 천상도는 초나라 종묘
　궁릉천장에 그려진 천상도로 추측하였다. 皮道堅, 「楚辭, 天問, 楚宗廟壁畵」, 『楚藝術史』, 湖北敎育出版社,
　1995, 97쪽.
55) 『초백서』의 문자와 그림의 조합은 개념적으로 한대의 式盤과 유사하다. 한대 우주론을 실물로 보여주는 유
　물은 式盤이다. 낙랑 王旴묘 출토 후한대의 식반의 예가 있다. 육박도 공간적 방향성 및 신선 숭배와 강하
　게 연계되어있다. 마왕퇴3호묘에는 실제 육박판이 출토되었으며, 남부지방에서 육박이 중요한 역할을 한
　것을 알 수 있다. TLV(規矩紋) 동경은 천원지방의 형상으로 12분법에 의한 우주관과 오행설에 입각한 우주
　관이 조화 결합되어 묘주의 내세로의 여행을 안내하는 역할을 한다. 동경 가장자리의 운기문도 단순한 장식
　만이 아닌 영혼이 불사의 세계로 타고 올라가는 구름의 층을 나타낸 것이다. 마이클 로이, 이성규 譯, 『古代
　中國人의 生死觀』, 지식산업사, 1988, 39쪽, 69쪽, 137쪽; John S. Major, "Characteristics of Late Chu Religion,"
　Constance A. Cook and John S. Major, Defining Chu, University of Hawaii Press, 1999, p.127; 강병희, 「고대 중
　국 건축의 8각 요소 검토」, 『한국사상사학』 36, 한국사상사학회, 2010, 1~49쪽.
56) 증후을묘 묘주내관에 그려진 각종 동물 통계에 대해서는 郭德維, 『楚系墓葬硏究』, 湖北敎育出版社, 1995,
　표 11, 12, 韓玉祥, 「楚漢藝術中的人獸母題」, 『漢畵學術文集』, 河南美術出版社, 1996, 68~75쪽 참조; 초나
　라 출토 문물(靑銅禮器와 樂器, 銅質 생활용구와 용기, 漆木生活用具와 迷信用品, 玉質佩飾, 백화, 絲綢
　복식)에 보이는 용의 형태변화, 기원과 발전, 의미에 대하여는 王從禮, 「楚文物中龍的形象淺析」 楚文化硏
　究會 편, 『楚文化硏究論集 4』, 湖北人民出版社, 1994, 552~568쪽 참조.
57) 내관에 그려진 각종 신괴형상과 문헌에 나타나는 신화적 존재들과의 비교는 郭德維, 『楚系墓葬硏究』, 湖
　北敎育出版社, 1995, 249~273쪽 참조.

리 위에 달려있다는 공통점이 있다.[58] 20명의 인수형신괴人首形神怪 외에도 인간의 머리를 가진 신괴가 뱀, 용의 몸과 교묘하게 조합된 형상으로 내관 곳곳에 표현되었다. 산해경에는 용, 뱀, 새와 결합된 신화적 인물들이 많이 나타나는데『산해경山海經』의 사방四方 사자使者(동방의 구망句芒, 서방의 욕수辱收, 남방의 축융祝融, 북방의 우강禹强, 하夏의 두 번째 통치자 계啓, 과보夸父 등이 있다.[59]

증후을묘의 인수형신괴人首形神怪과 유사한 두 가지 또는 그 이상의 동물 또는 인수人獸가 합체된 이형잡종異形雜種의 형태를 가진 것이 앞에서 언급한『초백서』의 12신상神像 들이다. 나중

---

58) 외관은 기하학적 도안, 내관은 人獸 합체 형상이 주를 이룬다. 증후을묘의 외관은 6가지 유형의 기하학 문양으로 장식되었다. 토트(A. Thote)는 내관의 장식문을 기하학적 동물문, 창문 도안, 人首形神怪 등으로 구분하고 내관을 가득 덮고 있는 장식문양을 9가지로 세분하였다. 또한 人首形神怪를 3가지 유형으로 구분하였다. 하나는 인간의 얼굴에 뾰족한 뿔과 긴 귀, 새와 같은 몸, 인간의 팔과 다리를 가졌다. 두 번째 종류는 좁은 머리에 뿔이 달렸고 귀는 구부러졌으며 긴 수염이 양쪽에 나있고 코가 없으며 몸에 문신이 장식되었다. 마지막은 보다 복잡한 형상인데 큰 얼굴에 네 개의 눈, 머리에 이중의 안테나, 명확하게 묘사되지 않은 다리, 중앙부분만 인간을 닮은 얼굴을 가졌다. Alain Thote, "Double coffin of Leigudun Tomb No. 1," T. Lawton, *New Perspectives on Chu Culture during the Eastern Zhou period*, Arthur M. Sackler Gallery, Smithsonian Institution, 1991, pp.23~46.

59) 고대 중국 무속에 관한 책인『山海經』중에는 용, 뱀, 새와 결합된 신화적 인물들이 많이 나타난다. 뱀과 용은 四方의 上帝와 교통하는 使者가 필히 갖추어야 할 조건이다.『山海經』의 四方 상제(동방의 句芒, 서방의 辱收, 남방의 祝融, 북방의 禹强)는 두 마리의 용을 타거나 새의 몸을 하고 있다. 동방의 사자 구망은 새의 몸에 사람의 얼굴을 하고 있으며 두 마리의 용을 타고 다닌다.(『山海經』,「海外東經」"東方句芒, 鳥身人面, 乘兩龍.") 서방의 사자 욕수는 왼쪽 귀에 뱀을 걸고 두 마리의 용을 타고 다닌다.(『山海經』,「海外西經」"西方蓐收, 左耳有蛇, 乘兩龍." 남방 사자 축융은 짐승의 몸에 사람의 얼굴을 하고 있으며 두 마리의 용을 타고 다닌다.(『山海經』,「海外南經」"南方祝融, 獸身人面, 乘兩龍.") 북방의 사자 우강은 사람의 얼굴에 새의 몸을 가지고 있으며 두 마리 푸른 뱀을 귀에 걸고, 다른 두 마리 푸른 뱀을 발에 감고 다닌다.(『山海經』,「海外北經」"北方禺疆, 人面鳥身, 珥兩靑蛇, 踐兩靑蛇") 葛兆光,『道敎와 中國文化』, 동문선, 1993.
『山海經』,「大荒西經」에 夏의 두 번째 통치자 啓(혹은 開)에 대하여 "서남쪽 바다 밖, 赤水의 남쪽, 流沙의 서쪽에 두 마리 푸른 뱀을 귀에 걸고, 두 마리 용을 타고 다니는 이가 있으니 그가 바로 夏의 임금 開이다." 라는 기록이 있다. 張光直,『신화, 미술, 제사』, 동문선, 1990, 도 26 참조
또한『山海經』에 나오는 과보는 힘이 장사이며 귀에는 두 마리 누런 뱀을 걸치고 손에도 뱀 두 마리를 쥐고 있었다고 한다. 전인초 외,『중국신화의 이해』, 아카넷, 2002; 金秀昊,「漢代 鎭墓獸에 대한 연구」, 역사민속학회 발표문, 2010.
그 외에『山海經』중에서 무당이 한쪽 귀나 양쪽 귀에 뱀을 걸고 있는 모습을 묘사한대목이 있는데 그 중에 가장 흥미로운 무당은 「대황남경」에 나오는 不廷胡余로서 청색 빛이 나는 두 마리의 뱀을 귀에 걸고 발로 두 마리의 뱀을 밟고 있다. 張光直,『신화, 미술, 제사』, 동문선, 1990, 도 28 참조.
『山海經』과『楚辭』에 兩龍이란 단어가 여러 차례 등장하는데 하늘과 땅 사이에 소식을 전달하는 使者이거나 巫人을 도와 승천케 하는 이야기이다. 張光直,『신화, 미술, 제사』, 동문선, 1990.

에 보게 될 호남 장사 마왕퇴3호묘의 "신기도神祇圖"의 신상들과도 비슷하다. 초백서의 12번째 달을 나타내는 신은 사각형의 머리 위에 사슴뿔이 꽂혀있고 새 같이 얇은 다리를 가지고 있으며 입에는 뱀을 물고 있다.[60]

초나라 신앙의 네 번째 특징은 길게 내민 혀, 튀어나온 눈, 사슴뿔을 지닌 벽사 도상의 사용으로 초계 묘장의 독특한 부장품인 진묘상(수)으로 대표된다. 진묘상은 앞서 언급한 인수人獸 합체의 특징도 갖고 있다. 특히 유인형類人型 진묘상은 머리에는 길고 정교한 뿔이, 얼굴에는 길게 내민 혀, 한 쌍의 불거진 눈이 달린 형상이다. 때로 뱀 한 마리를 움켜쥐고 삼키고 있다.[61]

증후을묘 내관 장식의 인수형신괴人首形神怪와 진묘상에 대해서는 다양한 설이 있으나 공통적으로 지적하는 것은 『초사楚辭』「초혼招魂」에 나오는 '몸은 아홉 번 타래를 틀고, 이마에는 예리한 뿔을 가진 것'으로 묘사된 '토백土伯'이다.[62] 뱀을 삼키는 모습의 진묘상을 부장하는 것을 해충의 잠식으로부터 시체를 보호할 수 있는 수단으로 여기는 것이다. 또는 진묘수의 뿔은 '진묘'의 역할(사자의 영혼의 안정과 보호)을, 날개는 사자死者의 승천을 도와 불사不死세계로 가는 것

---

60) 마이클 로이는 『楚帛書』가 고대 중국의 巫의 관념을 밝혀주는 자료로서 주변에 그려진 12개의 형상은 자기 능력으로 귀신을 불러내는 巫로 해석하였다. 마이클 로이, 이성규 譯, 『古代 中國人의 生死觀』, 지식산업사, 1988.
한편 존 메이저는 『초백서』의 12신상이 1978년 淑浦 馬田坪 M63에서 출토된 12개의 활석수면(滑石獸面, 서한, 길이 19cm, 너비 20cm)과 유사함을 지적하였다. 馬田坪의 가면은 도철문의 변용된 형상으로 12신상에 대한 제의에서 실제로 착용하였을 가능성이 있는 것으로 여겼다. John S. Major, "Characteristics of Late Chu Religion," Constance A. Cook and John S. Major, *Defining Chu*, University of Hawaii Press, 1999, pp.121~143.

61) 기원전 6세기의 하남 신정의 초묘에서 나온 청동 鎭墓像은 크고 둥그런 눈에 뱀이 다리를 감싸고 있으며 이빨과 앞발 사이에 뱀을 물고 있다. 장대관 1호묘에도 커다란 붉은 눈, 긴 혀, 사슴뿔 머리, 발톱이 달린 발, 이빨 사이에 검은 뱀을 물고 꿇어앉은 조각상이 나왔다. Jenny F. So, "Chu Art - Link between the Old and New," Constance A. Cook and John S. Major, *Defining Chu*, University of Hawaii Press, 1999, Fig. 3.14와 3.15 참조.

62) 증후을묘의 인수형신괴는 『楚辭』「招魂」의 土伯, 羽人, 또는 神獸를 거느리고 창을 잡고 역귀를 몰아내는 儺儀 의식의 방상씨, 무복을 착용한 샤만, 또는 『山海經』 등 고문헌에 기재된 남방신화계통의 신상 등으로 해석한다. 초나라 진묘수에 대해서는 神仙, 山神, 土伯, 引魂昇天의 龍, 鳥에서 異化된 결과물, 生者를 위한 鎭凶辟邪의 신, 冥府守護者, 영혼의 化身, 戰神 혹은 兵主, 시간의 흐름에 따라 진묘수의 내용이 변화했다는 설 등이 있다. 皮道堅, 「早聖期的鎭墓獸彫刻」, 『楚藝術史』, 湖北교육출판사, 1995; 孫作雲, 「馬王堆一號漢墓漆棺畵考釋」, 『考古』, 1973년 4期, 247~257쪽; 마이클 로이, 이성규 譯, 『古代 中國人의 生死觀』, 지식산업사, 1988; 임영애, 「중국 고분 속 鎭墓獸의 양상과 불교적 변형」, 『미술사논단』 25호, 한국미술연구소, 2007, 37~65쪽.

중후을묘 내관 인수형신괴

을 돕는 기능을 가진 것으로 보기도 한다.

고대의 신화에서 동물은 사람과 조상신 및 신의 세계와 통하게 하는 기능이 있다. 전국시대 초의 회화, 조각에 보이는 수많은 이종잡형異種雜型의 동물도 내세로 가는 길을 인도하는 역할을 한다고 볼 수 있다. 전국시대 증후을묘 외관과 내관에 공통적으로 나타나는 문양인 용龍은 새[63)와 함께 사자를 하늘로 인도하는 길상적 서수이자 통천을 해주는 신수神獸이고 무인巫人이 하늘과 교통할 때 도와주는 조수의 역할로 진한대에는 벽화와 화상석에 자주 등장한다.[64)

증후을묘 내관 장식과 유사한 뱀, 새, 용의 조합은 하남성 신정新鄭에서 1923년 출토된 방형호方形壺에도

---

63) 증후을묘 내관의 서측 관판에는 네 마리의 새가 人首形神怪 위에 유사한 자세로 서있다. 새의 몸체는 뱀과 같은 알록달록한 비늘이 덮여있다. 초나라 미술에서는 뱀과 새의 결합이 체계적이고 지속적으로 묘사된다. 초의 미술에 표현된 새와 뱀의 결합형상과 상징적 의미에 대해서는 John S. Major, "Characteristics of Late Chu Religion," Constance A. Cook and John S. Major, *Defining Chu*, University of Hawaii Press, 1999, pp.121~143 참조.
새를 내관에 그린 것은 고대 상장관념의 일종으로 천상과의 매개자의 의미를 가진 것으로 추정할 수 있다. 동북아시아 샤머니즘에서도 새나 사슴, 말과 같은 동물들은 영혼의 여행에서 함께 중요한 역할을 했다. 김열규, 『동북아시아 샤머니즘과 신화론』, 아카넷, 2003.
초나라 회화의 새의 몸에 사람의 머리나 얼굴이 달리거나 사람에 날개가 달린 식으로 사람과 새의 요소가 결합되어있는 형상들은 死者에게 하늘을 헤치고 영생의 세계로 여행하는 방법을 가르쳐 준다. 마이클 로이, 이성규 譯, 『古代 中國人의 生死觀』, 지식산업사, 1988, 137-138쪽.

64) 고구려의 경우 광개토대왕비 명문(414년)에도 추모왕이 거북이를 타고 강을 건넜다든지 용을 타고 하늘로 올라갔다는 기록이 있어 승룡승천 사상이 있었음을 알 수 있다. 한국고대사회연구소, 『역주 한국고대금석문』 1권 「광개토왕릉비」, 8쪽; 김일권, 「고구려 고분벽화의 천문 관념 체계 연구」, 『진단학보』 82, 진단학회, 1996, 196쪽.
고구려 고분벽화에서는 미창구 장군묘, 오회분 4, 5호묘, 통구 사신총에서 교룡문이 나타나며 천장의 신선이 타고서 부리고 있는 용의 기능은 기본적으로 하늘과 인간을 교통하게 해주는 通天의 기능을 갖고 있다. 김진순, 『집안 오회분 4, 5호묘 벽화연구』, 홍익대학교 미술사학과 석사학위논문, 1996. 고구려 후기 벽화고분에서 이러한 기능을 지닌 용을 천장부에 다수 등장시켜 사자의 천상세계로의 인도하는 염원을 표현하고 있는 것은 증후을묘의 내관 장식과 유사한 의미를 지닌다고 하겠다.

보인다. 뱀, 새, 용의 다양한 조합을 이룬 모티프가 끊임없이 연결되어 청동기 전체 표면을 덮고 있다. 증후을묘 내관 장식이나 신정 출토 방형호의 문양은 초나라에서 형성된 주술적, 종교적 기능을 가진 도상을 따르고 있는 것으로 보인다. 상주시대 청동예기의 동물문양에 대한 해석을 증후을묘 내관의 동물문양에 적용하면 상주시대 청동예기의 동물문양은 절천지통絶天之通을 극복하는 무巫와 기器와 연관되어 있다.[65]

상주시대에는 하늘과 땅 사이, 조상의 영혼 및 나머지 귀신들과 산 사람 사이의 소통수단으로써 무축巫祝과 무술巫術에 의존하였고, 고대중국의 제례에 있어서 청동예기와 문양은 귀신과 사람이 교통하는 의식을 돕는데 사용되었다. 상주시대 청동기의 동물 문양은 무당이 두 세계를 왕래하는 것을 돕는 정령으로 무당을 도와 천지신인이 서로 교통할 수 있도록 해주는 각종 동물의 형상이다.[66] 증후을묘 내관의 용, 뱀, 새 등의 다양한 동물의 조합 형상 역시 이들 동물이 가진 통천의 기능과 무인巫人의 조수의 역할을 복합적으로 수행하는 의미를 지닌 것으로 이해할 수 있다.

상주시대 청동기에서 사람의 머리를 짐승의 입 밑이나 곁에 둔 중국 청동기 도철문양을 볼 수 있는데, 여기에서 동물의 입은 양계兩界의 입구 또는 통로로서 피안과 차안의 세계를 나누는 최초의 상징으로 여겨진다. 증후을묘 내-외관의 네모 구멍, 장식창문과 함께 내관의 인수형신괴人首形神怪와 (청동제기의 도철문을 연상시키는) 교룡交龍(蛇)문양은 피안과 차안의 세계를 나누는 경계나 연결 매개체, 또는 통천의 역할을 상징할 수도 있다. 인수형 신괴가 무복을 착용한 무인巫人이라는 해석을 따른다면 내관 장식의 다양한 동물 제물을 통하여 통천通天의 역할을 수행

---

65) 상주시대 청동기장식예술의 동물 문양의 의미와 특징에 대하여는 張光直, 『신화, 미술, 제사』, 동문선, 1990, 제4장 참조. 신석기 채도와 상주시대 청동기의 용문과 봉문 등의 연원과 발전, 고대인의 神物에 대한 의식 형태의 기능에 대해서는 정애란, 「상주시대 靑銅器物에 나타난 고대인의 정신세계관에 대한 고찰」, 제81차 중국학연구회 정기 학술발표회, 2006 참조.

66) 장광직, 사라 알란, 넬슨 우가 공통적으로 주장하는 설이다. 張光直, 『신화, 미술, 제사』, 동문선, 1990, 117~128쪽; 사라 알란, 오만종 譯, 『거북의 비밀 – 중국인의 우주와 신화』, 예문서원, 2002, 234쪽.
동주시대 巫俗詩歌인 『楚辭』는 천지교통을 중시한 신앙과 의식체계로 고대중국의 샤머니즘을 잘 나타내주고 있다. 「招魂」과 「大招」는 무당이 천계와 지계를 오르내리는 모습을 그린다. 「九歌」의 내용은 巫가 귀신이 강림하는 것을 보고, 신화적인 동물이 끄는 마차를 타고 맞아 무와 귀신의 해후가 이루어지는 것이다. 『楚辭』의 무속적 성격을 강조한 연구에서는 굴원을 巫 출신으로 祝의 직책을 지니고 제의와 문서를 주관하고 장악한 인물로 보기도 한다. 김인호, 『초사와 무속』, 신아사, 2001; 류성준 편저, 『楚辭』, 문이재, 2002 참조. 巫와 靈媒에 대해서는 마이클 로이, 이성규 譯, 『古代 中國人의 生死觀』, 지식산업사, 1988. 제10장 참조.

하는 것이다. 인수형신괴와 유사한『초백서楚帛書』에 그려진 12개의 신상을 마이클 로이는 자기 능력으로 귀신을 불러내는 무巫로 해석하였다.[67]

곽덕유郭德維는 다양한 신상과 각종 동물들을 증후을묘 내관에 그리고 묘주를 이러한 신들 가운데 위치시킨 것은 곧 묘주를 "신격화神格化"시키는 의미로 보았다. 묘주의 내외관에 있는 문이 묘주의 영혼이 출입하거나, 제신諸神과 접촉하게 하거나, 이들 신으로 하여금 (묘주의 영혼을) 상천上天으로 호송하도록 돕는 것이다.[68]

앞에서 살펴보았듯이 초나라의 회화는 중국 미술의 발달에서 현실적 주제의 묘사 및 신화적 상상의 주제를 회화와 조각으로 표현하는데 있어 선구적인 역할을 하였다. 초나라 미술의 신화적인 이미지에 영감을 받아 중국 고대 신화와 신상들이 조각과 회화의 주제로 표현되기 시작한다. 초나라 회화에서는 천상세계와 신화에 대한 추상적인 관념들을 사실적, 회화적 형태로 표현하고자 노력하였기 때문에 한대 이후의 중국 미술에서 세속적 또는 종교적 회화와 조각의 급속한 발달을 촉진하였다. 또한 초나라 회화에 보이는 서법적 필묵의 사용은 이후 중국 미술의 주류인 회화와 서예 두 분야의 발달에 영향을 미쳤다.

Ⅱ. 한대(漢代) 고분미술에 나타난 초문화의 영향

한대 고분미술은 현재까지 발굴된 수량이 방대하여 모든 고분을 비교 대상으로 하는 것이 어려우므로 여기에서는 호남 장사 마왕퇴1, 3호묘, 하남 남양 기린강한묘, 하남 밀현 타호 1, 2호묘를 대표적인 예로 들어 비교한다. 옛 초나라 영토였던 장사의 마왕퇴묘의 "T"자형 백화는 초문화를 계승한 대표적인 서한대 회화로 잘 알려져 있다. 남양지역 한화상석에 대해서는 많은 학자들에 의하여 초문화와의 연관성이 지적된 바 있다. 마지막으로 타호정1, 2호묘는 해당 지

---

67) 마이클 로이, 이성규 譯,『古代 中國人의 生死觀』, 지식산업사, 1988, 123~133쪽.
68) 郭德維에 의하면 諸神(百神)을 모아 그린 칠관은『山海經』,「海內西經」의 崑崙之虛(帝之下都)와 같은 장소가 된다. 開明獸가 지키는 九門이 있으며 百神이 있는 곤륜지허와의 비교에 대해서는 郭德維,『楚系墓葬研究』, 湖北教育出版社, 1995, 249~273쪽 참조.

역에서 드물게 나타나는 화상석과 벽화가 동시에 장식된 고분으로서 이러한 화상석의 출현에는 지리적으로 가까운 남양지역의 영향을 받은 것으로 알려져 있다.[69] 타호정묘의 벽화와 화상석은 산동 기남화상석묘와 주제와 표현이 유사하여 자주 비교되며, 또한 연회도와 천장 벽화의 연화조정장식 및 고구려 안악3호분과 가장 유사한 씨름도로 잘 알려져 있다.[70]

우선 한대 고분의 구조에 보이는 초문화의 영향을 살펴본다. 초계 묘장의 특징으로 앞에서 언급한 목곽 내 개통 또는 장식창문은 서한 초에는 옛 초나라 지역을 중심으로 더욱 확대 발전되어 목곽 벽에 문을 설치하기 시작하였고, 연문羨門과 묘문墓門의 설립과 발달에 따라 제사공간이 매장공간과 분리되어 성립되었다. 전통의 곽묘槨墓는 곽 내 개통, 제사공간의 확보와 발달이란 단계를 거쳐 새로운 형식인 실묘室墓가 나타나게 된다.

초묘에서는 영혼의 여행을 상징하는 네모 구멍 장식이나 통천의 의미를 지닌 인수人獸 합체문이 사용되었다면 서한의 전축분의 주실 내부에는 통천접지通天接地의 팔각 또는 육각의 중심기둥과 궁륭천장을 천지天地를 통하게 하는 장치로 사용하게 된다.[71] 또한 초묘의 장식 창문은 서한 조기 백화에서 '승천의 입구天門'로 변화되어 나타나기 시작한다. 서한 만기 장식고분의 천문도에서는 천문의 묘사가 정식으로 확립되며 고분 묘실이 천문과 연결된다는 의식이 표현된다. 승천성선의 중요한 여정이 천문을 통과하는 것으로 천문의 형식에는 사실적인 문짝의 구조도 있다. 천문과 선계의 표현은 고분 전실과 천장, 묘문 문짝, 문기둥, 주실의 중심기둥에 배치된다. 동한 중만기에 이르러서는 천계와 선계의 구도 이외에 조정藻井도안으로 연화문이 고분

---

69) 밀현 타호정 한묘가 위치한 豫中지구에는 서한만기에서 동한중기에 발견된 화상석묘가 적으며 동한 만기에 대형다실묘가 출현한다. 그 기법이나 제재내용이 남양화상석과 유사하다. 하남성 밀현은 중원지역에서 유일하게 화상석과 벽화가 같이 출토되는 요지이다. 이는 밀현이 남양과 가까운 위치에 있어 남양화상석의 영향을 받은 것으로 여겨진다. 밀현 타호정 한묘의 화상 표현 기법이나 화면 구성 등이 기남 한대 화상석묘와 유사하다. 또한 밀현 타호정묘와 후토곽한묘의 서금신수, 선인, 운기문 장식은 섬서 수덕 화상석묘와 비슷하다. 예중지구 한대 화상석은 서한 만기에서 동한 만기에는 남양 화상석의 영향을 받다가, 동한 만기에는 산동과 섬북화상석의 요소를 흡수하여 지역적 특징을 발전시켰다. 楊育彬, 孫廣淸, 「河南漢代畵像石的分布與分區類型」 『河南考古探索』, 中州古跡出版社, 2002; 河南省文物硏究所, 『密縣打虎亭漢墓』, 文物出版社, 1993.
70) 2호묘 중실 천장의 각저희와 기린강한묘의 각저희는 모두 천장 가까이에 나타나며 무용총과 배치가 유사하다. 각저를 통하여 선계로 가는 과정을 그린 것이다.
71) 고구려 쌍영총의 경우 통천접지의 팔각형 기둥에 통천의 기능을 가진 용이 하늘로 오르는 모습을 그려 넣어 상징성을 강조한 것을 볼 수 있다.

주실 천장에 배치된다. 천지우주로 통하는 상징이거나 동한시대에 유행한 선계사상仙界思想을 도형화한 표현으로 추정되는 조정藻井 장식을 통하여 고분의 궁륭형 천장을 천지를 잇는 공간으로 상징화시키는 것이다.[72]

초묘의 대표적 부장품인 진묘상의 유형 중에서 수형獸型은 한대에 오면 하남지역이나 감숙지역에 입체조각의 형태로 계승이 되며, 한대 고분 벽화와 화상석의 제재로도 종종 등장한다. 유인형類人型은 서한 초기 마왕퇴2호묘의 진묘우인鎭墓偶人, 호남 장사시長沙市 망성파望城坡 장사왕실長沙王室 서한고분의 진묘우인鎭墓偶人, 하남河南 회양淮陽 평량태平粮台 M181호 서한묘西漢墓의 진묘신수鎭墓神獸의 유사 사례가 있으며 머리에 꽂힌 녹각鹿角의 강조에서 초문화의 영향이 보인다.[73]

앞장에서 서술한 전국시대 초 회화의 주제와 특징에 대한 구분에 따라 서한 고분회화와의 관계를 살펴보면 먼저 사실적 묘사의 진전을 보여주는 생활풍속도를 계승한 예로서 마왕퇴3호묘에서 출토된 거마의장도車馬儀仗圖(군진송장도軍陳送葬圖), 행락도行樂圖, 도인도導引圖 등의 백화가 있다. 이들 백화는 전국시대에서 서한시대로 이어지는 인물화의 발달과정을 잘 보여준다.[74]

거마의장도車馬儀仗圖 백화(길이 212cm, 너비 94cm)는 전국시대 장사 자탄고 초묘의 남자 묘주상과 형문 포산2호묘의 거마행렬도, 증후을묘 원앙형 칠합의 가무연주도의 주제가 하나로 합해지면서 보다 복잡한 구성 능력을 보이는 예이다. 관실棺室(내곽) 서벽에 걸린 채 발견되었다.[75]

---

72) 黃曉芬, 김용성 譯, 『한대의 무덤과 그 제사의 기원』, 학연문화사, 2006, 도 71 및 266쪽, 422~430쪽.

73) 마왕퇴 2호묘의 묘도에 두 팔을 벌리고 무릎을 꿇고 앉은 두 명의 나무로 만든 偶人이 있다. 우인의 머리 위에는 두 개의 녹각(길이 2~30cm)이 달려있다. 何介鈞, 『長沙馬王堆2, 3號漢墓』, 文物出版社, 2003, 도판 3, 4, 도 16. 호남 장사시 망성파 장사왕실 서한고분의 진묘우인은 黃曉芬, 김용성 譯, 『한대의 무덤과 그 제사의 기원』, 학연문화사, 2006, 51쪽 참조. 하남 회양 평량태 M181호 서한묘의 진묘신수는 鄭州市文物考古研究所, 『中國古代鎭墓神物』, 文物出版社, 2004, 7쪽 참조.

74) 초나라와 한대의 인물화를 연결하는 秦代 회화의 예로 옛 초나라 지역인 湖北 江陵 鳳凰山 秦墓 출토 漆繪 木梳에 그려진 연음(정면)과 가무장면(후면), 木篦에 그려진 송별(정면), 씨름장면(후면)이 있다. 두 빗의 크기는 길이 7.4, 너비 5.9 두께 1로 동일하다. 중국에서 가장 오래된 씨름장면으로 하남 타호정2호묘, 고구려 안악3호분의 씨름 장면의 선례가 된다. 陳振裕, 『楚文化與漆器研究』, 科學出版社, 2003, 309-310쪽, 도 5~8.

75) 각종 인물 백여 인, 말 수백 필, 수레 수십 대로 구성되었다. 秦 咸陽宮 유지의 走廊에서 발견된 벽화유적에는 거마도상이 있다. 마왕퇴 백화의 거마출행도와 관련이 있으며 이러한 주제의 그림이 백화나 벽화의 형태로 유통되었던 것을 짐작하게 한다. 秦都咸陽考古工作, 「秦都咸陽第3號宮殿建築遺地發掘簡報」, 『考古與文物』, 1980年 2期; 김흥남, 『중국 고대회화의 탄생과 전개』, 국립중앙박물관, 2009, 12~21쪽.

마왕퇴3호묘 거마의장도

화면의 좌측 상단에 한 명의 남자인물이 크게 그려졌는데 주령朱領 백수白袖 흑자색黑紫色 장포
長袍를 입고 허리에 장검을 차고 있으며 오른손으로는 칼자루를 쥐고 왼손에 흑색의 곤봉棍棒을
잡고 있다. 형태, 의상 등이 모두 "T"자형 백화의 묘주인과 일치하므로 묘주로 보인다. 구도상
화면 안의 인물, 거기車騎, 고악鼓樂이 모두 묘주를 향하고 있다. 묘주의 형상이 다른 인물에 비
해 크고 정세하게 그렸으며 주위에 일정 공간을 비워놓았으며 커다란 화개를 쓰고 있어 화면의
중심임을 알 수 있다. 거마의장도는 현실생활에서 제재를 취하여 사실적인 수법으로 묘주초상
과 거마행렬, 악무연주를 그렸으며, 당시의 군진의 제도와 배치방식을 잘 보여준다.[76]

가로로 긴 화면은 네 부분으로 나눈다. 우측 상방은 정렬하고 있는 車騎 행렬이다. 각 마차에 네 필의 말이
있고, 방형의 장막이 처있다. 각 마차에 한 명씩 앉아 있다. 각 인물의 자세는 정면, 반측면, 측면상 등 다양
하며, 적, 황, 청, 백, 흑색 등을 번갈아 칠해 변화를 준다. 모두 다섯 줄로 배열되어 각 열에 10여 乘의 마차
가 있다. 화면의 가장 우측 가장자리에 거기행렬의 후면에 일렬로 말의 앞부분을 묘사하여 후면에 아직 거
기행렬이 있다는 것을 표시하는 것일 수도 있다. 중앙 하단에는 일렬의 기병행렬이다. 약 백 명의 기병이 종
횡으로 배열되어 있다. 몇몇 기병은 서로 대화를 나누기도 하고 머리를 돌려 관망하는 등의 모습이다. 좌측
상방에도 백여명의 인물이 무리를 이루고 서있다. 상단에 36인, 하단에 24인, 좌측에 18인, 우측에 10여인
등이다. 상하단의 인물들은 모두 머리에는 관을 쓰고 긴 두루마리를 입고 있고서 상단을 향하고 있다. 화면
의 가운데에는 악대가 연주하는 장면이다. 두 명의 建鼓 연주자와 두 명의 鐃鐸(징의 일종) 연주자가 있다.
건고 연주자는 모두 흑색 장포를 입고 머리에 관을 쓰고 양손을 높이 들어 생동하는 자태로 악기를 연주한
다. 鼓 위에는 다섯 개의 청색 圓幢이 있다. 당 위는 朱色 華蓋가 있다. 묘주 뒤편에는 시종 한 명이 화개를
들고 따르고 있다. 뒤에 18인의 긴 戈를 든 屬吏가 뒤따른다. 何介鈞, 『長沙馬王堆 2, 3號漢墓』, 文物出版
社, 2003, 채색도판 23, 24, 26, 32.
76) 武卒, 車騎 등 고분에서 출토된 地形圖, 駐軍圖와 30여 건의 병기로 미루어 묘주인은 생전에 중요한 將領
이었던 것으로 추정된다. 車馬儀仗圖는 묘주가 생전에 본인의 部屬을 檢閱하는 장면으로 보인다. 고분에

마왕퇴3호묘의 행락도行樂圖 백화는 하남성 신양信陽 장대관長臺關 1호 초묘 채회금슬彩繪錦瑟의 수렵도狩獵圖와 연락도宴樂圖와 유사한 주제를 다루고 있다.[77] 검은 색의 배 위에 6명의 여자가 타고 있으며 배의 위쪽으로 물고기와 한 마리의 용이 보인다. 이를 묘주가 시녀들의 시중을 받으며 용선龍舟에 올라 승천하는 모습으로 해석하기도 한다.[78] 기사도騎射圖에서는 말을 타고 힘차게 달리고 있는 인물의 동세가 잘 표현되어 서한 전기의 섬서성 서안 이공대학고분의 수렵도와 유사하다. 잔편으로 남아 그림의 전체 구성이 분명하지 않지만 동한 벽화고분의 생활풍속적 주제를 잘 예시하고 있다.

마왕퇴3호묘 도인도

도인도導引圖는 다양한 인물의 동작을 자연스럽게 보여주면서 진시황릉 병마용과 한대 고분의 도용의 다양한 자세표현을 연상시킨다. 중원지역 진秦과 서한 초기 고분의 대규모 병마토용과 도용이 그림으로 대체된 듯 보인다.[79] 도용 명기는 서한시대부터 조각을 대신해서 회화형태로 나타난다. 마왕퇴3호묘에서 묘주를 모시는 800명이 넘는 남녀 시종 가운데 100명 정도만 도용으로 표현되고 나머지는 관실의 벽면을 덮은 두 장의 백화에 그려져 있다. 이러한 회화 형식은 다양한 행동, 서술식 구성, 산수 배경 등을 큰 구도에서 그릴 수 있다는 이점이 있다.[80]

이상의 세 점의 마왕퇴3호묘 백화는 내용이 복잡하고 회

서 출토된 "遣策"에 "右方男子明童凡六百七十六人：其十五人吏, 九人宦者, 二人偶人, 四人擊鼓, 鐃鐸, 百九十六人從, 三百人卒, 百五十人奴." "執短鐵者" 六十人, 皆冠畵" 등의 기록이 있는데 기록과 화면의 인물수가 대략 일치한다. 이러한 대규모 軍陣葬送의 俑群의 사례는 상당히 많아 함양 楊家灣 4호 서한묘에서 이천 명이 넘는 陶制 騎兵俑이 나왔다. 마왕퇴3호묘의 백화도 군진장송도일 가능성이 있으나, 다른 점은 회화의 형태로 표현된 점이다. 모두 묘주인의 생전의 위세를 표현하며 묘주의 공적을 치하하는 목적과 기능을 갖고 있다. 何介鈞, 『長沙馬王堆 2, 3號漢墓』, 文物出版社, 2003.

77) 행락도 백화는 관실(내곽) 동벽에 걸린 채로 발견되었다. 백화를 수습할 때에 수십 개의 잔편으로 부서져 나중에 길이 68㎝, 너비 34.9㎝ 정도를 복원하였다. 화면에서 騎射奔馬와 배를 타고 저어나가는 장면이 있어 車馬遊樂圖로 불리기도 한다. 何介鈞, 『長沙馬王堆 2, 3號漢墓』, 文物出版社, 2003, 채색도판 27, 도 33, 34

78) 黃曉芬, 김용성 譯, 『한대의 무덤과 그 제사의 기원』, 학연문화사, 2006, 360쪽.

79) 김홍남, 『중국 고대회화의 탄생과 전개』, 국립중앙박물관, 2009, 12~21쪽.

80) Wu Hung, *Arts of the Yellow Spring*, University of Hawaii Press, 2010, p.101.

화기법이 이미 비교적 높은 수준에 있어 서한 초기 회화 자료로 중요한 가치가 있으며 구도, 인물과 동물들의 다양한 자세, 수묵의 윤곽선 사용, 채색기법의 사용 등에서 서한 초기의 새로운 발전상을 보여준다. 또한 내용형식과 표현기법에서 초楚-한漢의 회화예술의 계승관계를 볼 수 있다.[81]

초의 회화의 두 번째 주제인 신화적 상상력이 발휘된 기묘한 형상의 신들이나 고사전설의 묘사는 한대 고분회화의 주된 주제 중 하나인 천상세계의 표현과 묘주 영혼의 승선장면으로 계승된다.[82] 한대 고분벽화의 시원으로 여겨지는 하남 망탕산 양왕묘에 붉은 색 바탕위에 용과 신수神獸, 운기문을 그린 천상도가 있는데 주제나 표현에서 서한 전기의 호남 장사 마왕퇴묘의 백화帛畵[83]와 칠관화漆棺畵, 전국시대 초묘楚墓에서 발견된 회화와 비슷하다.

마왕퇴1, 3호 한묘(기원전 168년)에서 출토된 "T"자형 백화는 초나라 회화예술의 사실적 인물화의 진전과 신화적 상상력이 접목된 대표적 사례이다.[84] 존 메이저가 언급한 초나라 후기 신앙의 마지막 특징은 육체에서 분리된 인간의 영혼이 시공을 통한 영적인 여행이 가능하다는 믿음이다. 『초사楚辭』「초혼招魂」을 배경으로 한 전국시대 초혼招魂 풍습이 그 예인데, 마왕퇴 백화의 내용은 그러한 초나라 지방의 풍습에 기반한 것으로 해석된다. 또한 전국 시대 널리 퍼진

---

81) 초나라 회화의 중국 회화의 발전에 있어서의 기여도에 대하여는 김홍남, 『중국 고대회화의 탄생과 전개』, 국립중앙박물관, 2009, 12~21쪽 참조.

82) 한나라의 사상, 종교, 미술에 나타난 『楚辭』와 초문화의 영향에 대해서는 Gopal Sukhu, "Monkeys, Shamans, Emperors, and Poets," Constance A. Cook and John S. Major, *Defining Chu*, University of Hawaii Press, 1999, pp.145~166. 서주의 궁실, 종묘벽화를 계승한 초의 종묘 벽화의 내용과 양식이 전국 및 양한 벽화로 계승되며, 「天問」 중에 반영된 초나라의 종묘벽화의 내용은 춘추전국시대 벽화와 양한 벽화 사이의 연결역할을 한다. 하남 낙양 복천추묘, 금곡원묘 등의 묘실벽화와 대량으로 출토된 동한 화상석 등은 모두 고대 신화전설과 역사고사를 내용으로 하는데 그 연원 중 하나는 전국시대 남방의 초나라 회화전통(전국시기의 초나라 백화, 백서, 칠화 등 회화 유물)이다. 皮道堅, 「楚辭, 天問과 楚宗廟壁畵」, 『楚藝術史』, 湖北敎育出版社, 1995, 97쪽.

83) 서한 초기 백화의 예는 장사 마왕퇴1호묘 1점, 3호묘 12점이 있다. 서한 중기의 백화는 남월왕묘 1점, 산동 임기현 금작산 M9묘의 3점이 있다. 서한 말기에서 동한 초기는 감숙성 무위시 磨嘴子 M4, M23, M54에 각 1점이다. 黃曉芬, 김용성 譯, 『한대의 무덤과 그 제사의 기원』, 학연문화사, 2006, 376쪽.

84) 마왕퇴 1호와 3호 고분에서는 각각 1점과 12점의 백화가 출토되었다. 1호 한묘의 비의백화는 길이 205cm, 상부 너비 92cm, 하부 너비 48cm이다. 3호 하묘의 비의백화는 길이 233cm, 상부 너비 141cm, 하부 너비 48cm이다. 백화의 명칭에 대해서는 銘旌設, 飛衣設, 畵荒設, 畵幡設 등이 있다. 허시린, 「마왕퇴 백화의 기능」, 『美術을 通해서 본 中國史』, 중국사학회 제5회 국제학술대회, 2004, 4~55쪽.

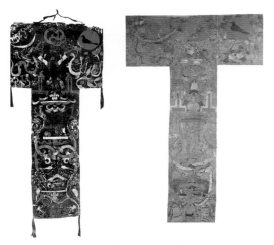

마왕퇴1, 3호묘 백화

신선사상에도 기초하고 있는데 묘주의 혼이 신선세계로 들어가는 길을 도와주는 기능을 하는 것으로 여겨진다. 한대 고분미술의 중요한 사상적 배경인 신선사상은 초인楚人의 비승성선飛昇成仙, 진귀벽사鎭鬼辟邪, 영혼승천의 신앙과 풍습이 한대에 도가사상과 결합하여 일어났다. 초나라에 유존되어 오던 신화를 도가에서 수용하여 종교적 형태로 변화시켜 다양한 신의 계보를 만들고 초나라 문화권내에서 유행하던 산천, 일월성신, 귀신들에 대한 제사의식을 규정화하고 무의巫醫의 주술과 의술행위와 부적, 사악한 기운을 다스리거나 귀신을 몰아내는 민간 방식을 금주禁呪 등의 법술로 발전시킨 것이다.[85]

마왕퇴 백화의 사상적 배경이 초문화에 기반하고 있음은 백화 상단의 태일신앙의 표현에서도 찾을 수 있다. 허시린에 의하면 마왕퇴1호묘 T자형 백화 도상의 상징 의미는 서한 전기 옛 남초南楚 지역의 상장喪葬 신앙의 핵심과 본질을 표현한 것이다. 백화의 상단 천상세계의 중앙에 나타나는 인수사신人首蛇神은 태일太一로서 전국시대 초나라지역에 전해져 내려오던 태일太一 신앙을 계승한 것이다.[86] 초나라 사람들은 태일이 모든 신들의 위에 있으며 동황東皇으로 받

85) 韓玉祥,『漢畵學術文集』, 河南美術出版社, 1996.
86) 『淮南子』「地形訓」에 의하면 곤륜에 들어가 그 꼭대기의 凉風의 산에 오르면 영생불사의 목적을 이룬다. 다시 더 높이 올라 縣圃에 이르면 신선이 되어 靈力을 얻어 바람과 비를 부릴 수 있으며 자연을 지배할 수 있게 된다. 만약 더 올라가 그 정상에 이르면 태일이 지배하는 天庭에 들어가게 되는데, 그러면 결국 천신의 행렬에 융합해서 들어가게 되어, 천제와 같이 일월이 함께 빛나는 마지막 경계에 있게 된다.(『淮南子』「地形訓」 "崑崙之丘, 惑上倍之, 是凉風之山, 登之不死, 惑上倍之, 是謂縣圃之山, 登之乃靈, 能使風雨, 惑上倍之, 乃維上天, 登之乃神, 是謂母帝之居.") 허시린은 백화에 崑崙과 天庭, 신선과 태일이 함께 나타나는 것은 縣圃 위에서 천정을 압도하는 태일을 수많은 신들의 지존으로 받드는 것이라고 보았다. 백화는 죽은 이를 죽음으로부터 신선이 되어 죽지 않는 경지에 이르도록 하기 위해 그 혼을 태일의 천정으로 이끌어 마지막에는 "道" 즉 "一"이라는 우주자연 본체를 대표하는 것으로 돌아가게 하여, 완전한 의미의 영생을 실현하는 것을 보여준다. 허시린,「마왕퇴백화의 기능」,『美術을 通해서 본 中國史』, 중국사학회 제5회 국제학술대회, 2004, 44~55쪽; 小南一郎,『西王母と七夕傳承』, 平凡社, 1991.

들어 왔다. 초나라의 태일 신앙은 기원전 2세기 한나라로 이어져 태일太—에 대한 제사가 제도화되었다.[87]

유진 왕(Eugene Wang)도 마왕퇴1호묘 백화 상단 중앙의 신을 마왕퇴3호묘에서 출토된 "신기도神祇圖"에 그려진 태일太—과 비교하여 동일한 신을 그린 것으로 여겼다.[88] "신기도"의 신들은 장사 자탄고초묘에서 나온 "초백서"에 그려진 신상과 유사한 형태로 초문화에서 기원한 여러 신상을 그리고 있다.[89]

초문화에서 계승된 태일신앙의 표현은 서한의 마왕퇴 백화 외에 동한의 남양지역 화상석에서도 볼 수 있다. 대표적 남양 한화상석묘인 기린강한묘는 태일太—, 사신四神, 복희 · 여와로 구성된 천상도天象圖의 완정한 표현, 인물화의 발달, 다양한 선인과 괴수표현에서 초나라 미술과의 연관성을 찾아볼 수 있다.[90] 남양지역의 상장喪葬문화에는 초문화 요소가 풍부하여 그 묘제가 초문화의 영향을 받았음을 분명하게 보여준다.[91] 역사적 배경 및 화상석의 제재題材, 기법과 배치면에서 남양지역과 초나라문화와의 연관관계는 여러 학자들이 지적한 바 있다. 남양한화

---

87) 초나라의 신들 중에서 세 가지 종류가 있는데 첫째는 초인의 신으로 風伯, 雨師, 山神, 水神, 土伯 등이다. 둘째는 하백과 같은 북방의 신이다. 셋째는 남방 신으로 복희, 여와, 湘君 등이다. 이들은 모두 초사에 묘사된다. 한나라는 초나라의 귀신신앙을 계승하였는데, 太乙신앙이 대표적이다. 태일은 천극성(북극성)의 가장 밝은 곳에 거하며 五帝(五星), 북두, 일월을 통괄하는 천신으로 "볼 수는 없지만 직접 인간계에 내려와 말을 전하는 존재"로서 천문사상이 반영된 도교적 성격의 신격이다. 屈原, 류성준 譯, 「東皇太一」, 『楚辭』, 혜원출판사, 1992.

태일신앙과 관련된 한대의 제의에 대해서는 강병희, 「고대 중국 건축의 8각 요소 검토」, 『한국사상사학』 36집, 한국사상사학회, 2010, 1~49쪽; 마이클 로이, 이성규 譯, 『古代 中國人의 生死觀』, 지식산업사, 1988, 34쪽 참조.

88) Eugene Wang, "Why Pictures in Tombs? Mawangdui Once More," *Orientations*, 40, 2009, 76~83쪽.

89) "神祇圖"(길이 43.5㎝, 너비 45㎝)는 태일, 복희 · 여와, 염제, 축융 등 남방신화의 신들을 그린 것으로 "太一將行圖" 또는 "社神圖"라고도 한다. 그림의 중앙에 鹿角이 강조된 神祇의 머리 좌측에 "太一將行"의 문자가 있어 태일신을 그린 것을 알 수 있다.

90) 1988년 발굴된 하남 남양 기린강한묘 전실 천장의 화상은 길이 365㎝, 너비 153㎝의 9개의 석판으로 구성되어 중앙에 산형관을 쓴 정면 좌상의 太一, 사신, 복희 여와, 북두칠성과 남두육성이 대칭으로 배치되어있다. 기린강한묘 화상은 2세기 중반~후반에 도교의 중심신으로 묘사된 태일을 보여준다. 태일의 숭배는 장례제의에도 반영되어 당시의 많은 진묘문에서 태일이 지하세계에서 사자를 보호하기를 바라는 내용이 서술되었다. 기린강한묘의 묘주는 태일신을 천장에 그려 사후의 안전과 불멸의 희망을 표현하였다. Wu Hung, *Arts of the Yellow Spring*, University of Hawaii Press, 2010, p.58; 박아림, 「中國 河南省 南陽 麒麟崗漢墓 研究」, 『고구려발해연구』, 38, 고구려발해학회, 2010, 281~318쪽.

91) 黃雅峰, 『南陽麒麟崗漢畵像石墓』, 三秦出版社, 2007, 37쪽.

마왕퇴3호묘 신기도

마왕퇴1호묘 세 번째 칠관

의 초문화 요소로는 진묘수, 대나축역大儺逐疫, 건고무를 비롯한 악무백잔, 승룡승선乘龍升仙, 기호승선騎虎升仙, 기록승선騎鹿升仙 등 승선 화상, 각종 귀신, 곰과 주작 등 다양하다.[92] 또한 학자

---

92) 춘추전국시대에 남양은 장기간 초나라 관할범위에 속하였다. 이 지역의 淅川縣 경내에 많은 대형 춘추시대 초나라 고분이 있으며 남양시, 方城縣, 新野縣에서도 초나라 유물과 유적이 발견되었다. 남양한화 중의 진묘수(또는 해치)와 大儺逐疫 장면은 楚人의 鎭鬼辟邪 習俗을 계승표현한 것이다. 남양의 악무백잔화상도 舞樂이 성행하였던 초문화의 영향과 유관하다. 『楚辭』, 「九歌」 王逸註에 의하면 "昔楚國南郢之邑, 沅, 湘之間, 其俗信鬼而好祀. 其祀, 必作歌樂鼓舞以樂諸神."이라고 하였다. 남양 한화 중에서 초나라에서 기원한 建鼓舞가 중요한 무용 형식으로 호좌나 장방형좌를 가진 건고가 위주가 되고 두 명이 춤을 추는 형태이다. 증후을묘의 원앙형합의 칠화와 신양 장대관 초묘에서 유사한 건고무가 있으며 증후을묘에서 실제 출토된 건고의 사례가 있다. 남양 한화상석의 乘龍升仙, 騎虎升仙, 騎鹿升仙 등 승선 화상도 초문화의 영향이다. 용, 사슴, 호랑이, 물고기, 비렴 등 仙鳥瑞獸들은 묘주의 승선을 도와주는 기능을 가지고 있으며 이는 楚人의 습속과 통한다. 굴원의 『楚辭』와 같은 초나라 문헌에는 영혼 승선 기록이 많다. 남양 한화의 신화 전설속의 신들도 초문화 영향으로 남양의 한화상석 중에 나오는 雷神, 風伯, 雨師, 山神 등 화상은 대다수 초나라 사람들의 신이다. 信鬼好巫로 알려진 초나라의 전통이 한나라 민간 祠神활동으로 계승된 것이다. 남양 한화 중의 곰도 초문화와 중요한 영향관계에 있다. 1990년 남양 한화관 소장 화상석 1260건, 화상 1700여 폭 중에서 곰이 있는 화상이 420폭 이상으로 1/4을 점한다. 辟邪逐疫의 상징인 곰은 대나의식 중에서 방상씨 역할을 한다. 초인들은 곰 토템 신앙을 가지고 있었으며 이는 초나라 왕의 이름에 '熊'자가 들어가는 것으로도 알 수 있다. 남양한화 중의 주작도 초문화 영향으로 본다. 초나라에는 선조에 대한 鳳토템 신앙이 있어서 祝融을 시조로 숭상하며 鳳을 축융의 화신으로 여겼다. 각지에서 출토되는 초 문물 중에서 鳳의 조각과 도상이 많다. 호북성 강릉 우대산 초묘에서 출토된 木胎 漆繪 鳳雕像이 36종에 달한다. 韓玉祥, 「楚文化對南陽漢畵的影向」, 『漢畵學術文集』, 河南美術出版社, 1996; 李陳廣, 金康, 「南陽漢畵像石述評」, 『南都學

하남 남양 기린강한묘 천상도

들이 초문화의 영향으로 지적한 이들 주제들은 한대 벽화와 화상석의 중심 주제들을 포함하고 있어 한대 고분미술 전반에 미친 초문화의 영향을 가늠하게 한다.

　마왕퇴1, 3호묘의 T자형 백화만이 아니라 마왕퇴1호묘에서 나온 칠관에 그려진 회화도 초나라 회화의 전통과 초문화 신앙을 계승하면서 서한대에 이르러 보다 복잡해진 사후세계관을 구현한다.[93]

　특히 두 번째 칠관(길이 256㎝ , 너비 118㎝, 높이 114㎝)에 그려진 회화의 주제는 선금신수운기문仙禽神獸雲氣紋으로 100여종의 다양한 신선神仙(神怪)과 기금이수奇禽異獸 형상이 운기문을 배경으로 그려져 있다.[94] 마왕퇴 두 번째 칠관의 앞머리 부분 하단 운기문 중에 여자 반신상이 묘

　叢』, 제10권 제5기, 1990; 王玉金, 「試析楚文化對南陽漢畵的影向」, 韓玉祥 주편, 『漢畵學術文集』, 河南美術出版社, 1996, 204~215쪽; 韓玉祥 주편, 「略論南陽漢畵昇仙辟邪中的楚文化因素」, 『漢畵學術文集』, 河南美術出版社, 1996, 196~203쪽; 趙成甫, 「楚畵楚俗對南陽漢畵像石的影響」 楚文化硏究會 편, 『楚文化硏究論集 4』, 湖北人民出版社, 1994, 543~551쪽. 한대 大儺儀式에 대해서는 마이클 로이, 이성규 譯, 『古代 中國人의 生死觀』, 지식산업사, 1988, 160쪽; 信立祥, 김용성 譯, 『한대 화상석의 세계』, 학연문화사, 2005, 208쪽 참조.

93) 마왕퇴 1호 한묘에서는 네 겹의 칠관이 출토되었으며 마왕퇴1호묘(기원전 168년)의 첫 번째 관(길이 295㎝, 너비 150㎝, 높이 144㎝)은 아무런 장식문양이 없다. 두 번째 관은 선금신수운기문도상이며, 세 번째 관은 곤륜산 선계와 선인, 神獸 도상이다. 세 번째 칠관(길이 230㎝, 너비 92㎝, 높이 89㎝)은 주지칠회칠관으로 관의 표면에 주칠을 하고 각종 도상과 장식문양을 그렸다. 관 덮개는 좌우대칭의 二龍二虎(龍虎相戲), 頭部 短板은 삼산형의 산형 부호가 중앙에 있고 양측에 神鹿 두 마리가 산을 오르고 있다. 관의 足部 短板에는 쌍룡천벽도와 운기문이다.

94) 朱, 白, 黃, 綠 등의 색으로 복잡 다변한 운기문을 그렸다. 운기문 가운데 다양한 신선, 즉 표범을 부리는 선인, 뱀을 부리는 신, 악기를 연주하는 신과, 새를 쏘는 신, 정좌한 신, 말을 타는 신, 춤을 추는 신 등의 도안을 그렸다.

마왕퇴1호묘 두 번째 칠관과 괴수상

사되어있어 여묘주가 신선의 세계에 막 등장한 것으로 해석한다.[95] 손작운孫作雲은 칠관에 그려진 녹각鹿角의 수두인신獸頭人身의 괴수들을 토백土伯으로 보고 초묘楚墓 출토 진묘상과 유사한 것으로 여겼다. 종종 뱀과 함께 그려진 이들 괴수들은 증후을묘 내관장식의 신괴나 장사 자탄고 초묘『초백서』의 신상들과도 유사하다. 『초백서』 중에도 뿔이 있고 넓은 입, 늘어난 혀로 뱀을 먹는 형상이 있다. 초묘 진묘상과 증후을묘 신괴도 토백으로 해석되기도 한다는 점에서 같은 맥락의 주제라고 볼 수 있겠다.[96]

95) 孫作雲, 「馬王堆一號漢墓漆棺畵考釋」, 『考古』, 1973年 4期, 247~257쪽.
96) 토백은 지하의 主神으로 蛇를 먹는 것으로 알려져 시체를 뱀으로부터 방어하여 훼손을 막는 작용을 한다. 관의 덮개에는 주로 뱀을 먹는 신괴상이 중심이 된다. 유사한 신괴상은 산동 기남 동한말기 화상석묘 북벽의 大儺圖의 호랑이와 하남 밀현 타호정 동한만기 벽화묘의 石門의 용의 입에 뱀을 물고 있는 예가 있다. 족부 단판과 좌우 측판에 긴 녹각에 獸頭를 가진 神怪가 여러 번 나타나는데 손작운에 의하면 토백과 그의 部屬들로서, 마치 방상씨가 十二神獸를 거느리는 것과 비슷하다고 보았다. 마치 춤을 추는 듯한 형상의 신괴는 타귀 후의 무용장면을 보여주며, 활을 쏘고 창과 방패를 든 것은 토백이 문호를 수호하는 형상이다. 宋玉은 「招魂」에서 토백의 세 가지 특징으로 其角特長, 其身九曲, 土伯執衛門戶하는 것을 든다. 宋玉과 王逸의 기록이 마왕퇴1호한묘의 시대와 멀지 않으며, 송옥이나 왕일 모두 楚나라 또는 楚地人이므로, 시대가 가

칠관에 그려진 운기문은 배경이 천상이라는 것을 암시한다. 한대의 운수雲獸문양에서 운과 수의 결합은 선계를 상징하며 도가적 승선사상을 반영한다.[97] 영혼승천의 내용은 이미 전국시대 칠관에서도 '신화적 상징성'을 가진 그림으로 시도되었고, 이후에는 신선세계를 표현하는 것으로 탈바꿈한다. 이러한 전통은 이후 한대 도가사상으로 정리되어 칠관을 비롯한 기물 전체를 하나의 주제로 이끌고 있다.[98]

우홍은 마왕퇴1, 3호묘를 중국 고분미술의 구성 원리와 표현 체계를 완정 정비한 대표적인 예로 들어 백화와 칠관의 구성, 회화와 도용의 관계, 묘주의 영혼의 여행과 영좌를 설명한다. 그에 의하면 이미 동주시기 고분에서 묘주를 보호하는 개념이 나타나며, 많은 초묘에서 악귀를 쫓는 형상을 조각이나 그림의 형태로 같이 묻게 된다. 영혼의 개념은 한나라에서 창안된 것이 아니어서 호남 장사 자탄고 초묘에서 출토된 백화는 묘주가 용을 타고 사후의 여행을 떠나는 모습으로 그려졌다. 이러한 전국시대 초묘에서 나온 장의 미술의 전통을 발달시킨 것이 마왕퇴 서한묘 백화와 칠관이다. 초묘의 묘주 영혼을 보호하는 기능을 가진 신괴상들은 마왕퇴묘의 백화와 칠화에서는 살아서 움직이는 듯한 형상으로 변화된다.[99]

깊고 지역이 같으며 문화계통이 같은 초나라의 풍속을 표현한 것으로 보인다. 孫作雲,「馬王堆一號漢墓漆棺畵考釋」,『考古』, 1973年 4期, 247~257쪽, 도1.

97) 張潔,「漢代漆器雲獸紋樣硏究」,『中國漢畵學會第九屆年會論文集(上)』, 中國社會出版社, 2004. 용, 백호, 백록, 학 등은 한대인들이 하늘과 땅을 통하게 하는 통천 사자로 여긴 승선의 매개로 인간을 도와 승선케 하는 역할을 한다. 인혼승천사상은 전국 중만기에 이미 명확하게 고분미술 중에 출현하며 서한 전기에는 마왕퇴 백화 도상에서 완정 정비된다. 서한 후기에서 동한 전기에는 우주 천상과 각종 신령과 상서도상이 선계를 조성하며 한대 고분 예술의 중요한 주제 내용이 된다. 한대 섬북화상석과 밀현 타호정묘의 석문의 운수 문양이 대표적 예이다.

98) 이정은,「중국 전국시대 칠기의 장식그림」,『중국 고대회화의 탄생과 전개』, 국립중앙박물관, 2009, 162~179쪽. 전국시대 초나라 미술과 유사한 한대 祥瑞 상징에 대해서는 Wu Hung, "A Sanpan Shan Chariot Ornament and the Xiangrui Design in Western Han Art," *Archives of Asian Art*, Vol. 37, 1984, pp.38~59 참조.

99) 마왕퇴1호묘의 네 겹의 관은 묘주 영혼의 여행을 상징한다. 가장 바깥의 외관은 검은색으로만 칠해졌고, 두 번째 관의 기본 색도 검은색으로 지하세계를 상징한다. 그러나 운기문양과 신수가 출현하면서 엄숙하고 신비로운 공간에 활기를 불어넣는다. 양식화된 구름은 우주 전체의 기를 은유적으로 표현한다. 하단의 작은 인물이 이 공간에 나타나는데 묘주의 사후의 영혼이 지하세계에 들어선 것이다. 세 번째 관은 다른 색과 이미지를 가진다. 陽, 生, 불멸의 상징인 붉은 색이 바탕에 깔리고, 사슴, 천마, 우인에 둘러싸여 삼산형 곤륜산이 관의 측면의 중앙에 나타난다. 이 세 번째 관 바로 안에 놓인 묘주의 명정은 두 번째와 세 번째 관을 연결한다. 그 너머로는 아무런 회화적 표현이 나타나지 않는다. 이러한 층위적 구성을 이해하게 되면 마왕퇴 백화가 중국 고분 미술에서 차지하는 위치를 알 수 있다. Wu Hung, *Arts of the Yellow Spring*, University of

장사 초묘 백화에서는 단순히 묘주 영혼의 승천장면만 묘사되었다고 한다면 마왕퇴 1호 백화는 천상세계와 지하세계가 모두 담겨진 소우주적 질서와 맥락에서 묘주를 묘사하였다는 특징이 있다. 마왕퇴 백화를 구성하는 다양한 제재들은 개념적 상호관계에 의하여 구성되며 고대 중국의 우주론을 시각적 회화적 형태로 표현한 것이다.

한대 고분 장식의 구성 방법 중 하나는 서술적 연결(narrative links)이다. 육체에서 분리된 묘주의 존재 상태를 지속적인 변형 과정을 통하여 서술적으로 연결시키는 것이다. 이는 중국 장의미술에서 묘주 영혼의 여행이라는 은유를 통하여 시각적으로 표현된다. 기원전 5천년 경의 앙소문화의 옹관의 구멍은 영혼으로 하여금 관의 내외로 통과하게 하는 역할을 한다. 이러한 신앙은 기원전 5세기까지 존속되어 증후을묘의 외관에 뚫린 네모 구멍과 내관에 그려진 창문 장식이 묘주의 영혼의 출입을 상징한다. 또한 고고 발굴 자료에 의하면 적어도 서주시기부터 몇몇 귀족고분에서 마차의 바퀴로 관을 둘러싸 마치 고분 자체가 매장 이후에 다른 세계로 이동할 것처럼 조성한 예도 있다. 보다 분명한 증거는 호북 포산2호묘의 죽간이다. 고분의 여러 방에 저장된 물건들의 기능을 적고 있는데, 남실과 서실의 부장품들은 여행을 위해 사용될 준비물품들로 기록되었다. 마왕퇴3호묘에는 관의 옆에 마차행렬도 백화가 둘러져 있다. 마왕퇴1호묘의 네 겹의 칠관에 묘사된 묘주의 선계로의 여행은 한대의 화상석과 벽화고분의 중심주제 중 하나가 된다. 동한 벽화와 화상석에도 두 가지 형태의 묘주의 여행을 자주 묘사하고 있다.[100]

마왕퇴 칠관과 백화에 보이는 층위적 내세 표현은 이후의 고분미술에서 지속적으로 변용되고 보다 직접적인 시각적 형태로 표현되며 이상적인 사후세계에 대한 도상 표현의 발달을 촉진하게 된다. 기원후 1~2세기에는 곤륜산 위에 서왕모가 중심인물로 등장하게 되고 위계적 질서에 따라 다른 인물이나 동물이 추가되면서 보다 복잡한 천상 표현이 이루어진다.

전국시대 증후을묘에서 보이는 창문 모티프의 강조와 마왕퇴한묘의 묘주 영혼의 여행과 선계승선이라는 주제는 동한의 대표적 화상석·벽화고분 중 하나인 하남 밀현 타호정1, 2호한묘에서는 묘실 석문의 화상畵像에 의하여 재현, 강조된다.

타호정 1호와 2호묘의 각실 석문의 정면과 배면 화상의 주제는 묘주의 승천昇天과 성선成仙사

Hawaii Press, 2010, 219~222쪽.
100) Wu Hung, *Arts of the Yellow Spring*, University of Hawaii Press, 2010, pp.192~194.

스키타이와 흉노의 미술로 본 북방문화권대의 형성과 특징
– 고구려 벽화에 보이는 북방기류의 형성

    본 절에서 살펴볼 것은 고구려 고분벽화의 비한계非漢系 요소 중 북방문화적 요소의 기원과 형성배경으로 중국의 전국시대~한대 미술에 영향을 미친 스키타이와 흉노의 초원유목문화이다. 이를 위해 먼저 고구려 벽화의 비한계 요소 중 하나인 북방문화적 요소를 정의하고 고구려를 비롯한 유목민 미술에 보이는 북방문화적 요소의 특징을 살펴보겠다. 스키타이와 흉노의 대표적 고분과 그 출토품에 드러난 문화적 다변성 및 이동성을 통하여 북방문화권대의 형성과 그 역할을 고찰할 것이다.

    동아시아 고분벽화 발달사에서 보면 한나라에서 시작된 벽화 고분의 전통이 위진남북조시대를 거치면서 북방문화 중심으로 변화되어나가는 것을 볼 수 있다. 고구려를 포함한 북방유목민 고분미술의 특징으로 북방문화의 고유한 요소(고구려계, 선비계, 초원유목문화 등), 서역적 요소, 불교적 요소 등의 소위 비한계 요소를 들 수 있다. 이들 요소의 결합이 한의 고분 미술과 다른 기원후 4~7세기 벽화 고분의 새로운 전통을 형성하였으며, 수, 당, 요, 금, 원 등 북방 이민족 왕조를 거쳐 지속된 것으로 보인다.

    그러나 북방민의 고유한 문화요소를 가리키는 북방문화란 용어는 정의가 명확하게 내려지지 않은 다소 모호한 용어이다. '북방문화'의 지리적인 개념은 시기별로 번성했던 초원·유목문화 권역의 변화에 따라 조금씩 다르다. 여기에서는 지역의 개념과 함께 스키타이, 흉노, 선비, 돌궐, 유연 등 북방초원지대에서 활동한 북방유목민의 특성이 반영된 것을 북방문화로 보려고 한다.

    한편 북방민들은 유목민의 특성상 불교와 같은 외래계 문화 요소를 적극적으로 받아들였고,

한족에게 전달하는 중계자 역할을 담당하기도 하였다. 그렇기 때문에 유목민들의 미술은 비한계 요소인 북방문화, 서역문화, 불교문화가 혼재된 양상을 보이며 각각의 문화 요소를 구분하는 작업이 쉽지 않다.

북방유목문화 자체가 가진 다양한 외래문화의 자유로운 유입과 동서교류의 매개체라는 특징은 고구려 고분벽화의 북방문화적 요소의 고찰에서도 염두에 두어야 할 점이다. 비한계 요소의 하나로 든 북방문화적 요소 안에 고구려계, 선비계 등 북방계통의 고유한 특징이 있을 수 있다. '고구려계' 벽화고분은 고구려 고유의 특징을 드러내는 벽화고분을 가리킨다. 한편 북방유목문화의 특징을 고려하면 고구려계에는 고구려의 고유한 요소도 포함하면서, 고구려가 외래 요소를 받아들여서 고구려화한 요소도 포함될 수 있다.

비한계 요소 중에서 북방문화의 고찰이 중요한 이유는 다른 비한계 요소인 서역적 요소와 불교적 요소보다 북방문화적 요소가 소위 고구려계의 특징과 공통점이 많으며, 고구려계 벽화의 특징이 고구려보다 후대에 벽화고분을 축조한 다른 북방계 고분미술의 특징과 유사하다는 점 때문이다. 이는 고구려 벽화의 정체성 규명과 다른 북방계 고분미술에 대한 영향력과도 연결된다.

벽화제재의 구성과 내용에서 고구려계의 특징이 두드러진 벽화는 북한지역 일부 벽화고분과 중국지역 벽화고분들에서 보인다.[1] 여기에서는 한계 요소와 고구려계 요소가 혼재된 북한지역의 벽화고분보다는 중국지역의 벽화고분을 중심으로 살펴본다.

집안지역 벽화 고분은 벽화의 구성과 배치가 중국의 요양지역이나, 고구려의 평양지역 한계 고분벽화와도 뚜렷이 구별되는 몇 가지 특징을 지녔으며 벽화 속 등장인물에서 고구려 고유의 문화적 요소가 일관성 있게 확인된다.[2] 각저총, 무용총, 장천1호분, 삼실총 등 4~5세기 집안의 고분벽화의 주요 제재들은 수렵도에서 볼 수 있는 것과 같이 고구려 고유의 문화요소가 강하

---

1) 선행연구에서는 북한지역의 4~5세기 고구려 벽화 고분을 벽화제재의 구성과 내용에서 고구려 고유의 문화 요소를 충분히 읽어내기 어려운 경우를 漢系 벽화고분으로, 그렇지 않은 사례를 고구려계 벽화고분으로 규정하였다. 대표적 한계 고분으로는 안악3호분, 평양역전벽화분, 태성리1호분, 요동성총, 약수리벽화분, 감신총, 덕흥리 벽화분, 팔청리벽화분, 천왕지신총, 안악1호분을 들었다. 고구려계로는 연화총, 동암리벽화분, 용강대묘, 대안리1호분, 쌍영총, 전동명왕릉, 안악2호분, 수렵총, 수산리벽화분, 덕화리1호분, 덕화리2호분 등이 있다. 한계 벽화고분의 집중 분포지는 남포시 강서구역과 안악일대이며 벽화고분도 4세기 후반에서 5세기 전반에 걸쳐 축조된 것이 대부분이라고 하였다. 전호태, 「4~5세기 고구려 고분벽화와 동아시아 문화」, 『고구려연구』 21, 고구려연구회, 2005, 583~610쪽.
2) 전호태, 「4~5세기 고구려 고분벽화와 동아시아 문화」, 『고구려연구』 21, 고구려연구회, 2005, 583~610쪽.

다. 고분벽화의 구성과 배치에서 보이는 소위 고구려계 또는 북방문화적 요소를 보면, 각저총, 무용총, 장천1호분, 삼실총 등은 한의 고분 미술 전통으로부터 변화된 고구려의 독자적인 특징들을 보여준다. 특히 각저총, 무용총 벽화의 구성과 배치는 벽면과 천장 전체를 이용한 단순하고 대담한 구성으로 집안지역 고구려인들에 의해 만들어진 소위 북방유목민계 고분벽화의 특징을 잘 보여준다. 이는 북방 유목민에 의한 중국 한족 고분 미술의 전통의 변화를 의미하며, 선비족과 거란족과 같은 고구려 이후에 발전한 북방유목민들에 의해 후에 채택될 형식을 예시하고 있다. 또한 벽화의 구성에 있어서 중국 화상석고분과 벽화고분과의 두드러진 차이점은 궁륭형 또는 말각조정이라는 구조의 특성을 이용하여 동물문과 장식문양이 규칙적으로 배치되는 점이다. 이러한 고구려 고분의 천장 벽화의 강조는 북방초원문화의 동물양식을 받아들인 북방문화적 요소로 보인다. 무용총 천장에 그려진 동물문들은 8단 천장이라는 좁은 공간의 특성 때문인지 배치된 동물들의 몸이 구부러진 채로 묘사되기도 하며, 북방문화에 기반한 천마도도 출현하는데 이는 유목민인 스키타이, 흉노의 동물양식과 비교될 수 있다.

벽화 속에 묘사된 인물의 세장한 얼굴, 고유의 옷차림에서 고구려인 임을 확인할 수 있는 것도 각저총, 무용총, 장천1호분, 삼실총 등의 인물에서 두드러진다. 고구려 전통 복식은 서역 또는 유목민 복식과의 유형적, 양식적 공통성을 공유하고 있다. 생활풍속이 주제인 초기 평양지역 고분벽화의 인물들은 대개의 경우 맞섶이나 오른 섶에 소매와 통이 넓은 중국계 복장을 한 모습으로 묘사되는 반면, 각저총을 비롯한 집안지역 고분벽화의 인물들은 흔히 고구려 특유의 점무늬가 있는 왼 섶 옷을 입은 모습으로 그려진다. 왼 섶은 내륙아시아 유목계 복식의 특징적 요소 가운데 하나이다.[3] 고구려적 색채를 보이는 생활풍속 외에 연꽃을 이용한 장식문양도 벽화고분이 5세기경 발달한 점도 벽화구성상 중국의 고분과 큰 차이점이다.

위에서 지적한 바와 같이 고분벽화가 집안지역에 소화, 수용되는 첫 단계부터 고구려 고유문화의 전통이 작용한 것으로 추정된다.[4] 이러한 집안 고유의 문화전통은 여러 가지 배경이 있겠으나 그 중 한 가지로 들 수 있는 것이 평양·안악지역과 다른 지리적 위치상 고구려 특유의 북방유목민적인 배경, 그리고 다른 유목민과의 교류에서 나온 북방문화적 요소일 것이다. 따라

3) 정수일, 『씰크로드학』, 창작과 비평사, 2001, 167쪽.
4) 전호태, 「4~5세기 고구려 고분벽화와 동아시아 문화」, 『고구려연구』 21, 고구려연구회, 2005, 583~610쪽.

서 다음에서는 4~5세기 고구려 집안지역 벽화 고분에 보이는 독자적 특성인 북방문화적 요소의 연원과 전통을 우선 스키타이, 흉노족의 유목문화에서 찾아보려고 한다. 선행연구에서도 기원전 8~3세기의 유목문화는 동과 서의 양 방향으로, 또는 중부아시아에서 동과 서로 다양하게 문화의 교류가 이루어졌을 것으로 추정하였다. 스키타이와 그리스·페르시아 문화권, 오르도스 모경구와 춘추 말~전국시대의 중원 및 비파형동검 문화권의 고조선이 서로 인접하여 영향을 주고 받았으며 유목민 간에도 기동성을 기반으로 지속적인 교류가 이루어졌을 것으로 보았다.[5] 이러한 광대한 문화권은 결국 북방기류의 형성과 고구려 벽화의 유라시아적 요소가 유입되게 되는 문화권대의 형성을 의미한다.

고구려 벽화의 북방문화적 요소인 수렵문과 동물문의 연원을 거슬러 올라가면 스키타이와 흉노의 초원유목문화를 살펴볼 수 있다. 무용총 주실 동벽에 그려진 수렵도에 보이는 파르티안식 활쏘기는 페르시아의 왕조인 파르티아의 미술에서는 오히려 정확한 사례가 보이지 않으나 스키타이의 선주민으로 기원전 9세기부터 7세기 초 흑해 연안의 초원지대에 살면서 아시리아를 위협하던 킴메르의 항아리에 그려졌다.[6] 기원전 8~7세기 아시리아 미술이나 기원전 3세기-기원후 2세기의 파르티아의 미술에서는 마차나 말에 타고서 앞을 향해 활을 쏘는 자세를 찾아볼 수 있다. 파르티안샷은 기원전 6~3세기 스키타이와 흉노 유물에 나타나며, 그 후 중국의 한나라에 도상이 전파되었다. 따라서 흔히 고구려벽화와 비교되는 한대의 수렵도가 그려진 은상

---

5) 정석배, 「북방의 초원과 스키타이 세계」, 『유라시아 초원에서 한반도까지-스키타이 황금문명展』, 예술의 전당, 2011, 14~34쪽.

6) 예술의 전당, 『유라시아 초원에서 한반도까지 – 스키타이 황금문명展』, 2011, 73쪽. 기마반사 자세는 기원전 6세기 중엽의 에트루리아 화병의 킴메르족의 기마반사 자세에서 찾아볼 수 있다. 기마반사 자세의 파르티아(기원전 약250~기원후 224년) 기원설은 한대 화상석의 사례를 들어 중국 전한 혹은 파르티아에서 기원하고 있는 것으로 추정하였다. 러시아학계와 정석배의 연구에서는 기마반사 자세가 스키타이 문화에서 유래되었다고 인식한다. 에트루리아의 화병에는 2명의 기마인물이 달리는 말 위에서 몸을 돌려 쏘는 모습이다. 끝이 뾰족한 모자를 쓴 기마인물들은 스키타이인 또는 킴메르인 두 가지 설이 있는데 일반적으로 기원전 9세기~기원전 7세기 초 흑해북안에 거주하던 킴메르인으로 인식된다. 이 지역으로 스키타이인들이 도래하자 근동으로 이주하였다고 헤로도토스의 역사에 기록되었다. 스키타이의 석실봉토분, 평행고임천장, 횡혈식석실분의 특징을 고구려 벽화고분에서 찾아볼 수 있다는 점은 고구려의 벽화고분문화의 기원에 대해서 보다 복잡한 고려가 필요하다고 본다. 정석배, 「고구려 고분에 보이는 몇 가지 유라시아 문화요소에 대해」, 『문화교류로 본 한국과 알타이』, 글로벌시대 한국적가치와 문명연구 과제(AKSR2014-G08) '한국문화원류와 알타이 신문화벨트 형성연구' 국제학술회의 자료집, 2014, 45~60쪽.

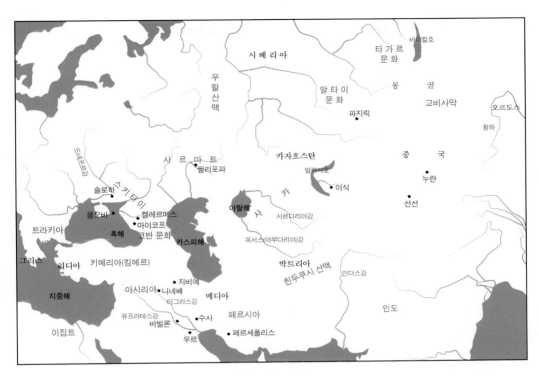

기원전 1천년경 중앙아시아와 서아시아의 주요문화와 유목민 영역도

감장식품이나 벽화, 화상석에 보이는 수렵도가 아니라, 스키타이·흉노계의 수렵도와 동물양식 미술에서 기원을 찾을 필요가 있다.

본 절에서는 스키타이와 흉노 미술의 특징을 대표적인 고분과 그 출토품을 중심으로 살펴보겠다. 스키타이와 흉노의 미술의 전파를 통한 북방문화(또는 북방기류)의 형성에는 스키타이와 흉노의 이동과 동시에 중국의 서역 경영이 함께 작용하였다. 실크로드를 통한 중앙아시아의 동서 교류의 통로는 전한 무제 때의 장건의 서역 경영에 의해 먼저 시작되었다. 북도와 남도의 노선 상에 위치한 중앙아시아의 주요 도시들에는 동서 문화의 전파와 교류로로서 특징적인 유물과 유적들을 찾아볼 수 있다. 무제(기원전 156~87년)의 공격으로 시작된 흉노의 1차 서천(기원전 57년)과 2차 서천으로 인해 흉노는 강거康居[7], 즉 소그디아나에 이르는 지역으로 중앙아시아

---

7) 『史記』, 「大宛列傳」 第63 康居. "康居在大宛西北可二千里, 行國, 與月氏大同俗. 控弦者八九萬人. 與大宛

를 가로질러 이동하게 된다. 한의 공격으로 촉발된 흉노의 남천과 서천은 각각 만리장성 주변의 흉노계 벽화와 화상석묘의 출현, 신강·감숙 지역에 파지릭과 스키타이 문화의 영향을 받은 금속장식품의 출현, 몽골의 노인울라 고분군의 출현을 낳게 된다.

실크로드의 서역 국가들은 흉노, 스키타이 문화의 전파로였으며 동시에 시리아, 파르티아, 로마, 페르시아 문화가 동쪽으로 전파되는 지점들이었다.[8]

다음에서는 그리스 미술과 아케메네스 페르시아 미술 및 스키타이·흉노문화 사이의 연관성을 찾아볼 수 있는 유적과 유물을 중심으로 스키타이 미술문화를 고찰한다. 흉노가 중국 장인의 기술을 이용하여 자신들의 취향에 맞는 미술품을 제작하였듯이 스키타이는 높은 미술문화를 가진 그리스 장인들이 거주한 흑해 연안의 그리스 식민지로부터 그리스 미술문화를 받아들여 자신들의 취향을 반영한 미술품을 남겼다. 스키타이의 미술에는 또한 아케메네스 페르시아와 정치 문화적 교류를 바탕으로 페르시아 미술과의 연관관계가 드러난다. 스키타이와 흉노의 기동성 높은 유목민적 특징과 혼성적인 미술의 특징은 동서 방향의 넓은 문화교류대를 형성하면서 그 흔적을 주변 유목민들과 남쪽의 농경민들에게 전하게 된다.

스키타이는 기원전 8세기부터 기원전 3세기 사이에 남러시아 초원지대를 본거지로 하여 활동한 이란계의 유목민으로 아시리아 에사르하돈 왕의 연대기에서 처음으로 기록에 출현한다. 독자적인 문자가 없어 헤로도토스(Herodotos, 기원전 484?~425?년)가 쓴『역사歷史』가 스키타이의 역사를 이해하는데 가장 중요한 문헌이다. 스키타이는 기원전 625년경 메소포타미아에 침입하여 이집트까지 위협하였으며, 기원전 7세기 후반부터 흑해 북안에 여러 개의 취락을 형성하고 있던 그리스 식민지 도시들과 교역을 하였고, 우랄산맥을 넘어 멀리 알타이 지방까지 진출하는 동방 원거리 교역에도 종사하였다.[9]

鄰國. 國小, 南羈事月氏, 東羈事匈奴."강거는 대완의 서북쪽으로 대략 2천 리 떨어진 곳에 있습니다. 이 동국가이고 풍속은 월지와 대체로 동일합니다. 활을 당길 수 있는 사람이 8~9만 명이고 대완에 인접한 나라입니다. 나라가 작아서 남쪽으로는 월지에 복속하고 동쪽으로는 흉노에 복속하고 있습니다." 張騫이 大宛을 떠나 大夏로 가는 도중 經由한 것으로 보아 康居는 시르다리아와 아무다리아 사이의 소그디아나(Sogdiana) 지방에 있었던 것으로 추정된다. 동북아역사재단,『사기 외국전 역주』(역주 중국 정사 외국전1)(동북아역사 자료총서 21), 동북아역사재단, 2009.

8) 정수일,『씰크로드학』, 창작과 비평사, 2001, 41~52쪽.
9) 정수일 편저,『실크로드 사전』, 창비, 2013, 439쪽

타조문이 사용된 중국 출토 금속기로는 중국 신강 언기 칠개성향七個星鄕 출토 타조문은반駝鳥文銀盤이 있다. 다판문은완多瓣文銀碗, 속특粟特(소그드) 은완銀碗 등 6점(5세기)의 금속기가 함께 출토되었는데, 타조문은반에는 중앙의 타조 한 마리를 중심으로 6마리의 타조가 원형으로 배치되어있다. 타조는 서방의 나라들에서 중국에 진헌하였던 동물로서 페르시아의 금은기를 포함하여 중앙아시아와 서아시아의 기물과 벽화에 종종 보인다. 『후한서』 권88 「서역전」 제78 안식국에도 영원13년(101년) 안식왕이 타조알을 헌상하였다. 사산조 페르시아의 바흐람 5세(420~438년)가 왕자로서 수렵을 하는 장면이 그려진 은반에도 타조문이 사용된 예가

켈레르메스고분 타조문 금잔

있다. 중국의 당 고조와 측천무후의 건릉의 신도에 세워진 부조에도 타조상을 볼 수 있다.

켈레르메스 1호분 출토 금잔의 타조문 아래에는 염소와 수사슴을 공격하는 늑대와 사자가 묘사되었다. 장식의 가장 아래 단에는 종류가 다른 유제류有蹄類(양, 사슴, 멧돼지)로 구성된 문양대가 있다. 세 줄에 걸쳐 묘사된 동물 문양들은 모두 오른쪽에서 왼쪽 방향으로 진행되고 있다. 긴 뿔 사슴이 네 발을 안으로 쭈그리고 앉은 자세는 코스트롬스카야 고분의 사슴모양 방패장식판과 유사하며, 스키타이적 특징을 잘 보여준다. 한편 장식 주제나 양식적 특징으로 보아 아시리아 문화와 연관된 장인이 제작하였을 것으로 추정된다.[17]

켈레르메스 고분군의 4호분 출토 활·화살통(고리투스)의 금박 장식(금, 길이 40.5㎝, 폭 22.2㎝, 무게 384.08g, 스키타이 동물 양식, 기원전 7세기 후반)은 장방형 금판의 가장자리에 있는 구멍에 못을 박아 고리투스의 겉면에 고정하는 것이다. 고리투스는 활과 화살을 같이 넣는 스키

---

17) 국립중앙박물관 편, 『스키타이 황금』, 조선일보사, 1991, 66쪽, 도14.

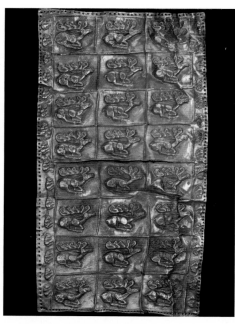
켈레르메스고분 고리투스 금박장식 수사슴과 표범

타이인들의 활동으로 스키타이의 특징적 기물이다. 나무 또는 나무껍데기로 만든 활통 겉면에 화려한 장식을 부착하는 것이다. 24개의 장방형 면으로 나눠진 장식판 각 면에 스키타이 전통 모티프인 가로 누운 수사슴상이 타출되었다. 가장자리는 표범상을 둘렸다. 보조문양인 표범상은 기원전 6세기경부터 스키타이 동물양식의 중심 주제가 된다. 표범의 세부 표현(귀, 주둥이, 앞발, 꼬리)과 사슴뿔의 표현 양식이 전형적인 스키타이 동물양식의 원형이다.[18]

스키타이 미술의 발달에서 중기인 드네프르 시대(기원전 4~3세기)에 스키타이는 사르마트인들에게 쫓겨 드네프르강 유역으로 이동하면서 그리스 식민도시들과의 교류가 확대되고 헬레니즘 문화의 영향을 강하게 받았다. 대표적인 고분은 아조프해 남안의 케르치시 근교의 체르톰리크 고분과 솔로하 고분, 그리고 쿨 오바 고분이다. 그리스 식민도시들과의 교역이 활발해지면서 호화로운 그리스 제품에 대한 스키타이인들의 기호나 이용이 급증하였으며 문화 접변을 보여주는 유물이 증가한다.

체르톰리크 고분은 높이 19m, 둘레 330m의 고분으로 묘실과 감실로 구성되었다.[19] 체르톰리크 고분에서 나온 부장품 가운데 스키타이가 그리스 및 아케메네스와 가진 복잡한 교류상을 반영하는 유물로는 전투도가 새겨진 철검편과 검자루劍柄(금, 철. 길이: 14.9㎝, 자루폭: 2.8㎝ 아케메네스 산産, 기원전 5세기)가 있다.[20] 검자루 자체는 페르시아단검에 단 것이나 이후 기원전 4세기에 스키타이에서 의식용儀式用 스키타이 단검에 다시 끼워 맞춰진 것으로 본다. 병두柄頭는

18) 국립중앙박물관 편, 『스키타이 황금』, 조선일보사, 1991, 68-69쪽, 도16.
19) 국립중앙박물관 편, 『스키타이 황금』, 조선일보사, 1991, 124-125쪽.
20) 국립중앙박물관 편, 『스키타이 황금』, 조선일보사, 1991, 127쪽; Joan Aruz, Ann Farkas, Andei Alekseev, and Elena Korolkova, *The Golden Deer of Eurasia*, Metropolitan Museum of Art, 도164, 165, p.233.

두 마리의 소머리가 대칭으로 장식되어 페르세폴리스 궁전의 주두 장식과 유사하다. 손잡이의 중앙에는 연화문양대가 있고 좌우에는 수렵도가 장식되었다. 페르시아 옷을 입고 무장을 한 기사가 활을 들고 영양을 추격하고 있다. 영양들의 어깨뼈에는 이미 화살이 꽂혀있다. 기마행렬 장식과 소머리 장식, 동물 목 주위의 장식 등은 순수한 아케메네스식이다. 함께 출토된 전투장면이 그려진 황금 검집보다 오래된 기원전 5세기경의 것으로 추정된다. 기원전 4세기 후반 알렉산드로스 대왕의 페르시아 침략 시에 소유자가 바뀌어 알렉산드로스 대왕이 스키타이와 개인적으로 접촉하였을 때에 선물로 스키타이에 보내져 스키타이 왕의 고분에 부장된 것으로 추정된다.

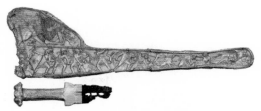

체르톰리크고분 철검편과 검자루

체르톰리크고분 검자루

아케메네스조 페르시아의 페르세폴리스 궁전의 알현도 부조에도 유사한 장식의 검과 검집이 발견된다. 알현도 부조의 검집에는 얼굴은 마주 본 채 등을 돌리고 있는 유익수有翼獸

페르시아 페르세폴리스 알현도 부조

그리핀 한 쌍, 뒷발을 들고 일어서서 일렬로 행진하는 동물, 수련계 연화문, 그리고 양머리 장식이 놀랄 정도로 세밀하게 조각되어있다.

기원전 4세기 스키타이 지배층의 고분인 솔로하 고분은 드네프르 강의 좌안左岸, 니코폴에서 남쪽으로 21㎞ 떨어진 곳에 있다.[21] 기원후 7세기의 유명한 고대 불가리아의 왕 쿠브라트의 유물이 나온 우크라이나 페레시체피노(Pereshchepino)와 멀지 않은 곳에 위치하여 있어 기원전

---

21) 국립중앙박물관 편, 『스키타이 황금』, 조선일보사, 1991, 104-105쪽.

솔로하고분 동물투쟁문 헌배

부터 활발한 문화접변이 이루어진 지역임을 알 수 있다.[22]

솔로하 고분에서는 3개의 청동솥, 그리스식의 암포라 토기, 황금 사자머리장식, 금장식의 뿔잔, 스키타이 동물양식 장식 칼집의 철검, 그리스식 투구, 황금빗, 부조浮彫가 장식된 은제 용기, 황금 헌배獻杯, 180개의 청동화살촉이 담겨 있는 활통 등이 출토되었다.[23]

고분 구조나 매장방법, 부장품의 성격에서 스키타이와 그리스의 미술문화가 혼합적으로 표현되었다. 스키타이적 특징은 고분의 매장 방법과 위치, 황금 단검 장식과 같은 금제 장식품과 마구 장식의 스키타이 동물양식과 소재, 나무용기에 덧씌워진 금·은제 덧장식 등에서 찾아볼 수 있다.

그리스 미술문화의 특징은 그리스 기원의 암포라, 접시, 청동투구 등에서 보이며, 금은 부장품의 장식 주제도 그리스 계통이다. 그리스와 스키타이의 미술가와 장인들이 서로 밀접한 공동작업에서 때로는 스키타이의 것을 모방하거나 때로는 두 양식을 혼합해 사용하였을 것으로 추정되며 이러한 작업 환경에서 그리스 장인들이 이국적異國的인 용기 형태에 고전적 그리스 양식인 도안과 장식들을 꾸며 넣어 만든 부장품들이 나오게 된 것이다.

솔로하 고분에서 나온 주목할 만한 유물로는 동물투쟁문이 장식된 헌배(金, 지름 21.3㎝, 무

---

22) Vera Zalesskaya ed., *The Treasures of Khan Kubrat*, The State Hermitage, 1997.
23) 국립중앙박물관 편, 『스키타이 황금』, 조선일보사, 1991, 104~107쪽.

게 865.8g, 그리스 기물器物, 기원전 5세기 말~4세기 초)가 있다.[24] 편평하고 손잡이나 받침대가 없으며 가운데 원형의 용기가 있는 헌배로서 형태는 고대 서아시아에서 유래된 것이지만 그리스 미술 초기에 주로 나타나고 있다. 그리스 도기 형태에서 피알레(phiale 또는 파테라patera)에 해당하는 기형이다.[25] 그리스인들은 금은제金銀製 헌배를 축제와 의례용 용기로 사용하였다. 스키타이인들에게는 황금 용기를 사용하는 것이 왕족의 특권이었다. 스키타이인의 기원에 대한 전설에 의하면 황금접시는 하늘에서 떨어진 신성한 물체로 스키타이 왕의 권력의 상징이었다.

그릇의 표면은 세 개의 부조浮彫 문양대文樣帶로 장식되어 있다. 각기 동일한 장면-즉 암사슴과 말을 공격하는 사자-이 반복 묘사되어 있다. 가장 안쪽에는 암사슴을 공격하는 사자, 중간에는 암사슴을 공격하는 암수사자 한 쌍, 가장 바깥쪽에는 말을 공격하는 두 마리의 수사자가 있다. 동물투쟁문이 헌배의 표면을 빈 공간 없이 가득 메우고 있으며, 앞발로 사슴을 누르고 목덜미를 물어뜯는 사자의 잔인한 공격성과 넘어져 있는 말과 사슴의 고통 당하는 모습이 극적으로 대비되며 동물투쟁문의 전형적인 묘사방법을 사용하였다.

솔로하 출토 황금 헌배의 동물 투쟁 문양은 페르시아와 스키타이문화의 특징이지만 이 헌배는 그리스 장인이 제작한 것으로 헌배 윗면에 남은 그리스 명문銘文의 흔적으로 확인된다. 그중 하나는 아래와 같이 해독되었다. "헤르몬은 안티스테네이에게 엘레우테리아의 축제를 기념하여(이 성배를 바친다)"(Eleutheria Hermon Antisthenei). 이 명문 위에 순수한 그리스식 이름이 아닌 로코(Locho)란 이름이 새겨졌다. 이들 명문은 이 그릇이 솔로하 고분의 스키타이 묘주에게 오기 오래전부터 있었다는 증거이며, 로코는 아마도 스키타이 묘주의 이름으로 추정된다.

러시아 표트르1세(1689~1725년)의 시베리아 콜렉션은 사키문화를 대표한다. 사키부족들이 기원전 4세기 페르시아의 지배를 받았다는 역사기록을 반영하듯 페르시아 미술의 영향이 보이며, 다른 스텝지역의 스키타이미술과 달리 그리스 미술의 영향은 보이지 않는다. 표트르 1세의 수집품 중에서 환상環狀의 표범을 묘사한대구帶鉤(金, 길이: 10.9㎝, 폭: 9.3㎝, 무게: 221.2g, 사키문화. 기원전 5~4세기)는 둥글게 말린 야수의 부조상浮彫像이 주조鑄造된 대구帶鉤이다.[26] 길게 늘어난 유연한 몸통이 반원형半圓形으로 만곡彎曲되어 머리와 꼬리가 맞닿고 있다. 꼬리와 다리

24) 국립중앙박물관 편, 『스키타이 황금』, 조선일보사, 1991, 108~110쪽.
25) 존 그리피스 페들리, 조은정 역, 『고대 그리스 미술』, 예경, 2004, 243쪽.
26) 국립중앙박물관 편, 『스키타이 황금』, 조선일보사, 1991, 162-163쪽, 167쪽.

표트르 1세 수집품 표범문 대구

날개달린 사지와 말의 투쟁을 그린 띠꾸미개

날뱀과 늑대의 싸움을 묘사한대금구

가 몸통 안으로 말려들어가 원의 내부를 채웠다. 꼬리와 발끝부분, 눈, 귀, 콧구멍과 열린 입은 원래는 감옥嵌玉되어 있었다. 보석세공 기법과 조형성이 잘 어우러진 작품이다.[27]

환상環狀의 맹수猛獸 모티프는 스키토-시베리아 미술에 널리 퍼졌으며 맹수의 잔인한 공격성을 사실주의적으로 강조한 장식품들로 페르시아와 흉노 사이의 지역에서 발달한 동물투쟁 양식을 보여주는 두 점의 대금구帶金具가 있다. 날개달린 사자와 말의 투쟁을 그린 대금구(金. 길이: 12.3㎝, 무게: 151.2g, 사키문화, 기원전 5~4세기)는 투각透刻한 부조 장식판으로 정확한 용도는 알려져 있지 않다. 마구 장식, 칼집장식, 대구帶鉤, 의복의 대금구 등으로 추정된다. 대칭으로 구성된 또 다른 장식판과 쌍을 이룬다. 사자몸통과 영양의 뿔, 날개가 혼성된 상상의 맹수가 앞발로 말의 등덜미를 누르면서 물어 뜯고 있다. 두 동물의 몸이 S자형으로 둥글게 휘면서 만들어내는 유려한 곡선미가 인상적이다. 동물 몸체의 삼각형, 원형의 구멍들에는 유색 옥을 감입하였다. 영양의 뿔이 달린 사자는 원래 페르시아 미술에서 기원하여 그리스와 스키타이 미술에도 나타난다. 맹수 또는 상상의 동물이 말을 공격하는 주제는 아마도 스키타이 미술에서 창조된 것으로 스키타이 주문자에 의해 그리스 장인이 만든 작품으로서 추정되며, 특히 말머리와 앞다리의 교차, 일부 갈기의 생략, 나선형으로 감긴 말의 꼬리, 사자 목의 주름 등에서 그리스 미술의 영향이 보인다.[28]

---

27) 국립중앙박물관 편,『스키타이 황금』, 조선일보사, 1991, 166-167쪽, 도95.
28) 국립중앙박물관 편,『스키타이 황금』, 조선일보사, 1991, 170-171쪽, 도97.

장각長角의 사슴 형상은 화상석에서도 발견되는데 흉노와의 접경지역이던 섬북 한대 화상석에서 특히 자주 출현한다. 또한 낙양고묘박물관에 재현되어있는 낙양의 서한공심화상전묘西漢空心畫像磚墓의 문미에도 정면으로 사슴의 얼굴과 장각이 새겨진 예가 있다. 1985년 낙양시 선양현宣陽縣의 서한중만기(기원전 86~기원후 8년)의 묘로서 공심화상전묘이다. 묘 내부의 화상석에 표현된 네 발로 당당하게 우뚝 선 말의 형상이 섬서 서안 무릉의 1호 무명갱에서 출토된 금제마와 흡사하며, 동물과 겨루는 역사와 같은 인물상 등 화상전에 새겨진 동물과 인물 도안이 강건한 기세라든가 곧은 선묘가 전국시대 호남 진가대산 묘 출토 백화에 보이는 부드러운 선묘와는 차이가 있다. 유사한 장방형 공심화상전은 하남 정주의 하남성 박물관에도 전시되어있는데 하남 일대에서 발견되는 일부의 공심전 화상전에 그려진 동물이나 동물의 몸에 새겨진 도안화된 동물 표현은 아케메네스조 페르시아 부조와 스키타이 · 흉노계통의 동물문양과 맥이 닿아 있는 것으로 보인다.

　　왕관 입식이나 말머리의 입식으로 사용된 알타이 파지릭묘의 긴 뿔 사슴상은 사르마티아의 금관의 사실적인 사슴상이나 몽골 알타이의 사슴돌 문양, 내몽고의 아로시등 출토 흉노 금관, 중국 섬서 신목 출토 금제 사슴상, 요녕의 모용선비 금관 입식, 그리고 신라의 금관 사슴뿔 입식으로 이어지는 시공간적 연결고리를 보여준다는 점에서 중요하다.

　　흉노 귀족 고분의 말띠드리개 장식은 금과 은을 사용하여 화려하게 제작하였는데 원형과 편타원형으로 분류된다. 원형은 가슴걸이 장식, 편타원형은 후걸이 장식으로 추정된다. 은제 말띠드리개 장식은 동물 문양이 있는데 노인울라 6호묘에서는 야크와 사슴, 차람 7호묘에서는 산양, 노인울라 20호 묘는 용, 사슴, 유니콘 등 동물 문양이 있다. 노인울라 6호의 동물문은 정면상의 얼굴에 측면상의 몸체 표현, 삼각형의 산악문이 페르시아계통의 동물과 산악 표현과 흡사하여 영향 관계를 유추해볼 수 있다.[47] 아르항가이 아이막의 골모드 20호묘에서는 말띠드리개로 추정되는 원형 은제 장식 8점과 나뭇잎형 은제 장식 6점, 터키석이 감입된 금제 단추, 원형과 초승달 모양의 용도 미상의 금판, 금제 꽃 모양 관장식이 나왔다. 골모드 20호묘의 말띠 드리개 은

미한다. 춘추전국시대 흉노 공방의 기술적 전통이 한대 공방에 어떻게 수용 융합되었는지에 대해서도 고찰할 필요가 있다. 이송란, 「오르도스 '새머리 장식 사슴뿔' 모티프의 동점으로 본 평양 석암리 219호 〈은제타출마노감장괴수문행엽〉의 제작지」, 『미술자료』 78, 국립중앙박물관, 2009, 128~153쪽.
47) G. 에렉젠, 「흉노 귀족계층 무덤의 연구」, 『中央아시아研究』 15, 중앙아시아학회, 2010, 66-67쪽.

노인울라 6호 동물문 말띠드리개 장식

제 장식판과 노인울라 6호묘의 말 드리개 장식판의 동물 문양은 아케메네스와 스키타이 동물 문양의 영향을 받은 것으로 보인다.

다음에서는 흉노제국 성립 이전시기의 감숙과 내몽고 오르도스 지역에 위치한 중요 고분들을 본다. 기원전 4세기 대에 이르러서 오르도스 지역에서 다양한 황금장식과 금관이 출토되는 유적들이 증가한다. 중국 만리장성 주변의 초원지역에서 기원전 4~2세기 대에 흉노와 관련된 주요 유적은 내몽고 오르도스 고원

일대의 서구반西溝畔, 호로사태呼魯斯太, 옥륭태玉隆太, 납림고토納林高兎, 아로시등阿魯柴登이다. 이들 유적들은 이 지역에 원래 존재하던 모경구毛慶溝문화와는 이질적으로, 기원전 4세기경 중앙아시아의 사카문화와 남부 시베리아로부터 중국 신강, 감숙, 청해를 거쳐 중국 북방으로 유입된 스키토-시베리아문화권을 보여준다.

난주와 서안 사이, 남북 방향으로는 천수와 고원 사이에 위치한 중국 감숙 장가천張家川 마가원馬家塬 유적의 전국시대 고분에서 2006-8년 사이에 중원과 다른 초원계 황금유물과 서아시아계통의 유리들이 출토되어 중앙아시아 사키문화의 금제 유물이 북부 중국으로 유입된 경로를 확인시켜 주었다.[48] 이러한 기원전 4세기의 중국 북방의 문화적 변화는 흉노가 북방을 정복 통

---

48) 감숙 馬家塬 유적의 전국시대묘 가운데 1호묘와 3호묘 묘실에서 고급 수레 한 대가 나왔는데 金花장식, 銀花장식, 동화장식, 상감철, 瑪瑙, 釉陶串珠, 貝殼장식 등이 되어있었다. 수레 측판에는 銅質大角羊, 銀箔質大角羊, 金箔質虎 등 동물장식과 包金銅泡장식이 있었다. 북방과 서아시아 문화특색을 드러내는 전형 기물들은 鍍金銅壺, 靑銅繭型壺, 連珠紋琉璃杯, 상감은철장식과 고급의 수레이다. 북방과 서아시아 고대 민족사와 중국 고대사에서 외래민과의 문화교류, 야금 기술에 중요 자료를 제공하였다. 도금청동견형호는 누에고치형 청동호로서 목 부분에 연주문이 돌려진 것이 독특하다. 연주문유리배는 서방문화의 기물로서 실크로드 개통 연대보다 백여 년 이르다. 수레의 상감은철장식의 대량사용은 중국내에서 수차례 발견된 것이다. 수레의 장식으로 사용된 금은박의 호랑이나 대각양, 청동대각양은 조형적으로 생동감이 넘친다. 금, 은 박장식의 수량이 많고 그 정교함과 미려함은 보기 드문 것이다. 甘肅省文物考古研究所, 『西戎遺珍』, 文物出版社, 2014; 謝焱, 「張家川馬家塬戰國墓地2010~2011年發掘簡報」, 『文物』, 2012년 8기; 周廣濟, 「張家川馬家塬戰國墓地2007~2008年發掘簡報」, 『文物』, 2009년 10기; 王輝, 「張家川馬家塬戰國墓地2008~2009年發掘簡報」, 『文物』, 2010년 10기; 강인욱, 「기원전 4~서기 1세기의 고고학자료로 본 흉노와 동아시아」, 『中央

치하게 된 역사적 사실과 관련되어있을 것으로 추정된다. 신강으로의 황금문화의 유입은 아랍구와 야르호토 유적에서도 볼 수 있다.[49]

감숙 장가천 마가원 전국묘지는 1970년대 발견되었고 2006년 이래 감숙성문물고고연구소가 발굴과 보호 작업을 진행하여 32기의 묘장과 2곳의 제사갱祭祀坑을 발굴하였다. 장가천회족자치현은 감숙 동남부에 위치하고 동쪽으로는 섬서 농현隴縣과 접하였다. 마가원묘지는 묘장 중에 순장현상이 있고 일부 묘장은 묘제墓祭도 관찰된다. 묘지의 중부와 동부에 전문적인 제사갱이 있다. 계제식묘도수혈편동실묘階梯式墓道竪穴偏洞室墓가 대부분이다. 마차의 부장이 수혈식 묘실의 중앙에 위

감숙 장가천 마가원 지도

치하고 피장자는 묘실의 북벽에 따로 방을 만들어 묻은 형식이 독특하다. 부장된 마차는 화려한 금은장식과 칠장식이 두드러진다. 피장자의 목과 허리 부분에 다양한 동물문 장식품이 놓여져있는데 아프가니스탄 북부 시바르간시 교외의 틸리야 테페 묘지의 피장자의 화려한 장식품들과 유사하다. 마가원 지역의 문화는 원래 기련산 일대에 거주하던 대월지의 이동과 아프가니스탄 틸리야 테페의 대월지 유적과 연관된 것으로 생각되어 북방문화의 이동 경로를 생각할 수 있게 해주는 중요한 고분이다. 4호묘의 피장자의 허리를 장식한 호문금대식虎紋金帶飾은 신강과 내몽고 일대에서 발견되는 동물문 장식품 양식이다.[50] 같은 4호묘의 쌍축상투금요대식雙豕相鬪紋金腰帶飾은 두 마리의 돼지가 서로 몸이 얽힌 형상인데 전체적인 조형이 전국시대 중국 청동기

　아시아硏究」15, 중앙아시아학회, 2010, 1~27쪽.

49)　강인욱, 「스키토 시베리아 문화권과 한반도의 문화교류」, 『유라시아 초원에서 한반도까지 – 스키타이 황금문명展』, 예술의 전당, 2011, 36~55쪽.

50)　甘肅省文物考古硏究所 編, 『西戎遺珍』, 文物出版社, 2014, 34-35쪽.

의 동물문과 같이 얽히고 설킨 구불구불한 몸체가 얕게 도드라져서 표현되었다.[51] 16호묘의 조사상투문금요대식鳥蛇相鬪紋金腰帶飾도 하남 신정시 이가루李家樓 출토 춘추시대 입학방호의 몸의 동물 문양과 유사하게 얕게 표현된 얽힌 동물문 양식이다. 이러한 금요대식의 사용은 틸리야 테페의 대월지 묘와 배치가 유사하지만, 그 표현 형식에서는 중국 중원지역의 춘추전국시대 청동기 표현형식과 유사하여 대월지 묘주가 중국 장인들에게 주문 제작한 장식품들로 보인다. 16호묘에서는 또한 장방형 몸체에 고리가 달린 금대구金帶鉤(길이 20㎝, 너비 7.2-7.6㎝, 무게 228g)가 나왔다. 고리끝은 동물의 얼굴로 장식되었는데 발굴보고서에서는 목이 긴 용으로 보았으나 말이나 양의 머리로 보인다. 고리끝과 연결된 허리부분에는 삼각형의 공간 안에 두 마리의 이리가 대칭으로 배치되었다. 구신鉤身은 장방형으로 호랑이가 긴뿔 사슴의 목을 사납게 무는 장면이 정반 대칭으로 묘사되었다. 동물의 몸과 대구의 가장자리에는 쉼표, 타원형 등의 감입 공간이 있는데 주사朱砂로 채운 흔적이 남아있다.[52]

마차의 몸체는 호형虎形 또는 대각양大角羊 형태의 얇은 금박이나 은박편, 또는 동으로 만들어져 장식되었다. 동물의 몸체는 다양한 문양으로 중간이 오려지거나 세선 무늬로 몸체를 입체감 있게 도드라지게 표현하거나 점열문으로 부분 장식을 가하거나 규칙적으로 구멍을 뚫어 장식성을 높였다.[53] 은배투銀杯套(M1L:114 출토, 상부 구경 6.6㎝, 하부 구경 6.2㎝, 높이 8.4㎝, 무게 64.9g)는 하나의 손잡이가 달렸고, 장방형 은편으로 말아서 원통형 은배를 만들었다. 금선으

감숙 장가천 마가원 묘지 내부 사진

감숙 장가천 마가원 마차 복원도

---

51) 甘肅省文物考古硏究所 編, 『西戎遺珍』, 文物出版社, 2014, 36-37쪽.
52) 甘肅省文物考古硏究所 編, 『西戎遺珍』, 文物出版社, 2014, 60-61쪽.
53) 甘肅省文物考古硏究所 編, 『西戎遺珍』, 文物出版社, 2014, 72~84쪽.

로 손잡이 양쪽을 세로로 장식하였다. 손잡이가 달린 원통형 잔의 형태가 서역계 인물이 묘사된 인면격직모피가 나온 누란고성樓欄故城 고묘 출토 칠배(높이 10.6cm, 구경 11cm)와 유사하여 서방계통의 기물로 보인다.[54]

마가원묘지는 묘도墓道, 거갱車坑과 묘실이 일체가 된 묘장 구조이다. 묘도와 묘실에 거승車乘이 모두 부장되어있으며 거상車廂 골간骨干에 금은철로 섞어서 장식하고, 금은화金銀花, 칠 장식으로 화려하게 만들어 묘주의 비교적 높은 신분을 반영한다. 이러한 화려한 수레는 일상에서 사용된 것이 아니라 대형 제의에 사용되었을 것이며 이러한 류의 수레는 이전에는 발견되지 않았던 것이다. 묘지의 출토품들의 성격에는 토착의 서융문화, 북방초원문화(수레 장식의 금, 은박, 동화 장식편, 동물 장식 등), 서방문화(천람색연주문유도배淺藍色連珠紋釉陶杯)의 특징들이 모두 융합되어있다.

흉노의 전국시대말기 유적에서는 동물장식의 패식 및 금은기金銀器의 부장이 두드러진다. 내몽고 지역의 패식과 금은기의 동물장식은 알타이의 파지릭 문화, 흑해 연안의 스키타이 문화, 이란의 아케메네스 문화와 시기적으로 연결되어 그 문화적 흐름을 읽을 수 있다.

전국시대 말기에 해당하는 대표적 유적으로는 내몽고 서구반西溝畔과 호로사태虎魯斯太를 들 수 있다. 서구반 유적의 경우 스키토-시베리아 유형의 시기(모경구 문화), 흉노 전기, 흉노 후기에 해당하는 동한대에 이르는 세 시기의 유적이 모두 발견되어서 남흉노의 시기적인 변천을 극명하게 보여준다.[55]

서구반의 전국시대 유적에서는 금관과 함께 화려한 금장식이 다수 출토되었다. 서구반 유적

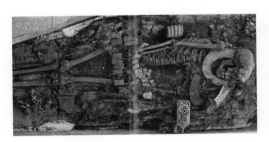

감숙 장가천 마가원 묘실 내부 사진

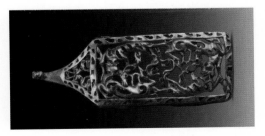

감숙 장가원 마가원16호묘 금대구

54) 甘肅省文物考古硏究所 編, 『西戎遺珍』, 文物出版社, 2014, 110쪽; 祁小山, 王博, 『絲綢之路·新疆古代文化』, 新疆人民出版社, 2008, 30쪽, 도5.

55) 강인욱, 「匈奴遺蹟출토 銘文자료에 대한 일고찰」, 『韓國上古史學報』, 第75號, 한국상고사학회, 2012,

감숙 장가천 마가원묘 마차 장식 금은박편

감숙 장가천 마가원 은배

에서 가장 이른 것은 3호 묘로 기원전 5세기 이전의 모경구 문화에 속하는 것이다. 다음 단계인 1, 2호묘는 기원전 4세기 이며, 4~12호묘는 기원전 1세기 중반~기원후 1세기 전반으로 대체로 북흉노의 고분들과 비슷한 연대에 속하는 것이다. 유물로 보아 전국시대 말기로 편년되는 서구반西溝畔 2호 고분(기원전 4-3세기)에서는 금제 관식冠飾, 대식帶飾, 칼집, 동물장식 장방형 판식板飾이 발견되었다. 금제 관식은 금옥마노 장신구로서 서방의 영향을 받은 누금 세공기법이나 타출기법을 사용하였다. 동물장식은 쌍수문雙獸文, 와록문臥鹿文, 쌍마문雙馬文, 괴수문怪獸文 등 다양하다.[56]

잘 알려진 동물장식 장방형 판식 두 점(길이 13㎝, 너비 10㎝)은 호랑이와 멧돼지가 서로 뒷다리를 무는 동물투쟁 형태이다. 금장식 뒷면에는 '일근이량십주소반一斤二兩十朱少半', '고사돈호삼故寺豚虎三' 등의 명문이 있다. 이 유물은 이러한 장식품을 중국의 수공업자가 흉노인을 위해서 제작했거나 흉노사회에서 중국계의 장인이 제작했던 것으로 보인다. 새겨진 글씨체로 보아 진~한대晉~漢代에 만든 것이다.

189~219쪽; 강인욱,「기원전 4~서기 1세기의 고고학자료로 본 흉노와 동아시아」,『中央아시아硏究』 15, 중앙아시아학회, 2010, 1~27쪽.

56) 강인욱,「기원전 4~서기 1세기의 고고학자료로 본 흉노와 동아시아」,『中央아시아硏究』 15, 중앙아시아학회, 2010, 1~27쪽; 강인욱,「匈奴遺蹟출토 銘文자료에 대한 일고찰」,『韓國上古史學報』 75, 한국상고사학회, 2012, 189~219쪽.

전국시대戰國時代 만기晩期로 편년되는 호로사태 3기의 묘에서 나온 새모양 검파두의 동검(안테나식 동검), 곡괭이형 동부, 입록동패立鹿銅牌 등도 유목민의 특성을 반영한다.[57]

금관으로 유명한 아로시등 유적에서는 2기의 묘에서 총 중량이 4kg에 달하는 금제유물 218건과 은제 유물들이 출토되었다. 한편 무기나 마구는 전혀 출토되지 않았다. 동물장식품으로는 서구반 출토품과 유사한 동물투쟁문으로 호랑이가 소를 문 장방형 동물장식 판식과 보석을 감입한 긴 뿔 사슴 장식판이 있다.

서구반 금제 관식과 동물장식

아로시등 출토 금관은 정수리 부분 덮개와 그 위에 내려 앉은 형태의 독수리와 머리띠의 세 부분으로 구성되었다. 정수리 부분 덮개는 중앙에 독수리가 날개를 펴고 앉아있는 형상이 장식되었는데 머리와 목 부분은 옥으로 만들고 몸은 얇은 금판으로 만들었다. 정수리 덮개는 네 마리의 긴 뿔이 달린 양이 대칭으로 마주보는 형상으로 앞뒤로 장식되었다. 두 줄로 구성된 관대 가운데 윗단은 관의 전면부에만 둘렸다. 관대의 앞뒤는 꼬인 줄무늬로 장식되었고, 관대의 양 옆은 마주 보고 웅크리고 앉은 호랑이, 사슴, 긴뿔양으로 장식되었다. 추상화된 동물 문

서구반 동물장식 장방형 판식

양으로 관대가 장식된 점은 신강이나 내몽고 지역에서 발견되는 유사한 동물 장식품들과 그 양식이 같다. 머리 정수리 부분에 장식이 따로 달린 점과 날개를 편 독수리를 위에 세운 점이 독특한데 아마도 직물로 만든 흉노 지배자의 권위를 나타내는 관식으로 사용되었을 것이다. 스키타이, 파지릭, 노인울라 미술의 독수리 형상이 포함된 그리핀이 금관으로 조형화된 것이며, 관의 머리띠는 동물투쟁문으로 구성되어 아케메네스 미술에서 연원을 찾을 수 있다. 섬서 신목 출토

---

57) 강인욱,「匈奴遺蹟출토 銘文자료에 대한 일고찰」,『韓國上古史學報』75, 한국상고사학회, 2012, 189~219쪽.

내몽고 아로시등 금관

아로시등 동물장식 판식과 보석감입 사슴 장식판

긴 뿔 사슴 장식품도 어딘가에 부착할 수 있도록 평평하게 만들어진 하단부를 보면 유사한 형태로 흉노 지배자의 관식으로 사용되었을 것이다. 몽골의 돌궐시대 퀼 테긴과 빌게 카간의 제사유적지인 호쇼 차이담에서 나온 은제 사슴 장식은 사슴의 네 다리 위로 날개를 금색 선으로 표현하고 긴 뿔을 금색으로 도금한 사실적인 형상의 사슴 조각으로 섬서 신목의 사슴상과 같은 맥락에서 사슴이 가진 유목 군주의 권위와 제의적 상징성이 돌궐에 의해 계승되어 만들어진 사례로 생각된다.

아로시등 금관과 같이 두 날개를 벌리고 선새 모양의 내몽고 출토 금보요관식(북조, 내몽고 통료시通遼市 과좌후기科左後旗 합랍조소哈拉鳥蘇에서 수집, 과이심科尔沁박물관)은 머리를 곧게 세우고 날개에 보요 장식을 달았으며 몸체에 점열문으로 깃털을 표현하였다. 사슴, 새와 같은 동물을 이용한 관식은 북방문화권대에 애용되던 형태로 보인다.[58]

신라 금관의 외래 연원으로 언급되는 사르마티아의 금관에 보이는 입식 장식은 기원후 1세기경 흑해 북안에서 나온 수목과 사슴을 결합한 형태이며, 아프가니스탄의 틸리야 테페 6호묘 출토 금관(기원후 1세기 후반)도 나무 형태의 입식 장식과 꽃과 나뭇잎 형태의 수많은 영락으로 구성되었으며 얇은 금판을 사용하여 제작한 것이다. 이러한 수목 또는 식물문 형식의 금관의 연원은 마케도니아, 이탈리아 남부, 소아시아, 흑해 북안에서 기원전 4세기에 특히 유행한 장의용 공헌물이다. 유사한 수목형 금관의 사례를 보면 메트로폴리탄 박물관 소장 올리브 나무

58) 강인욱, 「기원전 4~서기 1세기의 고고학자료로 본 흉노와 동아시아」, 『中央아시아硏究』 15, 중앙아시아학회, 2010, 1~27쪽; 강인욱, 「匈奴遺蹟출토 銘文자료에 대한 일고찰」, 『韓國上古史學報』 75, 한국상고사학회, 2012, 189~219쪽.

잎 모양의 금관(그리스, 기원전 4세기)이 있는데 장의용 금관이다. 고대 그리스에서 이러한 금관은 축제나 경쟁의 상품, 또는 성소에서 공헌물로 사용되었으며 남녀 모두 착용하였다. 에르미타주 박물관 소장의 금관(그리스, 기원전 약 320~300년)은 흑해 북안의 크리미아 지역의 자네스카야 고라의 고분에서 출토되었으며, 기원전 4세기경 지중해 지역 고분들에서 발견되는 금관 형식이다. 이러한 장의용 금관은 이탈리아의 에트루스칸 고분(기원전 4-3세기)에서도 출토되었는데 얇은 금판으로 꽃과 잎을 비교적 단순하게 형상화하였다. 마지막으로 기원전 4세기경 트라키아(현재의 불가리아, 그리스 북부, 루마니아)왕국의 묘에서 발견된 식물문 장식 황금관도 유사한 형태이다.

섬서 신목 사슴 장식품

이러한 식물형 금관 형식은 나중에 내몽고에서 나온 한 대의 식물문 장식 황금관(내몽고 호화호특에서 수집, 내몽고 박물관)에서도 보이며 북연의 풍소불묘에서 보이는 보요관으로 이어지는 것으로 생각되며, 이러한 유물들의 출토 지점을 연결하면 북방기류를 통한 금관 형식의 전파경로를 추정할 수 있다.

호쇼 차이담 은제 사슴(몽골 국립박물관)

모경구 문화는 다양한 금제장식과 청동무기의 소멸 등으로 대표된다. 이중에서 옥륭태묘玉隆太墓에서 출토된 와록문臥鹿文, 직립양식直立羊飾, 직립마식直立馬飾 등은 초원 미술의 전형적인 특징이다. 대체로 전국시대 말기인 기원전 4세기에 해당된다.[59]

내몽고 오르도스에서 수집된 동물장식 대식帶飾(주체 길

내몽고 통요시 수집 새모양 금보요관식

59) 강인욱, 「기원전 4~서기 1세기의 고고학자료로 본 흉노와 동아시아」, 『中央아시아研究』 15, 중앙아시아학회, 2010, 1~27쪽.

그리스 금관(기원전 4세기, 메트로폴리탄 박물관)

그리스 금관
(기원전 약 320–300년, 흑해 북안 크리미아 지역 자네스
카야고라 고분 출토, 에르미타주 박물관)

에투르스칸 고분 장의용 금관(기원전 4~3세기)

내몽고 호화호특 수집 한대 황금관

이 11.7㎝, 너비 7㎝)은 와양형卧羊形 금대식金帶飾으로 양두羊頭를 환조로 표현하였는데 페르시아와 사르마트 미술에서 볼 수 있는 동물의 두상 조각과 유사하다.[60]

　서한대西漢代에는 흉노계의 묘에 동물장식의 수가 적어지고 동물장식에서도 단순한 맹수의 사냥장면에서 탈피해서 산, 숲 등의 배경에 사냥, 씨름 등 다양한 주제가 등장한다. 반면 동한대東漢代에는 토광묘土壙墓에서 탈피해서 전실묘塼室墓도 사용되며 기본적인 유물의 특징은 상당히 중원화中原化된다. 그리고 이 시기의 가장 큰 특징으로는 오르도스 지역 뿐 아니라 청해, 감숙, 영하寧夏지구 등 중국 북방의 여러 지역에서도 흉노계의 묘가 발견된다는 점이다.[61]

---

60) Joan Aruz, Ann Farkas, Andei Alekseev, and Elena Korolkova, *The Golden Deer of Eurasia*, Metropolitan Museum of Art, p.158.
61) 강인욱,「匈奴遺蹟출토 銘文자료에 대한 일고찰」,『韓國上古史學報』75, 한국상고사학회, 2012, 189~219쪽.

동한대 대표적인 흉노고분인 객성장客省莊 140
호묘는 중원묘제를 채택한 사례이다. 장안長安의
중원묘지 중에 발굴되었으나 씨름 장식 대구帶鉤
와 동식銅飾으로 인해 흉노묘로 여겨진다. 흉노인
묘주가 중국에 사신으로 방문했다가 사망하여 중
국인의 묘지에 묻히게 된 것으로 추정하고 있다.[62]

이상에서 살펴본 오르도스 지역 일대 유적에서
는 기존의 모경구 문화에서 기원전 4세기에 중앙아
시아(구체적으로 사카문화)와 남부 시베리아에서
유입된 문화요소가 추가되었다. 뿔이 강조된 괴수
형 동물장식이나 새의 부리처럼 생긴 사슴의 도안
들은 파지릭 문화에서 보이는 것들이다(표 1). 한대
에 들어서면서 한-흉노간에 적극적인 교역을 했다
는 것은 문헌에서 확인된다.[63] 이러한 동물문양은
흉노 미술의 특징인 동시에 아케메네스, 스키타이,
파지릭 문화에서 애용하던 동물문양이다.

내몽고 오르도스 와양형 금대식

아케메네스왕조 금제용기(기원전 5-4세기)

섬서객성장 140호묘 씨름문 대구

62) 강인욱, 「匈奴遺蹟출토 銘文자료에 대한 일고찰」, 『韓國上古史學報』 75, 한국상고사학회, 2012, 189~219쪽.
63) 강인욱, 「기원전 4~서기 1세기의 고고학자료로 본 흉노와 동아시아」, 『中央아시아硏究』 15. 중앙아시아학
회, 2010, 1~27쪽; 강인욱, 「匈奴遺蹟출토 銘文자료에 대한 일고찰」, 『韓國上古史學報』 第75號, 한국상고사
학회, 2012, 189~219쪽. 內蒙古文物工作隊, 田廣金, 郭素新, 『鄂爾多斯式靑銅器』, 文物出版社, 1986; 국립
문화재연구소 편, 「伊克昭盟 西溝畔 遺蹟」, 『고고학사전』, 2001.

표 1 | 내몽고 지역 흉노 유적 출토 유물

지역	유적명	시기	종류	내용
내몽고	서구반(西溝畔)	기원전 4세기~3세기	금속공예품	2호묘: 금제 관식(冠飾), 대식(帶飾), 칼집(劍鞘), 동물장식 장방형 판식(板飾牌)(동물투쟁)
	호로사태(呼魯斯太)	전국시대 만기	금속공예품	새모양 검파두의 동검(안테나식 동검), 곡괭이형 동부, 입록동패(立鹿銅牌)
	아로시등(阿魯柴登)	전국시대	금속공예품	금제유물 218건과 은제 유물, 금관(金冠), 독수리의 형상과 양을 물고 있는 이리의 모습), 호랑이, 양, 새모양의 금장식
	옥륭태(玉隆太)	전국시대 말기(기원전 4세기)~한초	금속공예품	와록문(臥鹿文), 직립양식(直立羊飾), 직립마식(直立馬飾)

최고위 계층이 사용 가능한 금제 장신구들이 중국 북방에서 대거 발견된다는 점은 기원전 7~4세기 이 지역의 모경구 문화(오르도스 고원지역), 옥황묘 문화(북경 이북 연산산맥 일대), 양낭 문화(영하 회족자치주 및 감숙성 일대) 들과 다르다.

반면 기원전 4세기의 아로시등, 서구반 등의 유적은 유물 뿐 아니라 모경구와 같은 정착의 증거는 거의 확인되지 않았다. 이로 볼 때 기원전 4세기에 급격한 흉노의 유목사회통합이 진행되었고 남쪽의 오르도스 지역으로 진출해서 중국과 접경했음을 의미한다. 이러한 4세기의 변화는 역사기록에도 보인다.[64]

춘추만기에서 전국시대인 기원전 6세기에서 기원전 3세기 이래로 흉노족은 중국과 접촉하면서 내몽고의 오르도스를 중심으로 활동하였다. 조기 북방청동기시대의 오르도스는 중원문화와 초원문화가 혼재된다. 흉노의 청동미술품은 원형 동물조각과 교구, 장식판裝飾牌 등에 표현된 부조의 동물문양으로 구성된다. 동물들은 사슴을 비롯하여 양, 영양, 말 등이다. 사슴이 가장 많다.

흉노시대 동물문교구는 테두리 안에 동물, 인물 등 초원유목생활을 묘사하는 것이 특징이다. 기원전 4세기~서기 1세기 중국 북방과 몽골을 중심으로 활동한 흉노의 유적에서 동물장식 모티프를 묘사한 허리띠 버클인 동물문교구動物文鉸具는 다섯 단계로 전개를 살펴볼 수 있다. 흉노 이전-스키타이 문화의 동물문교구(기원전 5-4세기)는 러시아 표트르 1세 시베리아 콜렉션의 금

---

64) 흉노는 기원전 4세기부터 중국 북방의 각 지역을 정복하고 관할지역에는 동호왕, 정령왕 등을 두고 통치해서 모둔선우의 시기부터 흉노는 이미 단일민이 아니었으며, 주변의 여러 민을 통합한 것으로 나와 있다. 강인욱, 「기원전 4~서기 1세기의 고고학자료로 본 흉노와 동아시아」, 『中央아시아研究』 15, 중앙아시아학회, 2010, 1~27쪽, 강인욱, 「중국(中國) 오르도스(顎爾多斯) 청동기(靑銅器)의 개념(槪念)과 초기연구(初期研究)에 대한 검토(檢討) : 골동학(骨董學)에서 신중국(新中國) 성립이전(成立以前)까지」, 『중국사연구』 48, 중국사학회, 1997, 312~348쪽.

제교구가 있다. 1단계는 최상위 계층의 위세품으로 채용되었으며(기원전 4~3세기) 알타이, 북중국의 최상위급 무덤을 중심으로 금제 띠고리를 비롯한 장신구 사용이 특징적으로 나타나는 시기이다. 중국 초원지역의 기원전 4~2세기대 호로사태, 옥륭태, 아로시등, 서구반 유적 등이다. 기원전 4~3세기 초원계문화의 확산은 감숙성 마가원 유적에서 확인된다. 중원식 마차, 각종 금은제 장신구들로 보아 중국학자들은 서융문화 유적으로 본다. 금제 장신구는 사카문화 계통으로 스키타이 사카문화가 중국 북부 초대형급 무덤에서 부장되었음을 보여준다. 아로시등과 서구반 2호묘는 흉노의 1단계의 동물문교구 부장의 대표사례이다. 금관, 금제 동물문교구, 금제 장신구 등이 공반되었다. 2단계는 기원전 3~2세기로서 흉노식 동물문교구의 발전기로서 객성장 140호묘가 대표이다. 한인漢人의 고분군에서 유일하게 동물문교구와 흉노 토기 등 흉노의 특징이 보여 중국으로 온 흉노의 사신의 무덤으로 추정한다. 청동제 장방형 교구가 씨름하는 장면을 묘사하고 있다. 3단계는 흉노식 동물문교구의 유행 및 다양화 시기로 기원전 1세기 중엽-서기 1세기 이전이다. 흉노 분열 이후에는 흉노식 동물문 교구가 소멸되면서 주변 지역으로 확산되는데 서기 1세기 이후이다. 선비와 부여의 유적에서 도금신수청동식패鍍金神獸靑銅飾牌(한대, 1980년 길림 유수榆樹 노하심老河深 출토)가 나온다. 반타원형 혹은 장방형의 평면에 유익마가 묘사되었다. 선비 계통의 청동제교구(찰뢰락이 유적 출토)에서도 2~3마리의 사슴이 도식화되어 묘사되어, 선비의 동물문교구가 스키타이 문화와 흉노식 동물문교구의 전통을 이어받은 것으로 볼 수 있다.[65]

길림 유수 노하심 출토 도금신수청동식패

이러한 동물문양은 본래 서쪽의 스키타이의 '동물양식미술'로부터 기본형을 이어받아 그것을 발판으로 독특한 양식을 개발한 것이다. 동물주제에 다수 등장하는 사슴은 스키타이족의 별칭인 사카가 사슴의 뜻이기 때문에 스키타이족의 원시토템으로 해석된다. 흉노관계 문헌에는 사슴에 관한 것은 보이지 않으므로 이 주제는 스키타이로부터의 차용임을 파악할 수 있다. 스키타이와 흉노의 동물 장식판을 통틀어 '유라시아 동물의장'이라고 부른다.

---

65) 한진성, 『匈奴 動物文鉸具 硏究』, 경희대학교 석사논문, 57~64쪽.

중앙아시아 지역 키르기스스탄과 중국 신강 위구르新疆維吾尔 자치구에서 발견된 전국-한대 묘는 서쪽으로 이동한 북흉노 세력의 유적으로 알려져 있다. 실크로드 남북로를 따라 발견되는 흉노계, 한계 유물들은 흉노의 서천 및 흉노가 서역으로 가는 교역로를 장악하고 있었던 사실을 잘 반영한다. 신강성의 실크로드 북로중요고적北路重要古迹은 고창고성高昌故城, 교하고성交河故城, 아랍구고묘阿拉溝古墓가 있다.

대표 유적으로는 신강성 교하고성交河古城(야르호토) 구서溝西묘 유적이 있다.[66] 야르호토 구서고분군 출토유물로는 채도계통의 토기류를 비롯하여 금, 철기 등이 주를 이루는데 특히 황금 유물들은 스키토-시베리아 유형 및 중앙아시아 사키 문화와의 교류를 보여주는 중요한 유물로 생각된다.

야르호토 사자교록문 머리띠

야르호토 유적의 금제 유물 중 금제 사자교록문獅子咬鹿紋 머리띠頸飾(구서수혈묘溝西竪穴墓 출토, 둘레길이 27㎝, 넓이 1.9~4.1㎝, 서한)는 5단의 동물문 장식이 있다 사자류의 맹수가 사슴의 뒤꽁무니를 물고 있는 형상이다.[67] 다른 금제 유물로서 매와 호랑이가 다투는 형상의 금제 장식품(구북묘지溝北墓地 출토, 8.4×5.7㎝, 서한)이 있다. 매의 깃털과 날개, 호랑이의 몸체를 세선으로 묘사하여 스키타이·흉노계통의 동물 문양의 특징을 보여준다.[68]

금제 유물 외에 토기는 주로 수제로, 표면은 마연한 홍도계통으로 중국 영향이 아닌 토착적인 것이다. 한경과 오수전五銖錢으로 볼 때 유적의 연대는 기원전 1세기대로 추정된다. 이러한

66) 투르판의 고성에 대해서는 임영애 외,『동양미술사(하권, 중앙아시아)』, 미진사, 2007, 336쪽. 야르호토 고분에 대해서는 강인욱,『북흉노(北匈奴)의 서진(西進)과 신강성의 흉노시기 유적』,『中央아시아硏究』 13, 중앙아시아학회, 2008, 143~171쪽. 차사국 시기의 묘 200기, 당대 묘지는 1500여기가 확인된다. 봉분의 흔적은 없으며 상당수 묘가 이미 도굴된 상태이다. 묘의 크기는 대체로 넓이 1.5~3m에 폭 40~1.5m 정도의 장방형의 토광이다. 강인욱,『북흉노(北匈奴)의 서진(西進)과 신강성의 흉노시기 유적』,『中央아시아硏究』 13, 중앙아시아학회, 2008, 146~148쪽.
67) 祁小山, 王博,『絲綢之路·新疆古代文化』, 新疆人民出版社, 2008, 129쪽, 도9.
68) 祁小山, 王博,『絲綢之路·新疆古代文化』, 新疆人民出版社, 2008, 128쪽, 도4.

금제 경식은 주로 흑해연안에서 발견되는 것이다. 머리에 금관 대신 금관대를 한 것은 시베리아 샤만 및 한국 신라의 금관과 다른 전통이다. 오르도스 후기 청동기 문화의 유적인 아로시등 출토 금관과 제작방법이나 동물 문양에서 매우 유사하다. 야르호토의 금제 경식은 야르호토 문화의 서쪽에 분포하는 사키 문화가 유입된 증거로 볼 수 있으며, 나아가서 오르도스 청동기의 후기 단계(기원전 4~3세기)에 오르도스 지역에서 널리 사용되는 금제 유물의 기원을 밝히는 중요한 자료이다. 야르호토와 비슷한 유적은 투르판 애정호艾丁湖 고분을 비롯하여 투르판 분지에서 주로 발견된다. 기원전 2세기~서기 1세기대 이 지역은 중국사서에 차사국으로 기록되었는데 차사문화라고도 한다.[69]

　　신강성의 아랍구阿拉溝 유적은 우르무치-투르판-화정和靜 사이의 천산산맥 중간에 위치한다.[70] 묘군은 동북-서남 방향으로 약 10여 미터 간격으로 일렬로 배치되었으며, 1976-77년에 4기가, 그리고 1976년 이래 85기 묘장이 발굴되었다. 아랍구는 신강성 내에 존재한 파지릭 문화를 대표한다. 투르판 분지에 위치한 아랍구는 목곽묘의 구조, 다양한 짐승이 새겨진 금박장식, 중국계 칠기 등 기본적으로 파지릭 문화의 중·후반기에 해당하는 문화상과 일치한다. 이외에 여러 쿠르간의 수습유물로 미루어볼 때 파지릭계의 문화가 존재했던 것으로 보인다.

---

69) 강인욱, 『북흉노(北匈奴)의 서진(西進)과 신강성의 흉노시기 유적』, 『中央아시아硏究』 13, 중앙아시아학회, 2008, 146~148쪽.

70) 新疆 烏魯木齊市의 阿拉溝古墓는 1976년 이래 85기 묘장이 발굴되었다. 전국 – 서한시기의 묘장으로 車師國 경내 중요묘지였다. 전국 – 서한시기의 阿拉溝金飾은 종이와 같이 얇고 가벼운 金銀飾片으로서 형태는 사자형, 방패형, 육각형, 능화형 등이 있으며, 장식문양으로는 호랑이, 사자, 獸面, 花瓣 등이 있고, 모두 압축성형으로 제작한 것이다. 대표적 장식품으로는 사형금패식(獅形金牌飾, 아랍구 30호묘 출토 길이 20㎝, 너비 11㎝), 호문원금패(虎紋圓金牌, 아랍구 30호묘, 직경 5.5~6㎝), 대호문금박대(對虎紋金箔帶, 아랍구 30호묘, 높이 20.5㎝, 너비 3.5㎝), 방좌승수동반(方座承獸銅盤, 祭器, 아랍구 20호묘 출토, 전체 높이 32㎝, 반의 둘레길이 29.5㎝)이 있다. 祁小山, 王博, 『絲綢之路·新疆古代文化』, 新疆人民出版社, 2008, 130~131쪽; 姜伯勤, 『中國祆敎藝術史硏究』, 三聯書店, 2004.
아랍구 유적은 적석목곽분을 쓰고 전반적인 문화상이 남부 시베리아 알타이지역의 파지릭문화와 매우 유사하다. 아랍구 고묘는 대형의 유적 규모, 신강성 발견 수혈목곽묘 중 드문 귀틀구조, 금제품 다량 부장, 중국계 영향인 칠기와 명기 목차편이 나온 점이 기원전후 시기 낙랑의 귀틀묘 및 노인울라 고분군과 유사하다. 낙랑, 노인울라, 아랍구 고분은 깊은 묘광, 봉분, 칠기, 화려한 금제품, 목곽의 구조, 상한이 기원전후인 점에서 일련의 공통점이 보인다. 아랍구 묘는 유물 상 파지릭문화와 유사, 묘의 외부구조는 몽골의 흉노묘와 유사하다. 강인욱, 『북흉노(北匈奴)의 서진(西進)과 신강성의 흉노시기 유적』, 『中央아시아硏究』 13, 중앙아시아학회, 2008, 146~148쪽.

발굴된 묘 중에 가장 대형인 30호 묘의 경우 외형구조는 18호묘와 유사하지만 묘실은 6.56m ×4.22m×7.1m 로 목곽이라기보다는 귀틀(목실)묘에 가까운 대형이다. 관 바닥은 목판으로 짜고 관개棺蓋도 확인된다. 목실 내에서는 목관의 흔적이 확인된다. 30호에서는 다양한 유물과 함께 인골이 출토되었다. 성인 여성의 것으로 두골 내에 천공穿孔이 되어 있었으며 두개골과 흉골 등에는 붉은 물감이 칠해져 있어 시신 처리 시 특수한 의식을 거쳤을 것으로 생각된다. 금제품으로는 총 8건이 출토된 호문원금패虎紋圓金牌(30호)가 있는데 스키타이 시베리아 유형의 동물 장식으로, 동전과 같은 형태에 원형으로 호랑이가 구부린 모습으로 장식되었다. 뒷면에 목탄 흔적으로 보아 뒤에 목판을 댄 것으로 보인다.

4건이 출토된 맹수교합문금대猛獸咬合紋金帶(30호)는 스키토-시베리아유형의 동물장식으로 양쪽에 맹수가 엎드리고 있으며 입은 약간 벌려 있고 호문원금패와 마찬가지로 뒤에 흑피흔黑皮痕이 있어 가죽 등에 부착한 듯하다.[71] 사형금박獅形金箔(30호)은 길이 20.5㎝로 맹수가 구부려서 도약하는 자세를 타출기법으로 표현하였다.[72] 앞발을 앞으로 뻗고 하체를 만곡하게 표현한 형태는 스키토-시베리아유형의 후기 유물에서 널리 보인다. 아랍구의 사형 금박은 감숙 장가천 마가원 묘지에서 나온 마차 장식으로 사용된 금은박의 동물형과 제작 기법이나 형태가 유사하여 신강과 감숙 사이의 스키타이계 동물장식의 전파로를 연결시킬 수 있는 유물이다. 이외에 육각형 금화식편六角形金花飾片(19호묘, 6건), 능화형 금식편菱花形金飾片(30호묘, 3편)이 나왔다.

신강 아랍구 맹수교합문금대

아랍구 사형금박

은제장식은 상대적으로 양이 적은데 모두 30호묘의 감실에서 출토되었으며, 모두 짐승머리형 장식이다. 청동기로는 방좌승수동반方座承獸銅盤(30호묘, 아랍구 20호

71) 祁小山, 王博, 『絲綢之路·新疆古代文化』, 新疆人民出版社, 2008, 130쪽, 도4.
72) 祁小山, 王博, 『絲綢之路·新疆古代文化』, 新疆人民出版社, 2008, 130쪽, 도2.

묘 출토, 전체 높이 32㎝, 둘레길이 29.5㎝)이 출토되었
다.[73] 나팔형의 기대 위에 방형의 반을 설치하였고 반 위
에 저립한 맹수 두 마리를 부착하였다. 기대와 반, 그리
고 짐승의 세 부분을 따로 주조 후 접합하였다. 비슷한
유물이 인접 카자흐스탄 지역에서 흔히 발견된다. 감숙
평량 출토 승수 동반(위진시대, 청동 높이 25㎝, 평량 박
물관)에도 세 마리의 쌍봉낙타가 그릇의 테두리를 따라
행렬하는 형상을 볼 수 있다. 초원지대 동복을 연상시키
는 네 개의 다리가 있으며 긴 받침대 하단에는 세 부분

아랍구 방좌승수동반

이 투조된 원형 족좌가 있다. 감숙 출토 승수동반은 조로아스터교의 상징성을 가진 것으로 페
르시아 미술의 영향을 볼 수 있는 사례이다.[74] 내몽고 적봉시 영성현寧城縣 소흑석구小黑石溝 출
토 입수구청동두立獸口靑銅豆(영성현박물관)도 원형의 반 가장자리를 따라 나선형의 무늬를 상
체에 새긴 동물들이 줄지어 행렬하고 있어 유사한
기형이 내몽고까지 넓게 발견되는 예이다.

신강 신원현新源縣 어당고묘漁塘古墓에서도 스키타
이인의 제사 유물들이 출토되었다. 1993년 여름 묘
장에서 발견된 정미한 청동기들 가운데 대익수동환
對翼獸銅環, 대호수동환對虎首銅環, 삼족동복三足銅鍑,
동무사인상銅武士人像, 동무사반신상銅武士半身像, 쌍
웅고족동방반雙熊高足銅方盤, 인양문고족원동반人羊
紋高足圓銅盤 등 전형적인 스키타이인의 제사문물이
나왔고 연대는 전국시대이다. 무사상은 끝이 뾰족
한 높은 모자를 쓰고 무릎을 꿇고 앉은 상이며, 다른

내몽고 적봉시 영성현 소흑석구 출토 입수구청동두

73) 祁小山, 王博, 『絲綢之路·新疆古代文化』, 新疆人民出版社, 2008, 131쪽, 도6.
74) 祁小山, 王博, 『絲綢之路·新疆古代文化』, 新疆人民出版社, 2008, pp.130-131; 姜伯勤, 『中國祆教藝術史
　　研究』, 三聯書店, 2004; Annette L. Juliano and Judith A. Lerner, *Monks and Merchants: Silk Road Treasures from
　　Northwest China*, Harry N. Abrams, 2001, 도 13, pp.72-73.

무사상은 유사한 모자에 두 손을 앞으로 뻗고 있어 마차를 모는 인물처럼 묘사되었다. 대익수 동환은 두 마리의 유익수의 상반신이 입체로 장식되어 아케메네스조 페르시아의 금제장식품을 연상케한다. 쌍웅고족동방반은 두 마리의 곰이 반의 양쪽 모서리에 마주 보는 형태이다. 인양문 고족원동반은 반의 테두리에 양이 일렬로 걸어가고 반의 안에는 한 명의 인물이 서 있다.[75]

이상에서 살펴본 바와 같이 스키타이와 흉노의 북방지역을 통하여 전파된 동물 투쟁도와 행렬도 형식은 흑해 연안에서부터 시베리아, 신강, 감숙, 내몽고까지 폭넓게 연결되는 문화교류로를 따라서 다양하게 발현되었다. 이러한 북방기류를 통한 유사한 문화권대의 형성은 고구려가 벽화문화를 발달시키는데 중요한 외래 문화 요소들을 낳은 배경이라고 하겠다.

흉노의 동물문 장식품은 선비족의 사슴문 장식판과 보요 장식과 같은 이른 시기의 장식품들에 영향을 미쳤다. 선비의 동물문 장식품은 스키타이·흉노계의 장식품의 전통을 잇거나 유사한 문양과 기법을 보여주는 것들로, 주로 내몽고, 요녕 지역의 흉노, 선비, 동호 관련 묘에서 출토되었다.[76]

선비의 장식품이 중요한 이유는 스키타이, 사르마트, 흉노와 고구려 사이의 연결고리로서 이들의 장식품에 흉노의 미술이 영향을 미치고 그것이 고구려로 연결되므로 이들 장식품들의 분포와 특징을 통하여 북방초원문화의 또 하나의 연결고리를 찾을 수 있다. 또한 모용, 탁발 선비 등이 세운 위진북조 나라들에 의해서 유라시아문화의 교류가 꾸준히 이루어진 것을 확인할 수 있으며 이러한 북방문화권대를 통하여 고구려가 유라시아문화를 받아들이는 통로가 되었을 것이다.

흉노의 서천과 남천이 중국의 북방지역과 서아시아, 중앙아시아에 유라시아문화 교류를 촉진하게 되고 북방기류의 루트를 만들게 되는데, 위진북조시대에 와서는 흉노와 더불어 선비가 이러한 북방기류의 흐름에 일정 역할을 하게 된다. 동한이 남흉노와 함께 북흉노에 대한 공격을 감행하여 북흉노가 서천하게 되면서 선비가 막북지역을 점거하고 막북에 잔류하던 흉노 십여만 락落이 선비로 들어와서 이때부터 선비가 강성해지게 된다. 환제시기 선비 수령 단석괴가 선비 각부를 통솔하고 흉노 고지로 점거해 들어간다. 이 천사遷徙 과정에서 선비와 기타 민의

---

75) 祁小山, 王博, 『絲綢之路·新疆古代文化』, 新疆人民出版社, 2008, 254-255쪽.
76) 한진성, 『흉노 동물문교구 연구』, 경희대학교 석사학위논문, 2015.

융합이 일어나고, 양산陽山 이북에서 선비와 철륵鐵勒 혼합의 복걸伏乞선비가 출현한다. 철륵 부족 가운데 하나인 복고僕固(복골僕骨)의 수령이 7세기에 몽골 중부에 세운 복고을돌묘와 인접한 울란 헤렘 벽화묘는 스키타이·흉노의 북방기류권대가 수당대까지 연결 확장되어 이루어진 국제적 문화교류상을 잘 반영한다.

동물문 장식예술은 초원예술의 근본 조형 가운데 하나로 분포 범위가 광범위하여 중국 북방 초원지대와 몽골, 남시베리아, 알타이 흑해연안까지 성행하였다. 스키타이·흉노의 동물문의 대표적 예인 사슴문은 위진북조시대에도 선비의 장식품에 자주 사용되는데 "선비鮮卑"는 선비어로 사슴의 의미를 갖고 있다. 선비의 사슴문 장식품은 사슴 또는 사슴뿔 형상으로 요녕 북표北票 라마동喇嘛洞에서 출토된 사슴형 장식판, 사슴머리형 장식판, 선비인의 금보요金步搖에서 보이는 사슴머리 장식판 등을 들 수 있다. 1981년 내몽고內蒙古 오맹달무기烏盟達茂旗 출토 우두녹각형금보요牛头鹿角形金步搖(길이 19.4㎝, 무게 87.37g, 중국국가박물관)는 소의 머리에서 녹각장식이 보요 형태로 자란 모습으로 보이는데 사슴뿔과 소의 머리, 보요가 결합되어 사실적인 사슴이 신화적인 뿔과 결합된 흉노계의 섬서陝西 신목현神木縣 납림고토촌納林高兎村 출토 사슴문 장식품과 비교된다. 소의 머리가 감입기법으로 장식되어 유라시아계 요소가 더해졌다.

유사한 녹두형鹿頭形 금보요관이 내몽고 포두시 달무기達茂旗 서하자西河子에서 출토되었다(내몽고박물원 소장, 북위). 사슴 머리는 누금기법과 감입기법으로 장식성을 높이고 뿔이 나무의 가지처럼 뻗어나가 끝에 나뭇잎을 달았다. 녹형 괴금수鹿形怪金獸로서 원조圓雕, 투조透雕, 부조浮雕의 세 가지 조각 형식으로 만들었다. 사슴의 형상이 과장된 녹각을 가지고 있다.

선비의 사슴문 금은장식판은 동한 중만기에 집중되는데 선비가 동한중후기에 흥성한 역사 사실과 부합된다. 선비의 사슴문금은장식판은 초기 선비 역사의 중요 증거로서 주요 출토지역인 내몽고 동부는 탁발선비의 주요활동지였으며, 요녕 서부는 모용선비의 주요활동지이다. 요녕과 내몽고 발견 삼록문 장식판은 문양 내용상 기본적으로 일치한다. 그러나 세부에서 차이점도 존재하는데, 요서지역 출토 삼록문 장식판 제작공예는 도범요주陶范澆鑄를 많이 채용한다. 내몽고지역 출토의 장식판은 투조공예를 많이 사용한다. 모용선비와 탁발선비의 활동 지역이 다른 역사 사실과 부합한다.[77]

---

77) 요녕 조양 지역의 선비묘장은 대부분 모용선비에 속하고, 내몽고 烏蘭察布 등지에서 발견되는 선비묘장

내몽고 오맹달무기 출토 우두녹각형금보요

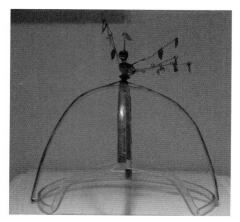

풍소불묘 금제관식

유라시아 대륙을 거쳐 전파된 금관의 사례는 늦게는 위진시대 요녕성 북표의 북연 풍소불묘
에서 출토된 금제관식이 있다. 좁고 얇은 금판 2장을 +자 모양으로 교차시키고 그 위에 잎사귀가
달린 6개의 가지를 꽂아 장식한 것이다. 앞쪽에는 금제 장식판을 부착하였는데 투각을 하고 누금
세공기법으로 장식한 후 가운데에 보석 2개를 감입한 것이다. 풍소불1호묘에서 나온 금제관식은
모용 선비 지역에서 유행한 일종의 보요步搖관이다.[78] 서북의 북량과 동북의 북연에서는 불교가

대부분은 탁발선비에 속한다. 모용선비와 탁발선비는 조기에는 서로 근접하는 특성을 어느 정도 가지고 있
다. 선비의 조기 사슴문 장식품에 대한 연구에서 보면 동호, 흉노, 선비가 각각 출현 시기와 지역, 그리고 일
부 특징에서 차이가 나지만 많은 공통점도 갖고 있음을 알 수 있다.
선비의 사슴문금은장식판에 대해서 동호와 흉노의 동물문장식판과 비교하면 동호는 주로 동북지구에서 출
토되며, 흉노는 북방초원지대, 선비 조기는 동북지구가 주를 이룬다. 동호의 사슴문 장식판은 西周에서 춘
추조기(春秋早期), 흉노는 전국에서 서한시기, 선비는 동한중만기가 주를 이룬다. 장식판의 재질은 동호는
청동이 주며, 흉노는 청동 위주이며 금이 그 다음, 선비는 금 위주이며 청동이 그 다음이다. 장식판의 특
징은 동호는 액자형태의 틀이 없으며 대칭성이 있다. 흉노는 固定模式이 없고 액자형 틀이 많다. 선비는 대
칭성과 평형성이 있다. 동물유형은 동호는 蛇紋, 鳥紋이 주를 이루고, 선비는 咬頭紋, 羊紋, 鹿紋이 주이다.
선비는 녹문이 주이며, 또한 "三鹿" 模式이 많다.
선비 動物飾牌는 동호와 흉노 장식판 예술의 특징을 이어받아 계승하였다. 선비는 동호의 일파로서 선비의
鹿紋金飾에도 동호와 흉노의 영향이 보인다. 선비 사슴문장식판과 금장식판은 흉노인이 금은기를 선호하
는 특징을 계승한 것이다. 張達, 『鮮卑鹿紋金飾牌初步研究』, 中央民族大學 석사학위논문, 2011, 32쪽

78) 선비의 보요관의 장식은 원래 葉片으로 다양한 용도로 장식에 사용되었다. 기원 1~3세기 파르티아 미술에
이미 출현하는데 이라크 하트라의 파르티아 왕자조각상이 그 예이다. 기원후 6~7세기의 이란 케르만샤 타
크이부스탄 석굴의 사산조 왕의 조각상, 그리고 중국 산서 태원 북제 누예묘 출토 陶騎俑에서도 그 예를 볼

유행하여 불상으로 관 위의 장식을 하였다. 이는 십육국시기 북방지구에서 발전한 불교 미술을 반영하며 불상과 날개달린 인물 도상이 같이 보여 불교와 도교가 공존한 현상을 볼 수 있다.

2. 서사적 주제의 표현

고구려 고분벽화와 스키타이 · 흉노 미술의 연관 관계를 고찰할 수 있는 스키타이와 흉노의 고분미술로는 각종 미술품을 장식하는 동물문양이 있으며, 또한 관·곽의 천장, 벽, 바닥에 설치되거나 안장깔개로 제작된 직물의 장식들이 있다. 후자의 경우 무덤 안에서의 벽화와 화상석의 역할을 대체하는 것으로 중국의 서주시대에도 무덤의 벽면을 둘러싼 적색의 휘장 장식이 이르게는 섬서성의 서주 고분에서 출토된 적이 있으며, 잘 알려진 호남 장사 마왕퇴 3호분에서도 관 벽에 걸린 백화의 출토 사례가 있다. 고구려 벽화고분에도 벽면에 정면 연화문 문양을 따라 못을 박은 자국이 일렬로 나있는 고분들이 있어 고분 안에 백화나 휘장의 설치 가능성이 있다.[79]

스키타이와 흉노의 고분을 장식한 직물은 기원전 5-3세기의 알타이의 파지릭 고분군과 기원전 1세기에서 기원후 1세기의 몽골의 노인울라 고분군에서 다수 출토되었다.[80] 몽골의 노인울라에서 발견된 흉노 귀족계층 고분군은 목곽 안에 금 · 은 · 철제 장식으로 화려하게 꾸민 목관을 놓았으며, 목곽 바닥에 카페트를 깔고 벽에 직물을 걸어서 장식하였다.

이들 직물의 제작에 대해서는 스키타이·흉노가 직접 제작하였거나, 외국에서 제작한 것을 수입한 경우, 또는 외국 미술의 영향을 받아 현지에서 제작한 경우 등으로 나눌 수 있다. 외래계의 경우 그리스-로마, 박트리아, 아케메네스, 파르티아 등 서방에서 가져왔거나 영향을 받은 직물과 중국에서 제작한 문자금文字錦들이 포함된다.

이야기식의 서사적 구성을 보여주는 직물과 금속공예품을 먼저 보면 헬레니즘의 영향을 주로 받은 스키타이 드네프르 시대의 체르톰리크 고분과 솔로하 고분 출토품이 있다. 체르톰리크 고분 출토 철검 검집 금박판과 검자루 가운데 철검과 철자루는 기원전 5세기 아케메네스 제품이며, 검집의 금박판은 흑해 북안의 고대 그리스 도시들에서 스키타이인들에게 팔 목적으로 제

수 있다. 孫機, 『中國聖火』, 遼寧教育出版社, 1996, 100쪽, 도10의 1, 2, 3, 4.

79) 朴雅林, 「고구려 벽화의 장식 문양과 錦帳의 표현」, 『고구려발해연구』 43, 고구려발해학회, 2012, 57~77쪽.

80) 정수일, 『실크로드 사전』, 창비, 2013, 824-825쪽.

작한 것으로 추정한다. 검자루는 전형적인 페르시아계 제품으로 페르세폴리스 궁전의 주두장식과 같은 두 마리의 대칭의 소 머리 장식, 페르시아식 옷을 입은 무장기사가 활로 영양을 추격하는 수렵도와 연화문양대가 새겨졌다.

체르톰리크 고분 출토 철검 검집 금박판

체르톰리크 검집의 금박판金箔板(길이 54.4㎝, 무게 61.19g, 그레코-스키타이 양식, 기원전 4세기)은 그리스와 페르시아 간의 생동감 넘치는 전투장면을 하나의 평면에 앉거나 선 11명의 인물의 다양한 동작으로 묘사하였다.[81] 청동 혹은 돌로 만든 모형 위에 두들겨서 무늬가 돌출된 얇은 이 금판은 원래 나무로 만든 검집의 바깥 면에 덧씌워진 것이다. 검집을 허리띠에 걸기 위한 구멍이 있는 부분을 보면 독수리머리와 사자의 몸통을 가진 그리핀이 길고 넓은 뿔을 가진 사슴의 머리를 공격하는 장면이 묘사되어 있다.

검집의 가로로 긴 좁은 장식 공간 안에 묘사된 화면에는 총 11명의 인물이 다양한 동작을 보이며 그리스와 페르시아 간의 치열한 전투장면을 보여주고 있다. 흑해 북안의 고대 그리스 도시들에서 스키타이인들에게 팔 목적으로 제작된 검집은 스키타이 동 시기의 나라들 간의 전투도를 생생하게 묘사하였다. 스키타이 금속 공예품의 전투장면에 보이는 내러티브적 구성은 아케메네스 비스툰 부조나 나크시에로스탐의 말 아래 쓰러진 로마 왕의 모습이나 비샤푸르의 사산의 부조 및 소그드의 벽화에 보이는 내러티브로 연결되는 회화적 구성의 묘미를 예시하고 있다. 그리핀과 사슴의 결합 모티프는 아케메네스 왕조의 부조와 파지릭 고분과 노인울라 고분의 모직물 장식에서 자주 출현한다.[82]

세 명의 스키타이 무사들의 전쟁 장면이 묘사된 솔로하 고분 출토 금제 빗(높이 12.6㎝, 폭 10.2㎝, 무게 294.1g, 그레코-스키타이, 기원전 5세기 말-4세기 초)도 흑해 북안의 그리스 식민지의 공방의 그리스 장인과 스키타이 귀족들의 주문에 의하여 나온 혼합된 양식을 잘 보여준다.[83]

81) 국립중앙박물관 편,『스키타이 황금』, 조선일보사, 1991, 127~129쪽.
82) 국립중앙박물관 편,『스키타이 황금』, 조선일보사, 1991, 128-129쪽.
83) 국립중앙박물관 편,『스키타이 황금』, 조선일보사, 1991, 104쪽, 114-117쪽; Joan Aruz, Ann Farkas, Andei Alekseev, and Elena Korolkova, *The Golden Deer of Eurasia*, Metropolitan Museum of Art, 도156, pp.218~223.

중앙의 기마인물이 긴 칼을 아래로 내리 찌르며 상대방을 공격하고 그가 탄 말이 바닥에 드러누운 상대방의 말을 밟고 있는 장면이 생동감 넘치게 묘사되었다. 세 명의 스키타이인의 얼굴, 복식, 무기가 세밀하게 묘사되었으며 무사들과 빗살 사이의 공간에는 페르시아 풍의 다섯 마리의 쭈그려 앉은 사자상像이 있다.

고대 그리스 계통에 속하는 금속부조품金屬浮彫品 중 가장 독특하고 예술적인 작품이다. 주제는 스키타이의 영웅 서사시敍事詩에서 나오는 사건인, 세 무사가 전투 중인 장면이다. 스키타이인의 옷차림, 무기와 외양은 정확하게 묘사되어 있다. 무사의 의복은 자수와 황금장식으로 꾸며진, 긴 소매의 상의와 길고 넓은 바지로 구성되었다. 기마무사騎馬武士는 금속제 갑옷과 투구를 걸치고 있고 정강이가리개脛甲를 착용하였다. 부하인 보병步兵은 손에 방패와 단검을 들고 있으며 기마무사는 창을 갖고 있다. 허리띠에는 활·화살통(고리투스)과 검이 들은 칼집을 차고 있다. 말 탄 무사에서 보이는 코린트식 투구와 정강이가리개, 말에서 떨어진 무사가 차고 있는 그리스식 갑옷을 제외한 나머지 복장과 장비들은 대부분 스키타이식이다.[84]

마주 선 적은 투구와 반월형의 방패로 무장하였는데 동일한 형태의 방패가 파지릭 고분에서 발견된 바 있다. 그는 방패를 들고 오른손에 든 단검으로 대항하고 있다. 허리띠에는 칼집과 고리투스가 달려 있다. 말은 목 앞 오른쪽의 갈라진 상처와 왼쪽 어깨 아랫부분에서 피를 흘리고 있다. 말은 그리스 관습에 따라 무사에 비해 작게 표현되어 있으며 스키타이인들의 관습과는 달리 안장이 놓여 있지 않다. 그러나 나머지 마구馬具의 여러 세부묘사는 매우 정확히 표현되어 있다. 무사상과 빗살 사이의 공간에는 다섯 마리의 쭈그려 앉은 사자상像이 있다. 사자상 뿐 아니라 무사, 말, 그리고 갑주와 고삐 등 모든 조각상이 양면에서 따로 주조된 후 땜질되었으며 빗에 짜 맞추어졌다. 세부는 주조 후 새겨서 마무리 처리하였다.

스키타이는 흑해 연안의 그리스의 식민 소도시들과 '공생관계'를 유지하면서 그리스의 고전문화를 흡수했다. 솔로하

솔로하 고분 출토 금제 빗

---

84) 국립중앙박물관 편, 『스키타이 황금』, 조선일보사, 1991, 114~117쪽.

묘 출토의 황금빗은 스키타이 귀족층의 주문에 의하여, 스키타이에 이웃한, 흑해 북안의 그리스 식민지에 있는 공방工房에서 제작된 일련의 작품들 중에서 가장 훌륭한 예술품이다. 이 빗을 만든 그리스 장인은 스키타이 주문자의 기호에 맞도록 재질을 발휘하였으며 그 시대의 그리스미술에서 가능하였던 모든 묘사방법을 활용하였다. 그리스인의 시각에서 두 스키타이 귀족 사이의 전투과정을 관념적으로 표현한 것이다.

보로네즈의 챠스티에 3호분
출토 의례용 용기

스키타이 선조에 대한 전설을 그린 것으로 해석되는 의례용 용기도 있다. 보로네즈의 챠스티에 3호분 출토 의례용 용기儀禮用 容器(銀製, 높이 9㎝, 지름 9.5㎝, 기원전 4세기)는 헤로도투스의 역사에 나오는 스키타이 선조에 대한 전설에서 타르기타우스(헤라클레스)가 드네프르강 유역을 다스릴 지배자를 세 아들 가운데 활을 당기고 허리띠를 맬 수 있는 이를 후계자로 선택하는 장면을 그린 것으로 해석된다. 그릇 몸통 표면에 타출된 6명의 인물이 3/4 측면 자세로 쌍을 이루어 활통(고리투스), 전투용 도끼, 방패, 창 등을 들고 앉아있다. 비슷한 내용이 담긴 금제 항아리가 쿨 오바 묘에서도 출토되었다. 한편 이러한 장면이 전설을 묘사한 것이 아니라 스키타이 무사들의 일상적인 생활상을 나타내는 것이라는 견해도 있다.[85]

스키타이 문화 유물 중에는 러시아 표트르 1세(재위 1689~1725년)의 시베리아 수집품이 있다. 이들 유물들은 알타이의 서쪽지대와 카자흐스탄 스텝지대에서 온 것으로 추정되고 있으나 확실한 것은 아니다. 과대나 대금구에서 동물투쟁, 상상의 괴수, 인물, 수렵 등의 주제가 특징적이다. 수집된 유물들 대부분은 기원전 7세기에서 기원전 3세기의 것으로 보인다. 표트르 수집품은 다른 스키타이 미술과 달리 그리스 미술의 영향이 보이지 않는 반면 페르시아 미술의 영향이 다분하며 페르시아에서 직접 수입한 금제 용기도 있다. 또한 알타이나 오르도스 문화와의 관계를 보여주는 유물도 있다.[86]

---

85) 국립중앙박물관 편, 『스키타이 황금』, 조선일보사, 1991, 157~159쪽.
86) 국립중앙박물관 편, 『스키타이 황금』, 조선일보사, 1991, 162~163쪽; Joan Aruz, Ann Farkas, Andei Alekseev, and Elena Korolkova, *The Golden Deer of Eurasia*, Metropolitan Museum of Art, 도146, pp.206~210.

표트르 1세의 수집품 중에서 내러티브적인 묘사를 가진 대금구 두 점이 주목되는데 첫 번째 대금구帶金具(金, 길이 15.2㎝, 폭 12.1㎝, 무게 459.3g, 사키문화, 기원전 5~4세기)는 나무 아래에서의 전사의 휴식 장면을 그리고 있다. 도림질된 주조금판鑄造金板으로 오른쪽에 키 큰 나무가 있으며 왼쪽에는 두 마리 말이 나무 옆에 세워져 있다. 나무 아래 두 명의 남자와 한 명의 여자(?)가 등장하는데 남녀 한 쌍은 앉아 있고 두 사람

표트르 1세 수집품 나무 아래 전사의 휴식 장면 대금구

앞에 길게 누운 한 명의 남자가 있다. 좌측의 남자는 정면상이며 말고삐를 잡고 있다. 여자는 머리에 큰 원통형 관모를 쓰고 있으며 그 위로 머리카락이 두 가닥으로 꼬아 올라가 나뭇가지에 연결되고 있다. 비슷하게 땋은 머리가 파지릭 5호분에서 출토된 바 있다. 측면으로 묘사된 여자는 장식된 좁은 소매가 달린 원피스를 입고 있다. 두 명의 남자는 단발로 둥글게 자른 머리에 코 밑에 수염을 기른 둥근 얼굴을 하고 있다. 누워있는 남성은 허리띠가 있는 긴 상의와 좁은 바지, 장화를 신었다.

정교하게 실물과 같게 만든 말과 마구馬具는 알타이 파지릭 고분 출토의 마구馬具와 유사하다. 말의 갈기는 짧게 잘려졌고 꼬리는 땋아 내렸다. 전체적으로 정적인 장면 묘사로 나무 아래에서 휴식을 취하는 세 명의 인물이 묘사되었는데 고대 서사시敍事詩의 한 장면 같이 보이나 정확한 의미는 알 수 없다.[87]

수렵을 그린 대금구(金, 청색 유리와 산호. 길이 19.2㎝, 폭 10.2㎝, 무게 451.1g, 사키문화, 기원전 5~4세기)는 부조로 만들어진 투각된 한 쌍의 대금구 중 하나이다. 나무 아래에서의 휴식 장면을 그린 대금구는 정적인 구성이 특징인데 반하여 이 수렵도 대금구는 배경으로 깔린 숲의 나뭇잎들을 화려한 청색 유리와 산호로 감입 장식하고 멧돼지를 쫓는 수렵인의 모습이 역동감 넘치게 묘사되어 대조를 이룬다. 화면의 중앙에는 거대한 멧돼지에게 화살을 겨누는 기마인물

---

87) 국립중앙박물관 편, 『스키타이 황금』, 조선일보사, 1991, 168~169쪽; Joan Aruz, Ann Farkas, Andei Alekseev, and Elena Korolkova, *The Golden Deer of Eurasia*, Metropolitan Museum of Art, 도212, pp.290~292.

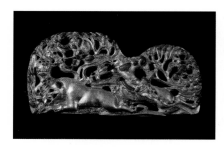

수렵 대금구

내몽고 인수문금식패

이 있다. 멧돼지의 앞에는 두 번째 기마인물과 말이 있는데 멧돼지가 말의 발을 물고 있고 그 말의 기수騎手는 나뭇가지를 잡고 있다. 장식판의 오른쪽 끝에는 머리를 뒤로 향한 야생염소가 보인다. 사람의 얼굴, 머리모양, 의상, 무기 그리고 마구는 시베리아 장식판의 다른 상像들뿐만 아니라 알타이와 카자흐스탄의 사키 미술 유물에 보이는 기마인물상과도 동일하다.**88)** 이러한 역동적인 수렵도상은 흉노계 섬북 화상석, 주천 가욕관 채회전, 고구려 무용총 수렵도, 소그드계의 북조 안가묘, 우홍묘의 석각의 것들과 연결되면서 북방문화권대의 미술이 가지는 특징을 잘 보여준다. 내몽고 출토의 대금구 가운데 나무 아래서 정적인 휴식장면을 그린 예는 전국시대로 편년되는 인수문人獸紋금식패가 있다. 수렵을 그린 대금구와 유사한 형태의 수목 아래에 한 명의 인물이 세 마리의 동물들과 편안하게 앉아있다.

파지릭 고분 유적은 쿠르간의 구조라든가 출토된 유물들에서 뚜렷하게 동서교류상을 엿볼 수 있는데, 우선 그 중에는 스키타이 문화와의 관련성을 시사해주는 유물이 가장 많다. 쿠르간의 축조법과 매장법이 흑해 연안에 산재한 스키타이 쿠르간과 같은 형태다. 유물 중에서 스키타이 문화와의 친연성이나 영향 관계를 가장 뚜렷하게 나타내는 것은 동물 문양을 비롯한 각종 예술 문양이다. 중국과의 교류상을 살펴 볼 수 있는 전국시대(기원전 4~3세기)의 견직물과 자수刺繡 및 한견漢絹도 파지릭 고분군에서 발견되었다

파지릭 고분에서 회화적 표현을 볼 수 있는 유물은 고분의 벽걸이 융단絨毯(또는 모전毛氈, carpet)과 말안장이다. 파지릭 고분은 벽에 융단을 걸고 못을 박아 고정했으며, 바닥에는 두꺼운 융단을 깔았다. 이들 위에는 환상적인 여러 동물과 인물(보병 및 기병)이 표현되었다. 이들 양탄자는 그 문양으로 볼 때 페르시아나 서중앙아시아에서 들여온 것으로 보인다. 파지릭 미술에

---

88) 국립중앙박물관 편,『스키타이 황금』, 조선일보사, 1991, 173쪽.

보이는 동물투쟁문動物鬪爭文은 아케메네스조 페르시아 미술과 특징을 공유한다.

몽골 노인울라 흉노묘들에서도 벽에 직물을 걸어 장식하였는데 벽장식의 인물상이나 모티프도 서아시아에서 온 것이 많아 두 지역이 모두 유사한 문화권대의 영향으로 고분의 천장, 벽을 양탄자로 장식한 것을 알 수 있다.[89]

파지릭 5호묘에서는 기사도騎士圖 2점이 나왔다. 기사가 높은 관을 쓰고 신좌神坐에 앉아 있는 여인(여신) 앞으로 말을 타고 다가가는 장면이다. 기사의 용모는 알타이 현지인이 아니라 인도-유럽계통으로 추정된다. 또 다른 기사도는 짧은 상의에 길고 좁은 바지를 입은 기사가 3갈래의 꼬리가 달린 말을 타고 있다.

파지릭 5호묘 기사도

반인반수半人半獸와 불사조 새의 싸움이 묘사된 채색 벽걸이 모전(크기 1)110×80㎝, 2)18.9×84.5㎝, 알타이, 파지릭 5호묘, 스키토-시베리아 동물양식. 기원전 5~4세기)도 있다. 잔편으로 두 조각으로 나뉘어 있다. 반인반수는 S자형으로 구부러진 가느다란 몸통과 짐승의 귀, 양식화된 수사슴 뿔이 달린 머리를 갖고 있다. 등에는 날개와 흡사한 것이 위로 솟아 뻗었다. 원형 안의 십자가 장식도안이 들어있는 녹색의 옷을 입고 있다. 새는 꼬리 깃털이 일부가 연꽃 봉오리 장식으로 끝난다. 반인반수와 불사조의 모티프는 기원전 2천 년대의 소아시아 미술에 이미 알려져 있는 것으로 두 주제 모두 소아시아 미술에서 기원하여 알타이적으로 상像을 해석하여 만든 것이다.[90]

반인반수와 불사조 새 장식 모전

89) 파지릭 출토 융단은 국립중앙박물관 편, 『스키타이 황금』, 조선일보사, 1991, 도142~159, 221~233쪽.
90) 국립중앙박물관 편, 『스키타이 황금』, 조선일보사, 1991, 231쪽.

다음으로 몽골지역의 흉노묘를 살펴본다. 지금까지 몽골 지역에서는 70여 개의 흉노 묘군에서 약 4천 기의 묘가 발견되었다.[91] 흉노 묘의 분포와 구조에서 흉노 묘의 내부 구조의 매장주체부의 목곽은 묘광 안쪽에 나무를 이용해 만든 곽을 말하며 단곽과 이중곽이 있다.[92] 곽과 관은 매우 화려하게 장식하였다. 즉 외곽의 내벽과 내곽의 양 벽을 직물로 덮고 꽃 모양 금장식을 붙여 장식하였으며 싸움하는 동물무늬가 있는 양탄자를 바닥에 깔고 그 위에 무늬 있는 옻칠 목관을 안치한 후 관 주변에 부장품을 놓았다. 목관 서쪽에는 황금 장식 옻칠 탁자와 주칠접시, 이배, 뼈 젓가락 등의 식기와 동물무늬 장식 청동용기 등을 두었다. 묘 주인의 무기와 마구 등도 목곽 주변에서 발견되었다.

목관 장식을 위해 칠을 사용하기도 하였다. 골 모드, 돌르가 올, 타미링 올란 호쇼 유적의 고리형 묘의 소형 단곽에 안치된 목관에는 검은색과 붉은색 칠 위에 흰색 구름무늬를 그려 넣었다. 노인울라 1호 묘에서 발견된 목관에는 검은색 칠 후 노란색으로 날아가는 새를 그려 넣었는데, 제작 수준이 다른 것들보다 월등히 높아 중국에서 수입된 목관일 가능성이 크다고 보고 있다.

기원전 1세기부터 기원후 1세기 사이의 것으로 추정되는 노인울라 유적지는 몽골 수도 울란바토르 북방 약 100㎞의 산중에 있는데, 1924년 소련 지리학회가 파견해 울란바토르에 체재 중이던 소련·몽골·티베트 탐험대에 의해 고분들이 발굴되었다.[93] 고분 구조는 중국(전국시대와 진·한 시대)과 한반도 낙랑고분樂浪古墳의 분묘와 유사한 절두방추형截頭方錐形이다. 곽실 내부 장식에서의 차이점은 한국의 경우 묘실墓室 내를 벽화로 장식하지만 여기서는 벽화 대신 여러 가지 문양의 자수 모직품이나 비단천으로 기둥이나 대들보를 장식한다. 이러한 모직품, 비단천 장식은 알타이 파지릭 고분에서도 보이는 것이다. 이는 고구려 벽화고분 묘실 내에서 벽면 상

---

91) 유적의 분포는 서쪽 끝으로 알타이 산맥 동부, 동쪽으로 도르노드(Domod) 대초원의 서쪽 가장자리에 이르며, 북쪽은 홉스골의 산악 지역 남부, 남쪽은 고비 사막 북부까지 이른다. G. 에렉젠, 「흉노 귀족계층 무덤의 연구」, 『中央아시아研究』 15, 중앙아시아학회, 2010, 55~78쪽; G. 에렉젠, 「노용 – 올 흉노 무덤 출토 직물 문양에 대한 고찰」, 『제2회 한 – 몽 학술심포지엄』, 2004, 248~262쪽.
92) 목관은 주로 목곽의 남쪽 단벽에 치우쳐 안치하였기 때문에 목곽의 북쪽 공간은 일반적으로 부장이나 제사용 공간으로 이용되었다. 또한 이곳을 부장 공간으로만 이용한 경우라면 목곽 북쪽 바깥에 별도로 마련한 구멍이나 목곽 뚜껑 위에 제사용 동물뼈를 둔 예가 많다. 국립중앙박물관 고고부 편, 『몽골 흉노 무덤 자료 집성』, 성림, 2008, 34쪽.
93) 정수일 편저, 『실크로드 사전』, 창비, 2013, 69쪽.

단을 따라 정면연화문을 그리고 화심에 못을 박아 일종의 유장을 설치한 것으로 추정되는 관습과 연결되어 주목된다.

노인울라 고분군에서는 230여 기의 흉노 묘가 발견되었는데, 분구 남쪽에 사다리꼴 묘도가 있는 방형 묘가 주를 차지한다. 고구려 벽화와 관련하여 주목되는 묘실벽 장식용 직물이나 관 깔개 및 자수품이 발견된 고분은 1호묘, 6호묘, 12호묘, 25호묘, 컨드라테브 묘, 시모코프 묘 등이 있다.

노인울라1호묘는 내곽의 벽 안쪽과 바깥쪽에 비단과 직물 조각이 부착되어 있었던 점으로 보아 내곽 양면에 직물을 걸어 장식했음을 알 수 있다. 내곽 바닥에서 문양이 있는 펠트 카펫 흔적도 확인되었다. 목관 바닥과 양측 벽에 날아가는 새를 표현한 채색 흔적이 남아 있었다. 목관 주변에서 다양한 비단과 직물편이 수습되었는데 금박이 부착된 것도 있었다.[94]

노인울라6호에서는 약 378점의 다양한 유물이 출토되었다. 대표적인 것으로는 외곽과 내곽 사이에서 발견된 비단으로 싼 귀 달린 펠트 모자, 삼각형 모자, 비단과 면 의복, 바지, 펠트 신발 등 갖가지 의류와 금은제 동물 문양 장식, 사슴과 야크 문양 말 드리개, 옥, '건평오년建平五年(기원전 2년)' 명銘 흑칠 이배, 숟가락, 칠제 상, 청동 주전자, 동복편, 목제 안장 등이 있다. 이와 함께 철제 마차 흔적과 청동제 마차 장식도 수습되었다.

노인울라6호묘의 목곽에서는 내곽 벽의 양면과 외곽의 안쪽에 다양하게 수놓은 비단을 걸어 장식하고, 내곽 바닥에는 펠트 카펫을 깔았다. 벽에 걸린 비단 장식은 도굴 당시 파손되어 일부만 남아 있었지만, 내곽 남벽의 비단 조각에는 말 탄 사람, 또 다른 비단 조각에는 식물무늬와 호랑이와 같은 동물무늬가 수놓아져 있었다. 내곽 천장에 붙은 채 발견된 펠트 카펫과 바닥에 깔아 놓은 펠트 카펫은 보존 상태가 양호하였다. 바닥 카펫은 크기가 2.6×1.95m이고, 뒷면에 붉은색 비단이 부착되어 있었다. 카펫 중앙에는 장방형으로 공간을 구획해 구름 문양을 수놓고, 그 둘레로 싸우는 동물과 나무를 0.24~0.28m 폭의 공간에 아플리케 기법으로 묘사하였다. 전체 문양 중에 9그루의 나무, 나무 사이에서 사슴을 공격하는 날개 단 짐승 4마리, 서로 마주 보고 싸우는 호랑이와 야크 5마리가 등장한다. 아플리케 선 안쪽에는 사각형, 원형, 십자형 등의 도형을 한 줄로 연결해 돌렸고 바깥쪽에는 노란색과 갈색 비단을 이용해 테두리를 둘렀

---

94) 국립중앙박물관 고고부 편, 『몽골 흉노 무덤 자료집성』, 성림, 2008, 215~237쪽

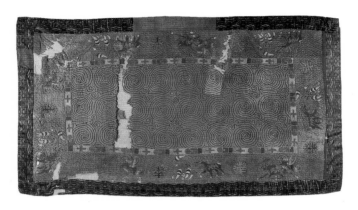
노인울라6호묘 바닥 카펫

다. 천장에 붙은 채 발견된 펠트 카펫은 크기가 4.4×3.2m인데, 앞면을 갈색 비단으로 덮고 전면에 식물과 거북이, 물고기 등을 수놓아 물 속 장면을 묘사하였다. 바깥 테두리에는 다른 색 비단을 덧대고 그 위에 여러 가지 색실로 식물과 꽃무늬를 수놓아 장식하였다. 그 밖에 6호묘에서 출토된 여러 비단 조각 중 구름 속의 말 탄 사람 문양 중에 명문이 확인되었다.[95] 바닥의 카페트의 장식은 페르시아의 영향을 받은 스키타이 동물양식으로 보이나, 천장의 카페트의 장식은 중국계 문양이라는 의견도 있으나 전체적인 문양의 구성과 표현 방식으로 보아 중국의 한대 견직물이나 칠기에 보이는 문양보다는 그리스·로마 계통의 모자이크 장식의 문양에 가까워 보인다.

노인울라12호묘의 유물들은 대부분이 곽에 부착된 비단과 직물편, 의복 흔적들이다. 그 중 보존 상태가 양호한 것의 크기가 1.92×0.32m이며, 나무 양쪽에 두 마리 새가 각기 높은 바위 위에 올라 서 있는 문양의 비단, 뒤돌아보며 걷는 용을 수놓은 직물편, 비단 모자, 화려한 무늬가 있는 비단 신발 등이 있다. 한편 이 묘에서는 금제품이 비교적 적게 수습되었지만 금박으로 화려하게 만든 네 잎의 꽃 모양 목관 장식이 발견되었고 용무늬가 있는 흰색 옥 장식이 출토되었다.[96]

노인울라25호묘는 내곽 안쪽에서 사람 얼굴 문양이 있는 흑갈색 직물, 목관 주변에서 사람 머리카락, 의복으로 추정되는 직물 편, 목관 금박장식 85점, 마노 구슬(대형 6점, 소형 1점) 등을 수습하였다.

노인울라 컨드라테브 묘 목관 내부에서 수습된 다량의 직물과 비단 조각은 목관 내부를 덮었

---

95) 국립중앙박물관 고고부 편, 『몽골 흉노 무덤 자료집성』, 성림, 2008, 215~237쪽
96) 국립중앙박물관 고고부 편, 『몽골 흉노 무덤 자료집성』, 성림, 2008, 215~237쪽.

던 것으로 추정된다. 목관 밑에는 비단을 붙여 화려하게 만든 펠트 카펫 조각이 수습되었지만 보존 상태가 좋지 않았다. 외곽과 내곽 사이 공간에서도 비단과 직물 조각이 다량 수습되었는데 이들 역시 목곽 벽을 장식했던 것으로 보인다.[97]

노인울라 시모코프 묘의 외곽 천장은 붉은색 천으로 싼 얇은 펠트 카펫을 덮은 후 그 위에 종횡으로 통나무를 두었다. 목곽 바닥에서는 노란색 비단으로 싼 펠트 카펫이 깔려 있었음을 보여 주는 조각들이 확인되었다. 목곽 벽과 기둥에 무늬 없는 붉은색 비단과 마름모꼴 무늬의 녹색 비단 조각이 부착되어 있어서 목곽 내부 전체를 비단으로 장식했음을 알 수 있다. 그 밖에 여러 가지 무늬를 실로 수놓은 직물 조각이 목곽 내에서 수습되었다. 출토 유물 중 가장 주목받는 것은 칠기 이배로 바닥에 있는 명문을 통해 기원전 2년에 제작되었음을 알 수 있다.[98]

이상에서 살펴본 바와 같이 노인울라 묘 내부 시설은 통나무로 만들어 벽에 그림을 그리기 어렵다. 목곽 내부를 쉽게 장식하고 생전의 모습을 표현하기 위한 재료로 직물을 사용하여 직물 자수 문양을 통해 벽화처럼 장식한 것이다.

흉노 묘는 크기에 따라 유물의 재질 차이가 나는데 목관 장식에서 뚜렷하다. 소규모의 묘는 목관의 바깥쪽에 꽃 모양의 철제 장식, 그보다 큰 묘에는 청동, 은제, 금박, 금제 꽃모양 장식의 순으로 목관이 장식되었다. 노인울라6호묘(외부 유구 규모 20m 이상)는 문양이 있고 뒤에 나무

노인울라31호묘 인물 입상

---

97) 국립중앙박물관 고고부 편,『몽골 흉노 무덤 자료집성』, 성림, 2008, 215~237쪽.
98) 국립중앙박물관 고고부 편,『몽골 흉노 무덤 자료집성』, 성림, 2008, 215~237쪽.

판을 덧대어 만든 꽃 모양의 금제 목관 장식이 출토되었다. 대형 묘 중 하나인 골 모드 20호묘는 뒤에 철판을 대고 문양 사이에 터키석을 넣은 꽃 모양의 금제 목관 장식이 사용되었다. 이렇게 목관을 꽃 모양 장식으로 덮어 꾸민 것은 고구려 벽화고분에서 벽면을 연화문 등의 문양으로 덮어서 배경을 장식하는 것을 연상시킨다.

노인울라 고분들과 골 모드 고분들 중에서 출토된 칠기의 명문과 동경으로 보아 기원후 1세기로 편년된다. 노인울라6호묘에서 출토된 칠이배의 "상림上林", "건평오년구월建平五年九月…" 명문에서 상림은 한 장안궁長安宮의 상림원上林園, 건평建平은 서한의 애제哀帝의 연호로 건평오년은 기원 전 2년이다. 노인울라의 다른 묘 출토 칠이배에서 "건평오년…" 명문이 있어 제작 연도가 일치한다. 베렌스탐(N. Bernshtam)은 노인울라6호묘 출토 칠이배를 흉노의 오주류(낭지아사) 선우가 한 장안궁 상림원 방문 시에 선물로 받은 것으로 해석하였다. 도르수렌(T Dorjsuren)은 오주류 선우의 사망연도인 기원후 13년을 노인울라6호묘의 조성연도로 보았다.[99]

파지릭이나 노인울라 고분에서 나온 직물의 인물도는 인물의 묘사에 있어서 동세 표현이 그리스 장인의 금속공예품보다는 다소 약화되나 유사한 단일 평면에 인물들을 일렬로 늘어놓는 구성이 반복된다. 노인울라31호묘에서 나온 길이 2m, 너비 1m 의 세 점의 직물 잔편에는 각각 7명, 6명, 4명의 인물들이 측면 입상으로 묘사되었다. 7명이 묘사된 직물 잔편은 기마인물을 포함한 6명의 인물이 오른편 끝에 선 인물을 향하고 있으며 선두의 인물이 오른편 끝의 인물과 탁자를 사이에 두고 대화를 나누는 모습이 그려져 있다. 모두 심목고비형의 얼굴형에 머리에 띠를 두르고 있다. 다른 두 점의 잔편에 남은 인물들은 2, 3인이 하나의 그룹을 이루면서 대화를 나누거나 칼을 들고 싸우는 장면이 묘사되었다. 노인울라20호묘의 직물(길이 2.7m, 너비 1.53m)에도 31호묘의 첫 번째 직물과 비슷한 연회 장면이 남아 있다. 화면 중앙에는 긴 칼을 옆에 찬 인물이 의자에 앉은 채 잔을 손에 높이 받쳐 들고 있으며 맞은편에 네 명의 인물이 서서 앉아 있는 사람에게 예를 표하고 있다. 이들 사이의 공간에는 꼭대기에 사자가 앉은 삼각대가 펼쳐져 있다. 31호나 20호묘 출토 직물의 인물들과 유사한 심목고비에 콧수염을 기르고 머리에 띠를 두른 인물 얼굴 잔편이 노인울라25호묘에서도 나왔다.

99) G. 에렉젠, 「노용 - 올 흉노 무덤 출토 직물 문양에 대한 고찰」, 『제2회 한 - 몽 학술심포지엄 자료집』, 국립중앙박물관, 몽골국립역사박물관, 몽골과학아카데미 고고학연구소, 2004.

6호묘에서 나온 직물 잔편에는 세 명의 기마인물과 네 마리의 말의 모습이 남아있다. 인물들의 복식의 복잡한 문양이나 말들의 살아있는 표정과 몸체의 음영의 표현이 뛰어나다. 6호묘의 기마인물상의 복식과 25호묘의 인물두상의 수염과 머리 앞에 묶은 장식이 스키타이인의 형상에 가까워 스키타이 주문자에 의한 그리스 장인의 제작으로 보기도 하고, 또는 파르티아 주화에 있는 인물상과 머리 장식이 유사하다고 보기도 한다. 20호묘에서 나온 직물에는 날렵하게 앞으로 뛰어가는 사슴을 활을 겨누어 사냥하는 인물이 보이는데 사슴의 몸의 음영 표현과 동세 표현이 주목된다. 이상에서 살펴본 인물 위주의 그림을 담은 직물들은 그리스 장인들이 제작한 것으로 추정되는 체르톰리크이나 솔로하 고분 출토 금속 공예품에 비하여 인물의 동작의 표현이나 생동감이 약간 부족하지만 나름대로 뛰어난 서사적 구성과 표현 기술을 보여준다. 노인울라 출토 직물의 제작지에 대해서는 다양한 견해가 있다.[100]

노인울라 흉노 묘 출토 직물과 직물문양에 대해서 학자들은 중국과 그리스-박트리아 제품으로 구분하였는데, 중국 제품은 대부분 비단 제품으로 1호와 6호의 한자가 있는 비단, 다이아몬드 문양 비단, 6호묘 천장에 붙은 거북이, 물고기, 새 문양 펠트 카펫, 12호묘의 바위와 새 문양 천 등이다. 그리스-박트리아 제품은 다색의 실을 이용해 무늬, 동물, 사람을 자수한 직물이다. 루덴코(S. I. Rudenko)는 동물문양은 형태로 보아 스키타이-시베리아 동물양식과 관련 있다

노인울라20호묘 인물도

노인울라6호묘 기마인물

100) Herwin Schaefer, "Hellenistic Textiles in Northern Mongolia," *American Journal of Archaeology*, Vol. 47, No. 3, 1943, pp.266~277.

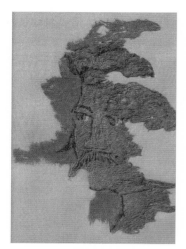

노인울라25호묘 인물두상

노인울라20호묘 사슴도

고 추정하고, 6호묘의 기마인물 직물과 25호묘의 2점의 인면문 직물을 그리스-박트리아 제품으로 보았다. 이러한 제품들은 흉노의 영역 안에 있던 그리스 장인들의 제작 또는 흉노의 통치를 받던 중앙아시아에서 수입한 것으로 추정한다.[101]

에렉젠과 도르수렌은 사실적 인면 문양 직물을 그리스-박트리아제가 아닌 몽골제로, 표현된 인물을 외국인이 아닌 흉노인으로 피장자의 모습으로 보았다. 25호묘의 인면문양은 묘주인으로 추정된다. 각종 문양을 사실적으로 표현한 직조물을 목곽 벽에 걸어 놓은 것은 상징적 의미를 부여한다. 묘 내부에 장식된 직조물의 문양은 고대 아시아의 벽화고분과 유사한 의미를 가진다고 보았다. 그러므로 흉노 묘 출토 직조물 문양 연구는 벽화고분과 비교할 만하다는 의견을 제시하였다.[102]

해당 직물들이 그리스나 그리스의 서아시아의 식민지에서 온 것이 아니라 아마도 헬레니즘의 영향 아래 있는 박트리아 상류층이나 파르티아에 속하는 문화에서 온 것으로 추정하기도 한다. 또는 두라 에우로포스와 같은 파르티아 제국 지배지역의 그레코-이란 양식과 유사하므로 파르티아가 해당 직물들을 흉노에게로 전달한 것으로 보기도 한다. 이들 직물들이 보라색 염색이 되어있는 점에 주목하여 중국이 서방과 교역을 할 때 중국에서 온 비단 직물을 시리아의 티레 또는 시돈에서 염색(대개 보라색 염색)하거나, 베리투스 또는 티레에서 다시 짜는 과정을 거쳤기 때문에, 보라색 염색이 되어있는 노인울라 직물은 아마도 시리아에서 제작되어 중국으로 전해지고 흉노가 중국으로부터 공물로 받은

101) G. 에렉젠, 「노용 – 올 흉노 무덤 출토 직물 문양에 대한 고찰」, 『제2회 한 – 몽 학술심포지엄 자료집』, 국립중앙박물관, 몽골국립역사박물관, 몽골과학아카데미 고고학연구소, 2004, 9.8-9.9, 256쪽.

102) G. 에렉젠, 「노용 – 올 흉노 무덤 출토 직물 문양에 대한 고찰」, 『제2회 한 – 몽 학술심포지엄 자료집』, 국립중앙박물관, 몽골국립역사박물관, 몽골과학아카데미 고고학연구소, 2004, 9.8-9.9, 253쪽.

롯한 동물의장이 나타난다. 중국 청동기의 양식은 기원전 8~7세
기경부터 북방 유목민을 비롯한 외국과의 교섭이 활발해지면서
크게 변화된다.

먼저 서로 복잡하게 얽히고 투쟁하는 동물 문양이 새로운 장
식문양으로 등장하기 시작한다. 대체로 은·주 시대의 청동기에서
부터 동물상이 나타나기 시작하는데, 춘추전국 시대에 와서 동물
투쟁문, 특히 수렵문이 나타난다. 동물상을 보면, 은·주 시대의 것
은 공상적이고 비사실적이며 정적인 반면에, 한대의 것은 사실적
이고 약동적이다. 수렵문의 경우 전국 시대는 기마 수렵과 마차
수렵, 도보 수렵 등 형태가 다양하나 한대에 오면 기마 수렵이 주
를 이루며 주인공이 호복 차림이다. 이것은 스키타이를 비롯한
유목민의 영향을 받았음을 시사한다.[113]

두관묘 출토 박산향로

중국의 신선들이 사는 이상향을 묘사한 박산향로도 실제로는
페르시아 이란, 시베리아 초원 미술이 결합된 것으로 볼 수 있다.
박산형 향로의 형태의 기원은 아케메네스에서 유행한 향로에서
찾아볼 수 있는데, 페르세폴리스의 알현도 부조의 중앙에 선명하
게 표현되어 있다. 중국에 와서는 중국의 신화 중의 신선의 산으
로 변형된다. 유승의 부인 두관의 묘 출토 박산향로의 박산 하단
에는 네 마리의 동물이 행렬하고 있는데, 사방위를 대표하는 사
신四神 중에서 현무 대신 대표적인 유라시아계 동물인 낙타가 들
어 있어 북방초원계의 영향을 잘 반영한다. 낙타는 북방동물로
서 북방 변경 민의 진입과 연관되며 가장 중요한 교통 수단의 하
나이다. 사신도에서 현무를 다른 제재로 대체하는 현상은 고구려
무용총의 주실 북쪽 천장에 현무를 대신하여 그려진 씨름도와 비
교된다. 씨름은 흉노와 스키타이의 북방 유목민들과 고구려의 집

섬서 흥평현 무릉 1호 무명총 훈로

---

113) 정수일,『고대문명교류사』, 사계절, 2001, 237~251쪽.

안지역 초기 벽화고분인 각저총과 무용총에서 중요한 주제로 표현된다. 이는 동물투쟁양식이 인간 대 인간의 씨름형식으로 변형된 것으로 보인다.

1981년 섬서 흥평현興平縣 무릉茂陵 1호 무명총에서 출토된 도금은동죽절병훈로鍍金銀銅竹節柄薰爐(서한)는 높이가 58㎝, 구경이 9㎝이다. 노신爐身은 죽절 고병두형竹節 高柄豆形이다. 뚜껑은 박산 형태이다. 노신과 노반은 분리되어 주조된 것이다. 전체에 금은이 입혀져있다. 권족저반圈足底盤은 투조로 두 마리의 반룡蟠龍을 표현하였다. 하북 만성 유승묘 출토 박산향로와 유사하지만, 박산형태의 향로를 높은 죽절문 기둥 위에 올렸다는 점에서 페르세폴리스의 알현도 부조의 향로와 보다 유사한 형태이다. 같은 고분에서 나온 도금동마鍍金銅馬(서한, 높이 62㎝, 길이 76㎝)는 늠름한 자태의 말이 네 다리를 곧게 세우고 당당하게 선 형태이다. 페르세폴리스를 방문한 각국 사신을 그린 부조에 새겨진 당당한 말의 모습이 연상된다. 서한 한무제가 얻고자 한대완의 양마의 형상을 주조한 것으로 여겨지므로 이러한 도금동마는 유라시아계 문화의 영향을 잘 보여준다.[114]

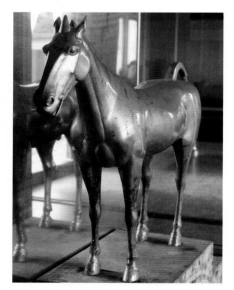

섬서 흥평현 무릉 1호 무명총 도금동마

중국 고대 미술의 형성에 미친 초원문화의 영향에 대하여 초원의 동물양식이 중국의 고대 사신도의 도상의 형성에 끼친 영향을 조명한 선행연구에서는 사신도 가운데 하나인 뱀이 거북을 감고 있는 현무도는 서역에 기원을 둔 신성한 동물간의 투쟁에서 비롯되었을 가능성이 있다고 하였다.[115] 이는 동북공정에서 고구려 후기 벽화 고분의 독창성을 보여주는 사신도의 기원을 중국의 한문화로 귀속시켜 고구려 벽화를 모두 한문화권에 속하는 것으로 보는 시각에 시사하는 바가 크다. 전형적인 한계 요소로 여겨지는 사신도의 일부인 현무가 비한계인 북방유목민의 영향을 받아 형성되었을 가능성이 있다.

---

114) 陝西省博物館 編,『文物精華』, 陝西旅遊出版社, 1992, 15~17쪽.
115) 권영필, 「'현무'도상과 중앙아시아 '동물투쟁'미술양식」,『中央아시아研究』 2, 중앙아시아학회, 1996, 215~372쪽.

방초원제품으로 황금장식판은 한인이 방제한 가장 화려한 흉노풍격품 중의 하나이다. 한대 상층인사, 한의 동부와 남부의 제후 등이 모두 흉노풍격의 황금장식품을 애용하였다. 서주 사자산 초왕릉과 광주 남월왕묘 출토품 중에서 이러한 방초원 금속 제품들이 적지 않다.[116]

강소 서주 사자산 서한 초왕묘 출토의 두 점의 황금요장식판 상에 한 마리의 이리와 곰이 쟁투를 벌이는 장면이 있다. 가장자리에는 뿔 달린 사슴의 표현이 있다. 황금 장식품으로 녹각의 정단頂端에는 조두鳥頭의 장식이 있어 이것이 변경지방 북방초원 유목민과의 연관관계를 알려준다. 초왕묘 출토 동물 투쟁 장식판은 내몽고 서구반과 아로시등 출토 장방형 장식판과 주제와 조형 표현이 상당히 유사하다. 모두 스키타이·흉노 계통의 동물문의 영향 아래 제작된 것으로 그 제작이 흉노의 지배 아래 들어간 한족 장인이 만든 것이든 흉노 장인의 직접적인 제작에 의한 것이든 직접적인 흉노의 지배 아래에 있었던 내몽고 지역과 한족이 거주하던 강소 서주에서 동일한 양식의 동물문 장식판이 발견된다는 것은 중원지역까지 침투한 스키타이·흉노계통의 북방문화의 영향력을 반영한다.

동물양식이 반영된 대표적인 전국시대 유적으로 하북성 평산의 중산왕묘가 있다. 중산왕묘에서는 청동제 괴수의 표면에 금은으로 상감을 한 화려한 금속공예품을 포함하여 기원전 4세기경의 독특한 금은 상감기법의 금속기가 출토되었다. 청동제 수형은 여러 개의 가지가 달린 커다란 나무 모양의 등잔에서 원숭이 무리가 놀고 있으며, 그 아래에 사람이 있는 형상을 표현하였다. 청동제 수형 받침대는 3마리의 북방양식 동물로 구성되어있다. 중산왕묘 출토품에 보이는 춘추전국시대에 유행한 동물형상은 북방 유목민의 영향을 받은 것이다.[117]

산서성 박물관 소장 호부주준胡傅酒樽과 호부온주준胡傅溫酒樽도 청동기 표면에 북방계 동물 장식과 한문화의 동물 장식이 혼합되어 표현되어있다. 호부주준은 서한 하평河平2년(기원전 26년)의 명문이 있으며 산서성 우옥현右玉縣 대천촌大川村 출토이다. 흉노와 한의 잡

중산왕묘 청동제 괴수 금속기 병풍좌

116) 廣州象崗漢墓發掘隊, 「西漢南越王墓發掘初步報告」, 『考古』, 1984年 3期, 222~230쪽; 山東省淄博市博物館, 「西漢齊王墓隨葬器物坑」, 『考古學報』, 1985年 2期, 223~266쪽.
117) 한정희 외, 『동양미술사(상권, 중국)』, 미진사, 2007, 38-39쪽.

중산왕묘 수형등

산서 우옥현 대천촌 출토 호부주준

거지역에서 출토되었는데 주준의 몸체는 도금 채회되었고, 중원의 기형과 초원 장식이 혼합되었다. 기법은 보기 드문 것이다. 몸체에 호랑이, 코끼리, 사슴, 말, 낙타 등 동물 도안 형상을 새겼는데 생동감이 넘친다. 구연부에 "거양음성劇陽陰城, 호부동주준胡傅銅酒樽, 중백입근重百廿斤, 하평삼년조河平三年造"라는 명문이 있다. 같이 출토된 두 점의 호부온주준은 같은 하평3년에 제작된 것으로 몸체에 도금을 하였다. 구연부에 "중릉호부동온주준中陵胡傅銅溫酒樽, 중입사근重廿四斤, 하평삼년조河平三年造"이라는 양각 명문이 있다. 둥근 몸체에 다양한 동물의 형상이 2단으로 펼쳐져 있다.

입사기법을 사용하거나 부조로 동물 문양이나 수렵문을 새긴 춘추전국시대 청동기들도 북방 초원 문화 영향을 보여준다. 하남성박물관 소

청동도금마액식(하남성박물관)

장 청동도금마액식青銅鍍金馬額飾은 한 마리의 긴 뿔을 가진 사슴을 가운데 새겼다. 파지릭 출토 유물과 이식쿨의 금속제품 및 오르도스 지구의 많은 청동제품에 발견되는 특징이다.

서주, 광주 지역에서 다수 출토된 초원풍격의 장식품들과 하북성 중산국 유승묘, 하남 영성 양왕묘군에서 나온 초원풍격의 황금 혹은 도금 장식품들은 대부분 중국에서 제조된 것으

로 사용자는 흉노 또는 중국인이다. 서안의 기원전 3세기 묘장의 발굴로 이러한 작방作坊의 흔적이 발견되었는데[118] 묘주는 이러한 종류의 물품을 주조鑄造한 청동기 주공鑄工일 것으로 보인다. 부장품 중에서 형상이 각기 다른 중국 전통 풍격과 초원특색을 모두 갖춘 도범陶范과 도모陶模를 발견하였다.

그 가운데 하나의 도모陶模의 상면에 일두장각—頭長角의 사슴을 새겨 그렸는데, 뿔끝에 작은 새머리를 얹은 형상이다. 이 묘의 묘주는 초원 풍격으로 청동기를 만드는 주공으로 보인다. 오르도스 출토의 대부분의 문물로 보아서 흉노인의 공품에 대한 요구에 의해 중국인이 주조한 사례가 적지 않을 것으로 여겨진다.

제시카 로슨에 의하면 한대 상류계층의 부장품 가운데 유익수가 산수도에 출몰하는 도안에서 외래요소를 모방한 흔적을 볼 수 있다. 박산향로, 금속제품, 칠기와 도기에 이러한 와권문渦卷紋이 표현되어 있다. 이러한 창작의 원형은 서쪽 변방의 그리스와 헬레니즘화된 지역으로 이들 지역에서 생산된 것을, 알타이인과 흉노인이 동쪽으로 전파한 것이다. 유라시아대륙의 수렵, 화훼 동물 도안도 함께 전파되었다. 중국미술의 S자형, C자형 도안 역시 이러한 종류의 외래 문양의 영향을 받은 것이다.

이러한 장식문양 계열은 중국 미술에 영향을 미쳐서 하남성 영성 망탕산 시원한묘의 천장 벽화에 표현되었다. 마왕퇴 장사 묘의 칠관화, 신강 니야와 몽골 노인울라의 건조한 지방 출토 방직품에도 유행하였다. 방직품과 칠기 외에 벽화와 화상석에서 산수도 표현 수법이 구체화, 사실화 되고, 수렵, 기마와 변경민들의 형상이 가미된 조기 산수도의 특징을 보여준다. 동한시기에는 섬서성 수덕 한대 묘장의 문비에 장각의 사슴과 작은 동물이 권운문 중에 뛰고 나는 모습으로 표현되었다. 권운문과 인물조수산수의 예는 하북성 정현定縣122호묘 출토 금은옥상감동관의 수렵문에서도 볼 수 있다.

중국 중부와 서북부 지구에서 권운문이 발달한 것도 변경 이서의 새로운 자극을 반영한 것이다. 와운문의 간단한 추상문양으로 야생동물이 출현하는 구릉지대를 표현하였다. 흉노와 그 인접국과의 교류가 한대 문화에 심대한 영향을 미친 것을 알 수 있다.[119] 야생동물이 출현하는 구

118) 陝西省考古研究所, 『西安北郊秦墓』, 三秦出版社, 2006.
119) Jessica Rawson, "The Han Empire and its Northern Neighbors: The Fascination of the Exotic," 巫鴻, 朱靑生, 鄭岩 주편, 『古代墓葬美術研究』 제2집, 湖南美術出版社, 2013, pp.55~71.

릉지대의 표현은 흉노와 한의 접경지역인 섬북 정변 한대 벽화고분에서도 볼 수 있다. 결국 고구려 벽화의 북방기류의 형성은 흉노의 서천과 남천으로 북방지역을 따라 이루어진 서방과의 교류에 힘입은 바가 크다고 할 것이다.

북방계통의 산악도에 대해서는 에스터 제이콥슨에 의하면 기원전 4세기 무렵 이미 중국 서북부, 몽골, 남시베리아, 중앙아시아에 이르는 초원 산악 지역에 독자적 산악도가 유목민 기반으로 출현한 것으로 본다. 소퍼와 설리반의 산악도의 고대 서아시아 기원론도 주목된다. 아시리아 청동 그릇의 산악도는 3개 산봉우리로 구성되었다. 따라서 반원형, 삼각형 산들이 중첩된 형태의 한대 산악도는 고대 아시리아 계통의 산악도에서 유래한 것으로 보인다. 약수리 벽화고분과 덕흥리 벽화분의 산악도 역시 형태상 아시리아 계통의 산악도 유형으로 보인다. 수렵도라는 주제와 같이 그려진 산악도 모두 유라시아 문화를 반영하는 것이다. 노인울라 6호묘 은쟁반의 산악도도 고대 메소포타미아 산악도 양식으로 고대 아시리아 계통 산악도가 기원 전후 동아시아에 전해진 증거이다.[120]

2. 서아시아 문화의 영향

제시카 로슨에 의하면 춘추전국~한대 미술 전반에 걸쳐 나타난 서아시아문화의 영향은 페르시아계 용기와 부조, 건축양식에서 찾아볼 수 있다.[121] 이러한 중앙아시아 또는 이란 모본의 부장품 중에 가장 화려한 것이 남월왕묘 출토 옥제각배와 화변형은합이다. 은합은 아케메네스 조에 기원을 두고 파르티아인들이 계승하여 사용한 화변형 은기를 기초로 변형이 되어 만들어진 것이다.[122]

파르티아(안식국)와 한과의 교섭에 대하여 최근의 연구에 의하면 한대 종교와 고분건축에서의 새로운 발명, 이를테면, 돌의 사용과 전실묘, 화상석의 발달이 파르티아, 아케메네스를 포함

---

120) 북방계통의 산악도에 대해서는 서정록, 『백제금동대향로』, 학고재, 2001, 207쪽.
121) Jessica Rawson, "The Han Empire and its Northern Neighbors: The Fascination of the Exotic," 巫鴻, 朱青生, 鄭岩 주편, 『古代墓葬美術研究』 제2집, 湖南美術出版社, 2013, pp.55~71; Akbar M. Tadjvidi, "Persian and Chinese Art Exchanges Along silk Road," *Senri Ethnological Studies*, No. 32, 1992, pp.127~134.
122) 이송란, 「南越王墓의 파르티아(Partia)系 水滴文銀盒과 前漢代 東西交涉」, 『동악미술사학』 7, 동악미술사학회, 111~127쪽, 도 6, 도 7.

한 페르시아 문화의 영향을 받았을 가능성이 있다.[123]

　파르티아는 기원전후 로마와 중국을 연결하는 실크로드가 완비된 시기에 중계 무역을 독점하였다. 파르티아 미술의 성격은 복합적으로 그리스 문화를 애호하여 헬레니즘 미술의 영향을 강하게 받았고, 그리스와 이란 미술을 절충한 그레코-이란 양식이나 이란 고유의 양식을 보여주기도 한다. 파르티아의 주요 도시 유적으로는 크테시폰, 하트라, 니사가 있다. 직사각형 평면의 헬레니즘 도시들과 달리 파르티아의 도시들은 원형 평면으로 요새적 성격을 갖는다. 하트라 신전에서는 파르티아의 특징적인 건물 형식인 둥근 천장의 이완(iwan)을 볼 수 있다. 파르티아의 건축양식인 아치형과 맞배지붕은 한대 고분에 채용되면서 고분 건축이 발전하였다.

　또한 페르세폴리스 및 나크시에로스탐의 아케메네스조의 애묘는 전한의 제후릉 애동묘諸侯陵 崖洞墓와 구조상 유사하여 그 연관성이 지적되었다. 애묘의 형식은 기원전 3세기, 2세기의 중국 서주의 고분과 광주 남월왕묘 등에 출현한다. 애묘건축은 서아시아의 특색으로 아케메네스조 페르시아의 유적인 나크시에로스탐의 애묘들이 대표적이다.[124] 이란 샤르풀에 자하브(Sarpul-e Zahab)에서 남동쪽 3km 지점의 도칸 다우드(Dokan Dawoood)의 석굴 형태의 납골소(crypt)도 유사한 유적이다. 때때로 제의를 행하는 장소로 사용되는 곳인데, 이 애묘는 다르반드 샤네(Darband Sahneh)의 큰 석굴과

이란 도칸 다우드 석굴형 납골소

123) 한대 이전 서아시아와의 접촉과 장건의 서역 개척과 조공무역의 관계, 조공무역 상인의 본격적 왕래, 그리고 현천치한간의 사례 분석을 통하여 분격적 교류의 시작을 소급하고 소그드 상인의 전신을 밝힌 연구로는 김병준, 「파르티아와 한의 교섭」, 제1회 한국고고학연합대회 발표자료집, 2011, 383~392쪽; Byung-Joon Kim, "Trade and Tribute along the Silk Road before the Third Century A.D.," *Journal of Central Eurasian Studies*, Volume 2, 2011, pp.1~24.

124) E. F. Schmidt, *Persepolis III: the Royal Tombs and Other Monuments*, The University of Chicago Press, 1970, p.79, pp.830~831, 도 31, 32, 33, 34, 36, 37, 38. 1-6호묘의 옥좌메기 도상은 E. F. Schmidt, *Persepolis III: the Royal Tombs and Other Monuments*, The University of Chicago Press, 1970, p.108 이하 참조.

같이 앞면에 주랑 현관이 있다. 장식적 틀이 주랑현관을 감싸고 있다. 입구의 양쪽에 사각형 초석의 두 개의 기둥이 있다. 기둥들은 침식되어 오직 대좌와 주두만 현재 남아있다. 입구는 주랑현관의 뒤에 있으며 애묘의 묘실(2.18×2.31×2.83m)로 연결된다. 방에는 다섯 개의 감이 벽에 만들어져 있으며 그 안에는 봉헌물들을 놓았다. 묘실의 바닥의 왼쪽에는 70㎝ 깊이의 묘가 있다. 이 납골소는 아케메네스 시대로 편년된다.[125]

선행연구에 의하면 이러한 종류의 애묘 형식이 서방의 많은 사절단, 여행객, 상인, 도망자 등에 의해 한에 전달되었을 가능성이 높다. 기원후 2~3세기의 동한에서는 대량으로 이란 혹은 중앙아시아 묘장방식이 모방되었다. 중국 동부 및 사천지방에 내부에 독립 입주가 있는 석실묘 또는 애묘가 특별히 유행하였다. 이 두 지역은 개별 입주를 세우고 동물(양머리)로 그 기둥의 아래 부분을 장식하였다. 이는 서아시아의 형식을 모방한 것이다.[126]

사천성 중부에 위치한 마호 9호묘는 부처좌상 부조로 유명하다. 사천 마호묘의 평면도는 사천 지방에서 전형적인 애묘 형식인데 카라 테페의 콤플렉스 C의 굴들의 평면과 유사하다. 카라 테페는 옥서스강(아무다리야강) 근처 테르메즈에서 발굴된 지역으로 현재는 남부 우즈베키스탄이며 고대의 북부 박트리아 지역이다. 발굴자들은 카라 테페를 기원후 2-3세기 쿠샨 시대로 편년한다.[127] 264년 사마염은 촉한을 멸망시키고 서진(265~317년)으로 편입시킨다. 촉한 시대 청해 루트는 사천 지역과 중앙아시아 사이에 활발한 교류가 이루어진 루트로서 호탄, 미란, 누란의 미술과 연결된 예술적 요소의 출현 배경이 된다. 미란과 누란은 선선왕국의 영역으로서 사천의 마호 부처상의 출현과 연관되어있다.[128]

하남성 밀현 타호정 고분과 같은 한대 전축묘 또는 석실묘에 채용된 궁륭정과 아치 형태의 천장은 서아시아의 파르티아 제국과 중국에 많이 출현하였다. 이러한 묘장 형식은 서아시아에서 온 건축 체계와 상관 관계가 있다.

사천, 산동, 하남 등지의 한대 화상석묘와 벽화묘에는 말각조정 천장이 등장하는데 말각조정

---

125) Maryam Masoumi, *Kermanshah: Temple of Sun*, Yassavoli publications, 2012, pp.112-119.
126) Jessica Rawson, "The Han Empire and its Northern Neighbors: The Fascination of the Exotic," 巫鴻, 朱青生, 鄭岩 주편, 『古代墓葬美術研究』 제2집, 湖南美術出版社, 2013, pp.55~71.
127) Marylin M. Rhie, *Early Buddhist Art of China and Central Asia*, vol. 1, Brill, 1999, pp.47-48. 도 3.13.
128) Marylin M. Rhie, *Early Buddhist Art of China and Central Asia*, vol. 1, Brill, 1999, p.55.

천장 구조는 서양의 건축과 관련된다. 베를린 페르가몬박물관의 로마시대의 시장건축물에도 여러 개의 소형의 말각조정이 천장에 나타난다. 또한 말각조정은 파르티아 건축에서도 채용된 천장 형식이다. 종종 목조로 구성되었다. 서부 중앙아시아의 니사(Nisa)에 위치한 파르티아의 궁궐 건축에서 그 사례를 볼 수 있다. 스 시야오옌(Hsio-yen Shih)은 말각조정이 중국 목조건축에서 발전되었다고 보았으나 마릴린 리는 중국 건축의 형태가 파르티아와 중앙아시아와 같은 외래 연원에서 그 특징적 요소를 가져와 흡수했을 가능성이 높다고 본다.[129]

산동 기남화상석묘와 밀현 타호정 벽화묘, 사천 삼태三台 처강애묘郪江崖墓 등을 그 예로 들 수 있다.[130] 기남화상석묘와 처강애묘는 묘 안에 석주의 설치, 실제 가옥 구조를 모방한 묘실 내 부조 장식, 다수의 작은 말각조정 천장의 사용 등이 인상적이다. 안악3호분에서 서역 건축기법의 전래를 보여주는 예가 말각조정이다. 대부분의 고구려 고분벽화 천장은 말각조정의 건축 형식을 취하고 있다. 말각조정은 이탈리아 지역에서 중앙아시아를 거쳐 중국으로 들어갔고 대개 신전, 사원, 무덤에서 보인다. 사례는 아프가니스탄

하남 밀현 타호정 한묘

의 바미얀 석굴군 733호굴 천장, 중국 신강의 키질을 비롯한 투르키스탄의 민가나 사원 건물, 중국의 기원후 132년 축조된 하남 양성 지구의 석묘, 기원후 2~3세기 동한 화상석묘가 있다. 고구려는 357년의 안악3호분을 비롯해서 50여기 가량 된다. 이 건축기법은 고대 메소포타미아에서 생겨난 후 그리스에서 유행하다가 서아시아나 중앙아시아를 거쳐 고구려까지 동전되었다고 한다. 동아시아에서 이 기법을 적극 도입한 나라는 고구려이다. 중국은 일부에서만 말각조정을

129) Marylin M. Rhie, *Early Buddhist Art of China and Central Asia*, vol. 1, Brill, 1999, 67쪽. 말각조정은 파르티아 니사 건축에 사례가 있으며, 에투르스칸의 기원전 4세기 석실묘에서도 이른 사례를 찾아볼 수 있다. 흑해 서안의 트라키아의 벽화가 그려진 석실봉토분에서도 사용되어 이탈리아에서 흑해를 지나는 전파경로를 확인할 수 있다. 독일 베를린 페르가몬박물관에 있는 로마시대 시장을 옮겨와 복원한 건축에서도 말각조정이 다수 목격된다.

130) 四川省文物考古研究院, 錦陽市博物館, 三台縣文物管理所 편, 『三台郪江崖墓』, 文物出版社, 2007

사용하였으며, 백제나 신라, 일본에서는 도입한 흔적이 발견되지 않고 있다. 결국 말각조정은 페르시아, 그리스의 문화권에서 생겨나 이들 문화의 동전과 함께 중앙아시아, 중국, 고구려에까지 도달한 것으로 보인다.

한대의 애묘와 전축묘에 페르시아의 동물형 주두, 파르티아 식의 아치형 천장, 말각조정이 자주 채용되는 것은 한대의 고분미술의 건축 발달에 이러한 외래계 자극이 큰 역할을 하였다는 점을 시사한다. 고구려가 특히 말각조정을 적극적으로 고분 건축에 도입하였다는 것은 고구려 벽화고분의 성격 자체가 이러한 페르시아, 그리스계 문화요소에 기반하여 발달한 유라시아문화의 형성과 발달과 궤를 같이 하고 있다는 것이다.[131]

전한 무제시기의 곽거병묘의 마답흉노상馬踏匈奴像은 아케메네스에서 만들어진 승전의 도상에 가까워 서역 정벌을 한 곽거병의 대외정복활동을 통하여 전래되었을 수도 있다. 페르시아 미술 도상의 동방 전파의 사례로 주목되는 사례가 이란 북서부의 비스툰의 유명한 아케메네스 시대 다리우스 1세(기원전 522~기원전 486년)의 부조이다.[132] 비스툰 비문은 바빌론, 수사, 엑바타나(하마단)를 연결하며 중앙아시아, 인도로까지 연결되는 고대의 왕도상에 위치한다. 케르만샤로부터 동북쪽 30km 위치에 있으며 자그로스 산맥의 일부인 비스툰 산에 위치한다. 대상

곽거병묘 전경

곽거병묘 석마

131) 권영필, 「고구려 벽화와 중앙아시아 미술의 연관성」, 권영필, 김호동 편, 『중앙아시아의 역사와 문화』 下, 솔, 2007, 3~28쪽; 권영필, 「고구려의 대외문화 교류」, 『고구려의 문화와 사상』, 동북아역사재단, 2007, 245~270쪽; 정수일, 「高句麗와 西域 關係 試考」, 『고구려연구』 14, 고구려연구회, 2002, 219~240쪽.
132) 배철현, 「다리우스 王[기원전 522-486년]은 조로아스터교 信奉者였나」, 『中央아시아研究』 8, 중앙아시아학회,

들의 도로가 산 아래를 지나가며 산 밑에는 여러 개의 샘이 있다.

　비스툰에는 아케메네스와 파르티아 시대의 건축유적과 부조가 다수 남아있다. 그 가운데 붉은 재질의 암벽 산이 우뚝 서있는 비스툰의 산의 중턱의 일반인이 접근하기 어려운, 그러나 산

비스툰 다리우스 대왕 부조

아래를 지나가는 모든 이에게 잘 보이는 벽면에 가로 3m, 세로 5.5m로 다리우스왕, 두 신하, 다리우스가 정복한 10명의 반란을 일으킨 왕들의 부조가 있다. 아케메네스의 다리우스왕이 자신의 왼발로 그의 정적인 가우마타(Gaumata, ?~기원전 521년)를 밟고 있는 모습이 비문과 함께 새겨져 있다.[133] 다리우스 왕의 앞에는 그가 정복한 나라들의 왕들이 포승줄에 묶여 일렬로 서있다. 그 가운데는 끝이 뾰족한 긴 관모를 쓴 스키타이 왕이 오른쪽 끝에 새겨져있다.

　아케메네스의 왕이 패배시킨 적장을 발 아래에 제압하는 도상은 그 이전의 아시리아에서 이미 출현한 것인데 페르시아의 파르티아, 사산 왕조의 부조에도 그 전통이 이어진다. 이러한 도상은 파르티아(안식국安息國)와 공식적으로 외교교류를 한 중국의 미술에서도 발견되는데 곽거병묘의 마답흉노상과 위진십육국시대의 혁련발발의 하나라의 마답적장상이 그 예이다.

　곽거병의 묘에는 마답흉노석상 외에도 여러 다양한 동물 환조상이 있다. 이러한 곽거병묘의 동물상에 대해서 서역적 영향을 규명하는 논문이 나온 바 있다.[134] 14점의 조각 가운데 인물과 동물, 또는 동물과 동물의 투쟁상을 담은 세 점을 제외하고는 한 마리의 동물을 환조로 새긴 것이다. 세 점의 투쟁조각상 중에서 하나가 유명한 마답석상이다. 다른 한 점은 그로테스크한 인

　　2003, 1~21쪽.

133)　임영애, 「고대 불교조각의 생령좌(生靈座), 형상과 그 의미」, 『中央아시아研究』 19-1, 중앙아시아학회, 35~55쪽. 케르만샤의 타크이부스탄 마애부조에 대해서는 E. H. Peck, "The Representation of Costumes in the Reliefs of Taq-i Bustan," *Artibus Asiae*, Vol ⅩⅩⅩⅠ(1969); 靑山新, 「タ-ク·イ·ブスタ-ンの彫刻」 1, 2, 『美術研究』 1-3, 1932; 衫山三郎, 「タ-ク·イ·ブスタ-ン大洞の圖像學的意義」, 『國華』 1033, 1980; Roman Ghirshman, *Persian Art*, Golden Press, 1962, pp.190-191.

134)　이은령, 『前漢 霍去病墓 石彫刻 硏究』, 동국대학교 석사학위논문, 2001, 9-10쪽.

곽거병묘 석상

곽거병묘 석상 곰과 인물 투쟁

물이 곰을 붙잡고 있는 인물상인데 이란 수사의 박물관에 소장되어있는 헤라클레스 도상(파르티아)과 유사하다. 수사의 헤라클레스상은 입상 형태의 헤라클레스가 자신의 몸체보다 작은 사자를 한 팔로 어깨 밑에 움켜쥐고 억누르고 있다. 헤라클레스의 도상은 파르티아 시대에 인기 있었던 주제이다. 케르만샤의 비스툰의 다리우스 대왕의 유명한 비문과 조각상이 새겨진 마애 부조에 비교적 가까운 평지에 몽둥이를 옆에 세워 놓고 잔을 들고 한쪽으로 기대 앉은 헤라클레스의 조각상을 볼 수 있다. 곽거병묘의 동물투쟁환조상 가운데 마지막 조각은 양을 먹는 용으로 해석되는데 곽거병묘 조각의 서아시아적 영향을 고려하면 아케메네스의 사슴을 공격하는 사자상과 같은 도상을 원용한 것이 아닌가 싶다. 11점의 단독상 중에서는 고개를 뒤로 넘겨 입을 벌린 석인상도 있다. 대완국(페르가나)의 한혈마를 얻기 위하여 장건의 서역 원정이 이루어지고 곽거병과 위청에 의한 서역 원정과 흉노 정벌이 이루어지는 과정에서 서아시아와 중앙아시아의 도상이 전달된 것이다.[135] 곽거병묘의 마답석상을 흔히 중국인의 위용을 대표하는 말이 흉노인을 짓밟고 있는 것으로 해석하나

135) 위진시대에도 한혈마를 얻기 위해 대완에 사자를 보낸 기록이 있다.『晉書』「四夷傳」第67. 大宛西去洛陽萬三千三百五十里, 南至大月氏, 北接康居, 大小七十餘城. 土宜稻麥, 有蒲陶酒, 多善馬, 馬汗血. 其人皆深目多鬚. 其俗娶婦先以金同心指鐶爲娉. 又以三婢試之, 不男者絶婚. 姦淫有子, 皆卑其母. 與人馬乘不調墜死者, 馬主出斂具. 善市賈, 爭分銖之利, 得中國金銀, 輒爲器物, 不用爲幣也. 太康六年, 武帝遣使楊顥拜其王藍庚爲大宛王. 藍庚卒, 其子摩之立, 遣使貢汗血馬. 기원후 285년 진무제 때에 武帝가 楊顥를 사자로 보내 대완국의 왕 藍庚를 大宛王에 제수하였다. 남유가 죽자 그 아들 摩之가 즉위하였고 사신을 보내 한혈마를 바쳤다.

만약 이 도상이 서아시아에서 비롯된 것이고 중국인들이 얻고자 한 한혈마를 상징한다면 말 자체는 서아시아의 명마를 표현하고, 밑에 깔린 화살을 든 인물은 그 국적이 어디든지 차치하고 서아시아의 전쟁과 승리 도상의 차용으로 볼 수 있다. 곽거병묘를 장식하는 석조 조각들은 후대에 왕릉의 신도를 장식하는 조각상들의 선례인데 한대의 박산향로와 비교되며 중국인들이 꿈꾸는 이상향을 신수神獸의 조각들로 표현한 것으로 보기도 한다. 박산향로는 그 형태상 아케메네스 페르세폴리스의 알현도에 새겨진 페르시아 향로와 그 형태가 똑같으며 중국을 벗어난 이상향을 묘사한 것이다. 무제가 총塚의 형태를 기련산祁連山을 모방하라 하였다고 한 점은 곽거병묘와 위청묘의 구성을 서역의 지역을 모방한 것으로 생각할 수 있으며 그를 장식하는 조각의 도상의 연원을 짐작하게 한다.[136)]

흉노 출신의 혁련발발赫連勃勃의 하나라(407~432년)에서도 유사한 말조각상이 발견된다. 대하석마大夏石馬는 국보급 문물로서 서안 비림박물관에 전시되어있고 대하의 유일한 기년 문물이다. 대하는 섬서 북부와 내몽고 지역에 기반하여 407년 섬북의 통만성統萬城(현 섬서성陝西省 정변현靖邊縣)에 수도를 정하였다. 혁련발발赫連勃勃은 417년 장안을 공격하여 점령하고 그 장자인 혁련괴赫連璝에게 장안을 다스리도록 임명하였다. 석마는 장안현 사가채査家寨 혁련괴赫連璝의 묘墓 옆에 놓여있었는데, 말의 다리 부분에 "대하진흥6년大夏眞興六年(422년)······대장군大將軍" 등의 명문이 발견되어 대하국의 철기준마가 남북을 정복한 것을 기념하는 조각상으로 보인다. 말의 몸통에 둥근 근육을 표시하는 듯한 장식문이 여러 개 보이는데, 바빌론이나 아케메네스, 그리고

대하석마

136) 『史記』卷111, 衛將軍 驃騎列傳; 『漢書』, 卷55, 衛將軍 驃騎列傳.

스키타이의 동물의 몸통의 근육 표현과 유사하다.

말의 앞다리와 뒷다리 사이의 돌을 파내지 않았는데 앞다리 사이의 돌의 앞면에는 명문이 있다. 앞다리 사이의 돌의 뒷면과 뒷다리 사이의 돌의 앞면에는 운기문과 같은 문양이 있다. 곽거병묘의 마답흉노상은 앞다리 사이에 머리를 뒤로 젖힌 인물이 누워있는 반면, 혁련발발의 말조각상은 뒷다리 사이의 돌의 뒷면에 웅크리고 앉은 듯한 인물상이 있다.

이러한 승전도상의 형태는 아케메네스조 페르시아 이전에 아시리아의 부조에서 이미 출현하였다. 또한 나크시에로스탐의 부조에서도 사산조 왕들이 로마 왕을 사로잡거나 죽인 후 자신의 발 아래 또는 말에 탄 채 적장을 밟고 선 상이 여러 점 발견된다. 기존에 중국 한나라 곽거병묘의 마답석상은 원래 한족의 흉노족에 대한 승전을 기념하는 것으로 해석하였으나, 그 연원을 거슬러 올라가면 흉노족에 대한 승전도를 기념하는 것이라기보다는 서아시아에서 사용된 승전도상을 차용한 것이라고 볼 수 있다. 그러한 서아시아계 도상을 이용한 흉노족의 하나라의 마답석상이나 통만성 출토 서역계 유물은 5세기대에도 북방루트를 통해 전파되고 공유된 북방기류(서양, 서아시아, 초원 문화가 혼합된)를 기반으로 출현한 것이라고 하겠다.

마릴린 리는 강소성의 2세기 후반의 공망산 조각과 이란의 파르티아 시대(약 150~225년경)의 엘리마이스(Elymais)의 탕이사르박(Tang-i-Sarvak)의 부조와 비교하였다.[137] 호랑이 새끼들에게 몸을 희생하는 왕자의 상은 바닥에 드러누운 와상으로 공망산 동쪽 끝에 위치하는데 이란의 부조의 패배한 적장상을 연상하게 한다.[138] 또한 공망산의 끝이 뾰족한 모자를 쓴 인물들을 쿠샨의 비마 카드피세스 2세의 주화의 인물상과도 비교하여 유사함을 지적하였다. 공망산의 두꺼비 조각상은 한편 곽거병묘의 동물조각상의 형식을 연상하게 한다.

마릴린 리는 공망산 조각에서 외국복식을 입은 인물상들은 월지 또는 파르티안과 같은 외국인의 표현이라고 주장하였다. 월지인들과 파르티아인들은 중국 동한의 수도 낙양에 이미 잘 알려져 있었으며 동서교류에 따라 해당지역에서 이미 활동 중이었을 가능성이 있으며 그 결과 공망산 조각에 출현하였다고 보았다.

중국의 한대 화상석에는 흉노 교전도, 각저희, 백희기악 등 여러 주제에 외국인 형상이 조각

---

137) 공망산 부조 선묘는 Marylin M. Rhie, *Early Buddhist Art of China and Central Asia*, vol. 1, Brill, 1999, p.46 도 1.2, 도 1.6

138) Marylin M. Rhie, *Early Buddhist Art of China and Central Asia*, vol. 1, Brill, 1999, 도1.13, e 1.14.

되어있다. 스키타이와 흉노 등 유라시아계 나라들의 인물 형상에서 볼 수 있는 끝이 뾰족한 모자를 쓰거나 심목고비 형상으로 정형화되어있어 특정한 국적 분별이 어렵지만 한대 중국에 들어와 있던 외국인들의 존재를 확인할 수 있다.

형의전은 중국 고대 문헌 중 "융적戎狄"과 "호인胡人"의 외모와 한대 도상 자료 중 호인의 외모를 고찰하였다.[139] 고고자료로 본 피발被髮, 좌임左衽과 모식帽式을 분석한 결과 스키타이인의 형상과 반드시 일치하지 않는, 보다 다양하게 표현된 화상석의 호인 형상과 중국 사서의 호인의 외모 표현은 한대인들이 받아들인 여러 호인들의 복합적 또는 정형화된 이미지의 표현이라는 것이다.[140]

호인 조각상(산동석각예술박물관)

흉노의 남천으로 흉노와 한문화가 섞이는 벽화묘와 화상석묘로는 섬북지역 벽화고분 중에서 흉노계 특징을 보이는 섬북 정변 벽화고분, 내몽고 악탁극 봉황산 벽화고분 등과 섬서 신목 대보당 한 화상석묘, 미지 한 화상석묘, 수덕 한 화상석묘 등이 있다. 흉노의 동물양식으로 긴 뿔 달린 사슴의 형상이 문미, 문주 화상에 자주 출현한다. 섬북 화상석의 도상들은 범본을 놓고 화상을 돌에 새기는 형태여서 섬북 화상석에 자주 출현하는 동물 화상들은 범본의 형태로 신목, 미지, 수덕, 유림 등 섬북 지역에 유통되면서 형상과 배치에서 그다지 큰 변형 없이 반복적으로 제작된 것으로 보인다. 이들 지역은 흉노를 다스리는 중국의 치소가 설치된 곳으로 흉노와 한의 문화가 섞이는 경계지역이므로 흉노의 미술과 한 미술의 모티프가 섞이는 것은 당연한 일이었을 것이다. 한대에 중원지역에서도 흉노족 주문에 따라 흉노족

139) 邢義田, 「古代中國及歐亞文獻, 圖像與考古資料中的"胡人"外貌」, 『國立台灣大學美術史研究集刊』, 2000年 9期.
140) 한대 미술의 호인상에 대해서는 邢義田, 『畫爲心聲: 畫像石, 畫像磚與壁畫』, 中華書局, 2011, 197~314쪽; 김병준, 「한대 화상석의 교상교전도 분석」, 『강좌 미술사』 26, 한국미술사연구소, 2006, 391~421쪽; 鄭岩, 「漢代藝術中的胡人形象」, 『逝者的面具 : 漢唐墓葬藝術研究』, 北京大學出版社, 2013.

의 취향에 맞춘 금속공예품들을 중국인 장인들이 제작한 사례가 많으므로 한대 미술의 외래계 요소로서 흉노의 북방문화 미술이 유입되었음을 짐작할 수 있다.[141]

141) 문헌에 나타난 흉노와 한의 접촉에 대해서 장안에 들어와 살았던 흉노에 대해서 살핀 선행연구에 의하면 文帝 때에서부터 시작해 약 160여 년간 흉노의 전쟁 포로 약 27만여 명이 존재하였으며, 흉노사신이나 單于의 來朝시에 장안에 저택을 짓거나 마련하였고 전쟁 투항자 외에도 외국인 교역자들이 장안의 일정구역에 거주하였는데 흉노인의 경우도 이에 해당된다. 장안성에 서역상인이 聚居하는 蠻夷邸가 있었다는 사실이 『漢書』에 기록되어 있다. 『漢書』 卷70, 「陳湯傳」 제9冊, 傳3, 3015쪽; 권영필, 「대체문헌(代替文獻)」으로서의 서안지구출토 청동동물문장식패(靑銅動物紋裝飾牌) - 흉노미술(匈奴美術)의 남하(南下) - 」, 『中央아시아 硏究』 2, 중앙아시아학회, 1997, 43~66쪽.

2장

고구려 고분벽화의
유라시아적 문화요소의 형성과 발전

키고자 한다.

고구려 벽화에서 '왕'자 유운문은 주로 묘주도의 병풍 장식이나 배경의 휘장 장식, 전실 또는 후실 벽면의 유일한 장식도안으로 사용되었다. 선행연구에서 언급된 '왕'자문 출현 벽화 고분들은 덕흥리 벽화분, 감신총, 산성하332호묘, 장천2호분, 미창구장군묘, 산성하332호묘 등이다.[9] 이들 고분 외에 일제강점기 제작된 모사도와 흑백사진을 통하여 추가로 확인할 수 있는 예는 감신총의 후실 북벽 장방도, 쌍영총 후실 서벽 장방도, 안악2호분 주실 서벽 행렬도 하단, 장천 1호분 전실 남벽 가무관람도의 묘주도의 휘장, 오회분5호묘 관대 등이 있다. 몇몇 고분에서는 '왕'자가 아닌 '공ㅗ'자, '사ㅗ'자 등으로 글자가 약간씩 변형되거나, 양끝이 굽은 갈고리 모양의 유운문만 시문된 경우가 관찰된다.

묘주 또는 신상형 인물을 둘러싼 병풍 또는 휘장 장식에 사용된 예는 옥도리벽화고분, 덕흥리 벽화분, 안악2호분, 감신총, 쌍영총, 장천1호분이다. 덕흥리 벽화분은 전실 북벽 묘주도의 병풍에서 '왕'자는 보이지 않으나 병풍에 장식된 유운문의 형태가 다른 고분의 '왕'자 유운문의 것

옥도리벽화고분 주실 북벽 묘주도

또한 5세기로 편년되는 미창구장군묘는 환인에서 나타나 왕릉으로 보기 어렵다. 따라서 '왕'자문은 묘주가 왕과 혈연관계에 있거나 왕족계통임을 나타내려는 시도로 추정되고 있다. 또는 '왕'자문을 불교의 전륜성왕의 표현으로 보고 불교적 의미로 해석하는 견해가 있다. 순수장식문양고분인 미창구장군묘와 전동명왕릉은 고구려의 시조인 동명왕과 연관하여 해석하기도 한다. 유홍준·이태호, 『고구려 고분벽화』, 풀빛, 1995, 62-63쪽; 정병모, 「高句麗古墳壁畵의 裝飾文樣圖에 대한 考察」, 『강좌 미술사』 10, 한국미술사연구소, 1998, 105~155쪽; 정호섭, 『고구려 고분의 조영과 제의』, 서경문화사, 2011, 121~241쪽.

9) 정호섭, 『고구려 고분의 조영과 제의』, 서경문화사, 2011; 東潮, 『高句麗壁畵と東アジア』, 學生社, 2011; 정병모, 「高句麗古墳壁畵의 裝飾文樣圖에 대한 考察」, 『강좌 미술사』 10, 한국미술사연구소, 1998, 105~155쪽.

과 같다.

같은 형태의 유운문은 안악2호분의 주실 북벽의 묘주 장방도에도 보인다. 화면의 중앙에 앉은 묘주는 거의 지워졌으나 배경의 휘장에 그려진 유운문은 알아볼 수 있다. 이러한 유운문 장식은 같은 고분의 주실 서벽에도 관찰된다. 서벽은 가로띠에 의해 상하로 구분된다. 상단에는 일렬로 서있는 인물군상이 있다. 하단은 빈 공간으로 보이나 자세히 관찰하면 갈고리 형태의 유운문의 흔적이 남아있다.[10] 유운문 외에 다른 그림이 그려졌을 가능성도 있지만 사진자료로는 확인이 어렵다. 안악2호분의 묘실에서 관대가 서벽에 접해 놓여있다는 것을 고려하면 묘주의 시신이 놓인 관 뒤쪽으로 유운문을 그려 일종의 배경장식으로 사용한 것으로 보인다.

안악2호분과 유사하게 주실 서벽에 유운문이 그려진 사례는 쌍영총이 있다. 쌍영총은 주실 북벽의 묘주부부도가 잘 알려져 있다. 그런데 주실 서벽에도 북벽과 유사한 크기의 직사각형 형태의 틀 안에 장방도가 그려져 있다. 서벽 장방도의 중앙에 앉은 인물은 이미 지워졌으나, 인물의 배경으로 '士'자와 유운문이 반복적으로 장식되었다.[11] 안악2호분과 쌍영총 모두 주실 서벽에 유운문 장식이 있고 동벽에 행렬도가 그려진 공통점이 있다.

덕흥리 벽화분 전실 묘주도

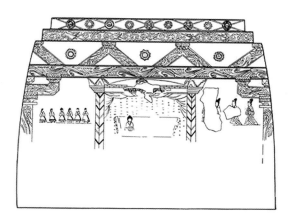

안악2호분 주실 북벽 묘주도

---

10) 朝鮮畵報社 편, 『高句麗古墳壁畵』, 講談社, 1985; 조선유적유물도감 편찬위원회, 『조선유적유물도감』 5, 6, 외국문종합출판사, 1990.

11) 쌍영총 주실 서벽의 장방도의 '士'자와 유운문은 국립중앙박물관, 『고구려 무덤벽화 국립중앙박물관 소장

주도에 보이는 거대한 휘장은 이러한 조선시대 종묘의 신실神室의 휘장을 연상시킨다. 고구려 묘주도의 휘장은 고구려의 빈殯의 의식과 관련지어서 상옥喪屋에서 의식을 행하는데 중요한 설치물로 파악하기도 한다.[36]

고구려의 '왕'자 유운문을 고구려 상류층에서 유행한 비단 직물의 장식으로 보고 중국 강남지방에서 생산한 직물이 고구려에 전해진 것으로 보는 견해가 있었는데, 실제 고구려의 직물에 대한 문헌 기록을 보면 운문雲文의 금직물이 고구려에서 직접 생산되었음을 알 수 있다. 『한원翰苑』 고구려조高句麗條에 "고구려에서 금錦을 짰는데, 자지힐문금紫地纈文錦을 최상으로 쳤고, 다음은 오색금五色錦, 그 다음은 운포금雲布錦이 있으며 또 백첩포와 청포를 짰다."는 기록이 있다.[37] 자지힐문금은 문양염색에 의해 문양을 표현한 직물이며, 오색금은 다채하게 짜인 금이고, 운포금은 운문의 금직물로 본다. 장천2호분의 전실의 벽화에 왕자가 직문織紋된 운문의 금장錦帳이 묘사되어 있어 운포금이 이와 같은 유형의 문양이었을 것으로 짐작한다. 또한 같은 고분에서 귤황색 바탕에 홍색과 심란색深蘭色으로 문양을 제직한 경중조직의 경금經錦이 출토되어 이러한 추정을 가능하게 한다. 고구려의 휘장은 일본에도 전해졌는데, 『일본서기』 흠명제欽命帝 23년(562년)에 고구려에서 '칠직七織'의 '장帳'을 가져간 기록이 있다.[38]

한편 『삼국유사』 650년(진덕여왕 4년)에 진덕여왕이 즉위하여 태평송太平訟을 지어 이를 직문織紋한 오언직성금五言織成錦을 짜서 당나라에 보낸 기록이 있다.[39] 오언직성금은 문자를 문양화한 '문자금文字錦'으로 추정된다. 중국의 동한, 위진남북조시대의 유물에서 많이 나타나는 길吉, 수壽, 자손창성子孫昌盛과 같은 문자를 넣어 짠 '문자금' 종류를 신라에서도 생산하였음을 의미한다.[40] 한자를 문양과 같이 도안한 금직물 제직은 동한시대와 위진남북조 시대에 매우 유행하였다.[41] 고구려에서도 '문자금'을 제작하였음을 고구려 벽화에 보이는 유운문에 왕자가 더해진

36) 정호섭, 『고구려 고분의 조영과 제의』, 서경문화사, 2011, 320쪽.
37) 『翰苑』 高句麗條, "高麗其人亦造錦紫地纈文者爲上 次有五色錦 次有雲布錦 又造白氎布青布…" 국립문화재연구소 편, 『우리나라 전통 무늬 1 직물』, 눌와, 2006, 15쪽.
38) 심연옥, 『한국직물문양 이천년』, 삼화인쇄출판사, 2006, 12-13쪽.
39) 심연옥, 『한국직물문양 이천년』, 삼화인쇄출판사, 2006, 12-13쪽.
40) 국립문화재연구소 편, 『우리나라 전통 무늬 1 직물』, 눌와, 2006, 17쪽.
41) 심연옥, 『한국직물문양 이천년』, 삼화인쇄출판사, 2006, 12-13쪽.

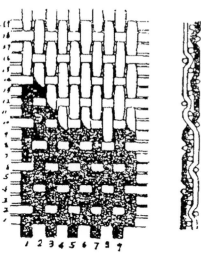

장천2호분 출토 직물

'왕'자 유운문을 통하여 짐작할 수 있다.[42] 결국 고구려 벽화의 '왕'자 유운문 장식은 고구려에서 제작된 '운포금'과 '문자금'을 묘사한 것이라고 볼 수 있다.

한편 고구려에서 제작한 금錦이 고구려 벽화고분 안에 실제로 설치되었을 가능성을 고려해볼 수 있다. 왕자가 직문織紋된 운문의 금장錦帳이 묘사된 장천2호분에서 문양을 제직한 경중조직의 경금經錦(23㎝)이 남쪽 시상대 서북쪽 모서리에서 출토되었으며 주실의 네 벽 위쪽에 못 구멍이 발견되었기 때문이다. 못 구멍은 동벽 8개, 남·북벽 각 5개, 서벽 4개가 일정간격을 유지하며 나있다. 동벽 남단과 서벽 북단에는 도금 고리가 남아 있는 상태로 발견되었다. 또한 출토유물 중에서 벽고리가 2점 나왔다.

장천2호분 외에 다른 장식문양고분에서도 못과 못 자국의 흔적이 발견된다. 미창구장군묘 주실 네 벽 위쪽에는 일정한 간격으로 20군데에 걸쳐 못 구멍이 뚫렸으며, 동벽에 있는 두 개의 구멍에는 구리 못이 일부가 남아 있다. 만보정1368호묘는 묘실 네 벽 상부에 모두 못 자국이 있다. 북벽은 9개이며 간격은 일정하지 않다. 서벽의 6개의 못 자국의 간격은 32~62㎝이다. 동벽에는 두 개가 있다. 모두 북쪽에 편중되었고 간격은 52㎝이다. 남벽에는 4개가 있는데 간격은 49-69㎝ 이다. 장천 1호묘는 연화문으로만 장식된 주실 벽 위쪽에 일정한 간격으로 동벽에 8개, 남·북벽에 각각 7개의 못 구멍이 뚫려 있다. 산성하332호묘는 주실의 좌·우벽과 안벽의 위쪽에 40-50㎝ 간격으로 벽마다 6개의 못이 5㎝ 깊이로 박혔던 쇠못 구멍이 남아 있다. 또한 쇠 벽고리 4점이 묘실의 진흙과 묘도의 진흙 내에서 출토되었다.[43]

---

42) 운기문자문 도안은 중국 동한시대에 가장 유행하며 주로 금직물의 도안으로 사용되었는데 가장 이른 연대의 유물은 몽골 노인울라(Noin Ura) 흉노묘에서 출토되었다. 동한대 운기문 도안의 대부분은 운기문에 동물문과 문자문이 혼합된 형태이다. 심연옥, 『한국직물문양 이천년』, 삼화인쇄출판사, 2006, 18쪽.

43) 위에서 언급한 장식문양 고분들 외에 통구12호묘는 남실 후벽에 그려진 묘주부부가 앉은 집 위쪽에 붉고 검은색이 교차된 연꽃이 일곱 송이가 있는데 꽃술에 둥근 구멍이 뚫려있고, 그 속에 쇳녹의 흔적이 있다. 우산하 1041호묘는 묘실의 남북벽면에 35㎝의 간격을 두고 작은 구멍이 안에 파인 연화가 묘사되어 있다. 북벽 들보 아래에도 구멍을 갖춘 연화가 나란히 그려져 있다. 마선구 1호묘는 묘실 궁륭부 각 방향 벽면 중간

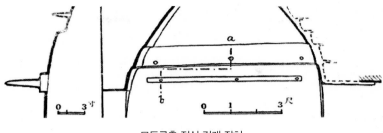

모두루총 전실 걸개 장치

　　모두루총의 걸개 장치는 독특한데 길이 약 180㎝, 너비 6㎝, 깊이 2㎝의 긴 홈이 전실의 우벽의 상단에 새겨져 있다.[44] 긴 홈의 위와 아래에 각각 세 개씩 못을 박는 구멍이 있다. 모두루총은 전실 정면 벽 양방 위에 쓰여 있는 묵서 제기로 인해 벽화고분으로 본다.[45]

　　고구려의 순수장식문양 고분이 주로 중국 집안지역에 출현하기 때문에 못과 못 자국도 집안지역 벽화고분에서 주로 발견되는 듯하다. 고구려 벽화고분의 벽면에서 관찰되는 작은 구멍은 오회분과 같이 보석을 감입한 사례도 있으나, 앞에서 언급한 고분들의 경우 주로 쇳녹의 흔적이 있어 대부분 못을 거는데 사용된 것으로 보인다.

　　벽면에 일정 간격으로 박힌 못을 이용하여 벽면 전체를 덮는 금장錦帳을 걸었다면 벽화를 가릴 수도 있기 때문에 금장錦帳이 아닌 만장輓章을 걸었을 가능성도 있다. 또한 고구려 벽화에서는 순수장식문양도와 사신도의 발달과 묘주초상의 소멸이 궤를 같이 한다. 순수장식문양고분에서 못 자국이 많이 발견되는 이유가 이러한 변화와 연관되어있는 것은 아닌지 고려해볼 필요가 있다.

　　묘실 내에서 금장錦帳의 설치는 묘주의 혼전을 상징하는 구조물을 세우기 위한 것일 수도 있다. 중국 동한대 낙양에서는 한나라의 시조인 고조에 대한 종묘 제사에서 수놓은 장막을 설치하고 음식과 술을 마련하여 영좌를 마련하는 의식이 이루어졌다. 이러한 제의 건축물은 이미

　　에 네모꼴 구멍을 하나씩 뚫고 그 안에 계단 모양으로 돌을 쌓았다. 전호태,『고구려 고분벽화 연구』, 사계절, 2000, 350~402쪽.
44) 池內宏,『通溝』卷下, 日滿文化協會, 1940, p.39; 이형구,『고구려 고고문물』, 한국정신문화연구원, 1996, 98쪽.
45) 묵서 제기에 있는 고구려의 시조에 대한 기록으로 보아 독특한 형태의 걸개 장치는 묘 내부에서 드린 제의와 연관되지 않을까 싶다.

사라졌으나, 유사한 영좌 표현이 한나라 고분들에서 관찰된다. 호남 장사 마왕퇴1호묘는 북실의 사방 벽에 비단 휘장이 걸려있고 대나무 자리와 두꺼운 방석이 바닥에 깔리고 그 뒤로 그림 병풍이 둘려져 있으며 앞에는 정교한 칠기들이 놓여있다. 두 쌍의 비단 신발과 지팡이, 화장품 상자 등 묘주의 개인 용품들로 구성된 부장품들이 영좌를 둘러싸고 있다.

기원전 2-1세기에 전축 또는 석축의 횡혈식 묘실이 축조되기 시작하면서, 묘주의 영좌는 제의공간을 상징하는 고분의 전실에 차려지며 고분 내에서 더욱 더 중요한 위치를 차지하게 된다. 하북성 만성 1호 고분(유승묘)에는 중실中室에서 청동 유장가帷帳架가 두 세트 출토되었는데 유장가를 조립한 결과 길이 2.5m, 너비 1.5m, 높이 2m의 두 채의 목조 구조물이 재구성되었다. 특히 이들 목조 구조물은 원래 금장錦帳으로 덮여있었다. 하남 영성 시원 벽화묘의 주실에는 벽과 천장의 경계를 따라 사각형 구멍이 줄지어 여러 개 뚫려 있는데, 제사를 위한 목조 건축을 조성했던 흔적으로 추정된다.[46]

우리나라에서도 무령왕릉에서 출토된 은판과 못이 전에는 관에 사용된 것으로 추정하였으나, 중국 남조 전축분의 예처럼 왕과 왕비의 관 위에 씌워졌던 휘장揮帳을 장식한 휘장부속구로 추정하고 있다. 무령왕릉 내부 벽에서 발견된 못과 못 자국들도 휘장과 관련된 것으로 생각된다.[47] 고구려의 금장錦帳 제작과 묘실 내에서의 설치에 대해서는 중국 고분 내의 제사 구조물의 설치의 사례를 면밀히 검토하여 비교함으로써 보다 구체적으로 이해할 수 있을 것으로 생각된다.

이상으로 '왕'자 유운문이 출현하는 고구려 벽화고분들의 사례를 검토하여 고분에서의 병풍과 휘장의 장식문양의 표현 및 벽화고분 내에서의 금장錦帳의 설치 가능성에 대하여 살펴보았다.

고구려 벽화고분에서 '왕'자 유운문은 관대의 장식, 묘실의 전체 표면 장식, 묘주도의 배경 장식, 관대가 놓인 벽면의 배경 장식으로 다양하게 사용되었다. '왕'자 유운문의 표현은 고구려 고분벽화 주제의 변천, 즉 인물풍속도와 순수장식문양도의 변화와 밀접하게 관련되어있는 것으로 보인다. 즉, 묘주의 직접적인 초상의 표현에 배경으로 사용되거나 병풍화가 가진 제의적 상

---

46) 鄭岩,「關于墓葬壁畵起源問題的思考-以河南永城柿園漢墓爲中心」,『古宮博物院』, 2005年 3期, 63쪽, 도9; 황요분,『한대의 무덤과 그 제사의 기원』, 학연문화사, 2006, 158~162쪽, 330~332쪽, 411-412쪽, 도22.

47) 국립공주박물관 편,『무령왕릉을 格物하다 – 무령왕릉 발굴 40주년 기념 특별전』, 국립공주박물관, 2011, 38쪽; 정호섭,『고구려 고분의 조영과 제의』, 서경문화사, 2011, 321쪽.

징성을 강조하는 식으로 묘실 벽면 전체에 확장되어 표현되기도 한다.

또한 묘실 전면을 장식한 '왕'자 유운문은 휘장揮帳(유장帷帳)의 장식문양, 즉 금장錦帳의 표현일 수도 있다고 보았다. 『한원』과 『삼국사기』의 기록으로 미루어 고구려에서 '운포금雲布錦'과 '문자금文字錦'를 직접 제작하였을 것으로 추정된다.

한편 고구려 벽화고분의 장식문양도 고분에서 못과 못 자국 및 금직물과 벽걸이 유물이 발견된 사실은 고구려 고분 내에서 금장錦帳 또는 만장輓章의 제작과 설치 가능성에 대하여 가정하게 하였다. 중국 고분의 사례와 비교하면 이러한 묘실 내에서 금장의 설치는 묘주의 혼전을 상징하는 구조물을 세우기 위한 것으로 이해된다.

다음에서는 동시기 중국 고분과의 교류관계 - 중국 위진남북조 고분의 유장의 설치, 북조 고분의 위병석탑, 석관, 석곽 등 고분 내 구조물에 대하여 비교 고찰한다.

Ⅳ. 고구려 벽화고분의 장식문양과 유장(帷帳)의 설치

고구려 벽화고분의 묘주도에서 주목되는 특징 중 하나는 묘주가 앉은 전각과 같은 공간을 덮고 있는 휘장과 묘주의 배경이 되는 병풍 또는 휘장 장식이 강조되어있다는 점이다. 집안지역에서 묘주도가 처음 나타나는 각저총, 무용총의 주실 북벽의 묘주도는 여러 겹으로 두껍게 말려 젖혀진 휘장 아래 묘사되어 마치 무대와 같은 공간이 형성된다. 평양·안악지역의 쌍영총, 안악2호분, 매산리 수렵총, 약수리벽화분의 묘주도도 둘둘 말려 젖힌 휘장이 강조되었다. 쌍영총의 묘주도는 이중의 구조물 안에 들어있는데 휘장이 집 내부가 아닌 외부에 설치되어있다. 감신총, 옥도리고분, 쌍영총, 천왕지신총은 '왕王'자 또는 '사士'자 유운문과 귀갑연화문이 묘주도 또는 신상神像형 인물상의 배경의 휘장 장식으로 사용되었다.[48]

천왕지신총은 후실 벽이 모두 연꽃장식귀갑문으로 덮여있고 묘실 북벽 상부에 가옥 안에 앉

---

48) 옥도리벽화고분, 감신총, 쌍영총, 천왕지신총은 평양·안악지역 벽화고분 가운데 집안지역 벽화고분과의 교류를 보여주는 고분들이다. 천왕지신총의 연화문은 간성리 연화총과 함께 집안 계열로 분류되며 5세기 집안 계열 연꽃 표현의 특징을 보인다. 전호태, 『고구려 고분벽화 연구』, 사계절, 2000, 158~160쪽.

은 묘주도가 있다.[49] 또한 전·후실 천장에 '인人'자형 두공 등 목조가옥의 부재를 부조로 재현하였다.

다음의 표를 보면 '왕'자 유운문은 묘주도의 병풍과 휘장, 주실 벽과 전실 벽의 장식문양으로 사용되거나, 또는 관 뒤의 벽면과 관대 자체의 장식으로 사용된 것을 알 수 있다.

표 1 | '王'字 流雲文이 출현하는 고구려 벽화고분

벽화고분	편년	위치	
덕흥리 벽화분	408년	남자묘주 전실 병풍	유운문
감신총	5세기 전반	전실 서감 인물상 휘장 후실 북벽 묘주도 휘장	'王'자 유운문
옥도리벽화고분	5세기 전반	후실 북벽 묘주부부도 휘장	'大'자, '王'자 유운문
쌍영총	5세기 후반	후실 서벽 장방도	'土'자 유운문
안악2호분	5세기 후반	묘실 북벽 묘주부부도 휘장 묘실 서벽 행렬	유운문 유운문
장천1호분	5세기 중	전실 남벽 묘주부부도 휘장	'工'자 연속도안
장천2호분	5세기 중	전실 벽면	'王'자 유운문
산성하332호묘	5세기 중	후실 벽면	'王'자 유운문
미창구장군묘	5세기 중	전실 벽면	'王'자 유운문
오회분5호묘	6세기 후	묘실 관대	('王'자) 유운문

'왕'자 유운문의 표현양상은 고구려 벽화 주제의 변천과정에 비추어 본다면 생활풍속도 주제의 벽화고분에서 묘주도의 병풍이나 휘장의 장식으로 사용되는 경우와 장식문양도 주제의 고분에서 묘주도의 직접적 표현 없이 묘실 공간을 꾸미는 상징적 장식으로 사용되는 경우로 나눌 수 있다. 고구려 벽화에서 묘주 또는 묘주가 있는 공간을 상징하는 대표적 장식문양은 '왕'자 유운문 외에도 연화문이 있다.[50]

---

49) 조선총독부,『古蹟調査特別報告 第五册 - 高句麗時代之遺蹟 下册』, 1930, 도 595, 170쪽; 국립중앙박물관 편,『고구려 무덤벽화 국립중앙박물관 소장 모사도』, 국립중앙박물관, 2006, 81쪽.
50) 묘실 안에서의 연화문 표현 확대는 평양 계열 고분벽화에서는 연화가 묘실 벽면에 주로 표현되었다가 묘실 천장고임으로 확대된다. 집안 계열에서는 연화가 묘실 천장고임에 주로 표현되다가 점차 묘실 벽면에도 그

'왕'자 유운문 장식은 묘주의 실제 초상이 없는 고분에서 묘실의 유일한 장식제재로 사용되기도 하는데 묘실 전면을 장식한 '왕'자 유운문은 처음에는 병풍 또는 휘장과 같이 기물 표면에 시문되었던 장식문양이었다가 병풍과 휘장의 틀을 벗어나서 장식공간이 확장되면서 묘실 전체 공간으로 확대된다.[51]

표 2 | 연화문이 묘주도의 병풍(휘장)과 묘실 벽을 장식하는 고구려 벽화고분

벽화고분	편년	위치
천왕지신총	5세기 중	후실 북벽 묘주도(연봉오리) 후실 벽면(연화 귀갑문)
수산리 벽화분	5세기 전반	묘실 북벽 묘주도(연봉오리)
장천1호분	5세기 중	전실 북벽 백희도(연봉오리) 후실 벽면(정면 연화문)
산성하983호묘	5세기 중	묘실 벽면 천장
산연화총	5세기 중	묘실 벽면
미창구장군묘	5세기 중	묘실 벽면
전동명왕릉	5세기 중	묘실 벽면

'왕'자 유운문과 같은 문양으로만 장식된 순수장식문양고분 중에서 묘실 벽에 소공小孔이 발견되고 유장 또는 휘장 걸이용 못과 직물 잔편이 발견되기 때문에 실제 수놓은 직물이 고분 내부의 공간에 설치되었을 가능성도 있다. 휘장(유장帷帳, 만장幔帳)이 실제로 벽화고분 안에 어떻게 설치되었을까 에 대해서는 현재 남아있는 자료로는 추정이 쉽지 않다. 소공小孔의 흔적이 고분마다 차이가 있고, 고분 안에서 발견되는 직물이 관을 덮는 용도로 쓰였을 수도 있고 또는 묘실 한 벽면이나 사면 벽을 돌아가며 덮었을 가능성 등 다양한 설치 예가 고려되기 때문이다.

고구려 고분의 장구葬具와 관련된 유물로는 목곽, 목관, 꺾쇠, 걸고리, 관정, 관고리 등이 있다. 꺾쇠는 목곽에, 걸고리 못은 곽이나 실의 벽에 휘장을 거는 데 사용되었을 것으로 생각된다. 벽

려지기 시작하며, 곧이어 연화문 장식 벽화고분으로 변천해 간다. 전호태,『고구려 고분벽화 연구』, 사계절, 2000, 214쪽; 박아림,「고구려 벽화의 장식 문양과 금장錦帳의 표현」,『고구려발해연구』43, 고구려발해학회, 2012, 57~77쪽.

51) 박아림,「고구려 벽화의 장식 문양과 금장錦帳의 표현」,『고구려발해연구』43, 고구려발해학회, 2012, 57~77쪽.

화고분이 아닌 적석총 중에서 장구가 출토된 사례는 우산하 2112호묘, 장군총, 천추총, 태왕릉 등이 있다.[52] 고구려 고분에서 출토되는 걸고리로 볼 때 곽이나 실의 벽에 휘장을 거는 것이라면 그 휘장에는 중국 한대 목곽묘의 벽에 거는 백화帛畵와 같이 그림이 그려졌을 가능성이 있으며 고구려 고분벽화가 이 목곽과 목실묘의 백화에서 발전되었을 수도 있다는 견해가 있어 주목된다.[53]

휘장 걸이용 못과 소공小孔이 발견되는 벽화고분은 집안지역 초기 벽화고분이면서 인물화나 장식문양도가 발견되지 않는 고분(만보정1368호분과 모두루총), 인물생활풍속도 고분이면서 묘실 벽면 상단의 연화문 중심에 못과 소공小孔이 발견되는 고분(우산하 1041호묘, 통구12호분, 마선구1호묘), 순수 장식문양도 고분이면서 소공小孔이 발견되는 고분(산성하983호묘, 미창구 장군묘, 장천2호분), 사신도 고분으로 소공小孔이 있는 고분(통구 사신총, 오회분 4, 5호묘, 강서 대묘와 중묘)으로 나눌 수 있다.[54]

집안지역에서 가장 이른 벽화고분의 하나로 여겨지는 만보정 1368호분(남향)은 묘실 벽과 천장에 흑선으로 대들보와 기둥을 그렸다. 기둥은 모두 8개이다(각 모서리와 네 벽 중앙). 묘실 네 벽 상부에 일정 간격으로 쇠못을 박았다(북벽-9개, 서벽-6개[간격 32~62㎝], 동벽-2개, 남벽-4개[간격 49~69㎝]). 쇠못의 머리 부분이 위로 구부러져 휘장 걸이로 추정한다. 남향의 고분으로서 관대가 서벽과 북벽 쪽에 놓인 점, 동벽 모서리에 돌로 쌓은 부엌이 축조된 점을 고려하면 못의 용도가 관대에 놓인 묘주를 보호하는 휘장걸이로 사용된 것으로 생각된다. 기둥과 들보 그림 외에는 인물생활풍속도나 장식문양도가 발견되지 않아 만약 휘장이 걸렸다면 거기에 어떤 그림이 그려져 있었을 가능성도 생각해볼 수 있다.

모두루총(서향)은 벽면에 무용총, 각저총과 같이 두터운 석회를 발랐다. 전실 후벽(동벽) 상

---

52) 통구 사신총과 오회분, 사회분 등이 주변에 분포한 우산하 211호묘에서는 꺾쇠, 걸고리, 관정, 용석, 기와가 출토되었다. 관못 34건(목관), 철제 꺾쇠 45건(목곽)이 출토되어 관정과 더불어 목곽과 목관을 제작하는데 사용한 것으로 추정된다. 기와 등 건축구조물은 대부분 석광 내 서부와 서면 계단 바깥에서 출토되었다. 금·은·금동 장식품(금제 실, 금제 보요장식, 금동 보요, 6판 연화문 장식, 6판 매화문 보요장식, 5판 매화문 단추장식 등)이 대량으로 나왔다.

53) 김용성, 「고구려 적석총의 분제와 묘제에 대한 새로운 인식」, 『북방사논총』 3, 고구려연구재단, 2005, 132쪽.

54) 고구려 벽화고분에서 발견되는 小孔과 葬具에 대해서는 전호태, 『고구려 고분벽화』, 사계절, 2000; 여호규, 『중국 소재 고구려 유적·유물 Ⅱ 집안 통구분지편』, 동북아역사재단, 진인진, 2011을 주로 참고하여 정리하였다.

단에 묵서제기가 있으며 좌벽(남벽) 들보 아래에 길이 약 180㎝, 너비 6㎝, 깊이 2㎝의 긴 조槽가 있다. 조槽 안에 3개의 못 자국이 있고 대들보(양방梁枋) 위에도 3군데에 못 자국이 있다. 벽의 휘장을 거는 용도로 쓰인 것으로 추정된다.[55] 만보정 1368호분과 같이 인물생활풍속도나 장식 문양도가 그려져 있지 않은 고분에 유장 설치가 이루어진 예이다. 한쪽 벽면에 유장을 거는 형식이 태왕릉에서 출토된 도금동 만가幔架와 같은 것이 걸린 자리가 아닌지 추정하게 한다.

인물생활풍속도고분인 우산하1041호묘, 통구12호분, 마선구1호묘는 벽면 상단에 횡렬로 배열된 연화문에 소공小孔이 출현한다. 우산하1041호묘(서향)는 동벽(후벽)에 묘주부부도가 있고, 북벽에 수렵도(하단)와 연화도(상단)가 있다. 남벽 벽화는 남아있지 않다. 소공小孔은 남·북벽 상단에 35㎝ 간격으로 횡렬로 배열되어있다(각 6개?). 북벽에 남은 벽화를 보면 정면연화문의 중심에 구멍이 나있는 것으로 보인다. 남벽은 북벽과 서로 대칭하는 6개의 작은 구멍이 있다. 마포麻布잔편과 견직물 잔편, 관곽에 사용되었던 칠피漆皮잔편, 철제벽걸이 2점이 출토되었다. 통구12호분의 예와 같이 원래 벽면 상단의 연화문의 중심에 벽걸이가 박혀 있었던 것으로 추정한다. 작은 구멍에 벽걸이를 삽입한 후, 회니를 채워 넣었던 흔적이 남아 있다. 같은 형태의 작은 구멍이 개정석 아랫면 중앙 좌우에 각각 1개씩 파여 있는데, 못을 박고 갈고리를 설치하였던 것으로 추정한다.

통구12호분(서향)의 남실은 동벽(후벽)에 가옥 안에 앉은 묘주부부 대좌도가, 남·북벽에는 예련도禮輦圖가 있다. 묘실 네 벽 상단을 따라서 정면연화문이 일정간격으로 횡렬로 배열되어 있는데 꽃심에 둥근 구멍이 있고 그 안에 쇳녹의 흔적이 있다 유장을 거는 못을 박았던 자리로 추정한다. 남실과 북실 천장은 주로 연화문과 운기문으로 장식되었다.

마선구1호묘(서향)는 묘주부부도(동벽), 무용도(남벽), 개마무사도(북벽)가 있다. 궁륭식 천정의 네 벽면 정중앙의 아래쪽에 치우친 곳에 각각 방형 소공 1개가 있는데 구멍 안은 계단모양으로 쌓았다. 목질부속품을 세웠던 것으로 여겨진다. 묘실 중앙에 원형기둥이 세워져 있다. 또한 철제 갈고리 1점이 묘실 북벽 아래에서 출토되었다. 원래는 네 벽의 상방 꽃송이 중심에 있었을 것으로 추정한다. 아직 화심花心에 녹이 슨 흔적이 있는 작은 구멍이 남아 있다.

우산하1041호묘와 마선구1호묘는 천장에도 갈고리를 설치한 구멍이 있어 묘실 전체를 덮는

55) 池內宏, 『通溝』 卷下, 日滿文化協會, 1940, 39쪽.

천막(?) 형태의 유장이 설치되었을 가능성도 있다. 두 고분 모두 연화문 중앙에 못을 박고 휘장을 걸었던 것으로 보이는데 생활풍속도 고분에서 벽면에 휘장을 설치한다면 벽화가 가려진다는 문제점이 있어 벽화와 유장설치의 관계에 대해서 보다 고려해볼 필요가 있다. 장천1호분은 연화문만으로 장식된 후실의 동·남·북 벽면에 소공이 발견된다. 인물생활풍속도 고분의 소공小孔과 유장 설치가 연화문 문양을 이용하여 이루어진 점은 다음에 살펴볼 순수장식문양도 고분에도 보이는 특징이다.

다음으로 순수장식문양고분인 산성하332호분, 장천2호분, 미창구 장군묘는 모두 후실 벽 상단에 일정 간격으로 못 자국이 남아있다. 산성하 332호분은 주실의 북·동·서벽 상단에 40-50㎝ 간격으로 각 6점씩 쇠못 자국(깊이 5㎝)이 있다. 철제 벽고리 4점(전체 길이 21㎝)이 묘실과 묘도에서 발견되었다.

장천2호분은 남·북 이실에 '왕'자 유운문, 묘실문 앞면은 남성 문지기, 뒷면은 시녀가 그려져 있으며, 주실의 네 벽과 천장은 연화문이 있다. 주실의 네 벽에 모두 못 구멍이 있는데 동벽 8개, 남·북벽 각 5개, 서벽 4개이다. 못 자국의 거리는 동벽은 0.36m, 남·북벽은 0.58m이다. 동벽 남단과 서벽 북단에는 도금된 쇠고리가 남아 있다. 또한 2기의 석제 관대 위에 목관 칠피 잔편, 동편銅質의 도금된 매화꽃장식이 나왔으며, 도금 벽고리도 2점 출토되었다. 남쪽 관대 서북쪽 모서리에서는 문양을 제직製織한 경중조직의 경금經錦(23㎝)이 출토되었다. 붉은 황색 헝겊 바탕에 심홍색과 진한 남색의 도안 꽃무늬를 수놓았다. 관대, 목관, 도금동제 벽걸이, 매화관식 잔편과 같은 장구와 장식 재료가 함께 출토되어 중요한 자료를 제공한다.

장천1호분은 전실은 인물생활풍속도가, 후실은 연화문(벽)과 일월성수도日月星宿圖(천장)가 장식되었으며 벽에 거는 휘장용 못 자국이 동벽(후벽) 8개, 남벽과 북벽에 각 7개가 있다. 후실의 남쪽 관대에서 홍송紅松의 관목 잔편이 발견되었는데 삼베로 둘러싸여 흑칠黑漆이 된 것이다. 또한 관대에 직금벽의織錦壁衣와 유사한 편직編織도안이 있다.

미창구 장군묘(서향) 후실의 네 벽 상단에 일정 간격으로 20군데에 못 구멍(남, 북, 동-각 6개, 서-2개, 문의 좌우-2개)이 있으며 동벽의 2개의 구멍에 동정銅釘이 남아있다. 막을 걸기 위한 고리로 추정한다. 못 구멍의 위치가 네 벽에 고르게 있는 것은 바닥에 관대가 2기 놓여있어 묘실 전체를 덮기 위한 목적으로 설치된 것으로 생각된다. 후실 전체가 연화문으로 장식되어 여기에서도 소공小孔과 연화문과의 관계를 볼 수 있다.

집안지역 후기벽화고분의 소공小孔은 중기의 벽화고분과 차이가 난다. 통구사신총은 네 벽의 중간지점이자 벽과 천장의 경계선을 이루는 곳에 나있다. 흑칠黑漆 목관 잔편이 묘실 동북 모서리에서 4점 출토되었다. 오회분4호묘도 천장에 네 군데 정도 못 자국(직경 4-6㎝, 깊이 12㎝)이 있다. 적어도 3개의 못 구멍이 남벽 쪽에서 발견되는 듯이 보인다. 이는 묘실 남서쪽 모서리에 놓인 석제대石祭臺(길이 1.78m, 너비 0.87m, 높이 0.2m)와 연관된 것은 아닌지 모르겠다. 주·홍색 칠편漆片형태의 관목棺木잔편이 출토되었다.

오회분5호묘도 천장에서 못 구멍이 발견된다. 천장 1단의 중앙에 난 구멍(직경 5㎝, 깊이 1.5~2㎝)은 벽화의 용의 입부분에 해당되며 보석이 감입되었을 가능성이 있다고 한다. 남벽에 있는 양방梁枋아래와 연도의 동서 양벽에도 직경 5㎝, 깊이 7㎝ 정도의 작은 원형 구멍 3개가 있다고 한다.

발굴보고서에 의하면 네 벽 망상문의 상하 모서리에 작은 연꽃의 꽃술 부위에 원형의 흑색 안료가 접착되어있는 흔적이 남아있는데 여기에 금동의 얇은 편이 붙어있었다고 한다. 비슷한 원형의 접착 안료는 양방과 천장에도 보인다. 불규칙하게 분포되어있는데, 양방의 각 면에는 약 5~6개, 제1괴임돌의 아래 가장자리에는 각각 2개, 제2괴임돌의 아래에는 각 면에 3~4개가 있었고, 그밖에 묘실 천장 아랫면과 제2괴임돌 하부에도 한두 곳 관찰된다고 한다. 벽면에 금동장식이 뽑혀진 흔적 또는 도금의 꽃장식이 붙어있던 흔적으로 본다. 벽면에 금동장식이 뽑혀진 흔적이라면 태왕릉 출토 도금동만가와 같은 것이 부착되었던 흔적은 아닌가 생각된다. 태왕릉에서는 청동방울, 청동안족案足과 함께 금동 만가幔架(길이 2.68m)가 나와 중요한 실물 자료를 제공한다. 강서중묘는 네 벽의 상단과 천장 한 가운데에 방형 구멍이 나있어 마선구1호묘와 같은 천장과 벽면을 덮는 휘장이 설치되었을 수도 있다.

표 3 | 휘장걸이용 소공(小孔)과 걸고리못이 출토되는 고구려 벽화고분

벽화고분	편년	위치	소공의 개수와 치수	출토유물
만보정1368호분	4세기 중	묘실 네 벽 상부	북: 9개, 서: 6개(32~62㎝), 동: 2개, 남 4개(49~69㎝)	
모두루총	5세기 중	전실 남벽 상부	6개	길이 약 180㎝, 너비 6㎝, 깊이 2㎝의 槽槽 안에 3개, 梁枋 위 3개
우산하1041호분	5세기 중	묘실 남, 북벽 (좌우벽 상부)	북: 6개, 남 6개(35㎝) 정면연화문 중심	麻布 잔편, 견직물 잔편, 관곽 漆皮 잔편, 철제벽걸이 2점
		묘실 천장	개정석 중앙 좌우에 각각 1개	

통구12호분	5세기 중	묘실 네 벽 상부	쇳녹흔적 정면연화문 중심	
마선구1호분	5세기 중	묘실 천장	네 면 정 중앙 각 1개 목질 부속품 흔적	철제 갈고리 1점
		묘실 네 벽 상부	연화문 중심 쇳녹 흔적	
장천1호분	5세기 중	후실 네 벽 상부	동: 8개, 남과 북: 각 7개	紅松의 관목 잔편 (삼베로 둘러싸여 黑漆이 된 것) 관대에 織錦壁衣와 유사한 編織도안
장천2호분	5세기 중	주실 네 벽 상부	동: 8개(0.36㎝), 서 :4개, 남과 북: 각 5개(0.58㎝) 동벽 남단과 서벽 북단: 도금된 쇠고리가 남아있음	목관 칠피 잔편, 銅質의 도금된 매화꽃장식, 도금 벽고리 2점, 經錦(23㎝)
산성하332호분	5세기 중	주실 네 벽 상부	북, 동, 서벽: 각 6개(40-50㎝)	철제 벽고리 4점(전체 길이 21㎝)
미창구장군묘	5세기 중	후실 네 벽 상부	남, 북, 동: 각 6개, 서: 2개, 문의 좌우: 2개, 동벽 2개의 구멍에 銅釘	
통구사신총	6세기 전	묘실 벽과 천장 경계선	네 벽의 중간지점	黑漆 목관 잔편 4점
오회분4호묘	6세기 전	천장	4개(직경 4-6㎝, 깊이 12㎝) (남벽 3개?)	주·홍색 漆片형태 棺木 잔편 남벽: 石祭臺 (길이 1.78m, 너비 0.87m, 높이 0.2㎝)
오회분5호묘	6세기 후	천장	1단(직경 5㎝, 깊이 1.5~2㎝): 용의 입부분	관대: ('왕'자) 유운문
		남벽 梁枋 아래 / 연도 동서 양벽	3개(직경 5㎝, 깊이 7㎝)	
		네 벽 망상문과 양방과 천장	원형의 흑색 접착 안료와 금동의 얇은 편 양방의 각 면: 약 5-6개, 제1괴임돌 아래 가장자리: 각각 2개, 제2괴임돌의 아래 면: 각 3-4개, 천장 아랫면과 제2괴임돌 하부: 1-2개	

이상으로 고구려 벽화고분에서 못과 소공小孔의 출현 사례에 대하여 살펴보았다. 실제 벽화고분 안에 이러한 못의 설치를 통하여 어떠한 식으로 유장이 설치되었는지, 또한 함께 발견되는 직물 잔편과 목관 잔편이 어떻게 묘실 안에서 구성되었는지에 대해서는 아직 정확하게 알 수 없다.

고구려 벽화고분에서 못 자국의 형태상 묘실 전체를 덮는 천막과 같은 형태로 유장이 설치되었다면 그 형태는 내부의 목관, 목곽을 덮는 구조물이었을 가능성도 있다. 고구려 고분 중에서 목관이나 목곽이 원형 그대로 발견된 사례는 없으나 가형家形 석곽 또는 가형家形 석실이 태왕릉과 절천정묘에서 나타난다. 태왕릉 석실 내부에는 맞배 지붕의 가형家形 석곽(또는 가형 석

곤木棍이 걸쳐져있다. 유장이 벽화와 구조
물로 동시에 표현된 경우이다. 불야묘만
133호묘는 전실에 달린 벽감 안에 황색
유장帷帳을 그렸다.[71]

북위 문명태후文明太後는 평성平城 교외
의 방산方山에 영고릉永固陵과 사당인 영
고석실을 조영하였는데 석실에 석병풍을
둘렀다.[72] 동시기에 축조된 산서 대동의

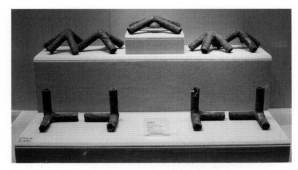
하남 낙양 조위 정시팔년묘 유장가

북위 고분들에서 묘실 안에 전축磚築과 석조石雕의 관상棺床(또는 석상石床, 석탑石榻)과 병풍을
조합하여 배치한 사례들을 볼 수 있다. 북위 후기에는 고급귀족의 묘실 내에 죽림칠현과 여사
잠도, 효자도와 같은 주제의 그림이나 귀족 풍속화를 새긴 병풍석을 석제 장식 관대와 함께 이
용하는 것이 유행하였다.[73] 문명태후의 사당에 배치된 석병풍이 귀족의 고분에서 발견되는 것
은 사당 내부 구조물의 형식과 기능이 북위 귀족의 고분 안으로 들어온 것으로 보인다.

북조에서 발견되는 석관石棺, 석탑石榻, 석관상石棺牀, 석관상위병石棺牀圍屛, 위병석탑圍屛石榻
에 대한 하서림賀西林의 연구에 의하면 하남(낙양洛陽, 심양沁陽, 안양安陽), 섬서(서안西安, 함양咸
陽), 산서(대동大同)에서 30여건의 북조 화상석 장구가 발견되었다.[74] 명확한 기년을 가진 것 중

---

71) 甘肅省敦煌縣博物館, 「敦煌佛爺廟灣五凉時期墓葬發掘簡報」, 『文物』, 1983년 10기; 戴春陽, 張瓏, 『敦煌
　　祁家灣』, 文物出版社, 1994.

72) 岡村秀典·向井佑介 編, 「北魏方山永固陵の研究 -東亜考古學會1939年牧集品を中心として」 『東方學報』,
　　第80冊, 2007, 150~169쪽; 大同市博物館·山西省文物工作委員會, 「大同方山北魏永固陵」, 『文物』, 1978년, 7
　　기; 金聖熙, 「北魏 文明太後의 時代」 『위진수당사연구』 7, 2001, 27~29쪽.
　　《水經注》卷十三 漯水羊水又東注于如渾水, 亂流徑方山南, 嶺上有文明太皇太後陵, 陵之東北有高祖陵.
　　二陵之南有永固堂, 堂之四周隅雉, 列榭階欄及扉戶, 梁壁, 椽瓦, 悉文石也. 檐前四柱, 采洛陽之八風谷黑
　　石為之, 雕鏤隱起, 以金銀間云矩, 有若錦焉. 堂之內外. 四側結兩石跌, 張青石屏風, 以文石為緣, 并隱起
　　忠孝之容, 題刻貞順之名. 廟前鐫石為碑獸, 碑石至佳, 左右列柏, 四周迷禽暗日. 院外西側, 有思遠靈圖,
　　圖之西有齋堂, 南門表二石闕, 闕下斬山, 累結御路, 下望靈泉宮池, 皎若圓鏡矣. 徐蘋芳, 『中國歷史考古
　　學論叢』, 允晨文化, 1995, 268쪽; 양관 저, 장인성 · 임대희 역, 『중국역대 陵寢제도』, 서경, 2005, 92~96쪽.

73) 蘇哲, 『魏晋南北朝壁畫墓研究』, 白帝社, 2006, 89~92쪽.

74) 賀西林, 「北朝畵像石葬具的發現與研究」, 巫鴻 主編, 『漢唐之間的視覺文化與物質文化』, 文物出版社, 2003,
　　341~376쪽.

돈황 불야묘만 37호묘 묘실 후벽 공대와 유만

에서 477년 송소조묘가 가장 이르며 가장 늦은 것이 579년 안가묘 석탑이다.

대동지역에서 출토된 북위 고분에서 탑상榻床에 유만帷幔을 설치한 벽화의 도상이 많이 발견된다. 고분 중에서 전축磚築과 석조石雕의 관상棺床이 많이 나왔다. 대다수가 시체를 직접 관상 위에 놓았으며, 목관의 장속葬俗을 사용하지 않았다.[75]

중국 고분에서 유장의 설치에 대한 실물자료가 나온 사례로는 산서 대동 남교구南郊區 전촌 田村 북위묘北魏墓가 있다. 전촌 북위묘에서 출토된 실물 자료는 북위시대의 고분 벽화에 보이는 유만帷幔과 장가帳架의 구조와 축조방법에 대해 중요한 자료를 제공한다.[76] 산서 대동 남교구 전촌 북위묘는 서향의 단실묘로 묘실 북벽에서 철환鐵環이 달린 석관상石棺床(길이 2.28m, 너비 1.26m, 높이 0.25m)이 있으며 관상 상부에서 인동문이 그려진 채회목간彩繪木杆(직경 4㎝, 남은 길이 22, 25, 64㎝)이 발견되었다. 발굴보고서에 의하면 이 채회 목간은 관상 위에 만장幔帳을 설치할 때에 관상의 입면의 철환에 끼워 넣어 만장을 받치는 용도로 사용한 것으로 추정하고 있다.

고구려의 태왕릉과 절천정묘에 나타나는 가형家形 석곽 또는 가형家形 석실은 중국의 북조 고분에서 종종 출현한다. 북위 태화太和 원년元年(477년)부터 수隋 개황開皇12년(592년)의 115년 사이에 제작된 가형석곽은 5점이 있다[표4]. 대동大同 안북雁北 사원師院 북위묘군北魏墓群 중에서 M5의 송소조묘(북위 477년), 대동大同 지가보智家堡 북위묘北魏墓(북위 484년~489년), 하남 낙양의 영무묘寧楙墓(북위 527), 서안시西安市 정상촌井上村 동쪽의 사군묘史君墓(북주北周 580년), 태원太原 왕곽촌王郭村 우홍묘虞弘墓(隋隋 592년)이다. 석조가 아닌 목조로 가형 목곽이 출토된 예로는 산서 수양壽陽의 고적회락묘庫狄迴洛墓(북제 562)가 있다.[77]

---

75) 大同市考古研究所,「山西大同迎賓大道北魏墓群」,『文物』, 2006년 10기; 大同市考古研究所,「山西大同七里村北魏墓群發掘簡報」,『文物』, 2006년 10기.

76) 大同市考古研究所,「山西大同南郊區田村北魏墓發掘簡報」,『文物』, 2010年 5期.

77) 大同市文物研究所,『大同雁北師院北魏墓群』, 文物出版社, 2008, 176~182쪽; 山西省考古研究所 · 大同市

국시대에 발생하여 진한위진시대에 발전하였으며, 남북조대에는 크게 유행한다. 초기의 묘지는 석재만 사용한 것이 아니라, 전磚, 와瓦 등을 같이 사용하였다. 백질帛質의 "묘지墓志"가 1998년 감숙 고태 낙타성 고분군 중 한 기의 서진 고분에서 발견되었다. "채백묘지彩帛墓志"로 관 위에서 발견되었는데, 길이는 71㎝, 너비는 50㎝의 장방형이다. 복관백화는 혼번, 비의, 선번, 명정, 백서묘지 등 여러 가지로 발전한 것을 알 수 있다.

6~8세기(국씨 고창국시기에서 당대 서주西州시기)의 투르판 아스타나·카라호자 고분군에서 출토된 〈복희여와도〉는 현재 공개된 작품수가 총 32점이다. 면, 마 바탕에 그려진 복희여와도는 한 기의 무덤에 3~4장의 복희여와도가 시신의 옆에 접혀져 있거나 천장 뒷벽에 걸려 있는 형태로 발굴되었다고 한다.[80]

두 번째 비교 사례는 일본의 천수국만다라수장이다. 천수국만다라수장은 622년(일본 추고推古 30년) 2월 20일에 사망한 쇼토쿠 태자를 추모하고 극락왕생을 염원하여 그의 비인 다치바나 타이노로가 스이코의 허락을 얻어 채녀들로 하여금 제작케 한 것이다. 천수국만다라수장의 하도下圖는 고구려계 화공인 가세이쓰加西溢가 야마토노 아야노 마켄, 아야노 누노 카고리와 함께 그렸다. 본래 2장으로 구성되며 크기가 1장6척 또는 2장에 가까운 작품이다. 그 중 일부의 잔결殘缺만 남아서 현재 크기는 88.5×82.7㎝이다. 「법륭사가람연기병류기자재장法隆寺伽藍緣起并流記資財帳」의 "수장이장繡帳二帳 기대이십조其帶二十條 영삼백구십삼鈴三百九十三"이라는 기록으로 미루어보아 수장에 393개의 방울이 달려 있었을 가능성이 있다. 고구려계 가세이쓰와 가야계의 인물들이 밑그림을 그리고 표현된 모티프들의 양식도 6~7세기초 고구려 양식이 주로 표현되어 고대 한국회화가 일본에 미친 영향의 사례로 지적된다.[81] 수장의 중심 주제는 성덕태자의 극락왕생으로 수장이 실제로 성덕태자의 장구葬具로 기능하였다는 견해가 있어 주목된다.[82] 또한 수장의 아래쪽에 거북이 100개가 수놓아져 있었으며 거북이마다 4자씩, 총 400자의 글자가 수놓아져 있었다고 한다. 이 글들은 「상궁성덕법왕제설上宮聖德法王帝說」의 내용을 표현한 것이다.

---

80) 承哉熹, 「투르판 아스타나 · 카라호자 고분 출토 〈복희여와도〉 도상연구」, 『中央아시아硏究』 8, 중앙아시아학회, 2003, 131쪽.

81) 안휘준, 『한국회화사연구』, 시공사, 2000, 144~155쪽

82) Chari Pradel, "The Tenjukoku Shucho Mandala: Reconstruction of the Iconography and Ritual Context," *Images in Asian Religions: Texts and Contexts*, UBC Press, 2004, pp.257~289.

거북은 장수의 상징으로 한대의 봉인封印, 육조에서 당대의 비碑에서 사용되었다.[83] 고구려에서 귀갑문, 연화문, '왕'자문이 복합되어 순수장식문양 고분에 사용된 사례들을 떠올리게 한다. 고구려 벽화고분에 수놓은 유장이 설치되었다면 그 기능이나 도상은 천수국만다라수장과 유사한 형식이었을 수도 있다.

마지막 비교 사례는 무령왕릉으로 최근 나온 자료에 의하면 제대의 설치와 관 위에 씌워졌던 휘장 장식 부속구로 추정되는 은제금구가 확인되었다.[84] 무령왕릉 진묘수 뒤쪽 연도의 중앙부에 잔존 길이 97.3㎝, 잔존 두께 1.5~2.0㎝의 대형 목판이 놓여있는데 판 겉면에 붉은색의 진사辰砂를 칠했던 흔적이 있다. 이 판의 위쪽과 서벽 가까이에 동제 고리의 잔편이 있다. 그리고 이 대형 목판과 서벽 사이에 잔존길이 45.6㎝의 소형 목판이 나왔다. 또한 끝에 동제銅製테가 끼워진 목봉木棒 잔편이 발견되었다. 소형 목판은 제대로 추정하고 있다.

연도 끝부분에서 장방형은제금구長方形銀製金具 1점, 묘실 내에서 가장 동쪽의 대형 목판 위에 내부에 목질이 남아있는 육각형은제금구 1점, 왕비 북측판과 왕의 북측판 사이에 길이 80㎝의 긴 은제금구가 나왔다. 벽면의 철정鐵釘은 북벽 4개, 남벽 4개, 동벽 7개, 서벽 7개, 천장에 1개 등 총 23개 철목이 남아있다. 벽면 하부에만 돌려진 장식판용 또는 천장부 아치의 구축시 받침판을 놓기 위한 것으로 추측한다.[85] 장식판용인 경우 묘실 내의 장엄을 위한 장식상의 필요나 장식물의 부착을 위한 시설로 추측한다. 무령왕릉은 등감燈龕의 바깥쪽에 적색과 백색 안료로 테두리를 그려놓아 벽화고분으로 여기기도 한다. 무엇보다 무령왕릉은 묘실 벽면이 모두 연화문으로 장식된 벽돌로 축조된 고분이다. 무령왕릉의 연화문 장식과 철정의 흔적은 고구려의 연화장식문양도 고분의 소공小孔을 연상시켜 고대 한국에서 문양과 묘내 구조물과의 관계에 대하여 다시 한 번 생각하게 하는 사례이다.

83) Angela Sheng, 「從石到絲: 公元 475-650年前後粟特, 鮮卑, 漢, 朝鮮與日本等各民族間葬具的文化轉換」, 法國漢學 叢書 編輯委員會 編, 『粟特人在中國:歷史, 考古, 語言的新探索』, 法國漢學 第10輯, 中華書局, 2005, pp.325~364.
84) 국립공주박물관 편, 『무령왕릉 발굴보고』, 국립공주박물관, 2009, 90-91쪽, 78~89쪽.
85) 국립공주박물관 편, 『무령왕릉 발굴보고』, 국립공주박물관, 2009, 212쪽.

지가 있다. 여기에서는 유라시아적 요소라는 용어를 사용하여 보다 넓은 범위에서 고찰하고자 하였다. 고구려 고분벽화의 정체성은 중국 한대 벽화 고분과의 건축구조나 벽화 주제상의 단순한 비교로서는 찾아지기 어렵다. 고구려 벽화의 독특한 특징과 동아시아 고분미술에서의 공헌은 한대보다는 위진남북조시대 벽화와의 비교에서 찾아볼 수 있다. 고구려 고분벽화의 기원과 발달에 큰 영향을 미친 기원전 2세기~기원후 2세기의 한대의 고분미술과, 고구려가 벽화를 발달시킨 4~6세기의 중국 위진남북조시대의 고분미술이 가지는 특성이 구분되기 때문에, 동아시아 고분 미술 발달에 큰 영향을 미친 한대의 고분 미술의 주제와 벽화 구성 등의 특징을 한계 요소로 보고, 그 이후 북방민족의 정복과 불교미술의 유입 등으로 영향을 받은 위진남북조시대 이후의 고분 미술에 보이는 요소들을 비한계 요소라고 구분할 수 있다. 북방 유목민적 요소에는 고구려 문화 요소, 선비 문화 요소(모용선비와 탁발선비 포함), 흉노 문화 요소 등이 있을 수 있다. 서역적 요소, 불교적 요소, 북방 초원 문화적 요소에 대하여는 일괄적인 구분이 어려운 것이 사실이다. 고구려 벽화의 역사상을 예로 들면 서한 마왕퇴 백화에 출현하는 한계 요소로 볼 수도 있고 얼굴이나 복식의 특징으로 인해 서역적 요소로 흔히 보기 때문이다. 이들 제 요소들의 융합 과정과 정확한 구분에는 고구려, 중국, 중앙아시아를 포함한 광범위한 지역의 문화와 미술에 대한 고찰이 필수적이기 때문에 앞으로 보다 논의가 진행되어야할 것으로 생각된다.

I. 고구려 벽화의 서역적 요소에 대한 선행 연구

고구려 고분벽화에 나타난 비한계 요소, 특히 서역적 요소에 대하여는 여러 선행연구가 진행된 바 있다. 개별 고분을 살펴보기 이전에 먼저 '서역'이라는 명칭의 의미와 범위를 살펴보고자 한다. 서역이란 명칭은 기원전 60년 중국 한나라가 흉노를 제압하기 위해 타림 분지 중앙의 오루성烏壘城에 서역도호부西域都護府를 설치한 것에서 유래하였는데 당시 이 지역은 오늘날의 중국 신강위구르자치주에 해당하는 곳이다. 역사상에서 이것은 좁은 의미의 서역이다. 그러나 당대唐代 이후에는 그 포괄범위가 파미르 고원을 넘어 지중해 동안까지의 지역으로 확대되었다. 이것은 넓은 의미의 서역이다.

따라서 고구려 시대의 서역이라고 하면, 그 전반기는 좁은 의미의 서역에 해당되나, 후반기는 넓은 의미의 서역, 즉 오늘날의 중앙아시아를 포함한 서남아시아 및 서아시아, 인도 북부 등을 뜻한다.[3] 현재의 지역으로 보면 중앙아시아 일대의 파미르 고원을 중심으로 한 카자흐스탄, 키르키즈, 우즈베키스탄, 타지키스탄, 아프가니스탄, 파키스탄의 접경지역과 중국 서쪽 신강성 일대를 서역의 공간적 범위에 넣을 수 있다.[4]

고구려와 서역 관계를 고찰한 선행 연구는 크게 다섯 가지 흐름으로 나눌 수 있다.

1. 고구려와 서역 관계에 대한 초기 연구

고구려와 서역과의 교류에 관한 미술사적 연구는 이를 뒷받침해줄 만한 문헌자료가 부족한 상황으로 주로 고구려 고분벽화에 대한 고찰을 통해 이루어졌다. 고구려 벽화고분과 서역문화 간의 관계에 주목한 초기 연구는 도유호와 김원룡이 있다.[5] 고구려 미술의 대외교섭, 특히 북방 민족 혹은 서역간의 교류를 보여주는 중요 자료로 고구려 고분벽화에 주목한 연구는 안휘준[6], 권영필[7], 전호태[8] 등을 들 수 있다. 이들은 고구려 고분벽화에 나타난 서역인과 서역문화 등 외래요소에 대한 종합적 고찰을 통해 고구려와 동아시아, 나아가 중앙아시아의 교류 및 영향 관계에 대해 설명하고 있다.

---

3) 정수일, 『신라 · 서역교류사』, 단국대학교출판부, 1992, 7~20쪽; 강현숙, 「高句麗 古墳 壁畵에 표현된 觀念과 實際 - 西域系 人物을 中心으로」, 『역사문화연구』 48, 한국외국어대학교 역사문화연구소, 2013, 3~40쪽.

4) 이한상, 「新羅墳墓 속 西域系文物의 現況과 解析」, 『韓國古代史硏究』 45, 한국고대사학회, 2007, 133~159쪽.

5) 도유호, 「고구려 석실봉토분의 유래와 서역문화의 영향」, 『문화유산』, 조선민주주의인민공화국과학원 고고학 및 민속학연구소, 1959年 1期, 29~37쪽; 김원룡, 「고대한국과 西域」, 『美術資料』 34, 국립중앙박물관, 1984(『한국미술사연구』, 일지사, 1989, 42~73쪽에 재수록).

6) 안휘준, 「高句麗 文化의 性格과 位相 - 古墳壁畵를 中心으로」, 『고구려의 역사와 문화유산』, 서경문화사, 2004, 21~64쪽.

7) 권영필, 「고구려 회화에 나타난 대외교섭」, 한국미술사학회 편, 『高句麗 美術의 對外交涉』, 한국미술사학회, 1996.

8) 전호태, 「고구려 삼실총 벽화 연구」, 『역사와 현실』 44, 한국역사연구회, 2002, 1~28쪽; 전호태, 「高句麗 古墳壁畵와 동아시아 古代 葬儀美術」, 『고구려연구』 16, 고구려연구회, 2003, 67~87쪽; 전호태, 「5세기 고분벽화로 본 고구려 문화」, 『고구려의 역사와 문화유산』, 서경문화사, 2004, 155~176쪽; 전호태, 「4~5세기 고구려 고분벽화와 동아시아 문화」, 『고구려연구』 21, 고구려연구회, 2005, 583~610쪽; 전호태, 「고분벽화로 본 고구려와 중앙아시아의 교류」, 『한국고대사연구』 68, 한국고대사학회, 2012, 137~196쪽.

2. 중국(한-위진남북조)과 고구려 고분미술 비교 고찰을 통한 서역관계 연구

고구려 고분벽화와 동시기 중국 한-위진남북조 벽화의 연관관계는 여러 연구를 통해 증명 되었다.[9] 이중 일부 제재를 살펴보면 서역문화와 관련된 외래요소를 발견할 수 있는데 기존의 연구에서는 중국, 특히 북조와의 교류 관계를 증명하고 서역에서 중국, 고구려로 이어지는 문 화전파 과정을 설명하고 있다.[10] 고구려 고분벽화 제재 중 서역문화와 관련된 요소들로 볼 수 있는 것은 서역인의 모습을 그린 인물도[11]와 불교관련 도상[12], 장식무늬[13] 및 서역전래 기물,[14] 중국 한대漢代 및 남북조시대 묘장미술에 표현된 장식문양(연화문, 보주문)과 출토유물의 서역

---

9) 박아림, 「高句麗 壁畵와 甘肅省 魏晉시기(돈황 포함) 壁畵 비교 연구」, 『고구려연구』 16, 고구려연구회 , 2003, 139~177쪽; 박아림, 「高句麗 古墳壁畵와 同時代 中國 北方民族 古墳美術과의 比較硏究」, 『고구려연 구』 28, 고구려연구회, 2007, 167~205쪽; 박아림, 「고구려 벽화의 북방문화적 요소」, 『東北亞歷史論叢』 22호, 동북아역사재단, 2008, 219~248쪽; 강현숙, 「中國 甘肅省의 4·5세기 壁畵墳과 高句麗 壁畵墳의 比較 考 察」, 『한국고대사연구』 35, 한국고대사학회, 2004, 121~160쪽.

10) 박아림, 「高句麗 集安地域 中期 壁畵古墳의 西域的 要素 硏究-中國 北朝 古墳美術과의 비교를 중심으 로」, 『중국사연구』 50, 중국사학회, 2007, 25~61쪽.

11) 전호태, 「고구려 장천1호분 벽화의 서역계 인물」, 『蔚山史學』 6, 蔚山大學校 史學科, 1~38쪽; 임영애, 「고구 려 고분벽화와 고대 중국의 서왕모 신앙 – 씨름그림에 나타난 '서역인'을 중심으로」, 『강좌미술사』 10, 한국 불교미술사학회, 1998, 157~179쪽; 김현권, 「안악3호분 벽화의 구성과 묘주도류 및 의례도」, 『고구려 고분벽 화』, 한국미술사연구소 학술총서 20, 한국미술연구소, 2009, 119~140쪽; 김수민, 「高句麗 古墳壁畵에 나타나 는 문지기에 대한 小考」, 『한국고대사탐구』 제8권, 한국고대사탐구학회, 2011, 69~108쪽; 강현숙, 「高句麗 古 墳 壁畵에 표현된 觀念과 實際-西域系 人物을 中心으로」, 『역사문화연구』 48, 한국외국어대학교 역사문화 연구소, 2013, 3~40쪽.

12) 전호태, 「5세기 高句麗 古墳壁畵에 나타난 佛敎的 來世觀」, 『韓國史論』 21, 서울대학교 인문대학 국사학 과, 1989, 3~71쪽; 전덕재, 「한국 고대 서역문화의 수용에 대한 고찰- 百戱·歌舞의 수용을 중심으로 -」, 『역사와 경제』 58, 부산경남사학회, 2006; 김진순, 「5세기 고구려 고분벽화의 불교적 요소와 그 연원」, 『미술 사학연구』 258, 한국미술사학회, 2008, 37~74쪽.

13) 권영필, 「고구려 벽화의 伏羲女媧圖 – 輯安4호분 日·月像을 중심으로 -」, 『空間』 207, 中央出版社, 1984; 이송란, 「高句麗 古墳壁畵의 天上表現에 나타난 火焰文의 意味와 展開」, 『미술사연구』 220, 한국미술사학회, 1998, 1~43 쪽; 제송희, 「고구려 미술의 팔메트(palmette) 문양 고찰」, 『미술사연구』 24, 미술사연구회, 2010, 7~37쪽.

14) 이송란, 「고구려 집안지역 묘주도 의자의 계보와 전개」, 『선사와 고대』 23, 한국고대학회, 2005, 97~126쪽; 송방송, 「長川1號墳의 音樂史學的 點檢」, 『韓國學報』 35, 일지사, 1984(『韓國 古代 音樂史 硏究』, 일지사, 1985 재수록); 이재중, 「고구려, 백제, 신라의 중국미술 수용」, 『한국고대사학회 발표논문집』, 한국고대사 학회, 2000, 191~225쪽; 이진원, 「壁畵를 통해서 본 高句麗 音樂과 樂器」, 『고구려연구』 17, 고구려연구회, 2003, 161~191쪽.

관계 고찰을 통해 이에 영향을 받은 고구려 고분벽화와의 관련성을 추론해 볼 수 있는 연구[15] 등이 있다.

3. 고구려와 서역간 직접 교류관계에 대한 연구

사마르칸트 아프라시압 벽화에 조우관을 쓴 두 명의 한국인 사신을 그린 인물상이 확인되었는데 이는 고구려와 서역간 직접교류관계를 증명하는 자료로 볼 수 있다. 이를 신라인으로 보는 견해[16]와 고구려인으로 보는 견해[17]가 있으나 최근 연구에서는 고구려인으로 보는 것이 통설이다.[18] 4~6세기 중앙아시아와 정세와 고구려의 대외교섭에 관한 연구로는 노태돈, 여호규, 정수일, 이재성, 지배선 등의 연구가 있다.[19]

15) 이송란, 「南越王墓의 파르티아(Partia)系 水滴文銀盒과 前漢代 東西交涉」, 『동악미술사학』 제7호, 동양미술사학회, 2006, 111~127쪽; 소현숙, 「中國 南北朝時代 寶珠文 연구 – 墓葬美術을 중심으로」, 『미술사논단』 24호, 한국미술연구소, 2007, 63~95쪽; 소현숙, 「北齊 皇室石窟과 睡蓮系 蓮花文 – 北響堂石窟 北洞과 中洞蓮花文의 淵源과 그 意味」, 『中國史硏究』 79, 중국사학회, 2012, 1~33쪽.

16) 김원룡, 「고대한국과 西域」, 『미술자료』 34, 국립중앙박물관, 1984; 김원룡, 「사마르칸트 아프라시압 宮殿壁畫 使節圖」, 『考古美術』 129·130호, 한국미술사학회, 1976, 162~167쪽.

17) 穴澤和光, 馬目順一, 「アフラシアフ都城址出土の壁畫に見られる朝鮮人使節について」, 『朝鮮學報』 80, 朝鮮學會, 1976, 1~36쪽; 고병익, 『東亞細亞 傳統과 近代史』, 三知院, 1984; 박진욱, 「쏘련 사마르칸트 아흐라샤브 궁전지 벽화의 고구려 사절도에 대하여」, 『조선고고연구』 3, 사회과학출판사, 1988.

18) 정수일, 「高句麗와 西域 關係 試考」, 『고구려연구』 14, 고구려연구회, 2002, 219~240쪽; 정수일, 「벽화에 나타난 고구려-서역 교류상 시고」, 『고구려와 동아시아-문물교류를 중심으로』, 고려대학교 국제학술심포지움, 2005; 우덕찬, 「6·7세기 고구려와 중앙아시아 교섭에 관한 연구」, 『韓國中東學會論叢』 24권 2호, 한국중동학회, 2004, 237~252쪽; 지배선, 「사마르칸트(康國)와 고구려 관계에 대하여-고구려 사신의 康國 방문 이유」, 『白山學報』 제89호, 백산학회, 2011, 95~137쪽; 이재성, 「아프라시압 宮殿址 壁畫의 "鳥羽冠使節"에 관한 고찰 – 高句麗에서 사마르칸트(康國)까지의 路線에 대하여 – 」, 『中央아시아硏究』, 중앙아시아학회, 2013, 18권 2호, 1~34쪽.

19) 노태돈, 「5~6世紀 東아시아의 國際情勢와 高句麗의 對外關係」, 『東方學志』 44, 연세대학교 국학연구원, 1984, 1~57쪽; 여호규, 「4세기 동아시아 국제질서와 고구려 대외정책의 변화」, 『역사와 현실』 36, 한국역사연구회, 2000, 35~70쪽.

각저총과 무용총 외경

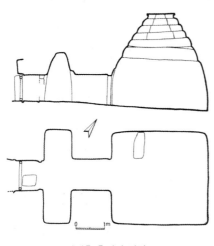

각저총 측면과 평면도

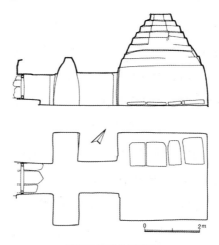

무용총 측면과 평면도

앉은 모습이 각저총과 유사하다. 삼실총의 묘주는 부인들과 다른 기와 지붕 아래 측면상으로 앉아있어 평남 순천 천왕지신총의 묘주상과 흡사하다.[28] 중국의 위진시대 벽화묘에서는 묘주도가 많지 않으나 정가갑5호분에서는 가무를 관람하는 묘주가 기와 지붕 아래 탑상에 앉아 측면상으로 그려졌고, 가욕관 채회전묘에서도 탑상에 앉은 묘주가 측면상으로 단순하게 표현된

---

28) 천왕지신총은 이전의 여자묘주상으로 알려진 정면상의 인물을 향해 남자묘주가 측면상으로 묘사되고 이들이 각각 다른 기와지붕 아래 앉아 있으며 정면상의 인물이 기존의 고구려 여인상의 머리 장식과 다른 원형의 테두리가 둘린 관에 옆으로 관식을 늘어뜨리고 성장을 한 형태여서 주목된다. 남자묘주가 3/4 측면 자세로 정면상의 인물을 바라보고 있고, 묘주의 뒤쪽에 몇 명의 좌상 인물이 더 그려져 있어 가장 오른쪽의 정면상 인물은 여자묘주로 해석되기 보다는 묘주가 모시는 신상을 묘사한 것일 수도 있다. 그럴 경우 평남 남포 감신총의 전실 서측 감의 신상형 인물과 동일한 역할을 하는 것으로도 해석될 수 있다.

각저총 묘주도

무용총 묘주도

다. 중국의 남북조시대 벽화묘에서는 서현수묘, 고윤묘, 누예묘와 같이 남묘주 단독정면상, 또는 남녀부부 정면 병좌상이 대부분이다. 다리를 벌리고 앉은 연회도의 자세로 그려진 영하 고원 칠관화의 묘주도는 예외적인 경우라 하겠다.

무용총 후벽의 접객도는 한나라 화상석이나 요양지역 벽화 고분 가운데 무덤 주인공이 두 명의 손님과 마주 앉아 있는 장면이 종종 그려져 있어, 한나라나 위진시대부터 고분미술에 자주 나타나는 접객도 형식임을 알 수 있다. 그러나 몇 가지 점에서 일반적인 접객도와는 다른 점이 발견된다. 안악3호분이나 각저총과는 달리 묘주가 측면으로 비교적 자유롭게 앉은 자세나, 다리가 높은 의자의 사용, 외국계 승려로 보이는 두 명의 인물이 방문한 묘주의 일생에서 일어난 특정 사건을 그린 듯 보이는 장면 등이다.

특히 각저총과 무용총은 묘주의 의자의 사용이 특징이다. 고구려 고분벽화에 나타난 서역계 기물로는 묘주도의 좌식 의자(각저총, 무용총)를 포함하여, 유리그릇(안악3호분), 향로(쌍영총), 악기, 묘주초상의 역삼각형 등받이(쌍영총, 감신총) 등이 있다. 집안지역 묘주도에 보이는 의자의 사용에 대하여 중국 신강 니야 출토 의자를 실물 비교 사례로 든 연구가 있다.[29] 일반적으로 중국의 벽화고분에서 의자에 앉은 묘주도는 고구려보다 훨씬 후대인 요, 금, 원대에 나타나며, 고구려와 동시

---

29) 이송란, 「고구려 집안지역 묘주도 의자의 계보와 전개」, 『선사와 고대』 23, 한국고대학회, 2005, 97~126쪽.

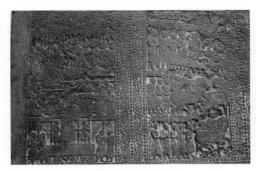

북제 석궐 연회도   사군묘 연회도

평성 지역의 북위 고분 가운데에서 벽화고분은 많지 않으나 부조가 새겨진 석관상이나 채회관화나 칠병풍이 발견된 사례가 적지 않다. 사마금룡묘의 칠병풍은 동진의 고개지의 여사잠도의 주제를 고개지의 화풍으로 그리고 있어 한계 문화에 기반한 인물화 표현을 볼 수 있다. 대동 지가보 고분 출토 석곽의 묘주도, 대동 사령 벽화고분의 벽화와 칠관화의 묘주도는 모두 병풍을 뒤로 하고 장방 아래 탑상에 앉은 정면의 묘주부부상을 담고 있다.

작은 잔을 손에 들고서 다리를 벌리고 낮은 상 위에 앉은 고원 칠관화의 묘주는 우즈베키스탄 아프라시압 궁전의 소그드 벽화에 그려진 귀족이나 페르시아 미술에 보이는 연회장면의 귀족, 그리고 그 영향을 받은 후기 북조 고분 출토 화상석각의 묘주도와 유사하다.[34] 칠관이 출토된 고원 뇌조묘는 486년의 조성 하한연도를 가진 고분인데 묘주의 표현, 삼각형 화염문, 수렵도의 주제와 장식에서 무용총과 많은 공통점을 가지고 있다. 북위 영하 고원 칠관화에는 관의 앞면에 묘주도가 있고 관의 측면 상단에는 화염문과 함께 효자도가, 그리고 관의 하단에는 수렵도가 있다. 북위 고분의 채회관화나 벽화 가운데에서도 고원의 사례가 특히 외래계 영향이 두드러진 경우인데 북위 수도 평성의 다양한 대외 교류상이나, 칠관화를 주문 제작한 고원 지역 출신 묘주의 거주 지역의 특성이 다양한 외래계 요소의 결합을 낳은 것으로 생각된다. 고원 칠관의 측판의 중간에는 원형과 귀갑문이 겹쳐서 그 안에 쌍수, 쌍인 도안이 그려졌는데 이러한 문양 역시 그 기원을 페르시아나 헬레니즘 문화권에서 찾아볼 수 있다.

---

34) 羅豐,「北魏漆棺畫中的波斯風格」,『胡漢之間 - "絲綢之路"與西北歷史考古』, 文物出版社, 2004, 52~78쪽; 國家文物局 主編,「陝西西安北周安伽墓」,『2000中國重要考古發現』, 文物出版社, 2001, 95~100쪽; 陝西省考古研究所,『西安北周安伽墓』, 文物出版社, 2003; 鄭岩,『魏晉南北朝壁畫墓研究』, 文物出版社, 2002.

고원 칠관화 측판 원형 귀갑문

영하 고원은 길림 집안에 위치한 고구려 벽화고분과 거리가 멀어서 연관관계를 상정하기 어려울 듯 하지만 한나라 때부터 흉노의 문화권대에서 영하, 산서, 섬서, 내몽고의 지역에 북방문화권대가 형성되었으며, 고원이 초원문화와 한문화의 접변 지역이라는 점을 고려하면 이해가 가능하다. 또한 고원 칠관화가 북위의 수도 평성에서 제작되어 고원으로 보내졌을 가능성이 있으므로[35] 북위 수도 평성과 고구려 수도 국내성 간의 지리적 근접성을 고려하면 개연성이 있다. 또한 이러한 배경으로 고원 칠관화와 대동 운강석굴, 그리고 고구려 집안 벽화고분에 삼각형 화염문이 공통적으로 출현하는 현상도 설명이 된다.

무용총에서 묘주가 외국에서 온 손님을 대접하는 접객도라는 주제를 장천1호분 전실 북벽의 야외 연회 접객도와 중국 북제, 북주시대 소그드계 석각에 보이는 묘주 접객도와 같은 맥락에서 본다면, 이들 묘주도는 묘주 일생의 중요한 사건, 또는 그가 담당한 관직의 기록화와 같은 성격을 갖고 있는 것으로 추정할 수 있다. 무용총 접객도는 당시 고구려인과 서역인, 또는 선비족 간의 외교 관계 또는 교류 관계의 단면을 보여주면서, 안가묘 석각의 소그드인과 돌궐인의 회맹도와 같이 묘주인 고구려인과 서역계 또는 선비계 인물과의 교류 장면을 그린 것일 수 있다. 무용총 묘주도에서 특징적인 의자의 사용도 서역 계통의 가구의 사용으로 본다면 서역계 인물의 방문과 함께 전해진 서역 기물로도 해석 가능하다.[36]

무용총의 접객도의 외국계 승려로 여겨지는 두 명의 손님의 얼굴이 검게 칠해진 것이 주목되는데 북한지역 대안리1호분의 행렬도의 인물 가운데 한 명이 비슷한 검은 얼굴색으로 칠해졌

35) Rosalind E. Bradford, *The Guyuan Sarcophagus*, LAP Lambert Academic Publishing, 2011.
36) 이송란, 「고구려 집안지역 묘주도 의자의 계보와 전개」, 『先史와 古代』 23, 한국고대학회, 2005, 97~126쪽.

을 앞에 세워두고 행진하고 있는 장면이다. 중국의 한위진남북조 고분미술에서 마차나 우차를 타고서 대규모의 행렬도의 중간에 묘주가 묘사되는 경우나, 묘주가 타고 온, 또는 타게 될 말이 장방 아래 앉은 묘주의 옆에 묘사되는 예는 흔하다. 묘주의 현세 또는 내세에서의 이동수단으로 빈 말로 표현되는 것이 더 일반적이다. 고구려 개마총에서도 묘주가 사용할 말이 화려한 장식을 한 모습으로 묘사되었으나 화려한 관을 쓴 묘주는 말의 앞에서 행진하고 있다.

이 장면을 『북사北史』의 고구려의 장송의례로 해석하나, 본서에서 고려하고 있는 유라시아문화권에서 본다면, 말을 타고 여러 명의 인물들과 마주 선 인물의 묘사는 북조의 소그드계 석각의 묘주의 외국인과의 회맹도와 이란 비샤푸르 탕에초간과 나크시에로스탐의 사산 부조의 왕권 서임도, 사산 왕과 외국 사신의 알현도 등에서 유사한 사례를 볼 수 있다.

특히 북조 후기의 소그드계 석각 가운데 그레코-이란(페르시아) 계통의 주제와 표현이 두드러진 안가, 사군, 우홍의 묘의 석각 부조에서 이러한 기마인물의 표현이 두드러진다. 안가묘 화상석과 미호박물관 소장 화상석의 회맹도는 유목부락 간의 회맹장면을 묘사한 것으로 소그드인, 돌궐인 등의 실크로드상에서의 활발한 교류관계를 반영하고 있다. 소그드는 4세기 에프탈에 의한 쿠샨의 멸망 이후 5~6세기 사산, 에프탈, 돌궐의 교차 지배를 받았으며 한편으로는 이들의 도움으로 교역 상인 집단으로 활발하게 활동하였으므로 중국에서 발견된 소그드계 석각에 페르시아와 북방 유목민의 풍속과 화풍, 주제가 표현되는 것이다

무용총의 서벽 우측 화면은 말을 탄 묘주가 2~3단으로 나눠 묘주를 향해 선 인물들을 바라보

안가묘 기마인물 회맹도

고 있는 장면이다. 가운데 단에 선 여러 명의 무용수들이 특히 인상 깊게 묘사되어 해당 고분의 이름이 이 무용 장면에서 유래되었다. 무용을 하고 있는 5명의 인물의 위와 아래에는 각각 1명과 7명의 인물들이 서 있다. 상단의 인물은 상반신이 지워졌는데 최초 발굴보고에는 완함을 든 악사로 기록되어 악기 연주자로 생각되었으나 고구려 벽화에서 무용은 대개 거문고를 든 악사가 대동한다는 점에서 완함과의 조합은 정확치 않을 수 있다. 또한 최초 보고에서는 하단의 7인의 인물들을 노래를 부르고 있는 또는 부르기 위해 대기하고 있는 가무도에 속한 인물들로 보았는데 다른 고구려 벽화에서 가수들이 무용수와 악사와 같이 화면에 묘사된 사례가 있는지는 정확치 않다.

장천1호분 전실 남벽과 옥도리벽화고분의 후실 동벽에도 유사한 장면이 있다. 두 고분은 벽면을 수평의 선으로 서너 단으로 확실하게 공간을 구분하여 일렬로 늘어선 인물들을 묘주 앞에 그려 넣었다. 장천1호분은 기와지붕 아래 앉은 묘주 부부를 향해 늘어선 무용수들과 일렬로 늘어서 있는 인물 행렬이 같이 그려져 있다. 옥도리벽화고분은 벽화가 많이 박락되어 묘주가 앞에 있는지는 확인하기 어렵지만 두세 단으로 나뉜 벽면에 무용수들과 인물행렬도가 있다. 옥도리벽화고분의 발굴보고서에서는 행렬하는 인물들을 묘주의 장례에 참석하기 위한 조문객 행렬로 해석하기도 하여 무용총의 주실 서벽의 하단의 인물들 역시 반드시 악사나 가수들로 단정

무용총 무용도

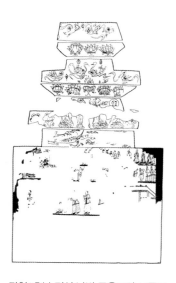

장천1호분 전실 남벽 무용도와 묘주도

하기 어렵다. 무용총의 주실 서벽 기마묘주의 앞쪽으로 하단에 선 인물들이 가수나 악사가 아니라면 묘주의 출행장면을 마중하는 시종들이나 묘주를 방문한 인물들을 묘사한 것일 수도 있겠다. 몇몇 중요한 고구려 벽화고분에서 주실 동벽이 이러한 행렬의 장면을 묘사하는 것으로 선택되었다는 것은 고구려 벽화의 구성의 원리를 이해하는데 중요하다.

무용총 주실 동벽의 기마인물과 그의 앞에 일렬로 늘어선 인물상들은 덕흥리 벽화분의 전실 북벽 좌측의 묘주정좌상과 묘주를 배알하고 있는 13군 태수를 연상시킨다. 무용총의 경우 알현도(배례도)와 무용도가 결합된 장면으로 해석할 수 있다. 무용총의 묘주와 인물행렬을 묘주 배례도 또는 묘주의 장례에 참여하는 인물행렬도의 개념으로 본다면 페르세폴리스의 아케메네스 왕조의 조공도(알현도)의 배치와 유사한 점이 있다. 페르세폴리스 부조에서 왕은 대개 의자에 앉은 측면상으로 표현되며 이러한 왕의 권좌를 받치는 옥좌메기상으로 외국 사신들이 그려지거나 아파다나 알현홀의 계단 부조와 같이 각국의 의상을 입은 외국 사신들이 공물을 들고 페르시아 고관의 안내를 받아 왕을 알현하기 위해 줄을 서 있다.

무용총의 하단의 인물들 중에는 뒤에 선 한 명의 인물이 큰 코를 가진 것으로 묘사되어 심목고비의 외국인으로 보인다. 5세기 말의 대안리 1호분의 안간 서벽은 상하 2단으로 나뉘어져 상단은 일렬로 선 인물들이, 하단은 사신도가 그려져 있다. 인물들 중에서 오른쪽에서 다섯 번째 인물이 허리를 꼬며 뒤로 돌아보고 있는데, 입고 있는 옷은 고구려의 복식이나, 손과 얼굴이 다른 인물들에 비해 검고 높은 코가 두드러져 보인다.

행렬에 서역계 인물이 표현된 또 다른 고분으로는 쌍영총이 있다. 쌍영총의 주실 동벽의 행렬도를 보면 여묘주의 앞에 불교의 승려와 같은 인물과 머리에 향로를 인 여자시종이 행렬을 인도하고 있다. 행렬의 맨 끝에 선 두 사람을 보면 앞에 선 인물들과 달리 고구려 특유의 점무늬 옷이 아닌 어깨를 덮는 넓은 깃이 달린 어두운 색의 외투를 입고 있다. 얼굴 형태가 분명치 않으나 신강 키질 16호굴(5~6세기) 벽화에 그려진 공양인과 유사한 옷차림으로 보아 서역인일 가능성이 있다고 생각된다.[43]

행렬을 인도하는 향로의 형태는 중국의 불교 석굴이나 불비상의 공양인 행렬의 향로 형태와는 다르다. 대개 불교식 공양인 행렬도와 중국 남조 화상전묘의 향로의 형태는 한나라의 박산

---

43) 유홍준, 이태호, 『고구려 고분벽화』, 풀빛, 1995, 도 143.

쌍영총 행렬도

향로의 형태를 잇고 있는 경우가 많다. 쌍영총은 향로의 몸체와 다리 사이의 기대가 길고, 향로
의 몸체가 사각형 또는 반구형의 특이한 형태이다. 쌍영총의 향로와 같이 기대가 긴 사각형의
화단의 형태는 페르시아에서 이른 시기부터 부조와 은화에서 많이 표현되었다. 페르시아 아케
메네스왕조의 나크시에로스탐 애묘에는 조로아스터교의 아후라마즈다 신이 상단에 다이어뎀
을 들고 왕을 향하여 서고, 왕은 사각형 화단火壇을 마주보고 서 있다. 사산조 은화의 정면에는
왕의 측면초상이, 배면에는 조로아스터교의 화단이 묘사되어있다.

　선행연구에서는 쌍영총의 향로가 중국 남북조시대의 청자 등과 유사하게 보여서 향로공양이
아닌 등공양일 가능성이 제시되었다.[44] 유사한 형태의 청자 등은 중국 북제의 누예묘와 서현수

하북 출토 불교 공양행렬도(525년, 펜실베이니아대 박물관)

하남 등현 채회전 행렬도의 향로

---

44) 김정희, 「쌍영총(雙楹塚) 의식행렬도(儀式行列圖) 벽화(壁畵)의 도상(圖像)과 성격(性格)」, 『강좌 미술사』

묘에서 발견된다.[45] 동위의 여여공주묘, 북제의 서현수묘, 누예묘에서 출토된 유사한 장식을 가진 도자기들에 대하여 신강 호탄 지역의 도자기의 장식과 비교하여 서역 미술의 영향을 보여주는 사례로 제시한 연구가 있어 쌍영총의 향로 형태도 서역계 기물로서 중국의 전통적인 박산향로와 차이가 나는 것으로 해석할 수 있다.[46]

서현수묘 출토 청자등

수산리 벽화고분에서는 주실 서벽의 상단에 남녀묘주가 행렬을 하는데 행렬의 앞에는 여러 가지 기예를 하는 인물들이 있다. 장천1호분의 전실 남벽의 백희기악도에도 여러 명의 서역인들이 출현하는데 당시 고구려와 중국에 들어와 있던 서역계 백희기악 관련 주제를 상징할 가능성도 있다. 중기 벽화 고분의 행렬도 가운데 나타나는 서역계 인물들은 북조 고분 벽화나 도용의 서역계 인물들이 북조 사회에 유입되어 시종, 마부, 가무인 등으로 지낸 그들의 활동상을 보여주듯이 고구려 사회에 들어와 고구려인을 섬겼던 서역인들을 그리고 있는 것으로 보인다.

무용총 주실 동벽에 그려진 고구려 무용도와 유라시아문화와의 관계는 고구려의 음악이 서역의 음악들과 함께 중국의 조정에서 중요한 음악으로 함께 연주되었다는 점에 있다. 고대 한국의 음악에 서역계 음악들이 들어와 영향을 미치거나, 실제 서역인들이 서역의 가무를 가지고 들어와 고구려에 전파하였을 가능성이 높다. 서역인의 형상이 안악3호분의 가무도에 묘사되고, 요고腰鼓, 횡적, 오현비파, 공후류, 필률 등 서역 전래의 악기가 고구려 벽화에 그려진 예가 그 증거이다.[47]

41, 한국미술사연구소, 2013, 269~312쪽.

45) 太原市文物考古研究所, 『北齊婁叡墓』, 文物出版社, 2004; 太原市文物考古研究所, 『北齐徐显秀墓』, 文物出版社, 2005.

46) Suzanne G. Valenstein, *Cultural Convergence in the Northern Qi Period: A Flamboyant Chinese Ceramic Container, a research monograph*, Metropolitan Museum of Art, 2007.

47) 集安文物保管所, 「集安長川1號壁畵墓」, 『東北考古與歷史』 1, 文物出版社, 1982; 정수일, 「高句麗와 西域 關係 試考」, 『고구려연구』 14, 고구려연구회, 2002; 정수일, 「벽화에 나타난 고구려」, 『고구려와 동아시아-문

안악3호분의 서역적 요소에 대하여 도유호는 1959년의 논문에서 무악도舞樂圖에 그려진 무악인이 높은 코에 노란(?) 눈동자를 한 페르시아 계통의 서역인이라고 하였다.[48] 안악3호분의 가무도를 보면 고구려에 서역인들이 직접 들어와서 살았고, 그들이 백희잡기를 공연하였던 사실을 확인할 수 있다. 안악3호분의 벽화의 무용수의 춤 동작이 인도의 카탁춤과 유사하기 때문에 인도의 춤이 서역과 중국을 거쳐 고구려에 전래된 것으로 추정하는 견해도 있다.[49]

고구려의 가무나 음악에는 서역계통의 춤과 음악, 그리고 악기들이 일부를 차지하고 있다. 당나라 십부기十部伎의 하나인 고려기에 서역지방의 강국康國에서 유래한 호선무胡旋舞가 있었다고 전한다. 또한 고구려가곡歌曲에 가지서歌芝栖가 있는데, 동일한 명칭이 서역의 부하라 지방에 위치한 안국安國의 음악에도 보이므로 고구려의 가무곡이 서역지방의 그것을 수용하였음을 시사해준다.[50]

고구려가 소그드의 소무구성의 나라 가운데 안국의 음악을 받아들이고 교류관계를 가진 것이 주목되는데, 중국 내에서 활동한 소그드계 가운데 안국 출신을 다수 찾아볼 수 있다. 서위가 545년 돌궐에 사신으로 보낸 감숙 주천 출신 안락반타[51], 감숙 무위 출신으로 장안에 정착하여 동주살보同州薩保로 임명되어 서역계 이주민들을 관리한 소그드 귀족인 안가, 하남 낙양에 위치한 당대 부부묘에서 비잔틴 금화를 포함한 서역계 유물이 출토된 안보 등의 활동상을 보면 중국과 고대 한국에까지 안국을 포함한 소그드계 회화의 주제나 문화가 전파되었을 가능성도 고려해볼 만하다.

고대 우리나라 사람들은 서역에서 전래되었거나 직접 서역인들이 연기하는 백희잡기를 보고 즐겼다. 그 과정에서 고대인들은 서역인들을 직접 만나거나 기인伎人, 혹은 무인들을 매개로 서

물교류를 중심으로」, 고려대학교 국제학술심포지움, 2005,

48) 도유호, 「고구려 석실 봉토분의 유래와 서역 문화의 영향」, 『문화유산』, 조선민주주의인민공화국과학원 고고학 및 민속학연구소, 1959年 1期, 29~37쪽.

49) 전덕재의 연구는 백희잡기가 로마와 이집트에서 출발하여 서역을 거쳐 중국, 한반도, 일본에서까지 전래된 과정을 살펴보았다. 전덕재, 「동서의 교류와 문화 한국 고대 서역문화의 수용에 대한 고찰 – 百戲 · 歌舞의 수용을 중심으로 – 」, 『역사와 경계』 58, 부산경남사학회, 2006, 1~39쪽.

50) 전덕재, 「동서의 교류와 문화 한국 고대 서역문화의 수용에 대한 고찰 – 百戲 · 歌舞의 수용을 중심으로 – 」, 『역사와 경계』 58, 부산경남사학회, 2006, 1~39쪽.

51) 『周書』 「突厥傳」 卷五十 서위 대통 연간 태조가 돌궐에 사신으로 주천의 호인인 安諾槃陀를 보낸 기록이 있다.

양과 서역, 그리고 중국의 문화를 접할 수 있었다. 신라 5기 가운데 「월전月顚」과 「속독速毒」은 호탄과 속특(소그드)을 가리키며 서역에서 유래하여 신라에 전래된 가무희로 신라가 4~6세기에 중국이든 고구려를 매개로 직·간접적으로 서역과 교류하였음을 알려주는 증거물이다. 고구려가 서역의 기악을 받아들인 시기는 북위가 북연의 풍홍을 평정한 이후(436년)에 서역과 통하고 난 이후로 여겨지나, 서역계 악기 중에서 소簫는 수나라의 구부기 중에 안국기, 소륵기, 구자기 등 중앙아시아 여러 나라에서 사용된 서역 악기로서, 이 악기가 장천1호분과 안악3호분(357)의 벽화에 나타난 사실로 보아 4세기경에 벌써 고구려에 들어왔다고 할 수 있다.[52] 중국 고분 미술에 나타난 서역계 가무인은 산서 대동 안북사원 북위묘 도용, 북조의 소그드계 화상석각, 산동 북제 최분묘 벽화, 북제시대 청자 병扁壺 등에 다수 출현한다.[53]

3. 수렵도

무용총의 주실 서벽은 고구려 벽화고분 가운데 가장 잘 알려진 수렵도가 그려져 있다. 모두 다섯 명의 인물이 북벽을 향해 달리고 있는데 상단의 가장 큰 인물은 파르티얀샷의 자세를 보여주면서 남벽을 향해 달리는 사슴을 겨누면서 몸을 뒤로 돌리고 있어 화면 전체의 방향에 변화를 주고 있다. 산을 구성하는 파도치는 듯한 선은 장천1호분 천장의 구름문양의 파도치는 듯한 선과 흡사하다. 무용총과 가장 흡사한 형태의 산악도는 감신총 천장의 서왕모가 앉아 있는 산악도이다.

무용총 벽화 구성의 특징 중 하나는 동벽과 서벽이 두 개의 주제로 구성되었다는 점이다. 동벽 북측의 부엌도과 서벽 북측의 우마차도를 북벽의 묘주도와 연결된 하나의 장면으로 볼 경우 북벽에 속하는 부가적 주제가 된다.

고구려나 선비족의 고분에서는 마부가 끄는 마차의 주제가 종종 묘주의 그림 옆에 같이 나타

---

52) 정수일, 「高句麗와 西域 關係 試考」, 『고구려연구』 14, 고구려연구회, 2002, 219~240쪽.
53) 미국 메트로폴리탄 박물관 소장 청자 병은 서역의 가죽 물통 모양을 모방해 만들었으며 납작하고 입이 타원형이다. 배에 호인 무용수와 악사들을 부조했다. Suzanne G. Valenstein, *Cultural Convergence in the Northern Qi Period: A Flamboyant Chinese Ceramic Container*, Metropolitan Museum of Art, 2007, pl. 88. 유사한 청자 병의 예는 조선일보사, 『中國국보전』, 솔대, 2007, 93쪽.

무용총 수렵도

난다. 북제의 누예묘와 고윤묘에는 묘주가 장방 안에 앉아있고 좌우측에는 말안장을 얹은 말과 우마차가 묘주의 사후여행을 위해 준비되어 있다. 고분 벽화에서 이러한 교통 수단의 묘사는 당나라 고분에는 나타나지 않으나 몇 세기 후에 다른 이민족인 거란족의 고분에 재등장한다.[54)]

무용총의 수렵도에서 가장 크게 그려진 기마인물의 자세를 파르티안 샷이라고 하는데 인물이 말 위에 앉아 뒤로 돌아 쏘는 자세를 말하는 것이다. 파르티아는 한나라와 교류를 가졌던 서아시아의 안식국을 말한다.[55)] 수렵도의 도상 자체가 그 기원을 서아시아로 돌릴 수 있음을 말해주는 용어이다. 파르티아는 고대 이란에서 아케메네스 왕조와 사산 왕조 사이에 존속한 왕조로서 안식국이라는 이름으로 중국의 한나라와 공식적인 외교관계를 가지면서 교류를 한 나라이다. 파르티아의 미술은 서쪽의 로마와 전쟁 및 교류를 통하여 그리스·로마 문화의 강한 영향을 보이며 아케메네스의 전통과 함께 아치형태의 건축, 그리스·로마 미술계통의 조각, 주화 등이 남아있다. 북부 이란에서 내려온 유목민 출신으로서 기마전술이 잘 알려져 있으며 이로 인해 뒤로 돌아 쏘는 기마인의 자세를 파르티안 샷이라고 부른다. 한나라와 같은 시기 존속한 파르티아의 문화와 미술이 한나라에 전파되었을 가능성이 높으며 흉노에도 노인울라 등의 지역에 파르티아인들이 흉노인들과 같이 섞여 교류 거주했음이 알려져 있다. 이러한 파르티아의 미

54) Albert Dien, "A New Look at the Xianbei and Their Impact on Chinese Culture," George Kuwayama ed. *Ancient Mortuary Traditions of China*, Los Angeles County Museum of Art, 1991, pp.40~59.

55) M. Rostovtzeff, 'The Partian Shot', *American Journal of Archaeology*, vol.47, No2, 1943, pp.174~187.

아시리아 님루드의 아슈르나시르팔 2세의 사자 수렵도 부조(기원전 883~859년, 페르가몬박물관)

술은 사산이 파르티아를 멸망시키고 아케메네스와 파르티아의 미술 위에 사산의 미술을 발전시킴으로써 그 전통이 계승된다. 몇 점의 수렵도와 전쟁도 부조가 파르티아에 남아 있는데 수렵도의 주제가 더욱 자주 출현하는 것은 다음 왕조인 사산조이다.

파르티아 기마 자세에 대하여 최근의 연구에 의하면 파르티아인들이 사용하기 이전에 이미 북방 유목민들이 사용한 예가 발견된다. 마차를 타고 정면으로 또는 뒤로 돌아 동물을 쏘는 수렵도상은 아시리아의 님루드와 니네베의 부조에서 보이나, 실제 말 위에서 몸을 돌려 화살을 쏘는 소위 파르티안 샷 도상은 파르티아보다 이른 스키타이의 선주민인 킴메르 부족의 미술에서 발견된다고 한다. 따라서 파르티아의 이름이 들어간 파르티안 샷은 실제로는 파르티아인들이 북방의 유목민인 스키타이에게서 받아들인 것이다.[56] 이 도상은 시간이 지나면서 그리스·파르티아로 이어지며 파르티아가 이 도상을 한漢에 전한 것으로 추정된다. 그렇다면 고구려 고분벽화 수렵도의 활 쏘는 장면 역시 스키타이 · 흉노계의 동물양식미술을 반영한 요소들이 표현된 것이다.[57] 파르티안샷을 보여주는 대부분의 사산조 은기는 한대의 예보다 연대가 늦은 것들

56) 정석배, 「고구려 고분에 보이는 몇 가지 유라시아 문화요소에 대해」, 『문화교류로 본 한국과 알타이』, 글로벌시대 한국적가치와 문명연구 과제(AKSR2014-G08) '한국문화원류와 알타이 신문화벨트 형성연구' 국제학술회의 자료집, 2014, 43~72쪽. 아시리아 수렵도의 사례는 니네베(Nineveh)의 아슈르바니팔(Assur-bani-pal) 궁전의 부조의 사자 수렵 부조(기원전 645년)를 참고. Leonard Woolley, *The Art of the Middle East including Persia, Mesopotamia and Palestine*, Crown Publishers, 1961, 186쪽.
57) 권영필, 『실크로드미술』, 열화당, 1997; 권영필, 「고구려 벽화와 중앙아시아 미술의 연관성」, 권영필, 김호동 편, 『중앙아시아의 역사와 문화』下, 솔, 2007, 3~28쪽; 권영필, 「실크로드 미술 새롭게 보기 – 고대 한국 미술

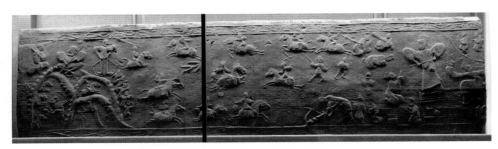

신야 출토 호한교전도 화상전(하남성박물원)

이면서 무용총과는 비슷한 연대를 가지고 있다.[58]

　한대에 전래된 파르티안 샷의 도상은 서한의 하남 지역의 화상전, 서안 이공대학 벽화묘, 섬북 수덕과 미지의 동한 화상석 등에 출현한다. 하남 화상석에서는 주로 정주鄭州와 신야新野지역의 화상석에서 예를 볼 수 있다. 공예품으로 잘 알려진 예로는 하북성 정주시定州市 삼반산三盤山 122호묘(동한) 출토 금은옥상감동관金銀玉象嵌銅管으로 4단의 죽절형 동관으로 마차에 부착하는 산개의 부품으로 추정하고 있다. 이 동관은 산악문과 운기문을 중심으로 코끼리를 탄 3명의 인물,

하남성 박물원 소장 정주 출토 수렵도 화상전

안식사(파르티안샷) 기법으로 호랑이를 사냥하는 인물, 낙타를 탄 인물 등이 표현되어 있다. 동경예술대학 소장 전 평양출토 금은상감동관에도 파르티안 샷으로 호랑이를 사냥하는 장면이 묘사되어 있다. 고구려와 낙랑의 관계로 미루어 고구려의 파르티안 샷의 유입 경로를 북방의 유목문화와 관련된 낙랑을 통해 전래된 것으로 추정하기도 한다. 백제 금동대향로에서도 수렵인물 중 한 명은 파르티안 샷을 하고 있다. 백제는 고구려를 통해 수용하였을 가능성, 또는

과 관계해서 - 」,『(실크로드 인사이드)문명의 충돌과 미술의 화해』, 두성북스, 2011, 191~219쪽; 권영필, 「고구려의 대외문화교류」『고구려의 문화와 사상』, 동북아역사재단, 2007, 245~270쪽.
58) Prudence Oliver Harper, *The Royal Hunter: Art of the Sasanian Empire*, Asia Society, 1978; Katsumi Tanabe, "A Sasanian Silver Plate with a Leopard Hunt," *Bulletin of the Asia Institute*, 1, 1987, pp.81~94.

낙랑에서 이러한 도상을 수용하였을 가능성도 있다.[59]

한대 이후에 위진魏晉시기의 수렵도는 북서와 북동 중국의 무덤 벽화에 나타난다. 위진남북조시대 고분벽화에서 발견되는 수렵도의 예는 감숙 가욕관 위진 벽화묘와 요녕 조양 원대자묘, 고원 북조 칠관화 등이 있다. 고구려 초기와 동시기로 가욕관 무덤과 불야묘만 무덤에 있는 사냥도는 채회전화로 화면의 구성이 보다 단순하다. 특히 가욕관의 화상전 중에서 수렵도가 나타나는 채회전이 적지 않은데 사냥꾼이 말에 타고서 뒤로 돌아 달아나는 사슴에 화살을 맞히는 장면 같은 파르티안 샷과 사슴을 쫓는 말의 묘사 등이 고구려의 수렵도와 흡사하다. 가욕관묘의 채회전화는 돈황 북위 석굴, 특히 신화와 풍속을 다룬 벽화에 영향을 미쳤는데, 돈황 서위 285호굴의 천장의 수렵도를 예로 들 수 있다. 전연, 후연, 북연의 중심이 되는 도시였던 조양 지역의 벽화묘로서 조양 원대자묘와 북표 풍소불묘(415년)가 있는데 보다 이른 시기의 요양 지역 벽화묘와 비교하면 구조도 단순해지고 벽화 주제에서 사신도가 추가되는 특징이 있다. 원대자묘의 수렵도는 구불구불한 선으로 그려진 산 위로 말에 탄 인물이 앞에 달려가는 사슴에 활을 겨누고 있는 장면을 그리고 있다.

가욕관 수렵도

북위 고분 중에서는 영하 고원 칠관화의 수렵도가 잘 알려져 있다. 좁은 띠와 같은 공간을 따라 말을 탄 사냥꾼이 파도처럼 물결치는 산 위를 달리고 있다. 산은 사람의 무릎 높이 밖에 되지 않는 작은 삼각형 모양으로 그려졌다. 작은 연봉오리가 배경에 여기저기 그려져 있는데 장천1호분의 북벽의 연회도의 봉오리 같이 '인人'자 모양 무늬가 안에 그려져 있다.

동위, 북제, 북주 벽화묘나 중국 남조에서는 파르티안 샷을 포함한 수렵도가 거의 보이지 않는다. 대신 북조 소그드계 석각에서 수렵도가 출현하는데 화면 구성이 각저총, 무용총, 그리고 장천1호분과 비교된다. 당에 이르면 섬서 예천의 건릉 배장묘인 장회태자묘에서 수렵과 폴로

59) 李溶振, 「三國時代 香爐 研究」, 『韓國古代史探究』 5, 한국고대사탐구학회, 2010, 159~216쪽.

장회태자묘 폴로 경기도

사군묘 수렵도

경기를 하는 장면이 묘도에 그려져 있는데 당의 수도에까지 전파된 서역계통의 오락이 인기를 끌면서 동시에 수렵도상도 다시 출현하여 그려진 것으로 보인다. 수렵도는 당대 금은기에도 악무도과 함께 자주 묘사된다.

유라시아 북방유목민들에 의해 선호되었던 수렵도의 주제는 페르시아의 사산조의 타크이부스탄의 부조와 사산조의 은기에도 중요한 주제로 등장한다. 또한 사산조 지배를 받던 두라 에우로포스의 벽화에 수렵도가 출현하며, 동시에 사산조의 영향을 받은 그레코-이란 양식의 소그드 벽화에도 자주 출현한다. 2세기경의 두라 에우로포스 벽화는 말을 탄 인물, 활을 쏘며 짐승을 추격하는 전형적인 사냥 장면을 그렸다. 동작 표현에 비해 운동감이 없고 생동감이 결여되어 일종의 서원화로 아케메네스 시대의 그리스풍 모델을 따른 것이다.[60] 중국 북조 서역계 석각에도 이러한 페르시아 계통의 수렵도가 다수 등장한다.

이상에서 살펴본 바와 같이 무용총의 수렵도의 파르티안 샷은 그 연원을 살펴보면 이르게는 스키타이 선주민인 킴메르족에서 시작하여, 스키타이, 흉노에 의해 북방기류를 통해서 전달된 도상이라고 할 수 있다. 또한 기원후 3~4세기 사산의 미술에 중심 주제로 등장하면서, 사산조 페르시아와 중국 사이의 교류에서 중간 지역에 거주하던 에프탈, 유연, 돌궐, 소그드 등을 통해 북방기류를 반영하여 전달된 주제라고 할 수 있다.

---

60) 권영필, 『실크로드미술』, 열화당, 1997, 34-35쪽.

4. 씨름, 역사, 문지기

고구려 고분벽화에 나타난 서역문화 요소 가운데 서역계 인물이 표현된 사례는 씨름과 수박희의 인물, 역사(문지기와 지천 역사 포함), 불교 관련 인물(여래, 보살, 비천, 천인, 승려), 생활인으로 구분할 수 있다. 씨름은 각저총과 장천1호분, 수박희는 무용총과 안악3호분에 그려졌다. 지천역사는 삼실총, 장천1호분, 대안리1호분, 수산리벽화분, 문지기는 약수리벽화분, 장천1호분, 삼실총, 수산리벽화분, 안악2호분, 쌍영총, 진파리1호분, 통구사신총, 오회분5호묘 에서 발견된다.

각저총의 씨름도는 주실 동벽에 적갈색의 나무 아래에서 두 명의 씨름꾼이 겨루고 있고 심판을 보는 노인이 뒤에 서있다. 무용총 주실 북벽의 묘주 접객도의 위에는 씨름을 하는 두 명의 인물이 그려져 있다. 안악3호분, 각저총, 무용총, 장천1호분에 출현하는 씨름을 하는 두 명의 인물 중에서 한 명이 심목고비의 외국인으로 그려졌는데, 이러한 인물상의 표현이 실제 외국인의 고구려로의 이주와 그 생활상을 반영한 것인지 아니면 단순히 전형적인 외국인 도상의 전파의 표현인지에 대해서는 이견이 있다. 중국의 사서와 고분 미술에 보이는 수많은 외국인 유입 사례들로 볼 때 고구려 벽화에 묘사된 외국인도 도상이나 화본의 전래보다는 실제 외국인의 유입을 보여주는 것으로 생각된다.

각저총 주실 동벽에 그려진 씨름에 대해 선행연구에서는 그리스 채도에 그려진 거인 안타이오스를 이긴 헤라클레스의 씨름장면 항아리와 비교하여 씨름의 연원을 그리스·로마까지 거슬러 올라갔다.[61] 그리스 미술의 사례로는 아테네 국립 고고학 박물관에 소장된 두 개의 대리석 받침대(기원전 6세기 말)로서 테미스토클레스 방벽에서 발견된 것들이다. 소위 〈테미스토클레스 받침대〉로 불리는 본래 장례용 쿠로스 상의 받침대의 한 면에 레슬링을 하는 두 명의 청년상이 있다. 석판의 각 면에는 각종 신체활동을 하는 청년들이 그려졌는데, 청년들의 운동 단련을 통해서 아테네의 미래를 책임질 준비를 하는 시민 후보, 즉 에페보스(성년기에 접어든 청년)들

---

61) 권영필, 「실크로드 미술 새롭게 보기 - 고대 한국 미술과 관계해서 - 」, 『(실크로드 인사이드)문명의 충돌과 미술의 화해』, 두성북스, 2011, 191~219쪽; 권영필, 「고구려의 대외문화교류」, 『고구려의 문화와 사상』, 동북아역사재단, 2007, 245~270쪽.

각저총 씨름도

무용총 씨름도   안악3호분 수박희

을 시각화한 것이다.[62]

　간다라미술에서도 사례를 볼 수 있는데 파키스탄의 간다라 지역에서 헤라클레스 도상이 그려진 씨름꾼의 웨이트(wrestler' weight, 기원후 1세기, 편암, 26×34.9㎝)가 있다. 앞면에는 사자 가죽과 몽둥이를 든 나신의 헤라클레스와 사자 한 마리가 있다. 뒷면에는 한 명의 인물이 화면의 왼편에 서서 깃대를 들고 있고, 두 명의 씨름꾼이 중앙에서 겨루고 있다. 씨름의 오른편에는 다른 씨름꾼들이 경기를 응원하는 장면이 묘사되었다. 간다라 지역의 부조에서 보이는 헬레니

---

62) 조은정, 「아테네 장례 조형물에 재현된 현세의 기억」, 『한국미술사교육학회지』 25, 한국미술사교육학회, 2011, 269~301쪽, 도4~7.

즘의 영향은 로마지역과의 교류를 반영한다. 헤라클레스와 씨름 도상은 간다라와 아프가니스탄 지역에서 고전 형태가 되살아나는 시기의 시대적 흐름을 반영하는 도상이다.[63]

중국에서 씨름도가 나타나는 이른 시기의 유물로는 섬서성 장안현 長安縣 예서향澧西鄉 객성장客省庄 양주고분군兩周古墳群 140호 출토 장방형 동제 부조(기원전 1세기)가 있다. 1955~1957년에 발굴된 140호묘에서

객성장 양주고분군 140호묘 씨름도

는 많은 흉노 유물과 함께 장방형 동제 부조 한 폭이 발견되어 묘주는 흉노의 사신이나 그 수행원으로 추측되었다.[64] 동제 부조 한가운데에 심목고비에 긴 바지를 입은 장발의 두 사람이 씨름하고 있다.[65] 나무 아래에서 두 사람이 씨름하는 서사시적 장면은 장방형 틀의 중앙에 사실적으로 묘사되었다. 양편에 각 한 마리의 말과 나무잎이 무성한 수목이 서있으며 표현된 인물들의 모습이 심목고비에 곱슬머리의 장발인 점으로 보아 흉노인으로 추정된다.[66]

유사한 씨름도 부조는 길림성 동요현東遼縣에서도 출토되었으며, 영국과 미국의 박물관이나 개인소장품 가운데에서도 찾아볼 수 있다.[67] 흉노계 묘에서 출토된 장방형 부조에 보이는 나무

---

63) Kurt A. Behrendt, *The Art of Ghandara in Metropolitan Museum of Art,* Metropolitan Museum of Art, 2007, 도8, p.14.

64) 中國科學院考古研究所 編著, 『澧西發掘報告』, 文物出版社, 1963, 138~140쪽.

65) 정수일, 『씰크로드학』, 창작과 비평사, 2001, 256~257쪽.

66) 권영필은 한의 영역에 들어온 흉노문화에 대한 해석을 통하여 흉노 문화가 중국 문화에 미친 영향 관계를 다루었다. 권영필, 「代替文獻」으로서의 西安地區出土 靑銅動物紋裝飾牌 - 흉노미술의 남하 -」, 『中央 아시아硏究』 2, 중앙아시아학회, 1997, 43~155쪽; 寧夏文物考古硏究所, 「寧夏同心倒墩子匈奴墓地」, 『考古學報』, 1988年 3期; 邢義田, 『畵爲心聲: 畵像石, 畵像磚與壁畵-秦漢史論著系列』, 中華書局, 2011; 中國科學院考古硏究所, 『澧西發掘報告』 文物出版社, 1963, 138~140쪽; 정수일, 『씰크로드학』, 창작과 비평사, 2001, 256-257쪽.

67) 흉노 씨름 식패에 대해서는 A. Salmony, *Sino-Siberian Art in the Collection of C.T. Loo*(中国·シベリアの芸術品), C.T. Loo publisher, 1933, 도 XXI 참조. 권영필, 「대체문헌(代替文獻)」으로서의 서안지구출토 청동동물문장식패(靑銅動物紋裝飾牌) - 흉노미술(匈奴美術)의 남하(南下) -」, 『中央아시아硏究』 2, 중앙아시아학회,

아래에서 두 명의 씨름꾼이 심판을 보는 인물과 함께 표현된 형식이 각저총의 씨름도 형식과 같다는 점에 주목한다면, 고구려의 씨름도라는 주제도 유라시아계통에 속하는 주제이다.

각저총은 집안지역의 가장 이른 생활풍속 벽화묘라는 점을 고려하면 초기 벽화의 주제의 선택과 구성에 작용한 문화적 배경에 대하여 생각해보게 한다. 묘주도, 씨름도, 수목도, 마차도라는 구성은 한계 장의미술의 10여 가지의 대표적 주제 가운데에서의 단순한 우연적 조합으로 생각할 수도 있다. 그러나 요녕 서풍西豐 서차구西岔溝 장식판을 포함하여 흉노계통의 동제 부조들이 보여주는 북방유목미술의 서사적 주제의 장면 구성을 고려하면 각저총의 주실 후벽의 묘주 초상과 좌우벽의 수목과 결합된 씨름도와 말과 마차도의 주제의 구성의 연원을 가늠할 수 있다.[68] 즉, 평양·안악지역 벽화묘의 벽화 주제 구성과는 다른 집안 초기 벽화묘인 각저총의 벽화의 구성 자체가 유라시아계통임을 쉽게 알 수 있다.

중국의 한대미술에서 표현된 씨름도는 동한대의 하남 남양 화상석과 하남 밀현 타호정 벽화묘에서 그 예를 볼 수 있다. 하남 화상석의 각저 장면은 주로 동물과 동물의 싸움이나, 동물과 사람 간의 싸움 장면을 담고 있어 고구려의 씨름이나 수박희와 약간 다른 형태이다.[69] 타호정 벽화묘의 씨름도는 천장의 다각형의 연속문 안에 다양한 신수와 신인들이 운기문 가운데 노니

1997, 43-66쪽.

(68) 서차구 출토 장식판 네 점에는 호인 형상의 2인의 기마인물이 그려졌다. 같은 지역에서 출토된 다른 식패에는 한 명의 기마인물과 마차가 표현되어 각저총 주실 서벽 벽화 주제의 구성과 같은 말과 마차도와 수목도의 결합을 볼 수 있다. 씨름도와 함께 기마인물상과 같은 내러티브 장면은 유라시아 초원지대의 반유목민들의 구비서사시 전통에서 온 것이다. 원래 직물에 표현되던 장면을 보다 더 보존이 잘되는 금속판으로 옮겨와서 표현한 것이다. 벽화를 그릴 만한 벽이 있는 건축을 사용하지 않은 유목민들은 영웅의 이야기를 직물에 장식하였는데 파지릭 고분에 걸린 직물이 유명한 예이다. 서차구 금속 장식판의 가장자리의 계단식 삼각형 문양대도 파지릭 직물에서 보이는 아플리케 펠트 장식을 반영한 것이다. 인물을 산수 배경 속에 통합시키고 말과 기수를 단축법으로 표현하는 특징은 알렉산드로스의 정복 이후 중앙아시아 오아시스 중심지들에서 유행한 헬레니즘 전통에서 기원한 것이다. 북부 초원 유목민들에 속하는 허리띠 장식의 내러티브 장면은 중국미술에서는 영향관계를 찾기 어려우나 흉노 미술을 낳게한 내러티브 전통의 후대의 발달은 실크로드의 소그드 유적에서 발견되는 중앙아시아 벽화에서 찾을 수 있다. Jenny F. So and Emma C. Bunker, *Traders and Raiders on China's Northern Frontier*, Arthur M. Sackler Gallery, 1995, 도2.

(69) 마크 루이스의 *Sanctioned Violence*에 의하면 남양지역 한대 화상석에 보이는 동물과 인물, 동물과 동물의 투쟁장면의 출현은 이전의 화상석의 전통에 비교하여 다소 파격적인데 그 출현의 동인에 대하여 서한-동한대 흉노와의 접촉으로 후한 광무제의 고향인 남양지역에 이러한 문화가 퍼져 각저희 모티프가 출현하였을 가능성이 있다. Mark Edward Lewis, *Sanctioned Violence in Early China*, State University of New York Press, 1989.

는 장면에 하나의 제재로 등장한다. 무용총과 타호정 벽
화묘는 모두 천장이나 벽면의 상단에 해당 주제가 그려
진 공통점이 있어 그 주제가 가진 상징성이 천상세계와
연관되거나 천상세계로의 통과의례 또는 장송의례와
연관된 것으로 추정된다.[70] 최근의 연구에서 타호정 벽
화묘가 구조와 벽화 표현에서 북방초원과 서아시아의
영향을 보여주는 사례로 언급되었듯이 천장과 석문 석
각의 벽화와 부조의 구성이 그 연원을 서역계 산악도와
신수문의 결합으로 본다면 씨름도 역시 유라시아계 문
화요소의 발현으로 볼 수 있다. 이러한 산악과 신수문은
호한문화 지역인 섬북지역 화상석에도 나타난다.

무용총, 안악3호분과 동시대인 4~5세기 중국의 벽화
고분 가운데에는 씨름, 수박희의 소재가 거의 눈에 띄

타호정 한묘 씨름도

지 않는다. 중원의 벽화고분 가운데 보이지 않는 점은 이 주제가 한계 문화보다는 스키타이·흉
노계통의 북방문화에 연원을 두고 발전한 주제라는 것을 보여준다. 무용총의 씨름을 하는 인
물들의 동작과 자세는 감숙성 고태현 나성향 하서촌 지경파묘지에서 2007년 발굴된 위진시대
(220~316년) 서역계 벽화묘 중에서 4호묘의 각저희를 하는 인물상들과 유사하다. 씨름을 하는
인물 옆에는 북을 등에 메고 전진하며 연주하는 두 명의 기악인이 있다.

각저총과 무용총에서 씨름하는 두 명의 인물 가운데 한 명이 심목고비의 소위 서역인으로 묘
사되어 씨름이라는 주제와 서역인 또는 외국인이라는 요소가 결합된 것이다. 씨름은 앞서 살펴
본 바와 같이 스키타이·흉노계의 주제로 볼 수 있다. 심목고비의 형상을 한 스키타이, 흉노인
을 심목고비의 서역인으로 묘사한 것이라면 여기에서의 서역인은 소그드와 같은 이란계 외국
인이 아닌 스키타이·흉노계 또는 선비계 인물들이다. 위진남북조시대에 오면 흉노계와 선비계
가 결합하면서 오호십육국이 전개되는데[71], 감숙 고태 지경파 벽화묘의 경우 하서지역의 선비

70) 씨름도 도상의 내세로의 통과의례로서의 연관성에 대해서는 임영애, 「고구려 고분벽화와 고대 중국의 서왕
　　모 신앙 – 씨름그림에 나타난 '서역인'을 중심으로」, 『강좌 미술사』 10, 한국미술사연구소, 1998, 157~179쪽.
71) 정재훈, 「조위(曹魏), 서진시기(西晉時期) 병주(幷州) 흉노사회(匈奴社會) – 오호십륙국(五胡十六國)의 전

계가 외래인의 형상처럼 벽화에 묘사된 것으로 보는 견해도 있다. 또한 장천1호분의 서역계 인물의 출신이 석륵의 후조와 같은 갈족 계통으로서 이들이 고구려에 호인, 서역인, 외국인으로 유입된 것이라면 이와 유사한 경우라고 하겠다. 우리가 흔히 심목고비의 서역계라고 지적한 인물들이 반드시 먼 서역의 개념이 아닌 북방문화권대를 따라서 한대부터 오호십육국시대를 거쳐 북조시대에 교통한 흉노, 선비, 유연, 돌궐, 에프탈 출신으로 이해한다면 고구려와 소위 서역, 즉 유라시아와의 관계 형성이 불가능한 일은 아니었을 것이다.

씨름이라는 상호 투쟁의 도상을 유라시아 문화권대에서 이해한다면 페르시아와 스키타이 · 흉노 계통의 동물과 인물 투쟁도에 기원을 찾아볼 수 있다. 투쟁을 하는 인물 중 한 명이 외국인으로 묘사되는 것은 이 주제나 도상 자체가 외래 기원임을 암시한다고 하겠다. 힘을 겨루는 또는 과시하는 대상이 외국인으로 묘사되는 주제가 가진 상징성은 무용총보다 후에 조성된 집안 지역 벽화고분에서는 역사상과 문지기상으로 역할이 확대되고 그 도상의 크기도 확대되어 출현한다. 고구려 중기 벽화고분에 자주 나오는 행렬도, 백희기악도, 씨름도에 출현하는 외국인, 하늘을 받치고 있는 역사, 무덤의 출입구를 지키는 문지기 등은 고구려 사회에 유입되어 같이 거주하던 외국인(서역계, 북방계)들의 존재와 그 수를 대변하는 것일 수도 있다.

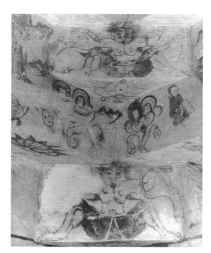

장천1호분 역사상

장천1호분에서는 씨름꾼과 유사한 복식을 입은 심복고비의 인물이 전실 천장의 삼각고임석의 앞부분에 출현하며 천장을 받들고 있다. 평천장이 점차 계단식으로 좁혀져 올라가면서 생기는 네 귀를 말각조정식으로 조금씩 덮어 나간 부분 앞면에 세 명씩 전부 12명이 그려졌다.

평양지역 벽화고분 가운데에서는 수산리벽화분에서 묘실 벽면 상의 인자형 두공의 가운데 부분에 선묘로 역사상이 작게 표현되었다. 장천1호분과 수산리 벽화분의 역사상은 두공이나 삼각고임석과 같은 건축 구조와 결합되어 그려졌다는 점에서 주목되는데 중국 감숙 돈황 불야묘만 채회전묘의 묘도의 조장 장식에 보이는 역사상과 유

주곡(前奏曲) - 」『中央아시아研究』15, 중앙아시아학회, 2010, 79~110쪽.

사하다. 대안리1호분에서는 묘실 벽면 모서리로 내려와 부조로 강조된 인자형 두공을 받쳐 든 역사로 크게 표현된다.

삼실총에서도 대안리 벽화분과 같이 보다 더 확대된 모습으로 제2실과 제3실에서 하나의 역사상이 벽면 전체를 차지할 만큼 크기가 커지게 된다. 삼실총과 장천1호분의 역사의 용모는 눈과 코가 크고 수염이 있는 외국인의 용모를 가지고 있다. 역사상의 주제는 돈황 불야묘만 위진 채회전묘와 요녕 조양 원대자 벽화묘에서 사례를 볼 수 있으나 북조 벽화묘에서는 묘실 안에 역사상이 그려진 예는 드물다. 북조 벽화묘의 묘도의 대형 행렬도의 상단에 그려진 괴수怪獸의 형태가 유사한데 인물이 아닌 짐승의 형태를 띠고 있다. 집안 오회분4, 5호묘에서는 묘실 네 모서리에 기둥을 대신하여 괴수형 역사가 등을 돌린 채 사지를 벌리고 천장을 받치고 있어 중국 북조 벽화묘 묘도 행렬도의 괴수와 비슷하게 표현되었다.

돈황 불야묘만 채회전묘 역사상

역사상이 외국계 인물로 표현된 것은 주제 자체가 외래계 문화요소를 품고 있다는 뜻이며 삼실총의 구조상 외부에서 내부로 들어갈수록 생활풍속도에서 역사와 문지기상으로 주제의 변천이 이루어진다는 것은 역사상이 가진 내세와 연관된 상징성이 중기에 강화되었음을 의미할 수도 있다.

고구려 벽화 인물상 가운데 외국인으로 표현된 역사의 도상은 동양 미술의 맥락에서 거슬러 올라가면 기원전 2세기의 호남 장사 마왕퇴 백화의 역사상, 기원후 2세기의 산동 무량사 화상석, 3세기경의 간다라 부조, 5세기의 산서 대동 운강석굴의 역사상에서 유사한 예를 찾을 수 있다.

선행연구에서는 지천역사가 인도 및 서아시아 지역의 우주관에 유래한 존재, 혹은 관념이라고 보았다. 연꽃화생도 5세기 초까지 중국의 불교미술에서는 아직 나름의 자리매김을 하지 못하였던 주제였으나, 고구려에는 다수 표현된 현상은 중앙아시아 지역 석굴사원 장식을 매개로 한 인도 및 서아시아 종교 관념이 전래되어 나타난 현상으로 보았다. 지천역사와 연꽃화생은 고구려 고유의 종교 및 우주관을 바탕으로 출현한 존재가 아니라 372년 불교공인 이래 스텝지대와 북중국 등을 통해 광범위하게 수입되던 불교문화의 일부로 고구려에 직접 수용된 서아시아계 문화요소로 해석하였다.[72]

서아시아 지역의 유사한 사례를 찾아보면 고구려보다 훨씬 이른 시기이기는 하나 기원전 6~5세기 페르시아 아케메네스 왕조의 수도 페르세폴리스의 왕의 옥좌와 나크시에로스탐의 애묘崖墓의 페르시아 왕과 아후라 마즈다 및 배화 제단을 받치고 있는 형상의 외국인들(피정복민들)의 부조에서도 유사한 역사형을 찾아볼 수 있는 점이 흥미롭다. 애묘와 궁전 부조의 옥좌메기 도상은 내세로 가는 입구에 종교의 힘을 빌린 왕권의 신성함과 여러 나라를 다스린 강력한 힘, 제국 내의 여러 민족들을 사후에도 다스리는 왕권의 안정성을 뜻하는 것으로 생각된다. 나크시에로스탐의 아케메네스조 애묘 하단에는 사산조 시대에 새긴 기마전투도, 왕권서임도, 알현도가 있는데, 현장에 남아있던 아케메네스 시대의 부조의 주제와 표현이 사산조에게도 알려졌을 것이다.

삼실총의 제2실과 제3실의 모든 벽면을 가득 채운 지천역사상과 문지기상들은 묘실 벽화 구성면에서 중국이나 중앙아시아 어디에서도 볼 수 없는 구성이다. 비록 시기와 지역적으로 멀리 떨어져있으나 유사한 단일 주제로 구성된 고분이 1982년 불가리아의 스베슈타리에서 발견된 기원전 3세기경의 트라키아의 벽화부조묘이다. 불가리아 소재의 유네스코 세계문화유산의 하나이며 헬레니즘 미술의 영향을 보여주는 스베슈타리 묘는 카리아티드 형식의 10명의 여인상

삼실총 역사상

이 부조로 장식되었으며, 천장에 묘주가 말을 타고 월계관을 손에 들고 있는 여신에게로 향하는 벽화가 있다. 이러한 여인상은 고대 그리스와 근동의 신전神殿에서 카리아티드라고 하여 천장을 받치는 기둥으로 여인의 조각상을 세우는 관습을 반영한다. 삼실총의 역사상이 유라시아를 통하여 전해진 외래계 요소라면 서아시아와 인도, 그리고 흑해 연안까지 거슬러 올

72) 전호태,「고구려 삼실총 벽화 연구」,『역사와 현실』44, 한국역사연구회, 2002, 1~28쪽.

라가 연원을 파악할 수 있다.

고구려 벽화의 중기와 후기의 역사상과 문지기상은 고구려 고유의 복식을 입은 문지기상도 있지만, 불교석굴의 입구에 세워진 금강역사상과 유사한 예가 보인다. 이는 서역의 불교 미술의 전래와 함께 전파된 중앙아시아의 도상이 가미된 것으로 보인다. 보다 더 연원을 거슬러 올라가면 불교의 금강역사 도상은 섬서 서안의 한대 곽거병묘의 동물과 싸우는 괴인怪人 조각상에서 보듯이 서방의 헤라클레스 도상이 전해지면서 중앙아시아 지역에서 변형이 일어난 것이다. 중국 고분 가운데 불교 석굴 금강역사식의 문지기상이 표현된 곳은 북위의 산서 대동 회인 벽화고분과 북조의 섬서 서안 사군묘가 있다.

삼실총 제1실 서벽 보살형 문지기

삼실총에는 제2실과 제3실, 그리고 각 묘실을 연결하는 통로의 각 벽면에 모두 한 명씩의 역사 또는 문지기가 그려져서 다양한 형상의 고구려 또는 외국계 인물상이 표현되었다. 묘실 벽면에 표현된 인물들은 양팔과 양다리를 벌리고 하늘을 받드는 역사의 형상이다. 통로가 있는 벽면이나 통로 양벽에 그려진 인물들은 대개 3/4 측면 자세로 서있는데 손에 창을 든 경우도 있다.

외국계 역사상, 불교식 금강역사상, 또는 보살상이 결합된 것으로 보이는 인물들 가운데 제1실의 서벽 우측의 보살형 문지기가 있다.[73] 고구려 후기 벽화고분의 보살형 또는 금강역사형 문지기상의 이른 예가 된다. 삼실총 제1실 서벽의 보살상은 후대의 것들처럼 억센 근육으로 힘을 과시하는 형이 아니라 다소 마른 체형에 머리의 관과 관의 옆으로 늘어뜨린 관식의 형태상 이란계 왕공귀족의 관식을 연상하게 해서 주목된다. 양옆으로 날리는 리본이 달린 관식에, 상반신은 벗은 채 천의만을 어깨에 두르고 있다. 어깨에 붙은 듯이 그려진 천의의 끝자락이 양 손에

---

73) 池內宏, 『通溝』 하권, 東京: 日滿文化協會, 1938, 도판 54.

휘감겨 내려간 묘사나 양옆으로 휘날리는 듯한 이란계 양식의 리본이 장식된 관식의 묘사가 신강 키질 석굴과 감숙 돈황의 북량과 북위시대 보살상과 유사하다. 리본이 날리는 관식을 쓴 다른 보살형 문지기상은 묘실을 연결하는 통로의 벽면에 그려졌는데 긴 눈썹에 수염을 기르고 손에 긴 창을 들고 묘실을 지키고 있다. 키질 석굴의 보살상은 양 옆으로 긴 띠가 휘날리는 화려한 관에 각종 장신구가 달려있다. 보살의 관대와 관대 양쪽에서 흩날리는 리본이 특징적인데 리본 달린 보살의 관대는 이후 동아시아에서 보살의 관장식으로 애용된다. 관대는 사산조 페르시아에서 왕권의 상징인 다이어뎀(diadem, 왕의 관에 두른 띠)을 차용한 것이다. 이러한 리본이 달린 관은 사산조 부조와 은화에 왕권의 상징으로 널리 쓰였다.[74] 키질 석굴 벽화 곳곳에서 리본이 달린 관대를 머리에 두른 각종 상이 보인다.

삼실총의 평행삼각고임천장에는 쌍수雙獸와 불교식 비천상이 등장한다. 역사와 문지기상을 다수 배치한 것은 사후세계의 불가침적인 공간을 상징하는 동시에 삼실총의 축조 당시에 외국인 형상의 역사와 문지기상을 통해 얻고자 하는 사후세계의 공간의 형상화가 독특하게 발현된 것으로 보인다.

장천1호분은 전실 천장의 삼각고임석의 앞부분에 12명의 지천역사상이 있으며, 전실 천장의 3면에는 불보살비천으로 구성된 불교 사원을 재현해놓았다. 전실의 좌우 천장에는 각각 네 구의 보살상이 있으며 전실 천장의 후면에 간다라계통의 초기 선정인 불좌상이 있다. 뚝섬 출토 불상과 미국 하버드 포그 미술관 소장의 불상과 같은 양식으로 고대 우리나라에 전래된 초기 불교조각의 도상을 잘 보여준다. 불교 전래 당시에 초기 불상의 양식과 함께 보살상의 양식도 전파되었을 텐데 장천1호분의 보살상의 관식은 양쪽에 긴 리본이 달려 있어 이란계 요소로 지적되는 중앙아시아 키질 석굴 보살상의 관식과 유사하다.[75]

74) 임영애, 「서역 쿠차 지역 금강역사의 특징과 그 의미」, 항산 안휘준 교수 정년퇴임 기념 논문집 간행위원회, 『미술사의 정립과 확산 : 항산 안휘준 교수 정년퇴임 기념 논문집 2』, 사회평론, 2006, 330~349쪽; 임영애, 「간다라의 금강역사」, 『中央아시아研究』 9, 중앙아시아학회, 2004, 161~185쪽.
75) 키질석굴의 개착 연대는 가장 이른 경우 2세기부터 늦게는 6세기경에 개착한 것으로 보기도 한다. 대체로 4세기경 시작하여 9세기 중엽까지 지속된 것으로 본다. 조성이 가장 활발했던 시기는 5~7세기이다. 키질을 포함한 쿠차 지역 석굴은 전실 천장과 벽면의 능형산악문이 특징이다. 마름모꼴 구획 안에 각종 본생도, 인연도, 천불도가 있다. 산을 형상화한 능형산악문은 사산조 페르시아 금속기에 보이는 모티프로 이란과 관련되었을 가능성이 높다. 중국 동한의 섬북지역 정변 벽화묘와 중국 한대 박산향로에도 이러한 능형산악문이 등장한다. 임영애 외, 『동양미술사』 하권, 미진사, 2007, 324~326쪽.

은 단발머리에 단령의 밀착형 포를 입고 허리에 검은 색 띠를 두르고 장화를 신고 있다. 우홍과 미호 박물관의 기마인은 단령의 포와 바지를 입고 허리띠를 맨 차림이다. 중국 고분미술에서 수렵도는 섬서 서안 서한대 벽화묘, 하남 정주와 낙양 서한 화상전, 섬북 동한 화상석, 감숙 가욕관 채회전, 산서 대동 북위 채회칠관 등에 출현한다. 동위·북제, 서위·북주 벽화고분에서는 보이지 않으나 당대에 가서 섬서 서안 장회태자묘에 출현한다. 대신 북조 후기의 소그드계 석각에 자주 보이는데 이런 소그드계 석각의 수렵도는 사산조 페르시아의 부조와 은기의 영향을 반영하면서, 케르만샤의 타크이부스탄과 같은 사산조 왕의 기마인물상과 수렵도가 합쳐져 만들어진 것으로 보인다. 타크이부스탄의 대석굴의 조각 구성의 형식이 사산조 왕궁의 장식에 기반한다면, 페르시아를 방문한 여러 사절에 의해 영향이 전파되었을 가능성이 있다.

무용총 주실 동벽은 기마인물이 악무를 감상하는 모습인데 이는 소그드계 석각의 주제인 악무도와 통한다. 안가 석관상의 연회도의 묘주는 전형적인 소그드인의 모습을 하고 있다. 미호박물관의 연회도는 묘주 부부가 집안에 앉아 잔을 기울이며 술을 마시는 가운데 앞뜰에서는 호선무를 추는 무용수와 악대가 보인다.

소그드계 석각의 마지막 중심 주제는 제사와 화단도로서 서안출토 북주 안가묘, 태원출토 우홍묘에 표현되어 있다. 북조의 사군묘는 580년에 장례를 지낸 사씨 부부합장묘이다. 소그드의 장례습속과 배화교 신앙을 보여주는 도상자료이다. 수당대의 사씨 고분군이 영하 고원에서 발굴되었는데 소그드계 인물들의 묘지로서 벽화와 부장품들이 다수 발견되었다. 무용총, 각저총, 쌍영총, 감신총에는 삼각형 화염문이 출현하는데 묘주의 위엄을 상징하는 도안, 또는 불교의 내세관과 연관된 것으로 보기도 하나, 한편으로는 북조 사군묘의 조로아스터교와 같은 화단의 상징은 아닌지 고려해 볼 가능성이 있다. 화염문은 운강석굴과 영하 고원 북위 칠관화고분에도 출현하는데 로잘린 브래드포드가 제시한 것처럼 고원 출토 칠관화가 평성에서 제작된 것이라면 운강석굴과 고원 칠관화, 그리고 고구려 벽화의 화염문이 거리상 그렇게 먼 것이 아니므로 서로간의 연관관계를 유추하기 어렵지 않다.

벽화의 구성면에서는 각저총과 무용총을 보면 각저총과 무용총의 공통점은 수목도가 강조되어있다는 점이다. 무용총은 주실의 남벽 양벽에 모양이 다른 나무 두 그루가 그려져 있다. 주실의 동서벽의 벽화의 운동 방향을 고려하여 동북서방향의 삼면의 벽화가 순차적으로 연결되어 있다면 남벽의 두 그루의 나무는 전체 장면들의 시작과 끝을 알리는 상징이 될 수도 있다. 이 경우 아케메네스 왕조의 페르세폴리스의 아파다나 궁전 계단의 부조에서 사용된 측백나무의 기능과 같은 역할을 한다. 중국 한나라 고분미술에서도 특히 정주와 낙양 지역의 서한 화상전에서는 쌍궐과 쌍측백나무, 그리고 궐 사이에 선 문지기 상을 통하여 묘지와 사당의 경계를 알리는 상징을 종종 사용하였다. 이러한 나무의 사용과 현세와 내세의 경계의 표시는 동한의 섬북 지역 화상석에서도 문미와 문주에 서왕모, 동왕공이 앉은 곤륜산의 표현을 나무줄기와 같은 형식으로 표현한다던가 나무 위의 새를 향해 화살을 쏘는 사수射手의 표현으로 변형되어 나타난다. 무용총의 동서벽 천장에는 각 한 쌍의 인물이 나무를 경계로 그려진다. 이러한 나무를 가운데 두고 마주 본 인물이나 동물의 쌍은 서아시아 미술의 특징이다. 각저총 주실 서벽에는 세 그루의 나무와 말과 마차가, 동벽에는 한 그루의 나무와 씨름꾼과 심판을 보는 노인이 그려져 동서벽에 모두 나무가 있다. 또한 전실의 대부분의 벽면에는 수목도가 크게 그려져 있다. 무용총의 주실 서벽의 수렵도에도 한 그루의 거대한 나무가 벽면을 차지한다. 이는 장천1호분의 전실 남벽의 묘주의 접객도에도 유사한 나무의 표현으로 이어진다. 이러한 수목도에 대해서 고구려 고유의 수목신앙과 연관하여 해석하기도 하지만 서아시아의 부조나 고대 중국의 화상석, 화상전의 표현을 고려하면 장면 구획의 기능을 가지고 있거나, 고분과 사당과 같은 장의미술 공간을 상징하는 것으로 생각된다.

각저총과 무용총의 벽화 주제의 구성과 배치상의 특징은 하나의 주제를 하나의 벽면에 가득 차게 단순화시켜 표현하는 것이다. 중국 서한대의 화상전은 여러 개의 주제들을 작은 크기로 반복적으로 모인전에 찍어서 구성하다가 동한대에 이르면 화면의 구성이 확대되면서 하나의 주제만 하나의 화상석이나 화상전에 담는 변천을 볼 수 있다. 무용총과 같이 화면에 가득 차게 단일 주제를 구성하는 방법은 사산조 페르시아의 나크시에로스탐이나 나크시에라잡, 비샤푸르의 탕에초간 부조에서 볼 수 있다. 특히 나크시에라잡은 'ㄷ'자형의 세 개의 벽면에 아르다시르 1세와 샤푸르 1세의 왕권 서임도와 알현도의 개별적인 장면들을 조각해 놓았다.

한나라 때에 크게 발달한 중국의 고분 벽화와 화상전의 주제는 대략 10가지 정도의 범위 내에서 묘주의 관직과 일생, 후손의 효성과 바람, 장인 집단의 능력과 기법에 의해서 변주되면서 고분마다 달리 표현된다. 이러한 변주에는 시기에 따라, 지역에 따라 변화가 관찰되는데 각저총과 무용총은 고구려 벽화고분이 집안지역에 본격적으로 조성되던 4~5세기 초에 북방문화권대를 따라서 형성된 유라시아문화에 기반하여 벽화 주제의 선택과 구성이 이루어진 것으로 보인다.

특히 각저총은 스키타이·흉노계 도상의 영향이 씨름도, 수목도, 마차도의 결합에서 보이며, 무용총은 사산조 페르시아의 영향을 묘주도, 수렵도, 기마행렬도의 구성에서 볼 수 있다. 먼저 각저총의 주실 후벽의 묘주 초상과 좌우벽의 수목과 결합된 씨름도와 말과 마차도는 그 구성에서 유라시아계통임을 쉽게 알 수 있다. 흉노의 씨름문 패식에서도 나무 아래 씨름을 하는 인물 장식과 나무 아래 마차를 세워놓은 장식이 종종 표현된다.

각저총과 무용총에 보이는 스키타이, 흉노 및 아케메네스와 사산 페르시아의 영향은 중간 매개 역할을 한 유연, 돌궐, 소그드, 에프탈을 통해서 전해졌을 것으로 짐작된다. 이들 유라시아문화의 전래는 이들과 고구려와의 직접적 역사 교류관계를 문헌기록을 통해서 확인하기가 어려우므로 명확하게 구분되기 어렵다. 그러나 근래의 불교미술의 연구에서 모든 불교 회화와 조각이 반드시 불교 경전에 근거하여 제작되었는지에 대해 회의가 있듯이 문자기록이 영성한 유라시아민족들의 교류 관계를 문헌사료에 근거해서만 입증하려고 한다면 복원이 불가능할 수도 있다.

고구려의 유라시아문화적 요소란 스키타이·흉노에 의해 만들어진 동물양식 장식의 다양한 결합과 표현, 헬레니즘과 그레코-이란 계통의 모직물과 비단 장식과 같은 스키타이·흉노의 미술문화와 이들에 의해 개통된 북방기류 문화권대를 통하여 오고간 서역과 서방 문화를 포함한다. 흉노가 한과의 접촉에 의해 북방지역에 만든 호한문화, 그리고 스키타이, 흉노, 유연, 에프탈, 돌궐의 유목민에 의해 지속적으로 흘러오고 간 북방지역의 문화, 마지막으로 끊임없이 중국으로 유입된 소그드인을 포함한 호상의 존재와 그들의 주거지를 통해 전파된 서방의 문화도 반영되어있을 것이다.

또한 고구려 벽화에 보이는 유라시아문화를 이해하는데 있어서는 소그드 지역을 포함하여 중앙아시아와 중국에까지 외교 사절을 보내거나 영토를 점령한 페르시아의 미술, 페르시아의 전쟁을 통해 페르시아 영토 내로 유입되고 후에는 중앙아시아까지 유입된 그레코-로마 미술과 그 장인들, 쿠샨 지역에서 일어난 불교미술과 그 안에 습합된 조로아스터교의 종교, 이미 페르시아에서 발달하고 소그드를 통하여 중앙아시아와 중국으로 전파된 조로아스터교 문화, 현재의 우즈베키스탄을 둘러싼 지역에서 쿠샨, 간다라, 박트리아, 파르티아, 사산을 통하여 전달된 문화들을 모두 고려해야 한다.

3~7세기의 중앙아시아, 특히 소그드 지역은 이전보다 다양한 문화의 발달을 볼 수 있는데 해

당 지역을 점령하였던 박트리아, 쿠샨, 에프탈, 사산의 문화와 미술이 그것이다. 무용총이 세워진 5세기에 외래문화의 흐름에 대해서는 소그드 이전에 활동한 쿠샨, 박트리아, 에프탈 계통의 유라시아계 문화의 동전에 주목해야할 것으로 보인다. 5세기 북위 수도 평성에 박트리아에서 온 이들이 서역계 유리를 제작하였고, 북위 대동 남교묘지에서 박트리아 계통의 금은기가 출토된 점을 감안하면 더욱 그렇다. 장천1호분에 보이는 간다라 계통의 불상의 성격이 하서주랑의 오호십육국시기와 북위시대 불교 석굴, 산서 대동의 운강석굴과 궤를 같이 한다는 점을 고려하면 장천1호분과 무용총이 축조될 당시에 고구려에 전파된 외래문화란 쿠샨, 간다라, 박트리아 계통의 유라시아문화가 하서주랑과 초원로를 통하여 전파된 것들로 추정된다.

흉노 미술의 남천과 서천 및 호한문화의 영향으로 만들어진 중국 북방지역 한대 고분의 벽화 구성이 고구려의 덕흥리 벽화분과 무용총, 감숙성 주천 정가갑 벽화고분으로 연결된다. 흉노대에 이미 형성된 북방문화권과 북방기류의 변천과 계승은 위진 감숙의 벽화고분의 형식과 영하성의 선비족 파다라부의 이동이 대동 지역 벽화고분 조성으로 연결되는데서 확인할 수 있다. 고구려 벽화와 중국 북조 고분미술에 보이는 북방문화의 형성과 특징에는 이러한 다문화적 특징이 충분하게 반영, 표현되어 집안에서 초기 벽화고분인 각저총과 무용총에 북방기류를 따라 발달한 북방문화의 특징이 이미 발현되어있음을 알 수 있다.

드로 대표되는 서역인과 서역문화를 일정 시기, 일정 지역의 문화체로 인식할 경우 고구려가 가졌을 국제적 교류와 고구려 벽화에 표현된 서역적 요소는 시공간적 연결 관계를 설정할 수 없어 난제로 남는다. 그러나 소그드로 대표되는 서역적 요소를 스키타이·흉노시대부터 문화의 흐름이 지속적으로 이어진 유라시아문화권대에 속하는 요소로 해석하고 이해하게 되면 시공간적 흐름이 끊어지지 않고 중간의 지점과 시기가 서로 연결된다. 이를테면 소그드를 점령한 유연, 에프탈, 돌궐, 그리고 사산은 중국과 직접적으로 교류한 유목민들로서 이들의 중간자적 역할에 주목할 필요가 있다. 유연과 에프탈, 돌궐의 미술이 자료의 부족으로 연구가 이루어지지 않았으나 북조 소그드계 석각에 같이 담긴 돌궐과 에프탈 등의 북방문화적 요소를 확인함으로써 충분한 유추가 가능하다. 또한 최근 발견된 몽골 지역 돌궐시대 벽화고분을 통하여도 동서 교류의 사례를 확인할 수 있다.

알버트 딘은 1991년 발표한 탁발선비족의 묘장에 대한 연구에서 이민족인 선비족이 중국 미술 발달에 미친 영향에 대해 서술한 바 있다.[1] 북위北魏를 세운 선비족은 운강석굴과 용문석굴 등 대규모로 조성된 불교석굴佛敎石窟의 후원자로서 중국의 불교미술사의 발달에 중요한 역할을 한다. 한편 불교미술과 함께 중국미술의 발달에 중요한 위치를 점하는 고분미술은 한漢나라 시기에 높은 발달을 보게 되나, 한漢의 멸망 후 중원中原지역에서는 이렇다 할 벽화고분이 출현하지 않는다. 한나라에 의해 시작된 벽화고분이라는 형식은 북위北魏 왕조 아래에서는 활발하게 제작되지 않아 현재까지 적은 수의 벽화 고분만이 발굴되고 있다. 그러나, 고구려 벽화 후기에 해당되는 선비족鮮卑族의 북제北齊 왕조에서 다시 벽화고분의 전통이 되살아나게 된다. 이 시기의 벽화 고분은 인물의 복식이나 도용 등에서 선비족의 풍습이 반영되어 있는 것이 특징이

---

1) Albert Dien, "A New Look at the Xianbei and Their Impact on Chinese Culture," George Kuwayama ed, *Ancient Mortuary Traditions of China*, Los Angeles County Museum, 1991, pp.40~59; Mary H. Fong, "Antecedents of Sui-Tang Burial Practices in Shaanxi," *Artibus Asiae* Vol. 51, No. 3/4, 1991, pp.147~198.

遼, 金, 元으로 이어지는 시대의 고분미술은 낸시 스타인하트(Nancy Steinhardt)에 의해 연구가 이루어졌다. 그는 요나라의 고분과 건축의 기원 중의 하나로 고구려 고분과 건축에 주목하고 있다. *Liao Architecture*에서 요나라의 고분 벽화를 포함한 고분미술을 정리하고 나서, 한에서 당까지의 중국 고분발달사를 살펴보고, 동북아시아의 고분미술 전통에 대하여 서하 고분을 예로 든 후에, 요나라 건축의 기원으로서 고구려 고분 건축과 석굴암, 그리고 5~6세기 감숙성과 영하성의 벽화 고분을 연관 지어서 설명한다. 중국의 영하성, 감숙성, 섬서성과 한국 등 동북과 서북 아시아의 고분, 벽화 간의 주제와 구조상의 유사점에 주목하였다. Nancy Shatzman Steinhardt, *Liao Architecture*, University of Hawaii Press, 1997.

다. 다음에서는 중국의 북방민족 정권 하에서 세워진 고분들 중에서 비한계 요소가 보이는 대표적인 고분들을 알아본다. 이를 통해 한나라의 고분미술과 다른 다양한 문화의 교류로 생성된 중국 북방민족 고분미술의 특징을 고찰한다.

I. 중국의 북조 벽화고분의 분포와 특징

고구려 벽화고분이 발달한 4~7세기의 중국의 북방지역 벽화고분들을 보면 북위의 수도 평성이 있던 산서성 대동 지역과 동위, 서위, 북제, 북주의 중심지이던 산서성 태원, 섬서성 서안, 영하성 고원에 집중 분포되어있다. 이들 지역은 한위진시대에 흉노를 포함한 북방 유목민들이 한나라와 경계를 이루고 있으면서 문화 접변을 이루던 지역이다. 고구려 벽화문화의 형성과 벽화고분의 조성에 있어서 중요한 배경이 된 북방기류가 흐르면서 한문화와 북방문화, 서역문화가 혼재되던 문화대이다. 아래에 고구려 고분벽화가 발달한 4세기에서 6세기까지의 중국 북방의 벽화고분을 표로 정리하였다(표 1).

1. 산서 대동지역 북위 벽화묘

북위벽화묘는 모두 16기가 발견되었으며 당시 정치중심지역인 운대雲代지역과 낙양지역과 경제가 발전한 청제靑齊지역에 주로 분포한다. 내몽고 화림격이에 1기, 산서 대동지역에 8기, 산서 회인懷仁지역에 1기, 하남 낙양지역에 5기, 산동지역에 2기가 있다. 북위벽화묘의 구조는 전실묘와 토동묘의 두 종류로 나누며 호벽弧壁 전실묘가 주를 이룬다. 북위조기에 이러한 호방형弧方形 전실묘를 채용하기 시작하였고 후에는 북위 중후기의 주된 묘장형제가 되었다. 묘실은 일반적으로 사파묘도斜坡墓道, 용도와 묘실로 구성되었다. 묘장벽화는 용도와 묘실사벽에 주로 분포하며, 묘실 천장과 묘도에도 소량 존재한다. 그 표현배치상의 특징은 용도에 무사문리를 그리고, 묘실 천장부에 성상星象과 승선乘仙장면을 그리며, 묘실 사벽의 벽화제재는 다양한데, 기본적으로 묘주를 중심으로 하는 장면이다. 북위 묘장의 부장품은 선비요소를 가진 부장품을 비롯하여 한문화요소의 부장품과 외래요소를 가진 부장품까지 포함한다.

북위묘장벽화의 주제는 다양하고 내용이 풍부하여 크게 세 가지로 나눈다. 현실생활, 사후세계, 진묘벽사의 인물 혹은 신수神獸로, 세부 내용은 묘주연음, 의위출행, 생산생활, 수렵, 승선상서, 장식도안 등이다. 위진의 전통 제재를 계승하고 선비문화의 특색도 겸하면서 동시에 당시 유입된 불교의 새로운 요소도 있어서 북위의 개방적인 사회풍조와 다원적 문화특징이 표출되기 시작하였다.

북위벽화묘는 세 시기로 구분한다. 제1기는 묘장형제가 호장방형弧長方形 전실묘이며 전형적 기물은 도호陶壺와 도관陶罐이다. 벽화 내용은 선비 특징이 강하면서 동시에 한문화요소를 흡수하고 있어 호한융합의 시초단계이다. 대략 북위 건립에서 태무제太武帝 탁발도拓跋燾가 황하유역을 통일하는 시기까지이다. 제2기의 묘장 형제는 호방형전실묘弧方形磚室墓가 많으며 전형적 기물은 유도기釉陶器, 도용陶俑과 묘지墓志이다. 벽화의 주요 내용은 묘주 생전 장면의 재현이다. 선비의 유목민 특징에 한문화와 서역불교 색채가 더해졌다. 대개 도무제道武帝 탁발규拓跋珪가 황하유역을 통일한 시기부터 낙양 천도 전이다. 제3기는 묘장형제가 주로 호정방형弧正方形 혹은 근방형묘近方形墓이며 전형기물은 도용陶俑과 자기瓷器이다. 벽화내용은 승선을 주로 표현한다. 북위벽화묘 발달의 후기단계이다. 대개 효문제孝文帝 탁발굉拓跋宏이 낙양 천도한 이후부터 북위 멸망까지이다. 북위벽화묘의 발전과정을 보면 한위벽화전통을 바탕으로 하면서 동북지역, 하서지역의 위진문화 요소를 흡수, 계승하였으며, 북위 초기 벽화묘의 시작을 가져왔다. 정치중심이 남쪽으로 이동하면서 남조의 벽화묘장예술을 흡수하고 동시에 불교예술형식을 가져와 북위 특유의 묘장장식예술을 만들었다. 이러한 다원적 예술과 다민족의 융합으로 새로운 북위문화를 낳게 된다.[2]

중국 산서성 대동은 313년 탁발선비가 평성을 남도南都로 삼은 이후로 선비의 묘장이 출현하기 시작하여 494년 낙양으로 천도하기 전까지 1세기 동안 주요 묘장들이 조성되었다. 집중 분포된 곳은 평성의 남교南郊와 동교東郊이다.

동교의 묘장으로는 북쪽부터 살피면 안북사원묘군雁北師院墓群, 영빈대도묘군迎賓大道墓群, 사령묘군沙嶺墓群, 사마금룡司馬金龍 부부묘, 호동묘군湖東墓群 등이 있다. 남교에는 전한기재창묘군

---

2) 呂朋珍, 『北魏壁畫墓硏究』, 內蒙古師範大學 석사학위논문, 2013.

電焊器材廠墓群, 칠리촌묘군七里村墓群, 지가보智家堡 석곽벽화묘石槨壁畫墓, 지가보 관판화묘棺板畫墓 등이 있다.[3]

대동 지역의 중요한 묘들은 대동시 태화太和 14년(490년) 태황태후풍씨영고릉太皇太後馮氏永固陵, 태화太和 15년(491년)의 효문제孝文帝 허궁虛宮 만년당萬年堂, 석가채石家寨의 태화8년(484년) 사마금룡부부묘司馬金龍夫婦墓, 제가파북위묘齊家坡北魏墓, 지가보북위석곽벽화묘智家堡北魏石槨壁畫墓, 지가보북위관판화묘智家堡北魏棺板畫墓, 안북사원북위묘군雁北師院北魏墓群의 태화원년太和元年 송소조묘宋紹祖墓, 태연太延 원년(435년) 사령북위벽화묘沙嶺北魏壁畫墓, 화평和平2년(461년) 양발호묘梁拔胡墓, 전촌북위묘田村北魏墓, 대동현호동북위일호묘大同縣湖東北魏一號墓, 회인현칠리채촌단양왕묘懷仁縣七里寨村丹揚王墓, 양고현하심정북위묘陽高縣下深井北魏墓, 태안太安 3년(457년) 위지정주묘尉遲定州墓 등이다.[4]

북위의 평성지역 벽화묘는 선비의 초원유목문화의 전통을 기반으로 하면서 내몽고지역, 요녕지역, 하서지역의 한위진대 벽화묘의 전통, 낙양과 남조미술의 영향, 그리고 고구려의 벽화고분의 영향을 받아들여 혼합된 벽화문화 위에 만들어진 것으로 보인다. 사령 벽화묘는 영하지역에 거주하던 선비 파다라부에 속하는 묘주가 축조한 것으로 묘도 천장의 복희 여와도에서 하서지역의 주제를 보여주는 동시에, 여러 가지 화제를 조합하여 복잡한 구성으로 벽면을 가득 채우는 방식은 동한 화림격이 벽화묘의 특징이면서 하서지역 벽화묘와 지화의 화면 구성과 유사하다. 위지정주묘는 동물의 두골을 다수 묘도에 부장하여 동물의 뼈를 묻는 선비족 장례풍습을 보여준다.

북위시대 평성으로부터는 벽화만이 아니라 관판화, 칠관화, 부조나 벽화가 그려진 석상石床, 석곽石槨이 다양하게 남아있다. 한대에는 장안과 낙양을 중심으로 벽화묘가 주로 제작되었으며, 위진시대에 와서는 감숙과 요녕지역에 벽화묘의 축조가 계속되었고, 북위시대에는 북량과 북연 등 감숙과 요녕지역에 있던 나라들이 북위에 의해 통일되면서 북위 수도 평성으로 벽화묘를 조성하는 장의미술이 전파된다. 평성지역 벽화묘는 감숙, 요녕, 그리고 고구려의 벽화묘의 영향을 받은 것으로 평가된다. 북량·북위시대에 고분만이 아니라 감숙의 돈황석굴에서도 벽화

3) 韋正, 『魏晉南北朝考古』, 北京大學出版社, 2013, 213-214쪽.
4) 呂朋珍, 『北魏壁畫墓研究』, 內蒙古師範大學, 석사학위논문, 2013.

장식이 시작되었고, 북량의 멸망 후에 하서지역의 돈황석굴의 미술과 장인집단은 평성의 운강 석굴로 이동하게 되고 불교 석굴의 벽화와 조각 장식이 고분의 그것과 서로 영향을 주고 받으면서 발달하게 된다. 이러한 시대적, 문화적 흐름을 배경으로 평성지역 고분미술과 고구려 고분 벽화에서는 고분미술 전통의 주제와 문양이 불교미술의 새로운 주제와 문양과 결합되는 양상을 보이게 된다.

북위 평성시기의 관화와 석상 부조의 주제와 표현 양식에도 새롭게 유입된 불교미술과 하서 지역의 고분미술 전통, 그리고 내몽고와 산서, 섬북, 영하 지역에 있던 북방문화가 결합되는 양상을 관찰할 수 있다. 산서성 대동 지역은 탁발선비족이 세운 북위의 수도 평성이 있던 곳으로 낙양으로 이주하여 한화되기 이전 선비족의 풍속을 볼 수 있어 북방 유목민적 요소가 강하게 나타나며, 또한 고분 출토 서역계 은기나 장식문양에서도 서역적 요소를 찾을 수 있다.[5]

북위시대에 고분의 벽면에 그리는 벽화가 아닌 석조의 석상, 석곽에 벽화를 그리는 사례가 종종 관찰되는 것은 섬서, 산서, 하남, 산동의 한대 묘와 사당의 화상석의 전통이 결합된 것이라고 볼 수 있다. 석상, 석곽을 고분의 묘실의 중앙에 설치하는 것은 목관 대신 석조의 시상, 곽을 사용한 것인데, 석관을 사용하여 화상을 새기는 전통은 한대 사천성에서 주로 볼 수 있다. 한편으로 선비족의 전통인 석실을 제의장소로 사용하는 관습에서 유래하였을 가능성도 있다.[6] 북위시대의 대표적인 화상석관으로는 낙양 출토로 전해지는 미국 캔자스박물관 소장 효자도 석관이 있다. 낙양 지역에서도 여러 점의 화상 석관과 석곽, 석상들이 출토되었다. 낙양 지역의 화상 석관과 석곽, 석상은 단순한 생활풍속도나 장식문양이 새겨진 평성지역의 석상이나 석곽보다 조각기법이나 표현솜씨에서 훨씬 세련된 수준에 달한 것들이다. 수대에 와서는 유라시아계 문양으로 장식된 석관들이 출현하는데, 섬서 삼원현三原縣 출토 이화묘李和墓 석관(582)과 삼원현 출토 수면獸面 석관(서안 비림박물관)이 그 예이다. 이화묘 석관의 관 앞면과 수면 석관의 관 덮개에는 수면 연주문 장식이 되어있어 위진시대 북경 팔각촌 석곽 벽화 문미의 수면 장식의 계승 형식을 볼 수 있다.

---

5) 최진열, 「北魏 平城時代 胡人들의 생활과 습속 – 胡俗 유지와 그 배경을 중심으로 –」『동방학지』149, 연세 대학교 국학연구원, 2010, 283-326쪽; 崔珍烈, 「北魏後期 胡語사용 현상과 그 배경」『중국고중세사연구』23, 중국고중세사학회, 2010, 195~246쪽.
6) 李永平, 周銀霞, 「圍屛石榻的原流和北魏墓葬中的祆敎習俗」『考古與文物』, 2005년 5기.

대동지역에서 북위시대 벽화묘로 가장 중요한 산서 대동 사령촌沙嶺村 7호묘(북위 태무제太武帝 태연太延 원년元年, 435년)는 단실 전묘磚墓로 묘향은 서향이다. 2005년 7월에 발견된 묘실의 동서 길이는 3.4m, 남북 너비는 2.8m 이다. 산서성고고연구소와 대동시고고연구소가 연합으로 발굴을 진행하였는데 200여건의 문물이 출토되었다. 그 가운데 한 기는 벽화와 문자기년文字紀年의 전실묘磚室墓로 긴 사파묘도를 가진 전축분이며, 묘도墓道, 용도甬道, 묘실墓室로 구성되었다. 벽화는 묘실 사벽과 용도의 천장과 측면에 분포하며 총면적 약 24m²이다. 묘실 벽화의 주제는 갑기구장甲騎具裝, 경기병輕騎兵, 마상군악馬上軍樂, 거마출행車馬出行, 연음宴飮, 복희여와伏羲女媧, 신수神獸, 포주庖廚, 타장打場, 재양宰羊, 양주釀酒 등이다.

용도 양측에 무사를 그리고 천장에 복희, 여와를 그렸다. 묘실 서벽과 용도에 대칭으로 각각 무사를 그렸다. 북벽은 출행도, 동벽은 부부 유장 정좌도다. 남벽은 건축, 포주庖廚, 연음, 전장氈帳 등이다. 북벽과 동벽에는 또한 천상도天象圖와 시녀도 등이 있다. 북벽 상단에는 6개의 천상 성수를 상징하는 기금이수奇禽異獸를 그리고 하단에는 19명의 여성을 한 줄 그렸다. 가는 홍색 선으로 화면을 구분하여 아래의 화면에는 성대한 거마출행도이다. 동벽 가운데에는 높은 건축물이 있고 안에 정좌한 남녀 2인이 있다. 건물 주위에는 차량, 말, 인물 등이 있다.

묵서의 문자기년으로 추측컨대 묘주는 태연원년太延元年(435년)에 죽은 선비인鮮卑人으로 시중상서주객평서대장군파다라씨侍中尚書主客平西大將軍破多羅氏의 모친이다. 사령 벽화묘는 해당 지역에서 북위 묘군 중 유일하게 보존된 기년紀年이 있는 칠피문자漆皮文字와 회화 및 묘실벽화가 있는 전실묘磚室墓이다. 칠피 중에는 묵서명이 기재되어 있다. 북위가 평성에 수도를 정한 시기의 연대 중 가장 이른 문자자료이다. 칠화漆畵와 벽화에 묘주도가 중복 표현되었는데 남자 무덤주인공이 손에 주미塵尾를 들고 있으며 탑상榻上에

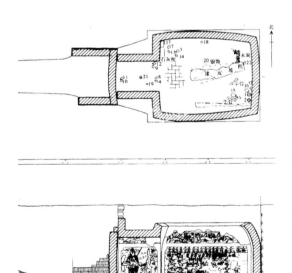

사령 벽화묘 평면도

앉은 부부병좌상이 있다.[7] 화평和平 2년(461년)의 제기題記가 있는 대동부교랍급분소발전창大同富喬垃圾焚燒發電廠 9호묘와 묘실 형제와 벽화 배치 내용이 유사하다. 대동 사령벽화고분에는 동북지역과 하서지역, 그리고 고구려의 초기 벽화고분의 영향이 명료하게 보인다. 사령 벽화묘의 전장氈帳은 실크로드 호상이 낙타에 싣고 다니며 사용하던 것으로 실크로드 상의 교류를 반영하며, 안가묘, 사군묘, 누예묘의 부조, 벽화, 도용에도 출현한다.

435년의 사령 벽화묘는 조성연도가 명확한 비교적 이른 시기의 북위 묘장으로 도무제와 태무제가 동서 정벌을 하던 시기이다. 397년 북위 도무제는 후연後燕을 멸하고, 관동을 평정한다. 424년 태무제 탁발도가 즉위 후에는 여러 차례 대외 정벌을 하게 된다. 431년 대하大夏를 멸하고, 관롱關隴지역을 점령하였고, 436년에 북연을 멸하고 요서지역을 점령하였으며, 439년에는 북량을 멸하고 하서지역을 점령하였다. 이러한 정복지역에서 많은 수의 인구가 평성 부근으로 이주하여 거주하게 된다.

특히 평성지역 전실묘의 출현과 하서 이민의 도래는 직접적 관계가 있다. 관중지역에 이미 30기 이상의 십육국十六國묘장이 사파묘도를 가진 토동묘土洞墓이며, 영하고원 일대의 십육국묘도 이와 같다. 하서위진십육국묘장은 전실묘가 전통으로, 위진~십육국시기의 주천정가갑5호분은 긴 사파묘도를 가진 전후쌍전실의 대형벽화묘이다. 사령북위벽화묘의 묘주는 파다라태부인破多羅太夫人인데 영하 고원지역을 기반으로 하던 선비족 파다란부破多蘭部 출신으로 묘주 일가는 혁련발발의 하夏에서 출자했으나, 평성으로 이주해 온 후에, 하서지역에서 전래한 전실묘를 모본으로 삼았다. 『위서魏書』에 의하면 천흥天興 4년(401년) 북위는 상산왕준常山王遵을 보내 고평高平(현재의 영하 고원)을 정벌하고, 파다란부의 대부분의 인구를 평성으로 이주시킨다. 북위 태무제太武帝 시광始光 4년(427년) 북위가 통만성을 공격한 후에도 목역우木易于가 파다란부족 일부를 평성으로 이주시킨다. 사령 벽화묘의 묘주는 이러한 이주 과정 중에 평성에 온 것으로 여겨진다.[8] 또한 사령 벽화묘의 채회칠관의 사용과 복희여와도는 위진시대 감숙지역의 채회관과 채회전의 전통과 연결되어있다.

대동부교랍급분소발전창북위묘군大同富喬垃圾焚燒發電廠北魏墓群은 대동시 남교南郊 마신장馬辛莊

---

7) 大同市考古研究所,「山西大同沙嶺北魏壁畵墓發掘簡報」,『文物』, 2006年 10期.

8) 曹麗娟,『大同沙嶺北魏壁畵墓研究』, 中央美術學院 석사학위논문, 2009. 선비의 別種인 破多蘭部에 대해서는『魏書』권2「太祖紀」와『北史』「蠕蠕·匈奴宇文莫槐·徒何段就六眷·高車傳」第86 高車.

사령 벽화묘 용도 천장 벽화

사령 벽화묘 남벽 벽화

사령 벽화묘 동벽 벽화

사령 벽화묘 칠화

에서 북쪽으로 1km에 위치하였다. 2008년 6~8월에 산서성 고고연구소와 대동시 고고연구소가 연합으로 10기의 북위묘를 발굴하였는데 9호묘가 벽화묘였다. 대동시에서 두 번째로 완전한 형태로 발견된 북위 벽화묘로서 중요하다. 9호묘(양발호묘梁拔胡墓)는 장방형 사파묘도 전축 단실묘로서 묘도墓道, 과동過洞, 천정天井, 묘문墓門, 용도甬道와 묘실墓室로 구성되었다. 벽화는 묘실 사벽과 용도 양벽 및 묘문 상방上方의 문미門楣에 그렸다. 동벽은 수렵도이며, 북벽의 중앙은 묘주도, 동측에는 희락도戲樂圖, 서측은 각종 인물도상이다. 서벽 북측은 우경 등 생활도상이며, 남측은 거마전장도車馬氈帳圖로 보인다. 그 외에 동, 북, 서벽 상방에 사신도가 있는 것으로 보인다. 용도 동벽에 주필제기朱笔題記가 있는데 모두 30여자이며, 제기 중에 "화평2년和平二年(461년)"이라

전창벽화묘 북벽 벽화

는 기년이 있다. 또한 "大代和平二年歲在辛ㅁ/三(五)月丁巳朔十五日辛未/ㅁㅁ(散)騎常侍選部
ㅁㅁ/安樂子梁拔胡之墓"라는 기록이 있다. 제기 북측에는 용형 도상龍形圖象이 있다. 용도 서벽
위의 화상은 호형虎形도상이 있다. 문미 위에도 화상이 있는데 모호해서 분명하지 않다.[9]

   양발호묘의 묘실 북벽 벽화(높이 약 120, 너비 약 330㎝)는 홍색으로 그림의 틀을 그리고 그
안에 묘주와 여러 명의 인물들을 그렸다. 묘실 천장과 벽이 만나는 지점의 중앙에 현무도가 남
아있다. 북벽 중앙에는 유장 내에 앉은 남성 묘주가 있고 뒤에는 병풍이 서있으며 여자시종 두
명이 병풍 뒤에 상반신을 보이며 서있다. 병풍 양측에는 3명의 시자가 서있다. 화면을 바로 보
는 쪽에서 좌상부에는 배알拜謁하는 두 줄의 속리 무리가 있다. 좌하부에는 빈 말과 말을 끄는
인물이 있다. 유장의 우측에는 백희기악, 우상부에는 두 줄의 기악인물이 있다. 우하부에는 1
대의 우거와 시종들이 있다. 서역인처럼 생긴 키가 크고 긴 외투를 입은 인물이 백희기악의 아
래쪽에 서 있다. 묘주의 앞에는 서너 명의 시종들이 서 있고 여자시종이 곡안曲案과 국자가 담

---

9) 張慶提, 「大同電北廠魏墓題記壁畫初探」, 『中國社會科學報』, 2009-11-05; 徐光冀 主編, 湯池, 秦大樹, 鄭岩
   編, 『中國出土壁畫全集』, 2권 산서 편, 科學出版社, 2011, 도 27.

긴 칠기에 음식을 대접하고 있다. 묘주 앞에 여러 개의 호壺, 배杯 등이 진열되어 있는데, 호의 색을 적색과 흰색 등 다양하게 채색하였다. 중국식 용기도 보이지만 서역계로 보이는 것들도 포함되었다. 한대 벽화고분의 묘주도 앞에 진설된 용기들과 다른, 손잡이가 없는 호들이 여러 개 있어 북위 감숙 장가천張家川 회족 자치현에서 1972년 발굴된 왕진보묘王眞保墓(약 529년)와 이희종묘에서 보이던 서역계 금은기들을 연상케 한다.

1992년에 발굴된 산서성山西 회인懷仁 북위北魏 벽화묘壁畫墓의 문신도(높이 약 150㎝, 너비 약 90㎝)는 긴 용도의 동벽 남단에 위치하였다. 네 개의 팔을 갖고 있는 문신으로 산발한 머리에 짧은 바지를 입고 붉은 색 몸에 상반신은 나신이다. 삼곡 자세로 오른손에 긴 장대와 다른 손에 금강저를 들었다. 한 다리는 땅에, 다른 다리는 산양 위에 짚고 서 있다. 문신의 둘레에 붉은 적색 연화문이 둘러싸고 있다. 다른 문신은 용도 서벽 남단에 위치하였고 양 어깨 위에 괴수문이 장식된 갑옷을 입고 있다. 전체적인 모양이 사군묘 입구에 새겨진 신장상과 유사하다. 문신의 발 아래에는 여신이 있다. 라왁의 신장상과 나신의 여인상을 연상하게 하는 두 명의 문신과 여신은 모두 천의를 어깨에 걸치고 있으며 몸에 붉은 색의 사용이나 자세가 모두 인도 계통 불교 도상과 연관 있어 보인다.[10]

2000년 4월 산서성 대동시 고고연구소는 안북사원묘군에서 북위 묘장 11기를 발견하였다.

산서 회인 벽화묘 문신도

10) 徐光冀 主編, 湯池, 秦大樹, 鄭岩 編,『中國出土壁畫全集』, 2권 산서 편, 科學出版社, 2011,

있다. 묘주는 우거에 타고 앞뒤로 시종을 거느리고 나아가고 있다.

지가보 관판화 A의 우측 수렵도는 유목민족인 탁발선비족의 수렵 생활을 보여준다. 지그재그형의 산악과 유운문이 행렬도와 경계를 짓는다. 달리는 멧돼지를 활과 화살로 잡는 인물, 말을 타고 뒤로 활을 쏘는 인물 등이 그려졌다. 사냥도의 지그재그식 움직임이나 파르티얀 샷 등이 고구려 장천1호분의 수렵도와 유사하다.

지가보 관판화 B는 인물 37인, 우거 한 대, 말 두 필 등이 있다. 화면 좌측에는 시종들이 열을 지어 중앙의 장막을 향해 서있다. 우측의 주방도의 주준酒樽과 곡족曲足 칠안漆案은 감숙 주천 정가갑 십육국 벽화묘 묘실 서벽에 그려진 것과 기본적으로 일치한다.

지가보 관판화 C에는 우거牛車들이 그려졌다. 우거는 대동 안북 사원 출토 북위 태화太和 원년元年 송소조묘(477년)의 도거陶車와 일치한다.

관판 B와 C의 가장자리에는 당초문양이 둘러져 있어 원래 관판의 둘레에 장식무늬가 그려져 있었을 것으로 여겨진다. 관판 A에는 출행, 잡기, 수렵, 산림, 수목, 유운 등이 하나의 공간에 집중 배치된 반면, B와 C는 인물과 차량을 수평으로 배치, 상중하 3단 배치법을 사용하였다. 관판채화棺板彩畵에 그려진 인물들은 남녀 모두 선비 복식을 입고 있다. 회화 제재와 기법은 한족 복장의 열녀고사를 그린 사마금룡묘의 목판 칠화와 다르며 주로 북방 선비족의 생활풍속을 그려서 북위 평성시기의 회화에 중요한 자료를 제공한다. 묘의 위치나 관판화 내용으로 보아 5세기 북위 평성시기 고분으로 여겨진다. 우거출행도, 수렵활동, 연음宴飮, 장식 문양 등의 내용은 탁발선비족 생활풍속의 자료를 제공한다. 관판화에는 세 가지 종류의 수레가 등장하는데 사마금룡묘 목판칠화와 지가보 석곽벽화와 유사하다.

지가보 관판채화는 평성시기 제작된 채회관 중에서 고구려 생활풍속도 벽화와 가장 유사한 표현과 주제를 보여준다. 수렵도와 행렬도를 구분하는 경계에 지그재그로 소용돌이형 문양을

대동 지가보 관판화(왼쪽부터 A, B, C, 산서성박물관)

대동 지가보 관판화 행렬도   대동 지가보 관판화 수렵도

연이어서 그렸는데 고구려 감신총 전실 서쪽 천장의 서왕모가 앉은 곤륜산을 표시하는 문양과 유사하다.

산서 대동지역 회화유물 출토 묘 가운데 마지막으로 이부상서吏部尚書 사마금룡司馬金龍과 탁발 선비족 부인의 묘(474~484년 태화太和 8년, 484년)는 성城의 동남쪽 7km의 석가채촌石家寨村에 위치한다. 1965~1966년초에 산서성山西省 고고연구소考古研究所와 대동시大同市 박물관博物馆이 연합으로 묘의 청리를 진행하였다. 벽돌로 축조한 다실묘多室墓로서 묘도墓道, 묘문墓門, 전실용도前室甬道, 전실前室, 후실용도後室甬道, 후실後室, 이실용도耳室甬道, 이실耳室로 구성되었다. 묘실 전체 길이는 17.5m이고 묘도의 길이는 28.1m이다. 북위조기묘北魏早期墓 중에서 최대의 묘 중 하나이다. 사마금룡은 태화太和 8년인 484년에, 그리고 그의 아내는 연흥延興 4년인 474년에 장사를 지냈다. 모두 454건의 진귀한 문물이 출토되었으며 도용이 가장 많다. 석관상石棺床, 석조주초石雕柱礎 및 목판칠화木板漆畵가 특히 중요하다. 석관상 조각 및 석조 주초의 조형이 아름다우며 조각이 정세하며 조각내용은 운강석굴 조각과 유사하다. 석조주초는 병풍의 지좌支座일 가능성이 높다. 채화칠병풍彩畵漆屏風은 후실의 석상石床을 둘러싼 형태로 발견되었다. 이미 많이 파손되었으나 5점이 남아 내용을 살펴볼 수 있다. 한나라 유향의 열녀전 고사에서 내용을 가져온 것이다.

묘표비墓表碑를 통하여 북위北魏 효문제孝文帝 태화太和 8년(484년) 11월 수장隨葬한 것을 알 수 있다. 북위北魏 조기早期 서법書法을 대표하며 묘전墓磚에 새겨진 "낭야왕사마금룡묘수전琅琊王司馬金龍墓壽磚"과 묘지명墓志銘에 근거하여 사마금룡부부묘임을 알 수 있다.

칠병의 주제는 동진의 고개지의 작품으로 유명한 여사잠도를 담고 있는데 고개지 작품의 모

있다. 묘주부부가 앉은 건물의 앞 정원에는 6명의 악사와 한 명의 호선무를 추는 무용수가 있다. 화면의 우측에 악사들보다 큰 호병이 세워져있는데 호병의 목 부분에 연주문이 둘러져있고 손잡이와 바닥부분도 둥근 톱니 문양 장식이 있다. 묘주부부 연음도 하단은 사자에게 머리를 완전히 물린 두 명의 인물이 있고 우측의 인물은 사자의 몸을 장검으로 꿰뚫었다. 개 두 마리가 주변에서 뛰고 있다.

묘주부부도의 좌측 석판 한 점(제6폭)과 우측 석판 두 점(제3, 4폭)은 코끼리와 낙타를 탄 소그드인과 돌궐인이 뒤로 돌아 동물과 싸우는 수렵도이다. 동물투쟁도는 스키타이 · 흉노와 아케메네스 페르시아 미술에서 연원을 살필 수 있고 사산의 수렵도 은기에서 뒤로 돌아 쏘는 자세의 수렵인의 형상으로 계승되는데, 우홍묘에서는 수렵인이 말이 아닌 낙타를 타고 있고, 수렵인이 탄 낙타가 수렵 대상인 동물을 물고 있어 6세기에 이르러 유연, 돌궐, 소그드의 미술에서 이전의 여러 문화요소들이 복합화되면서 보다 복잡해진 도상을 구성하고 있다. 낙타를 탄 기마인물의 수렵의 예를 사산조 은기에서도 볼 수 있다.

우홍묘 부부연회도 하단에는 사자와 무사 간의 격렬한 투쟁을 그리는데 젊은 무사가 황소를 칼로 찔러서 희생시키는 도상은 고대 로마의 미트라신의 도상이기도 하다. 원래는 페르시아의 영향을 받아 미트라교가 나타난 것으로 보다가 현재는 로마 자생의 신앙으로 본다. 미트라신은 조로아스터교에서 맹세와 서약의 신으로 타크이부스탄의 아르다시르 왕의 부조에 머리 뒤로 태양광 같은 광배를 가지고 연화좌 위에 선 신상으로 묘사된다. 낙타의 싸움을 그린 것은 누란의 위진벽화묘에서 그 사례를 볼 수 있는데 이 벽화묘는 쿠샨 박트리아 계통의 발라릭 테페의 연

우홍묘 부부 연회도

우홍묘 수렵도

우홍묘 잔을 든 묘주

음도와 유사한 인물도가 그려진 묘이다. 좌측의 제7폭의 석판에는 묘주가 말을 타고서 잔을 들고 행진을 하며, 제8폭의 마지막 석판에는 의자에 앉아 잔을 들고 음악을 즐기는 묘주가 그려졌다.

대체로 연회도, 수렵도, 기마인물행렬도가 중심 주제인데 각 장면에 등장하는 용기의 모양이 변화한다. 이들 용기의 형태는 묘에 부장되는 서역계 금은기의 형태와 유사하다. 묘주의 죽음과 연결된 제의 단계마다 사용되는 용기를 상징적으로 표현한 것이라면 흥미롭다. 만약 우홍묘 석곽 부조가 조로아스터교와 연관된 사후 제의 의식과 종교관을 표현한 것이라면 이들 용기들이 중국 내에서 발견된 사례 가운데 신강 언기焉耆현 칠개성향七個星鄕 老城村 출토 식물표문은반植物豹紋銀盤(5~6세기) 또는 섬서 서안 사파촌 출토 은기와 같이 중국 내의 조로아스터교 사제가 소유하는 명문이 새겨진 또는 조로아스터교가 세워졌던 구역에서 출토된 서역계 금은기가 있다는 사실과 연관 지어 해석할 수 있다.[48]

곽 내벽 부조는 묘주부부연음도와 기단이 높은 건물도의 두 장면을 제외하고 모두 중심인물이 동물에 탄 채로 묘사되어 기마 유목 또는 상업 교역에 주로 종사한 유라시아인들의 생활상을 잘 반영하고 있다.

몇몇 시종은 두광이 없으나 묘주를 포함한 대부분의 인물이 두광을 가진 점이 주목된다. 이는 현세의 인물이 아니라는 의미로 사후세계에서의 모습을 묘사하는 듯이 보인다. 묘주의 행렬

---

48) 부조 도상에 출현하는 器皿과 북조 고분 출토 기명에 대한 연구는 楊軍凱 著, 西安市文物保護考古研究院 編著, 『北周史君墓』, 文物出版社, 2014, 230~240쪽.

도나 수렵도에 항상 개가 같이 출현하는데 사후세계의 인도자로서의 조로아스터교에서의 개의 상징성을 보여주는 소재로 보인다.

석곽 내벽의 하단에는 사자의 배에 칼을 찌르고 싸우는 무사 두 명, 목에 리본을 두른 새, 긴뿔 사슴, 센무르브를 공격하는 사자상, 악기를 연주하는 천인상 등이 있다.

우홍묘 석곽 부조에 동물을 탄 인물들은 대부분 뒤로 돌아선 자세를 하고 있다. 스키타이의 선주민인 킴메르인들이 기원전 6~7세기에 이미 파르티안 샷이라 불리는 기마자세를 보이는데 등자를 사용하지 않고 몸과 말의 목에 끈

우홍묘 묘주와 호병

을 묶어 고정하고 있다. 우홍묘도 묘주가 유라시아계 출신으로서 동물을 다루는 능력과 맹수와의 싸움에서 이기는 용맹성을 강조하는 도상이 표현된 것으로 생각된다.

곽좌欌座 정벽은 상하 이단으로 구성되었다. 상단은 소그드의 오스아리에서 볼 수 있는 두 개의 기둥 사이에 인물 입상을 넣은 구성인데, 각 장면 사이에도 중간에 기둥을 세워 공간을 구분하였다. 우홍묘에서는 기둥 사이에 각 두 명의 인물이 서서 악기를 연주하고 있다. 모든 인물은 두광이 있으며 어깨에 두른 천의와 목에 두른 리본이 있다. 곽좌 정면 하단은 두 개의 안상이 있고 안상과 안상 사이에 조로아스터교의 배화제단과 두 명의 인두조신人頭鳥神이 불을 지키고 있다. 안상 안에는 긴 각배를 든 인물과 잔을 손에 든 인물이 마주 앉아 있으며 왼쪽의 안상 가운데에는 손잡이와 목에 연주문이 둘린 큰 호병이 있다. 안상의 바깥쪽에는 문지기가 각각 서있다.

곽좌 후면은 부조가 아닌 채색회화로서 정면과 같이 상하단 구성이다. 우홍묘 석곽의 회화에는 안가묘와 같이 금색, 녹색 등 화려한 채색을 사용한 것이 주목된다. 하단의 두 개의 안상 안에는 긴 뿔 사슴을 공격하는 수렵도이다. 상단은 곽 내벽의 도상이 반복되는 느낌인데 다양한 종류의 용기를 들고 연회를 즐기는 인물들을 볼 수 있다. 우홍묘 출토 도용에는 석곽의 부조와 회화에 표현된 호병을 가슴에 든 호용이 있다.

곽좌 우면과 좌면은 상단은 기둥으로 나눈 세 점의 수렵도가, 하단은 안상 안에 잔 또는 각배

우홍묘 곽좌 수렵도

를 들고 선 인물이 있다. 긴뿔 사슴을 향해 화살을 겨누거나 몸을 뒤로 돌려 화살을 쏘는 기마인물이 있고 말의 앞에 서서 말과 겨루는 인물도 보인다.

묘지명에 의하면 592년에 59세의 나이로 사망한 우홍은 유연왕에 의해 페르시아, 토욕혼과 박트리아 또는 간다라, 그리고 북제에 사신으로 보내졌으며, 후에는 중국의 북제, 북주, 수나라에서 조로아스터교 사원과 서역계 민족들을 관리하는 업무를 맡게 된다. 서현수묘 벽화에 나온 장식문양과 같은 단순한 서역계 요소의 전파가 아닌 중국 산서성 태원지역에서의 서역계 인물의 직접적인 활동상과 그들에 의한 중국 고분미술의 흡수와 변용을 볼 수 있는 고분이라고 하겠다.

산서 우홍묘 화상석과 산동 청주 전가촌 화상석에 묘사된 리본 달린 새인 길상조는 페르시아 길상조 도안이 중국에 유입된 예이다. 고구려 천왕지신총의 천장 벽화에도 목에 리본이 달린 유사한 새 도상이 있어 주목된다.[49]

서역계 인물들의 연회, 행렬, 사냥, 조로아스터교 의식 장면 등은 비한족으로서 그들의 독특하면서 다양한 풍습과 활동들을 중국 장의 미술 안으로 포함시켜 발달시킨 점이 주목된다. 이들 석관과 석각 등에서는 비한족 계통, 특히 서역계 민족에 의해 차용되고 변용되어진 중국 고분미술의 발달 특징을 볼 수 있다. 이들 고분미술은 선비족과 소그드인이라는 비한족 계통의

49) 姜伯勤, 「中國藝術史上的波斯風」, 許虹, 『最新中國考古大發現』, 山東畫報出版社, 2002, 139~144쪽.

독특한 묘장 풍습과 문화를 엿볼 수 있게 한다. 또한 고구려가 한대의 고분미술을 받아들여 독창적으로 벽화 고분을 만들어낸 것처럼, 소그드가 만들어낸 이들 석각들은 중국 장의 미술 전통에 자신들의 독특한 풍격을 집어넣어 변용된 형식을 창조한 것으로 고구려의 독창성과 비교된다고 하겠다.

영하 고원현 남교향의 소마장촌小馬莊村에 위치한 사씨묘군은 소그드 출신인 사씨의 가족묘장이다. 수대隋代의 사사물묘史射勿墓, 초당初唐과 무주武周시기 사색암묘史索岩墓, 사가탐묘史訶耽墓, 사철봉묘史鐵棒墓, 사도덕묘史道德墓가 있다.[50] 사사물묘(610년, 수隋 대업大業6년)는 묘도, 과동, 천정 및 묘실 등에 모두 벽화가 있다. 제 1과동過洞 남구南口 위에 문루, 제 2과동의 남구南口 위에 연화를 그렸다. 묘도와 과동 천정 동벽과 서벽에는 집도무사執刀武士와 집홀시종執笏侍從 벽화가 있다. 묘실의 동북 양벽은 완전히 훼손되었으며 서벽 남측에 한 폭의 시녀도가 남아있다. 사사물(543년~609년)의 선조는 소그드 출신으로 북위 중기에 중국으로 이주하였으며 증조부와 조부가 소그드인을 관리하는 살보薩寶 직책을 맡았다. 천정天井의 문루도와 연화도의 배치가 섬서 서안의 북주 이현묘와 몽골 볼간 아이막 바양노르 솜 울란 헤렘 벽화묘와 같다.[51] 사씨묘군에서는 서역과의 교류를 보여주는 여러 부장품, 즉 비잔틴 금화의 모방제품과 금속 장신구가 발견되었다.

당대의 소그드인의 묘로서는 1984년 발굴된 영하성 염지당묘鹽池唐墓가 있다. 6기의 묘로 구성되었는데 3호묘의 묘실 안에 두 개의 팔각기둥이 있어 쌍영총의 구조와 유사한 점이 독특하다.[52] 3호묘에서 출토된 묘지墓志에서 묘주인이 700년 당唐 무주구시원년武周久視元年에 죽은 것

50) 大隋正議大夫右領軍驃騎將軍史射勿墓(隋大業五年, 609年), 大唐故左親衛史道洛墓(唐顯慶三年, 658年), 大唐故朝請大夫平凉郡都尉史索岩과 夫人安娘合葬墓(唐麟德元年, 664年), 唐遊擊將軍, 虢州刺史, 直中書省史訶耽墓(唐總章二年, 669년), 唐司馭寺右十七監史鐵棒墓(唐咸亨元年, 670년), 唐給事郎蘭池正監史道德墓(唐儀鳳三年, 678), 사씨성이 아닌 묘주의 묘로는 大周處士梁元珍墓(唐聖曆二年, 699年)가 있다. 李星明, 『唐代墓室壁畵研究』, 陝西人民美術出版社, 2006, 114~119쪽.

51) 李星明, 『唐代墓室壁畵研究』, 陝西人民美術出版社, 2006, 도1~53.

52) 寧夏回族自治區博物館, 「寧夏鹽池唐墓發掘簡報」, 『文物』, 1988년 9기; Annette L. Juliano and Judith A. Lerner, *Monks and Merchants*, Harry N. Abrams, 2001, pp.241~245. 1980년대에 이미 발견된 영하 고원 초당시기의 M1401묘가 최근 도굴을 당하여 영하 문물고고연구소가 2014년 6월에 구제성 발굴을 시작하여 40 점 이상의 니용, 동전 및 대량의 벽화를 발견하였다. 또한 인골 감정 결과 발견된 두골에 대한 초보 판단에 의하면 묘주가 유럽인으로 추정되었다. 고원이 당시 동서문화교류의 중요 위치에 있었다는 점을 잘 보여준다. 묘장의 형제와 니용의 조형과 풍격, 벽화의 내용과 풍격, 묘실 출토 개원통보 동전 등 유물로 분석하면 해당 묘

을 알 수 있다. 염지당묘의 연대는 성당전후盛唐前後로 보인다. 흙을 묘위에 덮은 일반적인 봉토
분과 달리 지표면에서부터 밑으로 파고 들어가 정방 또는 장방형 묘실을 만들었다. 천장 높이
는 대략 2m 정도이다. 벽면에 삼각, 사각, 사다리꼴, 원형 등 간단한 형상으로 벽면을 파서 감실
과 같은 공간을 2-5개 만들었다. 하씨 가족묘군으로 각 묘에 묻힌 사람은 한 명에서 여러 명까지
다양하다. 4호묘와 6호묘는 네 명, 5호묘는 10명 이상이 매장되었다. 각각 시신들이 여러 개의
감실 안에 묻혀 있어서 소그드의 전통 장법인 묘지에 사자의 유골을 오스아리에 두는 관습에
따랐을 가능성이 있다. 4호묘의 감들 중 하나에서 팔의 윗부분 뼈가 두 점 발견되었는데 각각 2
㎝ 정도의 짧은 실로 싸여져 있어서 뼈에서 살이 제거된 후에 묻은 것으로 추정된다.

안가묘의 묘도와 묘실에서 화재 흔적이 있는데 석상이 묻히기 전에 이루어진 것이다. 염지당
묘의 무덤 중 어느 것에도 관이나 목조로 된 관으로 추정되는 것이 없다. 대신 벽돌, 돌, 흙으로
묘주 시체를 받치는 시상대만 존재한다.[53] 6호묘 묘문 석각에 호선무 무용수가 각 한 명씩 문에
조각되었는데 하체 부분 옷주름 묘사를 보면 사산조 페르시아의 부조 양식이다.

3호묘의 묘지에 대하월지인大夏月氏人이라고 기록되어 있어 M3의 묘주인이 월지인으로 하성
何姓을 가진 인물임을 알 수 있다. 하성은 서역 강국 소무구성昭武九姓 중 하나로『북사北史』,『수
서隋書』,『통전通典』,『구당서舊唐書』,『신당서新唐書』에 기재된 성이다.[54]『신당서』,「서역전」에 의하

의 시대는 초당으로 추정된다.「宁夏固原新发掘一唐墓初步判断墓主为欧罗巴人」,『新华网』, 2014年08月17.
53) Annette L. Juliano and Judith A. Lerner, *Monks and Merchants*, Harry N. Abrams, 2001, pp.241~244.
54)『隋書』「西域傳」第48 何國. 何國은 나밀수 남쪽 옛 강거의 땅이고 강국왕의 족류이다. 하국의 도읍은 나밀
수 남쪽 몇 리 떨어진 곳에 있으며, 옛 강거의 땅이다. 그 왕의 성은 소무이고 역시 강국왕의 족류이며 자는
敦이다. 도성은 사방이 각각 2리이고 정예병사가 1천 명이다. 그 왕은 金羊座에 앉는다. 동쪽으로 조국과
150리, 서쪽으로 小安國과 300리, 동쪽으로 과주와 6,750리 떨어져 있다. 대업 연간(605~618년)에 사신을 보
내 방물을 바쳤다. 동북아역사재단,『주서 수서 외국전 역주(상)(역주 중국정사 외국전 8)』, 동북아역사 자료
총서 28, 동북아역사재단, 2010.
『新唐書』「西域傳」何는 屈霜你迦 혹은 貴霜匿이라고도 불리니, 곧 강거의 소왕의 附墨城의 고지이다. 성
의 왼편에는 重樓가 있는데, 그 북면에는 중화의 옛 제왕들이, 동면에는 돌궐과 婆羅門이, 서면에는 파사와
拂菻 등의 여러 왕이 그려져 있어, 그 왕은 아침이 되면 찾아와 예배하고 물러난다. 정관 15년(641년) 사신
을 보내 입조케 했다. 영휘 연간(650~655년)에 아뢰기를 "당나라가 군대를 보내 서방을 토벌한다고 들었
는데 원컨대 군대에 양식을 보내드리고 싶습니다."라고 하였다. 얼마 지나지 않아 그 지방을 貴霜州로 삼고,
그 군주인 昭武婆達地를 자사로 제수하니, 사신 鉢底失을 들여보내 감사를 표하였다. 동북아역사재단,『신
당서 외국전 역주(상)(역주 중국정사 외국전 11)』, 동북아역사자료총서 31, 동북아역사재단, 2011.
何國은 중앙아시아 소그디아나에 있었던 오아시스 국가의 하나로 지금 쿠샤니아(Kushania)이다.『隋書』와

면 강국康國에는 안安, 조曹, 석石, 미米, 하何, 사史 등 9성이 있었다. 다른 5기의 묘 형태가 3호묘와 일치하여 동일 일족에 속하는 묘장으로 보인다. 6호묘의 석문石門에 새겨진 무용인의 형상은 문헌에 기재된 강국康國의 호선무胡旋舞로 이들 묘장이 소무구성 중 하씨 가족묘라는 점을 증명해주며 영하성 지역에서 활동한 소그드인의 묘장의 사례이다.

Ⅱ. 맺음말

고구려 고분벽화와 중국 북방민족 고분미술의 비한계 요소 형성에는 고구려와 다른 북방민족과의 교류관계, 당시 교역을 주도한 소그드인의 활동과 중국 내의 소그드인 거주지의 발달, 불교석굴 미술의 전파로 등 여러 가지 배경을 살펴볼 수 있을 것이다.

고구려의 경우 집안지역에서 북방적 요소가 두드러지게 나타나며, 중국에서는 특히 변경지역에서 북방유목문화, 서역문화, 불교문화의 융합이 활발하게 일어난 것을 알 수 있다. 먼저 고구려와 북방민족 고분미술과의 비교에서 선비족을 중심으로 그 영향 관계를 살펴보면 북위와 동위, 북제를 세운 탁발 선비족은 한화漢化와 서호화西胡化 과정을 겪으면서 고분과 불교석굴을 통해 다양한 미술을 선보이게 된다. 이러한 선비족의 미술에 나타난 특징은 고구려와 같이 한대의 고분미술을 받아들였으면서 북방민족의 요소를 융합하게 된다. 탁발선비족의 고분과 불교미술에서 주목되는 곳이 영하성 고원, 산서성 대동, 하북성 자현, 감숙성 돈황 등이다.

대동시기 북위는 운강석굴을 세웠으며 현재까지 수백기의 북위묘가 대동과 인근에서 발굴되었다. 그 가운데는 풍태후馮太後 영고릉永固陵(태화太和14년, 490년), 평성진장平城鎭將 원숙묘元淑墓(영평永平1년, 508년), 이부상서吏部尙書 사마금룡묘司馬金龍墓(태화 8년, 484년) 등이 있다. 대동지역 북위 초기 고분미술은 감숙성 가욕관고분에서 보는 것과 같은 목관에 그려진 관판화의 전통이 주목된다. 대동 호동湖東 북위 1호묘의 관판화에는 고원 칠관화에 그려진 것과 유사한 중앙아시아 모티프인 연주문聯珠紋과 사방연속무늬가 남아있다. 북위 시대 중앙아시아계 장식문

『舊唐書』, 『新唐書』에서는 何國, 혹은 貴霜匿, 『西域記』에서는 屈霜你迦라고 했다.

양이 관판화 장식에 종종 쓰였음을 알 수 있다. 북위 관판화의 사방연속문양은 5세기 고구려 고분 벽화에 나타나는 장식문양도와 유사하다. 5세기 중의 연대를 가진 환문총, 산연화총, 산성하 332호분, 산성하983호분, 귀갑총, 장천2, 4호분, 미창구 장군묘, 천왕지신총, 전동명왕릉의 천장 또는 벽면에 연속장식무늬를 볼 수 있다.

북위가 대동에 수도를 정한 평성시대(398~494년)는 천흥원년天興元年(398년)에 시작하여 태화太和 18년(494년)까지 약 한 세기 동안이다. 평성을 중심으로 하는 안북雁北은 북위 이전에 한족과 유목민족이 잡거하는 변방지역이었다. 천흥원년 북위의 도무제가 평성에 도성을 정하면서 안북지역이 북위의 정치경제중심지로 성장하게 된다.[55]

또한 북위 태연太延 5년(439년) 태무제는 하서를 정복하여 하서지역의 문물과 중견 사인들을 평성으로 강제 이주시켰다. 동서교통의 요지인 감숙성 지방을 확보하여, 사마르칸트·페르가나 등 서역에서 입공入貢하는 나라가 20여 국에 이르렀다. 이러한 역사적 배경은 감숙성과 산서성 대동 지역에서 독특하게 채회칠관이 만들어진 것이 상호 교류를 바탕으로 이루어진 것임을 추정하게 해준다. 산서성 대동지역에서 출현하는 연주문 장식과 서역계 금은기 등도 북위가 감숙성 지방을 점령함으로써 서역과의 교류가 활발하게 이루어졌음을 증명한다. 따라서 북위 탁발선비족의 고분 회화 발달은 하서 등 지역 정복과 동북과 서북지역(고구려 포함)과의 교류에 힘입은 바 큰 것으로 여겨진다.

고구려와 중국 간의 인구 이동과 교류도 북조 시기 중국 북방지역에서의 민족간 교류에 중요한 역할을 하였을 것이다. 북위의 수도 평성의 건설에 많은 수의 고구려인들이 참여한 것이 기록되었고, 동한 말부터 중원지역의 전란으로 많은 한족들이 변경으로 이동하였는데 이 시기에 고구려로 들어온 한족들이 후에 북위가 세워짐에 따라 다시 중원지역으로 돌아가게 된다. 중국으로 간 고구려인 중 문소황후文昭皇後와 그 가족들의 경우가 대표적인 예이다. 고구려로 서진 시기에 이주하여 귀화한 중국인의 후손으로 고무高撫와 고고高顧의 자손인 고잠高潛은 북위로 다시 이주하였는데 북위에서는 작위를 주고 저거목건沮渠牧犍의 딸과 혼인하게 하였다.

산서성 대동 사마금룡묘과 송소조묘의 묘주의 출신과 배경 등에서 당시 북방지역 민족 간의

---

55) 이빙, 「高句麗와 北朝의 관계」, 『고구려연구』 14, 고구려연구회, 2002, 289~340쪽; 이빙, 「北魏의 遷都 原因과 意義」, 『한국고대사연구』 36, 한국고대사학회, 2004, 139~169쪽.

교류를 알 수 있다.[56] 사마금룡의 부친은 423년부터 북위 세조 태무제(재위 424~425) 밑에서 관직을 맡았으며 이후 10년간 유연족에 대한 정벌 등에 참여하였다. 20 년 넘게 전방에서 군사 활동에 참여하였다가 464년에 75세의 나이로 죽는다. 고종高宗은 그의 죽음에 애도하며 사후 관직을 내려준다. 기록에 의하면 후에 탁발선비족 여인과 결혼한 두 번째 결혼에서 사마금룡이 태어난다. 이러한 배경으로 사마금룡은 탁발선비족 사회에 진출하면서 후에 헌문제獻文帝가 된 태자를 가르치게 되고 마침내는 이부상서吏部尙書를 맡게 된다. 사마금룡은 두 번 결혼하는데 첫 번째는 탁발선비족의 딸과 두 번째는 저거목건沮渠牧犍의 딸과 결혼한다.

송소조묘의 묘지명에 의하면 묘주는 태화 원년 477년에 죽은 것으로 되어있다. 477년은 문명태황태후文明太皇太後 풍씨馮氏와 효문제孝文帝가 같이 다스리던 시기이다. 묘주에 대하여는 『위서魏書』, 『북사北史』, 『자치통감資治通鑑』에 보이지 않으나 그의 무덤은 평성시기의 약 1세기 동안으로 평성으로 이주한 인구가 많아지면서 북위 수도에서 일어난 민족 간 융합을 반영한다. 송소조는 아마도 돈황의 송씨 가문과 가까운 관계이었을 것으로 추정된다. 북량의 저거몽손沮渠蒙遜(401~433년)은 돈황 유력가문 출신의 송유를 중용하여 저거몽손沮渠蒙遜의 아들 저거목건沮渠牧犍(433~439년)을 그에게 맡기기까지 했다. 태무제(424~452년)가 북량을 439년에 정복하자 송유는 태무제를 섬기면서 목건과 그의 가족과 평성으로 이주했다. 송소조는 『위서魏書』의 송유의 기록에 있는 후손 중에 언급되지 않았으나 송소조 무덤의 발견은 북위가 하서 정복 후에 명문가문과 장인들을 중원으로 옮기고 평성 부근에 정착시킨 사실을 보여준다. 송소조는 아마도 그의 가족을 따라 평성으로 이주해왔을 것이며 북위 조정에서 높은 지위를 얻었을 것이다.

사마금룡과 송소조가 모두 북량의 저거목건沮渠牧犍과 관련이 있다는 점은 북위 평성시기 해당 지역간의 인적 교류가 활발하였으며 당시 북부 중국의 문화 교류 역시 개방된 형태로 폭넓게 이루어졌음을 시사한다. 또한 하서지역에서 유존하던 한위진의 벽화 전통이 평성지역으로 전해져 고분 회화 발달에 상당한 역할을 하였으리라는 점을 추측하게 한다. 북량시기 돈황 석굴 벽화가 시작되었다는 점도 불교 석굴과 고분 미술에 보이는 벽화의 공통점 등을 설명한다. 북위의 북부 중국 통일과 인구 이주 등이 이러한 넓은 지역에 걸친 문화적 교류에 중개 역할을 한 것으로 보인다.

---

56) 박아림, 「북위 평성시기 고분 미술 연구」, 『역사교육논집』 36, 역사교육학회, 2006, 305~331쪽.

이러한 고분미술에서 보이는 돈황, 고원, 평성, 고구려 간의 폭넓은 문화교류 양상은 소그드인이 중국 고원 등에 세운 고분이나 북조시대 소그드인이 만든 석각, 선비족이 세운 중앙아시아와 중국 불교 석굴에서도 살펴볼 수 있다. 선비족과 소그드 등의 문화적 특징이 혼재된 고원지역과, 선비족과 고구려 이주민 등이 거주하던 평성, 그리고 실제 고구려인들이 벽화 고분을 지은 집안·평양지역은 당시에 아마도 문화적으로 폭넓은 교류관계(사신 교류 등)를 가지고 있었을 것으로 추정된다.

동위의 여여茹茹(유연柔然) 공주묘(550년)는 위진과 북위시대에서 후기 남북조와 수당대 고분으로 넘어가는 교체기에 있는 고분으로 중국 고분벽화 발달에서 중요한 위치를 차지한다. 모두 입상의 정면상으로 그려진 주실의 인물도는 기존의 묘주도와는 큰 차이가 있으며 긴 묘도의 입구에 동물(청룡과 백호)을 배치하고 그 뒤로 긴 행렬도를 배치한 구성은 이전의 중국 벽화고분들의 벽화구성과 근본적으로 차이가 있다. 이러한 구성상의 변화의 동인은 여러 가지가 있겠으나 본서에서 고려하고 있는 페르시아 이란 문화의 동전과 연관하여 생각해볼 수 있는 것은 유연을 통해 전파된 페르시아 아파다나 궁전 부조와 사산 부조 및 우즈베키스탄 지역 고대 벽화의 동물과 인물 표현 형식이다. 페르세폴리스의 궁전 부조는 건물 입구에 양쪽으로 접근하는 계단을 만들고 그 전면을 부조로 장식하는데 페르시아의 노우루즈와 연관된 사슴을 공격하는 사자상이 삼각형 공간의 가장 앞에 배치되고 그 뒤로 줄을 지어 늘어선 호위 부대나 공물을 든 외국 사신들의 행렬도가 따르며 그 주변에 정면, 측면 연화문을 일렬로 배치한다. 노우루즈의 상징인 동물 투쟁을 지하 묘장을 지키는 청룡 백호로 대체하고 묘주를 지키는 행렬을 배치한 것은 유연·선비의 나름대로의 변형으로 볼 수 있다. 비록 아케메네스 부조가 시기적으로 너무 떨어져 있으나 아케메네스의 전통을 적극적으로 계승한 사산이 나크시에로스탐의 아케메네스 왕들의 애묘 아래에 자신들의 왕권 서임도, 전투도를 새겨 넣고 페르세폴리스 궁전 벽에 선각화를 남긴 것을 고려하면 사산을 통한 아케메네스 양식의 전파가 가능하다고 생각된다. 유연 공주묘의 주실을 입상의 정면 초상들로 채운 것은 비샤푸르 탕에초간의 사산 부조나 우즈베키스탄 남부의 할차얀 궁전 부조나 노인울라 직물의 인물 표현 방식과 유사하다. 유연공주묘의 독특한 벽화 구성이 북방지역을 따라 전파되고 흡수된 그레코-이란, 파르티아, 스키타이, 흉노, 소그드 등의 문화 전통에서 자극을 받은 것은 아닌지 생각해볼 수 있다.

고구려 고분벽화의 발달에 있어서 북방민족적 요소를 규명하는데 탁발 선비족 다음으로 주목되는 북방민족은 유연족, 돌궐족이다.[57] 기원후 4세기 초부터 6세기 중엽까지 몽골고원에서 대세력을 형성하고 있었던 유연柔然(402~555년)은 탁발로拓跋盧(308~316년) 시대부터 역사상에 모습을 드러낸 몽골족계의 민족이다. 동방의 고구려나 서투르케스탄의 에프탈과는 비교적 우호관계를 유지하고 있었다. 또 유연柔然의 일부는 서방으로 이주하여 아바르(Avars)라는 이름으로 6세기 중엽부터 8세기말까지 유럽에서 맹위를 떨쳤다. 북위가 북중국을 통일하고 남조 정권과 대치하고 있을 때 북방에서는 유연이 큰 세력을 형성하고 막북漠北의 주인으로 부상하였다. 북위와 대치하고 있던 유연은 고구려와 연계하여 북위를 견제하는 정책을 취했다. 북방민족사에서 유연柔然과 돌궐突厥이 활약한 시기는 탁발선비의 남하 및 그들의 중원정복시기와 일치한다. 유연이 주변세력인 고구려와 관계를 맺은 시기는 여성가한予成可汗 때로 나타난다. 이 시기에 고구려와 관계된 대표적인 사례가 백제 개로왕이 472년 북위 헌문제獻文帝(465~471)에게 올린 상표上表와 479년의 지두우地豆于의 분할모의이다. 여성가한予成可汗의 생존시기는 고구려의 장수왕(413~491년) 때와 일치하고 있다. 고구려와 유연의 결맹은 450년부터 472년의 어느 시기에 맺어진 것으로 보인다. 472년 백제가 북위에 보낸 표表에서 백제는 고구려가 중국의 남조는 물론이고 유연과도 맹약하여 북위를 위협하고 있다고 비난하였다. 당시 동아시아 세계는 중국의 남북조와 북방의 유연 그리고 동방의 고구려가 서로를 견제하며 팽팽한 세력균형 상태를 이루고 있던 것으로 보인다. 고구려는 중국의 남북조 및 북방의 유연과 함께 4강 체제의 한 축을 이루고 동아시아의 국제질서를 주도해 나간 강대국이었다.[58]

고구려 고분벽화와 선비족이 세운 북위, 동위, 서위, 북제, 북주 등의 중국 북방민족 고분미술의 비한계 요소의 형성 배경으로 주목할 점은 소그드 등 중앙아시아 계통과의 인적, 문화적 교

57) 강선, 「北方民族史에서 본 高句麗의 正體性」, 『고구려연구』 18, 고구려연구회, 2004, 145~162쪽; 우덕찬, 「6-7세기 고구려와 중앙아시아 교섭에 관한 연구」, 『韓國中東學會論叢』 24-2, 한국중동학회, 2004, 237~252쪽; 우덕찬, 「柔然史 研究現況과 앞으로의 課題」, 『外大論叢』 22, 부산외국어대학교, 2001, 287~298쪽; 우덕찬, 「突厥史上에 나타난 몇몇 問題點에 關한 研究」, 『外大論叢』 14, 부산외국어대학교, 1996, 451~466쪽; 우덕찬, 「古代 北아시아 遊牧帝國과 中國王朝間의 政治關係 變化에 關한 研究」, 『韓國中東學會論叢』 20-1, 한국중동학회, 1999, 229~245쪽. 545년 서위 우문태가 돌궐 추장이었던 토문에게 주천에 거주하던 소그드인 안락반타를 사신으로 파견하여 돌궐과 중국간의 정치관계가 시작되었다는 점은 소그드인의 당시 북방민족 간의 교류에서의 역할이 중대했음을 보여준다. 우덕찬, 「古代 北아시아 遊牧帝國과 中國王朝間의 政治關係 變化에 關한 研究」, 『韓國中東學會論叢』 20-1, 한국중동학회, 1999, 231-232쪽.
58) 강선, 「北方民族史에서 본 高句麗의 正體性」, 『고구려연구』 18, 고구려연구회, 2004, 145~162쪽.

류가 고분미술 등에 반영되어있다는 점이다. 중국에서의 불교석굴미술의 발달과 북방민족 지배하의 북조왕조에서 만들어진 벽화 고분이나 화상석각 고분에는 진인각陳寅恪이 북제의 특징으로 지적한 선비화鮮卑化와 서호화西胡化가 두드러진다. 본고에서도 고구려의 국제적 성격을 조명하기 위해 고구려와 동시대 북방민족 고분미술의 서역적 요소에 주목하였다. 소그드 계통의 고분미술을 살펴봄을 통해 비한족의 한족 고분미술의 변용과 변화, 적용 등의 사례를 연구할 수 있었다. 이를 통해 고구려 고분 벽화는 중국 북방민족 및 한족에 의한 고분미술과 불교미술, 중국 북조 중앙아시아계 고분미술과의 상호 활발한 교류 관계 속에서 형성된 것임을 알 수 있다.

고구려 고분벽화와 선비족이 세운 북위, 동위, 서위, 북제, 북주 등의 중국 북방민족 고분미술의 서역적 요소의 형성 배경으로 주목해야할 이민족은 유연, 돌궐 외에 소그드가 있다. 중앙아시아, 동투르키스탄, 돈황에서 교역상으로 활발하게 활동한 소그드인들의 문화는 아프라시압, 바락샤, 펜지켄트 등의 고고학적 발굴로부터 찾아볼 수 있다. 소그드 문화의 황금기는 5~8세기이다. 소그디아나의 벽화는 장식 모티프 등에서 사산의 영향을 보여준다. 중앙아시아와 중국미술에 보이는 이란계 영향은 여러가지 제재들에 나타난다. 이를테면 대표적 신인 나나(Nana), 나풀거리는 리본이 달린 보살상, 사산왕의 왕관 모티프, 이란계 왕족 연회도, 이란계 복식, 목걸이를 단 새 등이 있다. 이란미술에 의해 영향 받은 소그드 미술은 소그드인의 활발한 교역 활동과함께 중앙아시아에 넓게 퍼졌다. 중앙아시아 미술에 보이는 소그드의 영향은 불교 미술의 도상적 특징만이 아니라 벽화의 장식적 요소에서 보인다. 사산(이란계) 양식이나 도상, 복식, 장식적모티프의 확산은 바미얀, 키질, 스바시, 쿰투라, 쿠차 지역(4~8세기)에서 찾아볼 수 있다. 두 종류의 소그드 미술이 남아 있는데 하나는 펜지켄트를 포함한 소그드 유적지의 벽화이다. 둘째는아프라시압과 그 외 지역에서 나온 유골함(ossuaries)이다. 이 유골함의 전통이 중국에 들어와서는 중국 전통의 가구 형태를 띠고 소그드의 장식요소를 더하여 북제, 북주의 소그드 석곽, 석탑이 나오게 된 것으로 여겨진다.

5~6세기 소그드의 잦은 유입의 시기 동안 제작되어 북부 중국, 특히 서안과 태원에서 발견된석곽과 석탑 들은 중국 미술에서 차지하는 서역계 요소의 공헌과 비한족, 특히 소그드의 동아시아 고분미술 발달에서의 공헌을 새로이 살펴볼 수 있게 하였다. 소그드 석곽과 석탑은 한족요소인 가구, 건축 형식에 그들의 장식 요소를 집어넣어 동아시아 고분미술에 독특한 사례를

만들어낸 것이다. 이는 한나라의 고분벽화에 기원을 둔 고구려가 무덤 건축과 벽화 주제의 표현에서 북방민족적인 고유의 요소와 4~7세기 동아시아에 유입된 서역적 요소, 불교적 요소 등을 결합하여 새로운 고분 벽화의 양식을 창조한 것과 비교될 수 있다.

고구려로 전해진 서역적 요소와 불교적 요소는 중국 내지까지 진입하여 활동한 소그드의 예에서 보듯이 구체적인 인적 교류상이 밝혀진다면 그 유입경로와 영향관계가 보다 확실하게 드러날 것이다. 산서성 대동 운강석굴이 북위의 북량 멸망 후 이주한 담요에 의하여 지어진 것은 서역과 북위 평성지역간의 미술 교류의 구체적인 예이다. 신강성과 감숙성을 따라 동전하는 서역적, 불교적 요소의 전파로의 연장은 고구려와 비교될 수 있는 중국의 주요 고분미술과 불교 석굴미술이 발견된 곳을 따라 찾아볼 수 있을 것이다. 서안에서 낙양으로 이어지는 길과 북방 초원로와 가까운 영하성 고원과 산서성 대동 등도 주요 교류지역으로 여길 수 있다.

영하성 고원에는 남교에서 발굴된 소그드인들의 묘지가 있다.[59] 영하성 고원은 서한 초년에 흉노의 남침이 부단히 이루어지는 등 흉노족 남하의 중요 통로였다. 선진시기 원주문화를 보면 북방유목민족과 중원농경민족의 교류와 융합의 결과로 일종의 독특한 지역 문화를 형성한 것을 알 수 있다. 흉노문화와 중원문화, 그리고 서북지역의 문화 전파, 서방문화의 전파에 교량 중개 작용을 한 것이다. 원주문화는 고대동서 문화교류 중의 일정한 지위를 차지한다. 이곳에서는 북위시대 유연 등 유목민족의 남하와 함께 불교문화도 크게 발달하게 된다.[60]

반대로 고구려인이 중국이나 중앙아시아의 벽화에 나타나는 예로 섬서성 서안의 당 이현묘가 있다. 노태돈에 의하면 이현묘 예빈도는 이현이 생시에 '감국監國'으로서 국정의 주요 부분을 관장하였던 사실을 그가 외국 사절을 접견하는 장면을 통해 상징적으로 표현하려 한 것이 예빈도라고 보았다. 고구려가 당시 동로마, 말갈, 토번, 아랍 등의 여러 나라와 중국을 통하여든, 직접적인 교류든 넓은 교류관계를 가졌음이 입증되며 고구려 벽화의 외국인 역시 이러한 다양한 나라들 출신이 포함되었을 것이다.[61]

59) 羅豊, 『固原南郊隋唐墓地』, 文物出版社, 1996.

60) 羅豊, 「北朝, 隋唐時期的原州墓葬」, 寧夏回族自治區固原博物館 編, 『原州古墓集成』, 文物出版社, 1999, 9~25쪽; 雷潤澤, 「原州文化在古代東西文化交流中的地位」, 寧夏回族自治區固原博物館 編, 『原州古墓集成』, 文物出版社, 1999, 26~33쪽.

61) 노태돈, 「고구려 발해인과 내륙아시아 주민과의 교섭에 관한 일고찰」, 『대동문화연구』 23, 성균관대학교 대동문화연구원, 235~246쪽; 노태돈, 「唐 李賢墓 禮賓圖의 鳥羽冠 쓴 使節과 고구려」, 『고구려 문화의 역사적

중국 사서에 의하면 4세기경부터 시작하여 많은 소그드가 하서지역으로 이주하였고 더 나아가 중원지역으로 이주하였다. 소그드에 관련된 많은 문서들이 투르판과 돈황지역에서 발견된 바 있다. 소그드와 당대 유물이 같이 발견된 사파촌沙坡村 은기들은 당시 소그드들의 기물에 익숙하였다는 점을 보여준다. 당대 이전에 제작된 은기는 대개 서방과 연관되어 있었고 소그드가 만든 은기에 영향을 특히 받았음을 보여준다.[62]

투르판 출토 복희여와도 역시 소그드의 조로아스터교의 영향 아래 제작되었다는 지적이 있다.[63] 투르판의 복희여와도에 보이는 원형의 내부를 방사선으로 채운 일월상과 유사한 일월도상은 투르판, 카라샬(언기), 쿠차, 악수로 이어지는 서역북도 서쪽의 중심도시인 쿠차지역 석굴사원의 천장에서 찾아볼 수 있다. 중국인의 우주관, 내세관을 반영하는 작품들과는 상이한 도상과 구도, 즉 원형의 내부에 방사선을 채운 일월상과 이것을 상하수직구도로 표현한 투르판 출토 복희여와도가 제작된 문화 사상적 배경에 대하여 선행연구에서는 투르판 지역의 고창국시기에 하서지역에서 이주한 한족 귀족 외에도 서역에서 활발한 상업활동을 하였던 소그드인들이 거주한 점에 주목하였다. 투르판은 불교와 조로아스터교까지 수용하였으며, 조로아스터교는 소그드계 상인들을 통해 유입되었다.

당나라 때에 소그드인 절도사가 합계 30명에 달하는 등 다수의 소그드인이 절도사로 취임하여 당대 번진체제하의 지방 행정에 깊이 관련한 것을 보면 북조시대에도 이미 많은 수의 소그드인들이 중국 내에서 활발하게 하였으며 이들의 활동영역이 고구려를 비롯한 주변지역에도 미쳤을 것이라는 것을 짐작할 수 있다.[64]

소그드가 고구려 또는 발해 지역에 까지 와서 활동한 가능성에 대하여 정수일은 고구려의 옛 터에 건국된 발해의 유지에서 서역 소그드의 은화銀貨를 비롯한 유물이 발굴되고, 그에 따라 발

의의: 한, 중 국제학술회의』, 고구려연구재단, 중국사회과학원, 2005, 17~82쪽; 王維坤, 「唐章懷太子墓壁畵 '客使圖' 辨析」, 『考古』, 1996년 1期.

62) Qi Dongfang, "Silver Bowl with a Deer Design Unearthed at Shapo Village in Xi'an," *China Archaeology and Art Digest* 1, Number 1 Covering the period January-March, China Archaeology and Art Digest, 1996, pp.15~20; 西安市文物管理委員會, 「西安市東南郊沙坡村出土的一批唐代銀器」, 『文物』, 1964년 6期

63) 승재희, 「투르판 아스타나, 카라호자 고분 출토 〈복희여와도〉 도상연구 – 일월상(日月像)을 중심으로 –」, 『中央아시아研究』 8, 중앙아시아학회, 2003, 131~149쪽.

64) 福島惠, 「唐代的粟特人與"東亞海"交流」, 『中國史研究』 46, 中國史學會, 2007, 65~78쪽.

해와 서역(중앙아시아)간의 이른바 '담비로貂皮路'도 고구려와 소그드인 간의 직접적인 교류를 짐작하게 한다고 하였다.[65]

흔히 고구려 벽화의 대표적 제재가 거의 모두 한나라의 고분미술에서 찾아볼 수 있는 것으로 여겨졌으나 수렵도, 연회도, 행렬도, 주방도, 묘주부부 연회도 등은 중국을 벗어난 서아시아, 중앙아시아에서도 유행한 제재들이다. 또한 한계 요소라고 여겨져 왔던 것들 역시 비한계 요소로 다시 구분할 필요도 있다. 이를테면 무용총의 묘주도를 고원 칠관화, 사산계 연회도, 소그드 석각의 묘주부부 연회도, 돌궐 석인상 등과 연결 비교하면 이제까지 한의 요소라고 여겨져 왔던 것들을 북방문화적 요소, 서역적 요소로 해석할 수도 있다.

중국학자들의 주장에 의하면 한의 고분미술의 유습이 서북, 동북 변경으로 옮겨져 남았고 그것이 다시 북위의 화북통일로 통합이 되었다고 하나 동시대 요녕성, 감숙성 지역의 벽화 고분과 고구려의 초기 벽화 고분을 비교하면 문화의 전파 경로가 단순히 중국에서 고구려 지역으로 단선적으로 이루어진 것으로 보이지는 않는다. 북주, 북제 등의 벽화 고분이 고구려 벽화의 전성기인 5세기보다 늦다는 점과 탁발선비족, 유연족 등과 고구려가 가진 교류상, 후기 고구려 벽화와 후기 북조 고분의 화려한 장식성 등으로 미루어 보아 북조 벽화 고분의 전형이 고구려를 통해 창조되고 탁발선비족 등의 북방민족을 통해 계승되었을 가능성을 생각해 볼 수도 있겠다. 고구려가 6~7세기 동아시아에서 보기 드문 고분 벽화를 발달시킨 점에서 668년에 고구려 벽화의 전통이 완전히 끊어지고 이후에는 찾아볼 수 없다고 하나 고구려와 북조와의 외교 관계, 상호 교류에서 고구려가 남긴 전통을 찾아볼 수도 있을 것이다.

탁발선비족이 벽화고분을 받아들이게 된 것은 위진시대 이후 벽화 고분의 전통이 감숙성과 요녕성, 그리고 고구려지역에 남아 발달한 후이다. 탁발선비족은 고구려와의 접촉을 통해 이미 벽화 고분의 전통을 발달시킨 고구려의 영향을 벽화 고분 조성 초기에 받았을 가능성이 있다. 고구려의 후기 벽화 고분의 시작이 5세기말이라면 북위의 평성시기까지의 기간이다. 대략 500년 전후로 연대가 매겨지는 고원과 사마금룡 무덤은 무용총의 연대보다는 늦으며 수렵도나 삼

---

65) 정수일, 『씰크로드학』, 창작과 비평사, 2001; 정수일, 『고대문명교류사』, 사계절, 2001; 정수일, 『문명교류사연구』, 사계절, 2002; 정수일, 「高句麗와 西域 關係 試考」, 『고구려연구』 14, 고구려연구회, 2002, 219~240쪽; 정수일, 「벽화에 나타난 고구려 – 서역 교류상 시고」, 『고구려와 동아시아 – 문물교류를 중심으로』, 고려대학교 국제학술심포지움, 2005, 113~130쪽.

각 화염문 등에서 고구려의 예가 연대상 이르다는 것을 알 수 있다. 따라서 삼각 화염문 같은 모티프의 경우 고구려에서 중국 측으로 전래되었을 가능성도 생각해볼 수 있다. 현재까지 발견된 북위 고분 회화 유물은 화염문의 출현에서 볼 수 있듯이 고구려 벽화에 나타난 예가 더 이른 시기의 것이다. 북조의 벽화 고분의 발달의 영향은 중원으로부터의 영향 외에 하서지역 정복과 고구려와의 공식적, 비공식적 교류가 두 가지 중요한 요인으로 작용하였을 것으로 여겨진다. 북위는 북량과 북연 등 서북과 동북 지역의 통일을 통해 평성시기 서북와 동북으로 전파되어 남아있던 한의 벽화 전통을 받아들여 거기에서부터 다시 발달시키는 과정을 겪게 된다. 고구려의 전통이 사신도 고분으로 변화한 후에는 중국 고분벽화와의 벽화 구성상이나 제재상의 공통점이 많지 않다. 그러나 그 이전의 벽화와 중국 지역의 동시기 벽화를 비교하면 상관관계가 뚜렷하다. 동양벽화 발달에서 고구려의 공헌은 북조 전기 고분미술에서 보인다. 고구려 벽화가 후기 이후 완전히 사라진 것이 사실이 아니라 북위시기부터 중국 북방민족의 고분 벽화와 섞여서 발달하게 된 것으로 보인다.

후기 북조 벽화의 발달은 북위 평성시기부터 진행된 고구려와 북조와의 인적교류, 귀화인의 귀국, 선비족 등 북방민족 풍습의 부활 등과 연관하여 고려해볼 수 있다. 탁발선비가 건국한 북위가 534년 멸망하고 이어서 같은 탁발선비족이 지배층인 동위·서위·북주·북제·수·당이 세워졌다. 북위에서 수당으로 이어지는 중국 고분 벽화(또는 회화) 발달에서 고구려와 그 영향을 받은 탁발선비족의 역할이 주목된다.

북조의 서호화西胡化와 고구려 벽화에 보이는 서역적 요소의 비교는 중국 위진북조의 중요 고분미술 출토지들 간에 상호 교류 통로를 상정해 보게 한다. 중국 여러 지역에 형성이 된 소그드 거주지의 존재나 동로마, 페르시아 등의 금은화의 발견지를 연결하면 당시 비한계 요소 중 하나인 서역적 요소의 교류로가 얼마나 광범위하였는지도 알 수 있다. 감숙성과 고구려 사이에 나타나는 여러 가지 공통점에 대하여는 소그드인과 같은 서역계 인물들의 활발한 교류활동으로 멀리 떨어진 지역임에도 직접 교류가 가능하였음을 추정할 수 있겠다.

표 1 | 중국 위진남북조시대 주요 벽화고분과 불교석굴

	年代	地區	名稱	墓主	埋葬年代	材質	壁畵內容	비고
1	東漢 (晚期)	內蒙古 自治區 和林格爾縣	新店子1號漢墓壁畵				寧城墓府, 庭園, 馬厩, 상차림, 人物	
2	三國 ·魏	甘肅省 嘉峪關市	嘉峪關3號墓	段清	甘露2 (257)	畵像磚	牛首人身, 墓主夫婦, 耕作, 牧畜, 狩獵 등	属少數民族
3	西晉	甘肅省 嘉峪關市	嘉峪關4號墓			畵像磚	宴飮, 墓主夫婦, 奏楽, 牧畜	
4	西晉	甘肅省 嘉峪關市	嘉峪關5號墓			畵像磚	雲氣, 力士, 宴飮, 墓主夫婦, 奏楽, 牧畜	
5	西晉	甘肅省 嘉峪關市	嘉峪關6號墓			畵像磚	낙타, 宰蓄(목축), 采桑 등	
6	西晉	甘肅省 嘉峪關市	嘉峪關7號墓			畵像磚	庄園生活 狩獵, 우마차, 말떼, 양떼 등	
7	魏 · 晉	甘肅省 嘉峪關市	嘉峪關12號墓			畵像磚	朱雀, 靑龍, 白虎, 力士, 牛車, 鳳鳥, 耕作	
8	魏 · 晉	甘肅省 嘉峪關市	嘉峪關13號墓			畵像磚	말, 소, 양떼, 생산활동 등	
9	魏 · 晉	甘肅省 嘉峪關市	魏晉墓			畵像磚	墓主人出行圖, 鎭墓兵卒, 狩獵圖, 宴飮圖 등	1972년 청리
10	北涼	甘肅省 敦煌市	祁家灣M310A墓			畵像磚	墓主宴飮	
11	西涼	甘肅省 敦煌市	祁家灣M369A墓			畵像磚	墓主夫婦, 侍女, 牛車	
12	西晉 (早期)	甘肅省 敦煌市	佛爺廟灣M37墓			畵像磚	飛鳥, 力士, 神雀, 朱雀, 玄武, 雲氣, 帷幔	
13	西晉	甘肅省 敦煌市	佛爺廟灣M39墓			畵像磚	麒麟, 受福, 靑龍, 玄武, 白象	
14	西晉	甘肅省 敦煌市	佛爺廟灣M118墓			畵像磚	魚, 白象, 朱雀, 獸面, 虎	
15	西晉	甘肅省 敦煌市	佛爺廟灣M133墓			畵像磚	神馬, 力士, 洛書, 朱雀, 玄鳥, 麒麟	
16	十六國 北涼	甘肅省 酒泉市	丁家閘5號墓			壁畵	달과 西王母, 白鹿, 羽人과 燕居圖, 악기, 采桑 등.	
17	魏 · 晉	新疆 위구르自治區 투르판縣	哈喇和卓古(카라호토)墓第94號墓			壁畵	소, 쟁기, 세 사람.	1975년 발굴
18	前涼	新疆 위구르自治區 투르판縣	哈喇和卓古(카라호토)墓第3號墓		建興36 (東晉 永和4, 348)	木棺	北斗七星	
19	十六國 北涼	新疆 위구르自治區 투르판縣	哈喇和卓古(카라호토)墓第97號墓			壁畵	庄園生活, 墓主夫婦圖	
20	後漢末~三國 · 魏	遼寧省 遼陽市	遼陽市棒台子屯2號墓			壁畵	墓主宴飮, 門衛, 車騎, 樓閣, 主薄과 議曹掾, 獸面, 雲氣	
21	後漢末~三國 · 魏	遼寧省 遼陽市	遼陽雪梅村1號墓			壁畵	屋舍, 雲氣, 宴飮	
22	三國 · 魏~西晉	遼寧省 遼陽市	令支令張君墓	「魏」令支令		壁畵	墓主夫婦, 宴飮, 人馬, 廚炊	
23	三國 · 魏~西晉	遼寧省 遼陽市	北園2號墓			壁畵	門衛, 門犬, 房室, 日月, 白鶴, 宴飮	
24	西晉	陝西省 西安市	西安東郊田王墓		元康4 (294)	壁畵	北斗七星,月	

25	東晉	遼寧省 遼陽市	袁台子東晉墓			壁畫	四方位神圖, 狩獵圖, 膳食圖, 車騎圖, 日月流云圖, 夫婦圖	1983년 발굴
26	十六國 北燕	遼寧省 遼陽市	大平房村北燕墓			壁畫	家居, 주방, 墓主夫婦對坐	1976년 발굴
27	十六國 北燕	遼寧省 遼陽市	北墓村1號北燕墓			壁畫	家居圖, 牛耕圖, 山林圖	1975년 발굴
28	西晉	遼寧省 遼陽市	鵝房村1號墓			壁畫	持經圖, 宴飲圖, 樓閣圖, 拴馬圖	1975년 발굴
29	北燕	遼寧省 北票市	馮素弗1號墓	馮素弗	太平7 (415)卒	壁畫 石槨彩繪	日月, 雲氣, 人物, 犬, 建物	
30	北燕	遼寧省 北票市	馮素弗2號墓	馮素弗 妻		壁畫 石槨彩繪	家居圖, 侍女, 出行, 星, 雲氣	
31	三國 ·吳	安徽省 馬鞍山市	朱然墓	朱然 (182~249)	赤烏12 (249)卒	漆畫		
32	東晉	雲南省 昭通市	霍承嗣壁畫墓	霍承嗣	東晉太 元十口口	壁畫	四神, 墓主, 騎馬儀仗, 雲氣 玉女, 樓閣	
33	南朝	河南省 鄧州市	鄧縣綵色畫像塼墓			壁畫 畫像磚	四神, 飛天, 麒麟, 牛車, 侍女, 歌舞, 萬歲千秋	
34	北魏	寧夏回族 自治區 固原縣	固原北魏墓			漆繪木棺	同王公, 西王母, 四神, 唐草文, 墓主, 孝子故事	
35	北魏	山西省 大同市	司馬金龍墓	司馬金龍	太和8 (484)	漆繪屏風	帝王, 將相, 孝子, 列女, 高士	
36	北魏	山西省 大同市 大同縣 杜庄鄉	大同湖東北魏1號墓			棺板畫		1986년 발굴
37	北魏	山西省 大同市 南郊 智家堡	智家堡村石槨墓			石槨壁畫	石槨 四面에 그림	1997년 발굴
38	北魏	山西省 大同市 南郊 智家堡	大同智家堡北魏墓			彩繪棺板		1997년 발굴
39	北魏	山西省 大同市	宋紹祖墓		太和1 (477)	石槨壁畫	石槨 안쪽의 3면에 그림	2000년 발굴
40	北魏	山西省 大同市	迎賓大道M16磚室 壁畫墓			壁畫		2002년 발굴
41	北魏	山西省 榆社縣				畫像磚	畫像石棺	1976년 발굴
42	北魏	河南省 洛陽市	北魏洛陽畫像石棺 墓			石棺線刻 畫	摩尼宝珠, 門衛, 青龍, 白虎, 雲氣, 樹石, 怪獸	
43	北魏	河南省 洛陽市	元乂墓	元乂	孝昌2 (526)	壁畫	四神(殘), 星宿	
44	北魏	河南省 洛陽市	王温墓	王温	太昌1 (532)	壁畫	墓主, 侍女	
45	東魏	河北省 景縣	高長命墓	高長命 (?)	武定5 (547)	壁畫	門衛, 神獸	
46	東魏	河北省 磁縣 大家營	茹茹公主墓	閭叱地連	武定8 (550)	壁畫	朱雀과 方相, 儀仗行列, 羽人, 鳳凰	
47	東魏	甘肅省 酒泉市 嘉峪關市	佛爺廟翟宗盈墓			壁畫	家居宴飲圖, 日月星象圖, 三足鳥, 蟾, 車王公, 西王母, 天馬, 神獸 등	
48	西魏	陝西省 咸陽市	侯義墓	侯義	大統10 (544)	壁畫	樹木, 人馬, 星宿, 紅色寬帶	
49	北齊	山東省 臨朐縣 冶 源鎮	崔芬墓	崔芬	天保2 (551)	壁畫	玄武, 出行, 屛風, 人物	
50	北齊	山西省 太原市 王郭村	婁叡墓	婁叡	武平1 (570)	壁畫	儀仗出行, 胡角橫吹, 樹下侍 從, 문지기, 牛馬神獸	
51	北齊	山東省 濟南市 馬 家庄	口道貴墓	口道貴	武平2 (571)	壁畫	車馬人物, 儀仗2人, 胡人과 마부	

높은 유라시아계 문화의 이해에 도움을 얻고자 한다. 사산조 페르시아의 은화와 동로마 비잔틴 제국의 금화의 경우 많은 수량의 유물이 폭넓은 지역에서 발견되어 동서교류의 상업적 측면을 반영한 문화교류 양상을 보다 자세하게 살필 수 있다.

Ⅰ. 유라시아계 금은기물의 출토 지역

1. 신강 · 감숙 지역

서방 유입 금은용기로서 감숙, 신강지역 출토품을 먼저 살펴본다.(표1, 2, 6) 감숙 난주에서 영하 고원으로 통하는 길에 위치한 감숙 정원현靖远縣 북탄향北滩鄉 북산北山 동가장東街庄에서 1988년 농가를 짓던 도중에 출토된 도금은반鍍金銀盤이 있다.[4] 도굴된 묘의 부장품 가운데 하나일 가능성이 있다. 직경 31㎝, 높이 4.4㎝, 무게 3180g의 신상문神像紋 도금은반으로 은반은 원형이며 짧은 원형 다리가 있다. 다리는 직경 11㎝, 높이 0.9㎝ 이다. 다리 안의 반저盤底에는 세선 문양이 있는데 권족과 세선문 사이에 도금의 명문이 한 줄 새겨져있으며 수장자收藏者의 명기銘記로 보인다.[5]

카자흐스탄과 신강 위구르 자치구의 경계에 위치한 신강 이리伊犁 파마波馬 출토 금은기들은 호병금배虎柄金杯, 금개관金蓋罐, 은호銀壺, 금면구金面具, 금계지金戒指, 금대식金帶飾 등이 있다.신강 투르판 서남쪽에 위치한 언기焉耆현 칠개성향七個星鄉 노성촌老城村에서 1990년 출토된 타조문은반鴕鳥文銀盤, 식물표문은반植物豹紋銀盤, 다판문은완多瓣文銀碗, 소그드 은완銀碗 등 6점은 5-6세기로 편년된다.

---

4) 甘肅省博物馆, 「甘肅省靖远新出东罗鎏金銀盤略考」, 『文物』, 1990년 5기; Annette L. Juliano and Judith A. Lerner, *Monks and Merchants: Silk Road Treasures from Northwest China Gansu and Ningxia Provinces, Fourth-Seventh Century*, Harry N. Abrams, 2001, 도 115, pp.321-322; 이송란, 「중국에서 발견된 고전신화가 장식된 서방 은기」, 권영필 · 김호동 편, 『중앙아시아의 역사와 문화』下, 솔, 2007, 151~178쪽.
5) 林梅村, 「中國境內出土帶銘文的波斯和中亞銀器」, 『文物』, 1997年 9期.

감숙 장가천張家川 회족 자치현에서 1972년 발굴된 왕진보묘王眞保墓는 북위 후기 약 529년으로 편년된다.[6] 묘에서 은완銀碗(높이 4.34cm, 직경 10.1cm. 감숙 박물관), 청동호(높이 16.7cm, 직경 12cm 어깨부분), 청동 초두鐎斗가 함께 발견되었는데 술을 준비하고 바치는 제의를 위한 제기의 한 세트로 보인다.

2. 산서 지역

1970년 대동시 축승창軸承廠(현재 영빈대도로 개칭) 북측의 북위北魏 평성平城 유적遺蹟에서 해수문팔곡배海獸紋八曲杯[7], 도금고족동배 3점, 도금 은완銀碗 1점이 나왔다. 고분출토품으로는 1981년 대동 봉화돌묘封和突墓(501년, 경명 2년) 출토 수렵문 은반銀盤 1점, 은이배銀耳杯 1점, 고족은배 1점이 있다.[8] 또한 1988년 발굴한 대동大同 남교南郊 북위北魏묘군에서 167기의 북위묘장을 청리하여 천여 건의 문물이 출토되었는데 그 가운데 4건의 서역계 은기가 나왔다. 107호묘 도금은완鍍金銀碗, 소면은관素面銀罐, 유리완, 109호묘의 도금고족은배鍍金高足銀杯와 소면은완素面銀椀이다. 107호묘의 도금은완과 109호묘의 도금고족은배는 109호묘 은배의 다리 부분을 제외하고 기본적으로 형태와 장식이 유사하다.[9] 영빈대도북위묘군迎賓大道北魏墓群 19호묘에서도 은완銀碗이 출토되었는데 대동 남교 북위묘군 109호묘의 소면은완과 함께 중국 내에서 제작된 서역계 은기로 보기도 한다.[10]

3. 영하와 하북 지역

다음으로 영하와 하북 지역에서 나온 유라시아계 유물로는 영하성 고원현固原縣 뇌조묘 북위

---

6) Annette L. Juliano and Judith A. Lerner, *Monks and Merchants: Silk Road Treasures from Northwest China Gansu and Ningxia Provinces, Fourth-Seventh Century*, Harry N. Abrams, 2001, 도 27-28 p.94.

7) 趙豊,『絲綢之路美術考古槪論』, 文物出版社, 2007, 188쪽.

8) 大同市博物館,「大同市小站村花圪塔台北魏墓淸理簡報」,『文物』, 1983年 8期; 趙豊,『絲綢之路美術考古槪論』, 文物出版社, 2007, 188쪽.

9) 山西考古硏究所等,「大同南郊北魏墓群發掘簡報」,『文物』, 1992년 8기.

10) 大同市考古硏究所,「山西大同迎宾大道北魏墓群」,『文物』, 2006년 10기.

칠관화묘(486년)의 은이배銀耳杯, 금이배金耳环, 사산조 은화(페로즈 왕)[11], 하북 자현 여여공주묘(550년)의 동로마 비잔틴 금화 2점(직경 1.8㎝, 무게 3.2g, 무공無孔), 하북河北 찬황贊皇 동위 이희종묘李希宗墓(544년) 출토 수파문은완水波文銀碗과 3점의 비잔틴 금화, 영하 고원 남교향南郊鄕 북주北周 이현부부묘李賢夫婦墓(569년) 출토 은호銀壺, 보석감입반지, 유리완, 영하 고원 서교향西郊鄕 대보촌大堡村 전홍묘田弘墓(575년)의 동로마 비잔틴 금화, 섬서 함양 하약궐묘賀若厥墓(621년) 출토 동로마 비잔틴 금화 등이 있다.[12]

이희종李希宗 부부묘에서는 주구酒具 9점이 출토되었다. 청동반(높이 2.5㎝, 직경 49.5㎝), 도금 청동호(높이 13㎝), 도금 청동초두靑銅鐎斗(길이 14.3㎝), 은완(높이 4㎝, 직경 9.2㎝), 청자완 5점(높이 6.8-7.8㎝, 직경 10-12.7㎝) 등이다. 초두는 술 등의 액체를 용기에서 데우는 것으로 본체, 손잡이, 수족獸足이 따로 주조된 것이다. 또한 비잔틴 금화가 세 점 출토되었다. 첫 번째 금화는 테오도시우스 2세(재위 408~450년)의 금화로 직경 1.21㎝, 무게 3.6g이다. 두 번째와 세 번째는 유스티누스 1세와 유스티니아누스 1세(재위 518~527/527~565, 527년 제작) 금화이다. 두 번째 금화는 직경 1.68㎝, 무게 2.49g이다. 세 번째는 직경 1.7㎝, 무게 2.6g이다.

영하 고원의 북제 이현묘에서 출토된 300여점의 부장품 가운데 대표적 유라시아계 기물로 잘 알려진 유물들이 나왔는데, 특히 이현묘의 묘실 서벽과 부인의 관 사이에서 도금은호와 유리완이 각 한 점씩 나왔고 여자관 내부의 중앙 좌측에 보석 감입 금반지 한 점이 출토되었다. 도금은호는 그리스의 오이노코에와 유사한 형태로 중국에서 호병胡瓶이라 부르는 형이며 몸체에 그리스의 신화가 조각되었다. 이현묘의 출토의 금반지는 원형으로 정중앙에 남회색 청금석을 감입하였고, 원형의 청금석 표면에는 인물상이 조각되었다. 반지 최대 지름은 2.4㎝, 청금석 면은 직경 0.8㎝이다.[13] 이현묘 출토품 가운데 두 개의 P자 모양 패용구가 장식된 환두대도가 있다. 중국에서 두 개의 패용구가 달린 장검의 가장 이른 예이다. 유사한 예는 서현수徐顯秀(571년) 묘의 벽화와 안양 출토 서역계 석장구石葬具의 부조에서 찾아볼 수 있다.[14]

---

11) 寧夏固原博物館,『寧夏固原北魏墓漆棺畵』, 寧夏人民出版社, 1988.

12) 張小舟,「論北周時期的墓葬」『漢唐之間的視覺文化與物質文化』, 文物出版社, 2003, 295~312쪽; 石家莊地區革委會文化局文物發掘組,「河北贊皇東魏李希宗墓」,『考古』, 1977年6期, 382~390쪽.

13) Annette L. Juliano and Judith A. Lerner, *Monks and Merchants: Silk Road Treasures from Northwest China*, Harry N. Abrams, 2001, pp.240~247.

14) 카게야마 에츠코,「우스트루샤나 칼라이 칵카하 I구역의 벽화와 에프탈계 도검」,『中央아시아硏究』19-1,

영하성 고원현 서교향 대보촌 전홍묘(575년)에서도 다섯 점의 네 가지 종류의 로마 비잔틴 금화가 발견되었다.[15] 북주에서 수당대로 넘어가면 영하 고원 남교에 위치한 사씨묘군에서 유라시아계 유물들이 다수 출토된다. 사도덕묘의 금복면金覆面, 사사물묘의 도금도형화식鍍金桃形花飾(길이 6.5, 너비 5.2㎝), 양파리조형동식鑲玻璃條形銅飾(길이 9㎝, 너비 2㎝), 사산조 페르시아의 은화, 금반지, 사색암부부합장묘史索岩夫婦合葬墓(664년)의 도금수정부식鍍金水晶附飾(길이 4㎝, 너비 2.6㎝, 두께 1.2㎝), 사도덕묘史道德墓(678년)의 수면금식獸面金飾(높이 2.8㎝, 너비 3.1㎝) 등이다.

4. 섬서 지역

섬서 지역의 유라시아계 기물들은 묘와 탑, 또는 교장窖藏 출토품들이 있다. 금은기와 장신구로는 서안西安 반가촌潘家村 수隋 이정훈묘李靜訓墓(608년)의 보석 감입 금목걸이, 금팔찌, 금은고족배金銀高足杯 등의 금은기 31점, 서안西安 남교南郊 하가촌何家村 교장窖藏 출토 금은기金銀器 1000여점(200여점은 용기, 8세기 중엽)[16], 서안西安 사파촌沙坡村 교장窖藏 출토 속특문대각녹문은완粟特文大角鹿紋銀碗(7세기)[17]을 포함한 은기銀器 15점이 있다.

섬서성 서안 반가촌潘家村에 위치한 이정훈묘李靜訓墓(608년)에서는 금은기 31점이 출토되었다. 묘실 내의 석곽(곽 길이 2.63m, 높이 1.61m, 너비 1.1m)은 청석靑石으로 제작하였다. 모두 17점의 청석판으로 접합하여 구성하였다. 석관(석관 길이 1.92m, 너비 0.89m, 높이 1.22m) 평면은 정장방형이다. 석곽과 석관 사이와 관개 위에 부장품이 발견되었다. 감진주보석嵌珍珠寶石 금제목걸이 1점, 금팔찌(장경 7㎝, 단경 5.5㎝) 2점, 금반지 2점, 금고족배金高足杯 1점, 은완銀椀 1점, 은고족배銀高足杯 1점, 은소배銀小杯 1점, 타원형유리병楕圓形琉璃甁(높이 12.5㎝) 1점, 사산조 페르시아 은화 1점 등이다.[18] 화폐는 사산조 페르시아의 페로즈왕의 은화 1점(직경 2.6㎝, 재위

중앙아시아학회, 2014, 123~125쪽.

15) 原州聯合考古隊, 『北周田弘墓』, 文物出版社, 2009.

16) 陝西省文管會革委會寫作小組, 「西安南郊何家村发现唐代窖藏文物」, 『文物』, 1972년 1기

17) 徐蘋芳, 「考古學上所見中國境內的絲綢之路」, 『燕京學報』, 1995년 1기, 5쪽.

18) 이정훈 묘 출토 금제목걸이, 금제팔찌와 금은제고배에 대한 연구로 주경미, 「장신구를 통해 본 동서교섭의 일면 – 수대 이정훈묘 출토 금제 공예품을 중심으로」, 『동서의 예술과 미학』, 솔, 2007, pp.221~246; Qi

457~483년)이 나왔다. 사산조 은화는 장식품으로 패용하였던 것으로 추정된다. 관내 두골 좌우에 도관, 도병, 유리병, 유리소배, 은배, 금배 등이 나왔고, 다리 부분에 페르시아 은화 등이 발견되었다. 인골 목 부분에 패용한 것은 금목걸이이고, 좌우 팔에 금팔찌가 하나씩 있다. 이정훈은 외조모 주황태후가 맡아 양육하였으며, 대업大業 4년 608년 6월 9세 나이로 사망하였다. 이정훈의 증조부인 북주의 이현묘에 이어 유라시아계 금은기가 다수 나와 주목된다.

섬서 지역에는 북조 때부터 특히 유행하기 시작한 유라시아계 금은기물이 다수 출토된 당대唐代 교장窖藏이 있다. 1964년 봄 서안 남교南郊 사파촌沙坡村의 당대 교장에서는 훈로薰爐, 완碗, 호壺, 배杯, 분합粉盒 등 은기가 15점 출토되었다. 은기의 내부에 장각長角의 사슴이 한 마리 새겨진 녹문십이판은완鹿紋十二瓣銀碗이 잘 알려져 있다. 사파촌沙坡村 출토 은기 가운데 4점의 고족배의 형태를 분석한 결과 8세기 중엽 전 유행한 문양과 기형이어서 사파촌 교장의 연대는 하한이 8세기 중엽보다 늦지 않을 것으로 보인다.

1970년 10월 서안 하가촌의 당唐 장안성長安城 흥화방내興化坊內의 교장窖藏에서 출토된 1000여 점(8세기 중엽)의 유물들은 당대 금은기 연구에서 중요하며 풍부한 다원적 문화의 면모를 보여준다. 비잔틴 금화, 사산조 은화 및 다양한 기

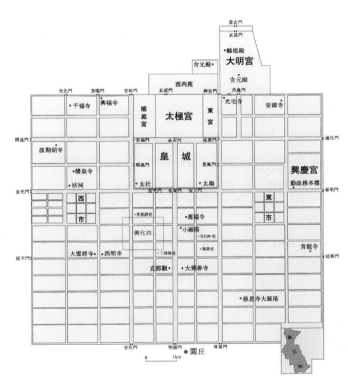

당 장안 흥화방 위치도

Dongfang, "Silver Bowl with a Deer Design Unearthed at Shapo Village in Xi'an," *China Archaeology and Art Digest* 1, 1996, pp.15~20; 西安市文物管理委員會, 「西安市東南郊沙坡村出土的一批唐代銀器」, 『文物』, 1964年 6期; 조선일보사, 『中國국보전』, 솔대, 2007, 도판 142.

물 종류가 많고 서방문화의 동전을 잘 입증해 주고 있다.[19] 높이 65㎝, 복경腹徑 60㎝의 항아리와 높이 30㎝, 복경 25㎝의 대은관大銀罐 안에서 금은기, 옥기, 보석, 금석식물金石飾物, 금은金銀 화폐, 은정銀鋌, 은병銀餠과 약재 등 천여 점이 발견되었다. 대은관大銀罐 내에서는 양금수수마노배鑲金獸首瑪瑙杯가 발견되었다. 금은기金銀器 271점, 은정銀鋌 8점, 은병銀餠 22점, 은판銀板 60점, 금, 은, 동전 화폐 466점, 마노기瑪瑙器 3점, 유리기琉璃器 1점, 수정기水晶器 1점, 옥대玉帶 10점, 금식품金飾品 13점, 그외 금박金箔, 옥재玉材, 보석宝石 등이다. 하가촌 출토 금은기들은 기년 명기에 근거해서 상한은 7세기 중엽, 하한은 8세기 중엽이다. 7세기 중엽의 금은기는 만초룡봉문은완蔓草龍鳳紋銀碗, 쌍사문련판은완雙獅紋蓮瓣銀碗, 해수문운판은완海獸紋雲瓣銀碗, 수렵문고족은배狩獵紋高足銀杯, 인물팔릉금배人物八棱金杯, 기악팔릉금배技樂八棱金杯 등이다. 이들 기물의 장식면은 12판으로 분할하는 수법을 사용하였고, 또한 S형 혹은 U형판을 많이 사용하였다. 팔릉형기물八棱形器物은 사산조 페르시아 은기공예의 영향으로 초당시기의 금은기의 시대적 특징을 반영한다. 금박의 수수마노배獸首瑪瑙杯(높이 6.5㎝, 길이 15.6㎝, 구경 5.9㎝)는 장안의 공인이 서역西域 전래의 기물을 모방해서 제작한 것으로 보인다. 이러한 종류의 각배는 서양의 리톤이라는 주구酒具로서 이러한 주구는 중앙아시아, 서아시아, 특히 사산조 페르시아의 공예미술품에 흔히 보이는 것이다. 비잔틴 금화는 헤라클리우스 황제(610~641년), 페르시아 은화는 호스로우 2세(590~627년)의 것이 출토되었다.

5. 내몽고 지역

1975년 봄 내몽고內蒙古 적봉赤峰 오한기敖漢旗 이가영자李家營子의 1호묘와 2호묘에서 은기와 금대식金帶飾을 발견하였다. 1호묘에서는 은기 5점(7세기 후반~8세기 중반)이 출토되었다. 손잡이가 달린 대은호大銀壺(전체 높이 28㎝), 도금은반(구경 18㎝, 높이 4㎝), 타원형은배(구경 18.5m), 손잡이가 달린 소은호小銀壺(구경 6.5㎝, 남은 높이 11.2㎝)이다. 2호묘에는 금대식 99건,

---

19) 陝西省歷史博物館 編,『花舞大唐春, 何家村遺寶精粹』, 文物出版社, 2003; 白適銘,「唐代出土西方系文物中所呈現的胡風文化」,『中國史研究』46, 中國史學會, 2007, 31~64쪽; 당대 금은기의 고고학적 발견과 분포 등에 대하여는 秦浩,『隋唐考古』, 南京大學出版社, 1996, 280~310쪽 참고.

소은배 1점, 마노주瑪瑙珠 2점, 도금동합鍍金銅盒 1점 등이 출토되었다.[20] 내몽고 호화호특呼和浩特 토묵특좌기土黙特左旗 수마구구묘水磨溝口墓에서는 고족은배, 보석을 감입한 페르시아계통의 금반지 두 점, 동로마 금화(레오 1세, 457~474년) 등이 나왔다. 두 점의 반지에는 각각 자색과 흑색 보석이 감입되었고 보석 윗면에 인물 한 명을 새겼다.[21]

Ⅱ. 금은기의 기형과 특징

다음에서는 앞에서 나열한 북조 시대의 유라시아계 금은기들의 주요 기형과 문양에 보이는 특징에 대해서 살펴보겠다. 대개 그리스 · 로마와 페르시아에 기원을 둔 특정 기형의 유라시아계 금은기들이 출토되는데 출토 유물과 유사한 사례들이 북조시대 서역계 석각과 벽화의 연회도나 행렬도에 출현하여 회화자료와 실물자료가 같이 가는 유라시아계 문화의 동전을 잘 반영하고 있다.

지역적으로는 북조시대 정치적 중심지의 변동에 따라 문화의 흐름이 시기별로 변화된 상황을 반영하여 북위시대에는 감숙과 산서 지역에서 먼저 유라시아계 금은기의 출토를 볼 수 있다. 북위 다음의 동위, 북제, 북주로 가면서 하북, 영하, 섬서, 내몽고 지역으로 출토지가 이동한다.

특정 기형의 금은기들은 단독으로 출토되거나 같이 출토되는 몇몇 기형이 있고, 중국의 전통적인 제의 용기들과 함께 하나의 반盤 위에 같이 진열되어 출토되기도 한다. 표현된 문양이나 주제, 그리고 기형에서 양식적 연원을 거슬러 올라가면 그리스 · 로마계, 페르시아계, 그리고 박트리아, 에프탈, 돌궐 등 교류과정에서의 중간 지역의 특징이 혼합되어 변용된 유형으로 구분된다.

---

20) 敖漢旗文化館, 「敖漢旗李家營子出土的金銀器」, 『考古』, 1978年 2期; 張松柏, 「敖漢旗李家營子金銀器與唐代營州西域移民」, 『北方文物』, 1993年 1期. 2호묘의 금대식이 요나라 묘장에 흔히 나오는 것이어서 2호묘는 요대 초기 묘장으로 보기도 한다.

21) 內蒙古文物工作隊, 內蒙古博物館, 「呼和浩特市附近出土的 外國銀幣」, 『考古』 1975년 3기; 夏鼐, 「近年中國出土的薩珊朝文物」, 『考古』, 1978년 2기.

1. 반盤

먼저 유라시아계 금은기로서 반盤의 형태를 가진 유물로는 그리스 · 로마 계통의 감숙 정원현 북탄향 북산 동가장 출토 도금은반, 페르시아 계통의 신강 언기현 칠개성향 노성촌 출토 타조문은반, 식물표문은반, 페르시아 계통의 산서 대동 봉화돌묘(501년) 출토 은반이 있다.

감숙 정원현 은반(직경 31㎝)은 반의 표면에 회흑색의 은가루가 뿌려져 있으며, 바닥 부분의 은색은 선명하게 남아있다. 반 내벽은 부조浮雕로 화문花紋을 새기고 도금을 하였는데, 금색은 대부분 이미 탈락하였다. 반 외벽은 장식이 없이 광택을 내었다. 금속판의 안쪽을 쳐서 겉으로 무늬를 도드라지게 한 세공 기술을 사용하였다. 은반의 가장 바깥쪽의 문양대는 포도덩굴과 담쟁이덩굴에 새, 곤충, 파충류들이 어우러져있다. 중간의 문양대는 고대 그리스 신화에서 온 12명의 신들의 두상이 그려졌다. 은반의 중앙에는 고부조로 디오니소스(Dionysos, 바쿠스 Bacchus) 남신男神이 표범 또는 사자 위에 앉아있다. 디오니소스 신의 지팡이인 티르수스(thyrsus)를 어깨에 걸쳐 들고, 입고 있는 망토는 어깨 너머 뒤로 흘러내렸다.

또 다른 서역계통의 은반으로는 신강 언기焉耆현 칠개성향七個星鄕 노성촌老城村에서 출토된 타조문은반鴕鳥文銀盤과 식물표문은반植物豹紋銀盤(5~6세기)이 있다. 크기가 비슷한 두 은반은 내외부의 문양에서 차이가 있다. 식물표문은반(높이 4㎝, 구경 21.3㎝)의 외부에는 세로줄무늬가 전체에 시문되었다. 은반의 내부의 중앙에는 원형 안에 두 그루의 나무가 있고 나무 앞을 가로질러 걷는 표범이 새겨졌다. 표범의 몸과 나무의 열매는 어자문으로 장식되었다. 이러한 맹수와 식물의 도안은 6~7세기 사산조와 7세기 소그드 은반에 유사한 예가 보인다. 나무가 자라는 토파土坡는 소그드 양식과 가깝다. 구연부 아래에 소그드어 명문이 새겨져있다. "이 반의 소유자는 타시흐(Taxsich, 소그드의 신) 신전의 여자 신관神官으로, 은의 무게는 30스다테르이다"라고 해석된다. 언기는 북조시대 불교와 천교祆敎가 유행한 지역으로 이 은기는 천교의 제의용기였을 가능성이 있다고 생각된다.[22]

타조문은반鴕鳥文銀盤(높이 5㎝, 구경 21㎝)은 외부에는 아무런 장식이 없고, 반의 내부는 중

---

22) 曾布川寬, 出川哲朗, 『China crossroads of culture 中國美の十字路展』, 大廣, 2005, 도103, 129쪽; Harry N. Abrams, 2001; James C. Y. Watt, *China, Dawn of a Golden Age, 200-750*, Metropolitan Museum of Art, 2004, pp.184~189.

앙의 타조 한 마리를 중심으로 그 바깥쪽으로 6 마리의 타조가 새겨져있다. 타조는 서방의 나라들에서 중국에 진헌하였던 동물로서 페르시아의 금은기를 포함하여 중앙아시아와 서아시아의 기물과 벽화에 종종 보인다.

신강 언기 출토의 은반과 유사한 예가 내몽고 적봉 이가영자 1호묘 출토 도금은반이다. 이가영자의 은반은 반의 내부 중심에 맹수문이 있고 반의 구연부와 동물 위에 도금이 되어있다. 은반에는 권족이 달려있다.

반의 형태는 아니지만 유사한 동물문양 장식의 은기로서 섬서 서안의 사파촌沙坡村 출토出土 녹문은완鹿紋銀碗(구경 14.7㎝, 저경 4.8㎝, 높이 4㎝)이 있다. 은기 바닥부분에 긴 뿔이 달린 사슴을 한 마리 새겨서 녹문은완이라 부른다. 현재 중국역사박물관 소장이다. 완의 형태, 문양은 당대 은완들과 차이가 난다. 완의 벽에 12개의 꽃잎모양으로 돋을 장식을 하였고 완의 아래에 권족圈足을 달았다. 구연부 외벽에 명문을 한 줄 새겼다. 이러한 제작기법과 조형 양식은 고대 중앙아시아와 서아시아에서 유행하던 것으로 서방 전통 용기의 특징을 갖고 있다.

산서 대동시 봉화돌묘(501년) 출토 은반(지름 18㎝, 대동시박물관)은 은반 오른쪽이 일부 파손되었다. 은반의 중앙에는 한 남성이 서있고 좌우 가장자리에는 남성을 향해 달려드는 세 마리의 멧돼지의 반신이 묘사되었다. 남성이 긴 창을 들고서 앞으로 달려드는 두 마리의 멧돼지를 겨냥해 창을 찌르고 있다. 한편 남성의 머리는 등 뒤쪽으로 공격하는 멧돼지를 향해 돌리고 오른발을 뒤로 뻗쳐 멧돼지의 머리를 밀고 있다. 수렵도의 배경으로 세 그루의 나무가 솟아 있다. 수렵도의 하단에는 얕은 언덕이 파선문으로 묘사되었다. 인물의 머리 뒤로 두 갈래의

감숙 정원현 은반

신강 언기현 칠개성향 식물표문은반

신강 언기현 칠개성향 타조문은반

내몽고 이가영자 도금은반   산서 대동 봉화돌묘 은반

리본이 날리고 있고 앞머리와 목둘레에 연주문이 묘사되었다. 머리 위에는 사산조 왕의 수렵도 은기에 보이는 코림보스와 같은 관식은 보이지 않는다. 사나운 동물이 달려드는 위급한 상황에도 중앙의 남성은 흔들림 없이 이들을 제압하고 있다.[23] 수렵문의 주제는 같은 기형은 아니나 섬서 서안 하가촌 출토 금은기 중에 고족은배와 팔변은배에 새겨진 수렵문의 사례가 있다. 이상에서 살펴본 반盤의 장식은 수렵도까지 포함하여 표범, 타조, 사슴 등 동물문이 많으며 디오니소스신과 올림푸스의 12신을 포도문과 함께 묘사한 예도 있다.

2. 배杯와 완碗

다음으로 두 번째로 특징적인 기형으로는 배杯와 완碗이 있다. 대표 유물로 산서 대동 남교 북위 평성 유지 출토[24] 고족은배 3점, 도금은완 1점, 해수문팔곡배海獸紋八曲杯 1점과 산서 대동 남교 북위묘군의 107호묘의 도금은완 1점과 109호묘의 도금고족은배 1점이 있다.

고족은배는 산서 대동 평성 유지 출토 3점과 산서 대동 남교 북위묘군 109호묘의 1점이 있는데 기형, 장식문양, 주제가 각각 다른 특징이 있다. 인물과 식물문을 교대로 장식한 것이 공통점이다.

평성 유지 출토품 가운데 첫 번째 고족은배인 포도동자문 고족배(높이 11.5cm, 구경 9.6cm, 각

---

23) 曽布川寬, 出川哲朗, 『China crossroads of culture 中國美の十字路展』, 大広, 2005, 도92, 119쪽.
24) 大同市考古研究所, 「大同市南郊北魏遺址」, 『文物』, 1972년 1기, 83-84쪽.

경 5.4㎝, 산서성 박물관)는 다른 고족배에 비하여 몸체 중앙부는 폭이 좁아지고 구연부는 외반한 형태이다. 동에 도금한 것으로 원형으로 말린 포도덩굴 안에 동자상을 장식하였다.[25] 두 번째 고족배인 초화인물장식고족배(높이 9.8㎝, 구연부 직경 11.2㎝, 다리 부분 직경 6.8㎝, 중국국가박물관)는 동에 도금하고 보석, 유리를 감입한 것이다.[26] 배 몸체 상부에 연주문이 두 줄 달리고 그 가운데에 S자형 화엽문대를 둘렀다. 은기의 몸체에는 아칸사스 잎을 새겼는데 끝부분이 입체 장식이다. 배의 외측 전체에 도금하였다. 꽃은 적색 보석과 유리를 감입하였다. 잎의 끝부분은 별도로 입체로 주조해서 붙인 것이다.

산서 대동 평성 유지 출토 포도동자문 고족배

대동 남교 북위 평성 유지에서 출토된 마지막 고족배인 인물장식고족배人物裝飾高足杯(높이 10.3㎝, 구경 9.4㎝, 각경 4.9㎝, 대동시 박물관)는 인물 입상과 동물 좌상이 부조로 그릇의 표면에 부착된 고배이다.[27] 은기의 몸체는 상하 두 부분으로 장식문양대가 나뉘는데 상단에는 다리를 모으고 앉은 동물상이 마주보고 있다. 하단에는 악기와 식물을 손에 잡은 각 2인의 여성상과 남성상이

산서 대동 평성 유지 출토 초화인물장식고족배

장식되었다. 각 인물상 사이는 양식화된 초화문이 장식되었는데 초화문의 윗부분에 여성 얼굴상이 달려있어 로마 벽화의 얼굴초상 장식을 연상케 한다. 은기의 다리에는 원형의 고리를 둘렀다.

대동 남교 북위 평성 유지에서 출토된 고족은배와 같은 기형은 대동 남교 북위 묘군에서도 한 점 출토되었다. 대동 남교 북위 묘군 109호묘는 20-25세의 여성 피장자의 토동묘土洞墓로서 동향의 묘실의 북벽의 감에는 동물 뼈가, 남벽의 소감에는 소면은완이 발견되었다. 도금고족은

25) 曽布川寛, 出川哲朗, 『China crossroads of culture 中國美の十字路展』, 大広, 2005, 도95, 121쪽.
26) 曽布川寛, 出川哲朗, 『China crossroads of culture 中國美の十字路展』, 大広, 2005, 도94, 121쪽.
27) 曽布川寛, 出川哲朗, 『China crossroads of culture 中國美の十字路展』, 大広, 2005, 도96, 120쪽.

산서 대동 평성 유지 출토 인물장식고족배　　산서 대동 남교 109호묘 도금고족은배　　섬서 서안 이정훈묘 고족배

배(구경 9.3㎝, 전체 높이 6.2㎝)는 관 안의 묘주의 머리 위에서 발견되었다. 은배에는 네 명의 인물의 측면 두상과 아칸서스잎이 교대로 장식되었다. 이 109호묘의 고족은배는 미국 메트로폴리탄 박물관 소장 사산조 은기(구경 8.5㎝, 각경 5.8㎝, 다리를 제외한 높이 3.5㎝, 무게 145.9g)와 형태와 장식이 거의 같다. 다리 중간 부분의 원형 띠가 109호묘의 것이 더 두껍고 다리 밑의 퍼진 부분에 세선의 문양이 있는 점만 다르다.

　북위대에 대동에서 출토된 유라시아계 고족배는 수대에는 섬서 서안 이정훈묘, 당대에는 섬서 서안 하가촌 교장窖藏과 내몽고 호화호특呼和浩特 토묵특좌기土黙特左旗 수마구구묘水磨溝口墓에서 발견된다. 수대 이정훈묘 고족배는 은이 아닌 금으로 제작되었고 표면에 아무런 장식이 없이 그릇의 구연부와 몸체의 중간, 권족의 중간에 띠가 둘려진 것이 특징이다. 산서 대동의 평성 유지 출토 고족배는 박트리아계통으로 두 줄의 연주문띠가 구연부에 있고 다리 부분에 두꺼운 소문의 띠가 있었는데 수대의 이정훈묘에 와서는 연주문 장식은 없어지고 띠만 남아있는 것

서안 하가촌 수렵문고족은배

손잡이가 달린 목이 긴 금배인데 권족 역시 투조의 연주문으로 만들어졌다. 유사한 관형대파금배罐形帶把金杯가 한 점 있는데 연주문 손잡이에 권족이 없는 대신 몸체를 화염문양의 금판을 여러 개 덧대어 제작하였다. 이 화염문은 성경에 나오는 모세와

쿠브라트 관형대파금배

신라 천마총 출토 금속기

불타는 가시떨기 나무 모티프에서 온 것으로 비잔틴 미술의 모티프가 유목민의 손으로 넘어오면서 맥락에서 벗어나 재조합된 사례로 추정된다.[33] 경주의 신라 천마총 출토품 중에서도 관형금배罐形金杯와 같은 기형이 있는데 이미 많이 파손되어 원형을 알기 어렵지만 목부분과 볼록한 어깨 부분이 흡사하여 유라시아계 유물의 하나로 보인다.

당대 섬서 서안 하가촌에서 출토된 배杯와 완碗 가운데에서는 북위 산서 대동 출토 배와 완의 장식 주제와 기형을 계승한 동시에 시대적 변화를 보여주는 예들이 있다. 하가촌 출토 기악문技樂紋이 새겨진 금은기로 기악문팔릉도금금배技樂紋八棱鍍金金杯와 기악문팔릉도금은배技樂紋八棱鍍金銀杯가 있다. 기악문팔릉도금금배는 전체 높이가 6.4㎝, 무게는 380g이고 그릇의 벽이 두꺼워 주조 성형하였을 것이다. 손잡이가 달린 팔릉형八棱形의 금배는 7세기에서 8세기 초의 중앙아시아 소그드 기물의 특징이다. 인물 형상은 분명하지 않으나 기악의 복식과 머리 모양은 당대의 다른 악무도

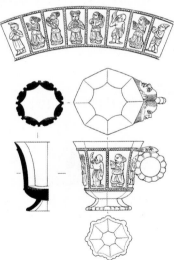
서안 하가촌 기악문팔릉도금금배

---

33) Vera Zalesskaya ed., *The Treasures of Khan Kubrat*, The State Hermitage, 1997; K.V. Kasparova ed., *Treasure of khan Kubrat*, Centre for Publicity and Print at the Committee for Culture, 1989.

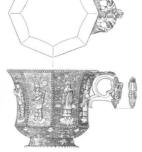

에서 흔히 볼 수 있다. 8명의 악공들은 8릉 형태로 인해 병풍처럼 구획이 된 공간 안에 서서 악기를 연주하고 있는데 인물들을 나누는 틀이나 금배의 손잡이와 다리 끝 가장자리 부분에도 모두 연주문이 장식되었다. 주요 보조 장식인 연주문은 소그드 은기의 특징이다. 연주문은 위진-당초에

서안 하가촌 기악문팔릉도금은배

유행하였으며 외래의 영향으로 출현하였다. 호인 두상이 손잡이에 있는 것도 모두 소그드 기물 특색이다. 수당대 중앙관부中央官府 수공업 공장의 금은공장金銀工匠 중에 서방에서 온 이들이 있었다. 통계에 의하면 수대 6부상서六部尚書 중에서 공부상서工部尚書의 비한인非漢人의 비례가 가장 높아 45.5%에 달했다. 당대에는 서방에서 수입된 기물과 기술, 또한 외래계 장인들이 존재 하였기 때문에 이러한 기악문팔릉도금금배는 조형이나 장식풍이 모두 소그드 기물을 모방 제 작한 것으로 소그드 장인이 중국에서 제작하였을 가능성이 있다.[34]

섬서 서안 사파촌 출토 은기 가운데는 속특문대각 녹문은완粟特文大角鹿紋銀碗(구경 14.7㎝, 저경 4.8㎝, 높 이 4㎝)이 잘 알려져 있다.[35] 은기 바닥부분에 긴 뿔이 달린 사슴을 한 마리 새겼다. 현재 중국국가박물관 소 장이다. 완의 형태, 문양은 당대 은완들과 차이가 난 다. 완의 벽에 12개의 꽃잎모양으로 돋을 장식을 하였 고 완의 아래에 권족을 달았다. 구연부 외벽에 명문을

서안 사파촌 속특문대각녹문은완

한 줄 새겼다. 이러한 제작기법과 조형 양식은 고대 중앙아시아와 서아시아에서 유행하던 것으 로 서역계 용기의 특징을 갖고 있다. 사슴을 기물의 장식문양으로 사용하는 것은 중국과 서방

---

34) 齊東方, 「中國文化におけるソグドとその銀器」, 曾布川寬, 吉田豊 編, 『ソグド人の美術と言語』, 臨川書 店, 2011, 145~213쪽.

35) 徐蘋芳, 「考古學上所見中國境內的絲綢之路」, 『燕京學報』, 1995年 1期, 5쪽.

에 모두 있는데 그 형상과 특징이 차이가 있다. 페르시아와 소그드 예술에서 애용되는 사슴문은 화려한 긴 녹각이 달린 것으로 특히 소그드 유물에 많다. 사파촌 은기에 보이는 사슴 모티프는 스키타이 흉노의 동물문에서 인기가 있었던 것이며, 해당 모티프가 인기 있던 지역에서 중국으로 당나라 이전에 들어온 것으로 추정된다. 은기의 기본 양식은 6세기 소그드 은기에서 보이는 것이고 식물문이 없이 간소한 동물문은 소그드 은기에서 동식물문이 출현하는 7세기 후반경보다 이른 것으로 생각된다. 구연부 외측에 새겨진 문자가 소그드 문자로 해독되는데 배화교의 특정 신의 시종이라는 의미의 소유자의 이름이 소그드 문자로 새겨져 있어 사산조에서 영향을 받은 소그드 은기로 보인다.[36] 이 은기는 당 장안성지長安城址 경내 흥경궁興慶宮의 남제삼방南第三坊에서 14점의 당대 은기와 함께 발견되어서 장안지長安志에서 말하는 "정공방靖恭坊"의 천교의 사원이 있었던 곳으로 추정된다.[37]

3. 호壺

유라시아계 금은기의 주요 기형 가운데 호壺가 있다. 영하 고원 북주 이현묘의 서역계 은호銀壺와 유리기는 부인 오휘吳輝의 관과 묘실 벽 사이에서 발견되었다. 은제 은호는 표면에 도금을 하였고 목이 가늘고 길며 입은 오리 모양이다. 이러한 기형은 서역으로부터 전해 들어와 '호병胡瓶'이라는 명칭으로 불렸다. 발굴된 것 중 5호 16국 시기의 호병이 시기가 가장 이르며 북조에서 수당에 이르기까지 유행했다. 이 시기 호인들이 낙타를 끌고 있는 도용이나 회화 작품에서 물건을 가득 실은 낙타 위에 호병이 달려 있는 것을 자주 보게 된다. 이현묘 출토 은호의 용기 표면에는 여섯 명의 남녀 인물 입상이 장식되었는데 대개 고대 그리스의 파리스와 헬렌의 트로이 신화를 다룬 것으로 해석한다. 트로이로 떠나는 헬렌과 파리스, 헬렌이 남편 메넬라우스에게 돌아오는 장면 등이 묘사되었다. 이러한 서술적 표현방식으로 용기 표면에 인물을 배치한 방법은 이른 시기의 스키타이 및 그리스 계통의 도기화나 금은기의 장식에서도 볼 수 있다.

이현묘의 은호병의 손잡이 양 끝에는 낙타 머리를 장식하였다. 사산조 페르시아지역의 호병

36) 齊東方, 「西安沙坡村出土的粟特鹿紋銀碗考」, 『文物』, 1996년 2기.
37) 曽布川寛, 出川哲朗, 『China crossroads of culture 中國美の十字路展』, 大広, 2005, 130쪽, 도105.

영하 고원 이현묘 호병

사산 은호(이란 레저 압바씨 박물관)

의 손잡이 양 끝에는 주로 들나귀나 영양羚羊의 머리로 장식한다. 손잡이의 낙타 머리 장식은 현재의 우즈베키스탄 지역을 포함한 트란스옥시아나 지역의 특징이다. 이현묘의 은호병의 손잡이에 달린 인물의 모자는 에프탈(엽달)의 모자형식으로 사산조에는 이러한 종류의 모자가 없다. 이현묘 은호의 목과 다리 부분은 바탕을 수직의 세로선으로 장식하였고, 구슬목걸이처럼 보이는 두꺼운 연주문을 은호의 목과 다리의 중간, 그리고 다리의 끝 부분에 장식하였다.

이현묘 출토 은호와 유사한 사례는 미국 프리어갤러리 소장 은호와 이란 테헤란 레저 압바씨 박물관 소장 은호가 있다. 이들 사산조 은호는 모두 손잡이에 원구가 장식되었고, 권족에는 아무런 장식이 없으며, 몸체에는 서역의 조국曹國(지금의 우즈베키스탄 사마르칸트 이북과 동북) 출신인 북제의 화가 조중달의 조의출수曹衣出水를 연상시키는 얇은 옷을 입고 천의를 양옆으로 날리는 여인상이 장식되었다. 메트로폴리탄 소장 은호의 여인은 한 손에는 하트 모양의 부채(연꽃?)를 들고 다른 손에는 병을 들고 붓는 동작을 하고 있다. 이란 북부 케르만샤의 대석굴의 왕권 서임도에 조각된 아나히타 여신과 같은 모습이다.

이현묘의 은호와 유사한 호의 형태에 용기 표면에 장식이 없는 예는 내몽고 적봉 오한기 이가영자 1호묘 출토품에서 찾아볼 수 있다. 손잡이가 달린 대은호大銀壺(전체 높이 28㎝)의 형태는 이현묘 출토 호병과 유사하나 호의 표면에는 아무런 장식이 없고, 다만 권족圈足 가장자리에 연주문 장식이 있다. 호병부壺柄部와 구연부口緣部가 서로 닿는 부분에 심목고비에 8자형 수염을 가진 단발의 도금인두상鍍金人頭像이 있는 점은 이현묘 은호와 유사하다. 손잡이가 달린 대은호로서 표면에 장식이 없는 사례는 몽골 호쇼 차이

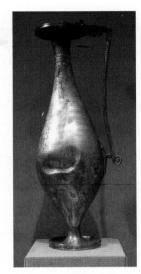

내몽고 이가영자 대은호　　　　쿠브라트 금호　　　　비잔틴 은호(메트로폴리탄 박물관)

담 제사유적지 출토 금호와 은호, 그리고 고대 불가리아 쿠브라트 유물 가운데 소면금호가 있
다. 호쇼 차이담 유적 출토 은호의 몸체가 얇고 가는 손잡이가 달린 형태는 미국 메트로폴리탄
박물관 소장 비잔틴 은호와 유사하여 사산과 소그드 금은기의 비잔틴과의 연관성을 보여주는
것으로 생각된다.

표 1 | 서방 유입 금은용기[38]

지역	출토지	시대	출토품	출처
甘肅	靖遠	2–3세기	鍍金銀盤[39]	『文物』 1990–5[40]
新疆	焉耆	5–6세기	駝鳥紋銀盤, 多瓣紋銀碗, 粟特銀碗 등 6점	『楼蘭王國と悠久の美女』[41]
新疆	伊犁 波馬	5세기	金蓋罐, 虎柄金杯, 銀壺, 金面具, 金戒指, 金帶飾	
山西	大同 封和突墓	501년 (景明2年)	銀盤[42]	『文物』 1983–8[43]
山西	大同 北魏平城遺蹟	5세기	海獸紋八曲杯(八曲銀洗)[44]	
山西	大同 北魏平城遺蹟	4–5세기	도금고족동배 3점, 도금銀碗 1점	
山西	大同 南郊 北魏墓 M107	北魏	鍍金銀碗	『文物』 1992–8[45]
山西	大同 南郊 北魏墓 M109	北魏	鍍金高足銀杯 4점	
寧夏	固原 北周 李賢夫婦墓	569년(天和4年)	銀壺[46]	『文物』 1985–11[47]
河北	贊皇 東魏 李希宗墓	544년	水波紋銀碗	『考古』 1977–6[48]
陝西	西安 長安城	동한말	外國銘文鉛餠	『考古』 1977–6[49]
陝西	西安 南郊 何家村	7세기 중엽 –8세기 중엽	金銀器 1000여점(200여점은 용기)	『文物』 1972–1[50]

38) 위진남북조~수당시기 서방유입 및 중국제조 금은기의 주요 발굴 현황표는 徐蘋芳, 「考古學上所見中國境內的絲綢之路」, 『燕京學報』, 1995년 1期, 291~341쪽; 趙豊, 『絲綢之路美術考古概論』, 文物出版社, 2007, 180~193쪽; 韋正, 「北朝文物中的西域珍品和西域文明因素(簡稿)」, 『제1회 한국고고학연합대회 발표자료집』, 한국고고학회, 2011, 410쪽; 韋正, 『魏晉南北朝考古』, 北京大學出版社, 2013, 372-373쪽을 참조하여 작성. 唐代 금은기 주요 발굴현황은 趙豊, 『絲綢之路美術考古概論』, 文物出版社, 2007, 195-196쪽 표2 참조.
39) 徐蘋芳, 「考古學上所見中國境內的絲綢之路」, 『燕京學報』, 1995年 1期, 300쪽; 趙豊, 『絲綢之路美術考古概論』, 文物出版社, 2007, 187.
40) 甘肅省博物館, 「甘肅省靖远新出東羅鎏金銀盤略考」, 『文物』, 1990年 5期.
41) 京都市美術館等, 『楼蘭王國と悠久の美女』, 朝日新聞社, 1988.
42) 趙豊, 『絲綢之路美術考古概論』, 文物出版社, 2007, 188쪽.
43) 大同市博物館, 「大同市小站村花圪塔台北魏墓淸理簡報」, 『文物』, 1983年 8期.
44) 趙豊, 『絲綢之路美術考古概論』, 文物出版社, 2007, 188쪽.
45) 山西省考古研究所, 大同市博物館, 「大同南郊北魏墓群發掘簡報」, 『文物』, 1992年 8期.
46) 趙豊, 『絲綢之路美術考古概論』, 文物出版社, 2007, 189쪽.
47) 寧夏回族自治區博物館, 「寧夏固原北周李賢夫婦墓挖掘簡報」, 『文物』, 1985年 11期.
48) 石家莊地區革委會文化局文物發掘組, 「河北贊皇東魏李希宗墓」, 『考古』, 1977年 6期.
49) 考古研究所資料室, 「西安漢城故址出土一批帶銘文的鉛餠」, 『考古』, 1977年 6期.
50) 陝西省文管會革委會寫作小組, 「西安南郊何家村發現唐代窖藏文物」, 『文物』, 1972年 1期.

陝西	西安 沙坡村	唐	粟特文大角鹿紋銀碗[51] 金銀器 15점	『唐代金銀器』[52]
內蒙古	敖漢旗 李家營子	7세기 후반~ 8세기 중반	鍍金銀器 6점	『考古』, 1978-2[53]

표 2 | 서역풍격의 중국제조 금은기[54]

지역	출토지	시대	출토품	출처
山西	大同 迎賓大道北魏墓M19	北魏	銀碗	『文物』, 2006-10[55]
	大同 南郊北魏墓M109	北魏	銀钵	『文物』, 1992-8[56]
寧夏	寧夏 固原北魏墓	北魏太和十年(486年)	銀耳杯	『固原北魏墓漆棺畵』[57]

Ⅲ. 연원과 유입 경로

1. 그리스 · 로마 계통의 용기의 기형과 문양

그리스 · 로마 계통의 금속용기의 특징은 반, 배의 형태가 많으며, 장식 주제는 주로 그리스 · 로마 신화를 다루면서, 그리스 · 로마 풍의 복식을 입은 인물상과, 그리스 · 로마에서 유행한 식물 문양으로 장식되었다는 점이다. 중국에서 발견되는 그리스 · 로마 계통의 금속용기는 그리스와 로마 문화전통에 기반하면서 중국과 로마 사이에 위치한 박트리아 지역의 문화적 변형이 가해진 것이 특징이다. 감숙 정원형 출토 도금은반은 그리스 · 로마의 주신酒神인 디오니소스를 중

---

51) 徐蘋芳, 「考古學上所見中國境內的絲綢之路」, 『燕京學報』, 1995年 1期, 5.

52) 陸九皋, 韓偉, 『唐代金銀器』, 文物出版社, 1985, 第11, 圖12.

53) 敖漢旗文化館, 「敖漢旗李家營子出土的金銀器」, 『考古』, 1978年 2期; 張松柏, 「敖漢旗李家營子金銀器與唐代營州西域移民」, 『北方文物』, 1993年 1期.

54) 韋正, 「北朝文物中的西域珍品和西域文明因素(簡稿)」, 『제1회 한국고고학연합대회 발표자료집』, 한국고고학회, 2011, 410쪽.

55) 大同市考古研究所, 「山西大同迎賓大道北魏墓群」, 『文物』, 2006年 10期.

56) 山西省考古研究所, 大同市博物館, 「大同南郊北魏墓群發掘簡報」, 『文物』, 1992年 8期.

57) 寧夏固原博物館, 『固原北魏墓漆棺畵』, 寧夏人民出版社, 1988.

앙에, 그리고 12인의 올림포스의 신들을 바깥쪽에 배치하고 나머지 공간을 모두 포도식물문으로 장식하였는데 주신의 통치와 지배를 상징적으로 보여준다. 외부의 식물문들은 디오니소스 주제의 전통적 특징으로 기원후 3세기에 로마의 동쪽으로 쿠샨 박트리아와 인도, 그리고 중국까지 퍼진 디오니소스 관련 도안에 속한다.

이 은기는 아마도 로마의 지배 아래 있던 지방의 제작품으로 보이는데, 그 이유는 디오니소스 상의 표현이 조잡하고 그가 앉은 동물은 전통적 디오니소스 상에서처럼 점박이 표범으로 묘사되었으나, 사자의 갈기털을 갖고 있어서 지방의 공방의 작품에서 볼 수 있는 변형이 있다. 로마에서 제작한 은기로 보기에는 양식과 상징면에서 독특한 변형이 있어 아마도 로마의 동쪽의 영토였던 시리아나 이집트에서 제작하였을 가능성이 있다.

도금 은반 바닥에 두 점의 명문이 있는데 하나는 소그드어이며 5-7세기에 새겨진 소유자의 이름으로 추정된다. 다른 명문은 은반의 무게를 적은 것으로 점선으로 쓰여 있는데 산서 대동 평성 유지 출토 박트리아 계통 해수문팔곡배의 문자가 완전히 같다. 아마도 이란의 사산왕조 시대의 박트리아 문자(그리스 서체의 변형)로 보인다. 명문으로 봐서 6세기 초를 넘지 않을 것으로 보인다. 은기의 무게는 박트리아 지방 기준으로 쓴 것으로 보인다. 금속용기의 무게를 용기에 적는 것은 박트리아 지역 금속용기의 전통적 특징이다. [58]

은반의 제작 시기는 기원후 2-3세기로 원산지는 로마 지배 아래 있던 지역에서 제작되어서, 박트리아로 수출되어, 기원후 3-4세기에 와서 은기에 박트리아문자가 새겨지게 되고, 4-5세기에는 중국 감숙 지방으로 전입한 것으로 추정한다. 또한 5-6세기에 박트리아를 다스리던 에프탈의 통치기간 중 동서교류를 반영하는 은기로도 생각된다. [59] 또는 로마 제국 말기에 기독교는 로마제국의 공인 종교가 되면서 기독교적 가치관이 전파되었고 이러한 시기에 로마나 로마 통치 하의 지역에서 디오니소스를 다룬 주제는 제작되기 어려우므로 그리스 · 로마풍의 예술품으로서 박트리아에서 제작한 은기로 추정하기도 한다. [60]

---

58) 이송란, 「중국에서 발견된 고전신화가 장식된 서방 은기」, 권영필, 김호동 편, 『중앙아시아의 역사와 문화』 下, 솔, 2007, p.158; James C Y. Watt, *CHINA, Dawn of a Golden Age, 200-750 AD*, Metropolitan Museum of Art, 2004, pp.184-185.

59) 林梅村, 「中國境內出土帶銘文的波斯和中亞銀器」, 『文物』, 1997년 9기.

60) Joan Aruz and Elisabetta Valtz Fino, *Afghanistan: Hidden Treasures from the National Museum*, Metropolitan Museum of Art, 2009.

다음으로 산서 대동의 평성 유지와 대동 남교 북위묘군 출토 금은기들은 기형이나 장식이 그 연원을 그리스 · 로마 미술에 두면서, 세부 특징이 박트리아 지역에서 사산조 페르시아 시대에 제작한 유물들로 추정된다.

포도동자문 고족배는 다른 두 점의 고족배와 함께 아마도 같은 공방에서 제작한 것으로 보인다. 포도동자문은 로마 말기의 포도수확 장식과 유사하며 주신인 디오니소스 신앙에 기원

로마 은기(베를린 알테스 박물관)

을 두고 있다. 장식된 인물 가운데 양을 탄 동자는 주신 디오니소스의 시종이다. 포도동자와 아칸사스문이 함께 장식된 헬레니즘과 로마 혼합양식으로 중앙아시아와 박트리아의 4세기말의 금속기의 특징이다. 5세기에 북위 수도에 거주한 서아시아나 중앙아시아의 승려, 이주자, 상인 등이 이러한 용기를 가져왔을 가능성이 높다.

주신酒神인 디오니소스의 주제가 그리스 · 로마로부터 중앙아시아를 거쳐 동전하는 과정은 고대의 박트리아 지역인 아프가니스탄의 틸리야 테페 4호묘와 6호묘 출토 금제 장신구에서 볼 수 있다.[61] 그레코-박트리아 문화권의 디오니소스 신앙을 표현한 6호묘 출토 금제 장신구(기원후 1세기 후반)는 여성이 목 부분에 착장한 금제 걸쇠 한 쌍이다. 동물 가죽을 둘러쓴 디오니소스가 부인 아리아드네와 함께 세로줄 무늬의 배杯를 손에 들고 사자에 올라타 있고, 날개가 달린 니케 여신이 이들의 머리 뒤에서 다이어뎀을 들고 있다. 사자 아래에는 디오니소스의 시종인 사티로스가 각배를 마주 치켜들고 건배하는 듯이 앉아 있다. 4호묘 출토의 원형의 금제 장신구는 디오니소스의 시녀인 마이나스가 사자 위에 앉아 세로줄 무늬의 그리스 · 로마 계통의 배杯를 들고 있다.[62]

61) 주경미, 「아프가니스탄 틸리야 테페 출토 금제 장신구 연구」, 『中央아시아硏究』 19-2, 중앙아시아학회, 2014, 27~51쪽.

62) Joan Aruz, Elisabetta Valtz Fino, *Afghanistan: Forging Civilizations along the Silk Road*, Metropolitan Museum of Art, 2012, pp.106-107, figs. 4, 6; 주경미, 「아프가니스탄 틸리야 테페 출토 금제 장신구 연구」, 『中央아시아硏究』 19-2, 중앙아시아학회, 2014, 27~51쪽.

로마 은기(베를린 알테스 박물관)

사산 은완(이란 국립박물관)

산서 대동지역의 유라시아계 고족배와 완은 기형이 그리스 · 로마로 거슬러 올라갈 수 있으며, 페르시아에서도 유사한 용기를 볼 수 있다. 산서 대동의 평성 유지 출토 초화인물장식고족배의 몸체는 서아시아의 헬레니즘시기 은기의 1-2세기경 작품들과 유사하고, 은기의 다리 부분은 3-5세기에 서중앙아시아, 박트리아에서 양식화된 아칸사스 문양이 장식되었다. 인물장식고족배人物裝飾高足杯는 그리스 · 로마풍 인물상과 식물문, 그리고 아케메네스조 페르시아와 스키타이풍의 다리를 끓는 동물문이 특징이다. 장식요소면에서 유사한 향로(파키스탄, 1세기, 청동, 높이 약 82.6㎝)가 파키스탄의 간다라 지방에서 나타난다.[63] 인물과 식물문의 교차 배치라든가 인물의 헬레니즘적 표현이 대동 출토 인물문고족배와 유사하여, 대동의 고족배의 장식의 연원이 간다라 또는 박트리아의 문화권에서 제작되었으리라는 추정을 가능하게 한다.

3점의 굽이 달린 배는 도금, 금속의 색, 산화동, 보존 상태, 무게 면에서 공통점을 갖고 있다. 그러나 각 용기는 장인이 제작할 때 사용한 모본에서 차이가 있다. 아마도 장인들이 헬레니즘과 로마, 또는 그 외의 모본을 바탕으로 제작하면서 그들이 오랜 시간에 걸쳐 습득한 여러 종류의 다른 모본들에서 배운 것들을 적용하여 제작한 것으로 추정된다. 특히 아칸서스 잎 장식은 로마의 원본 제품에 기반하여 박트리아 장인들에게 익숙한 장식문을 더한 것이다. 따라서 세 점의 굽이 달린 배는 동시기의 동로마(아마도 알렉산드리아)의 용기를 모방하여 4세기에 제작한 박트리아 제품으로 추정된다.[64] 평성 유지 출토 세 점의 고

63) Kurt A. Behrendt, *The Art of Gandhara in Metropolitan Museum of Art,* Metropolitan Museum of Art, 2007, 도25. 향로의 기원, 한과 파르티아의 교섭, 페르시아와 헬레니즘의 영향, 기원후 1세기의 간다라 향로에 보이는 동서교섭에 대하여 Elizabeth Rosen Stone, "A Buddhist Incense Burner from Gandhara," *Metropolitan Museum Journal*, Vol. 39 (2004), pp.9, 69~99.

64) James C Y. Watt, *CHINA, Dawn of a Golden Age, 200-750 AD*, Metropolitan Museum of Art, 2004, p.149.

족은배는 헬레니즘 미술의 주제와 양식 및 기형이 간다라, 박트리아를 거치면서 변형된 요소들을 보여준다. 북위가 5세기 중엽 서역과 교역을 시작하면서 평성으로 중앙아시아 승려 또는 상인이 소장하여 가지고 전입한 것으로 추정된다.

북위의 유라시아계 금속용기들과 박트리아 지역과의 관계는 대동 출토의 다른 은기들을 통해서도 확인된다. 인물의 상반신 초상을 넣은 메달리온으로 용기를 장식하고 메달리온 주위를 초화문으로 장식한 사례는 평성 유지 출토 원형인물장식은완, 대동 남교 107호묘 인물장식은완, 109호묘[65] 인물장식도금고족은배가 있다. 이들과 유사한 원형의 인물장식문의 메트로폴리탄 박물관 소장 고족은배(아프가니스탄 또는 중앙아시아)는 기원후 3-4세기에 박트리아 지역에서 쿠샨·사산조 문화 아래에서 제작된 것으로 여겨진다. 평성 유지 출토 은완의 인물 표현에서 동공을 눈의 정중앙에 찍은 것은 중앙아시아 은기의 특징이다. 이들 용기에 보이는 구연부의 두 줄의 빽빽한 연주문도 3-5세기 박트리아 은기의 특징이다. 몸체에는 공통적으로 아칸서스 잎이 장식되었는데 3-4세기 박트리아 은기의 의장이 변용된 것이다. 헬레니즘 금속기의 장식에서 잘 알려진 모티프의 양식화이다.

원형 인물장식 용기들의 양식은 정통적인 헬레니즘 수법과는 완전히 다르며, 박트리아 르네상스의 시기인 3세기에서 6세기의 박트리아 용기의 그룹에 속한다. 평성 출토 용기들과 유사한 헬레니즘 양식적 특징은 400년 경 박트리아에서 유행하였다. 박트리아 장인들은 그들보다 이른 시기의 헬레니즘과 동시기의 로마미술의 형태와 장식 모티프들을 모방하였다.

장식의 세부에서 보이는 차이점으로 인해 이들 용기들이 모방한 중앙아시아 또는 그레코-로마의 모본들이 가진 양식과 편년들은 다를지라도, 평성 출토 유라시아계 금속용기들은 아마도 같은 제작지에서 같은 시기에 제작되었을 가능성이 높다.[66] 박트리아의 은기와 기형과 장식에서 유사한 특징을 공유하고 있는 평성 출토 은기들은 사산조 페르시아 시대에 헬레니즘 전통에 강한 연계를 가진 박트리아 지역에서 제작되었을 것이다. 이로써 3~5세기에 박트리아와 북위 평성 지역 간에 금속용기를 통한 문화교류를 확인할 수 있다. 이러한 평성 출토 은기들은 그리스·로마, 간다라, 쿠샨, 박트리아 계통의 문화가 동전하여 북위시대에 오면 수도인 평성에 유물

---

65) 20~25세의 여성 피장자의 土洞墓로서 동향의 묘실의 북벽의 감에는 동물 뼈가, 남벽의 소감에는 소면은완이 발견되었다. 도금고족은배(구경 9.3㎝, 전체 높이 6.2㎝)는 관 안의 묘주의 머리 위에서 발견되었다.

66) James C Y. Watt, *CHINA, Dawn of a Golden Age, 200-750 AD*, Metropolitan Museum of Art, 2004, pp.154-155.

의 형태로 전해진 것을 실증한다.

북위 고분에서 출토된 이들 서역계 유물들은 북위가 하서지역을 정복한 전후로 서역과 교류가 활발했던 사실을 증명한다. 이러한 수입제 금은기의 사용이나 새로운 기형 및 제작기법의 등장 등은 아마도 북조의 지배계층이었던 유목민족들의 취향을 반영한 것으로 생각된다.[67]

2. 페르시아 계통의 용기

중국 내에서 출토된 북조시대의 유라시아계 금은기 가운데 이란의 페르시아 문화 계통으로 볼 수 있는 것은 신강 언기현 칠개성향 노성촌 출토 타조문은반駝鳥文銀盤과 식물표문은반植物豹紋銀盤, 산서 대동 평성 유지 출토 해수문팔곡은배, 산서 대동 봉화돌묘 출토 수렵문 은반, 영하 고원 이현묘 출토 은호 등이다. 앞에서 살펴본 그리스 · 로마계통의 금은기와 같이 페르시아계 금은기도 전파과정에서 원래 페르시아에 속하는 기형이나 문양이 중간 지역의 간다라, 박트리아, 에프탈, 소그드를 거치면서 변형되는 특징을 갖고 있다.

감숙 언기 출토 은반에 사용된 타조문은 페르시아에서부터 자주 사용된 문양으로『후한서』권88「서역전」제78 안식국전에도 영원13년(101년) 페르시아의 파르티아왕조인 안식국安息國의 사자가 중국에 와서 타조알을 헌상하였다는 기록이 있다.[68] 이르게는 스키타이의 켈레르메스 1호분에서도 타조문 금잔(지름 16.5㎝, 무게 140.8g, 쿠반, 켈레르메스 1호분, 아시리아 양식, 기원전 7세기 후반)이 출토되었다. 반구형半球形 잔으로 두 개의 잔이 하나의 세트를 구성한다. 아시리아의 타조문과 스키타이의 사슴문이 결합되어있는 잔이다.[69] 켈레르메스 금잔은 오리엔트와 그리스에서 피알레 라고 부르는 손잡이가 없는 잔이다. 스키타이인들에게 피알레는 왕권을 보증하는 성스러운 용기로 알려졌다.[70]

사산조 은기 가운데 타조만을 단일 주제로 선택한 예는 없다. 주제를 단순하게 2차원적으로

---

67) 한정희,『동양미술사』, 미진사, 2007, 95-96쪽; 齊東方,「中國文化におけるソグドとその銀器」, 曾布川寬, 吉田豊 編,『ソグド人の美術と言語』, 臨川書店, 2011, 145~213쪽.

68) 『後漢書』권88「西域傳」제78 安息國.

69) 아시리아의 타조문의 사례는 Leonard Woolley, *The Art of the Middle East including Persia, Mesopotamia and Palestine*, Crown Publishers, 1961, 도61.

70) 국립중앙박물관 편,『스키타이 황금』, 조선일보사, 1991, 66쪽, 도14.

두쿠시의 남쪽지역에는 기원전 3세기 중에서 기원후 1세기에 그레코-박트리아 왕국이 존재하였으며 기원후 3세기에는 사산왕조가 흥성하면서 이 지역의 미술은 사산 궁중 미술의 영향을 받게 되었다. 4~7세기에 이르러서 박트리아 지역에서는 이전의 그레코-박트리아의 은기와 로마의 수입 은기를 모방하여 은기를 제작하였다.

또한 5세기 후반과 6세기 전반에는 북방 유목민인 에프탈이 토카리스탄과 그 주변 지역을 다스리는데, 수많은 사산조 은기와 은화들이 에프탈인에게 배상금이나 공물로 바쳐지면서 해당 지역에 페르시아 미술이 강한 영향을 미치게 된다. 에프탈인들은 처음에는 포로로 사로잡힌 사산의 페로즈왕(재위 457/59~84년)을 위한 배상금으로, 그리고 나중에는 사산왕들이 바치는 공물로 560년대까지 사산조 은기와 은화들을 얻게 된다. 이러한 역사적 배경은 중국 내에서 대량의 페로즈왕의 은화가 발견되는 사실을 잘 설명해준다.

또한 이러한 시대적 배경을 고려하여 이현묘 출토 은호병銀胡瓶을 에프탈이 점령한 지역에 거주하던 토착 장인 또는 로마 출신 공인이 제작한 것으로 추정하는 견해가 있다. 이현묘 은호병은 연주문을 은호 하단부에 둘렀는데 이러한 수법은 우즈베키스탄 발라릭 테페의 벽화에 보이는 것이다. 연회 장면의 고족배의 하단부에 대연주문 장식이 있으며 유사한 연주문 장식이 소그드 은기에 나타난다. 반면 사산조 은호의 하단부는 대개 무문無紋으로 사산조 은기와 중앙아시아 지역 은기와의 차이점이라고 하겠다. 은호의 표면을 두 단으로 나눈 것도 사산 은기의 특징이 아니다. 4~7세기의 박트리아 용기들 보다 이른, 그레코-박트리아 제품과 수입된 로마 제품을 모방한 은기들이 토카리스탄과 힌두쿠시의 남부 지역 나라들에서 제작되었다. 이들 지역은 기원전 3세기 중에서 기원후 1세기의 그레코-박트리아 왕국에 속하였다. 3세기 사산조 페르시아의 성립과 함께 이 지역 미술은 사산 왕조의 영향을 받았다. 유목 에프탈이 토카리스탄과 인접 지역을 5세기 후반과 6세기 전반에 장악하면서 페르시아 미술의 영향이 강화되었다. 패전하여 포로가 된 페로즈 왕의 몸값으로 그리고 560년대까지 후대의 사산왕들에 의해 수많은 사산 은기가 공물로 바쳐져서 사산 은화와 함께 에프탈에게 보내졌기 때문이다.

용기의 형태상 이현묘의 호병은 비록 사산조 양식이지만 손잡이 위의 호인 형상은 사산 왕조의 것과 다른 중앙아시아 박트리아인 또는 에프탈인으로 추정된다. 이현묘의 은호병의 손잡이 양 끝에는 낙타머리를 장식하였다. 사산 호병의 손잡이 양 끝에는 주로 들나귀의 머리나 영양羚羊의 머리 등으로 장식한다. 낙타 장식은 트란스옥시아나 지역의 특징이다. 이현묘의 은호병의 손잡이의 인물의 모자는 에프탈의 모자형식으로 사산조에는 이러한 종류의 모자가 없으며 발라릭 테페와 5세기의 에프탈 은완(에르미타주 박물관)의 것과 유사하다.[78] 은호병의 인물상도 사산조 인물 유형과 차이가 난다. 에프탈과 유관한 유물이 종종 영하 고원에서 발견되는데, 원주는 실크로드 노선에서 장안에서 농서隴西를 통과하여 돈황으로 가는 중앙아시아 교류로상의 중요지점이다.

　이러한 서역계 호병의 유입경로는 북위 말년에서 북주시기에 페르시아 사절단이 중국에 수십 차례 들어온 바 있으므로 북주 황실에서 이현에게 수여한 것일 수 있다. 또는 무덤주인인 이현이 서역과 왕래하는 중서교통선상의 중요한 진인 과주瓜州, 하주河州, 원주原州 자사刺史와 북주대장군北周大將軍을 지낸 바 있으므로 이현 자신이 교역으로부터 손에 얻었을 가능성, 또는 에프탈 사신이 가져온 선물일 가능성 등이 고려되었다.[79]

　이현묘 출토 은호와 기형과 인물 두상 장식이 유사한 내몽고 오한기 이가영자 출토 은호는 크기가 큰 호병의 연대 추정에 중요한 자료로서 사산조 기형을 따랐으나 여러 세부 특징에서 변형이 있다. 사산의 호병은 작은 원구를 병의 머리 부분에 세워 개폐 기능을 한다. 에프탈과 소그드의 호병에는 덮개가 없고 대신 사람의 두상頭像 장식으로 변화된 것이다.

　이가영자 은호를 사산조와 소그드의 은호와 비교해보면 소그드 지역 금은기 가운데 유사한 호가 7 점이 있으며 시대는 대개 7세기 이후이다. 이가영자 은호는 다리 끝에 연주문이 있고, 용기 표면에 장식이 없어, 소그드 호병과 유사하다. 사산조 은기는 일반적으로 문양이 많은 반면 소그드 은호는 대개 장식이 없다. 연주문은 사산과 소그드에서 모두 유행하였는데 소그드에 더 성행하였다. 이가영자 은호의 나팔형 권족좌의 특징은 파르티아 또는 아케메네스 왕조, 로마시대의 높은 다리를 가진 기물에서 연원을 찾을 수 있다. 중앙아시아와 서아시아의 호병은 높은 권족과 짧은 권족의 두 종류가 있는데 사산조 대호병은 대개 나팔형 고권족이다. 7점의 소그드

78) 孫機, 『中國聖火』, 遼寧敎育出版社, 1996, 도7, 133쪽.
79) 寧夏回族自治區博物館 · 寧夏固原博物館, 「寧夏固原北周李賢夫婦墓發掘簡報」, 『文物』, 1985年 11期; 羅豊, 「北周李賢墓中亞風格的鎏金銀瓶」, 『胡漢之間 − "絲綢之路"與西北歷史考古』, 文物出版社, 2004, 79~112쪽; 吳焯, 「北周李賢墓出鎏金銀壺考」, 『文物』, 1987年 5期; Annette L. Juliano and Judith A. Lerner, *Monks and Merchants: Silk Road Treasures from Northwest China*, Harry N. Abrams, 2001, p.97; 이송란, 「중국에서 발견된 고전신화가 장식된 서방 은기」, 권영필, 김호동 편, 『중앙아시아의 역사와 문화』 下, 솔, 2007, 151~178쪽.

호병은 전부 짧은 권족을 가졌거나 혹은 권족이 없다. 권족이 짧은 이가영자의 호병은 소그드 계통에 속한다. 중국의 당대 도자기, 소상塑像, 벽화 중에서 크기가 큰 호병이 많은데 서역에서 온 금은기를 그린 것이다. 벽화와 소상에 묘사된 대병호와 호인, 상인 여행객과 관련이 있다. 6세기중의 이현묘에서 나온 은호는 에프탈 지배 하의 그레코-박트리아 문화권에서 사산 미술의 영향을 받아 나온 기물이고, 이현묘 은호보다 시기가 늦은 7~8세기로 편년되는 이가영자 은호는 사산조 기형을 모방한 소그드 제품으로 여겨진다.

이가영자 출토의 은기들은 돌궐의 석인상이 들고 있는 용기들이나 돌궐의 제사유적지 출토 금은기들, 그리고 소그드의 펜지켄트의 벽화에 그려진 것들과 유사하여 소그드계 또는 소그드의 영향을 받은 돌궐계통으로 보인다.[80]

이가영자는 요대묘지遼代墓地로서 1호묘 출토 금은기는 이전 시대에서 내려온 기물로서, 만약 요대에 중국에 전입된 것이라면 이 지역의 요대와 서방의 밀접한 관계를 보여주는 것이다. 요나라 때에는 소그드 지역은 이미 아랍이 점거하여 요와 대식(아랍, 소그드 지역 포함)의 교통은 주로 서북지역의 회흘인을 통과해서 왔을 것이다. 10세기 이후 북방지역에서 적지 않은 서방 기물이 발견된다. 몽골 요대 진국공주묘, 요녕 조양 고영자요경연의묘姑營子遼耿延毅墓의 유리기 등이 북방 실크로드를 증명해준다. 당나라 초기부터 페르시아와 소그드 이민이 영주로 대거 이주하였다. 7세기 초엽 아랍이 지중해 연안의 가장 강성한 국가가 되고 당 고종시기 아랍이 페르시아를 멸망시키자 페르시아 왕족 페로즈가 중국으로 피난을 오게 되면서 많은 페르시아인들이 중국으로 이주하였다. 페르시아 이민은 주로 상품경제가 발달한 지역과 전통적 실크로드와 밀접하게 연관된 지역으로 이주하였다. 영주 부근은 북연 풍소불묘 출토 로마 유리기로 증명되듯이 이르게는 5세기 초엽에 실크로드가 이미 영주까지 개통되었다. 이가영자 발견의 3점의 페르시아 금은기와 발해 상경성 출토 페르시아 은호도 초당시기에 중국에 페르시아 이민의 파급 효과가 영주와 동북 지역에 이르렀음을 설명해준다. 문헌에 기록된 영주 소무구성의 이민 성분은 강국(사마르칸트, 아프라시압)이 주로 많았고, 안국인(부카라), 사국인(케시)과 돌궐, 소그드인 혼혈 종인이 많았다.[81]

80) 敖漢旗文化館, 「敖漢旗李家營子出土的金銀器」, 『考古』, 1978年 2期; 張松柏, 「敖漢旗李家營子金銀器與唐代營州西域移民」, 『北方文物』, 1993年 1期.
81) 張松栢, 「敖汉旗李家营子金銀器與唐代营州西域移民」, 『北方文物』, 1993年 1期.

당대 소그드 은기의 유입을 보면 중국 서부 출토 물품의 연대가 비교적 이르다. 하서지구에서 북상하여 대동, 다시 요녕성의 조양까지 이른다. 하서회랑을 북상하여 대동까지 다시 요녕성 조양까지 이르는 북방 루트는 문헌에 기재되지 않았으나 당 개원 5년(717년) 현재의 조양 지역에 서역계 상호商胡가 집중되었다는 기록이 있는데 소그드 상인들의 동북지역에서의 활동을 보여주는 사례로 보인다.[82]

IV. 유라시아계 금은기의 상징적 기능과 전파

1. 그리스 · 로마와 페르시아의 금속용기의 상징적 기능

그리스 · 로마 계통과 페르시아 계통의 유라시아계 금속용기들은 각각의 문화전통에 기반한 상징성과 기능을 일정 정도 지니고 전파되었을 것이다. 그 유통과정에서 교류가 이루어진 지역에서의 기능과 가치 상의 변화가 일어나기도 하고 새로운 조합과 변형이 일어났을 것이다.

그리스 용기의 대부분은 원래 금속으로 만들어졌던 것을 도기로 대체하여 모방 제작하였다. 그리스 용기는 주기酒器와 향유호香油壺 등으로 나뉘는데, 각 기종은 본래의 실용성 이외에 제신諸神들과 사자死者에게 바치는 봉헌품과 부장품으로 사용되었다. 그리스 · 로마 미술에서 보이는 축제와 의례용 용기의 기능은 심포지엄 연회와 헌주 의식, 그리고 장의미술의 제의에서 찾을 수 있다. 기원전 6세기와 5세기의 아테네 제작 술잔들에는 심포지엄을 묘사한 장면들이 자주 등장한다. 또한 디오니소스 숭배의식과 연관하여 포도주와 주기가 결합된 도상이 폭넓게 퍼졌다. 그리스에서 일반적 형태의 헌주는 제의의 행위로서 손에 든 주전자나 잔으로부터 술을 쏟는 의식으로 가장 흔한 형식은 오이노코에로부터 피알레로 액체를 붓는 것이었다. 헌주는 고대 그리스 종교의 중심의례로서 가장 단순한 형태의 종교적 의식이었다. 그리스의 묘지 석비 부조

---

82) 齊東方,「中國文化におげるソグドとその銀器」, 曾布川寬, 吉田豊 編,『ソグド人の美術と言語』, 臨川書店, 2011, 179쪽.

와 도기화에서는 죽은이를 위해 헌주하는 장면이 종종 묘사된다.

한편 페르시아 미술에서 각종 용기는 먼저 아케메네스 왕조의 페르세폴리스 부조에 새겨진 각국의 조공품에 여러 용기가 다양하게 등장하여 각 지역의 문화를 상징하는 산물로 표현되었다. 아케메네스와 사산조의 동물문양으로 장식된 화려한 금은기는 왕권을 상징하는 예술 매체로 사용되었다. 사산조 왕조 후반기에는 금속기 공예가 왕조 전반기의 마애 부조를 대신하게 되며, 제왕의 초상으로서 권위를 나타내는 수단으로 주변 나라들에 하사품, 또는 공물의 형식으로 보급되었다.

그리스와 페르시아에서 공통적으로 발견되는 관존용灌尊用 제기였던 피알레는 고대의 신이나 왕에게 의례를 행할 때 사용한 잔으로 의례 때 음료나 술을 리톤(각배)에 부어 각배 아래에 난 구멍으로 내려오면 피알레로 받아마셨다. 아케메네스왕조의 유물로는 다리우스 1세의 아들인 크세르크세스 1세(기원전 519년경~465년)의 황금 피알레가 잘 알려져 있다. 고대 페르시아어, 바빌로니아어, 엘람어 등 세 개의 고대 언어로 '크세르크세스 위대한 왕'이라고 새겨져있다.

그리스와 스키타이 사이에 위치하였던 트라키아에서도 금은용기들이 다수 발견된다. 트라키아 금은기에는 그리스·로마 신화의 인물들과 북방유목계통의 기마인물들이 트라키아 전통의 디오니소스 신앙이 결합되어 각배, 완, 호에 화려하게 장식되었다. 그리스, 아케메네스, 마케도니아, 로마의 연이은 지배와 문화적 교류로 동서 양쪽의 도상과 양식이 혼합된 금은기들이 특징이다. 금제 용기가 권위의 상징이었던 스키타이의 예로 솔로하 고분 출토 동물투쟁문動物鬪爭文 헌배獻杯(기원전 5세기 말~4세기 초)는 그리스 장인이 제작한 것이 헌배 윗면에 남은 그리스 명문銘文의 흔적으로 확인된다. 이들 명문에 의하면 이 그릇은 그리스에서 축제를 기념하기 위해 제작되었으며 로코라는 이름이 있어 솔로하 고분의 스키타이 묘주의 이름으로 추정된다.

오이노코에와 피알레로 구성된 헌주의식은 용기의 전파와 함께 그 상징성도 같이 동쪽으로 전파된 것으로 보이는데 북조시대 소그드계석각의 연회도와 기마행렬도에서 묘주가 각종 용기를 높이 치켜든 행위나 장천1호분의 각배와 호가 놓인 접객연회장면은 그러한 용기가 가진 제의적 상징성을 내포하고 있다고 본다. 또한 헌주에 주로 사용되는 기형이 중앙아시아와 중국에서 유라시아계 금속용기로서 출토되는 것도 주목할 필요가 있다. 고구려에서는 이들 유라시아계 용기가 확인되지 않지만 신라 황남대총 출토 오이노코에형 유리병과 유리잔 세트는 기형의 구성이 헌주의식과 연관되어 보인다. 금속기는 아니지만 황남대총 북분 출토 목리문 유리잔은 앞서 살펴본 평성 출토 고족배 형태이며, 잘 알려진 봉수형유리병은 호병 형태이다. 신라 고분 출토 각종 유리잔은 유라시아계 금속배의 기형과 같다. 재료는 다르지만 유라시아계 금속기와 유리기의 전래와 유통 경로는 유사하였을 것이다. 황남대총 출토의 금은합들은 고구려에서 온 것일 수도 있다고 본다. 남분 출토 은합이나 금사발은 피알레 형태와 유사하며, 금은제 굽다리 접시는 평성 출토 높은 굽이 있는 금속배 형태로서, 다만 구연부에 제의적 성격의 영락 장식이 추가되었으며 굽다리에 투창이 있는 점이 차이가 있다. 서봉총 출토 각배형태의 기물과 유리배 역시 리톤, 피알레, 오이노코에로 구성되는 헌주의식과 연관되어 주목된다.

2. 유라시아계 기물의 제작 전파과정에서 박트리아와 쿠샨의 역할

앞에서 살펴본 그리스·로마 계통과 페르시아 계통의 금속용기는 그 제작과 전파과정에서 동서교류로에 위치한 박트리아와 쿠샨의 역할이 두드러진다. 그레코-박트리아(기원전 3세기~2세기)는 박트리아의 태수였던 디오도투스가 아프가니스탄 지역에 세운 왕국이다. 수도는 현재 아프가니스칸의 발흐인 박트라였다. 헬레니즘 문화의 영향을 받은 그레코-박트리아는 공식어로는 그리스어와 문자를 사용했고, 화폐는 그리스의 중량 표준과 도안을 따랐다. 그레코-박트리아는 그리스 문화를 중앙아시아에 이식하는 역할을 하였으며, 파르티아나 인도계의 문화도 유입되어, 이들을 혼합한 독특한 미술이 탄생했다. 박트리아 미술의 전통은 쿠샨 시대에도 계승되었다.

박트리아는 경제적으로 중개무역에 의하여 흥성하였는데, 이집트의 헬레니즘 제국인 프톨레마이오스 왕조와 해상무역을 하였고 알렉산드로스에 의한 교역의 단일화 정책에 힘입어 화폐의 통일, 동일 문자의 사용으로 경제적 흥성이 이루어졌다. 그리스계 왕들이 통치하였으나 기원전 100년경 파르티아에게 패배하여 그리스인의 통치가 끝이 났다. 그 후 사카족에게 점령된 박트리아 지역은 쿠샨의 등장 이전까지 사카-파르티아계 왕들이 지배했다.

『사기史記』「대완열전大宛列傳」에 의하면 대월지가 서쪽으로 도망쳐 와서 대하를 쳐서 패배시키고, 대하를 모두 신속케 하였다. 대하의 도읍은 남시성藍市城인데, 시장이 있어 각종 물건들을 판매하였다고 기록되었다. 그레코-박트리아는 기원전 145년경에 유라시아 초원지대로부터 건너온 월지로 알려진 유목민인 쿠샨에 의해 멸망하였다. 쿠샨 왕국(기원전 2세기~기원후 3세기)은 카니슈카 왕(127~151년) 때에 이르러 오늘날의 인도, 파키스탄, 아프가니스탄, 우즈베키스탄

진 효자도 중에서 오이노코에 형식의 병이 보이는데 이러한 기형의 병은 북위 대동 전창벽화묘의 묘주도에서도 관찰되며 북주 이현묘에서도 출토되었다.

고원 칠관화묘 출토 청동 포수의 아기부처상은 옷깃에 연주문 장식이 된 복식을 입고 있다. 파르티아의 주화인 미트라다테스 3세(재위 기원전 57~54년)에 유사한 연주문 장식 복식이 있다.[98]

북위 태연 원년太延元年(435년) 8월 소그드에서 사절을 파견하였으며, 태연太延 5년(439년) 11월에는 고려, 소그드, 갈빈타 등 각 사절이 조공하였다. 태평진군太平眞君 5년(444년) 12월에 소그드가 견사 조공하였으며, 태안 3년(457년) 정월에는 소그드, 우전국이 견사 조공하였다. 황여 원년(467년) 9월에는 고려, 우전, 소그드가 각각 사절을 파견하여 조공하였다. 연흥 4년(474)에도 소그드 사절이 조공하였다. 태연 5년(439년)에는 양주를 공략하여 양주 지역의 삼만여가를 평성으로 사민하였다.[99] 이러한 서역 각국의 사절 파견과 교류는 북위 대동에서 다수의 외래 기물이 출토되는 배경이 된다.

북위시기 페르시아의 사자는 10차례 중국을 방문하였는데 그중에서 평성시기는 5차례이고, 낙양 천도 이후에 5차례이다. 평성시기에는 고종 문성제와 헌문제 시기 및 고조 효문제의 세 왕의 시기에 집중되었다.

동한, 위진 이래 전쟁으로 실크로드가 단절된 기간이 존재하다가 북위 태무제 탁발도시기 서역 16국과 교왕하면서 이후에 이러한 교왕이 확대되어, 태무제 탁발도가 양주를 점령하고 하서주랑으로 직접 교통에 관계하게 된다. 헌문제 시기 북위가 사신을 파사에 보내고, 페르시아왕은 사신을 보내 진귀한 물건을 바쳤다. 북위가 낙양 천도 후에는 전문적으로 외국 사신 접객하는 사이관四夷館을 건설하였다. 대진에 이르기까지 여러 나라가 찾아왔다 북위와 서역 각국 교류를 통하여 서아시아, 중앙아시아 기물이 신강과 하서주랑에 들어오고 각국 정부 사절과 상인들이 수도 평성과 낙양에 이르게 된다. 북위 봉화돌묘 출토 파사 사산 수렵문은반과 고족은배, 대동 남교 북위유지 출토 대하 팔곡은반, 사산조 도금잠화은완, 도금고족동배, 대동남교 북위묘군

---

98) Annette L. Juliano and Judith A. Lerner, *Monks and Merchants*, Harry N. Abrams, 2001, 도 c. p.84.

99) 『魏書』권4 「世祖紀」 『魏書』권5 「高宗紀」 『魏書』권6 「顯祖紀」 『魏書』권7 「高祖紀」 『魏書』권99 「牧犍傳」 齊東方, 「中國文化におけるソグドとその銀器」, 曾布川寬, 吉田豊 編, 『ソグド人の美術と言語』, 臨川書店, 2011, 145~213쪽.

107호묘와 109호묘 출토 네 점의 서역계 기물과 산서, 하북, 청해 발견 페르시아 은화도 이런 교류를 증명한다.[100] 영하 고원 남교 수당묘지 가운데 사사물묘(대업 5년, 609년) 출토 사산조 은화는 직경 2.7㎝, 무게 3.3g 이다. 사산왕의 측면 초상이 전면에, 후면에는 배화제단이 있다. 고원 칠관묘 출토 페로즈왕 은화와 유사하다. 후면 우측의 명문은 메르브로 추정된다. 메르브는 동방 기독교의 중심지로서 『후한서』 「안식전」의 목록성木鹿城, 『수서』의 목국穆國, 『신당서』의 목록木鹿이다. 사산조에서 동전을 만든 지역은 대략 200곳 이상이며 현재 확인 가능한 지점만 44개로서 정확한 제조지는 확인이 불가능하다.

은화의 좌측에 구멍이 뚫려 있어서 실용적으로 유통된 화폐가 아니고 묘주인 생전의 장식품이었을 것이다. 발견 지점도 묘주인의 머리 부분이어서 원래 묘주인의 입 안에 들어있었을 가능성이 높다. 북위칠관묘의 이러한 은화는 구멍이 없어서 보장寶藏이었을 것이다.[101]

2. 동로마 금화

동로마 금화는 총수가 40점이고 발견지점은 우전于田, 농서, 고원, 함양, 서안, 정변定邊, 토묵특土默特, 무천武川, 찬황贊皇 자현磁縣, 항주杭州 등이다.[102] 매장埋藏방식은 묘장 위주이다. 섬서 북부, 내몽고, 하북 북부 지역의 몇 곳은 북조시대에 서역에서 동쪽으로 오는 경로에서 하투河套 지역의 노선이 상당히 변영하였음을 보여준다. 7명의 비잔틴 왕의 금화가 발견되었다. 그 가운데 아나스타시우스 1세(재위 491~518년) 이후 몇 명의 왕의 금화가 비교적 집중적으로 발견되었다. 유적의 연대로 추정하면 동로마 금화의 중국 경내 유입의 시간은 사산 은화에 비하여 약 1세기 정도 늦는데 이는 동로마와 중국 간 거리가 비교적 멀고, 페르시아인이 장기간 실크로드

---

100) 王銀田, 「薩珊波斯與北魏平城」, 『敦煌研究』, 2005年 2期, 52-57쪽, 陳海濤, 「唐代之前民間中亞粟特的入華」, 『史學月刊』, 2002-4, 120~122쪽.
101) 羅豊 編, 『固原南郊隋唐墓地』, 文物出版社, 1996, 148
102) 중국 경내에서 발견된 동로마 金幣와 소그드인 취락과 동로마 金幣의 발견지점 분포도, 그리고 고원 수당묘지에서 발견된 외국계 금은폐와 분포도에 대해서는 羅豊, 「中國境內發現的東羅馬金幣」, 『胡漢之間 – "絲綢之路" 與西北歷史考古』, 文物出版社, 2004, 113~155쪽; 고원 수당묘지 중 출토된 외국금은폐에 대해서는 羅豊, 「固原隋唐墓中出土的外國金銀幣」, 『胡漢之間 – "絲綢之路" 與西北歷史考古』, 文物出版社, 2004, 162~188쪽.

를 통제하였으며, 소그드 상인이 페르시아 상인의 우세한 지위를 이어받은 이후에, 동로마 금화가 비교적 많이 중국에 들어오게 된다. 북위시대의 동로마는 사신을 3차에 걸쳐 중국에 보냈는데 그중 두 번은 소그드와 에프탈 사자와 동행하였다.[103]

사산 은화와 달리 비잔틴 금화는 중국에서 무더기로 발견되지 않는다. 신강과 북서 중국에서 드물게 발견되며 주로 묘에서 나왔다. 대부분 오래 동안 유통되다가 장신구와 부적으로 구멍이 뚫려서 사용되었다. 즉, 소유주에 의해 통화적 성격을 잃고, 방제품이 만들어지고 얇은 장신구로 만들어져 사용된 것이다. 6~7세기 중앙아시아와 신강에서는 비잔틴 금화가 처음에는 사산 은화처럼 돈으로 기능하였다. 그러나 금화는 곧 위엄의 상징으로 보석과 같이 사치한 선물로 여겨져 유통되었다. 비잔틴 사절이 중앙아시아로 파견되면서 동로마 금화도 같이 이동하였다. 동시에 사산으로 보내진 동로마 금화도 동쪽으로 전파되었다.[104]

중국에서 아르카디우스(재위 395~408년) 이전의 금화는 미출토되었다. 동로마 금화는 테오도시우스 2세(408~450년)부터 개시되었다. 마르키아누스(재위 450~457년) 금화는 발견되지 않았으며, 레오1세부터 지속되어, 그 후 레오 2세, 제논, 바실리스쿠스의 불안정한 시기는 미출토되었다. 아나스타시우스 1세부터 유스티누스 1세, 유스티니아누스 섭정기, 유스티누스 2세까지 지속적으로 출토되었다. 특히 5세기말에서 6세기의 570년대가 집중 유입 시기이다. 그 후 티베리우스 2세부터 마우리키우스까지는 미출토이다. 포카스와 헤라클리우스 금화의 연속 출토 이후에는 유입 증거가 없다. 중국 출토 비잔틴 금화의 수량은 일정하지 않아서 중국, 동로마, 사산 사이의 상호 관계에 영향을 받은 것으로 보인다.

가장 오래된 동로마 금화는 테오도시우스 2세(재위 408~450년)의 금화로서 묻히기 전에 백년간 유통되었다. 비교적 많은 수의 비잔틴 금화가 중국에서 발견되는 것은 6세기 후반이다. 대부분의 비잔틴 금화는 유스티니아누스 1세(재위 527~565년)의 재위 후 중국에 전달되었다. 7세기 중 이후에는 오직 주화 방제품과 장식품만 고분에서 나온다. 사도락묘(658년)의 유스티누스

---

103) 韋正,『魏晋南北朝考古』, 북경대학출판사, 2013, 530.
104) 洛陽市文物工作隊,『洛陽龍門唐安菩夫婦墓』; 趙振華, 朱亮,「安菩墓志初探」『中原文物』, 1982年 2期, 21~26쪽, 37~40쪽; 羅豊 編,『固原南郊隋唐墓地』, 文物出版社, 1996, 146~168쪽; Michael Alram, "Coins and the Silk Road," Annette L. Juliano and Judith A. Lerner, *Monks and Merchants*, Harry N. Abrams, 2001, pp.271~277.

2세 금화만이 진품이다. 모든 동전은 구멍이 있어서 주화로서의 가치가 아닌 장신구로 기능하였다.[105]

동로마 황제 별로 중국 출토 금화를 살펴보면 아나스타시우스 1세(재위 491~518년)의 금화는 하북 자현 동위 여여공주묘(550년, 직경 1.6㎝, 무게 2.7g, 무공無孔)와 내몽고 토묵특좌기 필극진묘(6세기)에서 나왔다. 필극진묘에서는 시체의 척골 부근에서 금화(직경 1.4㎝ 무게 2.0g, 무공)가 나왔다. 처음에는 레오 1세 금화로 보았으나 잔존한 명문으로 보아 아나스타시우스 1세 금화로 보인다. 섬서 서안 하가촌에서 1966년 발굴한 비잔틴 헤라클리우스 금화는 무공이다.

유스티누스 1세 금화는 여여공주묘와 전홍묘에서 나왔다. 유스티니아누스 섭정시기의 금화는 이희종과 전홍묘에서, 유스티니안 1세 금화는 전홍묘에서 나왔다. 유스티누스 2세의 금화는 섬서 함양 수대 독고라묘와 영하 고원 사도락묘에서 출토되었다. 포카스(재위 602~610년)의 금화는 하남 낙양의 당대 안보부부묘(709년, 직경 2.2㎝, 무게 4.3g, 무공)에서 나왔다. 헤라클리우스(재위 610~641년)의 금화는 서안 하가촌과 몽골 울란 헤렘 벽화묘에서 나왔다. 동로마 금화의 유입 연대에는 차이가 있는데 여여공주묘, 전홍묘, 이희종묘에서는 복수의 금화가 나왔다.

동로마 주화가 발견된 대표적 묘들을 살펴보면, 영하성 고원현 서교향西郊鄕 대보촌大堡村 전홍묘田弘墓(북주 건덕建德 4년, 575년)에서 다섯 점의 네 가지 종류의 로마 비잔틴 금화가 발견되

이희종묘 비잔틴 금화　　　　　　　　　안보 부부묘 비잔틴 금화

105) Michael Alram, "Coins and the Silk Road," Annette L. Juliano and Judith A. Lerner, *Monks and Merchants*, Harry N. Abrams, 2001, pp.271~277.

VI. 맺음말

이상에서 금은용기를 중심으로 중국 출토 유라시아계 유물들을 정리하였다. 지역별로 북조 초기에는 감숙성과 신강성 지역에 유라시아와의 직접적인 교류를 보여주는 유물들이 출현한다. 다음으로 북위시대의 산서 대동지역에서는 유라시아와의 직접 교류 또는 외래의 영향을 받아 자체에서 생산한 유물들이 보인다.[117] 동위와 북제, 북주에 와서는 정치문화중심지이던 하북 자현, 산서 태원, 섬서 서안의 중요 벽화묘에서 유라시아계 유물들이 집중 출현하여 벽화의 발달과 유라시아계 문화의 교류가 동시에 같은 지역, 같은 묘장을 중심으로 발현되는 것을 관찰할 수 있다. 대표적인 예가 영하 고원 칠관화묘, 하북 자현 유연공주묘, 영하 고원 이현묘, 영하 고원 전홍묘, 산서 태원 서현수묘 등이다.

금은기의 경우 반, 완, 배, 호의 형태가 많다. 3~5세기 편년의 것들은 주로 감숙, 신강, 산서 대동에서 발견되었다. 3~5세기에는 문화의 통로가 주로 이들 지역을 따라서 연결되어있었다는 것을 의미한다. 6~8세기에는 섬서, 내몽고 등에서 나오는데 북조 후기가 되면서 정치 문화 중심지인 장안에서 주로 유라시아계 기물들이 출토되고, 내몽고 출토품은 섬서 서안 및 몽골의 소그드 또는 돌궐 계통 금속기와도 연결되는 문화의 흐름을 볼 수 있다.

감숙 정원, 신강 언기와 이리 파마, 산서 대동 봉화돌묘, 북위 평성 유지 등의 금은기들은 박트리아의 영향이 다분하다. 감숙 정원에서 발견된 도금은반은 그리스·로마의 디오니소스를 주제로 하고 있으며, 사산조의 수렵도 은기와 흡사한 은기가 산서 대동 봉화돌묘에서 발견되었다. 디오니소스와 같은 그리스·로마계 주제나 왕의 수렵과 같은 페르시아계의 주제가 중국 내

---

117) 북위 태무제 탁발도시기 서역 16국과 교왕하면서 이후에 이러한 교왕이 확대되어, 태무제 탁발도가 양주를 점령하고 하서주랑으로 직접 교통에 관계하게 된다. 헌문제 시기 북위가 사신을 파사에 보내고, 파사왕은 사신을 보내 진귀한 물건을 바쳤다. 북위가 낙양 천도 후에는 전문적으로 외국 사신을 접객하는 四夷館을 건설하였다. 북위와 서역 각국 교류를 통하여 서아시아, 중앙아시아 기물이 신강과 하서주랑에 들어오고 각국 정부 사절과 상인들이 수도 평성과 낙양에 이르게 된다. 북위시기 페르시아 사자가 10차례 방문하였는데 그중에서 평성시기가 5차례이고, 낙양 천도 이후 5 차례이다. 평성시기에는 문성제와 헌문제, 효문제의 시기에 집중되었다. 齊東方, 「中國文化におげるソグドとその銀器」, 曾布川寬, 吉田豊 編, 『ソグド人の美術と言語』, 臨川書店, 2011, pp.145~213; 王銀田, 「萨珊波斯與北魏平城」, 『敦煌研究』, 2005년 2期; 陳海濤, 「唐代之前民間中亞粟特的入華」, 『史學月刊』, 2002년 4기.

에서 출토되는 유라시아계 기물에서 발견되는 것은 이러한 기물을 통하여 전달되는 유라시아계 문화요소만이 아니라 이들 기물들의 기능이 가지고 있는 종교적이거나 제의적인 상징성도 같이 전래된다는 의미가 된다. 일반적인 사치품·위세품으로서 또는 동서 교역의 상징물로서 묘주가 동서교역에 참여하였거나 실제 기물의 생산지 출신임을 드러내거나 하는 용도로 특정 인물의 묘에 부장된 것으로 해석 가능하다. 더 나아가 묘에서 출토되는 금은기의 기형이 일정하다는 점이나 특정 사산계, 비잔틴계 금은화가 장신구로서 구멍이 뚫려 묘에서 발굴된다는 점은 이들 유라시아계 기물이 가진 기능에 대해서 당시 유라시아 관련 묘주들이 문화적 중요성을 부여하였다는 의미로도 해석될 수 있다. 그리스의 헌주의식에 사용되는 피알레와 오이노코에가 중국 북조시대 묘에서 출토되고, 사산조 페르시아의 연회도와 조로아스터교 제사도에 특정 기형의 호병, 완, 배 등이 종종 그려진다는 점은 부조·회화와 실제 유물의 묘실 안에서의 이중적 배치로서 이들 기물이 부장된 의미에 보다 특별한 상징성을 부여할 수 있다.

중국 북조시대 출토 유라시아계 금은기들은 그리스·로마 계통 또는 페르시아 계통으로 기본적으로 나눌 수 있으나 대부분 교류로의 중간에 위치한 박트리아, 쿠샨, 에프탈, 소그드 지역의 변용을 거쳐서 중국에 들어온 것이다.

북방민족인 대월지와 에프탈의 활동과 이들과 동시에 활동한 소그드의 역할이 동서교류의 과정에서 중요하게 조명될 필요가 있다. 대월지의 쿠샨제국이 그레코-박트리아 지역을 점령하면서 그리스·로마 문화와 페르시아 문화의 혼융을 가져오고 다음으로 에프탈, 돌궐이 중앙아시아 지역을 차지하여 동서 교류에 많은 역할을 하였다.

특히, 에프탈은 5~6세기에 쿠샨, 사산, 박트리아, 소그디아나, 타림분지의 호탄, 코초를 장악하였는데 서아시아로부터 중앙아시아에 이르기까지 넓은 영토를 지배함으로써 해당 지역의 기존의 문화 전통을 혼합하고 전파하는 역할을 하였다. 소그드 중심지인 펜지켄트에 수도를 두었으며, 중국사서에서는 엽달, 읍달로 기록되었고 양직공도에도 묘사된 에프탈은 중국과 수차례에 걸쳐 사신의 왕래가 있었던 나라이다. 페로즈왕 은화의 사례에서 보듯이 중국과 중앙아시아 지역에서의 상업적 문화적 교류에 큰 역할을 하였을 것으로 추정된다. 또한 사산계 기물들을 직접 제작하여 북주 이현묘에서 발견된 사산계 은호의 제작의 배경으로도 지목되었다. 또한

표 4 | 중국 지역별 출토 사산조페르시아 은화[129]

新疆지구

지역	출토지		시대	왕조	수량	출처
新疆	古昌古城		약 4세기말 ~5세기	Shapur II	10	『考古』, 1966-4[130]
				Ardashir II	7	
				Shapur III	3	
			약 4세기말 ~5세기	Shapur II	5	『考古學報』, 1957-2[131]
				Ardashir II	1	
				Shapur III	2	
			약 4세기말	Ardashir II	2	
			약 4세기말 ~5세기	Shapur II	40개 이상	『中國錢幣』, 1996-4[132]
				Ardashir II	50개 이상	
				Shapur III	11~12개	
	雅爾湖古昌6號墓		?	Khosrau II	1	『考古學報』, 1957-2[133]
	雅爾湖古昌56號墓		602	Khosrau II	1	
	吐魯番墓葬	阿斯塔那古墓	7세기	Hormizd IV	1	『考古』, 1966-4[134]
				Khosrau II	1	
		阿斯塔那墓20	706年文書	Khosrau II	1	『考古學報』, 1974-1[135]
		阿斯塔那墓29	685年文書	Borandukht	1	
		阿斯塔那墓48	604年衣物疏	Jamasp	1	『文物』, 1972-1[136]
		阿斯塔那墓73	唐墓	Khosrau II	1	
		阿斯塔那墓77	唐墓	Khosrau II	1	
		阿斯塔那墓78	638年墓志	Khosrau II	1	
		阿斯塔那墓92	639年墓志	Khosrau II	1	
		阿斯塔那墓115	高昌末(隋)	Peroz(B형)	1	『考古學報』, 1974-1[137]
		阿斯塔那墓118	唐墓	Khosrau II	1	『文物』, 1972-1[138]
		阿斯塔那墓149	唐墓	Khosrau II	1	『考古學報』, 1974-1[139]
		阿斯塔那墓206	689年墓志	Khosrau II	1	

129) 지역별 출토 현황은 孫莉, 「薩珊銀幣在中國的分布及其功能」, 『考古學報』, 2004年 1期 참조.

130) 夏鼐, 「新疆吐魯番最近出土的波斯薩珊朝銀幣」, 『考古』, 1966年 4期.

131) 中國科學院考古研究所, 「中國最近發現的波斯薩珊朝銀幣」, 『考古學報』, 1957年 2期.

132) 宋志永, 「吐魯番發現一批早期波斯銀幣」, 『中國錢幣』, 1996年 4期.

133) 中國科學院考古研究所, 「中國最近發現的波斯薩珊朝銀幣」, 『考古學報』, 1957年 2期.

134) 夏鼐, 「新疆吐魯番最近出土的波斯薩珊朝銀幣」, 『考古』, 1966年 4期.

135) 夏鼐, 「綜述中國出土的波斯薩珊朝銀幣」, 『考古學報』, 1974年 1期.

136) 新疆維吾爾自治區博物館, 「吐魯番縣阿斯塔那-哈拉和卓古墓群淸理簡報」, 『文物』, 1972年 1期.

137) 夏鼐, 「綜述中國出土的波斯薩珊朝銀幣」, 『考古學報』, 1974年 1期.

138) 新疆維吾爾自治區博物館, 「吐魯番縣阿斯塔那-哈拉和卓古墓群淸理簡報」, 『文物』, 1972年 1期.

139) 夏鼐, 「綜述中國出土的波斯薩珊朝銀幣」, 『考古學報』, 1974年 1期.

新疆	吐魯番墓葬	阿斯塔那墓302	永徽4年(653)墓志	Yazdegerd III	2	『考古』, 1966–4[140]
		阿斯塔那墓322	龍朔3年(663)墓志	Khosrau II	1	
		阿斯塔那墓325	顯慶元年(656)文書	Khosrau II	1	
		阿斯塔那墓332	麟德2年(665)文書	Khosrau II	1	
		阿斯塔那墓338	乾封2年(667)墓志	Khosrau II	1	
		阿斯塔那墓339	626年墓志	Khosrau II	1	
		阿斯塔那墓363	景龍4年(710)寫本	Yazdegerd III	1	『文物』, 1972–2[141]
		哈拉和卓墓8	唐墓	Khosrau II 유형	1	『考古學報』, 1974–1[142]
		雅尔湖古墓	7세기	Khosrau II	1	『考古學報』, 1957–2[143]
		雅尔湖古墓T6, T56	약 7세기	Khosrau II	2	
		烏恰	8세기 초	Khosrau I	2	『考古』, 1959–9[144]
				Khosrau II	567	
				Khosrau II 방제품 (Umayyad왕조시기)[145]	281	
		焉耆	7세기	Khosrau II	1	『文物』, 1982–4[146]

兩京지구

지역	출토지	시대	왕조	수량	출처
河南	洛陽北邙山老城岳家村唐墓30	7세기	Peroz	16	『四川文物』, 2006–2[147]
			Kavadh	1	
	洛陽	–	–	200余	『新疆金融』, 1991[148]
	洛陽伊川縣司馬沟村	–	Peroz(A형)	44	『中國錢幣』, 1995–1[149]
			Peroz(B형)	271	
	陝縣邙山北魏元怿墓西側	隋代	Peroz	1	『中國錢幣』, 1995–1[150]
	陝縣劉家渠隋伟墓	584	Khosrau I	2	『考古通讯』, 1957–4[151]

140) 夏鼐,「新疆吐魯番最近出土的波斯萨珊朝銀幣」,『考古』, 1966年 4期.

141) 新疆維吾爾自治區博物館,「吐魯番阿斯塔那363號墓發掘簡報」,『文物』, 1972年 2期.

142) 夏鼐,「綜述中國出土的波斯萨珊朝銀幣」,『考古學報』, 1974年 1期.

143) 中國科學院考古研究所,「中國最近發現的波斯薩珊朝銀幣」,『考古學報』, 1957年 2期.

144) 李遇春,「新疆烏恰縣發現金条和大批波斯銀幣」,『考古』, 1959年 9期.

145) 徐蘋芳,「考古學上所見中國境內的絲綢之路」,『燕京學報』, 1995年 1期, 304쪽.

146) 韓翔,「焉耆國都,焉耆都督府治所與焉耆鎮城──博格達沁古城調查」,『文物』, 1982年 4期.

147) 四川大學歷史文化學院考古系, 河南省洛陽市文物工作隊,「洛陽岳家村30號唐墓出土波斯萨珊朝銀幣」,『四川文物』, 2006年 2期.

148) 河南錢幣學會 91年 總結材料, 未發表

149) 于倩, 霍宏偉,「洛陽出土波斯銀幣探索」,『中國錢幣』, 1995年 1期.

150) 于倩, 霍宏偉,「洛陽出土波斯銀幣探索」,『中國錢幣』, 1995年 1期.

151) 黃河水庫考古工作隊,「一九五六年河南陝縣劉家渠漢唐墓葬發掘簡報」,『考古通訊』, 1957年 4期.

			Khosrau II	1	
陝西	西安近郊唐墓 7區 M30	7세기	Khosrau II (방제품)	1	『考古學報』, 1957-2[152)]
	西安張坡隋墓410 (灃西张家坡隋墓410號)	약6세기	Peroz(B형)	1	『考古學報』, 1957-2[153)]
	西安隋李靜訓墓	608	Peroz(B형)	1	『考古』, 1959-1[154)]
	西安何家村窖藏	8세기중엽	Khosrau II	1	『文物』, 1972-1[155)]
	長安國清禅寺舍利塔	7~8세기중엽	Khosrau II	6	
			Borandukht(Boran)	1	
	耀縣隋神德寺塔基	604	Peroz(B형)	1	『考古』, 1974-2[156)]
			Kavadh	1	
			Khosrau I	1	
	長安縣古寺	?	Shapur II	1	『中國錢幣』, 1991-2
	陝西紫陽	唐?	Peroz(B형)	1	『中國錢幣』, 1991-2
山西	太原金胜村唐墓	7세기말	Khosrau II (유일한 鳥形)	1	『考古』, 1959-9[157)]
	大同	?	?	300이상	불명[158)]
内蒙固	呼和浩特西北壩子村的古城	北魏	Kavadh	1	『考古』, 1975-3[159)]
			Khosrau I	3	
河北	定縣塔基	481	Yazdegerd III	4	『考古』, 1966-5[160)]
			Peroz(A형)	31	
			Peroz(B형)	6	
湖北	安陸王子山唐吳王妃楊氏墓	唐初	Peroz(A형)	3	『文物』, 1985-2[161)]
			Peroz(B형)	12	

---

152) 中國科學院考古研究所, 「中國最近發現的波斯薩珊朝銀幣」, 『考古學報』, 1957年 2期.

153) 中國科學院考古研究所, 「中國最近發現的波斯薩珊朝銀幣」, 『考古學報』, 1957年 2期.

154) 唐金裕, 「西安西郊隋李靜訓墓發掘簡報」, 『考古』, 1959年 1期.

155) 陝西省文管會革委會寫作小組, 「西安南郊何家村發現唐代窖藏文物」, 『文物』, 1972年 1期.

156) 朱捷元, 秦波, 「陝西長安和耀縣發現的波斯萨珊朝銀幣」, 『考古』, 1974年 2期.

157) 山西省文物管理委員會, 「太原南郊金胜村唐墓」, 『考古』, 1959年 9期.

158) 대동박물관(大同博物館) 수집품으로 출토방식 등 불명.

159) 内蒙古文物工作隊, 内蒙古博物館, 「呼和浩特市附近出土的外國金銀幣」, 『考古』, 1975年 3期.

160) 夏鼐, 「河北定縣塔基舍利函中波斯薩珊朝銀幣」, 『考古』, 1966年 5期.

161) 孝感地區博物館, 安陸縣博物館, 「安陸王子山唐吳王妃楊氏墓」, 『文物』, 1985年 2期.

서안 서쪽지구와 광둥[162]

지역	출토지	시대	왕조	수량	출처
靑海	西寧城隍廟	약 5세기말	Peroz(A형)	15	『考古學報』, 1958-1[163]
			Peroz(B형)	61	
寧夏	固原雷祖廟墓	北魏	Peroz(B형)	1	『文物』, 1984-6[164]
	固原隋史射勿墓	608	Peroz	1	『文物』, 1992-10[165]
甘肅	張掖大佛寺	?	Peroz	5	『甘肅金融』, 1991年 增刊
	天水玉泉鄉皇城村	?	Peroz(B형)	3	『中國錢幣』, 1994-2[166]
	天水	?	Peroz	1~2	『古泉物文』[167]
	臨夏	?	?	3	『甘肅金融』, 2001年 增刊
	隴西	?	Peroz	1	
廣東	英德南齊墓M8	497	Peroz(A형)	1	『考古』, 1961-3[168]
			Peroz(B형)	2	
	曲江南華寺墓M3	5세기말	Peroz	1	『考古』, 1983-7[169]
			불명(잔편)	7片	
	遂溪南朝窖藏	약 5세기말	Shapur III	3	『考古』, 1986-3[170]
			Ardashir II	5	
			Peroz(A형)	1	
			Peroz(B형)	11	

162) 夏鼐, 「靑海西寧出土的波斯薩珊朝銀幣」, 『考古學報』, 1958年 1期.

163) 固原縣文物工作站, 「寧夏固原北魏墓淸理簡報」, 『文物』, 1984年 6期.

164) 寧夏文物考古硏究所, 寧夏固原博物館, 「寧夏固原隋史射勿墓發掘簡報」, 『文物』, 1992年 10期.

165) 侯耀森, 王波, 「天水發現波斯銀幣」, 『中國錢幣』, 1994年 2期.

166) 劉大有, 「天水發現的波斯薩珊朝銀幣」, 『古泉物文』, 甘肅省天水市錢幣學會, 1989, 56~58쪽.

167) 廣東省文物管理委員會, 「廣東英德, 連陽南齊和隋唐古墓的發掘」, 『考古』, 1961年 3期.

168) 廣東省博物館, 「廣東曲江南華寺古墓發掘簡報」, 『考古』, 1983年 7期.

169) 遂溪縣博物館, 「廣東遂溪縣發現南朝窖藏金銀器」, 『考古』, 1986年 3期.

170) 宿白, 「中國境內發現的東羅馬遺物」, 『中國大百科全書 · 考古學卷』, 中國大百科全書出版社編輯部, 1986.

寧夏	固原 北周 李賢夫婦	569년 (天和 4年)	銀壺	높이 37.5cm	
河北	贊皇 東魏 李希宗墓	544년	水波紋銀碗	높이 4cm, 직경 9.2cm	
陝西	西安 潘家村 隋李靜訓墓	608년	고족금배	높이 5.7cm	
	西安 南郊 何家村 窖藏	7세기 중엽	기악문 팔릉도금금배	높이 5.2cm, 구경 7cm	
		7세기 중엽	기악문 팔릉도금은배	높이 6.7cm 구경 6.9–7.4cm	
			鑲金獸首瑪瑙杯	높이 6.5cm, 길이 15.6cm, 구경 5.9cm	

陝西	西安 南郊 何家村	8세기 중엽	狩獵紋高足銀杯	높이 7.3cm 구경 6cm
	西安 沙坡村 窖藏	6-7세기	鹿紋十二瓣銀碗	口徑 14.7cm, 底徑 4.8cm, 높이 4cm
内蒙古	赤峰 敖漢旗 李家營子 1호묘	7세기	도금은반	구경 18cm, 높이 4cm,
		7세기	大銀壺	전체 높이 28cm
		8세기 중반	타원형은배	구경 18.5m
			손잡이 달린 小銀壺	구경 6.5, 남은 높이 11.2cm

표 7 ┃ 유라시아계 금속용기의 기형별 분류와 계통

기형	출토지	기명	계통
盤	감숙 정원현 북탄향 북산 동가장	도금은반	장식 주제: 그리스·로마 명문: 박트리아, 소그드 추정 제작지: 박트리아
	신강 언기현 칠개성향 노성촌	타조문은반	장식 주제: 페르시아 명문: 소그드 추정 제작지: 중앙아시아
	신강 언기현 칠개성향 노성촌	식물표문은반	장식 주제: 페르시아 추정 제작지: 중앙아시아
	산서 대동 봉화돌묘	수렵문 은반	장식 주제: 페르시아 추정 제작지: 중앙아시아
	내몽고 적봉 이가영자 1호묘	도금은반	기형과 주제: 페르시아, 소그드
杯	산서 대동 남교 북위 평성 유지	포도동자문 고족배	기형: 그리스·로마 추정 제작지: 박트리아 지역
		인물문고족배	기형: 그리스·로마 추정 제작지: 박트리아 지역
		초화문고족배	기형: 그리스·로마 추정 제작지: 박트리아 지역
		해수문팔곡배	기형: 페르시아 명문: 박트리아(에프탈왕명)
	산서 대동남교 북위묘군 109호묘	원형인물문도금고족은배	기형: 그리스·로마 추정 제작지: 박트리아 지역
	섬서 서안 수대 이정훈묘	고족배	기형: 중앙아시아 제작지: 중국
	섬서 서안 하가촌 窖藏	수렵문고족은배	기형: 중앙아시아 제작지: 중국
		素面罐形帶把銀杯	기형: 중앙아시아(소그드) 제작지: 중국(소그드)
		技樂紋八棱鍍金金杯	기형: 중앙아시아(소그드) 제작지: 중국(소그드)
		技樂紋八棱鍍金銀杯	기형: 중앙아시아(소그드) 제작지: 중국(소그드)
	몽골 중부 호쇼 차이담의 돌궐 퀼 테긴 제사 유적지	素面罐形帶把金杯	기형: 중앙아시아(소그드) 제작지: 소그드(?)
	볼간 아이막 바양노르 솜 울란 헤렘 벽화묘	素面罐形帶把金杯	기형: 중앙아시아(소그드) 제작지: 소그드(?)
	내몽고 호화호특 토묵특좌기 수마구구묘	고족은배	기형: 중앙아시아(소그드) 제작지: 소그드(?)
	내몽고 오한기 이가영자 1호묘	素面罐形帶把銀杯	기형: 중앙아시아(소그드) 제작지: 소그드(?)
		타원형 長杯	기형: 중앙아시아(소그드) 제작지: 소그드(?)
碗	산서 대동 평성 유지	원형인물장식도금은완	기형: 그리스·로마 추정 제작지: 박트리아 지역
	산서 대동남교 북위묘군 107호묘	인물문도금은완	기형: 그리스·로마 추정 제작지: 박트리아 지역
	산서 대동남교 북위묘군 109호묘	소면은완	기형: 중앙아시아 추정 제작지: 중국
	섬서 서안 하가촌	소면타원형은완	기형: 중앙아시아(소그드) 제작지: 중국
	섬서 서안 사파촌	鹿紋十二瓣銀碗	기형: 페르시아, 소그드 명문: 소그드
壺	영하 고원 남교향 북주 이현부부묘	대은호	기형: 페르시아 추정 제작지: 박트리아, 에프탈
	내몽고 적봉 오한기 이가영자 1호묘	대은호	기형: 페르시아, 소그드 추정 제작지: 소그드

Ⅰ. 고분의 구조와 벽화

1. 구조

몽골 볼간의 쇼론 봄바가르 유적에서 발굴된 벽화고분의 봉토의 높이는 4m, 직경은 32m이다. 고분의 입구는 남향이며 경사진 긴 묘도墓道, 네 개의 아치형 과동過洞, 네 개의 천정天井, 두 개의 감실龕室, 용도甬道, 하나의 묘실墓室로 구성되었다. 묘도에서 묘실까지 벽화고분의 총 길이는 42m, 묘도의 너비는 1.8m이다.[10] 감실은 네 번째 천정天井의 동·서벽에 있다. 감에는 모두 자물쇠가 채워진 나무문이 있었다. 채색 토우가 감안에서 다수 발견되었다. 감의 천장과 벽이 무너져 토우가 많이 파손되

울란 헤렘 벽화고분 전경

었다. 지하 약 7.5(또는 8m)에 위치한 묘실에는 자물쇠로 잠긴 나무문이 달려 있었다.

자연토층을 파서 만든 묘실의 평면은 남쪽이 약간 넓은 사다리꼴의 방형이며 네 모서리가 둥글게 처리되어있다. 묘실의 천장은 궁륭형이다. 묘실 바닥은 천장에서 떨어진 모래 등으로 60~100㎝ 정도 높아졌다.

묘실 서쪽에 목관이 안치되었는데 관 위로 모래가 다량 떨어져 관이 파손되었다. 관 안에 크기 80×35㎝의 나무 상자가 놓여있었다. 목관은 묘실의 평면과 같이 북쪽이 약간 좁고 남쪽이 넓은 형태로 선비족의 관의 형식을 연상케 한다. 목관 안에는 금제 부장품, 묘주의 화장 유골, 금화 등을 각각 비단 보자기에 따로 싸서 넣었다.[11] 나무 상자의 북쪽으로는 금제 잔과 금장식

---

10) 天井의 크기는 2m×1.7m(또는 2m), 過洞은 1.3m×1.4m, 감실은 1m×1m, 용도는 1.8m×1.5m이다.

11) 죽은 이를 화장하여 묻는 것은 돌궐과 소그드의 풍습으로 조로아스터교의 영향이다. 돌궐의 상장풍습은 동

울란 헤렘 벽화고분 묘도   울란 헤렘 벽화고분 묘실 내부 목관 복원 사진

품이 비단 보자기에 싸여 놓여있었다. 그 남쪽으로 묘주의 화장 유골이 화려하게 금박으로 장식한 비단 보자기에 두 번 싸여 안치되었다. 유골 상자의 남쪽(또는 아래쪽)에는 금화, 은화, 청동 동전 약 40~50점과 여러 점의 금장식품이 비단 보자기에 싸여 놓여있었다. 돌궐에서 시신을 화장한 것은 조로아스터교 습속의 영향으로 추정된다.[12]

묘실 안에는 목관 외에 두 개의 나무로 만든 판이 묘실 북벽 쪽으로 나란히 놓여있었는데 제대祭臺로 추정하고 있다.[13] 제대 위에 나무로 만든 말, 낙타, 마차 등이 묘주 쪽을 바라보는 상태로 배치되어 있었다고 한다. 말은 크기에 맞춰 축소해서 만든 등자와 재갈이 갖춰져 있었다. 묘실의 남쪽으로는 두 개의 얕은 단 같은 것이 설치되어있는데 각각의 단 위에서 세 개씩 구멍이 발견되었다. 아마도 깃발을 꽂은 자국으로 추정된다. 고분의 묘도에 깃대꽂이와 깃발이 실제 그려져 있는데 벽화와 유사한 깃발을 꽂은 흔적이 아닐까 생각된다.[14] 또한 묘실문 안쪽에서 채

북아역사재단 편, 『譯註 中國 正史 外國傳 8 周書·隋書 外國傳 譯註』, 동북아역사재단, 2010, 94-95쪽; 동북아역사재단 편, 『譯註 中國 正史 外國傳 9 北史 外國傳 譯註 下』, 동북아역사재단, 2010, 272쪽 참조.

12) 동북아역사재단 편, 『譯註 中國 正史 外國傳 9 北史 外國傳 譯註 下』, 동북아역사재단, 2010, 473-474쪽.

13) 돌궐 장례에서 사람이 죽으면 시신을 천막 안에 안치하고 자손과 친족들이 양과 말을 잡아 그 천막 앞에 진설하고 제를 지낸다. 다음으로 말을 타고 망자의 이름을 애통하게 부르며 그 천막 주위를 7회 돈 다음 칼로 얼굴을 그어 피눈물을 흘리며 곡을 한다. 사망에서 장례까지 약 8개월 소요되는데 장례에는 장지에 제단을 설치하고, 사망 시와 같은 의식을 거행한다. 엄익성, 「초원에서 발견한 돌궐의 자취」, 『몽골 알타이 문명을 찾아서』, 학연문화사, 2007, 104~133쪽.

14) 잔바자르 미술관에 전시된 7세기 돌궐시대 고분에서 실제로 적, 청, 황색 깃발이 출토된 사례가 있어 비교된다.

색 진묘수와 사천왕상이 나왔다.

묘실의 서벽과 남벽은 석회층이 많이 탈락되어 있었다. 서벽은 북쪽에 선 한 명의 인물상만 알아 볼 수 있었다. 천장과 벽이 연결된 부분도 석회층이 많이 부서져 내렸다. 고분의 구조는 긴 경사진 묘도, 아치형 과동, 천정, 감실, 묘실로 구성된 고분이며, 묘실의 평면이 사다리꼴 또는 네 모서리가 둥글게 처리된 방형이라

울란 헤렘 벽화고분 묘실 내부 제대 복원 사진

는 점, 용도가 묘실의 동쪽으로 치우쳐 있는 점에서 중국 영하성 고원 지역의 북주와 수당대 벽화고분 및 섬서성 서안 지역 당대 벽화고분과 유사하다.[15]

목관 안에 화장을 한 묘주의 유골과 금제 부장품과 금화를 함께 넣은 점, 목관의 옆에 제대를 설치하고 그 위에 목용 등을 배열한 점, 또 두 줄로 깃발꽂이를 설치한 점이 독특하다. 제대의 목용이 묘주를 향해 배치되고 벽면의 인물상들도 모두 북벽을 향하고 있어 묘실 안의 부장품과 벽화의 배치에 있어서 일정한 방향성을 보여준다.

고분의 구조는 동시기 중국 고분과 유사하지만, 돌궐족과 소그드의 화장풍습을 반영하고 있고, 북방 또는 서방계통의 황금제 유물들이 다수 부장되어있어, 동서를 잇는 초원로에 위치한 벽화고분으로서 혼합된 문화적 특징을 보여주어 상당히 흥미롭다.

2. 벽화의 내용

쇼론 봄바가르의 돌궐시대 벽화고분에서는 40여점의 벽화가 발견되었다. 벽화는 묘도墓道 동·서벽, 묘문 위, 제 1, 2, 4천정天井의 동·서벽, 제 1, 2, 3천정의 북벽, 감실 입구 좌·우벽, 그리고 묘실墓室에 남아있다(표 1). 24명의 인물, 7그루의 나무, 2마리의 말, 2개의 깃발 걸개와 6개의

---

15) 寧夏回族自治區固原博物館 編, 『原州古墓集成』, 文物出版社, 1999; 羅豐 編, 『固原南郊隋唐墓地』, 文物出版社, 1996; 李星明, 『唐代墓室壁畫研究』, 陝西人民美術出版社, 2006.

깃발, 2채의 건축물(문루), 연화, 괴수怪獸/鬼面, 청룡과 백호 등으로 구성되었다.

표 1 | 벽화의 배치

	동	서	남	북
묘도	청룡, 남자 4명, 깃발 3개, 깃발 걸개	백호, 남자 4명, 깃발 3개, 깃발 걸개		문루
제1천정	남자마부 1명, 말 1마리	남자마부 1명, 말 1마리		연화
제2천정	인물 2명	인물 2명		괴수
제3천정				문루
제4천정	인물 2명(?)	인물 2명(?)		
묘실	여자 1명, 나무 2그루	남자 1명, 나무 1그루		남자 2명, 여자 2명, 나무 4그루

① 묘도의 벽화

묘도에서부터 벽화를 순서대로 서술하면 묘도 동·서벽의 맨 앞에는 청룡과 백호가 있다. 그 뒤로는 동·서벽에 각각 4명의 남성과 3개의 깃발이 꽂힌 깃발 걸개가 있다. 백호는 길이가 약 7.9m에 달하는 거대한 크기로 연화 운기문에 둘러싸여 네 발을 힘차게 뻗고 있다. 6~7세기 고구려 후기 벽화에서 청룡과 백호의 머리와 몸은 크게 S자를 그리면서 꼬리가 하늘로 솟아올라 간 형태로 그려진다. 몽골 벽화고분의 것은 머리와 몸통은 시원하게 S자를 그리고 있으나 꼬리가 긴 경사로를 따라 내려가 아래를 향해 뻗은 형상이어서 차이가 있다. 꼬리의 끝은 사신도 바로 뒤에 서있는 인물에게로 자연스럽게 이어지고 있다.

경사진 긴 묘도의 동·서벽에 청룡과 백호를 배치하는 것은 중국 벽화고분 중에서는 하북 자현 동위東魏 여여공주묘茹茹公主墓(550년)에서 처음 출현하며 수당대 벽화고분으로 계승된다.[16] 여여(유연)공주묘의 백호는 4m 길이로 머리와 몸체가 크게 S자를 그리는 점, 몸체 일부에 붉은 색을 사용하고 있는 점이 돌궐시대 벽화고분의 백호와 유사하다. 그러나 여여공주묘의 백호의 꼬리는 고구려의 6~7세기 백호와 같이 하늘로 솟아있다. 당대 벽화고분 중에서는 의덕태자묘懿德太子墓(706년)의 백호와 청룡의 꼬리가 몽골 벽화고분의 것과 같이 아래로 길게 뻗어있으나 연

---

16) 磁縣文化館,「河北磁縣東魏茹茹公主墓發掘簡報」,『文物』, 1984年 4期.

를, 아래에는 방격자方格子를 장식하였다. 고분의 북이실에는 속리진사도屬吏秦事圖와 연음도宴飮圖가 있으며, 측랑 동벽에는 거마출행도車馬出行圖가 있다. 건축도는 거마출행도와 이어진 북벽 우측에 그려져 있다. 이러한 벽화의 배치는 산동 기남화상석묘나 창산 화상석묘와 같이 거마출행도가 향하는 사당 건축을 연상케 한다. 고구려 벽화에서도 안악3호분의 대규모 출행도가 끝나는 회랑 끝 맞은 편 벽에 작은 건물이 그려져 있다.

몽골 벽화고분과 동시기이면서 유사한 건물도가 출현하는 고분은 영하성 고원과 섬서성 서안의 수당대 벽화고분들이다. 건물도의 배치가 묘문 상부와 과동 남구(南口)(또는 천정 북벽) 상부로 비슷하다. 영하 고원 남교의 수대隋代 사사물묘史射勿墓(610년)[24], 섬서 서안 근교의 당대唐代 이수묘李壽墓(630년), 장락공주묘長樂公主墓(643년), 신성장공주묘新城長公主墓(663년), 위귀비묘韋貴妃墓(666년), 영태공주묘永泰公主墓(706년), 의덕태자묘懿德太子墓(706년), 절민태자묘節愍太子墓(710년), 혜장태자묘惠莊太子墓(724년), 이헌묘李憲墓(742년) 등이다.[25]

사사물묘(610년)는 제 1과동過洞 남구南口 위에 문루, 제 2과동의 남구南口 위에 연화를 그린 점에서 몽골 벽화고분과 그 배치가 같다. 사사물(543~609년)의 선조는 소그드 출신으로 북위 중기에 중국으로 이주하였으며 증조부와 조부가 소그드인을 관리하는 살보薩寶 직책을 맡았다. 수대 사사물묘의 문루는 정면 세 칸의 건물에 난간이 있는데 몽골 벽화고분의 문루도보다 단순한 형태이다.[26]

7세기 전반의 이수묘(630년)와 장락공주묘(643년)의 문루도는 초당시기의 건축 자료이다. 고조高祖의 사촌동생인 이수의 고분은 제1과동 남쪽 출입구에 정면 5칸의 이층 누각도가 있다. 이수의 고분은 4개 과동, 5개 천정, 2개의 소감, 묘실로 구성되어 구조는 몽골 벽화고분과 대략 유사하나 쌍각雙閣, 회랑이 연결된 이층 문루도의 건축 세부 표현이 당의 대명궁大明宮 함원전含元殿의 건축 구성과 유사하며 몽골 벽화고분보다 정교하고 복잡하다.

당唐 태종太宗의 5녀女인 장락공주의 묘는 예천 당 태종 소릉 배장묘 중 하나로 묘문 상부에 단층에 정면 세 칸의 문루가, 제 1천정 북벽에 이층 문루도가 있다. 단층 문루도는 두공과 문정

24) 羅豊 編,『固原南郊隋唐墓地』, 文物出版社, 1996.
25) 秦浩 編,『隋唐考古』, 南京大學出版社, 1996, 404~406쪽; 리싱밍,「關中地域 唐代 皇室壁畵墓의 도상연구」『미술사논단』23, 한국미술연구소, 2006, 101~125쪽.
26) 李星明,『唐代墓室壁畵研究』, 陝西人民美術出版社, 2006, 도 1-53.

의 표현, 문 양쪽의 창살 표현 등 건축 세부 묘사에서 몽골 벽화고분과 상당히 유사하다. 역시 소릉 배장묘로서 당태종의 21녀女인 신성장공주의 묘는 묘문 위에 문루도가 그려져 있다.

당唐 고종高宗 건릉乾陵의 배장묘인 영태공주(당唐 중종中宗의 7녀)묘(706년)는 묘도에 궐루가 그려져 있다. 의덕태자(당唐 중종中宗의 장자)묘는 묘도 동·서벽에는 쌍궐식 궐루와 성벽, 그리고 묘문 위에 문루가 있다. 건물은 정면 3칸, 측면 3칸이며 회랑이 있다. 문 위에 포수와 문정이 장식되었다.

절민태자의 고분(710년)은 당 중종 정릉定陵의 배장묘이다. 묘문 위에 문루도가 있다. 절민태자묘의 문루도의 난간 장식은 몽골 벽화고분의 문루도의 것과 유사하지만 절민태자묘 건물은 정면 5칸이고 두공이 보다 정교 복잡하다.[27] 이헌(당 예종睿宗의 장자)묘(742년)는 묘문에 문루를 그리고 그 위에 나는 새를 그려 몽골 벽화고분과 유사한 점이 관찰된다.

문루를 고분 회화 제재로 그리는 것은 북조 만기의 고분에 이미 나타난다. 벽화 형식으로 과동 입구 위쪽에 문루를 그린 이른 예로는 고원 북주 이현묘李賢墓(569년)와 함양咸陽 북주 질라협묘叱羅協墓(575년)가 있다. 이현묘에는 3개 과동과 용도에 모두 문루를 그렸다. 제1과동과 용도의 문루는 이층이며, 제2와 제3과동 문루는 단층이다. 문루의 세부 표현은 몽골 벽화고분의 문루보다 훨씬 간략하다.[28] 북주 귀족 이현李賢(503~569년)의 선조는 탁발선비로 북주와 수대에 걸쳐 권세 있는 집안이었으며 돌궐 및 고구려와의 전쟁에서 활약하였다. 이현의 묘에서 사산조 페르시아 수입 은화와 은기가 출토되었는데 북조와 수대 상류층이면서 돌궐 및 서역과 직간접적으로 연결된 북방 민족 출신으로 서방물품의 애용에 적극적이었음을 알 수 있다.[29] 북조 만기 고분에서 이렇게 문루를 그리는 방식은 수당 벽화묘에 계승된다.[30]

---

27) 陝西省考古研究所, 『唐節愍太子墓發掘報告』, 科學出版社, 2004, 도26.

28) 李星明, 『唐代墓室壁畵研究』, 陝西人民美術出版社, 2006, 도1-44, 45; 寧夏回族自治區固原博物館 編, 『原州古墓集成』, 文物出版社, 1999, 도 41, 42.

29) 질라협묘의 6개의 天井과 과동에도 문루도가 있다. 太原 北齊 徐顯秀墓는 묘문 입구 상단에 문루를 그렸다. 李星明, 『唐代墓室壁畵研究』, 陝西人民美術出版社, 2006, 도1-26.

30) 회화작품은 아니나 몽골 벽화고분의 문루와 유사한 건축 모형이 북조와 수당요금원 벽화고분에서 석곽, 석관의 형태로 발견된다. 고분에 문루도가 그려진 이현의 손녀인 李靜訓묘(608년)의 석관은 정면 3칸, 측면 1칸의 건축 모형으로 두공이나 문의 형식이 몽골 벽화고분의 문루도와 유사하다. 수당묘실의 석관과 석곽은 묘주인 침전을 상징하면서 당시 건축 양식을 잘 반영하고 있다. 중국의 한대 이래의 제사용 사당 건축의 형식이 고분 안으로 흡수되면서 북위~수당대에 가옥형 석관, 석곽이 발달하게 된다.

고구려 벽화에서는 약수리 벽화고분, 요동성총 등의 성곽도가 고분 전실의 북벽 천장, 즉 용도 입구에 그려져 있으며 쌍영총과 같이 후실 북벽에 묘주 초상과 함께 건물도가 그려진 경우가 많다. 안악2호분은 묘주 초상이 없이 건물도만 후실 북벽을 장식하고 있다.

몽골 벽화고분의 건물도는 중국 영하, 섬서지역의 북조와 수당대 고분 건물도의 배치와 표현과 유사한 점이 많다. 몽골, 중국, 한국의 고분벽화에 그려진 건물도는 묘주의 현세의 거주 공간을 표현한 것일 수도 있지만 묘주를 위한 제사 공간인 사당을 상징할 가능성이 높다. 『북사北史』와 『수서隋書』에 의하면 돌궐인은 죽은 이가 타던 말과 물품 등을 시체와 함께 불살라 그 남은 재를 거두어 때를 기다렸다가 장사지냈다. 장사지내는 날에 친족들이 무덤을 만들고 집(사당)을 지은 후 그 안에 죽은 사람의 모습과 살아 있을 때 겪었던 전투의 모습을 그려 놓았다.[31]

돌궐시대의 사당에 대해서는 몽골 아르항가이 아이막의 오르혼강과 가까운 호쇼 차이담 부근에 위치한 돌궐시대 퀼 테긴 제사유적을 통하여 살펴볼 수 있다.[32] 퀼 테긴 유적의 발굴 평면도와 복원도에 의하면 비석받침인 귀부와 사당 터를 중심으로 장축이 동서향인 장방형이다. 도랑이 장방형(규모 67×29m)으로 돌려져 해자를 이루고, 그 안쪽에 담장이 장방형으로 둘려지며, 동서 중심축선상에 비석과 사당, 그리고 석곽 등이 배치된다.

퀼 테긴의 형인 빌게 카간의 유적은 퀼 테긴 비석에서 남쪽으로 약 900m 떨어진 곳에 있으며, 퀼 테긴 유적과 매우 유사한 형태이다. 낮은 토성(85×60m)을 장방형으로 둘렀고, 그 중앙에 판석으로 조립한 석관과 대리석으로 만든 석상들이 있다. 주변에는 신하들의 석인상, 사자석상, 귀부 등이 흩어져 있고 기와를 사용한 건물지(사당)도 확인되었다. 빌게의 유적은 중국 현종이 보낸 장인들에 의하여 사당과 비석 등이 당나라 풍으로 세워졌다. 유적에 남아 있었던 유물로 보아 귀부에 이수를 지닌 비석과 기와지붕의 사당이 있었다고 여겨진다.[33]

---

31) 동북아역사재단 편, 『譯註 中國 正史 外國傳 9』, 동북아역사재단, 2009, 272쪽, 473~474쪽.
32) 현재 비석과 사당터가 남아있다. 비석의 연대로 보아 퀼 테긴이 죽은 지 1년 후인 732년에 무덤과 사당 등이 완성된 것으로 보인다.
33) 엄익성, 「초원에서 발견한 돌궐의 자취」, 『몽골 알타이 문명을 찾아서』, 학연문화사, 2007, 104~133쪽.

| 몽골 호쇼 차이담 퀼 테긴 제사유적지 | 몽골 호쇼 차이담 박물관의 제사유적 전시 |

② 천정과 과동의 벽화

제1천정의 동·서벽에는 각각 한 명의 마부와 안장이 얹힌 말이 있다. 서벽의 마부는 붉은색 옷을 입고 모자를 쓰지 않은 긴 머리에 흑색의 말을 끌고 있다. 붉은 색 말을 끌고 있는 동벽의 마부는 붉은색의 고대 소그드 모자와 비슷한 모자를 쓰고 있다. 말의 갈기가 두 세 개의 삼각형으로 표현되어있는데 고대 돌궐인들의 말갈기 다듬던 방식과 흡사하다고 한다. 두 마부가 입은 옷은 수당대 호복인 깃을 접은 형인 번령포로 보인다.[34] 두 사람 모두 묘문 쪽으로 말을 끌고 나가는 모습이다.

울란 헤렘 벽화고분 연화도

제1천정의 북벽에는 연화문을 문 위에 그렸다. 검은색으로 윤곽선을 그리고 붉은색으로 세부를 강조했다. 발굴보고에서는 연화문이 무덤 주인이 불교신자이거나 불교에 대해서 잘 알고 있었던 사람임을 증명한다고 보았다. 중국 영하 고원에 위치한 수대隋代 사사물묘史射勿墓에서도 제1과동 남구에 문루도, 제2과동 남구에 연화도(너비 150㎝, 높이 70㎝)를 그린 예를 볼 수 있다.

제2천정의 동·서벽에는 두 명씩 인물이 그려져

---

34) 이정옥, 남후선, 권미정, 진현선 공저,『중국복식사』, 형설출판사, 2000, 103~161쪽.

있는데 서벽의 것은 비교적 잘 남아 있으나 동벽은 많이 지워졌다.

제2천정 북벽 상부에는 괴수(귀면)가 크게 그려졌다. 뿔이 머리 양쪽에 나있고 수염이 난 입을 크게 벌리고 있다. 묘실을 지키는 벽사의 상징을 가진 제재로 보인다. 제4천정의 동·서벽에 감이 하나씩 있다. 문 옆에 인물상이 한 명씩 남아 있다.

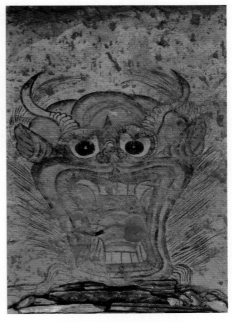

울란 헤렘 벽화고분 괴수도

③ 묘실의 벽화

마지막으로 묘실에는 인물과 나무가 그려져 있다. 묘실 네 벽에 암적색으로 기둥과 들보를 그렸다. 한 벽면을 여러 개의 기둥으로 구획을 하고 기둥과 기둥 사이에 한 그루의 나무와 한 명의 인물을 그렸다. 서벽에 한 명, 북벽에 네 명, 동벽에 세 명의 인물이 남아 있다. 서벽의 가장 오른쪽에 남은 인물은 적색 옷을 입고 있는데 남쪽을 향하여 춤을 추는 형상이다. 북벽의 인물들은 모두 묘실의 서벽, 즉 묘주의 관 쪽을 향하고 있다. 북벽의 첫 번째 인물은 적색 옷을 입은 남자로 서벽을 향하여 소매를 날리며 춤을 추는 모습이다. 그 뒤로 회색 상의에 붉은 치마를 입은 여인이 뒤따른다. 여인의 뒤에는 붉은 상의에 검은색 주름치마를 입은 여인과 적색 옷을 입은 키가 작은 남자가 따르고 있다. 동벽의 여인은 회색 상의에 적색 치마를 입었다.

묘실 벽화는 당대에 유행하여 섬서 서안의 벽화고분들에서 많이 볼 수 있는 수하인물도의 형식을 연상케 한다.[35] 인물들의 의복에 밝은 적색의 안료를 칠해 눈에 두드러진다. 나무 위의 빈 공간에도 적색 안료를 사용하여 거칠고 두꺼운 선을 죽죽 그어 장식을 하였는데 강렬한 인상을 준다. 나무는 검은색의 안료로 뚝뚝 끊어진 선을 이용하여 거칠게 줄기와 가지를 그렸다. 묘도

---

35) 당대 황실벽화묘는 묘실 네 벽에 시녀·궁녀·내시·악무·병풍 등의 도상을 그린다. 벽화는 보통 침상형태의 관이나 석곽을 중심으로 배치된다. 리싱밍, 「關中地域 唐代 皇室壁畫墓의 도상연구」, 『미술사논단』 23, 한국미술연구소, 2006, 101~124쪽.

울란 헤렘 벽화고분 주실 인물모사도 　　　　　　　　울란 헤렘 벽화고분 주실 인물도

와 천장의 벽화에 사용된 정제되고 세련된 필치와는 차이가 나서 대조적이다. 석회 벽면의 상태나 그림 솜씨에서 차이가 있어 제작 화공이나 제작 시기가 다른 것이 아닐까 생각된다. 발굴 보고에서도 40여점의 벽화를 제작하려면 두 명 이상의 화가가 참여하여 제작했을 것으로 보고 있다. 전자는 비교적 세련된 가는 필선으로 인물과 청룡·백호를 그린 반면, 후자는 두터운 붓으로 거칠게 그렸으며 인물의 형상이나 키가 일정하지 않다. 발굴 보고에서는 묘실 벽화에서 큰 나무 밑에 남녀인물상을 그린 것은 위구르 민족의 발생 신화와 유관한 것으로 보고 있다.

묘도와 천정의 벽화는 중국의 당대 벽화고분의 인물화 형식이나 벽화 배치를 많이 반영하고 있다. 묘실의 벽화는 당대의 수하인물도 형식과 유사하지만 그 표현방식에서 중국의 것과는 차이가 있다. 묘도와 묘실의 벽화를 그린 제작화공의 솜씨 차이나, 지역 화풍이나 풍습의 반영은 아닌지 좀 더 고찰이 필요하다. 또한 돌궐, 위구르 민족의 신화에 대한 이해와 연구가 심화되면 보다 구체적인 해석이 나올 수 있을 것으로 생각된다.[36]

3, 고분 벽화의 구성과 주제별 비교

바양노르 벽화고분은 남향의 고분으로 묘도墓道, 과동過洞, 천정天井, 이실耳室(네 번째 천정의 동·서벽), 용도甬道, 묘실墓室로 구성되었다.[37] 묘도에는 청룡靑龍과 백호白虎, 의장대儀仗隊, 깃발

---

36) 돌궐 시조신화와 神木 등반 의례에 대하여 국립민속박물관 편,『북방민족의 샤마니즘과 제사습속』, 국립민속박물관 학술총서 25, 국립민속박물관, 1998, 171~189쪽.
37) 박아림,「몽골에서 최근 발굴된 돌궐시대 벽화고분의 소개」,『고구려발해연구』43, 고구려발해학회, 2012,

과 깃대, 천정 동·서벽에는 견마牽馬 및 남시男侍와 시녀侍女, 천정 북벽에는 문루門樓, 연화보주蓮花寶珠, 괴수怪獸가 그려져 있다. 묘실에는 수하인물도樹下人物圖가 있다.

7세기에 동아시아와 중앙아시아에서 벽화고분이 주로 축조된 지역은 섬서 서안과 예천, 영하 고원, 신강 투르판 등이다. 당의 수도 장안은 당시 벽화고분 축조의 중심지로 섬서 예천에 소재한 당 태종(627~649년)의 무덤인 소릉昭陵의 30여 기의 배장묘 대부분에서 벽화가 확인된다.[38] 고구려의 수도 평양과 국내성 지역(중국 길림 집안)에도 고구려가 세운 벽화고분들이 다수 존재한다. 고구려 벽화고분은 7세기경에는 단실묘單室墓의 유일한 벽화 주제로 사신도가 발달하였고 생활풍속도는 사라진 반면, 7세기의 당묘唐墓 벽화는 인물도와 사신도가 공존한다. 다음에서는 벽화의 주제별로 내용을 살펴보고 동시기에 조성된 고분벽화들과 비교한다.

① 사신도(四神圖)

바양노르 벽화고분의 묘도 입구에 배치된 청룡과 백호는 크기가 상당히 커서 묘도 길이의 절반을 차지하고 있다. 머리와 목이 'S'자형으로 구부러졌으며 네 다리를 앞뒤로 힘차게 뻗고 있다. 머리와 목, 다리에 묘사된 운동감은 몸통과 꼬리 부분에서는 약화되는데, 몸통과 꼬리는 일자형으로 굵기가 일정하며 몸통과 거의 같은 길이의 긴 꼬리는 묘도 아래쪽을 향해 길게 늘어졌다. 청룡과 백호의 목과 엉덩이 위로 승천을 위한 매개물인 척목尺木이 있고 등과 꼬리에 적색으로 돌기를 표현하였다.[39] 간단한 운기문이 주변을 장식하고 있다.

바양노르 사신도의 배치와 양식적 특징을 7세기 전후 동아시아 고분의 사신도와 비교해보면 우선 묘실 안이 아닌 묘도 입구에 배치된 형식은 중국 북조~수당대 사신도와 같다. 6~7세기의 고구려 후기 청룡·백호도는 단실묘單室墓의 묘실 동·서벽에 그려져 배치면에서 차이가 난다. 청룡도의 양식적 특징은 'S'자형으로 구부러진 머리와 몸의 상체 표현은 북조의 것과 유사하면서 아래로 쳐진 꼬리 표현은 당의 것과 가깝다. 북조의 사신은 고구려 후기 고분과 양식적으로

175~200쪽.

38) 朴晟惠, 『西安地區唐墓壁畵風格研究』, 中央美術學院 博士論文, 1999; 陝西省歷史博物館, 昭陵博物館 合編, 『昭陵文物精華』, 陝西人民美術出版社, 1991; 전호태, 「한~당 고분벽화와 지역문화」, 『역사문화연구』 33, 역사문화연구소, 2009, 155~202쪽.

39) 전호태, 「한~당 사신도」, 『중국 화상석과 고분벽화 연구』, 솔, 2007, 254쪽.

유사한데 'S'자형의 꼬리가 하늘을 향해 올라가며, 전체적으로 날렵하고 탄력성 있는 신체 표현이 특징이다. 또한 사신을 둘러싼 운기문양도 당묘唐墓보다는 북조묘北朝墓와 보다 유사한데, 하북 자현 만장 북제벽화묘의 것과 비슷하다. 묘도 아래쪽을 향해 늘어진 바양노르 사신의 꼬리는 몸통과 거의 같은 길이로 뭉툭하게 짧은 당묘唐墓의 사신의 꼬리와 약간 차이가 난다.

사신의 도상은 중국 한위진남북조 고분의 부장품, 묘실 벽면, 석관 및 묘지 장식에 자주 표현된다. 수당대에도 묘지, 석관, 묘실의 장식 제재로 사용되는데, 묘도 입구에 청룡, 백호를 그리는 경우 주작과 현무는 거의 출현하지 않는다. 묘도 입구에 배치된 청룡과 백호는 대개 의장대儀仗隊와 같이 출현하며 몸체의 역동적 표현이나 신수神獸로서의 신비감이 약화되는 것이 특징이다.[40] 바양노르의 사신도는 의장대와 같이 묘도에 그려져 제재의 배치면에서는 북조~수당의 사신도와 같고, 양식적으로는 북조, 수당, 고구려 사신도의 특징이 혼합된 듯한 양상을 보여준다.

② 인물도(人物圖)

바양노르 고분의 인물도의 주제는 묘실의 수하인물樹下人物과 무녀舞女 또는 사녀仕女, 천정의 호인견마胡人牽馬, 남시男侍와 여시女侍, 묘도의 의장대로 나눌 수 있다. 인물도의 주제 배치와 표현은 7세기 중후반의 섬서 예천과 서안의 벽화고분들과 친연성을 보여준다. 당 태종(598~649년)의 소릉 배장묘를 포함한 7세기 중·후반의 섬서 벽화고분들은 다음 표와 같다(표 2).

표 2 | 당의 7세기 벽화고분[41]

벽화고분	소재지	묘도	天井	과동	용도	묘실
長樂公主墓(643)	陝西 禮泉	청룡, 백호, 거마, 의장대, 문루	문루, 儀衛, 내시	男侍, 侍女	남시, 시녀	목조가옥, 神鳥, 天象
李思摩墓(647)	〃				畏獸	侍女, 伎樂
段簡璧墓(651)	〃		列戟, 시녀	남시		
張士貴墓(657)	〃	벽화 탈락				
執失奉節墓(658)	陝西 西安					舞女

40) 전호태, 『중국 화상석과 고분벽화 연구』, 솔, 2007, 233~298쪽.
41) 李星明, 『唐代墓室壁畵硏究』, 陝西人民美術出版社, 2006, 409~412쪽.

新城長公主墓(663)	섬서 예천	청룡, 백호, 문리, 대문, 의장대, 鞍馬, 문루	列戟, 儀衛, 시녀		시녀	시녀
鄭仁泰墓(664)	〃	鞍馬, 마부, 낙타, 의장대, 男侍, 문리		시녀		
韋貴妃墓(666)	〃	의장대, 문리, 문루	胡人備馬, 호인牽馬, 내시	내시, 궁녀	기악과 무녀	궁녀
李爽(668)	섬서 서안	의장대			남시, 시녀	시녀, 기악
王善貴墓(668)	〃					15폭 병풍시녀
蘇君墓(667)	섬서 咸陽	청룡, 백호, 안마, 의장대, 문루	남시, 侍衛, 戟架, 시위, 牽馬	시자		天象
李勣墓(670)	섬서 예천	馬蹄, 人脚				女樂, 舞踊, 육폭 병풍 樹下士女
燕妃墓(671)	〃				궁녀	궁녀, 악무, 십이폭 병풍 수하인물
阿史那忠墓(675)	〃	청룡, 백호, 말, 낙타, 의장대, 시종, 문리, 문루	戟架, 남시, 시녀	남녀 시자		
元師獎墓(686)	섬서 岐山				시자, 男童, 개	22폭 병풍화 시녀, 수목, 화조
李晦墓(689)	섬서 高陵	牽馬	기악무녀, 시녀	列戟		벽화 탈락
金鄉縣主墓(690)	섬서 서안		牽駱駝胡人, 男侍, 시녀	胡人, 낙타, 男侍, 侍衛		시녀

　당묘의 인물도의 발달은 고조高祖에서 고종高宗시기(618~683년), 무측천武則天에서 예종睿宗시기(684~712년), 현종玄宗시기(712~756년), 숙종肅宗에서 당말唐末까지(756~907년)로 나눈다.[42] 제1기 초당묘初唐墓는 서안 근교에 분포하며 남북조 만기와 수隋의 인물화에서 발전한 것이다. 초당의 사녀 형상은 동감이 결핍되고 순박, 강건하게 묘사되어 다음에 오는 '무주풍격武周風格'의 사녀 형상과 차이가 난다. 제2기는 무측천 시기(684~705년), 중종과 예종시기(705~712년)로 나눈다. 무측천 시기 인물도의 특징은 무주풍격武周風格이라 하는데 사녀상이 신체가 가늘고 길어지면서 동작에 율동감이 강조되고 선조가 유려해진다.[43] 바양노르 벽화는 아직 초당의 사녀 형상에 가까워 무주풍격이 나타나기 전, 즉 제2돌궐제국(683~745?년)이 세워지기 전에 제작된 것으로 생각된다.

　묘실은 벽면을 몇 개의 세로선으로 나누고 수하인물樹下人物을 그렸다. 남북조시기 벽화묘에 출현한 수하인물과 병풍도상은 초당 후기묘에 다시 출현한다. 목조 가옥구조를 그린 묘실과 용

---

42) 李星明, 『唐代墓室壁畵研究』, 陝西人民美術出版社, 2006, 393쪽.
43) 李星明, 『唐代墓室壁畵研究』, 陝西人民美術出版社, 2006, 230쪽.

도에 수목樹木, 호석湖石 등 정원화원庭院花園을 인물화의 배경으로 그렸다. 병풍도는 당묘의 내택内宅 경관을 구성하는 중요한 도상으로 7세기 후반의 섬서 서안과 예천 벽화고분(집실봉절묘, 이적묘, 연비묘, 원사장묘), 7세기말 영하 고원 양원진묘(699년)에 나타난다.[44] 투르판 아스타나 당묘唐墓도 산수인물山水人物, 화훼금조花卉禽鳥 등을 묘실 후벽에 다병식多屛式 벽화로 표현하였다. 목마도牧馬圖, 기악도伎樂圖가 연병식聯屛式으로 그려진 견본화絹本畫도 여러 점이 출토되었으며 사녀도仕女圖, 쌍동도雙童圖는 원본이 한 폭의 병풍화이다.[45]

당초唐初 장군將軍으로 돌궐을 격파하는데 공을 세운 이적李勣(594~669년)의 고분 묘실 북벽 서측과 서벽 북측에 6폭 병풍도가 있는데 북벽 3폭의 병풍에 홍색 교임관수삼交衽寬袖衫과 백색 장군長裙을 입고 나무 아래에서 걷거나 뛰는 형상의 사녀들을 그렸다.[46] 좌상 또는 입상의 수하 사녀도 형식과 나무의 형상이 바양노르 벽화를 연상시킨다.

바양노르 고분의 북벽과 서벽에는 적색 긴소매 옷을 입은 인물이 소매를 날리며 춤을 추는 무녀도舞女圖가 있다. 집실봉절묘, 이사마묘, 위귀비묘에도 기악무녀도伎樂舞女圖가 있다. 돌궐 출신으로 당의 번장番將이자 정양도독定襄都督이었던 집실봉절묘(658년)의 묘실 북벽의 홍의무녀도紅衣舞女圖는 허리선이 높고 붉은 줄무늬가 있는 긴 치마를 입고 붉은 색의 긴 천을 어깨에 걸친 채 춤을 추는 모습이 잘 남아있다.[47]

바양노르 고분의 묘실 벽화 제재의 배치와 표현은 초당시기 관중지역 벽화묘의 수하인물도, 무녀도, 사녀도, 병풍도의 형식이 조합되어 만들어진 것임을 알 수 있다. 이러한 도상은 초당의 관중지역에서 점차 태원, 고원, 투르판으로 전파된다. 병풍 형식의 채용은 같은 변방지역인 투르판 아스타나고분에서도 관찰된다. 묘주 현실 생활에 사용된 병풍의 묘사인 동시에 묘주의 영좌靈座를 안전하게 보호하고 감싸는 기능을 하는 것이다. 또한 묘실 벽화에서 밝은 적색의 두드러진 사용은 동시기 다른 지역 벽화고분에서는 보이지 않는 것으로 지역적 특색을 드러낸다.

바양노르 벽화고분의 천정의 동·서 양벽에는 호인견마도胡人牽馬圖와 남시男侍와 여시도女侍

---

44) 李星明, 『唐代墓室壁畵硏究』, 陝西人民美術出版社, 2006, 도5-51, 도5-53, 도5-59.
45) 徐光冀 主編, 『中國出土壁畵全集 9권 甘肅·寧夏·新疆』, 科學出版社, 2012, 도203-221.
46) 『舊唐書』 卷67, 「李勣傳」 寧夏回族自治區固原博物館 編, 『原州古墓集成』, 文物出版社, 1999, 141~152쪽; 李星明, 『唐代墓室壁畵硏究』, 陝西人民美術出版社, 2006, 159~170쪽.
47) 朴晟惠, 『西安地區唐墓壁畵風格硏究』, 中央美術學院 博士論文, 1999, 16쪽; 국립중앙박물관 편, 『중국 고대회화의 탄생』, 국립중앙박물관, 2008, 도35, 145쪽.

圖가 있다. 제1천정의 동벽에는 적마赤馬를 끌고 있는 정면상의 마부가 있다. 적색 장화에 흑색의 긴 포를 입었는데 수당대 호복인 깃을 접은 형인 번령포로 보인다.[48] 마부가 쓴 끝이 뾰쪽한 붉은 색 모자는 고대 소그드의 모자와 흡사하다. 말의 갈기가 2~3개의 삼각형으로 표현되었는데 태종의 소릉육준昭陵六

울란 헤렘 벽화고분 제1천정 동벽 마부도

駿 조각상에서도 비슷한 말갈기 표현을 볼 수 있다. 서벽의 마부는 모자 없이 적색의 번령포를 입고 있다. 흑마黑馬를 끌고 있는데 말의 뭉툭한 꼬리가 위로 들려있다.

마부도는 북조~수당대 고분에서 묘주의 출행 또는 사후의 여행을 위해 종종 표현되는 제재로서 7세기 후반의 당묘의 묘도, 천정에서도 여러 사례(신성장공주묘, 정인태묘, 소군묘, 이적묘 등)가 관찰된다. 영하 고원 양원진묘와 같이 3개의 천정 동ㆍ서벽에 모두 견마도牽馬圖가 그려진 예도 있다.[49] 투르판 아스타나 188호묘 초당初唐에서도 "시마도侍馬圖" 견화絹畵 8폭 병풍이 출토되었다. 묘지墓志에 따르면 묘주인 국선비麴仙妃가 회화와 직수織繡에 능하다고 기록되어 있어 묘주가 생전에 제작한 작품일 것으로 추정하고 있다.[50]

섬서 예천 위귀비묘 호인마부도

바양노르의 호인마부상과 가장 흡사한 예는 위귀비묘(666년)의 제1천정 동벽의 호인비마胡人備馬와 서벽의 호인견마胡人牽馬 중 서벽의 정면상의 호인마부로 적색 번령포를 입고 백마白馬를

48) 이정옥, 『중국복식사』, 형설출판사, 2000, 103~161쪽.
49) 李星明, 『唐代墓室壁畵硏究』, 陝西人民美術出版社, 2006, 115쪽, 도2-19.
50) 中國美術全集編輯委員會 編, 『中國美術全集, 繪畵編 2 隋唐五代繪畵』, 文物出版社, 1985, 도10.

끌고 있다.[51)]

다음으로 묘도의 의장도儀仗圖를 살펴본다. 앞에서 언급하였듯이 북조~수당대 고분의 묘도에는 청룡·백호와 의장대의 두 제재가 결합된다. 바양노르 묘도 벽화의 제재 구성과 배치는 중국 벽화고분과 유사하나 세부 표현에서 지역적 특징이 엿보인다.

바양노르 고분 묘도 동·서벽 의장대의 첫 번째 인물은 흑색의 복두幞頭와 적색의 원령의圓領衣를 입고 장검을 차고 있다. 첫 번째 인물 뒤에는 세 개의 적색의 깃발이 꽂힌 걸개가 있다. 걸개 뒤에 선 행렬의 두 번째 인물은 흑색 복두와 회색(흑색?) 원령포를 입고 두 손을 가슴 앞에 공손히 모으고 머리를 앞으로 약간 숙인 채 서 있다. 흑색 복두에 적색 원령포를 입은 세 번째 인물은 다른 인물들보다 크기가 크게 그려져 강조되었다. 서벽의 인물은 남쪽을 향해 서있고 동벽의 인물은 정면상이다.

행렬의 마지막 인물은 회색의 원령의를 입었으며 복장, 표정, 동작이 단간벽묘를 비롯하여 소릉과 건릉 배장 벽화묘와 산서 태원 남교의 고분 벽화에 등장하는 남시男侍의 형상과 유사하다. 당의 궁정화가 염립본閻立本(601년 전후~673년)의 〈보련도步輦圖〉에도 백의를 입은 남시男侍 형상을 볼 수 있다. 당태종을 둘러싼 궁녀들은 머리가 다소 크고 고발高髮에 홍백紅白 조문條紋의 장군長裙을 입고 있어 소릉 배장묘들과 바양노르 고분벽화의 여인상을 연상시킨다. 소릉 배장묘의 고분벽화는 당시 고분벽화를 제작한 화가가 염립본 화풍에 영향을 받은 모본에 따라 그린 것으로 추정된다.[52)]

바양노르 고분 묘도의 인물도는 염립본이 정관 15년(641년) 당 태종이 투르판의 사자使者를 접견하는 장면을 그린 〈보련도步輦圖〉의 화면 좌측에 묘사된 사자使者와 전례관典禮官, 남시男侍의 구성을 연상시킨다. 화면의 투르판의 사자 앞에는 홍포紅袍를 입은 전례관典禮官이 있고 뒤에는 백의를 입은 남시男侍가 서있다. 외국 사신의 접견도라는 기록적, 의례적 성격을 띤 주제인데 바양노르 고분 묘도의 인물들이 가진 공손하게 경의를 표하는 태도나 분위기와 흡사하다. 이는 몽골 벽화묘의 묘도 벽화가 당과의 교류에서 가진 묘주의 특정한 중요 사건을 그린 기록화의

51) 昭陵博物館 編,『昭陵唐墓壁畵』, 文物出版社, 2006, 121쪽, 도87.
52) 陝西省歷史博物館, 昭陵博物館 合編,『昭陵文物精華』, 陝西人民美術出版社, 1991, 38~39쪽; 朴晟惠,『西安地區唐墓壁畵風格硏究』, 中央美術學院 博士論文, 1999, 82~85쪽; 李星明,『唐代墓室壁畵硏究』, 陝西人民美術出版社, 2006, 230~318쪽.

성격을 가진 것임을 의미할 수도 있는데 이를테면 당의 기미지배기 해당 지역의 추장酋長으로서 도독이나 자사로 임명된 사건을 기념하기 위한 것이다. 한편 고분미술의 제재는 항상 중의적 표현을 염두에 두고 해석해야 하므로 묘주의 사후 장례에 참여하기 위해 방문한 중국의 사신을 그린 것일 수도 있다. 또는 돌궐의 장례습속에서 고분과 사당 전면에 세워지는 석인상을 연상시키기도 한다.

흥미로운 것은 〈보련도步輦圖〉 화면의 우측에는 가마 위에 앉은 당태종을 둘러싼 고발高髮에 홍백紅白 조문條紋의 장군長裙을 입은 궁녀들이 묘사되었는데 바양노르 벽화고분의 묘주가 묻힌 묘실墓室도 복식이나 신체 표현이 유사한 시녀상들로 장식되어 사후의 묘주의 영혼을 시중 들고 있다는 점이다.

묘도 동·서벽에 각각 세 개씩 적색 깃발이 꽂힌 걸개의 형상과 깃발을 둘러싼 인물의 배치 형식은 북조~당묘의 의장대儀仗隊, 열극도列戟圖 또는 극가도戟架圖와 비슷하다. 당묘 벽화에서 열극도列戟圖는 등급에 따라 극戟의 수에 차별이 있으며 묘주의 지위를 표현하는 도상이다.[53]

바양노르 의장대는 묘주의 높은 지위를 과시하는 제재로 선택되었으나 인물의 수가 적고 인물들의 자세도 비교적 자유롭게 표현되었으며 극戟 대신 적색 깃발이 꽂혀있다. 초당 벽화고분 중에서 깃발 걸개를 사용하지 않고 의장대가 깃발을 든 형상으로 묘사한 예가 정인태묘에서 보인다.[54] 아프라시압 궁전의 서벽 벽화의 깃대들이 서돌궐西突厥 부족과 소무구성昭武九姓과 연관된 상징으로 해석되는데 바양노르 벽화의 깃발 역시 이러한 부족의 상징으로 사용된 것일 수도 있다.[55]

③ 문루(門樓), 연화보주(蓮花寶珠), 괴수도(怪獸圖)

바양노르 벽화고분의 천정 북벽에는 문루門樓, 연화보주蓮花寶珠, 괴수怪獸, 문루門樓가 차례로 배치되었다. 문루도는 묘도의 북벽과 제3천정天井의 북벽 상단(또는 과동 남벽 입구 상단)에 두

53) 리싱밍, 「關中地域 唐代 皇室壁畵墓의 도상연구」, 『미술사논단』 23, 한국미술연구소, 2006, 101~124쪽; 李星明, 『唐代墓室壁畵硏究』, 陝西人民美術出版社, 2006, 156~159쪽.
54) Susan L. Caroselli, *The Quest for Eternity*, Chronicle Books, 1987, 130-131쪽.
55) 권영필, 「아프라시압 궁전지 벽화의 '고구려 사절'에 관한 연구」, 『중앙아시아 속의 고구려인 발자취』, 동북아역사재단, 2007, 14~59쪽.

번 표현되었다.⁵⁶⁾ 고분 안에 표현된 건물도는 묘주의 현세의 거주 공간의 재현, 묘주를 위한 제의적 공간(빈전, 혼전, 사당)의 상징, 또는 내세로 이동(승선)하는 천문天門 등으로 다양하게 해석할 수 있다. 문루도의 연원은 한대漢代 화상석의 궐闕, 조위曹魏~서진西晉 하서河西 벽화묘의 문루식門樓式 조장照墻, 영하 고원과 섬서 함양 북주묘北周墓의 문루도에서 찾을 수 있다.⁵⁷⁾ 벽화묘의 묘도와 천정에 문루도가 출현하는 이른 예로서 고원의 북주北周 이현묘李賢墓(569년)와 수隋 사사물묘史射勿墓(610년)가 주목된다. 이현묘는 3개 과동과 용도甬道에 모두 문루를 그렸다.⁵⁸⁾ 탁발선비 출신인 이현李賢(503~569년)은 돌궐 및 고구려와의 전쟁에서 활약한 인물이다. 소그드인 선조가 대대로 살보薩寶로 활동한 사사물史射勿(543~609년)의 묘는 제1·2과동 남구南口에 문루와 연화를 각각 그려 바양노르 고분과 배치가 같다. 문루도와 인물도가 벽화의 주 제재인 북주 이현묘를 계승한 수隋 사사물묘는 초당 벽화고분의 선례가 된다. 탁발선비와 소그드와 같은 북방 유목민의 벽화고분에 보이는 문루도의 형식은 이후 서안과 고원의 당묘唐墓로 계승된다.⁵⁹⁾

북조 고분 문루도는 긴 경사진 묘도와 천정天井 및 과동이라는 구조적 변화와 공간 장식의 필요성에 의해 출현한 것이거나, 북조 고분에서 종종 발견되는 목조 가옥이나 가구의 모형(석탑石榻, 석상石床, 석관, 석곽 등)과 같은 고분 내에서의 상징적 제의공간의 재현과 연계되어 나타난 것으로 추정된다.

연화보주도와 괴수도는 당대 벽화고분보다는 북조 벽화고분과 불교석굴에서 주로 출현하는 제재이다. 당대 벽화고분에서는 문미門楣 장식으로 연화를 그리거나 새긴 사례가 드물다. 바양노르 고분의 연화보주문은 원형의 보주문이 복련좌 위에 놓였다. 흑색으로 윤곽선을 그리고 적색으로 부분 채색하였는데 그 크기가 상당히 크다. 제재 배치에서 비슷한 사사물묘의 연화 역시 너비 150㎝, 높이 70㎝의 대형 연화이다.

연화보주문은 남북조 불교미술의 발달로 불교적·서역적 요소가 고분미술 안으로 유입되면

---

56) 박아림, 「몽골에서 최근 발굴된 돌궐시대 벽화고분의 소개」, 『고구려발해연구』 43, 고구려발해학회, 2012, 175~200쪽.

57) 박아림, 「중국 위진 고분벽화의 연원 연구」, 『동양미술사학』 1, 동양미술사학회, 2012, 75~112쪽.

58) 李星明, 『唐代墓室壁畵研究』, 陝西人民美術出版社, 2006, 도1-44, 45; 寧夏回族自治區固原博物館 編, 『原州古墓集成』, 文物出版社, 1999, 20쪽, 도1-27, 26, 41, 42.

59) 秦浩, 『隋唐考古』, 南京大學出版社, 1996, 404~406쪽; 리싱밍, 「關中地域 唐代 皇室壁畵墓의 도상연구」, 『미술사논단』 23, 한국미술연구소, 2006, 101~125쪽.

488 고구려 고분벽화 유라시아문화를 품다

서 발달한 제재로 불교석굴과 벽화고분의 입구와 천장에 종종 표현된다. 남북조 벽화고분 중에서 이른 사례는 산서山西 대동大同 사령沙嶺 벽화고분(435년)과 동위 여여공주묘이다. 사령 벽화고분은 복희·여와의 얼굴 사이에 화염보주가 표현되었다. 여여공주묘는 용도 묘문 주작의 발 아래에 복련좌 위에 놓인 원형 보주가 있다. 하북 자현 북제 누예묘 묘문 남벽에도 복련좌 위의 원형보주문이 발견된다.

북조 고분과 석관의 연화보주문의 성격에 대하여는 한묘漢墓의 일월과 옥벽玉璧 도상에서 연원을 찾는다. 보주를 둘러싼 사신四神의 대칭구도가 옥벽이 묘실 문액이나 천장 등에 용호龍虎나 한 쌍의 사신과 대칭 표현되는 것과 유사하기 때문이다. 고분의 옥벽은 천상세계의 입구를 상징하므로 연화보주문 역시 천문天門의 상징이다. 연화보주문은 특히 남북조시대 후기 중국내 호인胡人들에 의해 널리 유행되었다.[60]

제2천정 북벽 상방에는 괴수怪獸의 얼굴이 크게 그려졌다. 머리 양쪽에 뿔이 나있고 가는 수염이 솟아난 입을 크게 벌리고 있다. 벽화의 배치상 한위진남북조 미술에서 흔히 볼 수 있는 벽사辟邪의 귀면鬼面을 표현한 것으로 보인다. 그러나 신수神獸로서 특징은 약화되고 현실에서 볼 수 있는 동물의 형상으로 변화되었다. 귀면과 연화를 묘문 문미에 표현한 예는 동위 여여공주묘, 북제 서현수묘와 누예묘가 있다.[61] 특히 서수의 머리의 뿔 사이에 연화보주문이 묘사된 누예묘婁叡墓의 귀면이 바양노르 벽화의 것과 흡사하다.[62] 묘도의 사신도와 같이 괴수상도 세부표현에서 중국이나 고구려 사례와 차이가 나서 지역적 특색이 반영된 것은 아닌가 싶다.

문루도와 연화보주문이 북방유목민이나 호인들이 장의미술에서 선호하여 표현된 제재이고 귀면鬼面의 형상이 다른 지역에서 볼 수 없는 지역적 변형이 이루어진 점은 천정 북벽 벽화들이 바양노르 벽화의 지역적 특색과 도상의 변용을 살펴볼 수 있는 중요한 제재라는 점을 시사한다.

장의미술에서 고분의 구조, 벽화와 부장품의 선택과 배치는 묘주의 현세 생활의 재현과 내세관의 표현이라는 일정한 공식을 따라 이루어진다. 동아시아와 중앙아시아에서 고분벽화 문화의 전파에 따라 각 지역에서 문화적 변용이 이루어지는 것은 그 다음의 해석의 문제이다. 동아

60) 소현숙, 「中國 南北朝時代 寶珠文 연구 – 墓葬美術을 중심으로」, 『미술사논단』 24, 한국미술연구소, 2007, 63~95쪽.
61) 李星明, 『唐代墓室壁畵研究』, 陝西人民美術出版社, 2006, 도1-27, 26.
62) 太原市文物考古研究所 編, 『北齊婁叡墓』, 文物出版社, 2004, 도17.

시아 고분미술의 맥락에서 바양노르 고분벽화 제재들의 유기적 관계를 고찰해보면 전국戰國~ 한대漢代에 시작하여 꾸준히 발달 변화되어 온 고분 미술의 전형적 구성을 따르고 있음을 알 수 있다. 묘주의 지위를 상징하는 의장행렬, 묘주의 사후 공간을 지키는 시종들, 묘주 영혼의 승선 과 이동을 도울 청룡 · 백호와 안장을 얹은 말, 벽사의 상징인 귀면이 그 예이다. 장의미술에 반 복적으로 출현하는 이들 제재들은 시기적 · 지역적인 변용을 보여준다. 바양노르 고분의 인물의 복식은 7세기 동아시아 벽화고분 축조 중심지의 복식 양식을 반영한다. 한편 의장행렬의 깃발 의 표현에서는 중심지와 다른 지역적 특징이 관찰된다.

바양노르 고분의 벽화 제재의 배치에서 특히 주목되는 것은 천정 북벽에 그려진 문루, 연화 보주, 귀면이다. 아치형 과동 앞에 그려진 이들 제재들은 표현 공간의 특성상 사자死者의 다음 세계로의 이동(승선), 묘주를 제사지내는 제의 공간, 또는 내세로의 입구를 상징한다. 귀면은 한 대 이전부터 청동기의 도철문을 통하여 피안彼岸과 차안此岸의 세계를 나누는 상징적인 경계의 의미를 갖고 있다.63) 한대 화상석묘와 벽화고분의 석문石門, 기둥, 문미門楣의 귀면은 벽사의 상 징이다. 묘문과 묘실 사이에 위치한 과동과 천정이라는 경계적 공간에 표현된 바양노르 고분의 귀면 역시 유사한 상징성을 갖고 있다. 또한 연화보주문을 한대 옥벽 도상의 연장으로 본다면 이 역시 내세로 가는 천문天門을 상징한다.

견마도 역시 여러 고분벽화와 화상석에서 발견되는데 묘주의 영혼이 다음 세상으로 안전하 게 이동할 수 있는 수단으로 준비된 말을 표현한다. 마부를 소그드계 호인胡人으로 표현한 것은 당조 이전부터 활약해왔던 무위안씨武威安氏나 고원사씨固原史氏 등 소그드계가 양마養馬를 생업 의 하나로 삼았던 역사적 사실에 기반하였을 것이다. 한편으로 한대漢代 화상석의 호한교전도 와 고구려 각저총 씨름도의 서역인이 가지는 내세로의 승선 과정의 상징성도 담고 있을 것으로 생각된다.64) 묘도 입구의 청룡 · 백호의 묘사는 용호가 이끄는 묘주의 승선을 의미한다. 특히 거 대한 크기로 묘사된 이들 사신은 묘주의 육체와 영혼을 담은 고분의 내부 공간을 내세로 이끄 는 혼거魂車로서 역할이 강조된 것으로 짐작된다.

63) 장광직, 이철 譯, 『신화 미술 제사』, 동문선, 1995, 117쪽.
64) 박한제, 「唐代 六胡州 州城의 建置와 그 운용」, 『中國學報』 59, 한국중국학회, 2000, 187~223쪽; 임영애, 「고 구려 고분벽화와 고대중국의 西王母신앙 - 씨름그림에 나타난 '서역인'을 중심으로 - , 『강좌 미술사』 10, 한 국미술사연구소, 1998, 157~179쪽.

바양노르 벽화의 지역적 특색과 도상의 변용은 북조~수당대 벽화고분의 제재를 취사선택하여 조합 표현해낸 것이다. 바양노르 벽화 제재의 표현과 유사한 예가 같은 초당시기보다 이른 북조 고분들에서 먼저 관찰되는 이유는 바양노르 벽화의 출현이 위진남북조시대부터 중국의 북방 변방지대를 따라 꾸준히 이루어진 벽화문화의 전파와 교류가 축적된 결과이기 때문이다.

바양노르 고분의 벽화 제재의 구성과 배치는 일견 초당初唐 벽화고분의 것을 따르고 있으나 위에서 서술한 몇 가지 지역적 특징이 관찰된다. 이러한 지역적 특색의 발현의 배경으로는 바양노르 고분의 시공적 위치가 가지는 특수성에서 찾을 수 있다. 초원로에 위치하면서 돌궐, 회흘, 철륵, 선비, 유연과 같은 북방 유목민의 재지문화에 서역의 소그드, 서양의 비잔틴, 중국의 한인의 문화가 흘러들어 섞이는 문화적 변용현상이 반영되었기 때문이다. 이는 투르판 아스타나 고분의 복희 여와도가 한대漢代에 이미 출현한 장의미술 제재를 지역적으로 변형시킨 제재인 것과 비교된다.

II. 벽화의 양식과 전파

앞에서 언급하였듯이 바양노르 벽화고분과 초당시기 벽화고분의 공통적 특징은 북조 후기 벽화고분에서 이미 형성된 것들이다. 즉 업성鄴城(태원太原)의 동위東魏·북제묘北齊墓와 장안(서안), 원주原州(고원固原)의 북조묘北周墓의 고분 구조와 벽화 배치가 수隋와 초당初唐으로 계승된 것이다.[65]

바양노르 고분의 벽화의 양식 분석을 통해서 대략 650-670년대 전후의 편년 추정이 가능하다. 바양노르 고분의 인물도는 대체로 초당 관중지역 벽화들과 같은 양식적 특징을 보인다.[66] 특히 이사마묘李思摩墓(647년), 집실봉절묘執失奉節墓(658년), 위귀비묘韋貴妃墓(666년), 이적묘李勣墓(669년), 아사나충묘阿史那忠墓(675년)에 그려진 인물상의 표현과 가까운데 이들 벽화고분의

---

65) 조선일보사, 『中國국보전』, 솔대, 2007, 도140-141; 李星明, 『唐代墓室壁畵硏究』, 陝西人民美術出版社, 2006, 230~318쪽, 253쪽.
66) 李星明, 『唐代墓室壁畵硏究』, 陝西人民美術出版社, 2006, 393쪽.

묘주는 돌궐이거나 돌궐과 인척관계 또는 돌궐과의 전쟁에 참여한 인물들이다. 이사마는 힐리가한의 친척으로 나중에 당 황실의 성을 하사받아 아사나사마에서 이사마가 된다. 집실봉절은 정관년간에 당에 귀부한 돌궐 추장 집실사력執失思力의 아들이다.[67] 당 태종의 비妃인 위귀비는 증조와 조부, 아버지 모두 북주~수대 귀족세가貴族世家였으며 그의 딸인 정양현주定襄縣主가 아사나충의 부인이었다. 아사나충은 돌궐 계민가한의 동생인 아사나소니실阿史那蘇尼失(?~634년)의 아들이다.[68]

바양노르의 묘실의 인물도는 솜씨가 많이 떨어지나, 묘도의 인물도는 비교적 섬세하고 유려한 필치가 엿보여 소릉 배장 벽화고분을 조영한 화공집단이 파견되어 그렸을 가능성도 있다. 원래 돌궐의 장례습속은 중국과 달라 "날짜를 잡아서 죽은 이가 타던 말과 물품 등을 시신과 모두 태워 그 남은 재를 모아 장례를 지냈다. 무덤의 곁에는 집을 지어 그 안에 집을 지은 다음에 죽은 사람의 모습과 살아 있을 때 겪었던 전투의 모습을 그려놓았다"고 한다. 정관8년(634년) 힐리가한이 죽자 돌궐인들로 하여금 장사지내도록 했는데 그 습속의 예에 따라 시신을 파수灞水의 동쪽에서 태웠다고 기록되어 634년에도 화장 장법이 사용된 것을 알 수 있다.[69]

울란 헤렘 벽화묘도 나무로 만든 상자에 화장한 유골을 넣고 금박 장식을 한 직물로 싼 후에 목관 안에 넣는 화장법을 사용하였다. 한편 돌궐 비문과『구당서』의 기록을 보면 8세기에는 돌궐 지배자의 장례가 당의 직접적인 영향을 받았음을 알 수 있다. 개원 20년(732년) 퀼 테긴이 죽자 당의 황제가 사신을 보내 조문하고 제사지내게 하였는데, 황제가 친히 지은 비문으로 비석을 세우고 사묘祠廟를 세워 돌을 깎아서 상像을 만들고 네 벽면에는 고인이 전쟁과 진영에 있었던 모습을 그리게 했다는 기록이 있다.[70]

그러나 바양노르 고분은 돌궐세력이 고비 남부로 내려가 생활하고 회흘을 비롯한 투르크계(철륵)가 몽골 초원에서 활동하던 기미지배시기에 축조되었을 가능성이 높아 당시 톨 강 유역에 거주하던 복고씨를 포함한 철륵이 당으로부터 받아들인 장의미술의 형태를 보여주는 것으

---

67)『新唐書』卷 110「執失思力傳」.
68)『舊唐書』卷 109「阿史那忠傳」동북아역사재단 편,『舊唐書 外國傳 譯註 上』, 동북아역사재단, 2011, 81~84쪽.
69)『北史』,「突厥傳」동북아역사재단 편,『舊唐書 外國傳 譯註 上』, 동북아역사재단, 2011, 68쪽.
70)『北史』,「突厥傳」동북아역사재단 편,『舊唐書 外國傳 譯註 上』, 동북아역사재단, 2011, 150-151쪽; Talat Tekin, 이용성 譯,『돌궐비문연구』, 제이앤씨, 2008, 87~88쪽, 117~117쪽, 163쪽.

로 추정된다.[71)]

바양노르 벽화와 유사한 특징을 보이는 북조 만기와 수대 벽화고분이 유연, 선비, 소그드 묘주의 고분이라는 점은 주목을 요한다. 이들 고분들은 단순히 벽화만이 아니라 부장품에서도 북방 유목민이 선호하던 외래계 장신구가 종종 출토되며 북방 유목민이 이끌었던 실크로드와 초원로의 교류상을 잘 반영하고 있다.

III. 벽화묘의 편년

1. 복고을돌묘(僕固乙突墓)와의 비교

울란 헤렘 벽화묘의 편년을 구체적으로 살펴보기 위하여 2009년 7월 몽골 터우 아이막의 자마르 솜에서 발굴된 복고을돌묘僕固乙突墓와 비교한다. 터우 아이막의 복고을돌묘와 볼간 아이막의 울란 헤렘 벽화묘는 두 아이막의 경계선을 따라 흐르는 톨 강을 사이에 두고 인접해 있다. 복고을돌묘는 동실묘洞室墓로서 묘도 길이 23m, 묘실 크기 3.6×3.5×2.8m, 지면으로부터 깊이 6m이다. 묘도 양측에 이실耳室을 설치하였다. 묘실과 이실에서 백여 건의 유물이 발견되었다. 약 70점의 남자니용男子泥俑과 기마인물니용騎馬人物泥俑, 20점의 남녀목용男女木俑, 각종 동물목용動物木俑, 진묘무사용鎭墓武士俑, 진묘수鎭墓獸 등이다.

복고을돌묘의 출토품 가운데 중요한 것은 묘문 근처에서 나온 700여자의 한자로 쓰인 묘지墓誌(75×75㎝)이다. 묘주인 복고을돌僕固乙突(635~678년)은 우효위대장군右驍衛大將軍, 금미주도독金微州都督, 상주국上柱國, 임중현개국공林中縣開國公을 지냈다.[72)] 을돌乙突은 중국 사서에는 그 이

---

71) 철륵의 습속은 돌궐과 거의 같다고 기록되어있다. 『北史』 卷99, 「突厥 · 鐵勒傳」, 동북아역사재단 편, 『北史 外國傳 譯註 下』, 동북아역사재단, 2010, 443~561쪽; 『隋書』 卷84, 「北狄傳」, 동북아역사재단 편, 『周書, 隋書 外國傳 譯註』, 동북아역사재단, 2010, 257~367쪽.

72) 陳燦國, 「唐乾陵石人像及其銜名的硏究」, 『文物集刊』 1980년 2기, 191쪽; 楊富學, 「唐代僕固部世系考— 以蒙古国新出僕固氏墓志銘爲中心」, 『西域硏究』, 2012년 1기, 69~76쪽; 趙靖 · 楊富學, 「僕固部與唐朝關係 考」, 『新疆大學學報』, 2011년 5기, 59~64쪽; 東潮, 「モンゴル草原の突厥オラーンヘレム壁画墓」, 『德島大学

복고을돌묘 외관

복고을돌묘 묘지

름이 보이지 않으나 당 태종을 방문한 외국 번신藩臣을 묘사한 당唐 건릉乾陵의 "번신藩臣" 석상石像에서 이름이 발견된다. 복고僕固(복골僕骨)는 종족 명칭으로 고대 투르크계 유목민인 철륵鐵勒의 하나였다. 철륵鐵勒 복골부僕骨部는 몽골의 톨강 북쪽에 거주한 부족으로 돌궐과 거의 같은 습속을 가졌다.[73] 당 초기에 철륵鐵勒 9성九姓의 하나로 당에 투항하여 복고씨僕固氏로 불리게 되었다. 처음에는 돌궐에 복속役屬하다가 나중에는 설연타薛延陀에 부속附屬되었으나 설연타의 멸망 후에 금미주金微州가 설치되면서 복고을돌의 조부인 가람발연歌濫拔延이 정관20년(646년) 우무위대장군右武衛大將軍, 금미도독金微都督으로 임명되었다. 돌궐이 다시 흥기하자 당의 지배에서 벗어나 돌궐에 귀부한다.[74]

복고을돌묘의 묘지의 발견으로 복고부

　　　総合科学部 人間社会文化研究』, 2013, 第21卷, 1~50쪽.

73) 薛宗正, 「僕固部的興起及其與突厥回鶻的關係」, 『西域研究』3, 2000, 8~18쪽; 『北史』卷99, 「突厥·鐵勒傳」, 동북아역사재단 편, 『北史 外國傳 譯註 下』, 동북아역사재단, 2010, 443~561쪽; 『隋書』卷84, 「北狄傳」, 동북아역사재단 편, 『周書, 隋書 外國傳 譯註』, 동북아역사재단, 2010, 257~367쪽.

74) 복고을돌이 다스린 金微都督府는 貞觀 21년(647년) 鐵勒 부락의 하나인 僕骨에 설치된 羈縻府로 燕然都護府에 소속되었다. 몽골공화국 헨티 以北과 오논강 상류부터 러시아 시베리아 남부 일대에 해당된다. 663년 燕然도호부는 瀚海도호부로 바꿔 설치되며 막북지역으로 이전하는데 치소는 지금 몽골공화국 서남 오르콘강 상류의 서안(지금 하르호린 서북)이다. 관할구역은 지금 몽골공화국과 러시아 시베리아 남부였다. 總章 2년(669년)에 安北도호부로 개칭되었다. 한해도호부는 金微 등 7곳의 도독부를 통제하였고 추장을 발탁해 都督과 刺史로 삼았다. 『舊唐書』卷121 「僕固懷恩傳」, 『新唐書』卷217下 「僕骨傳」 동북아역사재단 편, 『舊唐書 外國傳 譯註 上』, 동북아역사재단, 2011, 96쪽; 동북아역사재단 편, 『新唐書 外國傳 譯註』, 동북아역사재단, 2011, 127~130쪽, 497~505쪽.

의 원거주지가 울란바토르 이동以東이 아니라 서북에 있었으며 활동중심지가 톨 강을 중심으로
한 지역이라는 것을 확인하게 되었다. 복고을돌은 조부인 가람발연과 아버지 사복思匐을 이어
657년경 금미주도독이 되어 당의 대외원정에 여러 차례 동원되었는데 657년의 당의 서돌궐의
아사나하노阿史那賀魯의 난亂의 평정, 668년의 말갈 동정東征, 670년 아사나충의 토번 정벌에 참
여하였다. 또한 금미주도독으로 활동한 657년경부터 678년경 사이에 중국의 장의미술 형식을
받아들여 자신의 무덤에 중국식 묘지墓志와 각종 용俑을 매장하였다.

복고을돌묘는 고분의 크기나 구조 및 이용泥俑 · 목용木俑의 부장품이 울란 헤렘 벽화묘과 유
사하면서, 진묘무사용과 인물용人物俑이 양식상 울란 헤렘 벽화묘보다 시기적으로 후대의 것으
로 보인다. 울란 헤렘 고분은 묘지가 출토되지 않아 정확한 조성시기를 알기 어렵다. 보다 발달
된 양식의 진묘무사용과 인물용이 출토된 복고을돌묘가 678년경 세워진 것으로 미루어 볼 때
울란 헤렘 벽화묘는 복고을돌묘보다 약간 이른 시기, 즉 650-670년대에 만들어진 고분으로 추
정된다.

2. 부장품의 비교

몽골 벽화고분에서 출토된 부장품들은 중국과의 교류만이 아니라 유목민족 간의 또는 서방
과의 교류를 반영하고 있어 상당히 흥미롭다. 고분에서는 약 100여점의 토우가 발견되었다 그
가운데 채색 남녀 입상이 80점이다. 기마인물 토우는 20여점이 나왔다. 인물 입상 목용도 동시
에 출토되었다. 그 외 진묘수와 사천왕, 동물 토우도 있다.

100여점의 토우는 대부분 두 개의 감에서 나왔다. 남녀 인물상들을 대부분 목을 앞으로 빼고
숙인 형상이다. 진묘수와 사천왕도 한 쌍씩 출토되었다. 중국에서는 쌍으로 부장되는 진묘수의
전통이 북위부터 시작하여 북제 · 주, 수당으로 이어진다. 진묘수는 그 양식이 성당기의 진묘수
에 비하여 단순하다.

또한 벽화고분에서는 약 140여점의 금제 장식품(화관 장식, 귀걸이, 반지, 팔찌, 그릇, 허리띠,
방울, 마구), 약 40~50점의 금화, 5점의 은화가 나와 묘주가 상당히 높은 지위의 인물이었음을
잘 보여준다. 그 외 목제품, 은제품, 청동기와 철기, 용, 말, 양, 거북이 등 동물모양 나무 조각품,
금동 자물쇠 등 다양한 유물이 출토되었다.

몽골 하르호린 박물관의 울란 헤렘 벽화고분 출토품 전시실

울란 헤렘 벽화고분 진묘수와 진묘용

몽골 벽화고분에서 나온 이러한 유목민족계 금제 장식품들과 금화들은 고분의 묘주가 유목민족의 전통을 계승하면서 당시 동·서 간의 활발한 교류에 직접적으로 참여한 인물이었음을 알게 해준다. 벽화와 유물에 대한 보다 상세하고 심도 깊은 고찰을 통하여 몽골 벽화고분이 담고 있는 국제적 교류상을 파악할 수 있다면 6~8세기 초원로를 통해 활동한 유목민족들의 역사와 문화를 복원해내는데 소중한 자료가 될 것이라 생각한다.

중국 수당대의 진묘무사용과 진묘수의 변천을 보면 수(581~618년), 초당(618~683년), 성당(684~756년), 중만당(757~907년)으로 시기가 구분된다.[75] 초당기의 용은 고종 재위 연간(650~683)에 수용隋俑의 전통에서 벗어나 새로운 변화를 보인다.

바양노르 벽화고분에서는 진묘무사용鎭墓武士俑(높이 66㎝)이 두 점 출토되었다. 산석좌山石座 위에 다리를 벌리고 섰으나 직립한 형태이고 상의에 화문도안花紋圖案을 그렸으며 전군戰裙이 길게 늘어져 대좌에 닿아 있다. 둘 다 가슴 높이로 주먹 쥔 팔을 들어 올린 형상이다. 복고을돌묘의 진묘무사용은 동물 위에 다리를 넓게 벌리고 서있고 삼곡 자세가 보다 강조되어 차이가 있다. 바양노르 고분의 진묘무사용과 진묘수는 채색에서 하늘색과 연두색의 사용이 두드러진다.

바양노르 고분의 진묘무사용과 유사한 예가 소릉昭陵 배장묘인 장사귀묘張士貴墓(657년)와 정

---

75) 鄭州市文物考古硏究所, 『中國古代鎭墓神物』, 文物出版社, 2004.

인태묘鄭仁泰墓(664년)에서 보인다.[76] 장사귀묘에서는 첩금채회문관용貼金彩繪文官俑(높이 68.5㎝)과 무관용武官俑(높이 72.5㎝)이 출토되었다. 명광개를 입고서 산석좌에 선 무관용의 형상이 바양노르의 것과 비슷하다.[77] 정인태묘에서는 채회유도문리용彩繪釉陶文吏俑(높이 69㎝)과 채회유도무관용彩繪釉陶武官俑(71.5㎝)이 출토되었다. 무관용은 직립형으로 명광개明光鎧를 입고 산석좌山石座를 밟고 올라섰다.[78] 전군戰裙이 길게 늘어져 산석좌에 닿아 있는 점이 바양노르와 같으나 관모의 형태에서 차이가 난다. 정인태묘 채유여용彩釉女俑(높이 38㎝)은 고발高髮에 홍백 조문條紋의 장군長裙을 입고 있으며 목을 앞으로 숙인 모습이 바양노르의 여용女俑을 연상시킨다.[79]

영하 고원 사도락史道洛 부부묘夫婦墓(658년) 출토 진묘무사용鎭墓武士俑(높이 83~85㎝)은 명광갑明光甲와 전군戰裙을 착용한 채회 소조상으로 흙으로 구운 후 금박을 입혔다.[80] 산석좌 위에 서있는 모습이나 귀 아래까지 내려오는 투구는 바양노르 것과 같으나 금박을 입혀 보다 화려하다. 또한 두 어깨가 앞으로 굽고 다리를 벌리고 엉덩이를 뒤로 약간 뺀 모양이 복고을돌묘의 것과 가깝다. 664년의 정인태묘 이후 진묘용은 불교의 천왕상으로 대치되며 발밑에는 짐승이나 소가 표현되기도 한다.[81] 678년의 복고을돌묘의

울란 헤렘 벽화고분 진묘무사용

76) 장사귀(584~657년)는 당의 장군으로 貞觀 15년(641년) 李勣 등과 함께 薛延陀를 격파하였으며 정관 말에는 태종을 수행하여 고구려 원정에도 참여하였으며 소릉에 배장 되었다. 『新唐書』卷92 「張士貴傳」; Susan L. Caroselli, *The Quest for Eternity*, Chronicle Books, 1987, 129쪽. 정인태도 당의 장군으로 顯慶 3년(658년) 土蕃을 遠征했으며, 顯慶 5년(660년)에는 左武衛大將軍으로 鐵勒에 원정하였다.

77) 陝西省歷史博物館·昭陵博物館 合編, 『昭陵文物精華』陝西人民美術出版社, 1991, 44-45쪽.

78) 조선일보사, 『中國국보전』, 솔대, 2007, 도 156, 157.

79) 陝西省歷史博物館·昭陵博物館 合編, 『昭陵文物精華』陝西人民美術出版社, 1991, 60쪽.

80) 寧夏回族自治區固原博物館 編, 『原州古墓集成』, 文物出版社, 1999, 도98, 99; 조선일보사, 『中國국보전』, 솔대, 2007, 도158.

81) 양홍, 「중국 俑의 연원과 발전」, 『미술사논단』 26, 한국미술연구소, 2008, 33-34쪽; 임영애, 「중국 고분 속 鎭墓獸의 양상과 불교적 변형」 『미술사논단』 25, 한국미술연구소, 2007, 37~65쪽, 도26, 27.

진묘용은 복원된 형태가 오른손은 허리에 얹고 왼손은 앞으로 뻗고 소 위에 양발을 벌리고 서 있어 바양노르의 것보다 발달된 형태이다.

바양노르 벽화고분의 진묘무사용, 진묘수, 여인용은 사도락묘史道洛墓(658년) 무사용과 진묘수, 정인태묘(664년) 무관용 및 여인용과 흡사하여 용俑의 양식적 특징에서 대략 650~670년대의 것으로 편년할 수 있다. 새를 닮은 진묘수의 얼굴 형태나 연두색과 하늘색의 채색 사용은 다른 고분에서는 보기 드문 특징이다.

한편 바양노르 고분과 복고을돌묘의 용俑들은 신강 투르판 아스타나 고분군에서 다수 출토된 니소용尼塑俑과 목조용木雕俑과 그 재질이나 구성에서 유사한 특징을 갖고 있다.[82] 당시 중국 내지 고분 출토 용상俑像은 도질陶質이 주를 이루는데 아스타나 고분들의 용상俑像은 몽골 고분들과 같이 대부분 니질泥質과 목질木質이 주를 이룬다. 아스타나 고분군의 용이 준수형蹲獸形, 인두수신형人頭獸身形, 수두수신형獸頭獸身形의 각종 진묘수와 남녀니용男女泥俑, 니두목신여용泥頭木身女俑, 견의채회목우絹衣彩繪木偶, 무사용武士俑, 기마용騎馬俑, 의장용儀仗俑, 타부마부용駝夫馬夫俑, 취주악용吹奏樂俑, 악무용樂舞俑 등의 인물용과 소牛, 말馬, 낙타駝, 돼지猪, 오리鴨 등의 가축류 동물용으로 구성된 점도 바양노르 고분과 같다. 니용泥俑은 홍紅, 녹綠, 백색白色 장식이 주를 이룬다. 대표적인 예로는 1973년 발굴된 국씨麴氏 고창국高昌國(502~640년)의 좌위대장군左衛大

정인태묘 문리용과 무관용

---

82) 한정희 외, 『동양미술사(상권, 중국)』, 미진사, 2007, 336~340쪽; 趙豊, 『絲綢之路美術考古概說』, 文物出版社, 2007, 256~298쪽.

將軍 장웅張雄부부묘(73TAM206) 출토용들이 있다. 장웅(633년)과 그 부인(688년)은 하장시기가 다른데 2차 합장시에 장웅의 둘째 아들인 장회적張懷寂이 공봉供奉한 부장품 중에서 진묘무사용과 같이 수준 높은 용俑들은 장안에서 제작하여 투르판으로 가져온 것으로 여겨진다.[83] 장웅부부묘의 니소尼塑 기마용騎馬俑은 바양노르 고분과, 목신금의군여용木身錦衣裙女俑과 진묘무사용은 복고을돌묘 출토용과 유사하다.[84] 『북사北史』, 「서역전西域傳」 제85, 고창高昌에 의하면[85] 국백아는 전에 철륵에 신속했고, 철륵은 항상 중신을 파견하여 고창국에 머물도록 했다. 상호商胡가 왕래하면 그들에게서 세금을 받아 철륵에게로 보냈다는 기록이 있어 고창국과 철륵 간의 상호교류 상황을 파악할 수 있으며 이러한 배경으로 유사한 용들이 출현하는 것으로 보인다.

울란 헤렘 벽화고분 진묘수

바양노르 고분의 금속제 출토품 중에서는 금제 화관花冠 장식이 있는데 여러 조각으로 부서져 출토되었다. 줄기에 작은 구멍들이 뚫려 있고 가는 금실이 남아 있어 천에 꿰어 붙여 착용하였을 것으로 생각된다. 바양노르 고분 출토 화관 장식과 비교될 수 있는 관식이 측천무후와 고종의 발원으로 675년 완공된 봉선사동奉先寺洞의 좌우협시보살상에서 발견되어 그 원형을 짐작할 수 있다. 봉선사동 보살상의 목걸이가 당시 발원자들이 실제 사용한 서역계 보석장신구의 영향으로 나타난 것이라면[86] 관식 역시 서역계통일 것으로 추정된다. 금제 화관 장식을 통해서도 바양노르 벽화고분이 대략 650~670년대에 조성된 고분이라는 것을 알 수 있다.

출토된 금제 장식품 중 능형의 화문 장식 금판은 유사한 예가 퀼 테긴의 조각상(732년)의 허

83) Janet Baker, "Sui and Early Tang period images of the heavenly king in tombs and temples," *Orientations*, 4, 1999, 53~57쪽; 조선일보사, 『中國국보전』, 솔대, 2007, 도161, 226-227쪽.

84) 趙豊, 『絲綢之路美術考古槪說』, 文物出版社, 2007, 도80.

85) 『北史』, 「西域傳」 제85 高昌.

86) 주경미, 「中國 龍門石窟 菩薩像의 莊嚴具 硏究 - 목걸이와 영락장식을 중심으로 - 」, 『불교미술사학』 5, 불교미술사학회, 2007, 495~525쪽; 주경미, 「장신구를 통해 본 동서교섭의 일면 - 수대 이정훈묘 출토 금제 공예품을 중심으로」, 『동서의 예술과 미학』, 솔, 2007, 221~246쪽.

울란 헤렘 벽화고분 화관 장식

용문석굴 봉선사동 보살상

리띠에 부조로 새겨진 것이 발견된다. 화관 장식은 작은 구멍들이 뚫려 있고 가는 금실이 남아있어 천에 꿰어 붙여 착용하였을 것으로 생각된다. 돌궐인들과 밀접한 관계를 맺었던 소그드인들의 복식을 보면 왕은 색발索髮(변발)하고 금과 여러 가지 보석으로 장식된 전모를 쓰고, 능라금수綾羅錦繡, 백첩白疊으로 된 의복을 입으며, 부인은 계髻를 틀어서 흑건으로 덮고 금화金花로 장식한다는 기록이 있다.[87]

금반지는 세 개의 보석을 감입한 것으로, 가장자리에 누금장식이 둘러 있다. 묘실의 제대 위에서 발견된 나무로 만든 말조각에 장식된 재갈과 등자는 목마의 크기에 맞게 축소되어 만들어졌다.

부장품 가운데 특히 주목되는 것은 화장한 유골의 남쪽(또는 아래쪽?)에 비단에 싸여 놓인 금화이다. 몇몇 금화에는 룬과 라틴 문자가 새겨져 있으며 대부분 비잔틴 시대의 것으로 여겨진다. 유사한 금화들이 콘스탄티노플에서 제작되었는데 대략 630년 전후로 편년된다. 몽골 지역에서 6세기에서 8세기경에 거주하던 유목민들이 비잔틴제국과 폭넓은 교류를 가진 것을 보여주는 자료이다.

바양노르 벽화고분에서 다수 출토된 누금세공 감입장신구류와 옷에 다는 장신구로 사용된

---

87) 김소현, 「토번 지배기의 돈황 막고굴 벽화에 보이는 공양자 복식연구」, 권영필 엮음, 『중앙아시아의 역사와 문화』, 솔, 2007, 379쪽.

비잔틴 금화의 유사한 예가 고대 불가리아를 지배한 불가르(Bulgar)의 군주 쿠브라트(Kubrat)가 소유하였던 것으로 추정되는 유물(우크라이나의 페레시체피노 Pereshchepino 소재) 중에서 발견된다. 쿠브라트는 비잔틴제국에서 교육을 받았으며 아바르와 서돌궐에 복속했다가 635~640년에 반란을 일으켜 지배에서 벗어났으며 비잔틴 제국과 우호관계를 맺고 황제 헤라클리우스(재위 610~641년)와 가깝게 지냈다.[88] 쿠브라트의 이름은 돌궐의 퀼 테긴 비문에도 기록되어있다. 돌궐 퀼 테긴 비문은 소그드의 중요한 도시 중 하나인 부하라에서 온 사신 역시 언급되어있어 돌궐과 쿠브라트의 교류 및 돌궐의 동서교류에서의 역할을 확인할 수 있다. 쿠브라트의 고분에서는 화장한 묘주의 유골과 금제 장식품을 포함한 유물들이 발견되었다. 에르미타주 박물관에 소장된 쿠브라트 고분 출토 금은제품(7세기) 중에서 특히 유목문화와 관련된 것으로 추정되는 유물들이 몽골 벽화고분 출토 유물들과 상당히 유사하여 주목된다. 몽골 벽화고분 출토 손잡이가 달린 금제 용기와 유사한 것이 쿠브라트의 유물 가운데 나왔으며, 또한 섬서 서안 하가촌 출토 당대 금은기 유물 가운데에서도 비슷한 손잡이가 달린 은기가 발견된다. 이러한 용기는 우즈베키스탄의 소그드의 연회도 벽화와 몽골의 돌궐시대 석인상 조각에서도 흔히 발견되는 유라시아계의 유물이다.

특히 쿠브라트의 고분에서 나온 금제 장식품들의 복원도를 보면 몽골 벽화고분 출토 장식품들의 용도와 착용 방법을 유추할 수 있다.[89] 이들 유목문화에 관련된 금은 유물들은 아바르를 포함하여 유목 기마무사들이 사용한 제의용 장비의 일부로 추정하고 있다.

울란 헤렘 벽화고분 출토 비잔틴 금화

88) Vera Zalesskaya ed., *The Treasures of Khan Kubrat*, The State Hermitage, 1997, pp.95-96쪽, p.117, 121; K.V. Kasparova ed., *Treasure of khan Kubrat*, Centre for Publicity and Print at the Committee for Culture, 1989.

89) 쿠브라트 고분에서 출토된 원형의 금제 감입 장식품(지름 2cm 전후, 7세기 중)은 가장자리에 누금기법으로 금알갱이를 두르고 보석을 상감한 것이다. 복원도에 의하면 허리띠에 달거나 마구에 달아서 사용한 것으로 보인다. Vera Zalesskaya ed., *The Treasures of Khan Kubrat*, The State Hermitage, 1997, pp.95-96, p.117, p.121.

울란 헤렘 벽화고분 출토 헤라클리우스 금화

바양노르 벽화고분 출토 금화 중에 구멍에 작은 고리를 단 것이 있는데 동전 앞면에 비잔틴의 헤라클리우스(610~641년) 황제와 그의 아들이 정면상으로 묘사되었다. 뒷면은 네 단의 계단 형태의 받침대 위에 세워진 십자가와 'VICTORIA AVCCC'(Victory of the Augusti), 콘스탄티노플에서 조폐되었음을 표시한 'CONOB'(Gold of Constantinople)가 새겨져 있다.[90]

발굴 보고에 의하면 쇼론 봄바가르 고분에서 나온 동전들은 교역에 사용된 것이 아니라 기념품과 장식품으로 사용했을 것으로 추정된다. 어떤 동전은 구멍이나 고리가 있어 어딘가 붙이거나 다는 식으로 사용되었을 것으로 추정되기 때문이다. 구멍이 하나 뚫리고 고리가 달린 것은 목걸이 장식으로 사용되었을 것으로 보인다. 몇몇 다른 금화들은 사방에 네 개의 구멍이 뚫려있어 그 용도가 흥미롭다.

비잔틴제국의 금화와 비잔틴 금화를 모방하여 중앙아시아에서 제작한 금화, 그리고 비잔틴 금화를 이용해 만든 장신구(얇고 납작하며 한 면에만 도상이 새겨진 금속제품)는 중국 내의 여러 고분에서도 발견된다. 비잔틴 금화는 6세기 초에 중국에 들어온 이래 6세기 중엽과 7세기 중엽 경의 고분에서 가장 많이 출토되었다.[91] 영하 고원의 사씨史氏 고분군, 하북 자현의 유연공주묘와 같이 중앙아시아 출신이거나 서역과 밀접한 관계를 맺고 있는 묘주의 고분에서 출토되었다.[92]

영하 고원 남교에 위치한 사씨 묘군은 소그드 출신인 사씨의 가족묘장이다. 수대隋代의 사사물묘史射勿墓, 초당初唐과 무주武周시기 사색암묘史索岩墓, 사가탐묘史訶耽墓, 사철봉묘史鐵棒墓, 사도덕묘史道德墓가 있다.[93] 수대 사사물묘(610년)는 앞에서 언급하였듯이 천정天井의 문루도와 연

---

90) 평강성서유물박물관 편,『Coin, 그 속에 담긴 정복의 역사』, 평강성서유물박물관, 2004.

91) 羅豊,『胡漢之間 – "絲綢之路" 與西北歷史考古』, 文物出版社, 2004, 113~155쪽, 142-143쪽, 162~188쪽, 443~479쪽, 150쪽, 표5.

92) 羅豊,『胡漢之間 – "絲綢之路" 與西北歷史考古』, 文物出版社, 2004, 146쪽, 표3.

93) 李星明,『唐代墓室壁畵硏究』, 陝西人民美術出版社, 2006, 114~119쪽.

화도의 배치가 바양노르 벽화고분과 똑같다.[94]

　사씨 묘군에서는 서역과의 교류를 보여주는 여러 부장품, 즉 비잔틴 금화의 모방제품과 금속 장신구(bracteates)가 발견되었다. 사씨 묘군의 비잔틴 동전은 사도락묘史道洛墓(658년) 출토 유스티누스 2세(Justin Ⅱ)을 제외하고 대부분 방제품이다.[95] 7세기 이후 비잔틴 화폐의 방제품의 제조는 대부분 중앙아시아에서 이루어졌는데, 소그드지역에서는 5세기 초부터 사산 은화의 방제품을 만들기 시작하였으며 이후에 비잔틴 화폐의 방제품도 제작하였다.[96] 7세기 중엽 이후 중국 고분에서는 주로 동전의 방제품과 동전을 이용한 장신구가 출토된다. 동전에 구멍이 뚫려 있는 것은 화폐로서의 기능을 잃어버리고 장신구로 사용되었다는 것을 상징한다. 바양노르 고분에서 출토된 구멍이 뚫린 동전이나 얇고 한 면만 제작된 동전들은 모두 장신구에 속하는 것으로 추정된다.

　울란 헤렘 벽화묘에서는 약 50개의 금화가 주실 안에서 발견되었다. 이들은 화장된 유골의 아래쪽에 비단에 싸여져 놓여 있었다. 비잔틴의 헤라클리우스 1세(610-641)의 금화의 방제품과 사산조 페르시아의 호스로우 2세(590-627)의 은화의 방제품 등이 있다. 호스로우 2세의 은화와 그 방제품은 중국 출토 사산조 페르시아 은화 가운데 가장 다량으로 발견되는 것으로 신강, 섬서, 산서 지역에서 천 점 이상이 출토되었다. 신강 투르판 아스타나묘군에서는 아스타나阿斯塔那 78호묘(638년), 92호묘(639년), 206호묘(689년), 322호묘(663년), 338호묘(667년)등 다수의 묘에서 나왔다.[97]

　사색암부부합장묘史索岩夫婦合葬墓(664년) 출토 류금수정부식鎏金水晶附飾(길이 4cm, 너비 2.6cm, 두께 1.2cm)은 불규칙한 타원형으로 청색 수정을 상감한 것인데 바양노르 벽화고분 출토품과 유사하다.[98] 사색암묘 출토 펜던트 장식과 같은 것은 소그드 지역에서 제작되었을 가능성이 크다고 한다.[99] 사도덕史道德(678년)의 고분 출토품 중에서 수면금식獸面金飾(높이 2.8cm, 너

94) 李星明, 『唐代墓室壁畵硏究』, 陝西人民美術出版社, 2006, 도1-53.
95) 寧夏回族自治區固原博物館 編, 『原州古墓集成』, 文物出版社, 1999, 도113, 121, 129; Annette L. Juliano and Judith A. Lerner, *Monks and Merchants*, Harry N. Abrams, 2001, 276쪽, 289쪽.
96) 羅豊, 『胡漢之間 - "絲綢之路" 與西北歷史考古』, 文物出版社, 2004, 142-143쪽.
97) 지역별 출토 현황은 孫莉, 「薩珊銀幣在中國的分布及其功能」, 『考古學報』, 2004년 1期 참조.
98) 寧夏回族自治區固原博物館 編, 『原州古墓集成』, 文物出版社, 1999, 도114.
99) 주경미, 「중국출토 外來系 장신구 일고찰」, 『中央아시아硏究』 11, 중앙아시아학회, 2006, 173~196쪽.

비 3.1cm)은 유사한 형태의 금식金飾이 바양노르 고분에서 여러 점 출토되었다.[100] 위 아래로 구멍이 뚫려있어 옷에 붙이는 장신구로 기능한 것으로 추정된다. 이들 비잔틴 동전과 장신구들은 사씨 묘주들에 의해 귀중한 물건으로 여겨져 무덤에 부장된 것으로 북방 유목민과 서역인들에 의해 공유된 위세품으로 생각된다. 바양노르 벽화고분에는 중국 내 비한인非漢人 묘주의 고분에서 주로 출토되는 외래계 장신구들이 다수 나와 북방 유목민들이 공유한 문화적 특징을 잘 보여준다.

몽골 벽화고분에서 나온 구멍이 뚫린 비잔틴 금화에 대해서 쿠브라트 유물 중에서도 역시 유사한 예가 있는데 복원도를 보면 비잔틴 금화를 이용하여 목걸이를 만들거나, 구멍을 뚫어 연결하여 옷에 다는 장식으로 사용한 것을 알 수 있다. 예를 들면 쿠브라트 유물 중에 8개의 비잔틴 금화로 만들어진 목걸이와 옷에 달기 위한 구멍이 있는 30개의 비잔틴 금화로 만들어진 장식품이 발견된다.

쿠브라트 고분에서 나온 비잔틴 금화 목걸이(금화 지름 1.8~2.1cm)는 헤라클리우스의 금화(629~632, 637, 638년 주조)와 콘스탄스 2세의 금화(Constans II, 642~646년 주조)로 만들어졌다.[101] 30개의 금화를 사방에 구멍을 뚫어 서로 연결하여 의복의 장신구로 사용한 것은 포카스 금화(Phocas, 607~609년 주조), 헤라클리우스 금화(629~632, 637, 638년 주조), 콘스탄스 2세 금화(642~646년 주조)로 구성되었다.[102]

쿠브라트의 고분 출토 유물 연구에 의하면 유사한 유목민족계 유물들이 유연이 다스린 지역에서 출토되며 동유럽지역에서 발견된 유사 금제 장식품들은 비잔틴의 장식품을 모방하면서 유목민족 장인들에 의해 만들어졌을 것으로 추정하였다. 유목민족인 스키타이인들의 풍습을 보면 금판장식품을 옷에 매달아 장식하는 것이 보편적이었다고 한다.[103] 스키타이 고분출토품

100) Annette L. Juliano and Judith A. Lerner, *Monks and Merchants*, Harry N. Abrams, 2001, 도92 a, b. A; A. 오치르, L. 에르덴볼드, 『고대 유목민의 미술전』, 몽골국립미술관, 2012. 42쪽, 43.쪽

101) Vera Zalesskaya ed., *The Treasures of Khan Kubrat*, The State Hermitage, 1997, p.126.

102) Vera Zalesskaya ed., *The Treasures of Khan Kubrat*, The State Hermitage, 1997, p.120, 128.

103) 쿨 오바(Kul Oba) 고분 출토 壺에 그려진 스키타이인들은 모두 금판장식품을 매단 바지를 착용하고 있다. 파지릭 고분 출토 상의의 뒷조각에도 가죽을 잘라 사슴모양으로 붙이고 있는데 그 위에도 또한 금판을 붙이고 있었으며, 이식(Issyk) 고분 출토 상의에도 화살촉 형태의 금장식을 부착하였다. 김문자, 「고대 스키타이계 장신구에 대한 연구」, 『중앙아시아의 역사와 문화』, 솔, 2007, 329~346쪽.

들 중 다수의 금판장식품에서도 그 양식을 발견할 수 있는데 이것들은 모두 둘레에 구멍이 뚫려 있어 의복에 부착하게 되어 있다.[104]

흉노의 의복과 장신구 중에서도 금동 장식이나 터키석 감입 장신구가 발견되는데 소량의 비단, 자수, 실이 같이 붙어 발견되어 옷에 달리는 용도로 추정된다. 한 고분에서 이러한 장식품이 10개 넘게 발견되는데 이런 장식품은 유골의 가슴에서 종종 발견되며 아마도 옷에 부착되어서 사용한 것으로 보인다. 흉노가 옷에 금속 장식품을 사용한 것은 이웃의 스키타이 부족과 비슷하다. 디자인과 장식품의 재료, 고분 크기 사이의 상호 관계가 그러한 옷 장식품이 위계의 표시였음을 보여준다.[105]

3. 묘주와 편년

몽골에서 새로 발견된 돌궐시대 벽화고분은 고분의 구조, 벽화와 부장품의 내용에서 유목민인 돌궐과 중국, 비잔틴, 소그드와의 관계를 다각도로 검토해볼 수 있는 중요한 고분이다. 발굴보고에 의하면 쇼론 봄바가르 고분은 기원후 6세기 후반에서 7세기 초반에 만들어진 것으로 추정한다. 비잔틴 헤라클리우스(Heraclius, 610~641년) 황제의 금화, 쿠브라트 유물(7세기 중)과 비교하면 대략 7세기 초에서 중의 벽화고분으로 편년할 수 있다.

바양노르 벽화고분의 구조와 벽화 제재의 구성, 인물의 복식, 채색 토우와 진묘수 및 사천왕의 부장은 중국의 북조, 수당대 벽화고분와의 연관을 보여준다. 돌궐은 중국 측에 처음 조공한

---

104) 스키타이의 기원전 4세기 후반 고분 드네프르지역의 체르톰리크 무덤에서 출토된 금판장식품은 9개의 꽃잎이 달린 장식판으로 모두 4개의 구멍이 꽃잎 부분에 뚫려 있어 옷에 꿰매진 것이다. 우리나라에서도 여러 고분에서 금판장식들이 출토되었는데 고구려 고분군에서 출토된 금동식 金具, 金絲는 의복에 장식되었던 것으로 추정한다. 무령왕릉 출토 금판장식은 반구형 圓座에 8개의 꽃잎이 달린 장신구로서 꽃잎들의 인접부에 작은 구멍이 하나씩 뚫려 있다고 한다. 스키타이 금판장식품 유물과 같이 옷에 부착하는 장치였을 것으로 보인다. 스키타이계 복식문화권에서는 의복에 금판장식을 붙여 장식하고 있었는데 이것이 우리나라에도 전수되었던 것으로 생각된다. 김문자, 「고대 스키타이계 장신구에 대한 연구」, 『중앙아시아의 역사와 문화』, 솔, 2007, 329~346쪽.

105) 김문자, 「고대 스키타이계 장신구에 대한 연구」, 『중앙아시아의 역사와 문화』, 솔, 2007, 329~346쪽; G. Eregzen ed., *Treasures of the Xiongnu, Culture of Xiongnu, the first Nomadic Empire in Mongolia*, Institute of Archaeology Mongolia Academy of Sciences, 2011, p.108.

북제 천보天保 4년(553년)부터 당 무덕武德 4년(621년)까지 중국과 잦은 외교관계를 가졌다.[106]

벽화고분이 7세기에 축조된 것이라면 돌궐의 계민가한啓民可汗 시기(재위 599~609년)의 중국의 복식과 법용을 받아들일 당시 중국의 고분문화를 포함한 문물을 받아들였을 가능성이 있다.[107] 계민가한은 고구려 영양왕 18년(607년) 오르도스로 파견된 고구려 사신이 방문하였던 돌궐 가한으로 당시 그곳을 방문한 수양제와 마주치는 사건으로 고구려와 수의 관계가 악화되기도 하였다.[108] 또한 630년 동돌궐이, 657년 서돌궐이 당에 각각 복속된 후 당은 돌궐지역에 도독부를 설치하여 지배하였는데 이 시기가 당에 의한 기미羈縻 지배기(630~682년)로 중국의 문화가 널리 퍼졌을 것으로 생각된다.

8세기의 돌궐 비문의 기록을 보면 퀼 테긴과 빌게 카간의 사후 중국 황제에게서 직속 장인(화공畵工과 조각공들)을 데려오게 하여 능묘를 건설하고 고분의 안팎에 장식을 새기며 비석을 건설한 것을 알 수 있다.[109] 중국의 당 현종이 퀼 테긴 장례에 필요한 공인들을 직접 보냈다는 점으로 미루어 몽골 벽화고분의 묘도의 사신도상, 인물상 등은 어쩌면 중국에서 온 화공들

---

106) 돌궐의 조공횟수를 보면 북제 5회, 북주 9회, 수 14회, 당 12회이다. 당 건국 이후부터 무덕 4년까지 중국 서북부 11개국의 조공에서 돌궐의 조공이 차지하는 비중이 41%를 차지한다. 당 건국 이후 돌궐은 매년 2번 이상 조공을 보낸 것으로 보인다. 북주와의 관계를 보면 타발가한 재위 시기에 북주 조정에서는 돌궐과 화친한 뒤 해마다 명주, 명주솜, 비단, 무늬 있는 비단을 10만 단씩 주었다. 경사(북주 수도 장안)에 머무는 돌궐 사람들에게는 또한 예로 우대했다. 북제 사람들도 돌궐이 침략해 약탈할 것을 두려워해 돌궐에게 많은 재물을 주었다. 타발가한은 재위시기에 북주와 북제의 분열을 이용하여 많은 이익을 얻었으며 나라를 발전시켰다.

107) 7세기 경의 啓民可汗(599~608년)은 608년 수양제에게 보낸 상표문에서 자신이 중국의 臣民임과 동시에 중국의 服飾과 法用을 받아들이게 해달라고 청하였다. 이전의 돌궐 可汗인 사본략은 585년 수문제에게 보낸 上表文에서 돌궐의 관습과 문물제도를 개변시킬 수 없다고 밝힌 반면, 계민가한은 스스로 중국으로의 신속은 물론 돌궐의 문물제도를 개변시켜 중국화하고자 하였다. 우덕찬, 「古代 北아시아 遊牧帝國과 中國 王朝間의 政治關係 變化에 關한 硏究」, 『韓國中東學會論叢』 20-1, 한국중동학회, 1999, 229~245쪽.

108) 『三國史記』 卷20 「高句麗本紀」 8, 영양왕 18년; 동북아역사재단 편, 『譯註 中國 正史 外國傳 8 周書·隋書 外國傳 譯註』, 동북아역사재단, 2010, 319쪽. 당 건국 초기 돌궐의 힐리可汗(619~630년) 치세에는 돌궐이 오히려 당을 정치 군사적으로 압도하기도 한다. 그러나 629년 당이 돌궐을 대대적으로 공격하면서 630년 힐리가한을 생포하여 제1돌궐제국이 멸망한다. 패망한 돌궐제부는 오르도스, 산서 북부, 화북변경 일대에서 50년간 당의 지배를 받게 된다. 우덕찬, 「古代 北아시아 遊牧帝國과 中國王朝間의 政治關係 變化에 關한 硏究」, 『韓國中東學會論叢』 20-1, 한국중동학회, 1999, 229~245쪽.

109) 퀼 테긴 비문의 해당 구절은 Talat Tekin 저, 이용성 譯, 『돌궐비문연구』, 제이앤씨, 2008, 87-88쪽, 117쪽 참조. 빌게 카간 비문의 해당 구절은 Talat Tekin 저, 이용성 譯, 『돌궐비문연구』, 제이앤씨, 2008, 163쪽 참조.

이 그렸을 가능성을 생각해볼 수 있다. 묘도와 묘실에 그려진 벽화의 화풍의 차이는 돌궐의 묘장 풍습에 따라 시간을 달리하여 그렸을 가능성도 있으며, 중국에서 온 화공이 묘주가 죽은 직후 묘도의 벽화를 먼저 그리고 나서 묘주의 매장 시에 묘실의 벽화는 지역의 화공이 제작하였던 것이 아닌가 하는 추측도 해본다.

동돌궐은 당에 멸망하기까지 고구려와 긴밀한 관계를 계속 유지했을 가능성이 높다. 돌궐은 고구려 멸망 후 발해 건국 전까지 당의 통치에서 벗어나고자 한 고구려 유민의 주요 도피처 중 하나가 되었다고 한다. 그리고 681년 재흥再興에 성공한 후 동돌궐은 7세기 말~8세기 전반 요서와 요동에서 반당 연대의 동반자로서, 발해 역사발전에 중요한 역할을 한다.[110]

한편 몽골 고분 출토 금제 장신구와 금화에서 유목민족적 특징이 확인된다. 비잔틴 제국에서 만들어진 금화를 이용한 목걸이나 옷장식의 사용은 유연, 돌궐, 비잔틴, 소그드 간의 활발한 교류를 증명한다. 567년 돌궐은 소그드인 비단업자 마니약(Maniakh)을 단장으로 비잔틴 제국에 외교사절을 보내 외교관계를 맺고 직접 교역관계를 가진다. 돌궐과 소그드는 상호협력하며 중국 및 비잔틴과 교류하였으며 고구려도 이들을 통하여 서방, 서역과 교류하였을 가능성이 높다. 돌궐은 중국과의 교류에서도 소그드인들을 적극 활용하였다. 돌궐 제국 초기 아사나阿史那씨가 서위와 통상을 위해 서위 대통 11년(545년), 감숙 주천의 소그드인 취락의 안락반타安諾槃陁라는 부하라 출신의 상인을 단장으로 사절단을 파견한다. 565년경에는 돌궐이 소그드 본토를 차지하게 되고 소그드인은 돌궐의 지배 아래 중앙아시아에서 활발한 상업활동을 벌인다. 중국으로 이주한 소그드인은 그들의 장의제도를 중국의 것과 결합하여 6세기 말에서 7세기 동안 독특한 고분 미술을 남긴다. 소그드인의 고분은 감숙, 산동, 산서, 섬서, 하남 등 5개성에서 발견되었다. 소그드인은 중국의 전통적인 가옥 형태, 또는 동한 이래의 벽화에 보이는 탑상榻床 형식에 병풍을 친 절충식의 '위병석탑圍屏石榻'또는 석곽石槨에 채색부조로 소그드의 풍속을 그렸다. 당의 수도 서안에서 발견된 소그드인 안가묘의 위병석탑과 사군묘의 가옥형 석곽에는 소그드인과 돌궐인의 교류상이 그려져 있다. 당과 활발한 외교관계를 가졌던 돌궐인들이 서안 지역의 장의 문화를 접하고 익숙하게 받아들였을 가능성도 있다.

몽골의 돌궐 시대 벽화고분도 중국내에서 제작된 소그드인 고분미술과 같이 중국의 북조~수

---

110) 정병준 외,『중국의 발해 대외관계사 연구』, 동북아연구재단 연구총서 60, 동북아역사연구재단, 2011, 114쪽.

당대 벽화고분의 특징을 보여 당시 중국의 고분문화를 받아들인 것으로 보인다. 그러나 소그드 인이 그들의 전통 풍속을 반영하여 위병석탑과 석곽을 장식하였듯이, 몽골 벽화고분 역시 벽화 제재의 표현양상이나 부장품의 성격 등으로 미루어 볼 때 동시기 중국지역 벽화고분과는 많은 차이점을 보이며, 해당 지역의 문화적 전통이 반영된 것으로 생각된다. 또한 유연, 소그드, 비잔틴 등 유목문화와 서방문화와의 활발한 교류상 역시 반영되었다. 아프라시압 사절도에도 보이는 당시 돌궐과 고구려와의 대외교류를 고려할 때 새롭게 발견된 몽골 벽화고분은 앞으로 소그드, 돌궐, 비잔틴, 중국의 역학관계를 고려하여 벽화고분에 반영된 고구려의 국제성을 파악하는 데 중요한 자료가 될 것이다.

Ⅳ. 맺음말

몽골의 중부 볼간 바양노르에서 발견된 벽화고분은 7세기 당의 기미지배시기 북방유목민에 의해 동서문화교류가 이루어지던 초원로에 조성된 고분이다. 이러한 특수한 지리적, 시기적 특성과 배경으로 인해 고분의 구조, 벽화 제재의 배치와 표현, 부장품의 성격에서 다양한 문화적 변용현상이 관찰된다.

벽화의 제재와 구성 및 배치에서는 아사나사마, 아사나충와 같은 돌궐 출신 묘주가 포함된 7세기 후반 소릉 배장 벽화묘들과 가장 큰 친연성을 보인다. 바양노르 벽화고분과 초당 벽화묘의 구조와 벽화의 연원을 거슬러 올라가면 북방유목민이 다스리던 북조 후기의 산서, 섬서, 영하 지역의 전통을 따르고 있다. 바양노르 벽화고분의 구조와 벽화 제재면에서 유사한 북조 후기와 수대 벽화고분들은 부장품의 성격에서도 북방유목민이 주도하던 서역과의 교류상을 반영하고 있다.

바양노르 벽화고분의 구체적인 편년은 몽골 중부 톨 강 유역에 위치하며 고분의 구조와 부장품이 유사하면서 묘지가 출토된 복고을돌묘(678년)와 비교하면 대략 650~670년대의 고분으로 추정할 수 있다. 진묘무사용, 진묘수, 시녀용, 금제 장신구와 같은 부장품의 비교분석에서도 바양노르 벽화고분이 650~670년대에 축조된 고분이라는 점을 확인할 수 있었다.

630년 동돌궐이, 657년 서돌궐이 당에 각각 복속된 후 당에 의한 기미羈縻 지배기(630~682년)가 시작된다.[111] 630년 돌궐의 패망 후 돌궐 항호민降戶民이 당에 내항하자 당은 이들을 하남에 분치하였고 639년에는 고비 남부에 돌궐을 재건한다. 646년 설연타를 멸망시킨 당은 647년 회흘 등 10여 부락이 귀순하자 설연타가 통치하던 지구에 6부府 7주州의 기미부주를 두고 각 부락의 추장酋長을 부주府州의 도독都督 혹은 자사刺史로 삼았다.[112] 기미지배 하의 회흘은 서돌궐 및 고구려와의 전쟁에 동원되었는데 복고을돌 역시 수차례 당의 원정에 참여하였다.[113] 한편 당은 640년 고창을 정복하여 서주西州로 만들고 안서도호부를 두어 서역진출의 전진기지로 삼는다. 642년에 아사나하로阿史那賀魯를 시켜 구자龜玆를 정벌한 당은 서주西州(고창)의 안서도호부安西都護府를 구자로 이치移置한다. 아사나하로가 고종 즉위 후 반기를 들자 당은 657년 회흘을 동원하여 정벌하고 정벌된 서돌궐에도 기미부주를 두었다.

당의 기미지배기간에 바양노르 벽화고분이 세워진 지역을 다스린 인물이나 집단에 대한 정보를 찾기가 쉽지 않다. 중국식 묘지와 니용泥俑 · 목용木俑이 출토된 자마르 고분의 묘주는 당시 금미주도독이었던 복고을돌이다. 아사나사마와 아사나충과 같이 돌궐의 지배부족이던 아사나씨 부족의 귀족 중에서 섬서 서안의 소릉의 배장묘에 묻힌 사례를 볼 수 있어 바양노르 벽화고분의 묘주를 아사나씨로 생각할 수도 있으나, 바양노르 벽화고분이 위치한 지역은 당의 기미지배시기 회흘回紇을 비롯한 투르크계(철륵鐵勒)가 활동하던 영역이었다. 돌궐의 주류 세력들은 고비 남부로 이주해서 거주하고 있었다. 따라서 이 지역에 650~670년대 당조의 지원을 받아 거대한 규모의 무덤을 조성할만한 세력은 복고 이외의 다른 인물을 거론하기 어려우므로 바양노르 벽화고분의 묘주는 금미주도독金微州都督을 지낸 인물, 즉 복고을돌의 조부이자 646년에 당에 귀부한 가람발연일 가능성이 크다고 생각된다.

바양노르 벽화고분이 세워진 7세기 중반은 철륵, 돌궐, 소그드, 당, 고구려의 세력 다툼과 연합이 치열했던 시기이다. 벽화 제작 당시 고구려는 당나라와 대립 중으로 돌궐의 서행루트, 즉 초원로를 통하여 사마르칸트에 사신을 파견한 것으로 추정된다. 고구려는 동맹을 찾아 "유연 ·

---

111) 薛宗正, 『突厥史』, 中國社會科學出版社, 1992, 371~385쪽; 김호동, 「唐의 羈縻支配와 北方 遊牧民族의 對應」, 『歷史學報』 137, 역사학회, 1993, 143~154쪽.
112) 동북아역사재단 편, 『舊唐書 外國傳 譯註 下』, 동북아역사재단, 2011, 666쪽.
113) 염경이, 『唐 前半期 使臣 外交 研究』, 전북대학교 대학원 석사논문, 2011, 125쪽.

돌궐·설연타와의 오랜 교섭의 경험"을 바탕으로 돌궐 루트를 이용해 소그드와 접촉하려고 시도하였다. 고구려의 사마르칸트 방문 시기는 연개소문 집권기(642~665년)의 후반, 특히 '645년 이후'에 설연타와 협공계획을 세운 시기, 특히 분열되었던 서돌궐이 잠시 통합된 시기(651~657년)로 추정된다. 아프라시압 궁전 벽화 제작의 시작은 고구려 사절의 방문(651~657년 추정) 이후와 책봉(650~655년) 이후, 서돌궐의 통합시기(651~657년)를 종합하면 651~657년으로 추정된다.[114] 몽골의 요대 벽화묘의 연화문과 발해 삼릉둔2호묘의 연화문은 정면 연화문 여러 개가 모여 하나의 문양을 이루는 독특한 형태이다. 이러한 연화문은 몽골 호쇼 차이담 박물관에 소장된 동돌궐의 빌게 카간과 퀼 테긴의 제사유적의 석판에 새겨진 연화문과 유사하여 당시 발해에서 몽골지역에 이르는 지역에 공유된 장식문양을 알 수 있게 한다.[115]

실크로드에 위치한 투르판 아스타나고묘군에서 보이는 문화 흡수와 변용이 초원로의 바양노르 벽화고분에서도 관찰되는 것은 이와 같이 실크로드와 초원로를 통하여 이루어진 다양한 외교관계와 문화적 접촉과 전파가 그 배경이라고 하겠다. 이번 벽화고분의 발굴로 향후 초원로를 통한 문화교류에 대하여 보다 많은 고고발굴과 소개가 활발하게 이루어져 구체적인 교류상을 복원해낼 수 있기를 기대한다.

---

114) 권영필, 「아프라시압 궁전지 벽화의 '고구려 사절'에 관한 연구」, 『중앙아시아 속의 고구려인 발자취』, 동북아역사재단, 2007, 14~59쪽.

115) 魏存成, 『渤海考古』, 文物出版社, 2008, 컬러도판 14; 塔拉, 恩和圖布信 主編, 『蒙古國古代游牧民族文化遺存考古調查報告 2005-2006年』, 文物出版社, 2006.

기념비적 건축물 연구의 시발점을 마련하였다. 1931년 헤르츠펠트는 시카고 대학교 동양연구소의 페르세폴리스 발굴을 지휘하게 되었으며 4년간 아파다나 궁의 북쪽의 부조를 발굴하였다. 헤르츠펠트의 후계자인 슈미트는 1935~39년 사이에 보물수장고를 발굴하여 원래 아파다나 궁의 부조의 일부였던 알현도를 발견하였다.

파사르가데 전경

먼저 파사르가데에서는 여러 개의 수로, 다리, 두 채의 파빌리온식 건물, 그리고 헤르츠펠트에 의하여 'P', 'S', 'R' 이라고 이름 붙여진 세 곳의 중요 건축물들이 발견되었다. 'P'로 명명된 왕의 거주 궁전의 남부의 주랑 현관에서 왕좌의 석조 하부구조물을 발견하였다. 왕과 시종이 각 문의 양측에 서 있는 부조들은 도상학적으로나 양식적으로 페르세폴리스의 부조들과 같은 계통이다.

부조의 명문에 의하면 키루스에 의해 제작된 것으로 기록되었으나, 부조들의 양식적 특징으로 보아 키루스 2세 재위시기보다 후대에 만들어진 것으로 보인다.[5] 키루스왕의 왕권을 이어받은 후계자들이 키루스 왕에 대한 존경을 표하기 위하여 이러한 명문을 새긴 것으로

날개 달린 수호신 부조

보인다. 당시에 두 종류의 조각가 유파가 있었던 것으로 추정되는데, 한 유파는 비스툰에, 다른

5) P.Calmeyer, "ART IN IRAN iii. Achaemenid Art and Architecture," *Encyclopædia Iranica*, Vol.II, Fasc. 6, pp.569~580.

파사르가데 키루스 대왕묘

유파는 파사르가데에서 먼저 조각을 하고, 다음으로 페르세폴리스에서 작업을 한 것으로 생각된다. 명문들에 의하면 파사르가데의 궁전 유적은 키루스 왕의 궁이라는 것이 분명하다.

잘 알려진 날개가 달린 수호신의 부조가 남아 있는 'R' 궁전 유지의 가장 남쪽의 문 양측에 새겨진 부조들은 페르세폴리스와 수사의 기념비적 문들의 부조들과 주제와 양식면에서 종종 비교된다. 파사르가데에서 온전히 남은 유일한 부조인 네 개의 날개 달린 수호신은 엘람 복식과 시리아와 이집트의 관의 형식을 결합하였다. 궁궐 안쪽을 향해 서있으며 반대편 출입구에 있는 다른 조각상과 함께 수호신의 기능을 한다.

이 시기의 건축과 조각은 여러 지역에서 온 건축 재료와 기법을 사용하여 상당히 절충적이다. 종류가 다른 돌의 사용, 모조 창문, 사변형의 탑은 터키 북동부 및 이라크 북부의 산악지역의 우라르투(아라라트)에서 온 것이다. 여러 개의 기둥이 세워진 집회장은 우라르투에서부터 이란 고원 북서부의 메디아 왕국을 통하여 전래되었다. 집회장의 주랑 현관, 기둥들의 주초와 주신은 그리스에서, 제단의 형태는 메디아에서 온 것이다. 동방에서 온 건축 형식은 출입문과 장방에서 엿볼 수 있다. 도상면에서는 엘람, 시리아, 바빌로니아/아시리아의 원형에 기반하고 있다. 부조들의 기술과 양식은 일부 부조들을 제외하고 신바빌로니아식이다.[6]

파사르가데의 궁전 유적에서 남서쪽으로 1km 지점에 위치한 키루스 2세의 묘는 계단식으로 쌓은 석단 위에 가옥형 석실을 올린 형태이다. 가옥형 석실의 모습은 고구려 태왕릉에서 발견된 석실을 연상시키며, 석단은 고구려의 장군총과 같은 계단식 적석총과 흡사하다. 묘의 형태는

---

6) P.Calmeyer, "ART IN IRAN iii. Achaemenid Art and Architecture," *Encyclopædia Iranica*, Vol. II, Fasc. 6, pp.569~580.

나크시에로스탐 애묘

단순하다. 떼어 내어 다듬은 돌들을 정확하게 짜 맞추고 꺾쇠로 고정하였다. 전체 높이는 경사진 지붕의 사라진 덮개를 포함하여 약 11.10m 로 추정된다. 방형 토대는 13.35×2.30m이며, 석단을 6층 높이로 올렸다. 위쪽의 세 층은 각각 높이 0.57 m, 아래쪽의 세 층은 각각 높이 1.05m이다. 6층의 기단 위에 세워진 묘실의 저부低部 치수는 6.40×5.35m이다. 북서쪽에 좁은 출입구가 있다. 높이는 1.39m, 너비는 0.78m이다. 작은 통로를 통해 들어가면 두께 1.50 m의 벽에 둘러싸인 약 3.17×2.11m의 묘실이 나온다. 묘실의 남서쪽 벽에는 메흐랍(meḥrāb, 이슬람식 기도 감龕)이 있고, 방형 대좌의 남쪽 모서리에 나침반이 새겨져 있어서 중세에는 이슬람 사원으로 사용된 것을 알 수 있다. '인人' 자字형의 석조 지붕은 안이 비었다. 출입구 위의 박공의 중앙에 두 개의 동심 연화문의 형태로 돋을새김한 원반의 아래 부분이 남아있는데, 윗부분은 사라진 갓돌(관석冠石)에 새겨져있었을 것이다.[7]

　페르세폴리스에서 서북쪽으로 6km 떨어진 곳에 위치한 우뚝 선 병풍 모양의 절벽인 나크시에로스탐에는 아케메네스조 제왕들의 암굴묘군岩窟墓群이 있다. 다리우스 1세(재위 521~486년, 1호묘), 다리우스 2세(재위 기원전 423~405년, 4호묘), 아르타크세르크세스 1세(재위 465~424

7)　Antigoni Zournatzi, "CYRUS v. The Tomb of Cyrus," *Encyclopædia Iranica*, Vol. VI, Fasc. 5, pp.522~524.

나크시에로스탐 애묘와 사산조 부조

나크시에로스탐 다리우스1세 애묘 내부

년, 3호묘), 크세르크세르 1세(재위 485~465년, 2호묘)의 애묘이다.[8] 중국의 한대 하북 만성의 유승묘와 같이 절벽을 파고 들어간 석굴 안에 4명의 왕의 무덤을 만들었는데, 암벽을 향해 서서 오른쪽으로부터 다리우스 2세, 다리우스 1세, 크세르크세스 1세, 아르타크세르크세스 1세의 무덤 순이다. 다리우스 1세의 고분을 제외하고 나머지 3기의 묘주에 관해서는 이설이 있다. 그밖에 아르타크세르크세스 2세와 다리우스 3세의 묘는 페르세폴리스 궁전 뒤의 라흐마트 산 중턱에 있다.

나크시에로스탐의 4기의 묘형墓形은 기본상 동일하다. 묘실 입구 전면을 십자가형으로 얕게 파고, 묘의 입구는 십자가형의 중앙에 만들었다. 애묘의 정면에는 모두 네 개의 기둥이 새겨져있고, 상단의 주두는 말 또는 소 형상으로 궁전의 주두 형식과 같다. 묘실 입구 상부에 조로아스터교의 일월상, 아후라 마즈다, 배화제단, 왕의 초상이 새겨졌으며, 페르시아 왕조의 신하들 또는 피정복민들이 왕과 아후라 마즈다가 서있는 단을 받치고 있는 이른바 '옥좌메기'상이 있다. 애묘의 아래쪽에 지표면에서 가까운 곳에는 사산 왕조 초기의 부조가 여러 점 조각되어 있어 사산조가 아케메네스의 정통성을 잇고 있는 왕조라는 점이 강조되어

---

8) 정수일, 『실크로드 사전』, 창비, 2013, 830-831쪽.

있다.

애묘의 내부 구조를 살펴보면, 1호묘인 다리우스 1세의 애묘는 평천장이며, 묘실 안에는 자연석굴을 파서 관의 형태를 만든 세 개의 석관이 있다 석관의 덮개는 팔작지붕 형태이다.[9] 2호묘인 크세르크세스 1세묘는 천장이 아치형이며 장방형 전실과 직사각형 후실로 구성되었으며 세 개의 석관이 만들어져있다. 후실의 세 개의 석관은 입구와 전실의 바닥 깊이보다 약간 더 깊게 파내려가 형태를 만들었다. 석관의 덮개는 윗부분이 원형으로 덮개 세 개가 모두 보존되어있다.

3호묘인 아르타크세르크세스 1세의 묘는 장방형 전실 뒤에 세 개의 묘실을 병렬해서 만들어 붙였다. 각각의 관실 안에 하나의 석관이 배치되었다. 다리우스 2세의 4호묘는 3호묘와 같이 장방형 전실 뒤에 세 개의 관실이 병렬 배치되었다. 5호묘는 아르타크세르크세스 2세의 묘이다. 장방형 전실에 세 개의 관실이 병렬 배치되었으며, 아치형 천장의 관실에는 각각 두 개의 관이 있다.

페르세폴리스 궁전 유적의 배면산에 위치한 아르타크세르크세스 3세의 묘인 6호묘는 짧은 직사각형 전실과 두 개의 석관이 놓인 후실로 구성되었다. 7호묘는 다리우스 3세의 미완성묘이다.

십자가형 애묘의 아래에 지상에서 가까운 벽면에는 사산 왕조시대의 마애 부조가 여러 점 조각되어있다. 사산 왕조의 창시자인 아르다시르 1세부터 시작하여 사산조의 여러 명의 왕들의 왕권 서임도와 승전도가 있어 사산조가 아케메네스조의 왕권과 권위를 상징하는 기념비적인 장소를 일부러 택하여 이전 왕조의 전통을 계승하고 있다는 것이 강조되어있다.[10]

나크시에로스탐의 애묘의 형식은 제시카 로손도 지적하였듯이 중국의 한대의 애묘 형식에 영향을 미쳤을 가능성이 있으며 아케메네스부터 사산에 이르기까지의 페르시아 미술의 특징을 잘 보여주는 유적이다.[11] 아케메네스 왕의 옥좌를 메고 있는 피정복민들의 부조는 독특한데 페

---

9) 애묘의 내부사진은 Erich F. Schmidt, *Persepolis: The royal tombs and other monuments III*, University of Chicago Press, 1970, fig. 31, 32, plate pp.37-38. 아케메네스 애묘의 구조와 도면, 부조에 대한 설명은 Erich F. Schmidt, *Persepolis: The royal tombs and other monuments III*, University of Chicago Press, 1970, p.79, 도33, 34, 36, 38

10) 나크시에로스탐의 사산 부조(3~4세기)에 대해서 Erich F. Schmidt, *Persepolis: The royal tombs and other monuments III*, University of Chicago Press, 1970, pp.122~142, plate 80~95.

11) Jessica Rawson, "The Han Empire and its Northern Neighbors: The Fascination of the Exotic," 巫鴻, 朱青生,

르세폴리스 궁전의 출입문 양쪽의 부조와 페르세폴리스의 두 기의 왕의 애묘의 부조에도 동일한 도상이 반복되어있다.[12] 이국인의 형상을 각각의 나라의 머리모양과 의복의 특징을 살려서 조각하고 있다. 천상세계를 손으로 떠받들며 메고 있는 도상은 고구려 고분벽화에 등장하는 역사상을 연상케 하는데 삼실총의 제2실과 제3실의 벽면에 그려진 외국인 형상의 역사상이 유명하다. 페르시아 애묘의 형식이 중국 한나라 제후왕의 애묘에 영향을 미친 것이라면, 왕 또는 묘주의 천상세계를 받들고 있는 이국인의 형상이 가진 상징성이 페르시아 문화의 동전과 함께 한 위진남북조대의 중국의 고분미술과 불교미술에 전해지고 그것이 고구려에도 전파된 것이 아닌지 고려해볼 만하다.

이란 북서부의 케르만샤의 동쪽 약 40km에 위치한 비스툰에도 유명한 아케메네스 부조가 남아있다. 산 중턱의 암벽면에 다리우스왕(재위 기원전 522~486년)에 의한 제국 통일이 고대 페르시아어, 엘람어, 아카드어로 기록이 되었으며, 다리우스왕이 자신의 왼발로 그의 정적인 가우마타(기원전 ?~521년)를 밟고 있는 모습이 새겨져 있다.[13] 다리우스왕의 앞에는 그가 정복한 이민족들이 포승에 묶여 줄을 서 있으며 끝이 뾰족하고 긴 모자를 쓴 스키타이 왕이 끝에 서 있다. 이러한대적을 밟고 서서 승리를 선언하는 도상은 사산의 페르세폴리스의 나크시에라잡 부조와 비샤푸르의 탕에초간 부조에 사산의 왕이 로마 왕의 항복을 받는 도상으로 계승된다. 흥미롭게도 중국의 서한 무제 때의 장군 곽거병의 마답석상과 혁련발발의 하나라의 마답석상이 이러한 페르시아 계통의 적장을 발 밑에 둔 승전 도상과 상당히 유사하다. 적장 또는 이민족에 대한 승전의 상징 도상이 서아시아에서 전래되어 중국 미술에 표현된 사례로 볼 수 있다.

페르세폴리스의 궁전은 쿠헤 라마트라고 불리는 자비의 산 아래에 15m 높이의 축대를 쌓고, 길이 455m, 너비 300m의 테라스를 만들고 그 위에 지었다. 다리우스왕은 기원전 520년부터 페르세폴리스를 건설하기 시작하였고 후대 왕인 크세르크세스(기원전 485~465년), 아르타크세르크세스 1세(464~424년)에 걸쳐 60년 간 건설하였다. 다리우스 1세가 다리우스 궁, 알현실(아파

鄭岩 주편, 『古代墓葬美術硏究』, 제2집, 湖南美術出版社, 2013.

12) 옥좌메기도상은 대제국을 건설한 정복군주로서의 영화와 위엄을 상징하는 도안이다. 1~6호묘의 옥좌메기상은 Erich F. Schmidt, *Persepolis: The royal tombs and other monuments III*, University of Chicago Press, 1970, p.108.

13) 장영수, 「페르시아 아케메네스(Achaemenes)왕조 비스툰(Bisotun) 부조에 묘사된 복식 연구」, 『한국의상디자인학회지』 10-1, 한국의상디자인학회, 2008, 79~97쪽.

비스툰 다리우스 부조 원경(왼쪽)과 세부(오른쪽)

다나 궁), 보물수장고의 일부를 건설하였고, 크세르크세스는 아파다나 궁, 만국의 문, 크세르크세스 궁, 보물수장고를 완성하였다. 그러나 기원전 330년 알렉산드로스가 페르세폴리스에 도착하여 궁전을 불태우고 파괴하였다. 페르세폴리스는 남쪽에 위치하여 행정 중심지로 적합하지 않아서 실제 행정은 옛 엘람 제국의 수도 수사나, 옛 바빌론과 메디아 제국의 수도 엑바타나에서 이루어졌다.

다리우스 대왕은 아케메네스 왕조의 힘을 과시하기 위하여 여러 점령국들로부터 재료를 들여오고 기술과 장인들도 점령국에서 도입하여 건축하였다. 페르세폴리스 궁전 유적은 아파다나 궁, 다리우스 궁, 백주百柱 궁, 크세르크세스 궁, 보물수장고 등으로 구성되었다.

페르세폴리스의 다리우스의 보물수장고의 두 점의 알현도 부조(길이 6m)는 1936년 발견되었다.[14] 아케메네스왕들은 수사와 페르세폴리스에 각각 거주용 궁전과 보물수장고를 지어서 공물들을 보관하였다. 다리우스의 보물수장고는 성경의 에스라서에도 기록되어있는데, 문헌에 기록된 페르시아제국의 보물수장고 가운데 발굴된 것은 페르세폴리스의 것이 유일하다. 페르세폴리스 보물수장고의 동쪽과 남쪽의 주랑 현관 후벽의 알현도 두 점은 다리우스 1세와 왕자

14) Erich F. Schmidt, *Persepolis I, Structures · Reliefs, Inscriptions*, University of Chicago oriental institute publications vol. 37, the University of Chicago Press, 1953, pp.156~164.

페르세폴리스 전경

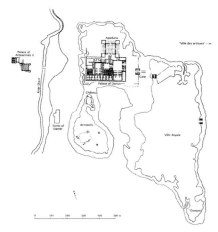

페르세폴리스 유적지도

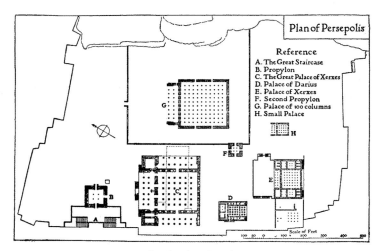

페르세폴리스 건물 지도

이던 크세르크세스를 메디아인이 알현하는 장면을 묘사하고 있어 알현도 부조라고 한다.

알현도는 정면연화문으로 테두리를 두르고 있다. 복원도에 의하면 장방의 상부 장식은 중앙에 아후라 마즈다의 날개가 있고 좌우로는 사자의 행렬이 있다. 수사의 다리우스 궁전에도 유약벽돌로 만든 사자행렬 장식이 있으며 이르게는 베를린 페르가몬 박물관의 바빌로니아의 궁전에도 유사한 동물 행렬도가 묘사되어 근동의 전통을 따르고 있는 도상임을 알 수 있다. 유장

페르세폴리스 알현도 부조

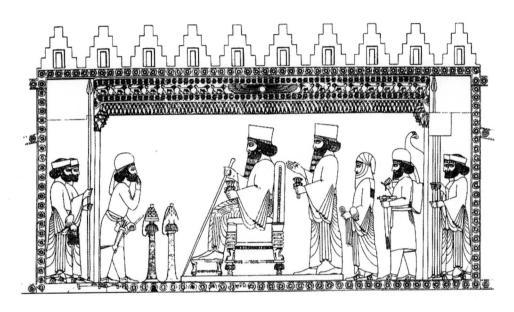

알현도 복원도

의 아래에는 다리우스 대왕이 홀과 연꽃을 손에 쥐고 권좌에 앉아 있고, 그 뒤로 연꽃을 손에 든 왕자와 몇 명의 신하들이 엄숙하게 서있다. 왕의 앞에는 높은 기대가 있는 두 점의 향로가 세워져있는데 향로의 노신 형태가 중국 한대의 박산향로와 유사하다. 메디아인 사신은 한 손을 입에 가져다 댄 자세로 왕을 향하여 공손하게 허리를 앞으로 굽히고 있다. 모든 인물은 측면상으로 표현되었으며 왕과 왕자가 다른 인물들보다 크게 묘사되어 왕의 권위를 강조하고 있다. 유사한 형태의 향로가 기원전후의 쿠샨왕조의 간다라 미술에서도 발견되는데 중국의 박산향로의

연원으로 주목할 만하다.[15] 현재 알현도 부조 두 점 가운데 한 점은 페르세폴리스의 보물수장고 유적지에, 다른 한 점은 이란 테헤란의 국립박물관에 전시되어있다.

바빌로니아 이슈타르문 사자 행렬도

다음으로 왕의 알현실이었던 아파다나 궁의 동쪽과 북쪽 면의 계단의 전면前面에 새겨진 조공사절단 부조가 잘 알려져 있다. 아파다나 궁은 다리우스의 재위 7년인 기원전 515년에 설계 및 건축 공사가 시작된 이후, 그의 아들 크세르크세스 1세 치세에 완공된 건물이다. 동쪽 계단은 길이 81m, 높이 3m이다.[16]

다리우스 왕은 점령지역을 23개 지역으로 구분하여 각 지역마다 성省을 두었다. 대부분 다리우스 왕 이전 시기에 각 지역의 고유 종족을 단위로 구성되었다. 아파다나 궁의 동쪽과 북쪽 계

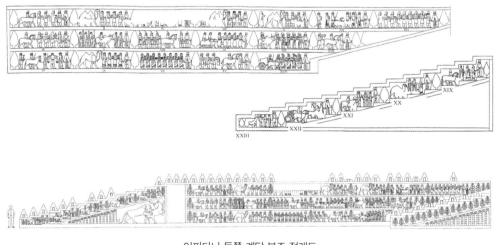

아파다나 동쪽 계단 부조 전개도

15) 간다라의 향로와 아케메네스 향로와의 비교에 대해서는 Elizabeth Rosen Stone, "A Buddhist Incense Burner from Gandhara," *Metropolitan Museum Journal*, Vol. 39, 2004, pp.9, 69~99.
16) 김인화, 『페르시아 아케메네스조의 왕권 이념: 다리우스 1세 시대를 중심으로』, 고려대학교 석사논문, 2014.

단에는 다리우스가 그의 비스툰 비문에서 언급한 23개 민족의 사절단들이 각각 페르시아 제국의 여러 행정 지역을 대표하는 특산품과 그 지역에서 키우는 동물들을 대동하고 왕을 접견하기 위해 줄지어 서 있다. 페르시아와 메디아 귀족들이 사절단들의 손을 잡고 안내하고 있어서 전쟁과 정복을 강조하는 아시리아와 다른 아케메네스의 타민족에 대한 포용 정책을 보여준다. 조공 사절단들은 3단으로 분리 묘사되었는데, 각 조공단은 3-9명의 인원으로 구성되었으며 실측 백나무로 구분하여 한 단위를 이룬다. 다리우스 왕이 죽은 후 아들 크세르크세스는 아파다나 궁 북쪽 면에 동쪽의 조공도를 그대로 복제하여 조각해 넣었다. 따라서 동쪽과 북쪽 면의 조공도는 사신들의 묘사와 배치, 조공물이 거의 같이 묘사되었다.[17]

또한 아파다나 궁 계단에는 사자가 황소를 잡아먹는 부조가 있는데, 이전에는 페르시아의 노우르즈를 상징하는 것으로 해석하였으나, 최근에는 종교적 상징성보다는 페르세폴리스의 전체

아파다나 조공도

---

17) 장영수, 「페르시아 아케메네스 왕조 페르세폴리스 아파다나 궁전 계단 조공도에 묘사된 복식연구」, 『한국복식학회지』 제58권 제6호, 통권125호, 한국복식학회, 2008, 124~144쪽; Roman Ghirshman, *The Art of Ancient Iran: from its origins to the time of Alexander the Great*, Golden Press, 1969, pp.156~202. p.47; Erich F. Schmidt, *Persepolis I, Structures · Reliefs, Inscriptions*, University of Chicago oriental institute publications vol. 37, the University of Chicago Press, 1953.

아파다나 동물 투쟁도

부조가 정치적 의도로 계획되었다는 견해가 있다.[18] 종교적이든 정치적인 의도에서든 동물 투쟁의 도상은 본서에서 다루는 스키타이 흉노의 미술의 동물 투쟁상의 표현과 연관되어 주목된다. 또한 화면 구성상의 특징으로 계단의 전면을 활용하여 앞쪽에 동물 투쟁도상을 크게 배치하고 그 뒤로 창과 방패를 들고 행렬하는 페르시아 군대, 또는 조공품을 들고 페르시아 관리의 안내를 받아 행진하는 외국사신들의 조공도를 배치하였는데, 긴 경사진 묘도의 앞에 사신도를 배치하고 그 뒤로 인물행렬도, 인물배례도를 배치한 중국 동위의 유연공주묘와 비교된다. 유연공주묘의 전체 벽화 도상 구성은 이전 시기의 것과 크게 차이가 나면서 중국 내에서 선행 사례를 찾아볼 수 없어 그 구성의 연원이 의문시되어왔다. 페르시아와 중국 사이에서 양쪽을 모두 교왕한 유연족과 선비족의 문화 배경에서 만들어진 벽화 구성이라고 한다면 페르시아의 가장 유명한 유적의 대표 도상의 구성 형식을 가져왔을 가능성을 배제할 수 없다.

아케메네스의 아파다나 부조와 중국 한위진남북조대 부조와 벽화와의 또 다른 유사점은 부조의 장식문양으로 정면연화문과 측면연화문의 배치와 측백나무로 장면을 나눈 구성이다. 고

---

18) 20세기 후반 이전에는 아파다나 입구의 사자가 황소를 잡아먹는 부조는 계절을 상징하며, 사자는 여름, 황소는 겨울비를 상징하는 것으로 해석하여, 아파다나 궁전의 계단 부조가 사산왕조의 노우루즈 행사를 표현한 것이며, 페르세폴리스에서 노우루즈 신년축제가 춘분 때 열려 종교도시로 역할을 하였다는 견해가 대다수였다. 그러나 페르세폴리스가 천문학적으로 '春分點'이 아닌 '夏至'에 맞추어 건립된 수도라는 사실과, 또한 고대그리스 저자들의 기록에도 다리우스 1세가 신년의식을 거행하였다는 기록을 찾아볼 수 없다는 점 때문에 설득력을 잃게 되었다. 20세기 후반부터는 페르세폴리스가 다리우스의 왕권이념을 선전하기 위하여 준공된 도성이었다는 주장이 우세하게 되었다. 다리우스 1세가 페르시아 제국을 다스리는 지배 민족으로서 페르시아 민족의 대표적인 수도를 건립하였으며, 그곳에 증축한 궁전의 내·외벽을 왕권이념을 공식적으로 표현하기 위해 계획한 선전 매체로 활용하였을 것이라는 의견이다. 김인화, 『페르시아 아케메네스조의 왕권 이념 : 다리우스 1세 시대를 중심으로』, 고려대학교 석사논문, 2014.

구려 고분벽화의 정면 연화와 측면 연화를 연상시키는 연화가 페르세폴리스의 모든 부조에 중요한 장식문양으로 사용되었다. 정면연화는 페르세폴리스의 애묘의 출입문을 둘러싸고 있어 죽음의 공간을 장엄하고 있으며, 알현도의 권좌에 앉은 왕이 긴 홀과 함께 손에 들고 있는 측면 연화는 왕권의 위엄을 상징한다. 각국의 사신들은 잎과 가지가 세밀하게 묘사

페르세폴리스 부조의 측백나무

된 실측백나무에 의해 화면이 구획되는데, 중국 한대 화상석에서 무덤의 입구를 표시하거나 장면을 나누는 장치로 쓰인 측백나무의 기능과 상당히 흡사하다. 고구려 무용총에서도 주실 남측의 양벽에 거대한 나무가 한 그루씩 그려져 있어 주실 전체 벽화 구성의 시작과 끝을 알린다.[19]

나크시에로스탐의 애묘 앞에는 사각형의 독특한 건축물이 서있는데 조로아스터교의 배화 제사지 또는 왕실묘로 추정된다.[20] 키루스 대왕의 궁전 유적지가 있는 파사르가데에 동일한 건축물이 있는데 솔로몬의 감옥("Prison of Solomon," 진다니 술라이만, Zindan-i Sulaiman)이라고 부른다. 나크시에로스탐의 탑이 진다니 술라이만의 건물과 동일하므로 배화 제사지보다는 왕실 무덤으로 보기도 한다. 왕의 초상과 조로아스터교의 배화 제단을 묘사한 사산의 은화에는 나크시에로스탐의 건축물과 같은 성소는 묘사되지 않았다. 그러나 나크시에로스탐의 사각형 건축물은 사산조 페르시아의 왕과 왕자들이 배화 제단으로 사용한 것으로 추정한다. 이 건축물은 샤푸르 1세와 카르티르 사제가 자신들을 신성화, 불멸화하기 위하여 사용하였기 때문에, 샤푸르왕의 재위 기간 또는 그보다 이전에 왕실의 배화제단으로 사용되어 사산 왕조 말까지 사용되었을 것으로 추정된다. 파사르가데의 동일한 형태의 건축물도 왕실의 불을 보존하기 위해 세워진 것으로 생각된다. 파사르가데의 건축물은 아마도 키루스 왕이 건축하고, 가우마타가 파괴

---

19) 나크시에로스탐의 사산 부조(3~4세기)에 대해서 Erich F. Schmidt, *Persepolis: The royal tombs and other monuments. III*, University of Chicago Press, 1970, pp.122~142, plate 80~95.

20) 나크시에로스탐 애묘 앞에 세워진 탑에 대한 도면과 설명은 Erich F. Schmidt, *Persepolis: The royal tombs and other monuments. III*, University of Chicago Press, 1970, pp.17~37, pp.48-49

나크시에로스탑 배화단 또는 묘탑

하였던 것을, 다리우스 대왕이 재건하였으나, 알렉산드로스의 정복으로 파괴되었을 것이다. 나크시에로스탑의 건축물은 다리우스 대왕이 세웠을 가능성이 높고. 아케메네스 왕조의 왕실의 불을 보존하기 위해 완성되었을 것이다.

부장품에서 아케메네스의 고분의 특징을 보여주는 예로서는 수사의 아크로폴의 아케메네스묘가 있다.[21] 그리스인의 기록에 의하면 페르시아인은 금과 사치품을 애호한다고 되어있으나 아케메네스 시대의 고분들은 그 수가 적으며, 실제로 보석류가 현전하는 것이 드물다. 1901년 모르간에 의해 발견된 수사의 아크로폴의 아케메네스 묘는 이 점에서 상당히 중요하다. 관 안에서 발견된 벽돌 조각들은 관이 아치형 천장의 고분 안에 묻혔었을 것으로 추정하게 하였다. 기원전 350-332년 편년의 두 점의 아라두스(aradus) 동전이 있어 아케메네스 왕조 말에 매장이 이루어졌음을 알려준다. 유골이 작고 무기가 없어 여성의 묘였을 것으로 발굴자는 추정한다. 남자묘주였을 가능성도 있는데, 그리스 역사가인 아리안은 파사르가데의 키루스 묘에서 대왕의 몸이 보석과 금으로 만든 목걸이, 팔찌, 수놓은 옷, 단검으로 덮여있었다고 기록하였다. 헤로도투스에 의하면 크세르크세스의 전사들이 그들의 용맹과 많은 양의 금장식품으로 잘 알려져 있었다고 한다. 다리우스 궁전의 장식은 교역에 능한 이집트와 메디아 금공인들이 맡았고, 이집트와 메디아 외에도 귀금속을 생산하는 여러 중심지들이 있었다. 페르세폴리스 아파다나의 부조에는 외국의 사절단들이 팔찌(메디아, 스키타이, 소그드), 또는 금은기(리디아, 아르메니아)를 바치고 있다. 따라서 묘에서 발견된 부장품들의 제작처를 확실하게 밝히기는 어렵다.

욕조 모양의 단순한 청동 관 안에서 유골이 발견되었는데 상체는 금 장신구와 보석류의 돌들

---

21) Pridence O. Harper, Joan Aruz, and Francoise Tallon, *The Royal City of Susa: Ancient Near Eastern Treasures in the Louvre*, Metropolitan Museum of Art, 1993, pp.242~252.

로 덮여있고, 한 점의 은완과 두 점의 알라바스트론 용기(향유호香油壺)가 부장품으로 발견되었다. 그리스 도기는 주기酒器와 향유호香油壺 등으로 나뉘는데, 각 기종은 본래의 실용성 이외에 제신諸神들에게 바치는 봉헌품과 부장품으로 사용되었다. 알라바스트론(높이 21㎝, 직경 9.1㎝)은 석제 용기로서 아케메네스 궁정에서 사용된 많은 용기들이 수사와 페르세폴리스에서 발굴되었다. 몇몇 용기에는 왕실의 명문이 있다. 수사의 아크로폴묘에서 나온 것은 명문이 없고, 유사한 알라바스트론은 신 바빌로니아와 페르시아 시대에 근동 전역에서 발견된다. 길죽한 타원형 몸체에 두 개의 손잡이가 달렸으며 넓은 수평의 구연부는 이집트에서 기원한 것이다. 페르세폴리스의 부조에서 왕실의 시종이 알라바스트론을 한 손에 들고 다른 손에는 수건을 든 장면을 볼 수 있다.

묘에서 발견된 은기(높이 4.3㎝, 직경 18.4㎝)는 그리스의 피알레과 같은 형태로 외부는 중앙에 정면연화문이 있고 세선이 위로 뻗어 올라가 끝은 꽃잎모양으로 만들었다. 접시의 입부분은 밖으로 약간 외반하였다. 이러한 형태의 용기는 페르시아 제국 전체에 걸쳐 청동, 금, 은 등으로 제작된 수많은 용기들이 발견되었다. 대부분 약간씩 변형된 형태로 밖으로 뻗어나가는 식물문으로 장식되었다. 내부는 연화문과 연봉오리 꽃줄이 옴파로스를 둘러싸고 있다. 이러한 아케메네스 용기의 모양과 장식은 신 아시리아 시대로부터 계승된 것으로, 대개 주기로서 사용되었고 그 예는 카라부룬(Karaburun)의 리시아(Lycian)의 기원전 5세기의 벽화묘에서 확인된다. 안탈리아(Antalya) 근처의 카라부룬의 리시아-페르시아(Lycian-Persian) 계통의 벽화묘로서 기원전 470년경 죽은 고관의 생활과 사후세계의 주제를 그렸다. 석회암 석실로 축조하였고 석회를 바르고 그 위에 보라색, 청색, 적색, 녹색 등 안료로 그림을 그렸다. 후벽 쪽에는 묘주가 옷과 장신구를 갖춰 입고 금은용기들과 함께 묻혔다. 심포지엄 또는 연회의 즐거움을 사후에도 누리기 위해 금은용기들을 부장하였다. 묘주 유골 위로는 등신대의 묘주가 연회와 심포지엄을 즐기는 모습으로 묘사되었다. 묘주는 넓은 소매의 옷을 입었는데 소매끝이 로제트 연화문으로 장식되어 페르시아식 복식이다. 화려한 관을 쓰고 있고 큰 귀걸이, 사자머리 장식 팔찌와 같은 페르시아 장신구를 하고 있으며 그의 왼손 손가락 끝으로 피알레를 잡고 있으며, 다가오는 시종이 가져오는 음료를 기다리고 있다. 묘주 앞에는 음식물이 놓인 탁자가 있다. 묘주의 앞에 두 명의 페르시아 복식을 입은 시종이 있다. 부채와 수건을 들거나, 그리핀 손잡이가 달린 술병과 꽃잎모양으로 장식된 피알레를 들고 있다. 묘주 뒤에는 여인이 서서 알라바스트론을 바치고 있다. 카라부룬 벽화는 이키즈테페(Ikiztepe)와 토프테페(Toptepe)의 은기들로 유명한 제의를 생생하게 묘사하고 있다는 점에서 중요하다. 묘실 남벽은 기마행렬도로 묘주가 두 마리의 말이 끄는 마차에 앉아 있다.[22]

고구려와 동시기인 사산왕조는 아케메네스의 대표적 유적인 페르세폴리스와 나크시에로스탐을 자신들의 정통성과 권위를 상징하는 표상적 기념물로 여겼다. 페르세폴리스에서 발견된 선각화와 명문은 사산조 초기 사산의 왕족이 페르세폴리스에 와서 조상을 찬양하고 제사를 드린 사실과 사산조 부조의 초기 발달상을 보여주는 것으로 중요하다. 또한 아케메네스의 위대한 왕들의 무덤인 나크시에로스탐에 사산 왕들의 신적인 왕권과 승전을 기념하는 부조를 연달아 새긴 것도 같은 상징성을 이용한 것이라고 하겠다. 아케메네스 왕조는 부조만이 아니라 금속공예품에서도 하나의 페르시아 공예품의 전형을 마련하여 후에 오게 될 사산조만이 아니라 주변의 근동과 중앙아시아 공예품에도 많은 영향을 미치게 된다. 아케메네스 양식의 미술품들은 아케메네스 왕조 변경지역에서 넓게 분포하여 발견된다.

아케메네스의 페르세폴리스 왕궁은 나크시에로스탐의 애묘와 부조와 같이 후대의 왕조, 이를테면 사산왕조가 해당 지역에 자신들의 왕권의 신성성을 선대로부터 빌려서 입증하고 왕권과 신적 권위의 연합된 상징성을 표현하는 장소이다. 동물투쟁, 연화, 조공 등의 아케메네스의 부조의 주제는 소그드인들에게도 전해져서 중국의 북조시대 서안, 태원, 고원 지역으로 이주한 조로아스터교의 제사장이자 소그드 이주민의 지도자였던 안가, 우홍, 사군의 묘에 석각의 주제로 표현되면서 그들이 가진 주체성과 전통 및 종교적 특징을 상징하게 된다.

2. 파르티아의 미술

파르티아(기원전 256~기원후 226년, 안식安息)는 아케메네스조 페르시아 제국에 속했던 성省(satrapy)의 명칭으로서 카스피해 동남연안지역, 즉 현재 투르크메니스탄의 남부지방을 지칭한다.[23] 파르티아 왕조는 기원전 2세기 중반경 셀레우코스 왕조, 로마제국, 그레코-박트리아 왕국

---

22) M. Miller, "Manners Makyth Man : Diacritical Drinking in Achaemenid Anatolia," In Erich S. Gruen eds., *Cultural Identity in the Ancient Mediterranean*, Getty Publications, 2011, pp.97~134.
23) 정수일, 『실크로드 사전』, 창비, 2013, 831쪽.

에 대한 공격을 하여 동으로는 인도를 침공하고, 서로는 메디아를 병합했으며, 나아가 메소포타미아의 티그리스·유프라테스 양하 유역을 정복하여, 수도를 엑바타나에서 티그리스강의 크테시폰으로 옮겼다. 그러나 2세기에 들어서면서 로마의 압력으로 서서히 약화되었고, 226년 사산 왕조의 아르다시르가 크테시폰을 함락함으로써 파르티아는 멸망하고 말았다.

파르티아는 기원전 126년경 대월지를 방문한 장건의 보고에 의해 중국 사서에 최초로 언급이 되었다. 장건이 안식국에 대한 소식을 들은 후에 천산의 유목민인 오손에 대한 원정에서 파르티아를 포함한 서역 나라들에 사절을 보냈으며, 중국의 사절은 106년경 원정을 마치고 귀국하였다. 『한서』의 「서역전」에 의하면 파르티아는 북으로는 강거, 동으로는 오익산리, 서로는 조지와 접한다. 토지, 기후, 물산, 민속 등은 오익·계빈과 동일하다. 은으로 화폐를 만들고, 정면에는 왕의 얼굴을, 배면에는 부인의 얼굴을 새긴다. 왕이 죽으면 다시 화폐를 주조한다. 상인들이 수레와 선박으로 이웃 나라에 간다. 무제가 처음 안식으로 사신을 보냈을 때, 왕은 2만 명의 기병을 동쪽 경계까지 보내서 사신을 맞이하도록 했다. 한나라 사신을 따라서 사신을 파견하여 와서 한나라 땅을 보고, 대조大鳥의 알과 이헌犁軒의 마술사를 한나라에 보냈다. 안식의 동쪽이 곧 대월지이다. 동쪽 변경지역에 목록木鹿(현재의 메르브)이라는 도시가 있고 소안식小安息이라고 불리기도 했다고 한다.[24] 이후 파르티아와 중국 간의 교역은 왕성하였으나 사서에 남은 공식적 접촉은 많지 않다. 동한으로의 안식 사절의 파견은 기원후 87년과 101년에 있었고 타조, 사자가 공물 목록으로 기록되었다. 기원전후 로마와 중국을 연결하는 실크로드가 세워지면서 그 중간에 위치한 파르티아는 중계 무역을 독점하였다.

동한 환제 때인 147년에는 유명한 안세고가 파르티아 왕자로서 불교 승려가 되어 중국 수도에 도착하여 불경을 번역한다. 안씨라는 성은 이후 그 지역에서 온 불교 승려들에 의해 사용된다. 사산의 성립과 파르티아의 멸망 이후 안식이라는 명칭은 안으로 간칭되고 부하라와 연관되게 된다. 당대에 안씨라는 성은 부하라에서 막 도착한 소그드인들에 의해서도 사용되고, 또한 북조시대에 일찍 중국으로 온 서역 이주민들의 후손들, 또는 북부 돌궐로 편입된 이주민들에 의해서도 사용된다. 대표적인 예가 안록산이다.[25]

---

24) 동북아역사재단 편, 『한서 외국전 역주(상) (역주 중국 정사 외국전2)』, 동북아역사재단, 2009.
25) E. G. Pulleyblank, "AN-HSI," *Encyclopædia Iranica*, I/9, pp.999-1000; an updated version is available online at http://www.iranicaonline.org/articles/an-hsi-middle-chinese-an-sik-name-by-which-the-parthian-empire-was-

파르티아의 미술은 그리스 문화를 애호하여 헬레니즘 미술의 영향을 강하게 받은 한편, 그리스와 이란 미술을 절충한 그레코-이란 양식이나 이란 고유의 양식을 보여주는 절충적, 복합적 성격을 갖고 있다.[26] 파르티아는 파르티얀 샷으로 불리는 몸을 뒤로 돌려 활을 쏘는 기마자세로 유명한데 실제로 남아있는 파르티아의 미술이 영성하여 파르티얀 샷을 보여주는 사례는 찾기 어렵다.[27]

파르티아와 한과의 교섭에 대하여 최근의 연구에 의하면 한대 종교건축에서의 새로운 발명, 이를테면, 돌의 사용과 화상석의 발달이 아케메네스와 파르티아를 포함한 페르시아 문화의 영향일 가능성이 제시되었다. 서한 무제시기의 곽거병묘의 마답흉노상馬踏匈奴像은 아케메네스에서 만들어진 승전의 도상과 유사하여 서역 정벌을 한 곽거병의 대외정복활동을 통하여 전래되었을 수도 있다. 파르티아의 건축양식인 아치형과 맞배지붕은 한대 고분에 채용되면서 고분 건축이 발전하였다. 또한 페르세폴리스와 나크시에로스탐의 아케메네스조 애묘는 서한의 제후릉 애동묘諸侯陵 崖洞墓와 구조상 유사하여 그 연관성이 지적되었다.[28]

파르티아의 미술은 알렉산드로스 대왕의 원정의 결과로 특히 조각분야에서 헬레니즘 미술의 영향이 강하게 나타나는 한편, 부조에서는 다음의 사산왕조에서 제작될 부조의 구성이나 도상을 예시하는 특징들이 드러난다. 아케메네스와 사산에 비하여 파르티아의 미술은 자료가 많지 않아 연구에 어려움이 있다.

현존하는 파르티아 미술은 대부분 파르티아의 변경에 남아 있다. 시리아, 메소포타미아, 이란 고원의 주변 지역 등이다. 파르티아의 수도인 헤카톰필로스, 하마단, 그리고 크테시폰의 미술은 거의 완전히 사라졌다. 파르티아 지배 아래의 도시들, 또는 파르티아의 지배 아래 있지 않던 팔미라와 콤마게네 등을 포함한 지역의 미술들이 주로 남아 있다. 그럼에도 기원전 3세기부터 기

---

known-to-the-chinese-a-transcription-of-arsak-the-name-of-the-parthian-ruling-house (accessed online at 30 August 2014).

26) 월간미술 편, 『세계미술용어사전』, 월간미술, 2004, 482쪽.

27) 실제 파르티아에는 파르티안 샷을 보여주는 사례가 드물고 스키타이의 선주민인 킴메르의 미술에서 이른 예를 찾아볼 수 있다. 정석배, 「고구려 고분에 보이는 몇 가지 유라시아 문화요소에 대해」, 『문화교류로 본 한국과 알타이』, 글로벌시대 한국적가치와 문명연구 과제(AKSR2014-G08) '한국문화원류와 알타이 신문화벨트 형성연구' 국제학술회의 자료집, 2014, 43~72쪽.

28) 김병준, 「파르티아와 漢의 교섭」, 제1회 한국고고학연합대회 발표자료집, 한국고고학회, 2011, 383~392쪽.

원후 3세기까지의 기간 동안 시리아 사막부터 이란과 중앙아시아까지 광범위한 지역이 특별하게 정의를 내릴 수 있는 특징을 가진 예술적 유대를 형성하였다. 그 특징은 정면성, 경직성, 세부묘사에 대한 관심, 특히 이들 지역에 폭넓게 착용되었던 정교하게 장식된 파르티아 복식과 장신구에 대한 관심이다.[29]

광범위한 지역을 포괄하므로 예술의 형태나 기능은 경제적 · 사회적 상황에 따라 지역마다 차이가 났다. 많은 경우, 그러한 차이점은 지역마다 다른 기존의 전통의 영향으로 설명된다. 일반적으로 파르티아 미술은 절충주의가 특징인데 그리스와 근동 문화로부터 양식과 모티프를 빌려오고 새로운 형태를 만들기 위해 그들을 재조합하는 경향을 말한다. 하트라, 샤미, 니사에서는 지배자의 초상이 가장 두드러진다. 하트라와 같은 종교 중심지에서는 종교적 주제의 조각상이 많으며 귀족상들도 상당히 많이 발견된다.

예술의 형태는 파르티아 통치 하의 넓은 지역에서 기존의 문화의 전통에 영향을 받은 듯 보인다. 이란에서는 종교적이고 왕조와 연관된 주제들의 마애 부조가 두드러지며, 하트라의 신전들에서는 공양인 조각상들이 종종 나타난다. 궁정의 미술 대부분이 종교적 또는 의례적이기 때문에 조각과 회화들은 엄숙하여 거의 성직자상 같다. 복식의 장식의 세부와 장신구의 묘사의 강조는 지위를 강조하기 위한 것으로 보인다. 인물들은 서사적인 장면에서조차 거의 대부분 정면상인데 그리스와 페르시아에서 기원한 것인지, 또는 파르티아 지배기의 시리아와 메소포타미아 지역 사람들의 창안인지는 확실치 않다. 정면성 강조는 소박한 예술품에도 의례적인 성격을 부여한다.[30]

통일성과 지역적 변형을 살펴보기 위해서는 파르티아의 정치적 지배 아래에 있던 지역들의 미술을 각 지역별로 살펴보는 것이 필요하다. 팔미라는 파르티아의 정치적 지배 아래 있지 않았으며, 두라 에우로포스는 파르티아인들이 200년 넘게 다스렸으나 멀리 떨어진 변경의 식민지

---

29) S. B. Downey, "Art in Iran iv. Parthian Art," *Encyclopædia Iranica*, II/6, pp.580~585; an updated version is available online at http://www.iranicaonline.org/articles/art-in-iran-iv-parthian(accessed online at 30 August 2014); M. I. Rostovtzeff, "Dura and the Problem of Parthian Art," *Yale Classical Studies* 5, 1935, pp.155~304.

30) S. B. Downey, "Art in Iran iv. Parthian Art," *Encyclopædia Iranica*, II/6, pp.580~-585; an updated version is available online at http://www.iranicaonline.org/articles/art-in-iran-iv-parthian (accessed online at 30 August 2014).

였다.[31] 콤마게네는 로마의 통치에 들어가기 전까지는 독립국으로 남아있었다.

현재의 투르크메니스탄의 수도 아슈하바드 서쪽 18km 지점에 있는 파르티아 도성지인 니사는 파르티아의 가장 이른 시기의 수도이다. 니사의 미술은 헬레니즘 성격이 강하다. 파르티아의 수도 니사의 그레코-파르티아 이란 양식은 벤자민 로울랜드에 의하면 우즈베키스탄 남부의 할차얀으로, 그리고 아프가니스탄의 쿠샨의 수르흐 코탈로, 마지막에는 아프가니스탄의 하다에까지 전파되었다. 니사는 초기 헬레니즘 문화의 산실로서 그리스풍의 유리 기구, 아테나상像, 에로스상, 상아제 각배 등 헬레니즘 문화를 보이는 유물들이 다수 출토되었다.[32] 이러한 그레코-파르티아 양식은 나중에는 미란의 벽화에서도 발견된다. 간다라 미술에 보이는 그리스 · 로마 미술계통의 주제와 인물 표현이 실제로는 파르티아가 받아들이고 자신들의 문화를 융합시킨 것이 간다라에 영향을 미친 것으로 보는 견해도 있다.[33]

니사에는 그리스계의 여신상과 유사하게 표현되어 그리스 수입품으로 보이는 작은 대리석 조각들이 있다. 니사의 정방형 집회장은 파르티아 왕조의 종교 중심지로 왕조의 창시자 아르사케스의 선조들로 여겨지는 소조상들이 2층의 회랑에 세워져있다. 소조상들은 그리스 내지는 파르티아 복식을 입고 있다. 이렇게 목조 모형 위에 점토 또는 스투코로 조각을 만드는 기법은 특히 박트리아에서 많이 나타나는데, 아프가니스탄 아이하눔의 그리스 시대의 조각들에 유사한 예가 보인다. 영웅화시킨 선대의 조상들을 조각한 것으로 보이는 고부조의 조각들은 중앙아시아의 할차얀의 쿠샨 유적지에서도 발견된다. 니사의 보물수장고에서 발견된 상아제 각배는 다른 문화에서 연원한 요소들의 혼합을 잘 보여준다.

니사의 건축물의 작은 인물상들로 이루어진 프리즈는 그리스 양식으로 대부분 디오니소스 관련 장면들을 표현하는데 헬레니즘 원형에 기반한 것으로 보인다. 그리스식 도상은 셀레우코스 시대에 이란에 전해졌다. 환상적인 동물조각들은 뿔이 달린 사자와 같이 아케메네스 왕조의 동물 조각 형태와 관련되거나, 반인반마의 켄타우로스와 같이 그리스의 전통과 연관되는 것들

---

31) 2세기경의 두라 에우로포스 벽화는 고구려 벽화와 유사한 말을 탄 인물, 활을 쏘며 짐승을 추격하는 전형적인 사냥 장면을 그렸다. 동작 표현에 비해 운동감이 없고 생동감이 결여되어 아케메네스 시대의 그리스풍 모델을 따른 것이다. 표현은 전형적인 이란 미학이다. 권영필, 『실크로드 미술』, 열화당, 1997, 34-35쪽.

32) 정수일, 『실크로드 사전』, 창비, 2013, 72쪽.

33) Bernard Goldman, "Parthians at Gandhāra," *East and West*, Vol. 28, No. 1/4, 1978, pp.189~202.

이다. 니사의 예술품들은 대략 기원전 3세기에서 2세기로 편년된다. 그리스와 파르티아 지배기의 이란의 미술은 논의하기 어려운 이유가 편년을 할 수 있는 작품이 적고 문화적 맥락도 종종 불분명하다.[34]

그리스와 파르티아 양식의 작품을 포함하여 이란에서 가장 중요한 환조 조각군이 발견된 것은 후제스탄의 샤미의 왕실 신전이다. 신전과 조각의 연대는 확실하지 않다. 여기서 발견된 샤미 왕자상은 현재 테헤란의 국립박물관에 전시되어있다.[35] 샤미 왕자상의 엄격한 정면성, 튜닉과 바지의 의습선의 관습적 표현, 일반화된 얼굴 특징은 시리아의 팔미라의 미술과 연결되며 멀리는 그리스와 로마의 조각과도 연관된다. 샤미 왕자상은 팔미라의 소조상, 박트리아의 할차얀의 궁전의 벽화와 복식이 유사하다. 파르티아는 미트라다테스 1세 때 박트리아를 점령하여 파르티아의 영향 아래 두었기 때문에 같은 문화권대에

파르티아 샤미 왕자상

속하였으며, 실크로드를 통하여 해당 지역에 영향력을 행사하였다.[36]

이라크에 위치한 하트라는 파르티아 시대의 원형 요새 도시다. 기원전 1세기 후반에 건설되었고 사산에 의해 멸망하기 전인 기원후 240-41년까지 번성했다. 내성 안에 궁전과 조로아스터교 제단, 3개의 신전, 주거지, 묘지 등의 유적이 있다.[37] 발굴은 종교적 건축물을 중심으로 이루

34) S. B. Downey, "Art in Iran iv. Parthian Art," *Encyclopædia Iranica*, II/6, pp.580~585; an updated version is available online at http://www.iranicaonline.org/articles/art-in-iran-iv-parthian(accessed online at 30 August 2014).

35) 장영수, 「페르시아 파르티아(Parthia) 왕조 샤미(Shami)왕자 상의 복식 연구」, 『한국중동학회논총』 27-1, 한국중동학회, 2006, 373~398쪽.

36) S. B. Downey, "Art in Iran iv. Parthian Art," *Encyclopædia Iranica*, II/6, pp.580~585; an updated version is available online at http://www.iranicaonline.org/articles/art-in-iran-iv-parthian(accessed online at 30 August 2014).

37) 정수일, 『실크로드 사전』, 창비, 2013, 855쪽.

어졌다. 샤마슈 신전과 그 외 소신전들에서 많은 양의 석조 조각이 발견되었다. 하트라 지역의 종교 신상 조각과 왕, 왕자, 귀족상들은 다양한 부조 또는 환조로 남아있다. 샤마슈 신전은 고부조의 인물상, 두상, 동물상으로 장식되었다. 신상, 귀족상, 사티로스(고대 그리스 신화에서 숲의 신) 등이다. 아치를 조각으로 장식한 것은 로마 건축의 장식 형태를 따른 것으로 보인다. 샤마슈 신전의 다른 조각들은 메두사와 같이 벽사의 상징물도 있다.

하트라의 환조나 부조 신상들 가운데 포세이돈, 아폴로, 에로스를 표현한대리석 조각들을 포함한 환조 단독상들은 그리스와 로마 지역에서 수입한 것으로 보인다. 다른 대부분의 조각들은 파르티아 지역에서 제작한 것으로 모티프나 양식이 절충적이다. 헤라클레스 나상은 그리스식이지만 사자 가죽의 문양은 아시리아 미술을 연상시키며 파르티아의 목걸이를 걸친 예도 있다. 이와 같이 하트라의 조각에서는 그리스, 로마와 아시리아 미술의 절충적 특징을 보여주는 조각의 사례가 많다. 하트라 조각에 보이는 파르티아의 절충적 특징의 미술은 박트리아 지역으로 전해지고 다시 중앙아시아와 중국의 서역계 미술에 영향을 미치게 된다.

하트라의 왕과 귀족들은 자신들의 조각상을 도시의 수많은 사원들에 봉헌하였다. 고대 메소포타미아 사원에서 공양자를 위하여 공양인을 대신하는 조각상을 봉헌하는 관습을 따른 것이다. 대부분의 남녀 조각상들은 경배의 표시로 오른손을 들고 있으며 신성을 상징하는 잎을 왼손에 들었다. 남자 조각상들은 일반적으로 수염을 기르고 기하학적 문양(자수나 아플리케의 표현)으로 화려하게 장식이 된 파르티아 복식을 입었다. 대개 장검과 단검을 차고 있고 다양한 형식의 관을 쓰고 있다. 정교한 파르티아식 복식은 변형된 형태로 멀리 동쪽으로는 쿠샨의 수르흐 코탈과 마두라, 그리고 서쪽으로는 시리아 사막의 팔미라와 콤마게네의 아나톨리안 왕국에까지 출현한다.

하트라 조각상은 자세와 특징이 전형화 되어있다. 로마 미술의 관점에서 보면 초상이라고 하기 어려우나 개인적 특징이 드러난다. 여성 조각상은 화려한 장신구와 독특한 지역적 복식의 세부 묘사가 강조되었다. 유사한 여성 복식은 팔미라와 두라 에우로포스에서 나타난다. 조각가들이 고도로 도식적인 체계 안에서 개인적 특징을 드러내려고 한 흔적이 보이며 대부분의 조각들이 지방 조각가들의 작품으로 추정된다.

마애부조는 이란에서 전통적으로 왕권을 상징하는 미술 장르로서 셀루시드와 파르티아 시대에도 그 경향이 지속되었다. 그리스와 로마 미술의 영향을 보여주는 대표적인 예는 헤라클레스

비스툰의 헤라클레스 조각상　　　　　　　　　경주 괘릉 무인상

의 조각이다. 이란 케르만샤 비스툰의 유명한 아케메네스 다리우스 왕의 부조에서 동쪽으로 약 300m 떨어진 산자락에 기원전 148년에 제작한 것으로 추정되는 환조의 헤라클레스상(길이 147㎝)이 있다. 헤라클레스는 잔을 들고 옆으로 비스듬히 기대 앉아 있다. 대개 헤라클레스가 머리에 쓰는 사자 가죽을 바닥에 깔고 앉았다. 헤라클레스의 곤봉과 활통, 올리브 나무는 마애부조의 배경에 새겨져 있다.[38] 헤라클레스의 곱슬머리와 곤봉 형태가 유사한 서역인이 경주 괘릉의 무인상으로 표현되어 고대 한국의 서역인 도상의 연원을 짐작하게 한다.

　비스툰에는 그 외에 다른 파르티아 마애부조들이 있다. 헤라클레스 조각상과 다리우스 부조 사이에 위치한 비탈에 두 점의 마애부조가 있는데 이미 많이 훼손되었다. 하나는 아마도 미트라다테스 2세(기원전 ?~91년)를, 다른 하나는 고타르제스 2세(기원후 11~51년)를 기념하는 것으로 보인다.[39] 미트라다테스 2세의 부조는 다리우스 부조의 아래쪽 산비탈에 새겨졌는데 73.6

---

38) 7줄의 그리스 명문이 헤라클레스 상 뒤에 새겨져 있다. 또한 그 옆에 새겨진 명문은 164년경에 제의가 행해졌음을 기록하고 있다. 헤라클레스의 두상은 여러 차례 도난되었다가 다시 돌아온 것으로 알려졌다. 헤라클레스는 파르티아 시기에 광범위한 인기를 얻었다. 비스툰의 헤라클레스 부조는 셀루시드 통치기에 헤라클레스가 이란지역에 도입되었음을 보여준다. 탕에사르박의 사자의 목을 조르는 인물 부조도 헤라클레스로 보인다. 하트라, 두라 에우로포스, 팔미라에서 인기를 끌었던 그리스 기원의 신상 중 하나였다. 사자의 목을 조르는 환조의 헤라클레스 입상이 수사의 박물관에도 한 점 전시되어있다. I-Tien Hsing, translated by William G. Crowell, "Heracles in the East: The Diffusion and Transformation of His Image in the Arts of Central Asia, India, and Medieval China," *Asia Major*, Third Series, Vol. 18, No. 2, 2005, pp.103~154.

39) S. B. Downey, "Art in Iran iv. Parthian Art," *Encyclopædia Iranica*, II/6, pp.580~585; an updated version is

파르티아 비스툰 고타르제스 2세 조각

×48.3㎝의 크기의 장방형 틀 안에 조각되었다. 이 부조는 가장 오래된 파르티아 부조 중 하나로 기원전 100년경의 작품이다. 네 명의 속주의 총독들이 미트라다테스 2세 앞에 경의의 의미로 한 손을 앞으로 들고 일렬로 서있다. 나크시에로스탐의 사산조 부조에서 조로아스터교 사제인 카르티에와 신하들이 왕에 대한 경의의 표시로 취하는 자세이기도 하다. 부조의 오른쪽에 마주 선 미트라다테스 2세 역시 그들의 경배에 응하는 의미로 한 손을 높이 들어 하늘을 가리키고 있다. 그리스어 명문이 부조에 묘사된 인물들을 설명하고 있다.

미트라다테스 2세의 부조의 동쪽에 다른 부조가 있는데 장방형의 넓은 돌 표면(5.44×3.1m)의 오른쪽에 고타르제스 2세(기원후 약 50년)를 묘사하였다. 이 부조는 마모가 심해서 현재 남은 부조에서는 두 명의 기마인물이 보이고 화면 중앙의 기마인물 머리 위로 날개가 달린 천사가 리본이 달린 다이어뎀을 들고 날고 있다. 다이어뎀을 든 천사상은 후에 타크이부스탄 대석굴과 같은 사산조의 왕권 신수도 부조에도 출현하여 이미 파르티아시대에도 표현된 그리스와

---

available online at http://www.iranicaonline.org/articles/art-in-iran-iv-parthian(accessed online at 30 August 2014).

파르티아 후제스탄 콩에노우루지 부조

로마 계통의 도상임을 알 수 있다.

　이란 남서부 후제스탄의 콩에노우루지의 부조는 파르티아 조각의 정면성의 기원에 대한 새로운 자료를 제공한다. 화면의 왼쪽에 기마인물이 있고, 그 앞에 네 명의 귀족들이 서 있으며 말 뒤로 따르는 시종들이 보인다. 기마인물은 두상으로 판단하여 미트라다테스 1세(기원전 ?-165년)로 추정된다. 측면상으로 표현된 기마인물과 시종들은 그리스풍의 짧은 머리에 그리스 복식을 입었다. 정면상으로 묘사된 귀족들은 파르티아식 머리와 복식을 하고 있는데 주름이 많이 잡힌 바지와 장식이 없는 튜닉을 입고 있으며, 튜닉의 끝이 날카롭게 역 'W'자형으로 처리되었다. 기마인물의 바로 앞에 선 귀족 남성은 칼을 차고 있으며 머리 위로 독수리 한 마리가 날고 있다. 기마인물은 고부조로, 귀족들은 보다 밋밋하게 선적으로 묘사되었다.[40]

　이러한 정면성과 직선성直線性은 수사, 탕에사르박, 탕에보탄에 있는 파르티아 부조들의 특징이다. 탕에사르박은 후제스탄 동부의 유적지로 약 1200m 높이의 고도에 있는 지면에 독립적으

---

40) S. B. Downey, "Art in Iran iv. Parthian Art," *Encyclopædia Iranica*, II/6, pp.580-585; an updated version is available online at http://www.iranicaonline.org/articles/art-in-iran-iv-parthian (accessed online at 30 August 2014).

로 서있는 네 곳의 마애면에 새겨진 부조군인데 13개의 부조와 여러 개의 명문이 있다. 대략 기원후 1세기에서 3세기의 1/4분기 사이로 편년된다. 건축 유지는 발견되지 않았다. 왕권 서임도, 알현도, 수렵도, 전쟁도, 무사도 등 파르티아 시대 부조들의 주제를 잘 보여준다. 대부분은 등신대이거나 등신대보다 큰 크기로 정면상으로 묘사되었고 왼쪽 어깨 위에서 접힌 외투와 튜닉에 바지를 입고 있다.[41]

탕에사르박의 2호 마애조각은 북동면, 북면과 북서면의 장면이 주목된다. 먼저 북동쪽면의 조각을 보면, 끝이 뾰족한 파르티아인의 관모를 쓴 왕이 독수리 다리가 달린 침상에 비스듬히 누워 있으며, 한 손에 다이어뎀, 다른 손에 잔을 들고 있다. 왕의 맞은편에는 아테나 또는 아나히타와 미트라로 보이는 신들이 앉아있다.

북면과 북서면의 부조는 삼단으로 조각되어 가장 복잡한 화면 구성을 보여준다. 화면의 상단 좌측은 제단 앞에 서서 한 손을 들고 경배하고 있는 인물이 있다. 그 뒤로는 왕과 왕비로 보이는

탕에사르박 2호 마애 부조 북동면

41) N. C. Debevoise, "Rock Reliefs of Ancient Iran," *Journal of Near Eastern Studies 1*, 1942, pp.97~101, pl. IIb; W. B. Henning, "The Monuments and Inscriptions of Tang i Sarvak," *Asia Major*, 2, 1952, pp.151~171, pls. i xx.

두 명의 인물이 우측 끝에 앉아 있고 5명의 신하들이 도열하여 서있다. 가운데 단에는 여섯 명의 인물들이 제단과 상단의 인물들을 향하여 오른손을 들고 서있다. 그 뒤로는 달려드는 짐승의 가슴을 찌르고 있는 기마인물이 있다. 화면 하단에는 덤벼드는 사자의 목을 조르는 인물이 있다. 2호 마애부조는 왕권서임도, 제의도, 왕 또는 귀족에 대한 알현도, 동물 투쟁도로 구성되

탕에사르박 2호 마애 부조 북면과 북서면

어있는데 사산조 부조와 중국의 소그드계 부조의 주제와 표현 형식을 예시하고 있어 주목된다. 수사의 아르타바누스 5세(기원후 ?~226년) 시기의 조각 양식과 유사하여 기원후 2세기 후반 또는 기원후 3세기 전반으로 편년된다.[42]

2호 마애부조에서 북동쪽으로 40m 떨어진 3호 마애부조는 중무장을 한 기마무사가 장창을 들고서 돌진하고 있는 장면(높이 2.2m, 너비 2.85m)이다. 무사의 뒤로는 활을 쏘고 있는 인물, 돌을 머리 위로 들어 던지는 인물, 공격을 받아 쓰러지는 인물 등이 묘사되었다. 개마무사 앞의 장면은 지워졌으나 두 명의 기마무사가 전투를 벌이는 장면으로 생각된다. 페르페폴리스의 사산조 선각화의 기마무사상과 피루자바드의 전투도 부조를 예시하는 작품이다.

파르티아의 회화에는 벽화와 모자이크가 있는데 헬레니즘 회화양식의 동점 과정에서 중요한 역할을 하였다. 파르티아 시대로부터 현존하는 회화는 이란 동부 경계의 시스탄의 쿠에콰자(또는 쿠-이-초차)의 왕실의 종교 건축물에서 발견된다.[43] 스타인과 헤르츠펠트가 발굴하였으며

42) S. B. Downey, "Art in Iran iv. Parthian Art," *Encyclopædia Iranica*, II/6, pp.580~585; an updated version is available online at http://www.iranicaonline.org/articles/art-in-iran-iv-parthian (accessed online at 30 August 2014).

43) Soroor Ghanimati, *Kuh-e Khwaja: A major Zoroastrian temple complex in Sistan (Iran)*, University of California, Berkeley, Ph.D. dissertation, 2001.

탕에사르박 3호 마애 부조

쿠에콰자 벽화

1960년에는 굴리니가 추가 발굴하였다. 이미 파르티아 시대에 궁궐과 배화사원이 존재한 것으로 보인다. 벽화와 건축의 편년은 학자에 따라 이견이 있지만 여기에서는 파르티아 미술에 포함하여 설명한다.

쿠에콰자는 파르티아로부터 사산까지 세 차례에 걸쳐서 건축이 이루어졌다. 파르티아 후기, 사산 초기, 사산 후기의 세 시기로 구분된다. 파르티아 시기에 순례자들의 제의는 야외에서 행해지고, 일반적 예배와 기도는 산 정상에서 이루어졌다. 사산조 초기에 국교로서 역할이 강조되면서 주요한 조로아스터교 사원이 형성되었고 사원 건축이 확장되었으며 배화 성소가 추가되었다. 쿠에콰자의 사산 초기의 조로아스터교 사원에는 배화 제단이 강조되었는데, 사산 후기의 종교 건축인 탁트이 슬라이만과 비교된다.

성소의 장식적 특징에 대하여 많은 연구가 있었는데 성소 구역의 건축과 장식은 이란과 그리스 미술이 혼합된 양식을 잘 대변한다. 이란 동부 시스탄의 그레코-이란 미술 전통은 이란의 새로운 종교 건축의 등장에 풍부한 기반을 제공하였다. 제2기와 제3기에 아치형 천장과 둥근 천장을 광범위하게 사용하였고 헬레니즘 장식과 결합되면서 스투코의 형식으로 벽면들을 "조각으로 된 타피스트리"로 장식한 것이 사산조 건축의 특징이다. 벽화는 스투코들과 함께 주요한 장식 매체로서 이란과 헬레니즘의 다양한 요소들이 성소 건축에 사용되었다. 다양하고 화려한 장식의 사용은 성소에 대한 막대한 경제적 후원을 잘 보여준다. 자연적 지리, 건축적 설정, 건물의 형태, 그리고 장식이 모두 종교적 목적을 위해 구성된 것으로 동부 이란의 중요한 미술 전통의 출현을 잘 대변한다.

셀레우코스왕조와 그레코-박트리아 왕조 아래에서 조성된 중요 도시는 테르메즈의 캄피르 테페, 달베르진 테페, 잔카르랏 테페, 하이타밧 테페 등이다. 기원전 4세기 중반 이후 백년간 그레코-박트리아는 북방 유목민족의 잦은 침입으로 점차 쇠락해져 갔다. 기원전 206년 그레코-박트리아의 변경에 거주하던 유목집단들 중에 월지가 내려오기 시작하였고, 기원전 2세기 초반 145년경에 그레코-박트리아는 월지에 의해 멸망하였다. 기원전 133~129년 사이에 월지는 오늘날의 사마르칸트인 소그디아나에 정착한다.[53]

박트리아 왕국은 그리스 문화를 중앙아시아에 이식하는 역할을 하였으며, 이 지역에서는 파르티아나 인도계의 문화도 유입되어, 이들을 혼합한 독특한 미술이 탄생했다. 박트리아 왕국의 유적은 아이하눔이 잘 알려져 있고 남아있는 미술품은 많지 않으나, 박트리아 미술의 전통은 쿠샨 시대에도 계승되었다. 아이하눔과 할차얀에서 테라코타 등신대 인물상이 발견되었다.[54]

아프가니스탄 북단의 옥서스강 남안의 아이하눔 유적은 1964년부터 10여 년에 걸쳐 프랑스 조사단이 발굴하여 박트리아인들의 도시 유적임을 밝혔다. 그리스식의 건축과 조각상이 많이 발굴되었고 그리스인들이 이 지역의 헬레니즘 문화 발전에 끼친 영향을 실증하였다.[55]

아케메네스조 페르시아의 속주였던 박트리아는 알렉산드로스 대왕에 의해 정복되면서 헬레니즘 문명의 가장 동쪽에 위치한 지역이 되었다. 아이하눔은 기원전 300년에 알렉산드로스의 계승자 중 하나인 셀레우코스 1세가 헬레니즘과 동방의 전통을 결합하여 그리스 식민지로서 그레코-박트리아의 독특한 미술 형식을 만든 중심지이다.

아이하눔은 기원전 145년에 동북 초원지역의 유목민인 월지에 의해 침략 당하였으나 그 예술적 유산은 수세기 동안 남아 이슬람 정복 전까지 중앙아시아에 영향을 미쳤다. 1961년 우연히 이 지역에서 코린트 양식의 주두가 발견되었고, 1964년에서 1978년까지 프랑스 고고학자들이 발굴하여 유목 세계의 입구에 위치한 아시아에서 가장 잘 보존된 헬레니즘 도시를 발견하였다. 아이하눔은 그리스의 도시 계획에 바탕하여 그리스식 도시의 공공 건축물로 가득 차 있었다. 교육과 스포츠를 위한 김나지움, 극장, 분수, 그리스 서적이 있는 도서관들이다. 고대 근

53) 국립중앙박물관 편, 『동서문명의 십자로 – 우즈베키스탄의 고대문화』, 국립중앙박물관, 2009, 202쪽.
54) 월간미술 편, 『세계미술용어사전』, 월간미술, 2004, 176쪽.
55) 디트리히 제켈, 이주형 역, 『불교미술』, 예경, 2002, 41쪽; Joan Aruz and Elisabetta Valtz Fino, *Afghanistan: Hidden Treasures from the National Museum, Kabul*, Metropolitan Museum of Art, 2009.

동의 전통을 따른 왕궁과 사원들도 포함하였다. 이러한 헬레니즘과 동방 요소의 결합은 지역의 작업공방에서 만든 예술품들에서도 발견된다.[56]

아이하눔에서 나온 건축 장식이나 공예, 조각품들은 그리스 전통에 기반하면서 지역의 예술가들이 만든 변형이 특징이다. 아이하눔 출토의 도금 은반은 제의용 용기로서 마차를 탄 두 명의 신이 은기의 중앙에 조각되어있고 방사상의 태양이 장식되었는데, 그리스, 시리아, 페르시아의 전통이 혼합되어있다.[57] 박트리아의 '그리스-불교미술'은 박트리아의 멸망 이후에도 지역적 기반이었던 박트리아(아프가니스탄)와 간다라를 포함한 중앙아시아에 영향을 미쳐 불상의 탄생을 자극하였고 제신융합주의에 기반한 사실적이며 이상적인 불교미술의 출현을 가져왔다.[58]

2. 쿠샨의 미술

그레코-박트리아(기원전 250~140년)는 기원전 145년경에 유라시아 초원지대로부터 건너온 월지로 알려진 유목민인 쿠샨에 의해 멸망하였다.[59] 원래 중국의 북서부 변경에 거주하다가 다른 유목민인 흉노에 의해 쫓겨나서 이동한 민족이다.[60] 월지의 한 일파인 귀상이 아프가니스탄으로 이주해 와서 그리스어와 만나게 되면서 이름을 쿠샨으로 바꾸고 현재까지 그 이름으로 알려졌다. 쿠샨 왕국(기원전 2세기~기원후 3세기)은 그 영토를 점차 확대하여 카니슈카 왕

---

56) Joan Aruz and Elisabetta Valtz Fino, *Afghanistan: Hidden Treasures from the National Museum, Kabul*, Metropolitan Museum of Art, 2009.

57) 아시아지역의 그리스 미술을 다룬 최근의 연구는 John Boardman, *The Greeks in Asia*, Thames & Hudson, 2015 참조. 이 책에서는 그리스의 기원을 동방으로 보면서 그리스와 아시아 지역의 미술의 관련성에 대하여 박트리아와 쿠샨의 미술을 중심으로 고찰하였다.

58) 최태만, 「박트리아 미술의 諸神融合(Syncretism)과 王權神授思想」, 『동악미술사학』 7, 동악미술사학회, 2006년, 73~91쪽.

59) 『前漢書』 「西域傳」 第66 大月氏國. 오다니 나카오, 민혜홍 역, 『대월지 중앙아시아의 수수께끼 민족을 찾아서』, 아이필드, 2008, 68쪽; E. G. Pulleyblank, "A Sogdian Colony in Inner Mongolia," *T'oung Pao 41*, 1952, pp.319~352; 동북아역사재단, 『한서 외국전 역주(상)(역주 중국 정사 외국전2)』, 동북아역사 자료총서 22, 동북아역사재단, 2009.

60) 월지의 원거주지에 대해서는 여러 의견이 있다. 하나는 중국 돈황과 감숙 서부 기련산이었다는 의견과 우즈베키스탄의 소그디아나 지역이라는 의견이다. 오다니 나카오 저, 민혜홍 역, 『대월지 중앙아시아의 수수께끼 민족을 찾아서』, 아이필드, 2008, 68쪽. 참조.

(127~151년) 때에 이르러 오늘날의 인도, 파키스탄, 아프가니스탄, 우즈베키스탄 남부, 타지키스탄을 아우르게 된다. 적색 사암으로 만들어진 마투라 출토 카니슈카 대왕상은 모직 외투와 장화를 착용한 것으로 북부에 위치한 쿠샨인들이 원래의 거주지에서 입었던 전형적인 옷이다. 기원전 2세기에 시작된 월지 쿠샨왕조는 400년 이상 존속하였으며 로마, 파르티아, 한나라와 더불어 강력한 제국을 건설한 쿠샨왕조 아래에서 박트리아 문화는 기원후 3세기 중반까지 지속된다.[61] 쿠샨왕조는 4세기 말에 사산조 페르시아 왕조에 의해 정복되었다.

카니슈카왕 조각상

그레코-박트리아가 다스린 북부 아프가니스탄 지역에서 유목민들의 유입의 증거는 아프가니스탄 북부 시바르간 교외의 틸리야 테페(황금의 언덕)에서 발견된다. 1978년 소련과 아프가니스탄의 고고학 발굴단이 기원후 1세기에 묻힌 유목민들의 묘지를 발굴하였다. 틸리야 테페의 묘는 전형적인 유목민의 묘로서 봉토분이다. 유라시아 초원지대의 쿠르간은 대개 인공적으로 만든 구조물이다. 틸리야 테페는 유목민들이 이미 만들어진 언덕을 다시 사용하였는데 이른 시기에 요새화된 진흙 벽돌 사원의 흙으로 덮힌 유적을 이용하였다. 가장 중요한 4호묘의 남자 묘주는 봉토의 중앙에 가장 높은 위치에 묻혔고, 여자들의 묘는 그를 둘러싸고 대략 원형으로 둘러싸며 묻혔다. 남자 묘주는 쿠샨 왕조가 일어나기 전인 기원후 1세기경 월지족의 한 일파로 보는 한편, 여자 묘주들은 각각 다른 문화적 배경을 가지고 있다고 본다.[62]

약 20,000점의 금제품들은 제의적 무기들과 아플리케를 포함한 장신구와 귀중품들로 구성되어 있다. 대부분은 다양한 보석들로 상감되어있는데 이란의 터키석, 아프가니스탄과 타지키스탄의 라피스 라줄리, 인도의 석류석과 자수정, 발트해의 호박 등의 준보석들을 사용하였다. 틸

61) 국립중앙박물관 편,『동서문명의 십자로 – 우즈베키스탄의 고대문화』, 국립중앙박물관, 2009, 202쪽.
62) 주경미,「아프가니스탄 틸리야테페 출토 금제 장신구 연구」,『中央아시아研究』, 19-2, 중앙아시아학회,2014, 27~51쪽.

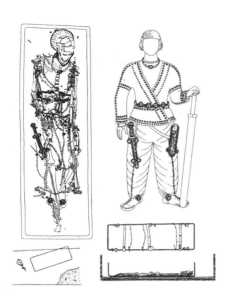

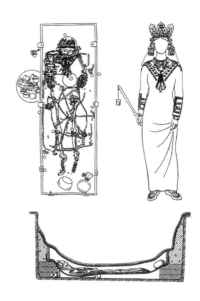

틸리야 테페 제4호 묘, 말의 머리뼈, 목관, 복원 남성상 틸리야 테페 제6호 묘, 단면과 평면도, 복원 여성상

리야 테페 3호묘에서 나온 금제 장식판(기원후 1세기 후반)은 그리스 의상을 입은 전사가 칼과 방패를 들고서 당당하게 서있는데 그레코-헬레니즘의 영향을 여실하게 보여준다. 틸리야 테페 2호묘의 여성이 뺨에 착장하고 있던 한 쌍의 금제 장식판(기원후 1세기 후반)은 중앙의 인물이 양손으로 동물을 제압하고 있는 도상이 고대 메소포타미아의 남신의 도상에 기반하고 있으면

쿠산 틸리야 테페 6호묘 출토 금관

서, 중국 영하 고원 칠관호묘 출토의 서역계 장식품의 형식과 유사하다. 틸라 페테 6호묘 출토 금관(기원후 1세기 후반)은 신라 황금 금관의 외래 연원으로서 사르마티아 금관과 함께 자주 언급되어 잘 알려져 있다. 나무형 태의 입식 장식과 꽃과 나뭇잎 형태의 수많 은 영락으로 구성되었으며 얇은 금판을 사용 하여 제작하였다.

틸리야 테페의 발굴품들은 세련되고 절충 적인 유목문화를 드러내는데 초원의 동물양식을 보존하면서도 실크로드를 따라서 다양한 미술 양식들을 흡수하여 헬레니즘, 인도, 중국, 유목 전통의 재해석과 종합을 낳았다.

쿠샨은 유목민족으로 건축 조형물들과 관련된 예술적 전통유산이 없어 박트리아에 남아있던 그리스 전통을 받아들여 계승하였고 불교를 받아들여 사원과 탑을 건축하기 시작하였다. 쿠샨 왕국의 전성기는 기원후 1-3세기로, 그 문화는 그리스·로마, 서아시아, 인도 문화가 복합된 성격을 보인다. 왕의 초상과 그의 수호신을 동전 앞뒤에 새기는 디자인과 코린트식 주두는 그리스·로마 문화의 영향이다. 불을 숭배하는 배화단 유적과 화폐에 보이는 나나와 미트라와 같은 신은 서아시아적 요소이다. 쿠샨 시기에 지어진 수많은 불교 사원과 화폐에 새겨진 불교와 힌두교 신상에서는 인도 문화를 찾아볼 수 있다.[63]

쿠샨이 다스렸던 인도 지역의 미술 전통을 살펴보면 페르시아의 아케메네스조 제국 시기에는 페르시아의 영향권 아래 있었다. 다리우스 왕(기원전 522~486년 재위)의 비문에 의하면 수사 궁전에 사용하기 위한 티크 목재는 간다라의 북서지역, 즉 지금의 파키스탄에서 가져왔다. 크세르크세스 왕(기원전 486~464년 재위)의 기록에는 인도의 파견대가 그리스 전쟁에서 페르시아군으로 싸웠던 사실이 적혀있다. 알렉산드로스 대왕의 동방 원정은 기원전 326년 인도의 경계선까지 이르렀다. 인도 마우리아 제국(기원전 321~185년)의 아소카 왕(기원전 272~231년 재위) 시대에 거대한 규모의 석조 예술품이 처음으로 나타난다. 사자석주 주두(기원전 250년경, 사르나스 고고학박물관)와 같은 기념비적 석조 예술품은 페르시아와 관련성이 지적되는데 마우리아 이전의 목재 기둥 대신에 돌을 사용한 것은 페르시아로부터 유래된 것으로 보인다. 아케메네스의 명문과 아소카 시대의 칙령의 서문 사이에 보이는 유사성도 주목된다. 사르나스 주두의 사자의 얼굴, 입, 삼각형의 눈은 페르시아의 예들과 비교된다.[64]

인도에서는 페르시아에서 온 장인들이 활동하였을 가능성도 있으며, 페르시아의 금 또는 은제의 사자 뿔잔, 술잔과 같은 공예품 등이 인도 장인들에게 영감을 불어넣은 것으로 보인다. 팔메트, 장미꽃 장식과 같은 지중해 지역의 소재들이 인도 미술에 나타나는 이유는 마우리아 시대의 통치자들이 알렉산드로스 왕에게 빼앗겼던 인도 영토를 되찾은 후, 서방과 우호적인 관계

---

63) 비드야 데헤자 저, 이숙희 역, 『인도 미술』, 한길아트, 2001; 국립중앙박물관 편, 『동서문명의 십자로-우즈베키스탄의 고대문화』, 국립중앙박물관, 2009, 66-67쪽.
64) 비드야 데헤자, 이숙희 역, 『인도미술』, 한길아트, 2001, 25, 40, 42쪽.

를 유지하며 서로 정기적으로 외교사절단을 파견하였기 때문이다. 셀레우코스가 파견한 그리스 사절인 메가스테네스는 마우리아의 수도에서 몇 년간 거주하였으며 인도의 전 지역을 여행하였다.[65]

쿠샨 왕조에서 불상을 제작하기 위해 불러 모은 박트리아 장인들은 그들 고유의 조각 기법으로 헬레니즘 양식의 불상을 제작했다. 3세기에 걸쳐 발달한 쿠샨 미술은 쿠샨 왕조를 이은 사산 왕조가 헬레니즘 제국의 동부 지역으로부터, 경우에 따라서는 페르시아에서 장인들을 데려와 지속적으로 발달시켰으며 이러한 복잡한 방식을 통해 조각 유파를 형성하였다.[66]

고대의 박트리아 지역인 테르메즈 또는 수르한다리야 지역에서 알렉산드로스 대왕 시기부터 쿠샨 제국시기까지 100여개 이상의 도시유적들이 발견되었다. 이 지역은 인도, 이란, 그리스, 로마, 극동과의 교류로 다양한 예술을 발달시켰다. 북부 박트리아에서 가장 번영한 지역으로 쿠샨 왕국의 문화를 보여주는 테르메즈의 대표적인 도시 유적으로는 카라 테페, 파야즈 테페, 할차얀, 아이르탐, 달베르진 테페가 있다.[67]

간다라 항마촉지 도상 부조

테르메즈의 대표적 불교 유적인 파야즈 테페와 카라 테페의 불교 사원지는 승원, 예배당, 스투파로 이루어져 있으며 일부 유적에는 불상 이외에도 벽화가 발견되었다. 테르메즈의 초기의 불교 건축물 가운데 불탑이 중요한데 진흙 혼합물과 거친 벽돌로 만들어졌다. 카라 테페에는 1세기 후반~2세기 초에 조영된 원형 기단의 불탑의 탑신(직경 1.47m)이 남아있다. 석고와 진흙의 혼합물로 만들어진 연꽃잎을 기단에 붙여서 장식하였으며 붉은 황토로 장식되어 있다.

---

65) 비드야 데헤자, 이숙희 역, 『인도미술』, 한길아트, 2001, 46쪽.
66) 비드야 데헤자 저, 이숙희 역, 『인도 미술』, 한길아트, 2001, 83-84쪽.
67) S. 피다예프, 「우즈베키스탄의 불교와 불교미술 – 근래의 테르메즈 지역 발굴 성과를 중심으로」, 국립중앙박물관 편, 『동서문명의 십자로 – 우즈베키스탄의 고대문화』, 국립중앙박물관, 2009, 221쪽, 84-85쪽; Daniel Schlumberger, "SURKH KOTAL: A Late Hellenistic Temple in Bactria," *Archaeology*, Vol. 6, No. 4, 1953, pp.232~238; Daniel Schlumberger, "SURKH KOTAL IN BACTRIA," *Archaeology*, Vol. 8, No. 2, 1955, pp.82~87; 비드야 데헤자, 이숙희 역, 『인도미술』, 한길아트, 2001, 96쪽, 그림 67, 79쪽, 그림 51, 52.

파야즈 테페의 불탑(직경 2.62m)은 기원후 1세기 후
반의 것이다. 진흙 칠을 한 탑신 표면에 석고 혼합물로
덧칠을 하였으며, 황토로 만든 연꽃과 법륜法輪으로 장
식되어 있다.[68] 카라 테페와 파야즈 테페의 연꽃과 법
륜으로 장식된 원형의 스투파는 중국의 누란의 위진
벽화고분에도 출현하며 법륜 형태의 연화문으로만 장
식된 누란고성 벽화묘의 후실은 고구려의 순수장식문
양 고분을 떠올리게 한다.

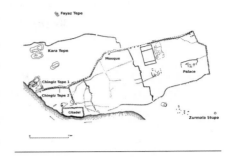

그레코-이란 양식과 쿠샨 박트리아 미술은 소그드,
에프탈, 쿠샨, 박트리아의 유목민들과 상대商隊들을 통
하여 이른 시기부터 동쪽으로 전파되었을 것으로 추정
된다. 앞에서 언급한 위진시기로 편년되는 신강 누란
고성의 벽화묘는 테르메즈 지역의 원형 스투파와 연화

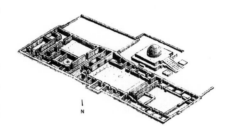

쿠샨 파야즈 테페와 카라 테페 평면도

문 및 발라릭 테페와 아지나 테페의 연회도와 유사한 벽화 주제가 장식되었다.

다음으로 파르티아와 동시기이면서 감숙 지방에서 이주한 월지에 의해 세워진 쿠샨 왕조 아
래에서의 유적 가운데 중앙아시아로의 미술 양식의 전파에 중요한 베그람, 할차얀, 달베르진 테
페, 수르흐 코탈 유적을 알아본다. 쿠샨은 아프가니스탄의 베그람을 여름 수도로, 인도 북부 마
투라를 겨울 수도로 이용하였다.[69] 쿠샨은 중앙아시아의 실크로드 거래를 통하여 외래 미술품
들을 획득하였다. 베그람의 쿠샨 왕조 궁전 발굴에서 242년경 사산왕조의 샤푸르 1세(242-271)
의 급습을 예견하고 급히 매장한 것으로 여겨지는 유물들이 출토되었다.[70] 사산 왕조는 쿠샨
왕조가 지배했던 인도의 서부지역을 점령했으며, 이후 쿠샨 왕조의 주화에 자신들이 만든 도안
을 새겨서 다시 발행하였다. 간다라 미술은 5세기경 에프탈, 즉 백훈족의 침입으로 갑작스럽게

68) S. 피다예프, 「우즈베키스탄의 불교와 불교미술 – 근래의 테르메즈 지역 발굴 성과를 중심으로」, 국립중앙박
물관 편, 『동서문명의 십자로 – 우즈베키스탄의 고대문화』, 국립중앙박물관, 2009, 221쪽.
69) 비드야 데헤자, 이숙희 역, 『인도미술』, 한길아트, 2001, 47쪽
70) Joan Aruz and Elisabetta Valtz Fino, *Afghanistan: Hidden Treasures from the National Museum, Kabul*,
Metropolitan Museum of Art, 2009, fig. 55, 54, 56, 50.

쿠샨 카라 테페 불탑   파야즈 테페 불탑 모형

끝나게 된다.[71]

베그람은 1930년대와 40년대에 걸쳐서 프랑스 고고학자들이 여러 개의 방이 있는 건축물을 발견함으로써 부분적으로 발굴되었다. 그중에 10호실과 13호실은 고대로부터 봉인되었는데 놀라운 예술품들이 발견되었다. 이집트와 로마로부터 온 유리, 청동 제품, 중국으로부터 기원후 1세기에 온 칠기, 인도에서 만들어진 상아 가구 장식 등이다. 10호실에는 그림이 그려진 로마식 유리컵, 피알레, 청동그릇, 그림이 그려진 유리병, 메두사와 헤엄치는 물고기가 새겨진 청동 장식품, 유리 항아리, 물고기 모양 유리 장식품, 알라바스트론, 파테라, 유리잔 등이 종류별로 방에 가득 배열되었다. 베그람의 발굴품들이 교역품으로서 한 장소에 쌓아둔 것이 발견된 것이라면 베그람을 포함한 실크로드 상에서 교역된 물품들의 보관 수장고인 셈이다. 이러한 실크로드 상의 보관 수장고에 머물렀던 이국적인 물품들이 멀리는 북위의 수도 평성이나 신라의 고분에까지 로마식 유리기와 피알레와 같은 금은기가 전달되는 중간 지점 역할을 한 것이다.

발견품들은 쿠샨 왕조(기원후 1세기~3세기)의 지배기로 편년된다. 발견 후부터 학자들은 베그람의 정착지의 성격에 대해 연구해왔다. 베그람은 기원전 4세기에 알렉산드로스 대왕 또는 그의 후계자들에 의해 세워진 도시로서 후에는 쿠샨왕조의 여름 수도가 된 도시로 여겨진다. 베그람이 쿠샨의 수도였다면 발견된 유물들은 쿠샨 지배자들이 개인적 사용을 위해 장기간 수집한 보물들이 된다. 최근의 연구에서는 베그람이 왕의 도시가 아니라 쿠샨 제국의 서북 경계

---

71) 비드야 데헤자, 이숙희 역, 『인도미술』, 한길아트, 2001, 81~92쪽.

의 중요한 교역 중심으로서 역할을 했다고 본다. 그럴 경우 발견된 유물들은 화려한 교역 상품들의 저장소가 되며 실크로드를 따라 배급될 가치 높은 물품들을 보호하기 위해 밀봉된 것이 된다.[72]

아프가니스탄 베그람에서 확인된 로마 유리는 1세기 후반 이후 유리가 대중화되던 시기에 제작된 것으로 판단된다. 쿠샨시대에 들어서면서는 로마와의 무역이 활발해 지면서 다방면에서 로마 영향을 많이 받았다. 쿠샨시대 간다라 미술에 술의 신 디오니소스 모티프가 등장하는 것은 이 지역이 포도주 문화에 익숙한 증거로 파악되고 있다. 베그람 유리용기는 로마의 포도주 용기 기형을 따른 예가 많다. 베그람의 180점의 유리용기 중 대부분이 로마의 지배하에 있었던 이집트 알렉산드리아에서 제작된 것으로 이해된다. 베그람의 유리용기는 로마의 포도주 문화의 영향을 수용함과 동시에 로마의 유리용기를 수입하여 사용한 것으로 볼 수 있다.[73]

현 우즈베키스탄 남부의 할차얀에는 기원전 3세기경 도성이 건설되었고, 그레코-박트리아 시기와 스키타이와 월지의 이동 시기, 그리고 쿠샨 시기에 크게 확장되었다. 1959~63년에 발굴된 할차얀에서는 쿠샨 초기 궁전지, 벽화, 채색 소조상이 발견되었다. 이 유적에서 가장 주목되는 발견은 가로 35m, 세로 26m인 소규모의 궁전지이다. 연대는 학자에 따라 약간의 이견이 있지만, 기원전 1세기에서 기원후 2세기 사이로 추정된다. 도시는 사산조 초기인 3-4세기에 불안정한 상황으로 인해 파괴된 것으로 보인다.

3개의 주실로 이루어진 궁전 건물에서는 코린트식 주두, 아티카식 주초를 비롯하여,

쿠산 할차얀 궁전 건물 복원도

---

72) Joan Aruz and Elisabetta Valtz Fino, *Afghanistan: Hidden Treasures from the National Museum, Kabul*, Metropolitan Museum of Art, 2009.
73) 이송란, 「아프가니스탄 베그람 출토 유리용기와 포도주」, 『CHINA 연구』 16, 부산대학교중국문제연구소, 2014, 106~138쪽.

벽화, 채색 소조상 등이 발견되었다. 소조상은 아테나, 아폴로와 같은 신상, 지배계층의 초상, 기마 인물상으로 이루어져 있다. 건축과 소조상에서는 그리스-헬레니즘의 영향이, 지배층의 초상 조각과 기마 인물상에서는 파르티아의 영향이 보인다.[74]

궁전 건물 앞에 6개의 기둥이 세워진 주랑 현관이 있으며, 궁전 지붕 위에는 파르티아와 사산, 그리고 호레즘의 건축에서 흔히 보이는 계단식 처마 돌림띠가 있다. 바미얀 석굴 140호와 초기 중국 불교미술 가운데 특히 북량의 소형 석탑(5세기 전반), 돈황 석굴 259호(480년대)에 유사한 건축 장식이 보인다.[75]

할차얀 궁전 회화와 조각들은 로마 폼페이의 첫 번째 양식의 회화 모티프들과 유사하다. 주랑 현관 위에 프리즈 장식이 있으며, 내부의 알현실도 벽화와 채색 소조 부조들로 장식되었다. 알현실의 후벽은 약 3.5m 높이까지는 장식이 없으나 그 위로 두 줄로 나누어 상단에는 꽃줄과 남녀 어린아이 흉상 조각, 하단은 통치자와 신하들, 수렵을 하는 등신대의 인물상들로 장식되어 있다.

꽃줄과 교차 배치된 남녀 흉상들은 헬레니즘 양식이며 바쿠스-디오니소스적인 주제들을 표현한다. 이러한 꽃줄과 인물 흉상은 그리스와 로마 미술과 간다라 미술에서 흔한 주제이며 미란의 제5사원지 벽화(약 3세기 중)에도 출현한다.[76] 후실로 가는 문의 문미 부조에는 아테나, 미트라, 헤라클레스, 니케과 같은 그리스 신상들이 있는데 지역의 특징이 발현되었으면서도 헬레니즘 세계의 신상들과 연관되어있어 헬레니즘 문화의 영향을 읽을 수 있다.

알현실 후벽 중앙 부분에는 통치자 초상으로 보이는 남녀 정면 좌상과 좌우에 선 신하들의 모습이 있다. 통치자 부부의 우측에는 남성 한명의 정면 좌상이 있고 그를 둘러싸고 무기를 든 신하들, 그리고 마차에 타고 있는 여신(정면상)이 있다. 좌측 프리즈에는 네 명의 기마무사들이 달리는 말 위에서 화살을 겨누고 있다. 가장 좌측의 인물은 파르티안 기마자세를 보여준다. 기원전 1세기에서 기원후 2세기로 편년되는 건축물의 장식으로 쿠샨 미술에서 나타나는 파르티안 기사騎射자세로 주목된다. 중앙의 부조는 통치자 가족의 초상으로 그들이 숭배하던 신상들

---

74) S. 피다예프, 「우즈베키스탄의 불교와 불교미술 – 근래의 테르메즈 지역 발굴 성과를 중심으로」, 국립중앙박물관 편, 『동서문명의 십자로 – 우즈베키스탄의 고대문화』, 국립중앙박물관, 2009, 221쪽, 84-85, 169~175쪽.

75) Marylin M. Rhie, *Early Buddhist Art of China and Central Asia*, vol. 1, Brill, 1999, 도 3.1, 3.2.

76) A. Stein, *Serindia*, Clarendon Press, 1921, vol.1, 도 pp.138~140.

과 같이 묘사된 것으로 해석된다. 오른쪽 부조는 통치자와 그의 아들들, 또는 무사들과 수호 여신이 그려졌다. 왼쪽 부조는 통치자 일족 전사들의 전투장면을 그린 것이다.[77]

쿠샨 미술의 특징인 왕족 초상의 강조를 잘 보여주는 이른 시기의 유적이다. 기원후 1세기의 마투라의 마트의 신전 조각이나 테르메즈 지역의 다른 지역(달베르진 테페)에서도 보이는 특징이다. 중국 신강 낙포洛浦 산보랍山普拉의 묘에서 발견된 동한의 직물 조각의 남성 인물 두상은 할차얀 조각상과 상당히 닮았다. 할챠얀과 산보랍 묘의 인물상은 유사한 양식적 선례들을 따랐을 수도

쿠샨 할차얀 전사 전투장면

있는데 중앙아시아 서부 또는 파르티아나 헬레니즘의 영향일 수도 있다. 또한 할챠얀 인물상과 하버드 포그 미술관의 불상은 비슷한 얼굴 형태를 갖고 있다. 할차얀 조각은 중앙아시아와 중국의 초기 불교미술의 가장 가까운 모본으로 보인다.

알현실의 후벽의 남성 좌상(기원후 1세기)의 의습선은 이란에서 발견된 파르티아의 샤미 왕 자상(약 2세기 기원전에서 기원후 1세기)보다 다소 거칠지만 양식적으로 유사하여 할차얀 조각과 파르티안 조각(기원전 1세기에서 기원후 1세기까지)의 유사성을 확인할 수 있다.[78] 할차얀 조각은 쿠샨 시대 것으로 파르티아와 헬레니즘 미술과의 연관성을 보여주며 실크로드가 가까워서, 이 지역의 박트리아 미술이 초기 중앙아시아와 중국 불교미술의 연원을 생각하는데 중요하게 고려되어야할 독특하고 영향력 있는 유파라는 것을 보여준다. 중앙아시아 서부의 조각과

77) Marylin M. Rhie, *Early Buddhist Art of China and Central Asia*, vol. 1, Brill, 1999, 도 3.2a.
78) Marylin M. Rhie, *Early Buddhist Art of China and Central Asia*, vol. 1, Brill, 1999, 도 3.3.

쿠샨 할차얀 알현실 남성 좌상

회화에서 할차얀의 조각이 가장 이르다. 헬레니즘의 자연주의가 파르티아 요소와 섞인 것으로 특히 남성 조각상의 복식의 양식에서 두드러진다.

우즈베키스탄 남부의 수르한다리야 강안에 위치한 달베르진 테페는 북부 박트리아와 토카리스탄의 문명과 미술에 대해 중요한 자료들을 제공하는 유적지이다. 그레코-박트리아 시기인 기원전 3~2세기경에 도성이 축조되기 시작하여 쿠샨 시대에 크게 확장되었다. 기원전 1세기 달베르진 테페는 그레코-박트리아의 요새였다. 역사적, 고고학적 자료에 따르면 중국의 『한서』에 언급된 월지의 수도로 확인된다. 기원후 1-3세기의 쿠샨 시기에 달베르진 테페는 가장 번영한 도시가 되었고 요새의 벽이 2배로 두터워졌다. 5~6세기에 에프탈 지배 아래에서는 쇠퇴하여 성채의 벽이 묘장에 사용되었다. 발굴을 통해 장방형 도성지에서는 행정-군사지역과 주거지역, 토기 생산을 위한 가마, 토착의 여신을 위한 사원, 조로아스터교 신전, 불교 사원, 스투파와 같은 다양한 종교 건축물 등이 발견되었다. 건축 기술은 박트리아 건축을 따랐고 고전풍의 석주와 테라코타 장식에 헬레니즘 영향이 보인다. 또한 이곳에서 출토된 한 항아리 안에서 총 무게가 36kg에 달하는 115점의 황금 유물이 발견되었다.

발흐 북서쪽 약 50km에 있는 도성터인 달베르진 테페에서 발견된 두 곳의 불교 사원지는 불상과 지배층으로 보이는 인물상이 여러 점 발견되었다.[79] 제1사원지의 왕의 홀의 초상 조각들은 아마도 1세기 후반에서 2세기 것으로 강하고 대담한 양식으로 호탄의 두상 조각들과 연관되어 보인다. 달베르진 제2사원지의 조각들은 제1사원지 조각보다 후로서 아마도 2세기 후반에서 3세기 초반으로 편년된다. 두라 에우로포스의 고대 예배당 벽화(약 244~256년), 간다라 석조 조각, 할차얀과 하버드 포그 미술관 부처상과 유사한 반면, 파야즈 테페의 스투코 불교 두상보다 이른 것이다. 달베르진 테페의 제2사원지 조각의 양식은 중국의 서진(265~317년)과 동진

79) 국립중앙박물관 편, 『동서문명의 십자로 - 우즈베키스탄의 고대문화』, 국립중앙박물관, 2009, 86~87쪽, 90~93쪽.

이란 야즈드 침묵의 탑

사산 은화는 사산 영토를 벗어나 중국과 중앙아시아에서 다수 출토되었다. 중국 출토 사산조 페르시아 은화의 통계표를 보면 4세기의 샤푸르 2세(309~379년)부터 시작하여 7세기 초반의 야즈데게르드 3세의 은화까지 발견되며 페로즈(재위 459~484년) 은화 수량이 압도적으로 많다.[89] 4세기의 사산 은화는 주로 신강의 고창 지역에 집중 발견되며, 5세기에 들어서면서 하북, 하남, 청해, 섬서로 발견 지역이 확대된다. 하북 정현에서 야즈데게르드 2세(438~457년)의 은화가 출토되었고 5세기 후반에는 하남, 청해에도 사산 은화가 발견된다. 페로즈의 은화는 영하 고원의 유명한 칠관화 출토 북위 고분을 포함하여 하남 낙양, 청해 서녕 등 중국 내지에서 많이 발견되는 것이 특징이다. 이 시기에 중국이 에프탈과 사산과 밀접한 관계를 가진 것이 반영된 것으로 추정된다. 한편 페로즈 은화는 재위시기인 5세기의 고분만이 아니라 그 이후에 6~7세기에 조성된 고분들에서도 다수 출토되어 페로즈의 재위시기와 상관없이 고분에 부장된 것으로 보인다. 또한 호스로우 2세(590~628년)의 은화가 1300점 이상이나 신강지역을 중심으로 발견된

http://www.iranicaonline.org/articles/sasanian-rock-reliefs (accessed on 30 August 2014).

89) 孫莉, 「薩珊銀幣在中國的分布及其功能」, 『考古學報』, 2004年 1期; 徐蘋芳, 「考古學上所見中國境內的絲綢之路」, 『燕京學報』, 1995년 1기; 陳志强, 「我國所見拜占廷鑄幣相關問題研究」, 『考古學報』, 2004년 3기; 韋正, 「北朝文物中的西域珍品和西域文明因素(簡稿)」, 『제1회 한국고고학연합대회 발표자료집』, 한국고고학회, 2011, 410-411쪽; 韋正, 『魏晉南北朝考古』, 北京大學出版社, 2013, 530~535쪽.

사산 비샤푸르 전경   비샤푸르 모자이크(이란 테헤란 국립박물관)

것도 주목된다. 호스로우 2세는 사산조의 후기 부조로 유명한 타크이부스탄의 대석굴의 부조의 주인공이다. 석굴의 후벽 상단에 아후라 마즈다와 아나히타 여신에게서 왕권을 받는 서임도와 하단의 기마인물도, 그리고 석굴 좌우벽의 대규모 수렵도가 그려져 있다. 중국 내에서 사산 은화의 대량 발견은 사산의 직접적인 왕래에 의해서이든, 중간에 위치한 에프탈을 통해서이든 5세기 후반과 6세기 말에서 7세기 초 사산 페르시아 지역과 중국 및 중앙아시아 지역 간에 활발한 교류 및 이주가 있었음을 짐작하게 한다.

페르시아의 미술 장르 가운데 마애 부조는 먼저 엘람인들이, 그리고 이어서 아케메네스인들에 의해 사용되었다.[90] 또한 셀루시드와 파르티아의 부조들도 여러 점 알려져 있다. 엘람에서 발견된 부조들은 파르티아시대 말까지 유행했다는 것을 보여주지만, 부조 미술은 기원후 2세기에 감퇴하게 된다. 사산의 창건자 아르다시르 1세 아래에서 마애 부조와 주화 예술이 부흥하게 되는 배경에는 부조 미술이 새 왕조를 위한 정치적 선전물로서 중요하게 활용되었음을 알려준다. 모두 약 30점 정도의 부조가 사산조의 4세기 통치기간 동안 조성되었다. 대부분은 첫 80년에 집중되었다. 마애부조의 연대기적, 지리적인 분포는 고르지 않다. 부조는 사산 미술에서 양식적, 연대기적 발달을 보여주는 장르인 동시에 초기 사산조의 정치, 사회, 종교에 대한 중요한

90) 엘람인들(Elymais 또는 Elamais)은 기원전 8세기부터 이란의 후제스탄 지역에 거주하였으며, 기원전 2세기부터 기원후 3세기 초까지 파르티아 지배 아래의 속국이면서 동시에 반 독립적으로 존속한 나라이다. John F. Hansman, "Elymais," *Encyclopædia Iranica*, VIII/4, pp.373~376; an updated version is available online at http://www.iranicaonline.org/articles/elymais(accessed online at 30 August 2014).

자료이다. 사산 왕조의 부조는 기념비적 조각의 성격에 따라 발달하였으며 정치적, 사회적, 종교적 관념의 표현의 예술이다. 공식적인 사산왕조의 미술로서 부조는 형태에서 보수적이며 도안, 설계에서는 관습적이다. 사람들의 기호와 유행의 변화를 반영하기에는 느리며 복식이나 형태에서 동시기의 양식을 묘사하지 않을 수도 있다. 복식, 장신구, 무기의 표현에서 그러한 특성이 분명히 드러난다.[91]

사산조 부조의 주제는 주로 제왕 서임도, 전승기념도, 알현도이다. 대부분의 부조의 제작 목적은 군주의 묘사로 왕조를 찬양하고, 신에 의해 왕권이 수여되는 형상으로 왕권과 종교를 동시에 찬양하는 것으로 사산조 초기의 세속적, 종교적 권위의 밀접한 관계를 잘 보여준다. 일부 부조들은 승전도이며 역사적 사건을 기록한다는 점에서 중요성이 분명히 드러난다.

사산조 부조의 대부분은 3세기와 4세기 초에 제작되었으며 사산조의 중심지인 이란 남부의 파르스에 위치한다. 그외 유명한 예가 이란 중부의 타크이부스탄이다. 4세기 후반의 타크이부스탄 부조의 양식과 표현은 파르스의 3세기와 4세기 초의 것과 현저하게 다르다. 반세기의 시간차와 지리적 거리 탓으로 보인다.

사산조의 부조는 피루자바드의 2점의 부조, 비샤푸르 탕에초간에 6점의 부조(3~4세기, 샤푸르 1세, 바흐람 1, 2세, 샤푸르 2세), 페르세폴리스 나크시에로스탐에 8점의 부조 (3~4세기, 아르다시르 1세~샤푸르 2세), 케르만샤 타크이부스탄에 3점의 부조 (4세기의 샤푸르 2세, 샤푸르 3세(383~385년), 아르다시르 2세(379~83년), 6~7세기의 호스로우 2세), 페르세폴리스 나크시에라잡에 4점의 부조 (3세기, 아르다시르 1세, 샤푸르 1세), 그리고 페르세폴리스 선각화가 유명하다.

사산의 부조들은 피루자바드, 나크시에로스탐, 나크시에라잡, 비샤푸르 등 몇 곳의 지역들에 분포되어있다. 부조의 도안과 양식에서 시간적 흐름과 부조의 지리적 위치에 따라 변화가 목격된다. 이들 중심지들 간의 거리는 남부 지역 내에서도 각각 다른 그룹의 장인들이 각각의 지역에서 활동하였으리라는 것을 추정케 한다. 샤푸르 1세가 세운 도시인 비샤푸르는 샤푸르 1세가 로마와의 전쟁에서 포로로 잡아온 서양 장인들이 세운 것으로 알려져 있다. 비샤푸르 성에 인

---

91) 사산조부조에 대해서 G. Herrmann and V. S. Curtis, "Sasanian Rock Reliefs," *Encyclopædia Iranica*, online edition, 2002, available at http://www.iranicaonline.org/articles/sasanian-rock-reliefs(accessed on 30 August 2014).

나크시에라잡 아르다시르 서임도

나크시에로스탐 아르다시르 서임도

접한 강의 계곡에 위치한 탕에초간의 샤푸르 1세의 승전도의 독특한 도안은 포로로 잡혀온 시리아 장인들의 솜씨로 보인다.

아르다시르 1세에 의한 부조미술의 부활은 나크시에로스탐의 아케메네스 선조들의 뛰어난 고분 부조에 대한 존경심을 반영한 것이다. 또한 그가 새롭게 획득한 왕권을 기념하고 증명하기 위한 방법으로 자신의 업적을 선조들과 연결시키고자 한 열망을 보여준다. 피루자바드의 부조는 아르다시르왕과 파르티아 왕의 전투도와 아르다시르 왕과 아후라 마즈다, 후계자 샤푸르의 서임도를 담고 있는 사산 최고最古의 부조이다. 아르다시르는 아후라 마즈다와 같이 그려진 두 개의 서임도 부조를 더 새겼다. 하나는 나크시에라잡, 다른 것은 나크시에로스탐에 있는데 후자의 것이 가장 뛰어난 작품이다. 나크시에로스탐의 아르다시르 1세의 부조는 후대 왕들이 모본으로 사용한 도상을 보여준다. 두 명의 기마 인물이 마주보고 있고 말이 죽은 적의 시체 위에 당당하게 서있다. 기마 인물 중 한 명은 아르다시르 왕이고 그 말 아래 패배한 아르사케스 군주 아르다반이 있다. 다른 기마인물은 왕권의 상징인 다이어뎀을 아르다시르에게 수여하는 아후라 마즈다 신이다. 그의 적인 아리만은 말 발굽 아래 깔려 있다.

아르다시르의 아들인 샤푸르 1세는 새로운 종류의 승전도를 만들어 도입한다. 비샤푸르와 나크시에로스탐의 샤푸르 1세의 승전도는 로마 황제 발레리아누스의 생포와 다른 두 명의 로마 군대 장관의 패배를 그렸다. 굴복의 자세로 묘사된 로마 포로들은 고르디아누스 3세(238~244년), 발레리아누스, 필립 아랍 왕(마르쿠스 율리우스 필리푸스, 244~249년)으로 추정된다. 샤푸르 1세의 부조의 인물들은 아르다시르 1세 재위 후기의 작품들의 세련된 모델링을 보여준다. 또한 운동감과 풍부한 장식이 도입되어 황제의 복장 뒤로 날리는 리본 장식과 옷주름의 과장된 곡선에 의해 표현되었다.

비샤푸르 샤푸르 1세 승전도

바흐람 2세(276~293년) 재위 시기의 부조는 사산의 사회 구조의 새로운 변화를 보여준다. 몇몇 조각은 왕이 아닌 종교인 등을 보여준다. 사제 카르티르의 초상과 그의 명문이 이미 존재하는 황실 부조에 더해 새겨졌다. 바름에데락과 탕에칸딜의 부조는 왕의 관이 아닌

나크시에로스탐 샤푸르 1세 승전도

왕자 또는 귀족의 관모를 쓴 남자와 여자를 묘사하였는데 왕실 인물들로 여겨진다. 바흐람 2세 재위 기간의 고위 귀족의 권력의 증가와 카르티르의 지도력 아래에서 사제 계급 제도의 수립이 반영된 것으로 여겨진다. 카르티르와 높은 귀족계층들은 이전에는 왕조의 기념비적 부조에서 제외되어왔으나 이제는 부조를 새길만한 충분한 지위와 권위를 갖게 되었고, 특히 바흐람 2세와 바흐람 3세의 짧은 치하에서 이런 특권을 갖게 된 것으로 추정된다.

바흐람2세는 왕실의 부조에서 그의 부인과 가족구성원과 같이 묘사되었다. 이는 나크시에라잡에서 이미 샤푸르 1세의 부조에서 나타난 주제이다. 또한 바흐람 2세의 부조는 왕조의 권위

나크시에로스탐 바흐람 2세 부조

를 묘사하는 새로운 유행을 보여준다. 사라비 바흐람 부조에서 바흐람 2세는 정면으로 왕좌에 앉아있다. 두 쌍의 입상의 인물들 사이에 왕이 권좌에 균형을 잡고 앉아있는 표현은 사산의 전형적인 주제이다. 권좌에 앉은 왕의 정면 초상 표현은 이후 사산조 은기, 불교 석굴의 교각상, 중국과 고구려 고분미술의 정면 초상의 연원으로 볼 수 있다.

사르마샤드에 위치한 부조에서 보다 진전된 새로운 도안을 볼 수 있는데, 바흐람 2세가 사자들을 죽이면서 그의 뒤에 놓인 인물들(부인?, 카르티르, 또 다른 남성)의 보호자로 묘사된 독특한 장면이다. 이것은 왕실의 수렵을 묘사한 가장 이른 기념비적 조각이다. 후에는 사산왕조의 위엄을 보이는 가장 기본 주제가 되며 왕실의 은기에 자주 묘사되는 주제이다. 바흐람2세의 부조는 샤푸르 1세의 고부조 양식을 따른다. 바흐람 2세의 재위기간에는 중앙 권력의 약화로 비공식적인 부조들로 보이는 것들이 탕에콴딜, 바름에데락과 구욤에 있다.

부조 가운데 왕명이 정확하게 확인 가능한 경우는 드물다. 샤푸르 1세의 아들인 나르세(292~303년)의 경우 단 한 점의 부조만 그의 재위 기간에 만들어진 것으로 추정된다. 나크시에로스탐의 나르세의 서임도는 아르다시르 1세의 서임도와 유사하며, 왕관으로 나르세임이 확인이 가능하다. 부조의 형식은 보다 전통적인 왕권의 표현으로 회귀하였다. 왕이 아나히타 여신으로부터 서임의 다이어뎀을 받고 있다. 두 인물 모두 말에 타지 않고 두 발로 서있는데 이는 여신으로서는 부적절한 모습이다. 기본 구성은 왕이 아후라마즈다에게 손을 내밀고 있는 나크시에라잡의 아르다시르 1세 서임식과 유사하다. 두 부조에서 미래의 왕이자 후손은 왕과 신 사이에 어린 아이의 형상으로 배치되었다. 이는 아마도 나르세의 의도가 담긴 것으로 이전 시기의 설계 배치로 돌아간 것이다. 나르세는 아르다시르 1세의 손자이다. 나르세 부조의 등신대보다 조금 더 큰 인물상들은 고부조로 되었으나 비율 면에서 솜씨가 떨어진다. 나르세 재위 중 아나히타의 특별한 신적인 위치, 그리고 여신의 도움으로 바흐람 3세를 찬탈한 나르세의 성공이 그의 명문에 언급되었다. 그러나 어떤 학자들은 이 장면이 왕과 왕비, 그들의 아들 후계자를 새긴 것이라고 주장하기도 한다. 아나히타 여신이 왕권 서임도에 등장하는 예는 6세기경의 타크이부스탄의 대석굴에서 다시 볼 수 있다. 호스로우 왕의 서임도에서 왕이 아후라 마즈다와 아나히타 두 신 사이에 서서 왕권의 다이어뎀을 받고 있다.

3세기 후반 부조에는 두 명의 기마인물이 겨루는 전투도가 여러 작품이 있다. 이러한 부조 유형은 아르다시르 1세에 의해 피루자바드에서 처음으로 만들어졌고, 샤푸르 1세의 재위 동안 만들어진 비샤푸르의 건축의 부조 조각에서 훨씬 작은 크기로 묘사되었다. 그 후의 작품들은 모두 나크시에로스탐에 있는데, 피루자바드에 비하여 단순한 구성을 가지고 있다. 인물들이 식별이 어려운 사산 왕관을 쓰고 있어서 전투하는 인물이 왕이 아닌 왕실에 속하는 인물이거나 높은 귀족일 가능성이 있다. 부조 중앙에 있는 전투 인물이 쓴 삼지창 형태의 관은 왕관보다는 특수한 형태의 투구일 수도 있다. 이들 마상 전투도는 보다 관습적인 서임식이나 승전도 도상에서는 보기 힘든 서사적이고 회화적인 표현으로 제작되었다.

4세기 후반 부조들은 이전과 다른 새로운 장소인 이란 북부 케르만샤의 타크이부스탄에 새겨졌다. 타크이부스탄 부조는 파르스의 말기 부조들보다 반세기 이상 후의 것으로 양식면에서 변화를 드러낸다. 양식적 면에서 스투코로 된 원본을 모방하여 조각된 것으로 보인다. 이 시기

나크시에로스탐 기마인물전투도

타크이부스탄 전경

에 사산조 왕실의 공식 미술 장르는 부조로부터 은제품과 스투코로 계획적인 매체의 변화가 있었다. 특히 타크이부스탄에는 파르스와 다른 조각 장인집단이 존재한 것으로 추정된다. 특히, 스투코 장식의 발달과 연결된 조각 장인 집단이다. 이러한 재료와 매체의 변화는 몇몇 부조들이 조각을 한 후에 석회를 바르고 나서 그림을 그린 것으로 보이기 때문에 가능성이 높다. 석회를 바른 부조는 야외의 산의 언덕 사면에서는 실용적이지 않았을 것이므로 건축 공간에서의 설치가 보다 적절했을 것이다.

타크이부스탄의 4세기로 편년되는 두 점의 부조들은 아르다시르 2세(379~383년)와 샤푸르 3세(383~388년)의 것으로 추정되는데 기본적으로는 왕권의 정통성을 선언하는 정치적 성격을 가졌다. 사산조의 이 혼란스런 기간 동안 정상적인 왕위계승은 아르다시르 2세의 즉위에 의해 중단되었다. 아르다시르 2세의 부조는 형태와 도안에서 보다 전통적이다. 관례적인 직사각형의 패널 안에 세 명의 인물이 고부조로 새겨져 있다. 군주는 아후라 마즈다가 건네는 서임의 다이어뎀을 받고 있다. 뒤에는 태양광과 같은 두광을 가진 미트라 신이 바르솜을 손에 들고서 연화좌 위에 서있다. 아후라 마즈다와 미트라에 의한 왕권 서임식과 아르다시르 2세의 승전도가 결합되었다. 이란 남부의 왕실 조각을 만들었던 조각가들의 기술에 비교하여 솜씨가 떨어져서 지방의 장인들에 의해 조각이 만들어졌음을 알 수 있다. 장인들의 부족한 솜씨에 주목하여 헤르

츠펠트는 타크이부스탄의 부조들
이 조각가보다는 화가들의 작품일
것이라고 추정하였다.

　타크이부스탄에 있는 사산 왕조
의 마지막 두 부조는 석굴 안에 새
겨져 있는데 이는 궁정의 건축 형
식을 모방한 것이다. 오른편의 4세
기 석굴은 크기가 비교적 작고 후
면에 두 명의 왕의 거의 환조에 가
까운 정면상을 새겼다. 두 인물의
머리 옆에 명문이 있어 샤푸르 2세
와 샤푸르 3세로 확인된다. 이 장
면에서는 신이 포함되지 않았으며
왕(샤푸르 2세)과 아들(샤푸르 3
세)로 구성된 두 왕의 관계에 강조
가 주어졌다. 배경 설정에서 사산
조 궁전의 알현 장소와 유사하게
아치가 있는 공간을 만든 것으로
보인다.

타크이부스탄 아르다시르 2세 부조

타크이부스탄 소석굴

　타크이부스탄 대석굴의 조각은
1세기 이상의 시기차를 두고 조성되었다. 편년은 장식적인 사산 후기 왕관이 식별이 어렵기 때
문에 논란이 있으나 일반적으로 호스로우 2세의 것으로 여겨진다. 날개가 달린 여인상이 아치
형의 석굴 입구 전면 상단에 묘사되었는데, 오른손에는 두 가닥의 리본이 달린 다이어뎀을, 왼
손에는 고족배를 들고 있다. 그리스의 승리의 여신인 니케의 도상을 기반으로 페르시아 미술의
왕권서임도와 연회도 도상에서 흔히 보이는 리본 달린 다이어뎀과 고족배를 추가한 것이다. 세
명의 인물상이 감의 후벽의 윗부분에 새겨져 있는데, 호스로우 2세가 중앙에, 아후라 마즈다와
아나히타 신이 왕의 좌우에 서 있다. 후벽 하단은 창과 방패를 들고 갑옷을 입은 기마인물상이

타크이부스탄 대석굴

있는데 누구인지 확실치 않다. 센무르브(환상의 동물로 번영의 상징)가 옷에 새겨져 있다. 기마
인물의 왕관은 성벽 모양 장식 위에 초승달과 코림보스로 장식되었으며 한 쌍의 날개가 달려있
다. 비슷한 관은 페로즈(458~484년)의 주화에 처음 보이며 호스로우 2세(591~628년)와 그의 후
계자들의 전형적인 왕관이다.

　타크이부스탄 대석굴은 입구부터 후벽과 좌우벽에 모두 조각이 새겨져 있어 당시 왕궁의 수

많은 스투코 원본의 석조 번안으로 추정된다. 이 석굴에 보이는 연화문양이 중국 북제의 향당산 석굴의 것과 유사하여 페르시아 문화가 중국 북조의 불교 석굴에 직접적으로 전달된 것으로 보는 견해가 있다.[92] 대석굴 양벽의 수렵도는 이전의 사산 부조에서 보이지 않던 완전히 새로운 형식과 도안으로 새겨진 것이어서 주목된다. 부조보다는

타크이부스탄 대석굴 수렵도

벽화나 모자이크와 유사하다. 사산조 궁정의 알현실의 벽 장식을 석조로 모방한 것으로 추정된다. 대석굴의 부조 구성에서 왕의 성스러운 서임식, 신들에 의해 보호받는 강력한 전사, 복합적 역할을 가진 왕실의 수렵, 악에 대한 선의 승리, 위험한 동물에 대한 투쟁, 전쟁을 위한 훈련 등 다양한 상징을 읽을 수 있다. 세 부조(왕권 서임, 기마인물, 사냥도)가 모두 동시기인지는 확실치 않으며 양식의 차이가 있어 일정 시간에 걸쳐 조각되었을 것이라는 것을 추정하게 한다. 많은 수의 사산조 부조에 미처 마무리되지 못한 부분들이 남아있어, 아마도 원래는 장면을 완성하는데 안료나 다른 재료가 사용되었을 가능성을 시사한다.

마지막으로 페르세폴리스 궁전의 사산조 선각화가 있는데 크세르크세스왕과 다리우스 1세의 건축물의 벽면에 매우 가는 선으로 새긴 몇 점의 인물 낙서화이다. 원래는 몇 명의 고립된 인물들과 사자상이 식별되었는데 보다 자세한 조사로 사산조 부조들과 극히 유사한 복잡한 장면들이 발견되었다. 아르다시르 1세에 의해 세워진 사산조 미술의 탄생에 중요한 증거이다. 선각 낙서화보다 1, 2세기 후인 4세기에 쓰인 두 점의 페르시아 명문이 발견되었다. 호르미즈드 1세나 2세의 아들, 또는 샤푸르 2세의 형제로 여겨지는 샤푸르 샤칸샤라는 인물이 페르세폴리스에 도착하여 연회를 베풀고 신을 위한 제의를 행하였다는 기록이다. 사산왕조의 명문에 의하면 사

---

92) 소현숙, 「北齊皇室石窟과 睡蓮系蓮花文 – 北響堂石窟北洞과 中洞蓮花文의 淵源과 그 意味」, 『中國史研究』 79, 중국사학회, 2012, 1~33쪽.

산조 왕과 왕족들은 페르세폴리스의 아케메네스 유적 방문을 통해서 아케메네스 왕조와의 연계성을 강조하면서 조상들의 권력과 위엄을 계승하였음을 정치적으로 선포하고자 하였다. 이러한 고대의 기념비적 건축물에 새기거나 (그리는) 행위는 조상에 대한 경의의 표현인 동시에 유적의 소유권의 표시이자 이들 왕들의 신화적 과거와 현재의 왕들 사이의 연속성을 보여주는 방법이다.

사산조 부조에 대하여 몇 가지 더 주목할 점은 사산의 왕들이 전대의 왕의 부조에 추가 작업을 한 것이다. 비샤푸르의 바흐람 1세의 부조에서는 나르세가 명문에서 그의 이름을 대신하였고, 죽은 적인 바흐람 3세를 왕의 조각상 아래에 추가하였다. 다라브의 부조는 아르다시르 1세가 제작을 시작하였고, 그 아들 샤푸르 1세가 승전도로 다시 작업하였다.

사산 페르세폴리스 선각화

사산 부조의 또 다른 특징은 부조들이 종종 마무리되지 않아 어떤 부분들은 윤곽선만 새겨졌다. 왕의 사망, 전쟁, 사회적 변동 등으로 인해 이러한 현상이 일어났을 것으로 보인다. 그러나 많은 수의 부조에서 채 마무리되지 못한 세부가 있는 점은 놀라운데, 장면을 완성하는데 원래 안료나 다른 재료가 사용되었을 가능성이 높다.

사산조 부조는 회화 작품이 많이 남지 않은 사산의 미술을 잘 대변하면서 특정 도상이 반복되는 관습적 형태를 띠고 있고, 회화나 스투코 등 다른 매체를 사용한 궁정의 건축 장식을 모본으로 하기도 한다. 아케메네스와 파르티아의 부조 미술의 전통을 이어받은 사산의 부조는 중앙아시아를 거쳐 중국의 서역계 석각에까지 영향을 미친 것으로 생각된다.

사산조 부조는 아케메네스 부조와 주제와 도상면에서 유사성을 보여준다. 또한 헤르츠펠트에 의하면 페르세폴리스 선각 낙서와 두라 에우로포스의 낙서를 비교하며 사산왕조 이전에도 사산조 조각의 전형적인 주제들이 회화의 형태로 존재하였음을 알 수 있다. 두라 에우로포스의 시리아 도시에서는 전투도와 연회도의 프레스코가 발견된다. 중세 페르시아 명문은 이를 3세기

왕조 용기들은 도안이나 재료의 출처가 엄격하게 통제되었기 때문에 정치적 선전활동을 위한 생산품으로 여겨진다. 고대의 기록들에 은기가 대외적으로 예물로 사용되었음이 종종 언급되었다. 어떤 은기들은 왕의 도상을 담고 있으며 군주가 호의를 보이기 위해 동맹국이나 인접한 지배자들에게 선물로 준 사례들이다.

사산의 부조에 비교하여 사산의 은기는 사산이나 소그드, 에프탈의 사신使臣이나 대상隊商에 의해 휴대가 가능하여 중국과 중앙아시아 지역으로 사산미술의 도상을 전파하는데 일정한 역할을 하였을 것으로 짐작된다. 현존하는 사산의, 또는 사산의 영향을 받아 중앙아시아에서 만든 은기는 은반이나 은호의 형태가 많다. 사산 마애 부조에 비하면 사산 은기의 주제가 그다지 다양하지 않아 사산 미술의 도상 전파에 제한적으로 작용하였을 것으로 보인다. 은반의 주제는 대개 수렵도와 연회도로서 중국의 북조시대 안양 출토 석각, 안가묘와 우홍묘 석각 등에서 그 영향을 볼 수 있다. 은호는 아나히타 여신상(무희상)과 동자상을 포함한 인물상, 아케메네스의 전통을 이은 동물문, 사방연속문, 포도덩굴문 등으로 장식되었으며, 특히 은기의 동물문과 장식문은 중앙아시아와 중국 및 고구려의 벽화에서 종종 발견되는 페르시아적 요소로 언급된다. 페르시아의 아케메네스, 파르티아, 사산 왕조는 부조만이 아니라 금속공예품에서도 페르시아 공예품의 전형을 마련하여 주변의 근동과 중앙아시아 공예품에도 많은 영향을 미치게 된다. 이에 따라 페르시아 양식의 미술품들이 페르시아 왕조 변경지역에서 넓게 분포하여 발견된다. 금속 공예품의 주된 주제인 동물 도상의 표현이나 배치 방법은 사산 만이 아니라 동쪽의 스키타이, 흉노, 그리고 중국에까지 퍼지게 된다.

Ⅳ. 그레코–이란 양식의 발달: 소그드, 호레즘, 에프탈의 미술

1. 소그드의 미술

소그드는 중앙아시아를 통한 동서 교류에서 지난 몇 십년간 가장 중요한 역할을 한 존재로 관심이 집중되었다. 또한 고구려의 조우관을 쓴 사신이 소그드의 아프라시압의 궁전 벽화에 출현하여 고구려와의 대외교류 가능성으로 주목받았다. 1965년, 우즈베키스탄의 고고학자들은 아프라시압 (고대 사마르칸트) 발굴 중에 기원후 7세기의 벽화를 발견하였는데 사마르칸트의 왕, 바르후만이 사마르칸트를 방문한 외국 대사들을 접대하는 장면이 묘사되었다. 그 가운데 고대 한국에서 방문한 것으로 보이는 두 명의 사절도로 인하여 한국과 소그드 간의 교류상을 보여주는 사례로 자주 언급되었다.

실제 소그드와 그 미술이 가장 번성하였던 시기가 6~8세기로 고구려 후기여서 고구려와 소그드 사이의 연관 관계를 고찰하기에는 어려움이 있었다. 그러나 이상에서 살펴본 바와 같이 소그드로 대표되는 소위 서역계 문화는 소그드 지역 자체에 집중하지 않고 해당 지역을 관통하

펜지켄트 아프라시압 사절도

여 흐른 동서의 다양한 문화요소들을 식별하는 것이 필요하다.

다음에서는 앞에서 살펴본 여러 문화요소들에 대한 이해를 바탕으로 그레코-이란 양식의 발달을 보여주는 소그드, 호레즘, 에프탈의 미술을 살펴본다. 이전에 주목을 많이 받은 소그드에 비하여 소그드 북쪽의 호레즘에 대해서는 현재의 몽골과 시베리아 지역을 통한 소그드 북방의 지역을 통과하는 동서교류에 일정한 역할을 하였을 것으로 생각되어 추가하였다. 에프탈은 유연과 돌궐과 마찬가지로 문헌기록과 미술자료가 영성하여 그 실체를 연구하기가 어려우나, 동아시아와 중앙아시아, 소아시아, 서아시아를 잇는 교류에서 소그드 못지않은 역할을 담당하였을 것으로 그들의 실제 교류관계를 파악하게 된다면 유라시아문화 연구의 한 실마리를 풀 수 있을 것이라고 생각한다.

먼저 소그드의 동서교류에서의 역할의 성격과 발달에 대하여 살핀 후에, 소그드의 현존하는 미술들을 고찰하여 소그드 미술의 특징을 알아본다. 소그드에는 사마르칸트, 펜지켄트, 카피르칼라, 이쉬티한, 쿠샤니야, 부하라, 바락샤, 카쉬카다리야 등 여러 도시들이 건설되었다. 소그드의 수도 사마르칸트는 5-8세기에 실크로드의 중요한 지리적 중심지로서 대상로 교차로에 위치하여 주요 경제 및 문화의 중심지가 되었다. 소그드 상인들은 실크로드의 모든 육로들을 지배했고, 서로는 유럽과 동으로는 일본까지 영향력을 미쳤다. 소그드어는 모든 상인들과 대상들의 언어로 사용되었다.[95]

5세기부터 8세기까지 중앙아시아의 주요한 대상隊商으로 활동한 소그드의 기원이 처음 언급된 것은 중국의 『사기』이다. 중국의 한나라는 흉노에 대항하기 위하여 비단과 여러 생산품들을 가진 수많은 사신들을 월지, 오손, 강거로 보냈다. 『사기』에서는 대완에서 안식까지의 나라들의 풍습에 대해서 설명하고 있는데, 대완(페르가나)과 안식(파르티아) 사이에 위치하고 있었던 강거국康居國은 중앙아시아에 있던 소그디아나에 있었던 오아시스 국가의 하나이며 현 우즈베키스탄의 사마르칸트이다. 중국 사서에 의하면 강국의 왕은 온씨溫氏이며 월지인月氏人이었다. 예전에는 기련산祁連山 북쪽의 소무성昭武城에 거주하다가 흉노에게 격파되어 서쪽으로 파미르 고

95) B. A. Litvinsky, Zhang Guang-da and R. Shabani, eds., *History of Civilizations of Central Asia: III – The Crossroads of Civilizations A.D. 250 to 750*, UNESCO, 1996; 암리딘 베르디무로도브 저, 유지영 역, 「유라시아 실크로드 발전에 기여한 우즈베키스탄의 공헌」, 『제1차 유라시아 실크로드 국제학술회의』, 동국대 유라시아 실크로드 연구소, 2015년 12월 10일.

원을 넘어 그 땅으로 옮겨왔다. 여러 일파들이 각지의 왕이 되었고, 영휘永徽년간에는 강거도독부康居都督府가 설치되기도 했다. 중국의 기록에 강康의 성을 갖고 있는 소그드 인은 모두 강국 출신이었다.[96]

5-8세기 이전에 소그드는 이미 쿠샨과 박트리아 상인들을 계승하면서 동서 교역에 특별한 역할을 담당하고 있었다. 기원후 1-3세기 동안 중앙아시아 남부와 북부 인도가 쿠샨에 의해 통일되면서 박트리아와 탁실라의 유력 상인들이 번창하게 되었으며 중요한 경제 중심지가 되었다. 불교 기록에 의하면 남쪽의 주요한 교역로에서 멀리 떨어져 있던 소그드 상인들은 인도까지 이주하여 이러한 상업적 번영에 편승하여 이익을 얻고자 하였다.[97]

소그드는 중국 사신들과 소규모로 교역한 반면, 박트리아와 간다라 상인들은 인도, 이란, 헬레니즘화한 근동을 위해 중국 비단의 시장을 개발하면서 많은 이익을 얻게 되었다. 박트리아와 간다라 상인들은 사신들이 가져온 비단들을 재수출하기도 하였으며 중국에까지 가서 현지에서 직접 비단을 사기 위해 사절단으로 행세하기도 하였다. 소그드인들은 박트리아와 간다라 상인들을 모방하면서 교역을 하였는데, 기원전 29년과 11년, 당시 소그디아나를 포함한 시르다리아의 중류에 자리잡았던 강거로부터 온 사절단이 상업을 위해 중국 조정에 출현하였다.

소그드인들은 쿠샨 상인들의 견습생이자 제자였으며, 소그드의 상업 용어 일부는 박트리아어에 기원을 두었다. 소그드의 상업 교역망은 3세기 초에는 감숙지역에서 그 기반을 충분히 마련하여 쿠샨과 소그드 상인들은 같은 수준에서 취급되었으며, 정치적 교섭에 함께 참여하였다. 중국에서의 소그드의 상업적 팽창의 중요한 증거는 소그드의 고대 서한들에서 발견된다.[98] 313년에 하서회랑에서 작성된 이들 서한들은 이 지역과 중국 내륙의 중요 도시들에 있던 소그드의

---

96) 『史記』「大宛列傳」第63 康居.
97) 소그드의 상업활동에 대해서는 Luo Feng, "Sogdians in Northwest China," A. L. Juliano and J. A. Lerner, eds., *Monks and Merchants. Silk Road Treasures from Northern China. Gansu and Ningxia 4th-7th Century*, Harry N. Abrams, 2001, pp.239~245; E. G. Pulleyblank, "A Sogdian Colony in Inner Mongolia," *T'oung Pao* 41, 1952, pp.317~356; N. Sims-Williams, *Sogdian and other Iranian Inscriptions of the Upper Indus I and II, Corpus Inscriptionum Iranicarum II/III*, London, 1989 and 1992; Etienne de la Vaissiere, "Sodgian Trade," *Encyclopædia Iranica*, online edition, 2004, available at http://www.iranicaonline.org/articles/sogdian-trade(accessed on 30 August 2014).
98) 羅豐은 중국 경내의 소그드인 거주에 대하여 新疆地區, 河西地區, 六胡州地區, 原州地區, 關中地區, 洛陽 및 附近地區로 나누어 고분 출토 문서, 묘지명 등을 통해 분석하였다. 羅豐, 「流寓中國的中亞史國人」 『胡漢之間-"絲綢之路"與西北歷史考古』, 文物出版社, 2004, 207~247쪽.

사하게 인물들이 앞서거나 뒤에 선 배치를 보인다.

가장 이른 소그드 회화는 고고학적 발견에 의해 5세기 후반에서 6세기 초로 편년되며 자라프산 강의 중류의 왼쪽 강안의 펜지켄트에 위치한다. 펜지켄트의 초기의 회화는 간다라와 그레코 불교 미술 양식이 남아 있다. 소그드 종교 신상의 의습선의 처리, 타원형의 수염 없는 이상화된 세속적 인물의 두상이 그 예이다.[105] 소그드 벽화의 전통은 쿠샨 미술과는 부분적으로 다른 동부 이란 왕조의 기원후 4세기의 그레코-이란(Graeco-Iranian) 미술을 기반으로 일찍이 발달한 전통 위에 세워졌다.[106]

소그드의 유적지 가운데 펜지켄트는 다섯 단계로 건축 장식 발달의 연대기적 구분이 가능한 유일한 유적지이다. 기원후 5세기에 형성된 펜지켄트는 수공업과 무역에서 중요한 역할을 했다. 도시의 시장, 금속 공방, 도자기 공방, 직물 공방 등 다양한 작업장들이 발굴됐다. 발굴된 다량의 동전들은 국제 무역에서 펜지켄트의 역할을 증명한다.

다음에서는 펜지켄트 유적을 중심으로 소그드 미술의 연대기적 발달을 살펴본다.[107] 선先 펜지켄트 시기(기원후 약 200~400년)의 소그드 미술의 시작 단계에 대해서는 단편적으로만 알려져 있다. 예르쿠르간의 성소에 발견된 후기 헬레니즘 양식의 다색 벽화 잔편들이 있다. 흰색의 실루엣으로 그린 인물상들의 독특한 단색 회화가 그려진 벽돌 기둥과 채색 소조 조각상들이 있다.

자르 테페의 사원에도 이른 시기의 수렵도와 권좌에 앉은 인물군상도가 있다. 사마르칸트 서부의 오르라트의 묘지에서는 아주 이른 시기의 인물들의 전투도와 수렵도가 새겨진 골편이 있다. 인더스 강 계곡의 상류에는 돌에 새겨진 소그드어로 된 명문이 많은데 4-6세기의 것들이다.

초기 펜지켄트 시대(약 400~500년)는 두 곳의 사원지에서 주요한 증거가 나왔다. 파담을 쓴 사제와 배화제단을 그린 단색 회화 잔편과 트리톤(반인반어의 해신)의 소조 프리즈가 있다. 또한 두 명의 등신대의 여성 신상이 있는데 정교하고 완벽하게 수립된 양식으로 만들어졌으며,

105) Guitty Azarpay, *Sogdian Painting: The Pictorial Epic in Oriental Art*, University of California Press, 1981. p.93

106) Guitty Azarpay, *Sogdian Painting: The Pictorial Epic in Oriental Art*, University of California Press, 1981. p.94

107) Markus Mode, "Sogdiana vi. Sogdian Art," *Encyclopædia Iranica*, online edition, 2009, available at http://www.iranicaonline.org/articles/sogdiana-vi-sogdian-art (accessed on 30 August 2014); Boris Marshak and V. Raspova, "Wall Paintings from a House with a Granary, Panjikent, 1st Quarter of the 8th Century," *Silk Road Art and Archaeology* 2, 1991/1992, pp.123~176.

사산의 전통을 연상케 한다. 그 외에 공양자, 꽃, 장식문양의 그림이 자르테페의 사원에 보존되어있다.

초기 번영 시대(약 500~600년)에는 소그디아나 내부와 외부에 두 지역적 유파가 있었다. 1호 사원은 서사적이고 신화적 주제들의 다양한 인물상들로 장식되었다. 2호 사원에는 여신 나나를 포함하여 인도의 신을 닮은 여신들이 남성 신들과 함께 춤을 추는 장면이다. 유명한 애도 장면과 연관된 벽화들도 2호 사원에 있다. 수렵도 벽화들은 이른 시기의 자르테페의 벽화의 유풍이다. 이 기간 동안 펜지켄트의 주택들에 벽화들이 출현한다. 아프라시압 유적의 초기 벽화의 신상들은 펜지켄트 벽화와 양식적으로 연결된다.

후기 번영 시대(약 600~722년)는 소그드 미술의 절정기이다. 지역적 양식들이 제라프산 계곡의 도시들에서 번영하였다. 아프라시압에서는 유명한 사절들의 집회장에서 사마르칸트 궁정의 양식으로 길이 11m의 벽화가 그려졌다. 외국의 사신들, 당나라의 황제, 소그드의 장례 행렬 등의 주제를 다루며 명문이 있다. 이 시기의 펜지켄트의 주요 사원들은 신상과 서사적 장면들과 소조 조각들로 광범위하게 재장식되었다. 개인 주택들의 대부분의 회화는 서술적 주제들과 종교적 이미지들을 다루고 있는데 대체로 이 시기로 편년될 수 있다. 이 번영의 시기는 722년 펜지켄트에 대한 무슬림의 포위와 정복으로 끝난다.

쇠퇴기(약 750~850년)의 펜지켄트에서 건축과 건축에 대한 장식 활동이 무슬림 정복 후에 부활하였으나 780년대에 가면 종말을 고한다. 바락샤의 적색의 집회장의 유명한 그림들은 750년경으로 편년된다.

소그드 미술의 장점은 신, 신령, 악마 등 조로아스터교에서 온 신상들에 대한 풍부한 도상들을 발달시킨 것이다. 그들의 연원은 헬레니즘의 전통이며, 쿠샨의 종교적 이미지들과 인도적 요소들이 함께 영향을 끼쳤다. 소그드 회화의 서사적 서술은 특히 중요하다.[108]

소그드는 스투코와 소조 조각 분야에서 사산 왕조와 달리 스투코 장식을 별로 사용하지 않았다. 8세기의 바락샤의 스투코들은 정교한 장식 문양과 인물 구성을 보여주는데 주제는 수렵, 신상神像, 산수山水이다. 건축 장식과 조각에서 대부분 채색이 된 굽지 않은 점토가 광범위하게 사

---

108) 소그디아나는 주변 나라들의 문화적 양식에 친숙하였으나 개념과 표현을 받아들이는데 그들의 해석을 더하였다. 소그디아나에서는 배화 제단이 발견되지 않았으며 종교적 사원의 건축상의 독창성이나 소그드 종교 도상의 독창성은 소그디아나에서 정통적인 사산조 조로아스터교의 부재를 보여준다.

용되었다. 예르쿠르간의 3~4세기 종교 신상들이 비교적 이른 시기의 것들이며, 주요한 유물들은 펜지켄트에서 출토되었다.

소그드 벽화의 도상들을 보면 사원의 제의에서 금속으로 만든 신상 조각들이 사용되었다는 증거가 있다.[109] 여성 공양자 또는 여신의 은제 조각상(높이 40㎝)이 사마르칸트와 펜지켄트 사이에 있는 자르테페에서 발굴되었다. 5세기경에 세워진 배화교의 사원으로 소그드인들의 종교적 삶에 대해 잘 보여준다. 이곳에서 발굴된 중요한 유물로는 중국의 거울과 종교 예식에 사용된 도구들이 있다.

어떤 금속 조각들은 신상 조각들을 위한 지지대나 권좌였던 것으로 보인다. 타지키스탄의 다라 출토의 한 쌍의 염소와 황소의 청동 유물, 이스파라 계곡에서 나온 한 쌍의 염소의 청동 두상, 사마르칸트 지역의 청동 낙타 다리(길이 1m)와 은제 괴수 두상이 그 예이다. 또한 몽골 호쇼 차이담의 빌게 카간(734년 사망)의 제사 유적지에서 나온 은제 조각들은 소그드의 제작품들로 추정된다.

소그드에서 사산조의 공식 왕실 미술은 사산의 미술품과 이를 모방한 에프탈의 방제품을 통해 알려졌다. 에프탈의 방제품은 에프탈의 승전 기념품이나 교역로를 통한 물품을 통해 들어왔다. 사산조의 많은 예술품들은 소그디아나에서 융합 또는 변용되었고 사산조 미술의 주제가 재

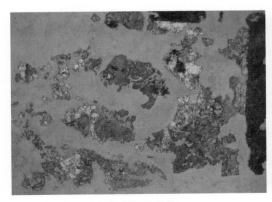

예르쿠르간 벽화

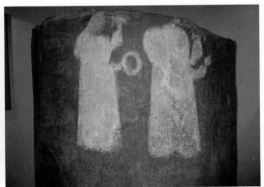

예르쿠르간 벽화

---

109) M. Mode, "Sogdian Gods in Exile: Some Iconographic Evidence from Khotan in the Light of Recently Excavated Material from Sogdiana," *Silk Road Art and Archaeology* 2, 1991, pp.179~214.

해석되었다. 예를 들면 사산 왕의 초상은 소그드 미술에서 권좌에 앉은 신상을 만들기 위한 모본으로 사용되었다. 사산 왕의 수렵은 비공식적 수렵장면이나 악마와 싸우는 신의 투쟁을 묘사하는 신화적 장면으로 변화하였다. 소그드 예술가들은 금은 용기의 제작에 있어서 사산 미술 양식을 가져왔으나 그들의 금은기에 군주를 묘사하지는 않았다. 사산 왕실의 생활 묘사는 소그드 작품에서 공적인 영화로움의 표현이 아니라 부유한 사람들의 풍요로운 삶으로 묘사되었다.[110]

소그드와 사산조 이란과의 교류는 주로 비공식적 경로를 통해 이루어졌다. 마니교 신자와 네스토리안 기독교 공동체는 사산조 이란에서 소그디아나로 이주하여 많은 개종자를 얻었다. 마니교도와 기독교도들 중에는 예술가와 장인들이 있었으며, 그들 가운데는 삽화가 그려진 책들을 가지고 온 이들이 있었다. 이러한 서적들의 집중적 번역 작업은 종교서적에만 국한되지 않았을 것이다. 기독교도들은 특히 소그드에서 로마 비잔틴 문화에 대한 관심을 일으키는데 공헌하였다. 로마 비잔틴 문화에 대한 관심의 흥기는 특히 소그드 은기의 모양과 장식에서 두드러지게 보인다. 소그드와 사산 사이의 교류에서 마니교와 네스토리안 기독교 신자이자 예술가들이 일정 역할을 하였으며, 특히 로마 비잔틴 문화의 부활에 공헌하였다는 점은 주목할 만 하다.

8세기 중앙아시아에서 가장 흥미로운 서사 회화인 소그드의 펜지켄트와 샤리스탄의 루스탐 공훈도, 로물루스와 레무스 전설도, 루스탐 전설도를 그린 벽화들은 사산 미술의 번안이 특징이다. 샤리스탄의 로물루스와 레무스가 그려진 벽화는 중앙아시아에서는 이국적 복식을 입은 인물들이나 나신의 인물들을 포함하고 있는데, 소그드 미술에서는 거의 보이지 않는 것으로 예술가들이 이국 풍경을 묘사하려고 했음을 보여준다. 늑대와 두 명의 어린 남아의 주제는 페르시아 기원보다는 로마미술의 전례를 따라 모방한 것이다. 금속공예품에도 성서에서 온 모티프를 그린 사례가 목격된다. 펜지켄트 벽화는 또한 인도의 서사로부터 온 장면을 그렸다. 인도에서 전래된 불교는 기원후 1세기에 소그디아나에 들어왔으며, 불교식 용어가 소그드언어에 들어오게 되고, 나중에는 마니교도들이 자신의 종교 문헌에서 사용하였다. 소그디아나의 불교도들은 인도와의 관계를 지속하여 인도 문학과 미술이 소그디아나에 들어오는 통로로 사용되었다.

외국 전래의 종교들은 소그드 지역에서 많은 호응을 받으며 종교적인 주제의 회화들에 표현

---

110) Guitty Azarpay, *Sogdian Painting: The Pictorial Epic in Oriental Art*, University of California Press, 1981, pp.26~29

사마르칸트 아프라시압 사절도

되었다. 그러나 불교는 소그디아나의 고대 도시들에서 7세기 후에 쇠퇴하였다. 관련 문헌 기록이 발견되지는 않았으나 소그디아나 회화의 도상에서 부처상이 없다는 점으로 증명된다.[111] 소그디아나의 건축물에서 각 방의 한 벽면에는 대개 숭배 대상을 주제를 그린 회화로 장식하였다. 대개 출입구의 맞은편 벽이나 노爐 제단을 마주 본 벽의 감실 안에 위치하였다. 종교적 신상 주제가 때로는 방의 좌우벽에 그려지기도 하였다. 감실이 아닌 경우에는 카리아티드 인물상이 세워진 기둥 또는 채색 기둥이 있는 아치 안에 그려졌다. 종교적 장면은 신들과 공양자들과 함께 제의를 행하는 제사용 용기들과 함께 표현되었다.[112] 종교적 예배 장면과 대조적으로 연회, 전투, 행렬 등의 주제는 특정한 배치 계획이 없다. 후에는 수평으로 인물들의 단을 나누어 표현하였다.

　　소그디아나의 장의미술에 대하여 살펴보면 중국에서 만들어진 소그드계 장의 석각과는 일정한 차이점이 존재함을 알 수 있다. 소그드는 조로아스터교의 매장 풍습에 따라서 오스아리라고 불리는 납골기를 사용하였는데 오스아리의 장식에서 조로아스터교의 미술 표현과 종교적 관념을 볼 수 있다.[113] 납골기는 초벌구이의 도제陶製나 설화석고로 만들어졌다. 납골기의 형태는 대

111) Guitty Azarpay, *Sogdian Painting: The Pictorial Epic in Oriental Art*, University of California Press, 1981, p.51

112) Guitty Azarpay, *Sogdian Painting: The Pictorial Epic in Oriental Art*," University of California Press, 1981.

113) 조로아스터교의 성립과 확산, 동점 과정, 조로아스터교와 납골기 오스아리, 중국 내 소그드인묘와 장제의 변용, 투르판 아스타나 고묘와 조로아스터교에 대해서는 민병훈, 「異宗敎間의 習合과 共存 - 조로아스터교와 불교를 중심으로 - 」『미술자료』8, 국립중앙박물관, 2009, 155~189쪽.

개 사각형이나 원형에 뚜껑이 있는 것이 흔하고, 인물좌상의 형태 또는 건물의 형태를 한 것도 있다. 겉면과 뚜껑의 윗면에 조로아스터교의 배화 제단, 신상, 장례애도식[114], 기하학문양 등 특징적인 장식이 그려지거나 새겨져 있다. 아치, 꽃줄, 꽃무늬 등은 알렉산드로스 대왕의 원정으로 전파된 헬레니즘 문화와 지중해 지역과의 교류를 통해 소그디아나에 전해진 로마 문화의 영향이다. 납골기 본체의 상단에 톱니바퀴 모양으로 성곽을 모방한 것은 페르시아 지역의 건축양식을 본뜬 것으로 보인다. 납골기는 소그디아나, 호레즘에서 주로 사용되었는데 신강 투르판에서도 출토되어 소그드의 동전에 따라 납골기의 사용이 전파된 것으로 보인다.[115] 북경 고궁박물

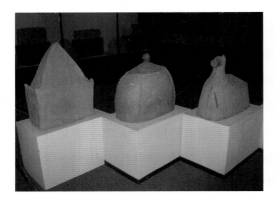

소그드 납골기

---

114) 호레즘에서 출토된 8세기경의 오스아리에는 死者를 장방형의 틀 내부에 묘사하고 그 주위의 인물들이 이를 애도하는 모습이 표현되어 있어, 동시대에 중앙아시아의 석굴사원 특히 쿠차의 키질 석굴을 중심으로 크게 유행하였던 涅槃美術의 표현양식이 서투르키스탄 지역에 영향을 미쳤을 가능성이 엿보인다. 국립중앙박물관 편, 『동서문명의 십자로 - 우즈베키스탄의 고대문화』, 국립중앙박물관, 2009, 244-245쪽, 126-127쪽.

115) 新疆吐魯番地區 鄯善縣 吐峪溝鄕의 吐峪溝石窟의 桶形陶棺(마자르, 길이 66㎝, 직경 30㎝, 西州時期)과 長方形陶棺(73×30×28㎝)은 당대 천교도의 매장 용구이다. 토육(Toyuk, 吐峪溝) 석굴은 丁谷寺라 불리며 조로아스터교 사원이 존재한 곳이다. 투르판의 천교 유물로는 阿斯塔那古墓 출토 雙人侍壇錦(북조, 중앙의 배화교 제단과 파담을 쓴 2명의 인물)과 聯珠對飮紋錦(북조, 호복 입은 2명의 인물)이 있다. 祁小山, 王博, 『絲綢之路·新疆古代文化』, 新疆人民出版社, 2008, 114-115쪽. 아스타나고묘군은 고창군, 국씨고창국, 당대서주의 세 시기 동안 사용되어 1000년에 걸쳐 조성되었다. 고창 왕족과 북량 武宣王 沮渠蒙遜 夫人 彭氏 등이 묻혔다. 胜金口 石窟에서 출토된 祆敎女神像은 독일탐험대가 발굴하였는데 소그드의 화천교의 나나여신상으로 높이 30㎝이며 西州時期이다. 祁小山, 王博, 『絲綢之路·新疆古代文化』, 新疆人民出版社, 2008, 124-125쪽; 林梅村, 「高昌火祆教遺迹考」, 『文物』, 2006年 7期.

원 소장의 건축물 모양의 납골기는 조로아스터교식의 납골기 형식과 중국 목조건축의 결합을 보여주는 사례로 잘 알려져 있다.

북경 팔각촌 위진벽화묘의 묘주초상이 그려진 석곽의 입구 상단에도 신강 호탄에서 흔히 볼 수 있는 서역계 장식인 괴수형 인물두상이 그려져 있어 조로아스터교와의 연관성이 지적되었다. 이러한 조로아스터교의 납골기가 중국 전통 건축 형식과 결합된 사례는 감숙 고태 위진묘의 목조가옥 모방의 전실 구조나 산서 대동 북위 송소조묘의 가옥형 석곽에서도 찾아볼 수 있다.

페르시아 지역에서는 소그디아나의 납골기가 출토되지 않아 조로아스터교가 전파되는 과정에서 소그디아나에서 변용되어 나타난 현상으로 지적된다. 아케메네스와 파르티아, 그리고 사산에서는 납골기 대신에 절벽면을 파고 들어간 애묘의 형식을 주로 사용하였는데, 이러한 애묘의 형식이 파르티아와의 교섭으로 중국 한대로 전파되어 산동이나 사천지역 애묘로 나타난다.

소그드 은기에 대하여 보리스 마샥은 3가지 유파가 6~9세기에 발달한 것을 규명하였다. 첫 번째 유파는 사산 이란의 미술과 연결되고, 세 번째 유파는 중국의 강한 영향, 두 번째 유파는 보다 독자적이다. 소그드에서 제작한 은기들은 소그드 벽화에 묘사되어있다. 배화 제단의 큰 기대들도 있는데, 이러한 기대 일부가 자르 테페에서 발굴되었다. 소그드 은세공장인들은 당대 중국 당나라 때의 하가촌 은기들에서 영향력을 보인다. 소그드 종교 도상들은 호레즘 은기들에 분명하게 표현되었다. 소그드의 상류층의 은제 용기에는 사산 미술의 영향이 강하게 나타난다. 소그드 지방에서 발견된 6세기경의 은기에는 용기의 간단한 형태와 문양, 얇은 기벽으로 보아 파르티아 은기의 특징이 나타난다. 7~8세기의 전성기의 소그드 공예는 사산, 비잔틴, 중국 미술과의 교류가 반영되면서 혼합적 성격이 나타난다.

소그드의 은기는 주로 귀족들의 연회에서 사용되어 대형의 은기가 많다. 타출기법으로 문양을 표현하고 구연부를 어자문으로 장식하여 사산 은기의 영향을 보여주지만, 사산 은기에 흔한 수렵문이나 의례에 관련된 주제는 찾기 어렵다. 소그드는 강력한 왕이 다스린 사산과 달리 도시국가들로 이루어져 전체를 다스리는 왕권이 존재하지 않아 왕권과 관련된 도상이 드물다. [116]

이상에서 살펴본 소그드의 미술은 연회도의 경우 세속적인 주제로서 중국의 소그드계 석각

---

116) Boris I. Marshak, "A Sogdian Silver Bowl in the Freer Gallery of Art," *Ars Orientalis*, 1999, Vol. 29, pp.101~110; 민병훈, 중앙아시아의 소그드 문화, 국립중앙박물관 편, 『동서문명의 십자로 – 우즈베키스탄의 고대문화』, 국립중앙박물관, 2009, 243-244쪽.

의 주제와 연결이 되나 소그드 미술 자체로서는 중국의 6~7세기 소그드계 석각의 도상 내용을 모두 설명할 수는 없다. 중국 내에 들어와 한화된 도상을 표현하고 있다고 하나 동시기 벽화묘에 나타나는 도상들과도 차이가 있어 북조 후기 소그드계 석각의 도상의 형성에는 북방문화권대를 따라 발달한 소위 북방기류도 하나의 흐름으로 포함되어졌으리라 생각된다.

고구려 벽화의 경우도 초기와 중기의 유라시아적 요소의 출현에 있어서 이전까지 서역문화를 대표하며 서역문화의 전파 매개체로 중시되었던 소그드의 미술이 실제로는 고구려보다 후대여서 비교가 곤란하고 이들을 전파 매개체로 삼아 고찰하기 어렵다는 점을 알게 한다. 그렇다면 실제로 고구려의 초기 벽화묘인 안악3호분이나 무용총에 보이는 서역적 요소의 출현에는 소그드 미술보다 이른 시기에 중앙아시아와 서아시아에서 발달한 벽화와 부조를 중심으로 한 미술문화들이 작용하였을 것이며, 이들에 대한 연구를 통하여 3-4세기 고구려 벽화묘의 초기 조성시기에 고구려와 중국의 북조에서 받아들였을 유라시아문화의 복원이 가능하다고 본다.

2. 호레즘의 미술

옛 박트리아와 소그디아나 지역 이외의 주요한 문화 중심지로 고구려와 중국 북조의 유라시아계 문화의 전파 과정에서 고려할 다른 지역은 호레즘이다. 호레즘은 북쪽의 아랄해와 동쪽의 키질쿰 사막과 남쪽의 카라쿰 사막에 둘러싸인 오아시스 지역이다. 우즈베키스탄의 고대사에서 호레즘은 다른 지역과 문화적으로 구별되는 특징을 갖고 있었다. 호레즘은 기원전 6세기에 아케메네스조 페르시아에게 정복당해 비스툰 비문에 이름이 기록되었으나, 알렉산드로스 대왕이 중앙아시아로 진격해 들어왔을 때 이미 독립해 있었다. 호레즘은 기원후 2세기에 들어서 쿠샨 왕조의 지배를 받았으나, 호레즘은 쿠샨의 불교문화의 영향은 비교적 적게 받으면서 중개무역을 통해 발전하고 있었다. 호레즘 지역은 3세기 사산의 트란스옥시아나 지역에 대한 침입으로 피해를 입었다. 4세기에 이르러 호레즘은 쇠락하게 되고 유목민의 침입으로 영향을 받게 된다.

호레즘은 종교적으로 물의 여신 아나히타를 숭배하고 있었다. 호레즘 지역에서는 4세기 초에 아프리기드 왕조가 쿠샨 왕조에서 떨어져 나와 8세기까지 존속하였으나 때로 사산의 지배

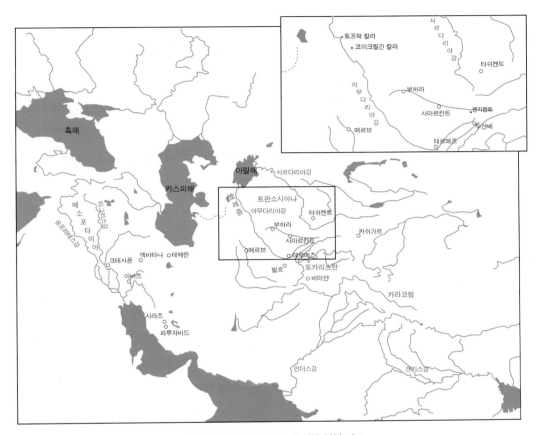

4~8세기의 이란, 소그드, 호레즘 영역 지도

를 받기도 하였다.[117] 5세기에는 에프탈이 이 지역을 다스렸다. 경제적으로 강력한 지역들은 트란스옥시아나 지역으로 서돌궐이 침입해 들어온 6세기까지 비교적 자치를 누린 것으로 보인다.

호레즘은 지리적으로 다른 나라들과 격리되어 있었던 이점을 갖고 있으면서 헬레니즘이나 인도 문화의 영향을 받아들여 독자적인 문화를 발달시켰다. 특히 그리스계의 주화와 은기銀器제작이 유명하다. 호레즘은 그 위치가 아랄해와 카스피해 북방의 유목지대와는 근접하여 쉽게 교류가 이루어졌을 것으로 주목된다. 호레즘 지역의 벽화는 소그디아나 지역의 벽화들보다 이른 시기에 조성된 것이어서 그레코-이란 양식의 전파에 있어서 중요하게 고려할 필요가 있다.

---

117) 호레즘의 문화에 대해서는 S. P. Tolstov, *Following the Tracks of Ancient Khorezmian Civilization*, UNESCO, 2005.

호레즘 지역의 유적에 대해서는 1937년 이래 톨스토프가 인솔한 호레즘 고고학조사대가 조사 발굴을 했으며 호레즘왕의 거성居城인 토프락 칼라가 유명하다.[118] 호레즘의 중요 유적지인 우즈베키스탄의 토프락 칼라와 코이 크릴간 칼라는 불교유적지는 아니며 실제로 이곳에 불교가 전파되었는지도 확실치 않다. 그러나 이들 유적지의 조각들은 중앙아시아와 중국 불교 조각의 발달에서 중요하다.

코이 크릴간 칼라는 원형의 성채로서 옥서스(아무 다리야) 강 하류의 키질쿰 사막의 남쪽 끝에 위치한다. 원형의 성채로 이루어진 도시 형태는 이란과 시리아에 위치한 파르티아와 사산의 유적지들(탁트이 술라이만과 피루자바드)이 잘 알려져 있다. 코이 크릴간 칼라는 기원전 4세기부터 기원후 1세기까지 번영하였으며 기원후 4세기까지 존속하였다. 발굴자인 S. P.톨스토프에 의하면 왕실의 제의 건축물을 중심으로 건설되어 성채로서 기능한 것으로 생각된다. 코이 크릴간 칼라에서 출토된 등신대의 인물 좌상 형태의 장의용 항아리인 오스아리는 기원전 1세기에서 기원후 1세기의 할차얀 조각들과 다른 양식을 드러낸다. 반면, 시리아의 두라 에우로포스(256년에 파괴됨)의 벨 신전의 유명한 벽화에 보이는 사제 상과 유사하다.[119] 코이 크릴간 칼라의 오스아리 조각은 기원후 2~3세기로서 보다 강해진 추상적 양식으로 기원후 1세기 4/4분기의 마투라의 마트의 사원의 왕조 조각들과 기원후 1~2세기 두라 에우로포스의 벨 신전의 사제회화와 연관성을 갖고 있다.[120]

토프락 칼라는 코이 크릴간 칼라와 같은 지역에 위치하는데 1950년대에 톨스토프에 의해 발굴되었다. 이르게는 기원후 1세기에 만들어진 것으로 보인다. 3~4세기 호레즘의 왕이 거주하던 곳으로 보인다. 1,910×1,380 피트의 넓은 직사각형 공간을 둘러싼 도시의 성벽은 해자로 둘러싸여있다. 성벽 안의 도시는 두 개의 중요한 지역으로 나뉜다. 남쪽 끝의 입구 쪽에는 도시의 절반 이상을 차지하는 거주공간이 있다. 도시의 중앙으로 대로가 북쪽까지 길게 이어졌다. 도시의 북쪽 끝 중앙에는 큰 장방형의 열린 공간이 있어서 유골 재를 쌓아올렸는데 조로아스터교 사원으로 생각된다. 도시의 북서쪽 모서리에는 세 개의 분리된 큰 탑이 서있는 11,000 평방미터 면적의 요새화된 궁궐이 있다. 토프락 칼라의 평면도는 이 지역의 코이 크릴간 칼라와는 다르다.

---

118) B. A. Litvinsky, *History of Civilizations of Central Asia*, vol 3, South Asia Books, 1999, 207~231쪽.
119) Marylin M. Rhie, *Early Buddhist Art of China and Central Asia*, vol. 1, Brill, 1999, 도 3.40 a와 도 3.40b.
120) Marylin M. Rhie, *Early Buddhist Art of China and Central Asia*, vol. 1, Brill, 1999, Plate XV.

류되었다는 기록이 있어, 영하 고원 북위 칠관화묘와 북주 이현묘에 보이는 유라시아적 요소의 출현에 이러한 북방유목민들의 교통로가 중요한 역할을 하였음을 알 수 있다.

에프탈은 돌궐에 의해 격파된 후 한동안 중국과 교류가 없다가 수나라 대업 연간(605~617년)에 다시 사신을 보내 방물을 바쳤다. 이러한 중국에 파견된 사신과 방물을 통하여 에프탈 계통의 금은기가 전파되었으리라는 것을 짐작할 수 있다.

남조에서는 활국이라고 불렀는데 『양직공도』에서 활국 사신의 모습을 살펴볼 수 있다. 소그드 복식과

양직공도 활국사신도

같이 선을 댄 긴 두루마리를 입고 있으며 둥근 머리 형태를 하고 있어 에프탈과 관련된 금은기에 보이는 머리 모양과 비슷하다.

『위서魏書』에 연연·엽달·토욕혼吐谷渾[124]은 모두 고창高昌으로부터 나온 길이 있었기 때문에 서로 교통하였다는 기록이 있어 고창의 교하성을 중심으로 연연, 엽달, 토욕혼의 교류가 활발하게 이루어졌음을 짐작하게 한다.[125]

519년 송운宋雲이 구법승으로 에프탈을 통과할 때의 기록으로는 왕이 금의를 입고 금상에 앉아 있으며 금봉황으로 상 다리를 한 모습으로 묘사되었다. 송운은 에프탈이 불법을 믿지 않고 외신外神을 많이 믿는다고 하였고, 여러 나라가 봉헌을 하여 진귀한 물품이 많았다고 한다. 에프탈이 가장 강성할 때에 북위와는 전쟁이 없었으며 서로 통호通好하였다. 『양서』에 의하면 에프

---

124) 吐谷渾은 遼東鮮卑 徒何部 慕容氏에서 나왔다. 4세기 초 그들의 우두머리인 吐谷渾이 무리를 이끌고 서쪽으로 이동해 지금의 靑海省과 甘肅省 일대에 이르렀다. 그의 손자 葉延의 시기에 처음으로 吐谷渾을 姓氏와 族名 혹은 國號로 삼았다. 정치의 중심은 伏俟城(지금의 靑海湖 서쪽)이었다. 목축에 종사했으며 수렵과 농업도 겸하였다. 北魏 太平眞君 6년(445년) 서쪽으로 鄯鄯(지금의 新疆維吾爾自治區 若羌 동북)과 于田(지금의 新疆維吾爾自治區 和田 인근) 일대를 점거하였다. 동북아역사재단, 『북사 외국전 역주(역주 중국정사 외국전 9)』, 동북아역사재단, 2010.

125) 『魏書』「蠕蠕·匈奴宇文莫槐·徒何段就六眷·高車傳」第91 高車; 余太山, 「嚈噠史若干問題的再研究」, 『中國社會科學院歷史研究所學刊』, 第1集, 社會科學文獻出版社, 2001年.

탈은 하늘을 숭배하고 또한 불을 숭배(조로아스터교)하였다. 그러나 매장 풍습은 조로아스터교와 달리 일반적인 관습을 따른 듯이 보인다.

한편 페르시아를 거쳐 소그디아나인 강국과 안국에 기독교인들이 유입된 것처럼, 에프탈에도 기독교가 전파된 것으로 추정된다.[126] 사에키 요시로佐伯好郎에 의하면 기원후 334년 메르브에 기독교 사교구司敎區가 세워져서 바르 사바라는 인물이 사교 비숍으로 임명되었다. 410년에는 이삭이라 불리는 인물이 사교로 임명되었으며, 420년에는 대사교大司敎가 된다. 이에 따라 서기 5세기 이전에 메르브 지방 일대에 기독교 교회가 진출하였으며 메르브의 대사교의 세력은 점차 확대되었다.[127]

투르크메니스탄의 메르브는 현 아프가니스탄 북부의 박트리아 왕국의 옛 도시인 발흐와 함께 동서교류에서 중요한 역할을 한 도시이다. 발흐는 후의 에프탈의 수도인 발저연성拔底延城이며, 메르브 역시 에프탈의 중요한 도시로서 역할을 하였다.

중국 영하 고원 남교의 사씨 묘군 중에서 사사물묘(대업 5년, 609년)에서 출토된 은화는 고원 칠관묘 출토 페로즈왕 은화와 유사한데 후면 우측의 명문이 메르브(Merv)라고 추정된다. 메르브는 『후한서』 안식전의 목록성木鹿城, 『수서』의 목국穆國, 『신당서』의 목록木鹿이다. 메르브 지역

---

126) 佐伯好郎, 『支那 基督敎の 硏究. 1, 唐宋時代の 支那基督敎』, 名著普及會, 1979, 114쪽.
127) 기원전후 이란은 파르티아 제국의 통치하에 있었으며 조로아스터교가 지배적인 종교로 자리 잡고 있었다. 사도행전 2장9절에 따르면, 오순절에 예루살렘에는 파르티아인들과 또 다른 이란계 민족인 메디아인들이 있었다. 초창기 기독교의 기록에 따르면 베드로와 도마는 파르티아인들에게 복음을 설교했으며 유다 타대오와 바르톨로메오 같은 인물들은 메소포타미아와 페르시아인들을 기독교로 개종시켰다고 전하고 있다. 종교에 관대했던 파르티아 제국의 군주들 덕분에 로마제국의 극심한 박해에 시달렸던 기독교인들은 이란에서 피난처를 구했다. 이 때문에 이란 곳곳에는 기독교인들의 교회와 수도원이 건립되었으며 수많은 기독교 공동체가 형성되었다. 파르티아의 뒤를 이어 226년에 건국한 사산 제국 시대에 샤푸르 1세 및 바흐람 2세와 같은 몇몇 군주들은 기독교를 박해했다. 특히 라이벌이었던 비잔틴제국이 기독교를 국교로 선포하자 페르시아 황제들은 이란 민족의 전통종교였던 조로아스터교를 국교로 선포한 후 기독교 공동체에 차별과 박해를 가해왔다. 그러나 대부분의 군주들은 타 종교에 무관심했기 때문에 여전히 이란에는 기독교 교회가 존속할 수 있었으며 제국의 수도 크테시폰에 총대교구를 설립하고 멀리 중앙아시아 및 중국에까지 선교사를 파송하기도 했다. 또한 431년 제4차 에페수스 종교회의에서 이단판결을 받은 네스토리우스와 그 지지자들의 망명처가 되었다. 네스토리우스파 기독교도들은 페르시아 정부의 공인을 받아 활동하기 시작했으며 이들은 실크로드를 통해 당나라 시대의 중국까지 진출해 景敎라는 이름으로 전파되어 조로아스터교와 마니교와 함께 三異敎를 형성하기도 했다. 신양섭, 「페르시아 문학 속의 예수 관련 표현 연구」, 『中東硏究』 31-1, 한국외국어대학교 중동연구소, 2012, 1~24쪽.

표 1 | 사산조 페르시아 부조
*아르다시르1세

왕조 (재위기간)	조성시기	위치	주제	크기	이미지
Ardashir I (226–241)		Fīrūzābād	서임도 (아후라마즈다)	7 x 3.70m	
		Fīrūzābād	승전도 (battle of Hormozgān)	18 x 4m	 Figure 14. Ardaśīr's triumph relief at Fīrūzābād (drawn by E. Sassani)
		Naqš-e Rajab	서임도 (아후라마즈다)	5 x 3m	
		Naqš-e Rostam	서임도 (아후라마즈다, 비문	6.3 x 4.2m	
	241/242	Salmās	알현도	5 x 2.6m	

왕조(재위기간)	조성시기	위치	주제	크기	이미지
Shapur I (242-271)		Bishapur	승전도 (발레리아누스 황제) (241-272)		
		Darabgird	승전도		

*바흐람1세

왕조(재위기간)	조성시기	위치	주제	크기	이미지
Bahram I (273-276)		Bishapur	서임도		

geographical distribution, types, origins, and transmission routes can help us understand how these foreign cultural elements were spread to ancient China and even to ancient Korea.

The Sogdian arts at its peak in the 6th to the 8th centuries were heavily influenced not only by Greco Bactrian and Kushan art but also Greco-Iranian style art. These mixed artistic styles are also the features of other Central Asian arts as we can observe in the decoration on the carpets and animal style metalwares of Scythian and Xiongnu.

As a case example of Central Asian art, the Sogdian art show cultural influences or exchanges with Achaemenes, Parthia, Greco-Bactria, Kushan, Sasanian, Hephthalite, and Turkic Khaganate. And Sogdian merchants played a major role in the east-west trade after the Kushan and Bactrian merchants. Even in the 2nd and 3rd centuries AD, Sogdian merchants had colony in the Xinjiang and Gansu, and then later in Liaoning in China. The Central Asian people represented by Sogdians probably had a continuous exchanges with China in terms of people, materials, and culture.

Thus, the major artistic inspirations which influenced on the Sogdian arts, that is, the Achaemenes, Bactrian, Kushan, and Sassanian arts, will help us discern the Western cultural elements of Goguryeo mural culture.

The purpose of the study of the northern nomadic and Central Asian culture in the Goguryeo and Chinese tomb arts is to extend the scope of Goguryeo tomb mural studies. In order to explore the foreign relations of Goguryeo murals, one has to see the cultural trends at the time of the construction of Goguryeo mural tombs and to understand the nomadic culture and the Central Asian cultures at that time. Secondly, as the World Cultural Heritage, Goguryeo tomb murals possess the universal value to human kinds and thus need to search for the global value of Goguryeo murals. This connects to the exploration of the international characteristics of Goguryeo murals, and to the investigation of the sources and dissemination of individual cultural elements of the nomadic and Central Asian cultures.

The ambiguous term, *Seoyeok*, therefore can be defined from the stance of Goguryeo into the northern nomadic culture and the Central Asian culture, and this will help us discern the international characters of Goguryeo murals created from two major routes, the oasis road and the steppe road.

참고문헌 ｜

『舊唐書』,『三國史記』,『北史』,『隋書』,『新唐書』,『資治通鑑』,『周書』,『晉書』,『漢書』

강현숙,『고구려와 비교해 본 중국 한, 위·진 벽화고분』, 지식산업사, 2005.

국립중앙박물관,『동서문명의 십자로 - 우즈베키스탄의 고대문화』, 국립중앙박물관, 2009.

국립중앙박물관,『몽골 흉노 무덤 자료집성』, 성림, 2008.

국립중앙박물관,『소그드의 역사와 문화』, 국립중앙박물관, 2010.

국립중앙박물관,『스키타이 황금』, 조선일보사, 1991.

국립중앙박물관,『실크로드와 돈황』, 국립중앙박물관, 2010.

국립중앙박물관,『西域美術』, 국립중앙박물관, 2003.

권영필,『실크로드 미술』, 열화당, 1997.

_____,『중앙아시아의 역사와 문화』, 솔, 2007.

_____,『중앙아시아 속의 고구려인 발자취』, 동북아역사재단, 2007.

비드야 데헤자, 이숙희 옮김,『인도 미술』, 한길아트, 2001.

니콜라 디코스모, 이재정 옮김,『오랑캐의 탄생』, 황금가지, 2005.

존 보드먼, 원형준 옮김,『그리스 미술』, 시공사, 2003.

신입상, 김용성 역,『한대 화상석의 세계』, 학연문화사, 2005.

예술의 전당,『스키타이 황금문명展』, 예술의 전당, 2011.

전호태,『고구려 고분벽화 연구』, 사계절, 2000.

_____,『중국 화상석과 고분벽화 연구』, 솔, 2007.

정수일,『고대문명교류사』, 사계절, 2006.

_____,『실크로드 사전』, 창비, 2013.

_____,『실크로드학』, 창작과 비평사, 2001.

토머스 H. 카펜터, 김숙 옮김,『고대 그리스의 미술과 신화』, 시공사, 2009.

E.V. 뻬레보드치꼬바, 정석배 옮김,『스키타이 동물양식』, 학연문화사, 1999.

존 그리피스 페들리, 조은정 역,『고대 그리스 미술』, 예경, 2004.

황효분, 김용성 역,『한대의 무덤과 그 제사의 기원』, 학연문화사, 2006.

甘肅省文物考古研究所,『西戎遺珍』, 文物出版社, 2014.

甘肅省文物隊,『嘉峪關壁畫墓發掘報告』, 文物出版社, 1985.

甘肅省博物館,『嘉峪關畫像博』, 文物出版社, 1976.

姜伯勤,『中國祆敎藝術史硏究』, 三聯書店, 2004.

祁小山, 王博,『絲綢之路ㆍ新疆古代文化』, 新疆人民出版社, 2008.

洛陽第二文物工作隊,『洛陽漢墓壁畫』, 文物出版社, 1996,

內蒙古自治區文物考古研究所,『和林格爾漢墓壁畫』, 文物出版社, 2007.

內蒙古自治區博物館文物工作隊,『和林格爾漢墓壁畫』, 文物出版社, 1978.

羅豊,『固原南郊隋唐墓地』, 文物出版社, 1996.

____,『胡漢之間 – "絲綢之路"與西北歷史考古』, 文物出版社, 2004.

戴春陽,『敦煌佛爺廟灣西晉畫像博墓』, 文物出版社, 1998.

巫鴻,『漢唐之間的視覺文化與物質文化』, 文物出版社, 2003.

____,『漢唐之間文化藝術的 互動與交融』, 文物出版社, 2001.

____,『漢唐之間的宗敎藝術與考古』, 文物出版社, 2000.

山西省考古研究所,『大同南郊北魏墓群』, 科學出版社, 2006.

_____,『太原隋虞弘墓』, 文物出版社, 2005.

_____,『大同南郊北魏墓群』, 科學出版社, 2006.

西安市文物保護考古研究院,『北周史君墓』, 文物出版社, 2014.

陝西省考古研究所,『西安北周安伽墓』, 文物出版社, 2003.

陝西省歷史博物館ㆍ昭陵博物館,『昭陵文物精華』, 陝西人民美術出版社, 1991.

陝西省歷史博物館,『花舞大唐春, 何家村遺寶精粹』, 文物出版社, 2003.

昭陵博物館,『昭陵唐墓壁畫』, 文物出版社, 2006.

孫機,『中國聖火』, 遼寧敎育出版社, 1996.

鄂嫩哈拉, 蘇日台 編著,『中國北方民族美術史料』, 上海人民美術出版社, 1990.

楊建華,『春秋戰國時期中國北方文化帶的形成』, 文物出版社, 2004.

王永强, 『中國少數民族文化史圖典』, 廣西教育出版社, 1999.

余太山, 『嚈噠史研究』, 齊魯書社, 1986.

榮新江, 『中古中國與外來文明』, 三聯書店, 2001.

寧夏回族自治區固原博物館, 『原州古墓集成』, 文物出版社, 1999.

原州聯合考古隊, 『北周田弘墓』, 文物出版社, 2009.

吳玉貴, 『突厥汗國與隋唐關系史研究』, 中國社會科學出版社, 2007.

韋正, 『魏晋南北朝考古』, 北京大學出版社, 2013.

李星明, 『唐代墓室壁畵研究』, 西安: 陝西人民美術出版社, 2006.

張明川, 張寶璽, 『嘉峪關魏晋墓室壁畵』, 人民美術出版社, 1985.

鄭岩, 『魏晋南北朝壁畵墓研究』, 文物出版社, 2002.

秦浩, 『隋唐考古』, 南京大學出版社, 1996.

趙豊, 『絲綢之路美術考古槪論』, 文物出版社, 2007.

太原市文物考古研究所, 『北齊婁叡墓』, 文物出版社, 2004.

河南省文物研究所, 『密縣打虎亭漢墓』, 文物出版社, 1993.

黃佩賢, 『漢代墓室壁畵研究』, 文物出版社, 2008.

邢義田, 『畵爲心聲: 畵像石, 畵像磚與壁畵』, 中華書局, 2011.

內田吟風, 『北了ジ了史研究-鮮卑柔然突厥篇-』, 同朋舍, 1975.

東京國立博物館, 『シルクロ—ドの遺宝』, 日本經濟新聞社, 1985.

曽布川寛, 出川哲朗, 『China crossroads of culture 中國美の十字路展』, 大広, 2005.

M. I. Artamonov, *The Splendor of Scythian Art; Treasures from Scythian Tombs*, New York: F.A. Praeger, 1969.

Joan Aruz, *Afghanistan: Forging Civilizations Along the Silk Road*, New York : The Metropolitan Museum of Art, 2012.

J. Aruz, *The Golden Deer of Eurasia*, New York: Metropolitan Museum of Art, 2006.

Guitty Azarpay, *Sogdian Painting: The Pictorial Epic in Oriental Art*, Berkeley : University of California Press, 1981.

M. Bussagli, *Painting of Central Asia*, Geneva: Skira, 1963.

V. S. Curtis, S. Stewart, *The Age of the Parthians*, New York: I. B. Tauris , 2007.

Richard N. Frye, *The Heritage of Central Asia, From Antiquity to the Turkish Expansion*, Princeton: Markus Wiener Publishers , 1998.

János Harmatta, B. N. Puri, *History of Civilizations of Central Asia* 2, Paris: UNESCO, 1994.

Prudence Oliver Harper, *The Royal Hunter: Art of the Sasanian Empire*, New York : Asia Society, 1978.

Prudence O. Harper, Joan Aruz, and Francoise Tallon ed., *The Royal City of Susa Ancient Near Eastern Treasures in the Louvre*, New York: The Metropolitan Museum of Art, 1992.

Annette L. Juliano and Judith A. Lerner, *Monks and Merchants, Silk Road Treasures from Northwest China*, New York: Harry N. Abrams, 2001.

K. V. Kasparova, *Treasure of Khan Kubrat : Culture of Bulgars, Khazars, Slavs*, Sofia: Centre for Publicity and Print at the Committee for Culture, 1989.

B. A. Litvinsky, Zhang Guang-da, *History of Civilizations of Central Asia* 3, Paris : UNESCO, 1996.

Marylin M. Rhie, *Early Buddhist Art of China and Central Asia*, vol. 1, Leiden: Brill, 1999.

Tamara Talbot Rice, *Ancient Arts of Central Asia*, London: Thames and Hudson, 1965.

Benjamin Rowland, *The Art of Central Asia*, New York: Crown Publishers, 1974.

Erich F. Schmidt, *Persepolis I, Structures ·Reliefs, Inscriptions*, University of Chicago oriental institute publications vol. 37, Chicago Illinois: the University of Chicago Press, 1953.

E. F. Schmidt, *Persepolis III: the Royal Tombs and Other Monuments*, Chicago Illinois: The University of Chicago Press, 1970.

Jenny F. So and Emma C. Bunker, *Traders and Raiders on China's Northern Frontier*, Washington DC: Arthur M.Sackler Gallery, 1995.

M. A. Stein, *Innermost Asia : Detailed Report of Explorations in Central Asia, Kan-Su, and Eastern Irān* Vol.1, New Delhi: Cosmo, 1981.

_____, *Serindia : Detailed Report of Explorations in Central Asia and Westernmost China*

Vol. 1, Oxford: Clarendon Press, 1921.

S. P. Tolstov, *Following The Tracks of Ancient Khorezmian Civilization*, Tashkent : UNESCO, 2005.

T. Umesao, *Significance of Silk Roads in the History of Human Civilizations*, Osaka, Japan: National Museum of Ethnology, 1992.

James C. Y. Watt, China, *Dawn of a Golden Age, 200-750*, New York: Metropolitan Museum of Art, 2004.

Wu Hung, *Arts of the Yellow Spring*, Honolulu; University of Hawaii Press, 2010.

Vera Zalesskaya, *The Treasures of Khan Kubrat*, Saint Petersburg: The State Hermitage, 1997.